조문별
가맹사업법
실무 가이드

장춘재 · 이상명 공저

SAMIL | 삼일인포마인

공정거래위원회의 심결 내용, 법원의 판례, 이슈 검토 등 핵심 사항을 일목요연하게 정리하여 이 분야에 종사하는 사업자들이 보다 좀 더 쉽게 이해할 수 있도록 노력하였다.

한편, 가맹사업거래와 관련한 입법 과정에서 시류에 편승한 강행규정이 신설·남발되면서 모법인 독점규제 및 공정거래에 관한 법률과 정합성이 맞지 아니한 부분도 있고, 장기적인 안목에서 가맹산업의 발전을 저해하는 독소 조항들이 충분한 검토 없이 신설·개정되는 모습을 많이 보았다. 실무적 차원에서 논의하기에는 다소 거리가 있지만 저자가 공무원 재직 시 다년간 가맹사업법 위반 혐의 사건을 처리하면서 경험하였던 문제점들에 대해 "이슈 검토"라는 별도의 공간을 할애하여 정리해 보았다.

가맹점사업자를 보호해야 한다는 당위성은 그 누구도 부정할 수 없을 것이나 그 방법이 가맹본부를 옥죄는 방식으로 규제를 양산하여 균형을 잃게 된다면 가맹점사업자를 보호한다는 당위성도 설득력을 얻지 못하게 되고, 가맹산업의 발전도 가로막는 결과를 가져오게 될 것이다. 균형 잡힌 시각으로 가맹본부와 가맹점사업자가 동반 성장하는 길로 나아갈 수 있도록 가맹산업의 종사자는 물론이고 정부, 국회, 학계, 법조계 등이 머리를 맞대고 노력하여야 할 것이다.

모쪼록 이 책이 가맹사업법을 집행하는 조사공무원, 분쟁조정 업무담당자, 가맹사업법을 준수해야 하는 가맹본부 및 가맹점사업자, 가맹거래사 자격증을 준비하는 수험생 등에게 실무적으로 도움이 될 수 있기를 소망해 본다.

2024년 8월

장춘재·이상명

머리말

　우리나라의 가맹사업은 1977년 림스치킨이 최초로 가맹사업을 시작한 이래 1979년 난다랑, 롯데리아가 잇달아 가맹사업의 형태로 영업하기 시작하면서 가맹사업의 서막이 열린 이래 2022년 말 기준으로 가맹본부는 8,183개, 가맹점사업자는 335,298개, 브랜드(상표) 수는 11,844개로 해마다 외형적으로 성장을 거듭하고 있다.

　이와 같은 외형적인 성장에도 불구하고 2023. 7. 27. 한국공정거래조정원이 가맹사업 분쟁조정사건을 분석한 자료에 따르면 가맹창업자 10명 중 4명(41%)은 1년 이내에 가맹본부와 분쟁을 겪고 이 중 88%는 가맹계약을 해지하면서 가맹사업을 중단한다고 한다. 1년 이상 생존율이 12%에 불과할 만큼 가맹사업은 그 어떤 산업보다도 창업과 폐업이 빈번함에 따라 가맹본부와 가맹점사업자 사이의 분쟁 처리비용은 물론 사회적 손실도 상당한 만큼 이에 대한 문제점을 수면 위로 드러내어 외형성장에 발맞춰 내실을 다질 수 있는 방향으로 나아갈 수 있도록 힘을 모아야 할 시점이 되었다.

　가맹사업법은 가맹본부의 의무사항과 금지사항밖에 없다고 해도 될 만큼 광범위한 규제로 이루어져 있고, 처벌이 강하여 가맹본부로서는 행정적 제재는 물론 민·형사책임까지 감당해야 하는 만큼 가맹사업을 영위함에 따른 상시적인 리스크를 안고 있다. 이와 같은 규제환경에도 불구하고 가맹본부는 가맹사업법 위반에 따른 행정처분 내지 처벌 리스크를 감수하면서도 외형적인 확장에 몰두하고 있으며, 가맹점사업자는 가맹사업에 대한 기본적인 이해가 부족한 가운데 창업과 폐업을 거듭하면서 자기의 경영상 책임마저 가맹본부에 전가하려고 하는 태도는 여전한 상황이다. 규제당국 또한 가맹사업당사자 사이 자율적 해결을 모색하기보다 경직된 태도로 분쟁에 직접 개입하는 행태를 보이면서 가맹사업의 본질적 특성과 장점은 훼손되고 있어서 가맹산업의 발전은 요원한 상황이다.

　가맹사업법이 시행된 지 20년이 지났음에도 불구하고 내실을 다지지 못한 것은 가맹사업당사자가 신의성실에 기한 거래원칙과 각자의 준수사항을 지키지 아니하고 있는 것이 가장 큰 원인이 되겠으나 그에 앞서 가맹사업거래에 대한 기본적인 이론과 주요 핵심 사항에 대한 이해 부족도 크다고 본다. 이에 저자는 이 책에서 최근 가맹사업법·시행령·고시·지침 및

일러두기

가맹사업법은 6개 장으로 구분되어 있고 44개 조문과 25개의 가지 조문을 합하여 총 69개 조문으로 구성되어 있다. 이 책에서는 가맹사업법 69개 조문을 일정한 체계에 따라 구분하여 가맹사업법 개관, 가맹사업거래의 기본개념 이해, 가맹사업법의 핵심 규율 내용, 가맹사업법 위반사업자에 대한 제재, 분쟁조정 제도, 동의의결제도, 기타 가맹사업 정책 등을 기준으로 총 7장으로 구분하였다.

이 책은 공정거래위원회(이하 "공정위"라 한다)의 가맹사업거래사건처리와 관련된 기존 자료 즉, 의결서, 판례요지집 등과 함께 법원 종합법률정보(판례 검색), 법제처의 국가법령정보센터(법령 검색) 등에 산재해 있는 가맹사업거래 사건 관련 실제 사례, 이슈 검토, 판례(행정소송, 민사소송 등 포함) 등의 자료를 가맹사업법 개별조문 아래 다음과 같은 카테고리로 구분하여 일목요연하게 정리하였다.

첫째, 각각 다른 조문에 규정되어 있지만 그 뜻이 같거나 관련 있는 용어를 기준으로 같은 카테고리에 넣었고, 각각의 조문 내용을 설명하였다.

둘째, 개별조문의 내용과 관련된 질의응답식의 설명은 "사례 검토"라는 카테고리에, 가맹사업거래 사건처리와 관련된 쟁점, 제도, 정책 등과 관련된 설명은 "이슈 검토"라는 카테고리에 넣었다.

셋째, 개별조문과 관련된 행정소송 판례 즉, 공정위가 발간한 판례요지집에 수록된 내용은 "핵심 판례"라는 카테고리에, 행정소송 이외의 판례 내용은 "참고 판례"라는 카테고리에 넣었다.

넷째, 법제처의 국가법령정보센터(법령 검색)가 제공하고 있는 가맹사업법 개별조문 관련 요점을 "스크랩 노트"라는 카테고리에 넣었다.

다섯째, 개별조문과 관련된 고시, 지침, 예규 등의 자료를 마지막 카테고리 "고시/지침/기타 관련 규정"에 수록하였고, 가맹사업법령에서 언급하고 있는 다른 법령의 관련 규정을 "관련 법령"에 기재하였다.

카테고리	내 용
사례 검토	가맹사업법 개별조문과 관련된 질의응답식 설명
이슈 검토	가맹사업거래 사건처리와 관련된 쟁점, 제도, 정책 등과 관련된 구체적인 이슈를 설명

카테고리	내 용
핵심 판례	공정위의 가맹사업법 위반사업자에 대한 행정처분 관련 행정소송 판례를 설명
참고 판례	민사, 기타소송 등 관련 판시사항 및 판결 요지를 기재
스크랩 노트	법제처의 국가법령정보센터(법령 검색)가 제공하고 있는 가맹사업법 개별조문 관련 요점을 기재
고시 / 지침 / …	가맹사업법령과 관련된 공정위의 고시, 지침 등을 기재
관련 법령	가맹사업법령에서 언급하고 있는 다른 법령 내용을 기재

한편, 핵심 판례 카테고리에 수록한 행정소송 판례의 제목[다음 예시) 표 안 제목(맑은고딕체)]은 공정위 판례요지집의 제목을 각색하였고, 대한민국 법원 종합법률정보(https://glaw.scourt.go.kr/wsjo/intesrch/sjo022.do)에서 바로 확인할 수 있는 사건은 【 】 앞뒤에 ♣ 를 표시하였다. 아울러, "공정위 홈페이지(http://ftc.go.kr심결/법령 - 의결서/재결서)"에서 해당 사건의 의결서를 바로 찾아볼 수 있도록 공정위의 사건명과 함께 사건번호도 기재하였다.

예시)

가맹점서비스 수수료(Admin Fee)는 '영업활동 등에 관한 지원에 대하여 지급하는 대가'에 해당하므로, 가맹계약서에 반드시 기재하여야 한다는 판단

사건명 : 한국피자헛(유)의 가맹사업법 위반행위에 대한 건
〈 공정위 2015가맹1805 〉
♣【서울고등법원 2017. 8. 17. 선고 2017누38630 판결(확정)】♣

그리고 "참고 판례" 카테고리에 기재된 내용은 가맹사업법 또는 가맹사업거래와 관련하여 법원에서 최종적으로 확정된 판결내용을 기준으로 【판시사항】과 【판결요지】 등을 정리하였다. 이와 관련된 내용은 역시 대한민국 법원 종합법률정보(https://glaw.scourt.go.kr/wsjo/intesrch/sjo022.do)에서 해당 사건번호를 입력하면 확인할 수 있다.

차 례

차 례

차 례

색인 차례

제 1 장

가맹사업법 개관

가맹사업법을 제정하기 이전에는 독점규제 및 공정거래에 관한 법률(이하 "공정거래법"이라 한다)의 관련 규정에 따라 1997년 1월 21일 제정되어 같은 해 2월 1일부터 시행된 '가맹사업의 불공정거래행위의 기준 지정에 관한 고시'를 기준으로 가맹본부의 불공정거래행위에 대한 규제가 이루어져 왔다.

그러나, 이러한 고시만으로는 가맹본부와 가맹점사업자 사이 필연적으로 생길 수밖에 없는 정보의 비대칭 때문에 나타나는 현상이라고 볼 수 있는 가맹점사업자의 수익과 관련하여 가맹본부가 제공하는 허위·과장된 정보와 거래상 지위를 남용하여 이루어지고 있는 각종 불공정거래행위 등으로 인하여 발생하는 가맹점사업자의 피해를 예방·구제하는 데는 상당한 한계가 있었다.

특히 IMF 구제금융 위기를 겪으면서 많은 실직자와 조기 퇴직자들이 가맹사업 창업에 나서게 되자 일부 가맹본부의 불공정거래행위가 빈발하여 그 피해가 커지게 되었다. 이에 따라 주무 부처인 공정거래위원회가 가맹사업거래 분야에서의 공정한 거래 질서를 확립하고 가맹점사업자의 피해를 예방·구제하기 위하여 2002년 5월 13일 모법인 공정거래법을 대체하여 특별법 형태로 「가맹사업거래의 공정화에 관한 법률」(이하 "가맹사업법"이라 한다)을 제정하였다. 제정 당시의 가맹사업법의 주요 내용은 아래와 같다.

첫째, 가맹본부와 가맹점사업자 사이에 건전한 거래관계가 유지될 수 있도록 가맹본부 및 가맹점사업자가 각각 준수하여야 할 기본적인 사항을 규정하고 있다(법 제5조 및 제6조).

둘째, 일반적으로 서민이라 볼 수 있는 가맹희망자가 안심하고 가맹사업에 참여할 수 있도록 하기 위하여 가맹점을 모집하고자 하는 가맹본부는 가맹본부의 사업 현황, 임원의 경력, 가맹점사업자의 부담, 영업활동 조건, 가맹계약의 해제·해지·갱신 등 가맹사업과 관련한 주요 사항이 포함된 정보공개서를 사전에 제공하도록 의무화를 규정하고 있다(법 제7조).

셋째, 가맹본부는 매 사업연도가 종료하는 날부터 90일 이내에 정보공개서를 갱신하도록 하고, 가맹점사업자의 부담, 영업활동의 조건 등 정보공개서의 중요한 사항이 변경된 경우에도 그 변경일부터 90일 이내에 정보공개서를 변경하도록 규정하고 있다(법 제8조).

넷째, 가맹본부가 허위 또는 과장된 정보를 제공하거나 중요한 정보를 누락하는 경우 및 가맹본부가 정당한 이유 없이 가맹사업을 일방적으로 중단한 경우는 가맹희망자 또는 가맹점사업자의 반환요구일부터 1개월 이내에 가맹금을 반환하도록 규정하고 있다(법 제10조).

다섯째, 가맹본부는 가맹계약서를 가맹금의 최초 수령일 전에 미리 가맹희망자에게 교부하고, 가맹계약서를 가맹사업거래의 종료일부터 3년간 보관하도록 규정하고 있다(법 제11조).

여섯째, 가맹본부 또는 가맹본부를 구성원으로 하는 사업자 단체는 가맹사업의 공정한 거래 질서를 유지하기 위하여 자율적으로 규약을 정할 수 있도록 하고, 자율규약이 불공정거래행위에 해당하는 여부에 대한 심사를 공정거래위원회에 요청할 수 있도록 규정하고 있다(법 제15조).

일곱째, 가맹사업당사자 즉 가맹본부와 가맹점사업자 사이의 분쟁을 자율적으로 조정하기 위하여 대통령령이 정하는 사업자 단체에 '가맹사업거래분쟁조정협의회'를 두도록 하고, 여기서 조정이 성립된 경우는 그와 동일한 내용의 합의가 성립된 것으로 본다는 내용을 규정하고 있다(법 제16조 및 제24조).

여덟째, 공정거래위원회는 가맹본부가 정보공개서의 제공·갱신·수정 의무를 위반하거나 허위 또는 과장된 정보를 제공한 경우, 가맹금 반환 의무를 위반한 경우, 가맹계약서 교부 의무를 위반하는 경우 및 불공정거래행위를 한 경우는 해당 가맹본부에 대하여 시정조치를 명하거나 매출액의 2퍼센트에 상당하는 금액의 범위 안에서 과징금을 부과할 수 있도록 규정하고 있다(법 제33조 및 제35조).

2 가맹사업법의 개정

가맹사업법은 2002년 제정된 후 2024년 5월 현재까지 총 32회(타법 개정 6회 포함)의 법 개정을 통하여 사회적 물의를 일으킨 주요 사건과 시장 변화를 반영하였으며, 주요 개정사항을 살펴보면 아래와 같다.

| 가맹사업법의 주요 개정연혁 |

개정 연혁	주요 개정 내용
2007. 8. 3. 개정 2008. 2. 4. 시행	• 가맹희망자에게도 정보공개서 및 가맹금반환 요구 가능 등 가맹희망자의 범위 확대 및 권리보호 강화 (법 제2조 제40호) • 정보공개서 등록제도 의무 (법 제6조의2 신설, 제7조) • 가맹계약 체결 전 가맹금의 예치제도 도입 (법 제6조의5 신설) • 가맹금반환 요구 요건 확대 (법 제7조 제2항 신설) • 가맹점사업자의 가맹계약갱신 요구 시 정당한 이유 없이 거절 금지 (법 제13조) • 가맹사업거래분쟁조정협의회를 한국공정거래조정원으로 이관 (법 제16조) • 가맹사업거래상담사 → 가맹거래사로 변경하고 취급 업무 범위 확대 (법 제27조, 제28조)
2013. 8. 13. 개정 2014. 2. 14. 시행	• 허위·과장된 정보제공행위 및 기만적인 정보제공행위에 대한 행위유형을 대통령령으로 정하도록 위임규정 신설 (법 제9조 제2항) • 가맹계약 체결 시 가맹본부의 예상매출액 산정서 작성 및 제공의무 부여 및 5년간 보관 의무 (법 제9조 제5항, 제6항) • 법 제7조 제3항 및 제9조 제1항 관련 위반, 일방적인 영업 중단 관련 가맹금반환 청구 기간을 2개월에서 4개월로 연장하여 금전적 안전장치 확보 (법 제10조 제1항) • 계약의 목적과 내용, 발생할 손해 등 대통령령으로 정하는 기준에 비하여 과중한 위약금 부과 등 가맹점사업자에게 부당하게 손해배상의무를 부담시키는 행위를 불공정거래행위 유형으로 추가 (법 제12조 제1항 제5호 신설) • 정당한 사유 없이 부당하게 점포환경 개선 강요 금지조항 신설 및 환경개선 비용 100분의 40 이내에서 부담 (법 제12조의2 신설) • 정상적인 관행에 비추어 부당하게 가맹점사업자의 영업시간 구속금지 (법 제12조의3) • 가맹계약체결 시 가맹점사업자의 영업지역 설정 의무 (법 제12조의4) • 예상매출액 산정 위반에 대한 과징금 부과 (법 제35조 제1항)

개정 연혁	주요 개정 내용
	• 소규모 가맹본부에 대한 적용배제의 허위·과장된 광고 등에 대한 예외 신설 (법 제3조 제2항) • 가맹점사업자의 가맹점사업자 단체 구성 허용 및 가맹본부와 거래조건 협의 가능 (법 제14조의2 신설)
2016. 3. 29. 개정 2016. 9. 30. 시행	• 계약갱신 시 상권의 급격한 변화 등으로 인한 영업지역 변경 시 기존 가맹점사업자와 "협의"→"합의"로 변경 (법 제12조의4) • 광고 및 판촉행사 실시에 따른 집행 내역 통보 의무 (법 제12조의6) • 조정조서 작성 의무, 협의회의 자율 조정 및 조서 작성 시 재판상 화해의 효력 부여 (법 제24조 제1항, 제2항, 제5항)
2017. 4. 18. 개정 2017. 10. 19. 시행	• 가맹계약서 교부 후 14일이 지난 후에 가맹계약체결 및 가맹금 수령 의무 (법 제11조 제1항) • 분쟁조정 신청에 대한 시효중단의 효력 부여 (법 제22조 제5항, 제6항, 제7항) • 법 제9조 제1항, 제12조 제1항 제1호 및 제12조의5 위반행위에 대하여 발생한 손해의 3배 한도의 징벌적 손해배상제도 도입 (법 제37조의2)
2018. 1. 16. 개정 2018. 7. 17. 시행	• 정보공개서 등록업무를 지방자치단체(시·도지사)로 이양 (법 제6조의2 내지 제6조의4) • 법 위반 사실의 신고, 분쟁조정 신청 등에 대한 보복 조치의 금지 (법 제12조의5 신설) • 법 위반 징벌적 손해배상제도의 적용 범위를 보복조치 금지 위반자까지 확대 (법 제37조의2) • 법 위반사항 신고, 제보자에 대한 신고포상금제도 도입 (법 제15조의5 신설)
2022. 1. 4. 개정 2022. 7. 5. 시행	• 가맹본부가 가맹점사업자가 비용을 부담하는 광고나 판촉행사를 하는 경우 가맹점사업자의 동의 의무화, 위반 시 시정조치 및 과징금 부과 (법 제12조의6) • 동의의결제도 도입 (법 제34조의2부터 제34조의4까지 신설)
2023. 6. 20. 개정 2023. 6. 20. 시행 (일부 6개월 후 시행)	• 공정위가 표준가맹계약서를 마련하고 이를 사용하도록 권장할 수 있고, 가맹본부, 가맹본부 사업자 단체, 가맹점사업자, 가맹점사업자 단체가 공정위에 표준가맹계약서의 제정 또는 개정 요청할 수 있는 제도 도입 (법 제11조의2 신설) • 분쟁조정 신청사건 관련 소 제기의 경우 조정이 있을 때까지 수소법원(受訴法院)은 소송절차를 중지할 수 있는 제도 도입 (법 제23조의2 신설)

개정 연혁	주요 개정 내용
	• 가맹점사업자의 신속한 권리구제가 가능하도록 공정위로부터 시정 조치 등의 처분 받은 후 분쟁조정 신청의 경우에도 분쟁조정 대상에 포함되도록 개선 (법 제23조 제3항 제3호)
2024. 1. 2. 개정 2024. 7. 3. 시행	• 가맹계약서 필수 기재 사항에 가맹본부가 가맹점사업자에게 특정한 자와 거래할 것을 강제할 경우 그 강제의 대상이 되는 부동산·용역·설비·상품·원재료 또는 부재료·임대차 등의 종류 및 공급가격 산정방식에 관한 사항을 포함되도록 개선 (법 제11조 제2항 제12호)

위 개정 내용을 보면 "공정한 거래 질서를 확립하고 가맹본부와 가맹점사업자가 대등한 지위에서 상호보완적으로 균형 있게 발전하도록 함으로써 소비자 복지증진과 국민경제에 건전한 발전에 이바지함을 목적으로 한다."라는 제정 목적을 벗어나 가맹점사업자를 보호한다는 명분 아래 가맹본부를 옥죄는 수많은 규제가 신설되었음을 알 수 있고, 이러한 개정으로 인하여 가맹본부의 영업활동은 위축될 수밖에 없게 되었고 균형발전이라는 법 제정 취지는 많이 훼손되었다고 볼 수 있다.

예를 들어, 가맹점사업자의 영업지역 범위를 설정하거나 변경하는 경우 "합의"의무 같은 정책은 경쟁 단위를 감소시키는 결과를 가져와 경쟁법의 기본원리에 반함에도 불구하고 경제적 약자인 가맹점사업자를 보호해야 한다는 논리로 시장의 기본원리를 무시한 채 법 개정이 이루어지기도 하였다.

또한, 예상매출액산정서 작성 및 제공 의무, 가맹점사업자 단체와의 협의 의무, 징벌적 손해배상 제도 도입, 과도한 형벌 규정, 직영점 보유 및 운영 경험 의무, 필수품목 및 차액 가맹금의 정보공개서 기재 의무 등은 찬반양론이 맞서는 대표적인 예들로서 규제 목적이 아무리 정당하다 하다고 할지라도 과도한 규제는 가맹본부의 영업활동을 제약하여 시장을 왜곡할 우려가 있다.

따라서, 시장의 자율적 해결방안 대신 법률로 강제하는 것은 과잉금지원칙에 반할 소지가 있고, 소비자의 효용 감소 등 사회적 비용을 상승시키는 결과를 초래할 수 있으므로 앞으로의 법률 개정은 충분한 검토와 논의를 거쳐 이루어지도록 해야 할 것이다.

3 가맹사업법의 구성 체계와 주요 내용

가맹사업법은 제정 이후 32회의 개정과정을 통해 정의 조항부터 벌칙 조항에 이르기까지 상당수의 조항이 개정 및 신설되었다. 현행 가맹사업법은 제1장 총칙에서부터 제2장 가맹사업거래의 기본원칙, 제3장 가맹사업거래의 공정화, 제4장 분쟁의 조정, 제5장 공정거래위원회의 사건처리 절차, 제6장 벌칙까지 총 6개의 장 44개 조문(가지 조문을 포함하는 경우 69개 조문)으로 구성되어 있다.

| 가맹사업법의 주요 내용|

주요 법조	주요 내용
정보공개서의 등록, 제공 등 (법 제6조의2, 제7조)	• 가맹본부는 가맹희망자에게 제공할 정보공개서를 공정거래위원회에 등록해야 함. 중요사항이 변경되는 경우 변경등록을 해야 함 • 가맹본부는 가맹희망자에게 정보공개서 및 인근 가맹점 현황문서를 제공하여야 하며, 정보공개서를 제공한 후 14일이 지나기 전에 가맹희망자와 가맹계약을 체결할 수 없음
가맹금 예치제도 (법 제6조의5)	• 가맹본부가 가맹점사업자로부터 가입비·입회비·가맹비·교육비 또는 계약금 등 법 제2조 제6호 가목 및 나목에 해당하는 대가를 금전으로 지급받은 경우 이를 직접 수령할 수 없으며, 대통령령으로 정한 예치기관에 일정 기간 예치하도록 해야 함
허위·과장된 정보제공 금지 (법 제9조)	• 가맹본부는 가맹희망자 또는 가맹점사업자에게 정보를 제공함에 있어 사실과 다르게 정보를 제공하거나, 사실을 부풀려 정보를 제공하는 행위를 하거나, 계약의 체결·유지에 중대한 영향을 미치는 사실을 은폐하거나 축소하는 방법으로 정보를 제공하는 행위를 하여서는 아니 되며, 가맹계약 체결시 예상매출액산정서를 제공하여야 함
불공정거래행위의 금지 (법 제12조)	• 가맹본부는 상품이나 용역의 공급 또는 영업의 지원 등을 부당하게 중단 또는 거절하는 행위, 가맹점사업자가 취급하는 상품 또는 용역의 가격 등 사업활동을 부당하게 구속하거나 제한하는 행위, 거래상의 지위를 이용하여 부당하게 가맹점사업자에게 불이익을 주는 행위, 가맹점사업자에게 부당하게 손해배상 의무를 부담시키는 행위 등을 금지
부당한 점포환경의 강요 금지 (법 제12조의2)	• 가맹본부는 대통령령으로 정하는 정당한 사유 없이 점포환경개선을 강요해서는 아니 되며, 가맹점사업자의 점포환경개선에 소요되는 비용 중 20~40퍼센트에 해당하는 금액을 부담하여야 함

주요 법조	주요 내용
부당한 영업지역 침해 금지 (법 제12조의4)	• 가맹본부는 가맹계약 체결 시 가맹점사업자의 영업지역을 설정하여 가맹계약서에 기재하여야 하며, 정당한 사유 없이 가맹점사업자의 영업지역 안에 동일한 업종의 직영점이나 가맹점을 설치해서는 안 됨
보복조치의 금지 (법 제12조의5)	• 분쟁조정의 신청, 서면실태조사의 협조, 신고 및 조사협조를 이유로 가맹본부가 가맹점사업자에 대하여 상품·용역의 공급이나 경영·영업활동의 지원 중단, 거절, 제한, 해지 등 불이익을 주는 행위를 하여서는 안 됨
광고 및 판촉 행사의 실시 및 집행내역 통보 (법 제12조의6)	• 가맹본부는 가맹점사업자가 비용의 전부 또는 일부를 부담하는 광고나 판촉행사를 실시하는 경우 대통령령으로 정하는 경우를 제외하고는 그 비용 부담에 관하여 전체 가맹점사업자 중 대통령령으로 정하는 비율 이상의 동의를 받아야 함. 다만 판촉행사의 경우 해당 행사의 비용 부담에 동의한 가맹점사업자만을 대상으로 하여 실시할 수 있음
가맹계약의 갱신 및 해지 (법 제13조, 제14조)	• 가맹점사업자는 10년을 초과하지 아니한 범위 내에서 계약갱신을 요구할 수 있고, 가맹본부는 정당한 사유 없이 이를 거절할 수 없음 • 가맹본부는 가맹계약을 해지하려는 경우, 가맹사업의 거래를 지속하기 어려운 경우로서 대통령령이 정하는 경우를 제외하고 가맹점사업자에게 2개월 이상의 유예기간을 두고 계약의 위반 사실을 구체적으로 밝히고 이를 시정하지 아니하면 그 계약을 해지한다는 사실을 서면으로 2회 이상 통지하여야 함
가맹점사업자 단체의 권리 (법 제14조의2)	• 가맹점사업자는 가맹점사업자 단체를 구성할 수 있으며 가맹본부에 대해 거래조건의 협의를 요청할 수 있음

제2장

가맹사업거래의 기본개념 이해

1 》 가맹사업법의 목적

가맹사업법	제1조 (목적)

법 률	시행령
제1조(목적) 　이 법은 가맹사업의 공정한 거래 질서를 확립하고 가맹본부와 가맹점사업자가 대등한 지위에서 상호보완적으로 균형있게 발전하도록 함으로써 소비자 복지의 증진과 국민경제의 건전한 발전에 이바지함을 목적으로 한다.	제1조(목적) 　이 영은 「가맹사업거래의 공정화에 관한 법률」에서 위임한 사항과 그 시행에 관하여 필요한 사항을 규정함을 목적으로 한다.

　가맹사업법은 제1조 목적에서 밝힌 바와 같이 가맹사업의 공정한 거래 질서를 확립하고 가맹본부와 가맹점사업자가 대등한 지위에서 상호보완적으로 균형 있게 발전하도록 함으로써 소비자 복지의 증진과 국민경제의 건전한 발전에 이바지함을 목적으로 한다.

　다시 말해서, 가맹사업법은 가맹사업의 공정한 거래 질서를 확립하고, 가맹본부와 가맹점사업자가 대등한 지위에서 상호보완적으로 균형 있게 발전할 수 있도록 하기 위하여 가맹본부와 가맹점사업자가 준수하여야 할 기본적인 사항을 규정하고 있는데 그 주요 내용은 가맹본부가 지켜야 할 의무사항과 불공정거래행위 등을 하여서는 아니 되는 금지사항으로 구성되어 있다.

　나아가, 가맹사업법은 가맹본부가 지켜야 할 의무사항과 불공정거래행위 등을 하여서는 아니 되는 금지사항을 위반하였을 경우 이에 대한 제재로서 해당 가맹본부는 공정거래위원회로부터 시정명령, 과징금납부명령 등의 행정처분과 행정질서벌로서 과태료를 부과받을 수 있고[1], 공정거래위원회가 검찰에 고발하게 되면 각종 형벌을 받을 수도 있다.

---

[1] 정보공개서 등록 업무를 수행하는 광역지방자치단체장은 정보공개서 등록과 관련하여 가맹본부가 가맹사업법을 위반하는 경우 과태료를 부과할 수 있다.

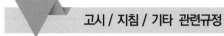

예규 **가맹분야 불공정거래행위 심사지침**

[시행 2024. 3. 25.] [공정거래위원회 예규 제459호, 2024. 3. 25. 제정]

Ⅰ. 목적

이 지침은 「가맹사업거래의 공정화에 관한 법률」(이하 '법'이라 한다) 제12조 제1항과 법 시행령 제13조 제1항 관련 [별표 2] 「불공정거래행위의 유형 또는 기준」, 법 제12조의2부터 제12조의6 제1항까지 및 법 제14조의2 제5항을 보다 구체적이고 명확하게 규정함과 아울러 불공정거래행위에 해당할 수 있는 대표적인 사례를 예시함으로써, 위법성을 심사하는 기준으로 삼는 한편 가맹본부의 법 위반행위를 예방함에 그 목적이 있다.

2 〉〉 가맹사업거래의 기본원칙

가맹사업법은 제2장에서 가맹사업거래의 기본원칙을 규정하고 있다. 먼저, 가맹본부와 가맹점사업자에게 신의성실의 원칙을 수행하도록 하고 있고 그다음 각자 지켜야 할 준수사항을 규정하고 있다.

한편, 이러한 신의성실의 원칙이나 가맹본부의 준수사항, 가맹점사업자의 준수사항을 지키지 아니한 경우 해당 사업자에게 제재를 할 수 있는 규정은 별도로 두지 않고 있다.

그러나, 신의성실의 원칙이나 가맹본부 또는 가맹점사업자가 각각의 준수사항을 지키지 아니한 경우 직접적인 처벌 규정이 없다고 하더라도 준수하지 아니함으로 인하여 당사자 사이 분쟁으로 인한 손해가 발생하는 경우 구제 절차 과정에서 그 책임을 면하기는 어렵다고 볼 수 있다.

가. 신의성실의 원칙

가맹사업법	제4조 (신의성실의 원칙)

가맹사업당사자는 가맹사업을 영위함에 있어서 각자의 업무를 신의에 따라 성실하게 수행하여야 한다.

신의성실의 원칙은 법률관계의 당사자가 상대방의 이익을 배려하여 형평에 어긋나거나 신뢰를 저버리는 내용 또는 방법으로 권리를 행사하거나 의무를 이행해서는 안 된다는 추상적인 규범을 말한다. 법원은 신의성실의 원칙에 위배 된다는 이유로 그 권리행사를 부정하기 위해서는 거래상대방에게 신의를 제공하였거나 객관적으로 보아 상대방이 신의를 가짐이 정당한 상태에 이르러야 하고 이와 같은 상대방의 신의에 반하여 권리를 행사하는 것이 정의 관념에 비추어 용인될 수 없는 정도의 상태에 이르러야 한다고 판시하고 있다.[2]

한편, 민법 제2조는 신의성실의 원칙과 관련하여 권리의 행사와 의무의 이행은 신의에 따라 성실히 하여야 하고 권리는 남용하지 못한다고 규정하고 있다.

---

[2] 대법원 1991. 12. 10. 선고 91다3802 판결, 대법원 2007. 5. 10. 선고 2005다4291 판결 등

신의성실의 원칙에 반한 행위에 대한 손해배상(기) 등

[대법원 2008. 11. 13. 선고 2007다43580 판결]
〈 서울고등법원 2007. 6. 8. 선고 2006나1116 판결 〉

【판시사항】

가맹본부가 기업집단의 계열 분리로 인하여 기존의 편의점 영업표지를 일방적으로 변경한 후 변경된 영업표지를 위주로 편의점 가맹사업을 운영하는 것은 위 영업표지의 변경에 동의하지 않고 기존의 영업표지를 그대로 사용하고 있는 가맹점사업자에 대하여 가맹계약의 해지 사유인 중대한 불신 행위에 해당한다고 본 사례

【이 유】 상고이유를 판단한다.

1. 상고이유 제1점에 대하여

원심판결 이유에 의하면, 원심은 그 판시와 같은 사실을 인정한 다음, 이 사건 가맹계약의 목적은 피고가 독자적으로 개발한 상표권과 엘지유통의 경영노하우인 'LG25 시스템', 'LG25 이미지'를 기초로 'LG25점'을 개설·운영하고, 상호 협력하여 사업의 번영을 함께 실현하는 것인데, 'LG25'라는 영업 표지의 인지도 등에 비추어 볼 때 'LG25'라는 영업 표지는 이 사건 가맹계약의 가장 중요한 사항이고, 피고가 영업표지를 'LG25'에서 'GS25'로 변경하는 것은 원고가 운영하는 편의점에 대한 소비자들의 인지도나 식별가능성 등에 영향을 미칠 수 있는 중요한 요소이므로, 피고가 'LG 그룹'의 분리 당시 'GS홀딩스 그룹'에 속하게 됨에 따라 일방적으로 영업표지를 'LG25'에서 'GS25'로 변경한 후 'GS25'라는 영업표지를 위주로 편의점 가맹사업을 운영하는 것은 위 영업표지의 변경에 동의하지 않고 'LG25'라는 영업표지를 그대로 사용하고 있는 원고에 대하여 이 사건 가맹계약 제41조 제2항 제2호에서 정한 '고의, 악의, 기만 기타 중대한 과실로써 어느 일방만의 이익을 위하여 이 계약의 목적에 위배되는 중대한 불신행위'에 해당하고, 기존의 'LG 그룹'에서 분리된 'GS홀딩스 그룹'이 전문화·전업화를 통한 경영의 집중 및 효율화로 사업 경쟁력 강화를 표방하였다거나, 피고가 위와 같은 영업표지 변경에 동의하지 아니하는 가맹점사업자들에 대하여 기존 영업표지인 'LG25'를 사용하도록 허용하고 있다거나, 피고의 홍보에 따라 일반인들 대부분이 편의점 영업표지인 'LG25'가 'GS25'로 변경되었다는 사정을 쉽게 인식할 수 있는 상황이고, 위와 같은 영업표지 변경으로 인하여 'LG25'를 영업표지로 사용하고 있는 편의점의 매

출이 감소되었다는 객관적인 자료가 없다는 사정만으로 이와 달리 볼 것은 아니라고 판단하였다.

기록에 비추어 살펴보면 위와 같은 원심의 사실인정 및 판단은 정당한 것으로 수긍할 수 있고, 거기에 피고가 상고이유로 주장하는 바와 같은 계약 해지권 및 위약금채권의 발생에 관한 법리오해 등의 위법이 없다.

2. 상고이유 제2점에 대하여

신의성실의 원칙은 법률관계의 당사자는 상대방의 이익을 배려하여 형평에 어긋나거나 신뢰를 저버리는 내용 또는 방법으로 권리를 행사하거나 의무를 이행하여서는 안된다는 추상적 규범을 말하는 것으로서, 신의성실의 원칙에 위배된다는 이유로 그 권리행사를 부정하기 위하여는 상대방에게 신의를 공여하였거나 객관적으로 보아 상대방이 신의를 가짐이 정당한 상태에 이르러야 하고 이와 같은 상대방의 신의에 반하여 권리를 행사하는 것이 정의관념에 비추어 용인될 수 없는 정도의 상태에 이르러야 하는 것이다(대법원 1991. 12. 10. 선고 91다3802 판결, 대법원 2007. 5. 10. 선고 2005다4291 판결 등 참조).

위 법리와 기록에 비추어 살펴보면, 피고의 주장과 같이 기존 가맹점사업자 중 96%가 피고의 영업표지 변경에 동의하는 상황에서 원고가 이에 동의하지 않고 이 사건 가맹계약에 따라 'LG25' 영업표지를 계속 사용하고 있는 상태에서 이 사건 가맹계약의 해지를 주장하는 것이 오로지 위약금을 받을 목적으로 한 비진의 의사표시라거나 신의칙에 위배되는 것이라고 볼 수는 없으므로, 같은 취지에서 이 부분 피고의 주장을 배척한 원심의 조치는 정당한 것으로 수긍할 수 있고, 거기에 피고가 상고이유로 주장하는 바와 같은 신의칙 등에 대한 법리오해 등의 위법이 없다.

3. 상고이유 제3점에 대하여

손해배상 예정액이 부당하게 과다한 경우라고 함은 채권자와 채무자의 각 지위, 계약의 목적 및 내용, 손해배상액을 예정한 동기, 채무액에 대한 예정액의 비율, 예상 손해액의 크기, 그 당시의 거래관행 등 모든 사정을 참작하여 일반 사회관념에 비추어 그 예정액의 지급이 채무자에게 부당한 압박을 가하여 공정성을 잃는 결과를 초래한다고 인정되는 경우를 뜻하는 것으로 보아야 하고, 한편 위 규정의 적용에 따라 손해배상의 예정액이 부당하게 과다한지 및 그에 대한 적당한 감액의 범위를 판단하는 데 있어서는 법원이 구체적으로 그 판단을 하는 때 즉, 사실심의 변론종결 당시를 기준으로 하여 그 사이에 발생한 위와 같은 모든 사정을 종합적으로 고려하여야 한다(대법원 1999. 4. 23. 선고 98다45546 판결, 대법원 2002. 12. 24. 선고 2000다54536 판결 등 참조).

위 법리와 기록에 비추어 살펴보면, 원심이 가맹계약기간과 경과기간, 피고의 영업표지 변경에 대한 홍보, 이로 인한 매출감소의 증거가 없는 점 등 변론에 나타난 제반 사정을 참작하여 이 사건 가맹계약에 의해 산정된 위약금 중 일부를 감액한 조치는 정당한 것으로 수긍할 수 있고, 그 감액의 정도가 과소하여 형평의 원칙에 어긋난다고 볼 수 없으며, 거기에 위약금 산정에 있어서의 법리오해 등의 위법이 없다.

4. 결 론

그러므로 상고를 기각하고, 상고 비용은 패소자가 부담하는 것으로 하여 관여 대법관의 일치된 의견으로 주문과 같이 판결한다.

신의성실의 원칙 관련 손해배상(기) 등 · 정산금 · 손해배상(기)
[대법원 2008. 11. 13. 선고 2007다43580 판결]
〈서울고등법원 2007. 12. 6. 선고 2006나114548, 114555, 114562 판결〉

【판시사항】

가맹본부가 기업집단의 계열 분리로 인하여 기존의 편의점 영업표지를 변경하는 것에 대하여 가맹점사업주가 동의하였음에도 영업표지 변경작업에 협조하지 아니한 것은 가맹계약상 통일적 이미지 표출 의무에 위배 되는 것으로 중대한 불신행위에 해당한다고 본 사례

【이 유】 상고이유를 판단한다.

1. 원심판결 이유에 의하면, 원심은 그 채택 증거를 종합하여, 원고(반소피고, 이하 '원고'라고 한다)는 현재와 같이 상호를 변경하기 전 주식회사 엘지유통이라는 상호로 'LG25'라는 영업표지를 통하여 편의점 가맹사업을 영위하면서 피고(반소원고, 이하 '피고'라고 한다) 1, 2, 3, 4, 5, 6(이하 '이 사건 가맹자들'이라고 한다)과 각 가맹계약을 체결한 사실, 위 각 가맹계약은 가맹자들이 원고의 경영노하우인 'LG25 시스템'과 원고의 상표권 등으로 구성된 'LG25 이미지'를 기초로 'LG25점'을 개설 · 운영하기 위한 것으로서(제2조), LG25 이미지라 함은 원고가 독자적으로 개발한 상호 · 상표 · 마크 등 상업적 징표와 이를 바탕으로 한 점포구조 · 디자인(DESIGN) · 배색 · 간판 등의 외관, 점내 레이아웃(LAYOUT) · 진열방법 · 상품의 품질 · 선도 등의 양호한 관리 및 친절한 접객방법, 통일된 유니폼 · 청결 등 소비자에게 널리 인식되어져 있고 친숙해져 있는 LG25점의 독특한 이미지를 말하며(제5조 제3항), 가맹자들은 LG25 이미지가 LG25 점포 및 LG25 시스템에 대한 대외적인 신뢰와 지지를 뒷받침하는 기반이 되는 것으로서 LG25점의 모든 점포에서 통일적으로 표출되어져야만 한다는 점을 확인하고 이를 준수할 의무를 부담하고(제3조 제2항 제3호), 가맹자가 이에 대해 중대한 위반을

하여 원고가 10일 이상의 기간을 두고 문서로써 최고를 하였음에도 불구하고 그 기간이 경과된 후에도 그 위반사항을 시정하지 아니하거나 의무를 이행하지 않을 경우, 그 밖에 원고에 대하여 중대한 불신행위(고의·악의·기만 기타 중대한 과실로 가맹자만의 이익을 위하여 계약의 목적에 위배되는 행위를 말한다)가 있을 경우 원고는 계약을 해지할 수 있으며(제40조 제3항), 이 경우 가맹자는 원고에게 ① LG25점의 과거 1년간(영업기간이 1년 미만인 경우에는 그 영업기간 중) 평균 월 매출총이익의 35%의 12개월분에 상당하는 금액을 위약금으로 지급하여야 하고, ② 부속명세서 Ⅱ의 (2)항에 기재된 본부 지원의 점포 내·외장공사 및 비품에 대하여 원고의 회계규정에 의거하여 산출된 감가상각잔존가액을 즉시 지급하며(제40조 제5항 및 별도의 합의서), 가맹자는 원고의 설비를 철거하고, 또한 파손 부분은 수리하여 원고가 지정하는 장소에 반환하여야 하고, 이 경우 소요되는 일체의 비용을 부담하도록(제46조 제1항) 정한 사실, LG 그룹이 2004. 7. 1.경 기존의 LG 그룹을 LG 그룹과 GS홀딩스로 분할하기로 함에 따라 원고와 LG정유 등을 포함한 LG 그룹의 8개 계열사가 GS홀딩스의 계열사로 편입되게 되자, 원고는 상호를 주식회사 지에스리테일로 변경하고 2005. 3. 3. 그 변경등기를 마친 사실, 원고는 이 사건 가맹자들에게 기존의 영업표지인 'LG25'를 'GS25'로 변경하는 것에 대한 동의를 구하였고, 이에 이 사건 가맹자들은 2004. 12. 21.부터 2005. 2. 1.까지 사이에 기존의 가맹계약서 중 LG유통 상호 및 LG25 브랜드와 관련한 모든 사항(상호, 각종 마크, 의장, 저작물, 간판, 사인류 포장, 라벨 등)이 GS와 관련된 것으로 변경됨에 따라 원고가 이에 상응하는 조치를 함에 동의하며 세부적인 사항은 원고에게 위임하고(제1조), 위 대상물을 교체할 시기에 대하여는 상호 협의하되 원고가 정한 교체일정에 이의를 제기하지 않으며(제4조), 회사명, 브랜드명이 변경됨에 따라 기존 계약서를 수정하여야 하나 본 동의서로서 가맹계약서가 수정된 것으로 간주하고 그 외의 사항은 이미 체결된 가맹계약서에 따르기로 하는(제5조) 내용을 기재한 동의서를 작성하여 원고에게 교부한 사실, 그 후 원고는 이 사건 동의서에 따라 새로운 영업표지인 GS25를 사용한 각종 간판 및 매장 인테리어 등에 대한 제작을 완료하고, 이 사건 가맹자들에게 매장시설 등에 대한 영업표지 변경작업에 협조하여 줄 것을 촉구하면서 이에 협조하지 아니할 경우 이 사건 각 가맹계약을 해지할 수 있음을 통고하였고, 그럼에도 불구하고 이 사건 가맹자들은 이 사건 동의의 의사표시가 원고의 기망에 의한 것이고 오히려 원고의 일방적인 영업표지 등의 변경이 위 가맹계약상의 채무불이행이라고 주장하면서 원고를 상대로 위약금 등 청구소송을 제기한 사실, 이에 원고는 2006. 1. 3. 이 사건 가맹자들에게 이 사건 각 가맹계약 제3조 제2항에 따른 가맹자들의 통일적 이미지 표출의무 위반, 중대한 불신행위 등을 이유로 제40조 제3항의 규정에 따라 이 사건 각 가맹계약을 해지한다는 내용의 각 통고서를 발송하였고, 그 무렵 위 각 통고서가 이 사건 가맹자들에게 모두 도달된 사실, 한편 원고가 GS25로의 영업표지 변경에 동의하지 않은 가맹자들에게는 계약기간 동안 기존의 LG25의 영업표지를 사용하도록 하고 있는 사실 등을 인정한 다음, 일부 가맹자들이 기존의 LG25의 영업표지를 계속 사용하고 있는 점 등에 비추어 이 사건 가맹자들이 LG25의 영업표지를 계속하여 사용한다고 하여 통일적 이미지 표출의무를 위반한 것이라고 단정하기도 어렵고, 기존의 이 사건 가맹계약을 다른 내용으로 변경하는 것에 대한 위 동의의 의사표시에 관하여 이 사건 가맹자들이 이의를 제기하여 위 계약 내용의 변경의 유효 여부를 법적으로 다투는 것이 원고에 대한 중대한 불신행위라고 보기도 어려우며, 이러한 상황에서 그 상대방인 원고가 그 계약 내용의 변경이 유효하게 이루어졌음을 전제로 그러한 변경된 내용의 계약에 기하여 이 사건 가맹계약을 해지하는 것은 신의칙상 부당하다는 등의 이유를 들어 원고의 위 계약해지의 의사표시는 효력이 없다고 보아 본소청구 중 이 사건 각 가맹계약에 의한 위약금 및 감가상각잔존가액을 구하는 부분을 배척하였다.

2. 그러나 원심의 판단은 다음과 같은 이유로 수긍하기 어렵다.

처분문서는 그 성립의 진정함이 인정되는 이상 법원은 그 기재 내용을 부인할 만한 분명하고도 수긍할 수 있는 반증이 없는 한 그 처분문서에 기재되어 있는 문언대로의 의사표시의 존재와 내용을 인정하여야 한다(대법원 2002. 6. 28. 선고 2002다23482 판결, 대법원 2008. 5. 9.자 2007마1582 결정 등 참조). 그리고 신의성실의 원칙은 법률관계의 당사자는 상대방의 이익을 배려하여 형평에 어긋나거나 신뢰를 저버리는 내용 또는 방법으로 권리를 행사하거나 의무를 이행하여서는 안 된다는 추상적 규범을 말하는 것으로서, 신의성실의 원칙에 위배된다는 이유로 그 권리행사를 부정하기 위하여는 상대방에게 신의를 공여하였거나 객관적으로 보아 상대방이 신의를 가짐이 정당한 상태에 이르러야 하고 이와 같은 상대방의 신의에 반하여 권리를 행사하는 것이 정의관념에 비추어 용인될 수 없는 정도의 상태에 이르러야 한다(대법원 1991. 12. 10. 선고 91다3802 판결, 대법원 2007. 5. 10. 선고 2005다4291 판결 등 참조).

위 법리와 기록에 비추어 살펴보면, 이 사건 가맹자들이 작성하여 원고에게 교부한 동의서의 내용은 위와 같은 원고의 영업표지 등의 변경에 동의하고 세부적인 사항을 원고에게 위임하며, 위 동의서에 의해 기존의 가맹계약서가 수정된 것으로 간주하고, 위 동의서에 기재되지 아니한 나머지 사항은 기존의 가맹계약서에 따르기로 하는 취지임이 명백하고, 이 사건 가맹자들의 위와 같은 의사표시에 어떠한 하자가 있다고 보기도 어려우므로, 이 사건 가맹자들은 위 동의서와 기존의 각 가맹계약서 제3조 제2항 제3호에 따라 앞서 본 바와 같은 통일적 이미지 표출의무를 부담하며, 거기에는 위와 같은 원고의 영업표지의 변경에 적극 협조할 의무가 포함된다고 할 것이다. 따라서 이를 정당한 이유 없이 이행하지 아니하고 오히려 위 동의서의 효력을 문제로 삼는 행위는 이 사건 각 가맹계약상의 통일적 이미지 표출의무에 위배되는 것으로서 중대한 불신행위에 해당된다고 볼 수밖에 없다. 그렇다면 원고는 기존의 각 가맹계약서에 따라 이 사건 각 가맹계약을 해지할 수 있고, 이 때 이 사건 가맹자들은 원고에게 위 각 가맹계약에서 정한 위약금 및 감가상각잔존가액을 지급할 의무가 생긴다고 보아야 하며, 나아가 원심이 들고 있는 사정들을 종합해 보더라도 원고의 위 계약해지권 행사가 정의관념에 비추어 용인될 수 없는 정도의 상태에 이르러 신의칙에 반한다고 볼 수는 없다.

따라서 원심으로서는 원고의 위 계약해지가 유효함을 전제로 하여 이 사건 가맹자들을 비롯한 피고들이 부담할 정당한 위약금 액수와 감가상각 잔존가액 등에 대해 나아가 심리·판단하였어야 할 것임에도 불구하고, 원심은 이에 이르지 아니한 채 원고의 본소청구 중 위약금 및 감가상각 잔존가액 청구부분을 배척하고 말았으니, 원심판결에는 처분문서의 해석이나 계약해지권의 발생에 관한 법리를 오해하고 필요한 심리를 다하지 아니하여 판결에 영향을 미친 위법이 있다고 할 것이다. 이를 지적하는 원고의 상고는 이유 있다.

나아가 기록에 의하면, 원고가 본소청구금액을 자동채권으로 하여 상계의 의사표시를 하면서 피고들의 반소청구가 전부 기각되어야 한다는 취지로 주장하고 있음을 알 수 있으므로(기록 868면 등 참조), 원심판결의 위와 같은 위법은 피고 2, 4의 반소청구에 관한 원고의 패소 부분에도 영향을 미쳤음이 분명하다.

3. 그러므로 원심판결의 원고 패소 부분 중 위약금 및 감가상각잔존가액에 관한 본소청구 부분과 피고 2, 4의 반소청구에 관한 부분을 파기하고, 이 부분 사건을 다시 심리·판단하게 하기 위하여 원심법원에 환송하기로 하여 관여 대법관의 일치된 의견으로 주문과 같이 판결한다.

나. 가맹본부의 준수사항 (7가지)[3]

> **가맹사업법** | 제5조 (가맹본부의 준수사항)

가맹본부는 다음 각 호의 사항을 준수한다.
1. 가맹사업의 성공을 위한 사업구상
2. 상품이나 용역의 품질관리와 판매기법의 개발을 위한 계속적인 노력
3. 가맹점사업자에 대하여 합리적 가격과 비용에 의한 점포설비의 설치, 상품 또는 용역 등의 공급
4. 가맹점사업자와 그 직원에 대한 교육·훈련
5. 가맹점사업자의 경영·영업활동에 대한 지속적인 조언과 지원
6. 가맹계약기간 중 가맹점사업자의 영업지역 안에서 자기의 직영점을 설치하거나 가맹점 사업자와 유사한 업종의 가맹점을 설치하는 행위의 금지
7. 가맹점사업자와의 대화와 협상을 통한 분쟁해결 노력

 사례 검토

문 ○○라는 고깃집을 운영하고 있습니다. 그런데 저희 가게에서 800미터도 안 되는 두 블록 정도 떨어진 거리에 같은 체인점이 개업 예정이라는 소식을 들었습니다. 어제 그 소식을 듣고 본사에 전화했지만 인테리어 중이라 어쩔 수 없다는 대답을 들었습니다. 본사에선 상권이 틀리다고 주장하는데, 걸어서 10분도 채 걸리지 않는 거리입니다. 또한 ○○라는 체인점은 저렴한 가격에 고기를 팔기 때문에 저렴한 식사를 원하는 가족단위의 손님은 일부러 찾아오는 경우도 많습니다. 그런데 개업 예정인 곳은 주택가라서 저희 매출에 크게 영향을 줄 것 같습니다. 같은 동에 그것도 멀지 않은 곳에 개업 예정이면서 저희에게는 한 마디의 상의도 없었습니다.

답 가맹사업거래의 공정화에 관한 법률에 따르면 가맹본부의 준수사항으로 가맹계약기간 중 가맹점사업자의 영업지역 안에 자기의 직영점을 설치하거나 가맹점사업자와 유사한 업종의 가맹점을 설치하는 행위를 금지하고 있으나, 이 규정은 준수사항으로

---

3) 상법 제168조의7에는 가맹업자(가맹사업법에서 규정하고 있는 가맹본부에 해당)는 가맹상(가맹사업법에서 규정하고 있는 가맹점사업자에 해당)의 영업을 위하여 필요한 지원을 하여야 하고, 다른 약정이 없으면 가맹상의 영업지역 내에서 동일 또는 유사한 업종의 영업을 하거나, 동일 또는 유사한 업종의 가맹계약을 체결할 수 없다. 한편 상법 제168조의8에서는 가맹상은 가맹업자의 영업에 관한 권리가 침해되지 않도록 하여야 하고, 가맹상은 계약이 종료된 후에도 가맹계약과 관련하여 알게 된 가맹업자의 영업상의 비밀을 준수하여야 한다고 규정하고 있다.

처벌기준은 없습니다. 그러므로 가맹본부와 가맹점사업자 간에 분쟁이 생기는 경우 당사자 사이의 자율적 조정에 도움을 주고자 가맹사업거래의 공정화에 관한 법률에 따라 한국공정거래조정원, 서울특별시, 부산광역시, 인천광역시, 경기도에 가맹사업 거래분쟁조정협의회가 설치되어 있습니다. 귀하의 경우에는 한국공정거래조정원 또는 가맹본부가 소재하고 있는 광역지방자치단체 가맹사업거래분쟁조정협의회의 상담을 거쳐 분쟁조정을 신청하는 것이 좋을 것으로 생각됩니다.

다. 가맹점사업자의 준수사항 (12가지)

| 가맹사업법 | 제6조 (가맹점사업자의 준수사항) |

가맹점사업자는 다음 각 호의 사항을 준수한다.
1. 가맹사업의 통일성 및 가맹본부의 명성을 유지하기 위한 노력
2. 가맹본부의 공급계획과 소비자의 수요충족에 필요한 적정한 재고유지 및 상품진열
3. 가맹본부가 상품 또는 용역에 대하여 제시하는 적절한 품질기준의 준수
4. 제3호의 규정에 의한 품질기준의 상품 또는 용역을 구입하지 못하는 경우 가맹본부가 제공하는 상품 또는 용역의 사용
5. 가맹본부가 사업장의 설비와 외관, 운송 수단에 대하여 제시하는 적절한 기준의 준수
6. 취급하는 상품·용역이나 영업활동을 변경하는 경우 가맹본부와 사전 협의
7. 상품 및 용역의 구입과 판매에 관한 회계장부 등 가맹본부의 통일적 사업경영 및 판매전략의 수립에 필요한 자료의 유지와 제공
8. 가맹점사업자의 업무현황 및 제7호의 규정에 의한 자료의 확인과 기록을 위한 가맹본부의 임직원 그 밖의 대리인의 사업장 출입 허용
9. 가맹본부의 동의를 얻지 아니한 경우 사업장의 위치변경 또는 가맹점운영권의 양도 금지[4]
10. 가맹계약기간 중 가맹본부와 동일한 업종을 영위하는 행위의 금지[5][6]

---

4) 가맹점사업자가 계약기간 불가피한 사정으로 영업운영권을 타인에게 양도하는 경우 법상 가맹본부의 '동의'를 거치도록 규정하고 있는바, 이 동의가 어느 정도의 수준을 의미하는지에 대한 관련 규정이 없어 가맹본부의 재산권과 가맹점사업자의 권리 사이 조화로운 해석이 필요하다. 예를 들면 양도 전에 가맹본부가 사전에 양수인이 가맹본부의 영업방침 및 거래조건을 충족하는지 여부 등 기본적 사항에 대한 점검·확인 절차를 거쳐 승인 또는 거절 등 적극적인 의사표시를 할 수도 있을 수 있는데 이는 '승낙거절권'행사의 일환으로 위법하다고 볼 수는 없다고 판단된다.

5) 가맹본부가 자기가 사용하는 영업표지에 대하여 상표권을 출원 또는 등록한 경우는 그 등록된 상표를 독점적으로 사용할 권리가 발생하는바[상표법 제89조(상표권의 효력)] 가맹계약이 종료된 후 가맹점사업자가 종전 가맹본부의 상표를 계속해서 사용하거나 유사한 상표를 사용하는 경우 상표권 침해행위가 성립되어 민·형사상 문제가 발생할 소지가 있다. 특히 형사적 제재로 상표 침해죄는 7년 이하의 징역 또는 1억 원 이하의

11. 가맹본부의 영업기술이나 영업비밀의 누설 금지[7]
12. 영업표지에 대한 제3자의 침해사실을 인지하는 경우 가맹본부에 대한 영업표지 침해사실의 통보와 금지 조치에 필요한 적절한 협력[8]

벌금에 처하도록[상표법 제230조(침해죄)] 하고 있어 가맹계약이 종료된 이후 동일한 업종의 유사한 상표 사용에는 상표 침해죄가 성립되지 않는지 세심한 주의가 필요하다.

6) 경업금지 규정은 가맹점사업자가 가맹계약을 통해 가맹점 운영에 필요한 노하우를 전수한 후 편법을 동원하여 동일한 사업을 운영하는 경우를 막고자 하는 것인데 최근 가맹본부가 경업금지조항 위반을 이유로 제기한 위약금 소송에서 법원이 이를 인용의 경우도 있고 배척의 경우도 있으며, 인용은 하면서도 청구 금액을 대폭 감액하는 판결도 있는 등 다양한 판례가 있으므로 소송을 제기하는 경우 손해배상금액 산정할 때는 세심한 검토가 필요하다. 인용한 경우(서울동부지법 2019가합103***)를 보면, 가맹본부(A)는 경업금지의무 약정을 위반하여 동종 가맹업을 개점한 사업자(B)를 상대로 한 위약금 소송에서 A가 거래상 지위를 남용하여 B에게 현저하게 과중한 경업금지의무를 부과하였다고 보기 어렵다고 판시하면서 B는 A에게 위약금 4,000만 원과 지연이자를 지급하라고 판결하였다. 배척한 경우를 보면, 가맹본부(A)는 경업금지의무 약정을 위반하여 계약기간 중 실질적 운영은 본인이 하면서도 제3자 이름으로 동종 가맹업을 개점한 사업자(B)를 상대로 제기한 위약금 소송(5,000만 원)에서 법원은 가맹본부의 손해배상액예정 약관조항은 지나치게 과중하여 부당하게 불리한 조항으로 무효라고 판결하였다. 따라서 위약금 손해배상소송을 제기하는 경우 계약서에 규정한 대로 기계적·일률적으로 계약서 규정대로 손해배상금액을 정할 것이 아니라 위반행위의 기간, 정도, 범위 및 피해 규모, 가맹점사업자의 귀책 사유 정도 등을 고려하였을 때 과중하지 않다고 인정될 수 있는 정도의 손해배상금액을 청구하여야 인용판결을 받을 가능성이 크다. 대법원도 경업 금지조항이 헌법상 보장하고 있는 직업 선택의 자유를 과도하게 제한하여 침해에 이르게 될 정도이면 민법 제103조에서 정한 선량한 풍속 기타 사회질서에서 반하는 법률행위로서 무효에 해당한다고 판시하고 있으므로(대법원 2010. 3. 11. 선고 2009다82244 판결) 부당하게 과도한 수준의 손해배상청구가 아닌지에 대한 신중한 검토가 필요하다.

7) 영업비밀은 「부정경쟁방지 및 영업비밀에 관한 법률」 제2조(정의) 제2호에서 규정하고 있는데 "영업비밀이란 공공연히 알려져 있지 아니하고, 독립된 경제적 가치를 가지는 것으로서 상당한 노력에 의하여 비밀로 유지된 생산방법, 판매방법, 그 밖에 영업활동에 유용한 기술상 또는 경영상의 정보를 말한다."라고 정의하고 있다.

8) 가맹점사업자가 가맹계약이 종료된 후 종전 가맹본부의 영업표지, 영업방식 등 유사한 방식으로 영업하는 경우가 있는데 이런 경우 영업표지 침해와 관련하여 의미 있는 판례가 있어 이를 소개하면 다음과 같다. "'구·원할머니보쌈'이라는 상표서비스표를 사용하던 종전 가맹점사업자 A는 계약이 종료된 후 '원조할매보쌈·족발'이라는 상호를 사용하여 종전과 동일한 점포 앞 입간판 등에 표시하여 판매하는 영업을 한 사안에서 호칭 및 관념이 동일 또는 유사하여 양 표지는 유사하다고 할 것이므로 이러한 표장을 종전과 동일한 점포 앞 입간판 등에 표시하여 종전 가맹본부와 동일한 상품 등을 판매하는 영업을 하는 경우 일반 수요자들은 기존의 가맹본부와 영업상, 재정상 또는 계약상의 관계나 특수한 인적 관계가 있는 것으로 혼동할 우려가 있다."라고 판시하여 영업표지 침해행위를 인정하였다(대법원 2010. 4. 15. 선고, 2010마260 결정).

3 》 가맹사업법의 용어 정의

가. 가맹사업

> **가맹사업법** | 제2조 (정의) 제1호 (가맹사업)
>
> "가맹사업"이라 함은 가맹본부가 가맹점사업자로 하여금 자기의 상표·서비스표·상호·간판 그 밖의 영업표지(이하 "영업표지"라 한다)를 사용하여 일정한 품질기준이나 영업방식에 따라 상품(원재료 및 부재료를 포함한다. 이하 같다) 또는 용역을 판매하도록 함과 아울러 이에 따른 경영 및 영업활동 등에 대한 지원·교육과 통제를 하며, 가맹점사업자는 영업표지의 사용과 경영 및 영업활동 등에 대한 지원·교육의 대가로 가맹본부에 가맹금을 지급하는 계속적인 거래관계를 말한다.

 '가맹사업'이라는 용어는 그동안 광범위하게 사용되어왔던 '프랜차이즈(Franchise, Franchising)'라는 표현 대신 가맹사업법을 제정하면서 '가맹사업'이라고 명명하여 가맹사업법에서 공식적으로 사용하게 되었으며, 「상법」 제168조의6[9] 및 「가맹사업 진흥에 관한 법률」 제2조 제1호에서도 '가맹사업'에 대한 정의를 두고 있는데 가맹사업법에서 규정하고 있는 정의와 유사하다.

 가맹사업은 가맹본부와 가맹점사업자가 신뢰 관계를 바탕으로 역할과 기능을 분담하여 상호의존적 사업방식으로 서로 간의 이해관계를 충족시키는 독특한 사업이다. 상호의존적 관계이지만 가맹본부와 가맹점사업자 사이 정보의 비대칭성에서 오는 불균형 문제, 영업표지 사용에 따른 지시와 통제 등 가맹본부가 사업을 주도적으로 이끌어 가는 형식을 취할 수밖에 없어 언제든지 갈등이 유발될 수 있는 취약한 사업구조라고 할 수 있다.

---

9) 자신의 상호·상표 등(이하 이 장에서 "상호 등"이라 한다)을 제공하는 것을 영업으로 하는 자[이하 "가맹업자"(加盟業者)라 한다]로부터 그의 상호 등을 사용할 것을 허락받아 가맹업자가 지정하는 품질기준이나 영업방식에 따라 영업을 하는 자를 가맹상(加盟商)이라 한다.

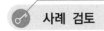

문 회사를 그만두고 사업을 시작해보려고 합니다. 주위에서 프랜차이즈로 음식점을 해보라고 권유하는데, 프랜차이즈가 무엇인가요?

답 프랜차이즈(프랜차이즈사업)는 체인점을 운영하는 사업자가 프랜차이즈 본부의 상표·상호·간판 등을 사용하여 일정한 품질기준이나 영업방식에 따라서 상품 등을 판매하는 영업을 말합니다.
체인점을 운영하는 사업자는 해당 점포의 경영이나 영업활동 등에 대해 프랜차이즈 본부로부터 지원, 교육 및 통제를 받으며, 상표 등을 사용하고 경영 및 영업활동 등에 대해 지원·교육받는 대가로 프랜차이즈 본부에 가맹금을 지급하는 계속적인 거래관계를 말합니다.

 스크랩 노트

〈상표 및 상호의 개념〉

■ "상표"란 자기의 상품(지리적 표시가 사용되는 상품을 제외하고는 서비스 또는 서비스의 제공에 관련된 물건 포함)과 타인의 상품을 식별하기 위해 사용하는 표장(標章)을 말합니다(「**상표법**」 제2조 제1항 제1호).

■ "상호"란 상인이 영업활동에 있어서 자신을 외부에 나타내는 명칭을 말하는 것으로, 이는 상인이 아닌 사업자나 사업의 명칭과 구별되고, 상품의 동일성을 표시하는 상표나 영업의 대외적인 인상을 부각시키기 위하여 사용하는 표장인 영업표지와 구별됩니다.

〈기본적 상행위〉

■ 가맹사업(프랜차이즈)은 "상호, 상표 등의 사용 허락에 따른 영업에 관한 행위"로서 기본적 상행위의 일종입니다(「**상법**」 제46조 제20호).

〈가맹사업거래의 성립조건〉

■ '가맹사업'은 다음의 조건을 모두 충족해야 하며 하나라도 충족되지 아니한 경우 가맹사업법상의 가맹사업으로 인정되지 아니하여 법 적용을 받을 수 없습니다(「**가맹사업법**」 **제2조 제1호**).

  ▶ 가맹본부가 가맹점사업자에게 영업표지 사용을 허락

- 영업표지의 상표 등록 여부와 관계없이 제3자가 독립적으로 인식할 수 있을 정
  도면 가능합니다.
▶ 가맹점사업자는 일정한 품질기준이나 영업방식에 따라 상품 또는 용역을 판매
- 가맹본부가 가맹점사업자의 주된 사업과 무관한 상품 등만 공급하는 경우는 가
  맹사업이 아닙니다.
▶ 가맹본부는 경영 및 영업활동 등에 대한 지원, 교육, 통제를 수행
- 가맹본부의 영업방침을 따르지 않는 경우 아무런 불이익이 없다면 가맹사업이
  아닙니다.
▶ 영업표지 사용 및 경영·영업활동 등에 대한 지원·교육에 대가로 가맹금 지급
- 가맹본부가 가맹점사업자에게 도매가격 이상으로 물품을 공급하는 경우(차액가
  맹금)도 가맹금 지급에 해당합니다.
▶ 계속적인 거래관계
- 일시적 지원만 하는 경우는 가맹사업이 아닙니다.

〈가맹사업 유사 개념과의 구분〉

■ 다음과 같은 형태의 상거래 또는 상인은 가맹사업과 유사한 명칭이나 거래방식을 취
한다고 하더라도 가맹사업법상 '가맹사업'이 아니므로 피해구제가 되지 않는 등 가맹
법 적용 대상이 아니므로 주의가 필요합니다.
  ▶ 위탁매매인 : 자기의 이름으로 물건을 판매하여 생기는 이익이나 손해는 다른 자에
  게 속하게 하고, 자신은 판매에 따른 일정한 수수료를 가지는 자를 말합니다(「**상법**」
  제101조).
  ▶ 대 리 상 : 자기가 상거래를 하는 것이 아니라 다른 상인을 위하여 거래를 대리하
  거나 중개하는 방법으로 영업을 보조하는 사람을 말합니다(「**상법**」 제87조).
  ▶ 체 인 사 업 : 같은 업종의 여러 소매점포를 직영(자기가 소유하거나 임차한 매장
  에서 자신의 책임과 계산으로 직접 매장을 운영하는 것을 말함)하거나 같은 업종
  의 여러 소매점포에 대하여 계속하여 경영을 지도하고 상품·원재료 또는 용역을
  공급하는 사업을 말합니다(「**유통산업발전법**」 제2조 제6호).
※ 가맹사업에는 패스트푸드·제과점 등과 같은 음식점업, 편의점·안경·문구류 등
  생활용품 사업, 등산·스키 등 스포츠 사업, 학원 등 교육 관련 사업 등 그 범위는
  국민 생활 전반에 걸쳐 확장되는 추세를 보이고 있습니다.

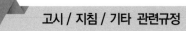

예규 가맹분야 불공정거래행위 심사지침

[시행 2024. 3. 25.] [공정거래위원회 예규 제459호, 2024. 3. 25. 제정]

Ⅱ. 지침의 적용 범위

1. 이 지침의 적용 대상인 '가맹사업'은 가맹본부가 가맹점사업자로 하여금 ① 자기의 상표·서비스표·상호·간판 그 밖의 영업표지를 사용하여 ② 일정한 품질기준이나 영업방식에 따라 상품(원재료 및 부재료를 포함) 또는 용역을 판매하도록 함과 아울러 ③ 이에 따른 경영 및 영업활동 등에 대한 지원·교육과 통제를 하며 ④ 가맹점사업자는 영업표지의 사용과 경영 및 영업활동 등에 대한 지원·교육의 대가로 가맹본부에 가맹금을 지급하는 ⑤ 계속적 거래관계를 말하며(법 제2조 제1호), 그 구체적 의미는 다음과 같다.

   가. 가맹본부의 상표·서비스표·상호·간판 그 밖의 영업표지 사용

   1) 가맹계약이 성립하기 위해서는 가맹점사업자의 영업이 가맹본부의 영업표지와 실질적으로 연관되어야 하므로, 가맹점사업자는 가맹본부의 영업표지에 대한 사용권(license)을 부여받아 사용하여야 한다. 즉, 가맹계약은 가맹본부의 영업표지에 대한 사용 허가(Licensing)를 포함하므로 가맹본부의 영업방식을 따르도록 하는 조항이 있더라도 영업표지의 사용권 부여에 관한 사항이 포함되지 않으면 가맹계약이 아니다.

   2) '영업표지'란 상표·서비스표·상호·간판 등 가맹본부의 정체성을 나타내는 표현물이나 표시 방법을 의미한다. '상표'란 자기의 상품과 타인의 상품을 식별하기 위하여 사용하는 표장을 말하고, '서비스표'란 서비스업을 영위하는 자가 자기의 서비스업을 타인의 서비스업과 식별할 수 있도록 하기 위하여 사용하는 표장을 말하며, '상호'란 사업자가 영업활동을 할 때 자기의 영업을 타인의 영업과 식별하기 위하여 정하고 사용하는 명칭으로서 상인의 명칭을 말한다.

   3) 가맹점사업자가 자신의 영업표지만을 사용하여 영업하는 경우나 가맹본부가 공급한 상품 등에만 간접적으로 가맹본부의 영업표지를 사용하는 등 외관상 가맹본부의 영업표지의 사용으로 보기 어려운 경우는 가맹본부의 영업표지 사용에 해당하지 않는다.

   나. 일정한 품질기준이나 영업방식에 따라 상품 또는 용역 판매

   1) 가맹사업에서는 가맹사업의 통일성과 가맹본부의 명성을 유지하기 위하여 합리적으로 필요한 범위 내에서 가맹섬사업사가 판매하는 상품 및 용역에 대하여 가맹점사업자로 하여금 가맹본부가 제시하는 품질기준을 준수하도록 요구하고, 그러한

품질기준의 준수를 위하여 필요한 경우 가맹본부가 제공하는 상품 또는 용역을 사용하도록 요구할 수 있다.

2) 가맹본부의 품질기준 설정은 상품이나 용역을 시간, 재료, 성과, 신뢰도, 외형 또는 제품의 특성 등의 측면에 비추어 일정한 표준에 부합하도록 함을 의미한다. 아울러, 영업방식 설정은 영업시간, 판매방식, 고객 응대 요령, A/S 기준 등을 일정한 표준에 맞추는 것을 말한다.

3) 가맹본부의 영업방식이 있으나 이를 지키지 않더라도 가맹점사업자에 대한 제재가 없는 경우, 일정한 영업방식을 준수하도록 하지 않고 단순히 상품만 공급하는 경우 (예시: 학원에 교재만 공급하고 교습에 필요한 기준 등은 개별 학원이 자체적으로 결정), 가맹점사업자가 가맹본부의 경쟁사를 포함한 다른 사업자의 물품을 모두 취급하는 경우 등은 가맹사업에 해당하지 않는다.

다. 경영 및 영업활동 등에 대한 지원·교육과 통제

1) 가맹사업에 해당하기 위해서는 가맹본부가 가맹점사업자의 경영 및 영업활동 등에 대하여 일정한 품질기준이나 영업방식에 따르도록 지원·교육과 통제를 하여야 한다. 경영 및 영업활동 등에 대한 지원·교육과 통제는 다른 유통(거래)방식과 구별되는 가맹사업의 고유한 특성이다.

2) 가맹계약이라는 명칭이 사용되고 영업표지의 사용 허락, 품질기준이나 영업방식의 설정 등 가맹사업의 요건을 구비하였더라도, 경영 및 영업활동 등에 대한 통제가 가맹사업으로 인정할 수 있는 상당한 정도에 이르지 못하였다면 가맹사업에 해당하지 않는다.

3) 가맹사업으로 인정할 수 있는 상당한 정도의 가맹본부의 통제는 가맹점사업자 영업의 주된 부분에 관련된 것이어야 하고 통제의 정도는 단순한 제의나 암시보다는 강하고 강압적 요구보다는 약한 상당한 수준의 지시 및 통제를 의미한다. (헌법재판소 2015. 9. 24. 선고 2015헌마149 결정)

4) 가맹사업의 통일성이나 고유성을 유지하기 위한 점포의 외관이나 인테리어, 정착물·설비, 직원 복장 등에 대한 기준 준수 요구, 품질기준, 영업시간, 판매방식, 고객 응대 요령, A/S 기준, 점포의 입지나 영업지역 등에 대한 제한은 상당한 수준의 통제에 해당한다고 볼 수 있으나 상표권 등 지식재산권의 보호만을 목적으로 하는 통제, 보건·위생이나 안전에 관한 법령 준수 요구 등은 상당한 수준의 통제에 해당하지 않는다.

라. 가맹금의 지급

1) 가맹점사업자는 영업표지의 사용과 경영 및 영업활동 등에 대한 지원·교육의 대가로 가맹본부에 가맹금을 지급하여야 하므로 가맹금의 지급이 없는 경우 가맹사

업이라고 할 수 없다.

    2) '가맹금'이란 명칭이나 지급 형태가 어떻든 간에 가맹희망자나 가맹점사업자가 가맹점운영권을 취득하거나 유지하기 위하여 가맹본부에 지급하는 모든 대가를 의미하며 법 제2조 제6호 및 같은 법 시행령 제3조에서 '가맹금'으로 정하는 모든 형태의 금원을 말한다.

마. 계속적 거래관계

    1) 가맹사업법의 적용 대상이 되는 가맹계약은 각각 독립된 경제주체인 가맹본부와 가맹점사업자 사이의 가맹점 운영과 관련된 계속적 거래관계에 관한 계약으로 볼 수 있고 가맹점사업자는 기본적으로 가맹본부의 지원 및 경영지도 등에 기초하여 가맹점을 독자적인 책임과 비용으로 경영하여야 한다.

    2) 가맹사업은 일회적 이행으로 종료되는 것이 아니라 일정 기간 거래의 존속을 전제로 하는 계속적 거래관계이므로, 기술이나 노하우를 전수해주고 대가를 수수하는 일회성 거래나 영업의 개시에 필요한 서비스만 일시적으로 제공하고 향후의 영업에 대해서는 별도의 지원이나 통제하지 않는 경우 등은 가맹사업에 해당하지 않는다.

    3) 법에 명문의 규정은 없으나 가맹사업의 속성상 가맹점사업자와 가맹본부는 서로 독립적인 지위에 있어야 하므로 가맹계약은 동업 계약관계로는 볼 수 없으며 거래를 통한 경제적인 효과의 귀속 측면에서 독립되지 않은 본인과 대리상(상법 제87조) 등의 관계는 가맹사업에 해당하지 않는다.

2. 소규모 가맹본부에 대한 적용배제를 규정한 법 제3조 제1항 각 호의 어느 하나에 해당하는 경우는 동 지침을 적용하지 아니한다.

3. 이 지침은 가맹사업거래에서 발생하는 공통적이고 대표적인 사항을 중심으로 규정하였으므로 지침에 열거되지 아니한 사항에 해당한다고 해서 법 제12조 제1항, 법 제12조의2부터 제12조의6 제1항까지 및 법 제14조의2 제5항에 위반되지 않는 것은 아니다. 또한, 특정 행위가 이 지침에서 제시한 「법 위반에 해당할 수 있는 행위(예시)」에 해당한다고 하더라도 위법성을 심사한 결과 가맹사업의 공정한 거래를 저해할 우려가 없거나 경미하다고 인정되는 경우는 법 제12조 제1항, 법 제12조의2부터 제12조의6 제1항까지 및 법 제14조의2 제5항에 위반되지 않을 수 있다.

4. 가맹본부의 행위가 가맹사업법이 규제하고 있는 행위인 동시에 독점규제 및 공정거래에 관한 법률(이하 "공정거래법"이라 한다)이 규제하고 있는 행위인 경우는 이 지침이 우선 적용된다.

5. 이 지침은 외국 소재 가맹본부가 직접 국내 가맹점사업자와 체결한 가맹계약을 통해 국내 가맹사업거래의 공정한 거래 질서를 저해할 우려가 있는 경우에도 적용될 수 있다.

나. 가맹사업당사자[10]

가맹사업법	제2조 (정의) 제2호 (가맹본부) 제3호 (가맹점사업자) 제4호 (가맹희망자) 제7호 (가맹지역본부) 제8호 (가맹중개인)

2. "가맹본부"라 함은 가맹사업과 관련하여 가맹점사업자에게 가맹점운영권을 부여하는 사업자를 말한다.
3. "가맹점사업자"라 함은 가맹사업과 관련하여 가맹본부로부터 가맹점운영권을 부여받은 사업자를 말한다.
4. "가맹희망자"란 가맹계약을 체결하기 위하여 가맹본부나 가맹지역본부와 상담하거나 협의하는 자를 말한다.
7. "가맹지역본부"라 함은 가맹본부와의 계약에 의하여 일정한 지역 안에서 가맹점사업자의 모집, 상품 또는 용역의 품질유지, 가맹점사업자에 대한 경영 및 영업활동의 지원·교육·통제 등 가맹본부의 업무의 전부 또는 일부를 대행하는 사업자를 말한다.
8. "가맹중개인"이라 함은 가맹본부 또는 가맹지역본부로부터 가맹점사업자를 모집하거나 가맹계약을 준비 또는 체결하는 업무를 위탁받은 자를 말한다.

가맹사업법에서 규정하고 있는 가맹사업당사자를 살펴보면, 가맹계약을 체결하기 전과 가맹계약을 체결한 후로 나누어진다고 할 수 있다. 다시 말하면 가맹계약을 체결하기 전에는 가맹본부와 가맹희망자이고, 가맹계약을 체결한 후에는 가맹본부와 가맹점사업자로 당사자 명칭이 변경된다.

한편, 가맹희망자도 가맹계약 체결을 위하여 단순히 상담하거나 협의하는 자에 그치지 아니한다는 점을 고려하여 가맹사업법은 가맹본부로 하여금 정보공개서를 제공하기 전에 가맹계약을 체결하거나, 가맹금을 수령하지 못하도록 하고 있고(법 제7조 제3항), 가맹사업 관련 정보를 제공하는 경우 허위 또는 과장된 정보를 제공하거나 중요사항을 은폐하거나 축소하는 방법으로 정보를 제공하는 행위 등을 못하도록 하여(법 제9조 제1항) 거래의 당사자로서 보호 대상이 되도록 하고 있다.

---

10) 가맹사업법 제2조 제9호에서는 가맹본부 또는 가맹점사업자를 모두 지칭할 때는 "가맹사업당사자"라고 규정하고 있다.

또한, 가맹사업법에서는 가맹사업당사자로 가맹본부의 업무를 전부 또는 일부를 대행하거나 가맹본부로부터 업무를 위탁받아서 가맹사업을 영위하는 자로서 가맹지역본부와 가맹중개인을 두고 있다.

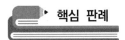 **핵심 판례**

> ### 가맹계약의 계약당사자 확정에 관한 분쟁은 민사소송 절차가 아닌 가맹사업법 집행기관인 공정거래위원회가 조사절차에 따라 가맹거래 계약당사자를 확정할 수 있다는 판단
>
> 사건명 : ㈜골프존의 가맹사업법 위반행위에 대한 건
> 〈 공정위 2022서가0561[11] 〉
> 【서울고등법원 2023. 6. 8. 선고 2022누53756 판결】
> 【대법원 2023. 9. 21. 선고 2023두44764 판결(심리불속행 기각)】

원고(가맹본부)는 가맹계약의 계약당사자 확정에 관한 분쟁은 계약당사자 간 민사소송 절차로 해결하여야 하고 행정기관인 피고(공정거래위원회)는 가맹계약을 해석하여 계약당사자를 확정할 권한이 없다고 주장하였으나, 가맹사업법 제32조의3에 의하면 누구든지 가맹사업법에 위반되는 사실이 있다고 인정할 때는 그 사실을 피고에게 신고할 수 있고(제1항) 피고는 위 신고가 있거나 가맹사업법에 위반되는 혐의가 있다고 인정할 때는 필요한 조사를 할 수 있음(제2항).

따라서 <u>피고는</u> 가맹사업법 위반혐의사실에 대한 조사를 통하여 구체적 사실관계를 확정하고 그에 근거하여 가맹사업법 위반 여부를 판단하여 그 결과에 따라 시정조치 명령이나 과징금 부과와 같은 행정처분을 할 수 있으므로 <u>원고가 이 사건 행위로 가맹사업법 제12조 제1항 제1호를 위반하였는지를 조사하는 과정에서 이 사건 가맹계약의 계약당사자를 포함한 구체적 사실관계를 조사·판단할 수 있고, 이는 가맹사업법 집행의 대상이 되는 사실관계를 조사·판단한 것이어서 가맹계약의 계약당사자를 확정하는 것은 피고의 권한에 포함됨.</u>

---

11) 가맹본부의 가맹사업법 위반행위가 신고인에게 한정된 피해구제인 사건에 해당하는 것으로 판단한 심사관(서울지방공정거래사무소장)이 2022. 6. 30. 전결 처리하면서 경고(처분)한 사건이다.

【판시사항】

1. 가맹본부와 체결한 계약의 기본적 성격이 가맹본부가 운영하는 직영점에 대한 투자계약이나 해당 점포를 향후 가맹점으로 전환하는 내용이 포함된 경우, 그 계약을 체결하기 위하여 가맹본부와 상담을 한 상대방이 구 가맹사업거래의 공정화에 관한 법률 제2조 제4호에서 정한 '가맹희망자'에 해당하는지 여부(원칙적 적극)
2. 구 가맹사업거래의 공정화에 관한 법률의 적용 대상이 되는 가맹계약의 개념
3. 가맹희망자가 지급한 금원이 가맹금이 되기 위한 요건

【이 유】 상고이유를 판단한다.

1. 가맹희망자에 해당하는지에 관한 상고이유에 대하여(이 사건 시정명령 제2항의 적법 여부)

   가. 구 가맹사업거래의 공정화에 관한 법률(2013. 8. 13. 법률 제12094호로 개정되기 전의 것, 이하 '가맹사업법'이라 한다) 제2조 제4호는 '가맹희망자'를 '가맹계약을 체결하기 위하여 가맹본부나 가맹지역본부와 상담하거나 협의하는 자'라고 규정하고 있다.

   그리고 가맹사업법 제7조 제2항은 가맹본부가 등록된 정보공개서를 제공하지 아니한 경우에는 가맹희망자로부터 가맹금을 수령하거나, 가맹희망자와 가맹계약을 체결하는 행위를 하여서는 아니 된다고 규정하고 있다. 또한 가맹사업법 제9조 제1항은 가맹본부가 가맹희망자에게 정보를 제공함에 있어서 허위 또는 과장된 정보를 제공하거나 중요사항을 누락하여서는 아니 된다고 규정하고 있다.

   한편 가맹사업법 제2조 제6호 (마)목은, 명칭이나 지급 형태가 어떻든 간에 '가맹희망자가 가맹점운영권을 취득하거나 유지하기 위하여 가맹본부에 지급하는 모든 대가'를 가맹금으로 규정하고 있다.

   이처럼 가맹사업법은 가맹희망자가 가맹점운영권을 확정적으로 취득하기 이전에 그 취득을 위하여 지급한 모든 대가를 가맹금으로 정하고 있고, 그와 함께 가맹본부

에 대하여 가맹계약을 체결하기 이전이라도 가맹희망자로부터 가맹금을 수령하는 때에 미리 정보공개서를 제공할 의무를 부담하도록 규정하여 가맹희망자를 두텁게 보호하고 있다. 이러한 규정들의 취지에 비추어 보면, 가맹본부와 체결한 계약의 기본적 성격이 가맹본부가 운영하는 직영점에 대한 투자계약이라고 하더라도, 그 계약 내용에 해당 점포를 향후 가맹점으로 전환하는 내용이 포함되어 있다고 한다면, 그 계약을 체결하기 위하여 가맹본부와 상담을 한 상대방은 특별한 사정이 없는 한 가맹사업법 제2조 제4호에서 규정하고 있는 '가맹희망자', 즉 '가맹계약을 체결하기 위하여 가맹본부나 가맹지역본부와 상담하거나 협의하는 자'에 해당된다고 보는 것이 타당하다.

나. 원심판결 이유와 기록에 의하면 다음 사실 및 사정을 알 수 있다.

1) '망고식스'라는 영업표지를 사용하여 식음료 관련 가맹사업을 운영하는 가맹본부인 원고는 2012. 11. 30. 소외 1과 사이에 망고식스 ○○○○ △△△점(이하 '이 사건 점포'라 한다)과 관련하여, ① 소외 1은 원고에게 투자비 1억 9,000만 원을 지급하고, ② 원고는 이 사건 점포를 운영하면서 소외 1에게 매출액에서 비용, 로열티 명목 등 일정 금원을 공제한 나머지를 수익금으로 지급하기로 하는 등의 내용의 이 사건 계약을 체결하였다.

2) 원고는 이 사건 계약 체결 이전인 2012. 11. 16. 이 사건 점포 운영에 관하여 애초에 협의를 진행한 상대방인 소외 2에게 ○○ △△△ 측에서 1년간 직영 운영을 요청한다는 이유로 "1년간 직영으로 본사에서 운영하고 발생되는 손익은 투자자에게 귀속된다. 2년 차에 가맹 전환하는데 상호 협의에 따라 직영으로 더 운영할 수도 있다."라는 내용의 이메일을 보냈다. 원고는 이와 함께 '○○○○ 예상 손익계산서'라는 제목으로 월 매출액이 2,500만 원 내지 3,000만 원, 영업이익이 432만 원 내지 602만 원으로 예상된다는 내용의 자료(이하 '이 사건 자료'라 한다)를 제공하였다.

3) 원고는 위 이메일을 기초로 소외 1과 협의를 하였고, 이 사건 계약에도 특약사항으로 "이 사건 매장 개점 후 2년 차에는 가맹으로 운영하기 위해 소외 1에게 양도한다. 단, 원고와 소외 1의 협의하에 매장 위탁운영 기간을 연장할 수 있다."라는 규정이 삽입되었다.

4) 위와 같은 계약 체결 경위 및 계약 내용에 비추어 보면, 원고와 소외 1은 개점 후 1년 뒤 소외 1이 희망하는 경우에는 원고가 소외 1에게 이 사건 점포에 관한 가맹점운영권을 부여할 예정임을 전제로, 다만 사용 가능한 영업표지의 종류와 범위 등 가맹사업의 구체적 내용·범위 등에 관하여 추가 협의를 거치기로 한 것으로 보인다.

다. 위와 같은 사실 및 사정을 앞서 본 법리에 비추어 살펴보면, 이 사건 계약이 가맹계약에 해당하는지와 상관없이, 소외 1은 다른 특별한 사정이 없는 한 가맹사업법 제2조 제4호에서 규정하고 있는 '가맹희망자'에 해당한다. 소외 1이 이 사건 점포의 개점 후 2년 차에 가맹계약으로의 전환을 위해 새로이 원고와 협의 내지 상담에 착수해야만 비로소 가맹희망자가 된다고 볼 수는 없다.

그렇다면 소외 1이 가맹희망자에 해당한다고 볼 수 있는 이상, 원심으로서는 원고가 가맹희망자인 소외 1에게 제공한 이 사건 자료에 기재된 예상매출액 등의 내용이 가맹사업법 제9조 제1항에서 정한 '허위 또는 과장된 정보'에 해당하는지 여부에 관하여 심리했어야 할 것이다.

라. 그런데도 원심은 판시와 같은 이유를 들어, 소외 1이 가맹희망자에 해당하지 아니하므로 이 사건 처분 중 가맹희망자에게 과장된 정보 제공행위를 함으로써 가맹사업법 제9조 제1항을 위반하는 행위의 금지를 명하는 시정명령 제2항 부분이 위법하다고 판단하였다. 원심의 이러한 판단에는 가맹사업법상 가맹희망자에 관한 법리를 오해하여 필요한 심리를 다하지 않음으로써 판결에 영향을 미친 위법이 있다. 이 점을 지적하는 상고이유 주장은 이유 있다.

2. 이 사건 시정명령 제1항의 적법 여부에 관하여

가. 가맹계약에 해당하는지에 관한 상고이유에 대하여

1) 가맹사업법 제2조 제1호는 '가맹사업'을 "가맹본부가 가맹점사업자로 하여금 자기의 상표 등 영업표지를 사용하여 일정한 품질기준이나 영업방식에 따라 상품 또는 용역을 판매하도록 함과 아울러 이에 따른 경영 및 영업활동 등에 대한 지원·교육과 통제를 하며, 가맹점사업자는 영업표지의 사용과 경영 및 영업활동 등에 대한 지원·교육의 대가로 가맹본부에 가맹금을 지급하는 계속적인 거래관계를 말한다."라고 정의하고 있다. 또한 가맹사업법 제2조는 제3호에서 '가맹점사업자'를 '가맹사업과 관련하여 가맹본부로부터 가맹점운영권을 부여받은 사업자'로, 제5호에서 '가맹점운영권'을 '가맹점사업자가 가맹본부의 가맹사업과 관련하여 가맹점을 운영할 수 있는 계약상의 권리'로 규정하고 있다.

이러한 관련 법률 규정의 내용을 종합하면, 가맹사업법의 적용 대상이 되는 가맹계약은 각각 독립된 상인인 가맹본부와 가맹점사업자 사이의 가맹점운영과 관련된 계속적 거래관계에 관한 계약으로 볼 수 있고(대법원 1996. 2. 23. 선고 95도2608 판결 참조), 가맹점사업자는 기본적으로 가맹본부의 지원 및 경영지도 등에 기초하여 가맹점을 독자적인 책임과 비용으로 경영하여야 한다.

2) 원심은 ① 이 사건 계약은 이 사건 점포에 대한 운영권이 원고에게 있다고 명시하고 있고 실제로 소외 1은 이 사건 점포의 운영에 관여하지 않은 점, ② 이 사건

계약은 원고가 소외 1에게 사용을 허락하거나 제공하는 영업표지의 종류와 범위 및 사업상 지원·교육과 통제의 내용 등 가맹계약의 중요 내용에 관하여 정하고 있지 않은 점 등의 사정을 들어 이 사건 계약이 가맹사업법상 가맹계약에 해당한다고 보기 어렵다고 판단하였다.

3) 앞서 본 법리와 기록에 비추어 살펴보면, 원심의 이유 설시 중 일부 적절하지 않은 부분이 있으나, 이 사건 계약이 가맹계약에 해당하지 않는다고 본 원심의 결론은 정당하다. 거기에 상고이유 주장과 같이 가맹사업법상 가맹계약의 개념 등에 관한 법리를 오해하는 등의 위법이 없다.

나. 가맹금에 해당하는지에 관한 상고이유에 대하여

가맹희망자가 지급한 금원이 가맹금이 되기 위해서는 그 돈이 '가맹점운영권을 취득하거나 유지하기 위하여 지급된 것'이어야 한다[가맹사업법 제2조 제6호 (마)목 참조].

앞서 본 사실관계와 기록에 의하여 알 수 있는 다음과 같은 사정, 즉 ① 소외 1이 원고에게 지급한 돈은 직영점 운영에 대한 투자 형식을 취한 이 사건 계약에 따른 투자금에 해당하는 점, ② 소외 1이 이 사건 계약에 따라 개점 후 2년 차 때 반드시 이 사건 점포에 관하여 가맹계약을 체결할 의무를 부담하는 것은 아닌 점, ③ 이 사건 계약에는 가맹계약의 요소에 관한 기본적 내용조차 확정되어 있지 않은 점 등을 위 법리에 따라 살펴보면, 향후 이 사건 점포가 가맹점으로 전환될 예정이라는 사정만으로, 소외 1이 원고에게 지급한 돈을 가맹점운영권을 취득하기 위하여 지급한 것으로서 가맹금에 해당한다고 보기는 어렵다. 따라서 피고의 이 부분 상고이유는 받아들이지 아니한다.

다. 그렇다면 이 사건 계약이 가맹계약에 해당하지 않고, 소외 1이 원고에게 지급한 돈이 가맹금에도 해당하지 않는 이상, 원고가 정보공개서를 제공하지 않은 채로 가맹계약을 체결하거나 가맹희망자로부터 가맹금을 수령함으로써 가맹사업법 제7조 제2항을 위반하였다고 보기 어렵다. 따라서 원심이 소외 1을 가맹희망자에 해당하지 아니한다고 판단한 것은 잘못이지만, 이 사건 처분 중 가맹사업법 제7조 제2항 위반과 관련된 시정명령 제1항 부분이 위법하다는 원심의 결론은 정당하다. 거기에 가맹사업법상 가맹금의 개념 및 가맹사업법 제7조 제2항의 해석·적용에 관한 법리를 오해한 위법이 없다.

3. 결론

그러므로 원심판결 중 피고의 시정명령 제2항에 관한 피고 패소 부분을 파기하고, 이 부분 사건을 다시 심리·판단하도록 원심법원에 환송하기로 하며, 나머지 상고를 기각하기로 하여, 관여 대법관의 일치된 의견으로 주문과 같이 판결한다.

> ## 물품대금
> [대법원 2018. 1. 25. 선고 2016다238212 판결]
> 〈부산고등법원 2016. 7. 7. 선고 (창원)2015나22826 판결〉

【판시사항】

1. 계약당사자가 누구인지 확정하는 방법 및 당사자 사이에 법률행위의 해석을 둘러싸고 이견이 있어 당사자의 의사해석이 문제 되는 경우, 법률행위를 해석하는 방법

2. 가맹사업거래의 공정화에 관한 법률상 가맹본부가 가맹점에게 원재료 또는 부재료를 특정한 거래상대방과 거래하도록 강제하고 있다는 사정만으로 가맹본부가 공급거래의 당사자가 되거나 공급거래에 따른 책임을 부담하는지 여부(소극) 및 가맹본부가 중간 공급업체를 지정하여 그 업체로 하여금 각 재료별 공급업체로부터 재료를 공급받아 가맹점과 거래하도록 하면서 품질기준의 유지를 위해 가맹본부가 지정한 업체로부터만 재료를 공급받도록 정하였다는 사정만으로 가맹본부와 각 재료 공급업체를 공급거래의 당사자라고 단정할 수 있는지 여부(소극)

3. 가맹사업거래의 공정화에 관한 법률상 가맹본부인 갑 주식회사가 을 주식회사와 을 회사가 직접 갑 회사의 지사 또는 가맹점으로부터 주문을 받고, 갑 회사가 선정한 병 주식회사 등 식자재 제조·생산업체로부터 식자재를 납품받아 갑 회사의 지사 또는 가맹점에 운송하며, 물품대금을 을 회사가 자신의 책임으로 직접 갑 회사의 지사 또는 가맹점으로부터 회수한 후 판매 이익의 일정 비율을 갑 회사에 수수료로 지급하기로 하는 내용의 계약을 체결하였는데, 병 회사가 갑 회사의 이행보조자인 을 회사를 통해 갑 회사의 지사 또는 가맹점에 식자재를 납품하였다며 갑 회사를 상대로 미지급 물품대금의 지급을 구한 사안에서, 병 회사와 식자재 납품계약을 체결한 당사자를 갑 회사로 보아, 갑 회사가 병 회사에 미지급 물품대금을 지급할 의무가 있다고 판단한 원심판결에는 법리오해 등 잘못이 있다고 한 사례

【판시요지】

1. 일반적으로 계약의 당사자가 누구인지는 계약에 관여한 당사자의 의사해석의 문제에 해당한다. 당사자 사이에 법률행위의 해석을 둘러싸고 이견이 있어 당사자의 의사해석이 문제 되는 경우에는 법률행위의 내용, 그러한 법률행위가 이루어진 동기와 경위, 법률행위에 의하여 달성하려는 목적, 당사자의 진정한 의사 등을 종합적으로 고찰하여

논리와 경험칙에 따라 합리적으로 해석하여야 한다.

2. 가맹사업거래의 공정화에 관한 법률(이하 '가맹사업법'이라 한다)은 가맹사업의 특수성을 고려하여, 일정한 경우에는 가맹본부가 가맹점에게 원재료 또는 부재료를 특정한 거래상대방(가맹본부 포함)과 거래하도록 강제하는 것을 허용하고 있는데[가맹사업법 제12조 제1항 제2호, 제2항, 가맹사업거래의 공정화에 관한 법률 시행령 제13조 제1항 [별표 2] 제2항 (나)목], 그러한 사정만으로 가맹본부가 그 공급거래의 당사자가 되거나 공급거래 자체에 따른 어떠한 책임을 부담하게 되는 것은 아니다. 나아가 가맹본부는 각 원재료나 부재료 별로 공급업체를 일일이 지정하여 가맹점과 직접 거래하도록 하는 것은 비효율적일 수 있으므로, 중간 공급업체를 지정하여 그 업체로 하여금 각 재료별 공급업체로부터 재료를 공급받아 가맹점과 거래하도록 하는 경우가 있다. 이 경우 가맹본부는 품질기준의 유지를 위해 중간 공급업체로 하여금 가맹본부가 지정한 업체로부터만 재료를 공급받도록 정할 수 있을 것인데, 이처럼 가맹본부가 각 재료 공급업체의 지정에 관여하였다고 하더라도 그러한 사정만으로 가맹본부와 각 재료 공급업체를 그 공급거래의 당사자라고 단정할 만한 전형적 징표라고 보기도 어렵다.

3. 가맹사업법상 가맹본부인 갑 주식회사가 을 주식회사와 을 회사가 직접 갑 회사의 지사 또는 가맹점으로부터 주문을 받고, 갑 회사가 선정한 병 주식회사 등 식자재 제조·생산업체로부터 식자재를 납품받아 갑 회사의 지사 또는 가맹점에 운송하며, 물품대금을 을 회사가 자신의 책임으로 직접 갑 회사의 지사 또는 가맹점으로부터 회수한 후 판매 이익의 일정 비율을 갑 회사에 수수료로 지급하기로 하는 내용의 계약을 체결하였는데, 병 회사가 갑 회사의 이행보조자인 을 회사를 통해 갑 회사의 지사 또는 가맹점에 식자재를 납품하였다며 갑 회사를 상대로 미지급 물품대금의 지급을 구한 사안에서, 위 계약의 내용 및 취지, 갑 회사, 을 회사, 병 회사 사이에 실제 이루어진 거래 형태 등을 종합하면, 을 회사는 단순히 갑 회사의 배송 및 수금업무를 대행한 자가 아니라 가맹본부인 갑 회사의 중간 공급업체로서 갑 회사가 선정한 식자재 제조·생산업체인 병 회사와 직접 납품계약을 체결한다는 의사로 식자재를 납품받아 그 명의로 대금을 결제하여 왔고, 병 회사 역시 납품계약의 상대방을 을 회사로 인식하였다고 볼 수 있는데도, 병 회사와 식자재 납품계약을 체결한 당사자를 갑 회사로 보아, 갑 회사가 병 회사에 미지급 물품대금을 지급할 의무가 있다고 판단한 원심판결에는 당사자 확정 또는 법률행위 해석에 관한 법리오해 등 잘못이 있다고 한 사례

다. 가맹점운영권과 가맹계약서

가맹사업법	제2조 (정의) 제5호 (가맹점운영권) 제9호 (가맹계약서)

> 5. "가맹점운영권"이란 가맹점사업자가 가맹본부의 가맹사업과 관련하여 가맹점을 운영할 수 있는 계약상의 권리를 말한다.
> 9. "가맹계약서"라 함은 가맹사업의 구체적 내용과 조건 등에 있어 가맹본부 또는 가맹점사업자(이하 "가맹사업당사자"라 한다)의 권리와 의무에 관한 사항(특수한 거래조건이나 유의사항이 있는 경우에는 이를 포함한다)을 기재한 문서를 말한다.

가맹사업당사자가 계약을 체결함으로써 가맹본부의 가맹사업과 관련하여 가맹점을 운영할 수 있는 권리가 가맹점사업자에게 부여되는데 이를 "가맹점운영권"이라고 하고, 이러한 가맹운영권에 대하여 가맹사업당사자 사이 구체적으로 합의한 내용이 서면으로 작성된 계약서를 "가맹계약서"라고 한다. 가맹사업법에서 규정하고 있는 가맹점운영권과 가맹계약서에 대한 정의를 구체적으로 살펴보면 다음과 같다.[12]

첫째, "가맹점운영권"이란 가맹점사업자가 가맹본부의 가맹사업과 관련하여 가맹점을 운영할 수 있는 권리를 말한다.

둘째, "가맹계약서"란 가맹사업의 구체적 내용과 조건 등에 있어 가맹본부 또는 가맹점사업자(이하 "가맹사업당사자"라 한다)의 권리와 의무에 관한 사항(특수한 거래조건이나 유의 사항이 있는 경우에는 이를 포함한다)을 기재한 문서를 말한다.

가맹계약서는 가맹본부가 다수의 가맹희망자 또는 가맹점사업자와 계약을 체결하기 위하여 미리 작성해 놓은 약관으로서[13] 가맹사업법은 가맹본부가 거래상 지위를 이용하

---

12) 가맹사업법 적용을 회피하기 위한 수단으로 가맹계약이라는 용어 대신 유사한 형태의 계약으로 "위탁관리계약"이라는 용어를 사용하여 계약을 체결한 경우가 있었는데 이 계약서에서는 가맹본부 대신 "양도인", 가맹점사업자 대신 "양수인"이라는 이름으로 해당 계약이 체결되었고 그 사업내용은 가맹사업과 유사한 형식이었다. 이와 같은 거래가 가맹사업법 적용 대상으로 볼 수 있는지 여부에 대한 사건이 공정거래위원회의 심의 대상이 되었던바, 공정거래위원회는 계약 명칭과 관계없이 가맹사업법에서 규정하고 있는 가맹사업의 요건을 모두 충족하고 있다면 가맹사업법에서 규정하고 있는 가맹사업에 해당하므로 가맹본부가 정보공개서를 제공하지 아니한 상태에서 가맹계약을 체결하고 가맹금을 수령한 행위는 가맹사업법에 위반된다고 의결하였다[공정거래위원회 2017. 8. 9. 의결(약) 제2017-080호, 〈사건번호 : 2016가맹3179〉].

13) 가맹본부가 작성해 놓은 계약서는 「약관의 규제에 관한 법률」 적용 대상이 된다. 그러므로 가맹희망자 또는 가맹점사업자가 가맹본부와 개별적인 협상에 따라 특정 사항에 대해 계약조건을 변경하는 것은 원칙적으로

여 불공정한 약관을 작성하지 못하도록 하고 있고, 불공정거래행위를 사전에 방지하기 위하여 대등한 지위에서 계약을 체결할 수 있도록 하고 있다.[14]

라. 가맹금

가맹사업법	제2조 (정의) 제6호 (가맹금)

법 률	시행령

제2조(정의)
 	
  6. "가맹금"이란 명칭이나 지급형태가 어떻든 간에 다음 각 목의 어느 하나에 해당하는 대가를 말한다. 다만, 가맹본부에 귀속되지 아니하는 것으로서 대통령령으로 정하는 대가를 제외한다.
    가. 가입비·입회비·가맹비·교육비 또는 계약금 등 가맹점사업자가 영업표지의 사용허락 등 가맹점운영권이나 영업활동에 대한 지원·교육 등을 받기 위하여 가맹본부에 지급하는 대가
    나. 가맹점사업자가 가맹본부로부터 공급받는 상품의 대금 등에 관한 채무액이나 손해배상액의 지급을 담보하기 위하여 가맹본부에 지급하는 대가
    다. 가맹점사업자가 가맹점운영권을 부여받을 당시에 가맹사업을 착수하기 위하여 가맹본부로부터 공급받는 정착물·설비·상품의 가격 또는 부동산의 임차료 명목으로 가맹
	제3조(가맹금의 정의)
	
	  ① 「가맹사업거래의 공정화에 관한 법률」(이하 "법"이라 한다) 제2조 제6호 각 목 외의 부분 단서에서 "대통령령으로 정하는 대가"란 다음 각 호의 어느 하나에 해당하는 대가를 말한다. 〈개정 2008. 1. 31., 2021. 1. 5.〉
	  1. 소비자가 신용카드를 사용하여 가맹점사업자의 상품이나 용역을 구매한 경우에 가맹점사업자가 신용카드사에 지급하는 수수료
	  2. 소비자가 상품권을 사용하여 가맹점사업자의 상품이나 용역을 구매한 경우에 가맹점사업자가 상품권 발행회사에 지급하는 수수료나 할인금
	  3. 소비자가 「전자금융거래법」 제2조 제11호에 따른 직불전자지급수단·선불전자지급수단 또는 전자화폐를 사용하거나 「전자금융거래법」 제2조 제19호에 따른 전자지급결제대행 서비스를 이용하여 가맹점사업자의 상품이나 용역을 구매한 경우에 가맹점사업자가 지급수단 발

허용되지 않는다. 따라서 가맹본부가 제시한 가맹계약서에 대하여 가맹희망자 또는 가맹점사업자는 전적으로 이를 수용하여 계약을 체결하거나 아니면 전적으로 거부하여 계약체결을 하지 않아야 한다.

14) 후술하겠지만 가맹사업법에서는 가맹계약서의 필수기재 사항을 두고 있는데 그 이유는 가맹계약을 불평등 계약으로 보기 때문이다. 즉 가맹본부는 경험과 지식을 갖춘 조직화 된 기업인 반면 가맹점사업자는 경험이 없어 가맹본부에 의존하고 그 지시에 따를 수밖에 없는 약자이기 때문에 최소한의 보호 장치를 마련해야 할 필요성으로 인해 이를 법제화 한 것이다.

법 률	시행령
본부에 지급하는 대가 라. 가맹점사업자가 가맹본부와의 계약에 의하여 허락받은 영업표지의 사용과 영업활동 등에 관한 지원·교육, 그 밖의 사항에 대하여 가맹본부에 정기적으로 또는 비정기적으로 지급하는 대가로서 대통령령으로 정하는 것 마. 그 밖에 가맹희망자나 가맹점사업자가 가맹점운영권을 취득하거나 유지하기 위하여 가맹본부에 지급하는 모든 대가	행회사나 지급결제 대행회사에 지급하는 수수료나 할인금 4. 법 제2조 제6호 다목에 따라 가맹본부에 지급하는 대가 중 적정한 도매가격(도매가격이 형성되지 아니하는 경우에는 가맹점사업자가 정상적인 거래관계를 통하여 해당 물품이나 용역을 구입·임차 또는 교환할 수 있는 가격을 말하며 가맹본부가 해당 물품이나 용역을 다른 사업자로부터 구입하여 공급하는 경우에는 그 구입가격을 말한다. 이하 같다) 5. 그 밖에 가맹본부에 귀속되지 않는 금전으로서 소비자가 제3의 기관에 지급하는 것을 가맹본부가 대행하는 것 ② 법 제2조 제6호 라목에서 "대통령령으로 정하는 것"이란 다음 각 호의 어느 하나에 해당하는 대가를 말한다. 〈신설 2008. 1. 31.〉 1. 가맹점사업자가 상표 사용료, 리스료, 광고 분담금, 지도훈련비, 간판류 임차료·영업지역 보장금 등의 명목으로 정액 또는 매출액·영업이익 등의 일정 비율로 가맹본부에 정기적으로 또는 비정기적으로 지급하는 대가 2. 가맹점사업자가 가맹본부로부터 공급받는 상품··원재료·부재료·정착물·설비 및 원자재의 가격 또는 부동산의 임차료에 대하여 가맹본부에 정기적으로 또는 비정기적으로 지급하는 대가 중 적정한 도매가격을 넘는 대가. 다만 가맹본부가 취득한 자신의 상품 등에 관한 「특허법」에 따른 권리에 대한 대가는 제외한다. ③ 공정거래위원회는 제1항 제4호 및 제2항 제2호에 따른 적정한 도매가격을 정하여 고시할 수 있다. 〈개정 2008. 1. 31.〉

가맹점사업자(가맹희망자를 포함한다)는 가맹본부와 가맹점운영권 계약을 체결함에 따라 가맹본부에 대가를 지급하게 되는데 이와 같은 대가를 가맹사업법에서는 가맹금이라고 규정하고 있다.

즉, 가맹금은 명칭이나 지급 형태에 구애됨이 없이 가맹본부가 대가로 가맹점사업자로부터 받는 금원에 대해서 포괄적으로 인정하고 있는데, 대표적인 가맹금으로는 계약체결 단계에서 받는 가입비, 입회비, 가맹비, 교육비 등이 있고, 계약체결 후 가맹사업을 착수하기 위한 단계에서 받는 정착물, 설비 및 원자재 가격, 부동산 임차료 등이 있으며, 가맹사업 운영 중에 받는 로열티, 수수료 등이 있다.

이슈 검토 1

■ 차액가맹금은 가맹본부(사업자)의 영업비밀에 해당하는 재산적 가치가 아니라 가맹금으로 보아야 한다는 판단에 대한 이슈

1. 관련 규정

가맹금에 대한 정의를 살펴보면 가맹사업법 제2조(정의) 제6호에서 "명칭이나 지급 형태가 어떻든 간에 다음 각 목의 어느 하나에 해당하는 대가를 말한다."라고 규정하고 있고, 그 아래 '라'목에서 가맹점사업자가 가맹본부와의 계약에 따라 허락받은 영업표지의 사용과 영업활동 등에 관한 지원·교육, 그 밖의 사항에 대하여 가맹본부에 정기적으로 또는 비정기적으로 지급하는 대가로서 대통령령으로 정하는 것이라고 규정하고 있다.

한편, 가맹사업법 시행령 제3조(가맹금의 정의) 제2항에서는 법 제2조 제6호 라목에서 "대통령령으로 정하는 것"이란 다음 각 호의 어느 하나에 해당하는 대가를 말한다고 규정하고 있고 그 아래 "2. 가맹점사업자가 가맹본부로부터 공급받는 상품·원재료·부재료·정착물·설비 및 원자재의 가격 또는 부동산의 임차료에 대하여 가맹본부에 정기적으로 또는 비정기적으로 지급하는 대가 중 적정한 도매가격을 넘는 대가[15])"를 가맹금의 한 유형으로 규정하고 있다.

또한, 차액가맹금과 관련한 정보 및 주요 품목별 공급가격의 상·하한에 대한 정보는 정보공개서에 기재(공개)하여 가맹희망자 및 가맹점사업자가 이를 알 수 있도록 하여야 한다고 규정하고 있는데, 그 내용을 구체적으로 살펴보면 2018. 4. 3. 대통령령

---

15) 가맹본부가 가맹점사업자에게 원자재를 공급하며 얻는 물류마진을 말하는데, 실제 가맹사업 현장에서는 일반적으로 "차액가맹금"이라 한다(이하 "차액가맹금"이라 한다).

제28786호로 개정된 가맹사업법 시행령 제4조 제1항 별표 1 중 제5호 나목 2) 및 제6호 가목은 "가맹본부가 가맹희망자에게 제공하기 위한 정보공개서에 가맹점사업자가 해당 가맹사업을 운영하는 과정에서 가맹본부가 가맹점사업자에게 가맹본부 또는 가맹본부가 지정한 자와 거래할 것을 강제 또는 권장하여 공급받는 품목에 대하여 가맹본부에 지급하는 대가 중 적정한 도매가격을 넘는 대가"(이하 "차액가맹금"이라 한다)와 관련하여, 직전 사업연도의 가맹점당 평균 차액가맹금 지급금액, 직전 사업연도의 가맹점당 매출액 대비 차액가맹금 지급금액의 비율[위 제5호 나목 2)], 주요 품목별 직전 사업연도 공급가격의 상·하한 등[위 제6호 가목 1)]을 기재하고, 가맹본부의 구입강제와 관련하여 가맹본부 또는 특수관계인이 경제적 이득을 취하고 있는 경우에 납품업체 등의 명칭, 특수관계인의 명칭, 경제적 이익의 내용 등을 기재하도록 하였다[위 제6호 가목 2), 3), 4)].

2. 검토 배경 및 관련 이슈

49개 가맹본부 및 5개 납품업체 등은 위 1.의 가맹사업법 시행령 규정에 대해 로열티가 수익원으로 자리 잡지 못한 우리나라의 가맹사업 구조상 차액가맹금은 가맹본부 수익과 직결되는 경우가 대부분이고, 영업비밀에 해당하는 재산적 가치를 지니고 있으므로 재산권 침해에 해당하며, 국민의 권리행사를 침해 또는 제한하는 사항은 국회에서 제·개정되는 법률에서 정해야 함에도[16] 불구하고 행정기관이 법률이 정한 위임의 범위를 벗어나 시행령으로 이를 침해·제한하는 것은 위법이라고 주장하면서 헌법소원을 제기하였다.

이에 대해 헌법재판소는 2021. 10. 28. 재판관 전원일치 의견으로 심판청구 내용을 모두 기각 또는 각하하는 결정을 선고하였다(헌법재판소 2021. 10. 28. 선고 2019헌마288 결정, 차액가맹금 관련 정보 등 정보공개서 기재 사건). 헌법재판소는 차액가맹금을 가맹금으로 보는 것이 타당하고, 정보공개서에 이를 기재토록 한 규정은 법률유보의 원칙, 명확성의 원칙, 과잉금지의 원칙에 위배 되지 않는다는 결정을 하였다.

그동안 기업의 원가와 마진은 영업비밀에 해당한다는 것이 일반적인 인식으로 인정되어왔음에도 불구하고, 헌법재판소가 이러한 결정을 하게 된 배경은 가맹본부의 차액가맹금이 적정한 수준의 마진을 벗어나 폭리 수준에 가깝다고 보는 부정적 인식에 기한 것으로 보인다.

같은 업종이라고 하더라도 가맹본부별 경쟁력에 따라서 원가와 마진의 차이는 크게 발생할 수 있는데 이를 공개하는 것은 경쟁 관계에 있는 가맹본부의 원가와 마진이 관련 시장에 공개되는 경우 규모의 경제가 실현되지 못하는 중소 가맹본부는 경영상

---

16) 일정한 행정권의 발동은 법률에 근거하여 이루어져야 한다는 공법상 원칙으로서 "법률유보의 원칙"이라고 한다.

위기에 봉착할 가능성이 있고, 주요 원재료의 가격이 암묵적 담합에 의해서 결정될 가능성 역시 배제할 수 없다.

이러한 부정적 영향은 가맹본부의 경영전략, 마케팅 전략에 큰 차질이 생길 수 있고, 가맹산업의 근간이 흔들릴 수 있다는 점에서 아쉬울 수밖에 없다. 또한 원가와 마진의 공개는 타 산업에서는 그 유례를 찾아볼 수 없는 과도한 규제로서 산업간 형평성 문제에 대한 고려도 부족해 보인다.

결론적으로 이 결정은 계약자유의 원칙, 자유시장의 원리라는 대원칙보다 경제적 약자인 가맹점사업자를 보호해야 할 필요성이 있다는 결정으로 규제당국의 규제가 정당하다는 확인을 해 주는 것이 되었고, 향후 사회적 논란이 있을 때마다 약자 보호라는 명분 아래 가맹본부에 대한 규제가 남발될 가능성도 있어 가맹산업의 발전이라는 측면에서 바람직하지 않다.

3. 개선방안

헌법재판소의 결정이 가맹점사업자를 보호를 위한 것이라는 점에서는 당위성이 있다고 하지만 그 결정과 별도로 가맹본부와 가맹점사업자가 신뢰를 바탕으로 동반성장을 할 수 있는 제도개선이 함께 이루어져야 할 것이다. 장기적으로는 가맹본부의 수익구조가 차액가맹금에서 로열티 구조로 전환될 수 있도록 정책적 지원이 따라야 하며, 단기적으로는 필수품목 지정을 최소화하고, 원재료 가격의 일방적인 단가 인상을 할수 없도록 필수품목과 공급가격 산정방식을 계약서에 기재하도록 하는 등 제도적으로 차액가맹금을 통해 폭리를 취할 수 없는 구조로 개선해 나가는 것이 올바른 방향이라고 판단된다.

이슈 검토 **7**

■ 차액가맹금을 대신하는 로열티 구조로의 전환정책에 대한 이슈

1. 검토 배경 및 관련 이슈

가맹점사업자의 가장 큰 불만 중 하나는 가맹본부가 지나치게 많은 필수품목을 지정하고, 공급가격을 높게 책정하여 폭리 수준의 수익을 취하고 있으며, 특정 공급원과 거래하도록 강제하여 과도한 차액가맹금을 수취하고 있다고 보는 것인데, 가맹본부가 이러한 행위를 하는 근본적인 이유는 우리나라의 가맹본부는 선진국과 달리 가맹본부가 로열티 대신 차액가맹금을 주 수익원으로 삼고 있기[17] 때문이며, 이러한 수익구조가 개선되지 않는다면 갈등 관계는 지속될 수밖에 없을 것이다.[18]

또한, 필수품목에 대한 가맹사업당사자의 견해를 살펴보면, 가맹본부는 품질의 동일성과 브랜드의 통일성 유지를 위해서 자신이 직접 또는 제3의 공급업자를 지정하는 거래방식이 불가피하다고 주장하는 반면, 가맹점사업자는 가맹본부가 물품 공급원을 자기 또는 자기가 지정하는 제3의 공급업자와 거래하도록 강제하는 것은 가맹점사업자를 통제하기 위한 수단으로 활용될 가능성이 있고, 자신이 공급업자와의 직접 거래로 인해 얻을 수 있는 차익을 가맹본부가 대신 수취하며 품질의 동일성 또는 브랜드의 통일성 유지와 무관한 상품도 필수품목으로 지정하는 등 동일성 또는 통일성 유지라는 명분으로 조달 능력을 개선하려는 노력 없이 수익만 챙겨간다고 주장한다.

2. 개선방안

공정거래위원회는 가맹점 수가 많은 대형 가맹본부부터 선도적으로 매출액 대비 일정 비율 또는 일정 금액을 수수하는 로열티 구조로 바뀔 수 있도록 적극적인 인센티브 제공[19] 등을 포함한 가맹본부의 수익구조 전환을 위한 여러 가지 정책적인 지원이 필요하다.

아울러, 업계도 가맹점사업자들이 자체적으로 '구매협동조합'을 만들어 조달 능력과 협상력을 키워 스스로 경쟁력을 높이도록 하고, 가맹본부는 품질의 동일성이나 브랜드의 통일성 유지를 위한 최소한의 품목만 직접 공급할 수 있도록 하여, 가맹점사업자들이 가맹본부가 부당한 이윤을 추구하고 있다는 의심을 해소할 수 있도록 보다 더 많이 노력해야 할 필요가 있다.

이와 같은 차액가맹금의 로열티 제도로의 전환과 정착을 위해서 가장 중요한 사항은 가맹본부와 가맹점사업자 사이 합의와 신뢰가 전제되어야 한다는 것이다. 이러한

---

17) 전체 가맹본부의 80%를 차지하는 요식업이 대표적이다.

18) 2018년 기준 공정거래위원회에 등록된 브랜드 기준으로 가맹점 수가 100개 이상인 339개의 가맹본부를 대상으로 조사한 결과, 로열티를 부과하는 브랜드 수는 164개(48%)로 나타났고 이 중 정액 로열티는 105개, 정률 로열티는 59개로 나타났다(우리나라 프랜차이즈산업의 로열티 부과 현황과 로열티 방식 전환에 관한 실효성 검토, 진문근).
한편, 공정거래위원회가 발표한 2022년 가맹사업현황통계를 보면, 2021년 기준 외식업종 가맹점당 평균 차액가맹금은 2,047만 원이었다. 좀 더 세부적으로 살펴보면 치킨가맹점이 3,110만 원으로 가장 높았고, 제과제빵가맹점은 2,977만 원, 피자가맹점도 2,957만 원 등 가맹점사업자의 연간 부담액은 3,000만 원에 달했다. 매출액 대비 차액가맹금의 비중도 치킨은 10.1%, 피자는 8.4%, 분식은 8.1%를 차지하는 것으로 나타났다.

19) 공정거래위원회는 2019. 4. 14. 「가맹본부・가맹점사업자 간 공정거래 및 상생협력 협약 절차・지원 등에 관한 기준(공정거래위원회 예규)」을 개정하면서 가맹분야 협약평가 항목별 점수 배분 기준에 "가맹금 수취 방식을 로열티 방식으로 전환하였는지 여부(배점 3점)"를 신설하였다.
공정거래위원회는 차액가맹금 대신 로열티를 받는 가맹본부에게 인센티브를 줄 수 있도록 「가맹분야 공정거래협약 이행평가기준」에 이를 신설(2019. 4. 14.)하였다. 인센티브 내용을 보면, 공정거래위원회가 주관하는 '상생협약평가'와 동반성장위원회가 주관하는 '동반성장 지수'를 합산하여 100점 기준 95점 이상의 점수를 받으면 공정거래위원회 직권조사가 면제되고, 85점 이상이면 시정명령 공표 기간을 단축한다.

합의와 신뢰를 바탕으로 장기적인 관점에서 해당 업종의 특성에 맞게 체계적인 마스터플랜을 마련하여 점진적으로 개선해 나간다면 투명한 거래와 함께 신뢰 관계가 형성되어 가맹산업이 한 단계 더 발전하는 계기가 되리라 본다.[20]

 **핵심 판례**

차액가맹금은 가맹본부(사업자)의 영업비밀에 해당하는 재산적 가치가 아니라 가맹금으로 보아야 한다는 판단

〈차액가맹금 관련 정보 등 정보공개서 기재 사건〉
【헌법재판소 2021. 10. 28. 선고 2019헌마288 결정】

【판시사항】

헌법재판소는 2021년 10월 28일 재판관 전원일치 의견으로, 가맹본부 청구인들의 '가맹사업거래의 공정화에 관한 법률 시행령'(2018. 4. 3. 대통령령 제28786호로 개정된 것) 제4조 제1항 별표 1 중 제5호 나목 2) 및 제6호 가목에 대한 심판청구를 모두 기각하고, 납품업체 청구인들의 심판청구를 모두 각하하는 결정을 선고하였다. [기각, 각하]

【판결요지】

1. 사건개요

청구인 1 내지 49는 가맹사업과 관련하여 가맹점사업자에게 가맹점운영권을 부여하는 사업자인 가맹본부이고, 청구인 50 내지 54는 가맹본부 또는 가맹점사업자에게 물품을 납품하는 업체이다(이하, 청구인 1 내지 49는 '가맹본부 청구인들', 청구인 50 내지 54는 '납품업체 청구인들'이라 한다).

2018. 4. 3. 대통령령 제28786호로 개정된 '가맹사업거래의 공정화에 관한 법률 시행령'

---

20) 2009년부터 2018년까지 공정거래위원회에 등록된 정보공개서와 629개의 가맹브랜드 계약서 데이터를 사용하여 자료 분석(SPSS 18 사용, 빈도분석, 기술통계분석, t-Test, 이원분산분석을 통한 가설 검증실시)을 한 결과, 로열티 방식을 적용하는 경우 가맹본부와 가맹점사업자는 모두 성과가 높게 나타났으며, 필수품목 구입강제가 있는 경우 가맹본부와 가맹점사업자 모두 성과가 낮은 것으로 나타났다. 또한 두 변수를 동시에 투입하여 상호작용효과를 검증한 결과 필수품목 구입강제 없이 로열티 방식을 적용하는 경우 가맹본부의 성과가 가장 높은 것으로 나타났고, 로열티 없이 필수품목 구입강제만 있는 경우 가맹본부의 성과가 가장 낮은 것으로 분석되었다(「로열티 적용여부와 필수품목 구입강제가 가맹시스템 성과에 미치는 효과에 대한 연구」 프랜차이즈저널 제7권, 2021년 3월 이 혁, 박주영, 김현순, 김주현).

제4조 제1항 별표 1 중 제5호 나목 2) 및 제6호 가목은 '가맹본부가 가맹희망자에게 제공하기 위한 정보공개서에 가맹점사업자가 해당 가맹사업을 운영하는 과정에서 가맹본부가 가맹점사업자에게 가맹본부 또는 가맹본부가 지정한 자와 거래할 것을 강제 또는 권장하여 공급받는 품목에 대하여 가맹본부에 지급하는 대가 중 적정한 도매가격을 넘는 대가'(이하 '차액가맹금'이라 한다)와 관련하여, 직전 사업연도의 가맹점당 평균 차액가맹금 지급금액, 직전 사업연도의 가맹점당 매출액 대비 차액가맹금 지급금액의 비율[위 제5호 나목 2)], 주요 품목별 직전 사업연도 공급가격의 상·하한 등[위 제6호 가목 1)]을 기재하고, 가맹본부의 구입강제와 관련하여 가맹본부 또는 특수관계인이 경제적 이득을 취하고 있을 경우에 납품업체 등의 명칭, 특수관계인의 명칭, 경제적 이익의 내용 등을 기재하도록 하였다[위 제6호 가목 2), 3), 4)].

이에 청구인들은 2019. 3. 13. 위 조항들이 청구인들의 직업의 자유와 평등권 등을 침해한다고 주장하며 이 사건 헌법소원심판을 청구하였다.

2. 심판대상

이 사건 심판대상은 '가맹사업거래의 공정화에 관한 법률 시행령'(2018. 4. 3. 대통령령 제28786호로 개정된 것, 이하 연혁과 관계없이 '가맹사업법 시행령'이라 하고, 법률도 '가맹사업법'이라 한다) 제4조 제1항 별표 1 중 제5호 나목 2) 및 제6호 가목(이하 '심판대상조항'이라 한다)이 청구인들의 기본권을 침해하는지 여부이다. 심판대상조항은 다음과 같다.

[심판대상조항]

가맹사업거래의 공정화에 관한 법률 시행령(2018. 4. 3. 대통령령 제28786호로 개정된 것) 제4조(정보공개서의 기재 사항) ① 법 제2조 제10호 각 목 외의 부분에서 "대통령령으로 정하는 사항"이란 별표 1의 기재 사항(이하 "정보공개사항"이라 한다)을 말한다.

[별표 1] 정보공개서의 기재 사항(제4조 제1항 관련)

5. 가맹점사업자의 부담

  나. 영업 중의 부담

    2) 가맹점사업자가 해당 가맹사업을 운영하는 과정에서 가맹본부가 가맹점사업자에게 가맹본부 또는 가맹본부가 지정한 자와 거래할 것을 강제 또는 권장하여 공급받는 품목에 대하여 가맹본부에 지급하는 대가 중 적정한 도매가격을 넘는 대가(이하 "차액가맹금"이라 한다)와 관련한 다음의 사항(부동산 임차료가 포함된 경우와 포함되지 않은 경우를 나누어 기재하며, 가맹본부가 직접 제조하거나 생산하여 가맹점사업자에게 공급

하는 품목에 대한 정보는 기재하지 않을 수 있다)

　　　가) 직전 사업연도의 가맹점당 평균 차액가맹금 지급금액[직전 사업연도 영업기간이 6개월 이상인 가맹점이 가맹본부에 지급한 차액가맹금의 합계액(직전 사업연도의 영업기간이 1년 미만인 가맹점의 경우 지급한 차액가맹금을 1년치로 환산한 금액을 반영한다) / 직전 사업연도 영업기간이 6개월 이상인 가맹점 수]

　　　나) 직전 사업연도의 가맹점당 매출액 대비 차액가맹금 지급금액의 비율 [직전 사업연도 영업기간이 6개월 이상인 가맹점이 가맹본부에 지급한 차액가맹금의 합계액 / 직전 사업연도 영업기간이 6개월 이상인 가맹점 매출액의 합계액]

6. 영업활동에 대한 조건 및 제한

　가. 가맹점사업자가 해당 가맹사업을 시작하거나 경영하기 위하여 필요한 모든 부동산·용역·설비·상품·원재료 또는 부재료의 구입 또는 임차에 관한 다음의 사항

　　1) 가맹본부가 가맹점사업자에게 가맹본부 또는 가맹본부가 지정한 자와 거래할 것을 강제 또는 권장하는 경우 그 강제 또는 권장의 대상이 되는 품목, 품목별 차액가맹금 수취 여부 및 공정거래위원회 고시로 정하는 주요 품목별 직전 사업연도 공급가격의 상·하한[가맹본부가 직접 공급하는 품목과 가맹본부가 지정한 자가 공급하는 품목을 구분하여 기재한다. 다만, 가맹사업이 소매업(편의점 등 소비자에 대해 각종 잡화를 종합적으로 판매하는 업종을 의미한다)에 해당하거나 차액가맹금을 수취하지 않는 경우는 해당 정보의 기재를 생략할 수 있다]

　　2) 가맹본부가 가맹점사업자에게 가맹본부 또는 가맹본부가 지정한 자로부터 구입하도록 강제한 것과 관련하여 가맹본부의 특수관계인이 경제적 이익을 취하고 있는 경우 해당 특수관계인의 명칭, 가맹본부와 특수관계인 간 관계의 내용, 경제적 이익의 대상이 되는 상품 또는 용역의 명칭, 그 직전 사업연도에 해당 특수관계인에게 귀속된 경제적 이익의 내용(매출액, 임대수익 등을 의미하며, 정확한 금액이 산정되지 않는 경우에는 추정된 금액임을 밝히고 상한과 하한을 표시한다)

　　3) 가맹본부가 가맹점사업자에게 가맹본부 또는 가맹본부가 지정한 자와 거래할 것을 강제 또는 권장한 품목과 관련하여 가맹본부가 직전 사업연도에 납품업체, 용역업체 등으로부터 금전, 물품, 용역, 그 밖의 경제적 이익을 얻는 경우 해당 납품업체, 용역업체 등의 명칭, 그 경제적 이익의 내용[금전인 경우 판매장려금, 리베이트(rebate) 등 그 명칭에 관계 없이 그 합계액을 기재하되, 정확한 금액이 산정되지 않는 경우는 추정된 금액임을 밝혀 상한과 하한을 표시하고, 금전이 아닌 경우에는 해당 상품이나 용역의 명칭·수량 등을 기재한다. 이하 4)에서도 같다]

4) 가맹본부가 가맹점사업자에게 가맹본부의 특수관계인과 거래(특수관계인의 상품 또는 용역이 가맹점사업자에게 직접 공급되거나 제3의 업체를 매개로 공급되는 경우를 포함한다)할 것을 강제한 품목과 관련하여 특수관계인이 직전 사업연도에 납품업체, 용역업체 등으로부터 경제적 이익을 얻는 경우 해당 납품업체, 용역업체 등의 명칭, 그 경제적 이익의 내용

3. 결정 주문

가. 납품업체 청구인들의 심판청구를 모두 각하한다.

나. 가맹본부 청구인들의 심판청구를 모두 기각한다.

4. 이유의 요지

가. 납품업체 청구인들의 심판청구에 관한 판단

심판대상조항은 가맹본부를 수범자로 하여, 가맹본부가 가맹점사업자로부터 얻는 차액가맹금에 관한 정보를 가맹희망자에게 제공하여 차액가맹금을 투명하게 하고, 가맹본부와 가맹점사업자가 상생할 수 있도록 가맹사업의 수익구조에 영향을 주고자 함을 목적으로 한다. 가맹본부의 경우 심판대상조항으로 인해 차액가맹금 관련사항을 정보공개서에 기재할 의무가 발생하고 위반 시 가맹사업법에 의한 각종 불이익을 받게 되는 반면 납품업체의 경우 심판대상조항의 수범자가 아니어서 직접적으로 그 권리, 의무에 영향이 없고, 다른 업체와의 거래에서 사실상 불리한 경제적 영향을 받을 수 있을 뿐이다. 따라서 심판대상조항에 의하여 발생하는 납품업체 청구인의 불이익은 간접적·경제적·사실적 불이익에 불과하여, 자기관련성이 인정되지 아니하므로, 납품업체 청구인이 제기한 이 사건 심판청구는 모두 부적법하다.

나. 가맹본부 청구인들의 심판청구에 관한 판단

1) 직업수행의 자유 침해 여부

〈법률유보원칙 위배 여부〉

'가맹점사업자의 부담'은 가맹점사업자가 가맹사업을 시작하기 위하여, 영업을 하는 중에, 그리고 계약이 종료된 다음에 부담하게 되는 비용이나 의무 등에 대해서 기재하는 것이다. 차액가맹금은 영업을 하는 도중에 가맹점사업자가 가맹본부에 물품대금 등의 명목으로 납부하게 되는 대금이지만, 그 실질은 가맹본부가 가맹점사업자에게 가맹사업을 하도록 허용하고 지원을 한 대가를 일반적인 물품대금에 덧붙여 납부하도록 한 것이다. 이처럼 차액가맹금에 관한 정보인 '직전 사업연도의 가맹점당 평균 차액가맹금 지급금액'과 '직전 사업연도의 가맹점당 매출액 대비 차액가맹금 지급금액의 비율'은 가맹희망자는 대략 일정한 매출액이 발생했을 때 가맹점사

업자가 가맹본부에 차액가맹금 명목으로 얼마만큼 지급하는지를 알 수 있게 하는 정보이므로, 가맹사업법 제2조 제10호 라목의 '가맹점사업자의 부담'에 해당한다. '영업활동에 관한 조건과 제한'은 가맹점사업자가 영업을 하는 동안 지켜야 할 사항과 영업활동과 관련하여 가맹점사업자에 대한 가맹본부의 보호 및 지원에 관한 것으로 가맹점을 운영할 경우 구매 강제품목은 중요한 사항이므로, 영업활동에 관한 조건으로 기재할 필요가 있다. 한편, 그 품목에서 발생하게 되는 차액가맹금의 수취 여부나 거래 강제 등으로 가맹본부, 가맹본부의 특수관계인이 얻는 이익은 영업활동에 관한 조건으로 인하여 발생하는 차액가맹금 그 자체에 관한 정보 또는 차액가맹금과 유사한 성격을 지닌 금원에 대한 정보이므로, 궁극적으로는 가맹점사업자가 거래 강제 등에 따라 부담하게 되는 부담과 관련된다. 그렇다면, 이 또한 가맹사업법 제2조 제10호 마목의 '영업활동에 관한 조건과 제한'을 근거로 하여 규정할 수 있는 사항이라고 할 것이다.

그렇다면, 심판대상조항은 모두 가맹사업법 및 그 위임범위 내에서 이를 구체화하는 방법으로 차액가맹금에 관한 사항을 정보공개서에 기재하게 한 것인바, 법률유보원칙을 위배하여 가맹본부 청구인들의 직업수행의 자유를 침해한다고 볼 수 없다.

〈명확성원칙 위배 여부〉

심판대상조항이 차액가맹금을 정의하면서 '적정한 도매가격'이라는 불확정 개념을 사용하고 있기는 하나, 심판대상조항의 문언적 의미, 입법목적과 취지 및 가맹사업법과 그 시행령의 관련조항 등을 종합하면, 차액가맹금에 해당하는 '적정한 도매가격을 넘는 대가'란 가맹본부가 해당 가맹사업을 운영하는 과정에서 가맹본부가 가맹점사업자에게 가맹본부 또는 가맹본부가 지정한 자와 거래할 것을 강제 또는 권장하여 공급받는 품목과 관련하여 얻는 이익을 의미한다고 할 것이므로, '적정한 도매가격'이 불명확하여 법집행 당국이 차액가맹금과 관련하여 자의적인 법해석 또는 집행을 할 가능성이 있다고 볼 수 없다. 따라서 심판대상조항은 명확성원칙을 위배하여 가맹본부 청구인들의 직업수행의 자유를 침해한다고 볼 수 없다.

〈과잉금지원칙 위배 여부〉

심판대상조항의 입법목적은 가맹희망자에게 차액가맹금에 관한 정보를 제공하여 가맹희망자가 가맹계약 체결 여부를 결정할 수 있도록 함으로써 차액가맹금으로 인한 가맹본부와 가맹점사업자 사이의 분쟁을 예방하여 가맹희망자를 보호하고자 함에 있다. 한편, 가맹본부가 차액가맹금을 주 수입원으로 삼을 경우, 가맹본부는 상품을 공급할수록 이익을 얻는 구조가 생기므로, 가맹점사업자에게 물품구입을 강요하고, 가맹본부와 가맹점 간의 관계를 대립적으로 만들 수도 있는바, 이러한 결과는 가맹본부와 가맹점사업자가 대등한 지위에서 상호보완적으로 균형있게 발전하고자 하는 가맹사업법의 입법 취지(제1조)에 반하는 것이 된다. 따라서 심판대상조항은 가맹본부와 가맹점사업자가 상호보완적으로 균형있게 발전할 수 있도록 수익구조를 전환하려는 의미도 갖는다. 이러한 심판대상조항의 목적은 정당하고, 구매강제 또는 권장과 관련된 경제적 이익에 관한 사항을 정보공개서에 기재하도록 한 것은 이러한 목적을 달성하기 위하여 적합한 수단이다.

가맹본부가 가맹점사업자에 대하여 갖는 계약상 지위의 우월성을 형식적인 자유시장의 논리 또는 계약의 자유를 강조하여 가맹본부가 상품의 공급에 관여하면서 이로부터 과도한 이득을 얻을 수 있도록 방임한다면, 가맹본부와 가맹점사업자 사이에 분쟁을 야기할 것이고, 분쟁이 발생하지 않는다고 하더라도 가맹본부의 과도한 이득은 상품가격에 반영되어 소비자에게 전가될 가능성이 크므로, 그 가맹본부는 소비자로부터 외면받게 되어 우선적으로는 해당 가맹점사업자에게 타격을 줄 것이고, 결국 그 가맹본부도 타격을 받는 등 가맹사업 전반을 위축시킬 수도 있다. 입법자는 가맹본부의 구매강제 또는 권장과 관련된 경제적 이익에 관한 사항을 정보공개서에 기재하도록 하고, 이를 가맹희망자에게 제공하도록 하여 차액가맹금과 관련하여 발생하는 분쟁을 미연에 방지하고자 하였다. 이러한 입법자의 판단이 불합리하다고 보기 어렵다. 또한, 심판대상조항은 가맹본부가 직접 제조하여 가맹점사업자에게 독점적으로 그 물품을 공급하는 경우에는 정보공개서에 기재해야 하는 차액가맹금에서 제외되도록 하고, 차액가맹금을 주 수입으로 삼을 수밖에 없는 편의점 등 소매업의 경우에는 거래 강제되는 품목과 그 개별 품목별 공급가격의 상·하한의 기재를 생략할 수 있도록 하여(가맹사업법 시행령 제4조 제1항 별표 1 6. 가.) 가맹본부의 영업비밀이 공개되지 않도록 하며, 가맹사업법은 차액가맹금과 관련된 정보가 일반인에게 공개되지 않도록 하고, 가맹희망자가 이를 유출한 경우 민법, '부정경쟁방지 및 영업비밀보호에 관한 법률'상 제재를 할 수 있어 영업비밀의 유출을 방지할 수 있도록 한다. 따라서 심판대상조항이 피해의 최소성 원칙에 위배된다고 보기 어렵다.

심판대상조항에 의하여 가맹본부 청구인들은 차액가맹금 관련 사항을 정보공개서에 기재하여 직업수행의 자유가 제한되나, 주요품목의 공급가격 상·하한이 공개된다고 하더라도, 공급 품목의 품질 차이를 고려하지 않고 일률적으로 공급가격의 높고 낮음을 판단할 수 없고, 가맹본부가 직접 제조하지 않고 주문자 제작 방식으로 납품받아 가맹점사업자에게 공급하는 물품에도 가맹본부의 특수한 비법이 담겨 있을 수 있으므로 이러한 유통에 따른 차익이 공개된다고 하더라도 이것이 곧바로 다른 업체와의 비교로 인한 경쟁 심화 등으로 가맹사업이 중단되는 극단적인 상황에 이르게 된다고 볼 수 없고, 해외에 진출하려는 가맹본부는 가맹사업과 관련된 해외의 법제 및 경향, 원·재료의 수급과 관련된 문제점 등을 면밀히 분석하여 해외로 사업을 확장하므로, 정보공개서가 해외에 공개된다고 하더라도 가맹본부의 해외 진출이 어렵게 된다고 단정할 수 없다. 반면에 차액가맹금은 가맹본부의 주 수익원이고 실제 가맹점사업자가 지출하는 비용에서 얻는 수익이라는 점에 비추어 볼 때, 다른 가맹금보다도 더 가맹점사업자나 가맹희망자가 알아야 하는 부분이다. 현재에도 가맹점사업자가 별다른 지식 없이 가맹점을 열었다가 손해를 입는 경우가 많음에도, 가맹본부가 상품공급으로 인한 수익을 얻는다는 것은 가맹사업의 발전을 위해서도 적절한 것이 아니다. 이처럼 심판대상조항에 따라 가맹본부 청구인들이 제한받게 되는 사익이 위와 같은 공익에 비하여 중대하다고 보기 어려우므로, 심판대상조항이 법익의 균형성 원칙에 위배된다고 볼 수 없다.

그렇다면 심판대상조항은 과잉금지원칙을 위배하여 가맹본부 청구인들의 직업수행의 자유를 침해한다고 볼 수 없다.

2) 평등권 침해 여부

가맹사업법상 가맹본부, '대규모유통업에서의 거래 공정화에 관한 법률'상 대규모유통업자, '하도급거래 공정화에 관한 법률'상 원사업자, '대리점거래의 공정화에 관한 법률'상 공급업자는 모두 그 계약의 상대방보다 우월적인 지위에 있으나, 그 우월적 지위의 근거, 유통에 의한 차익의 공개 필요성 여부에 차이가 있으므로 이들을 동일한 비교집단으로 보기 어렵다. '대규모유통업에서의 거래 공정화에 관한 법률', '하도급거래 공정화에 관한 법률', '대리점거래의 공정화에 관한 법률' 및 같은 법 시행령에서는 납품업자, 수급사업자, 대리점의 영업비밀을 공개하지 않도록 하고 있으나, 심판대상조항에서 규정하고 있는 영업비밀과 위 법률들에서 규정하고 있는 영업비밀은 그 성격, 보호의 필요성 등에서 차이가 있어 가맹본부와 납품업자, 수급사업자, 대리점을 동일한 비교집단으로 보기 어렵다. 따라서 심판대상조항은 가맹본부 청구인들의 평등권을 침해한다고 볼 수 없다.

4. 결정의 의의

헌법재판소가 가맹사업법 시행령상 차액가맹금이 가맹사업법상 가맹금의 일종임을 확인하고, 차액가맹금에 관련된 정보 등을 정보공개서에 기재하게 한 조항이 법률유보의 원칙, 명확성의 원칙, 과잉금지원칙에 위배되지 아니한다는 점을 확인한 사례이다.

스크랩 노트

〈가맹금의 정의 및 형태〉

■ "가맹금"이란 그 이름이나 지급의 형태가 어떻든 간에 가맹점사업자가 가맹본부에게 지급하는 다음의 대가를 말합니다.

▶ 가맹점사업자가 가맹본부로부터 영업표지의 사용 허락 등 가맹점운영권이나 영업활동에 대한 지원·교육 등을 받기 위해 지급하는 가입비·입회비·가맹비·교육비 또는 계약금 등

▶ 가맹점사업자가 가맹본부로부터 공급받는 상품의 대금 등에 관한 채무액이나 손해배상액을 담보하기 위하여 지급하는 대가

▶ 가맹점사업자가 가맹점운영권을 부여받을 당시 가맹사업을 착수하기 위해 가맹본부로부터 공급받는 정착물·설비·상품의 가격 또는 부동산의 임차료 명목으로 지급하는 대가

▶ 가맹점사업자가 가맹본부와의 계약에 따라 영업표지의 사용과 영업활동 등에 관한 지원·교육, 그 밖의 사항에 대해 정기적 또는 비정기적으로 지급하는 것으로서 다음에 해당하는 대가(**가맹사업법 시행령 제3조 제2항**)

　－ 가맹점사업자가 상표 사용료, 리스료, 광고 분담금, 지도훈련비, 간판류 임차료·영업지역 보장금 등의 명목으로 정액 또는 매출액·영업이익 등의 일정 비율로 가맹본부에 정기적으로 또는 비정기적으로 지급하는 대가

　－ 가맹점사업자가 가맹본부로부터 공급받는 상품·원재료·부재료·정착물·설비 및 원자재의 가격 또는 부동산의 임차료에 대하여 정기적으로 또는 비정기적으로 지급하는 대가 중 적정한 도매가격을 넘는 대가

　※ 다만, 가맹본부가 취득한 자신의 상품 등에 관한 「특허법」에 따른 권리에 대한 대가는 제외됩니다(**가맹사업법 시행령 제3조 제2항**).

▶ 그 밖에 가맹희망자나 가맹점사업자가 가맹점운영권을 취득하거나 유지하기 위하여 가맹본부에 지급하는 모든 대가

〈가맹금에 포함되지 않는 대가〉

■ 가맹본부에 귀속되지 않는 다음의 대가는 가맹금에 포함되지 않습니다(**가맹사업법 제2조 제6호 단서 및 가맹사업법 시행령 제3조 제1항**).

▶ 소비자가 신용카드를 사용하여 가맹점사업자의 상품이나 용역을 구매하는 경우 가맹점사업자가 신용카드사에 지불하는 수수료

▶ 소비자가 상품권을 사용하여 가맹점사업자의 상품이나 용역을 구매하는 경우 가맹점사업자가 상품권 발행회사에 지급하는 수수료나 할인금

▶ 소비자가 직불전자지급수단·선불전자지급수단 또는 전자화폐를 사용하거나 전자지급결제대행 서비스를 이용하여 가맹점사업자의 상품이나 용역을 구매한 경우 가맹점사업자가 지급수단 발행회사나 지급결제 대행회사에 지급하는 수수료나 할인금

▶ 가맹점사업자가 가맹점운영권을 부여받을 당시에 가맹사업을 착수하기 위하여 가맹본부로부터 공급받는 정착물·설비·상품의 가격이나 부동산의 임차료의 명목으로 가맹본부에 지급하는 대가 중 적정한 도매가격

※ 다만, 도매가격이 형성되지 않는 가맹점사업자가 정상적인 거래관계를 통하여 해당 물품이나 용역을 구입·임차 또는 교환할 수 있는 가격을, 가맹본부가 해당 물품이나 용역을 다른 사업자로부터 구입하여 공급하는 경우는 그 구입 가격을 말합니다.

▶ 그 밖에 가맹본부에 귀속되지 않는 금전으로서 소비자가 제3의 기관에 지불하는 것을 가맹본부가 대행하는 것

마. 정보공개서

가맹사업법	제2조 (정의)　제10호 (정보공개서)

법　률	시행령
제2조(정의) 10. "정보공개서"란 다음 각 목에 관하여 대통령령으로 정하는 사항을 수록한 문서를 말한다. 　가. 가맹본부의 일반 현황 　나. 가맹본부의 가맹사업 현황(가맹점사업자의 매출에 관한 사항을 포함한다) 　다. 가맹본부와 그 임원(「독점규제 및 공정거래에 관한 법률」제2조 제6호에 따른 임원을 말한다. 이하 같다)이 다음의 어느 하나에 해당하는 경우에는 해당 사실 　　1) 이 법,「독점규제 및 공정거래에 관한 법률」또는 「약관의 규제에 관한 법률」을 위반한 경우	제4조(정보공개서의 기재 사항) 　① 법 제2조 제10호 각 목외의 부분에서 "대통령령으로 정하는 사항"이란 별표 1의 기재 사항(이하 "정보공개사항"이라 한다)을 말한다. 〈개정 2008. 1. 31.〉 　② 정보공개서는 표지·목차 및 정보공개사항으로 구성하되 그 내용이 명확하고 구체적이며 가맹희망자가 이해하기 쉽도록 영업표지별로 별도의 문서로 작성되어야 한다. 〈개정 2008. 1. 31.〉 　③ 가맹본부는 가맹사업의 경영에 필요한 내용으로서 별표 1에 규정되지 아니한 사항을 정보공개서에 기재할 수 있다. 〈신설 2008. 1. 31.〉 　④ 공정거래위원회는 필요하다고 인정하는 경우 정보공개사항에 대하여 업종별·

법　률	시행령
2) 사기·횡령·배임 등 타인의 재산을 영득하거나 편취하는 죄에 관련된 민사소송에서 패소의 확정판결을 받았거나 민사상 화해를 한 경우 3) 사기·횡령·배임 등 타인의 재산을 영득하거나 편취하는 죄를 범하여 형을 선고받은 경우 라. 가맹점사업자의 부담 마. 영업활동에 관한 조건과 제한 바. 가맹사업의 영업 개시에 관한 상세한 절차와 소요기간 사. 가맹본부의 경영 및 영업활동 등에 대한 지원과 교육·훈련에 대한 설명 아. 가맹본부의 직영점(가맹본부의 책임과 계산 하에 직접 운영하는 점포를 말한다. 이하 같다) 현황(직영점의 운영기간 및 매출에 관한 사항을 포함한다)	업태별 또는 용도별로 세부적인 사항을 정하여 고시할 수 있다. 〈개정 2008. 1. 31.〉

정보공개서의 기재 사항

(제4조 제1항 관련)

1. 정보공개서의 표지

가. 정보공개서라는 한글 표시

나. 다음의 문장

이 정보공개서는 귀하께서 체결하려는 가맹계약 및 해당 가맹사업에 대한 전반적인 정보를 담고 있으므로 그 내용을 정확하게 파악한 후에 계약체결 여부를 결정하시기 바랍니다.

「가맹사업거래의 공정화에 관한 법률」에 따라 가맹희망자에게는 정보공개서의 내용을 충분히 검토하고 판단할 수 있도록 일정한 기간이 주어집니다. 따라서 이 정보공개서를 제공받은 날부터 14일(변호사나 가맹거래사의 자문을 받은 경우에는 7일)이 지날 때까지는 가맹본부가 귀하로부터 가맹금을 받거나 귀하와 가맹계약을 체결할 수 없습니다. 이 정보공개서는 법령에서 정한 기재 사항을 담고 있는 것에 불과하며 그 내용의 사실 여부를 한국공정거래조정원이나 가맹사업 분야의 전문성을 갖춘 법인·단체 중 해당 업무를 수행할 수 있다고 공정거래위원회가 인정하여 고시하는 기관에서 모두 확인한 것은 아닙니다. 또한, 귀하께서는 어디까지나 가맹계약서의 내용에 따라 가맹사업을 운영하게 되므로 정보공개서의 내용에만 의존하여서는 아니 됩니다.

다. 가맹본부의 상호, 영업표지, 주된 사무소의 소재지, 가맹사업과 관련하여 가맹본부가 운영하는 인터넷 홈페이지 주소, 가맹사업 담당부서, 가맹사업 안내 전화번호

라. 정보공개서의 등록번호 및 최초 등록일

마. 정보공개서의 최종 등록일

2. 가맹본부의 일반 현황

가. 가맹본부의 설립일(법인인 경우 법인설립등기일, 개인인 경우 최초 사업자등록일을 말한다), 법인등록번호(법인인 경우만 해당한다) 및 사업자등록번호

나. 가맹본부 및 가맹본부의 특수관계인[「독점규제 및 공정거래에 관한 법률 시행령」 제4조 제1호에 따른 동일인관련자(가맹본부가 아닌 자의 사용인은 제외한다) 및 「독점규제 및 공정거래에 관한 법률 시행령」 제16조 제1호에 따른 특수관계인을 말한다. 이하 같다] 중 정보공개일 현재 최근 3년 동안 가맹사업을 경영한 적이 있거나 경영하고 있는 특수관계인의 명칭, 상호, 영업표지, 주된 사무소의 소재지, 대표자의 이름, 대표전화번호(회사인 경우에는 회사의 대표번호를, 개인인 경우에는 주된 사무소의 대표번호를 기재한

다. 이하 같다)

다. 가맹본부가 외국기업인 경우에는 가맹본부 및 가맹본부의 특수관계인 중 정보공개일 현
재 최근 3년 동안 국내에서 가맹사업을 경영한 적이 있거나 경영하고 있는 특수관계인
의 명칭, 상호, 영업표지, 국내의 주된 사무소의 소재지, 대표자의 이름, 대표전화번호,
국내에서 영업을 허락받은 기간(가맹본부가 다른 사업자에게 국내에서 가맹사업운영권
을 부여한 경우에만 기재한다)

라. 가맹본부가 정보공개 바로 전 3년간 다른 기업(정보공개일 현재 최근 3년 동안 가맹사
업을 경영한 적이 있거나 경영하고 있는 경우만 해당한다)을 인수·합병(다른 기업의
가맹사업 관련 사업을 양수 또는 양도한 경우도 포함한다. 이하 같다)하거나 다른 기업
에 인수·합병된 경우 해당 기업의 명칭, 상호, 주된 사무소의 소재지, 대표자의 이름

마. 가맹희망자가 앞으로 경영할 가맹사업(이하 "해당 가맹사업"이라 한다)의 명칭, 상호,
서비스표, 광고, 그 밖의 영업표지

바. 가맹본부의 정보공개 바로 전 3개 사업연도의 재무상황에 관한 다음의 정보

　　1) 연도별 대차대조표 및 손익계산서. 다만, 가맹본부가 재무제표를 작성하지 아니하는
　　　경우에는 매출액을 확인할 수 있는 「부가가치세법」에 따른 부가가치세신고서 등의
　　　증명서류로 대신할 수 있다.

　　2) 연도별 가맹사업 관련 매출액(영업표지별로 나누어 기재하되, 분류가 어려운 경우에
　　　는 그 합계를 기재할 수 있다. 또한 관련 매출액 산정이 곤란한 경우 추정된 매출액
　　　임을 밝히고 상한과 하한을 표시한다)과 구체적인 산정기준

　　3) 개인사업자가 법인사업자로 전환한 경우 종전 개인사업자의 1)의 정보(정보공개 바
　　　로 전 3개 사업연도 정보만 해당한다)

사. 가맹본부의 현 임원(「독점규제 및 공정거래에 관한 법률」 제2조 제6호에 따른 임원을
말한다. 이하 같다)의 명단(가맹사업 관련 임원과 관련되지 아니하는 임원을 나누어 기
재한다) 및 정보공개일 현재 최근 3년 동안의 개인별 사업경력(재직했던 직위 및 사업
기간을 포함한다)

아. 가맹본부의 정보공개 바로 전 사업연도 말 현재 임직원 수(상근·비상근 임원과 직원을
나누어 기재한다)

자. 가맹본부 및 가맹본부의 특수관계인이 정보공개일 현재 최근 3년 동안 가맹사업을 경영
하였거나 경영하고 있는 경우 그러한 사실(영업표지별로 나누어 기재한다)

차. 가맹본부가 가맹점사업자에게 사용을 허용하는 지식재산권에 관한 다음의 정보

　　1) 등록 및 등록신청 여부(산업재산권의 경우 특허청 등록·등록신청 여부, 등록이 거
　　　부된 경우 그 사실, 등록·출원번호 및 등록일·출원일을 포함한다)

　　2) 지식재산권 소유자 및 등록신청자의 이름

3) 사용이 허용되는 지식재산권의 등록 만료일

4) 가맹본부가 지식재산권의 사용을 허용받은 기간 및 사용 범위

3. 가맹본부의 가맹사업 현황

가. 해당 가맹사업을 시작한 날

나. 해당 가맹사업의 연혁(해당 가맹사업을 시작한 날 이후 해당 가맹사업을 경영한 가맹본부의 상호, 주된 사무소의 소재지, 대표자의 이름, 가맹사업 경영 기간)

다. 해당 가맹사업의 업종

라. 정보공개 바로 전 3개 사업연도 말 현재 영업 중인 해당 가맹사업의 전국 및 광역지방자치단체별 가맹점 및 직영점 총 수(가맹점과 직영점을 나누어 기재한다)

마. 해당 가맹사업과 관련하여 정보공개 바로 전 3년간 신규 개점, 계약 종료, 계약 해지, 명의 변경의 사정이 있는 가맹점의 수(연도별로 나누어 기재한다)

바. 해당 가맹사업 외에 가맹본부 및 가맹본부의 특수관계인이 경영하는 가맹사업의 업종, 영업표지 및 사업 시작일과 정보공개 바로 전 3개 사업연도 말 현재 영업 중인 가맹점 및 직영점의 총 수

사. 직전 사업연도에 영업한 가맹점사업자(전국 및 광역지방자치단체별로 나누어 기재하되, 바로 전 사업연도 말 현재 5명 미만의 가맹점사업자가 영업 중인 지역은 기재를 생략할 수 있다)당 지역별 연간 평균 매출액(정확한 매출액이 산정되지 아니하는 경우에는 추정된 매출액임을 밝히고, 상한과 하한을 표시하며, 매장 전용 면적 3.3㎡당 연간 평균 매출액을 함께 적는다)과 구체적인 산정기준

아. 직전 사업연도 말 현재 영업 중인 가맹점사업자의 평균 영업기간(각 가맹점사업자의 최초 가맹계약 체결일부터 직전 사업연도 말까지 영업한 일수를 모두 더하여 총 가맹점사업자의 수로 나눈 기간을 말한다)

자. 해당 가맹사업을 경영하는 가맹지역본부(가맹본부가 직접 운영하는 지역사무소 등을 포함한다. 이하 이 목에서 같다)에 관한 다음의 정보

1) 가맹지역본부의 상호, 주된 사무소의 소재지, 대표자의 이름, 대표전화번호, 관리지역, 가맹본부와 맺은 계약기간

2) 가맹지역본부가 가맹계약 체결의 상대방인지 여부

3) 가맹지역본부가 관리하는 바로 전 사업연도 말 현재 영업 중인 가맹점 수)

차. 해당 가맹사업과 관련하여 가맹본부가 정보공개 바로 전 사업연도에 지출한 광고비 및 판촉비(광고 및 판촉 수단별로 나누어 기재하되, 분류가 어려운 경우에는 총액만 기재한다)

카. 가맹금 예치에 관한 사항

1) 해당 업무를 수행하는 기관의 상호, 담당 지점이나 부서의 이름과 소재지, 안내 전화

번호

2) 가맹금 예치절차

3) 가맹희망자 또는 가맹점사업자의 소재지에 따라 예치기관이 달라지는 경우 관련된 정보

타. 피해보상보험계약 등의 체결 내역(해당 사실이 있는 경우만 기재한다)

1) 보험금액

2) 보장범위 및 지급조건

3) 보험금의 수령절차

4) 그 밖에 필요한 사항

4. 가맹본부와 그 임원의 법 위반 사실 등

가. 정보공개일 현재 최근 3년 동안 가맹사업거래와 관련하여 법, 「독점규제 및 공정거래에 관한 법률」 또는 「약관의 규제에 관한 법률」을 위반하여 공정거래위원회로부터 시정권고 이상의 조치를 받거나 공정거래위원회 또는 시·도지사로부터 법 제6조의4 제1항에 따른 정보공개서 등록취소 처분을 받은 사실

나. 정보공개일 현재 최근 3년 동안 가맹사업거래와 관련하여 「가맹사업거래의 공정화에 관한 법률」 또는 「독점규제 및 공정거래에 관한 법률」을 위반하거나, 사기·횡령·배임 등 타인의 재물이나 재산상 이익을 영득 또는 이득하는 죄로 받은 유죄의 확정판결과 관련된 민사소송에서 패소의 확정판결을 받았거나, 민사상 화해를 한 사실

다. 정보공개일 현재 최근 3년 동안 사기·횡령·배임 등 타인의 재물이나 재산상 이익을 영득 또는 이득하는 죄를 범하여 형의 선고를 받은 사실

5. 가맹점사업자의 부담

가. 영업개시 이전의 부담

1) 가맹점사업자가 해당 가맹사업을 시작하기 위하여 가맹본부에게 지급하여야 하는 대가의 내역과 그 반환조건 및 반환할 수 없는 경우에는 그 사유(계약금, 가입비, 할부금의 첫 지급액, 선급임차료, 교육비, 개점행사비 등 대가에 포함되는 구체적인 내용을 나누어 기재한다)

2) 보증금·담보목적물 등 계약 종료 시 가맹점사업자에게 반환되는 대가(가맹점사업자의 귀책사유 등으로 반환되지 아니하는 경우에는 그 사유를 기재한다)

3) 예치가맹금의 범위와 그 금액(가맹본부가 피해보상보험계약 등에 가입한 경우에도 법 제6조의5 제1항에 따라 예치대상이 되는 가맹금의 액수를 기재한다)

4) 1)과 2) 외에 가맹점사업자 사업을 시작하는 데에 필요한 다른 대가(위치나 점포

크기 등에 따른 비용의 차이를 예시하되, 정확한 금액이 산정되지 않는 경우에는 추정된 금액임을 밝히고 상한과 하한을 표시하며, 매장 전용 면적 3.3㎡당 비용을 함께 적는다)의 내역, 지급대상과 그 반환조건 및 반환될 수 없는 경우에는 그 사유

　가) 필수설비 · 정착물 · 인테리어 비용(가맹사업의 통일성을 위하여 가맹본부가 강제 또는 권장하는 경우만 해당한다)

　나) 최초로 공급되는 상품의 비용 또는 용역의 비용

　다) 설계 및 감리 비용

　라) 그 밖의 필요 비용

5) 가맹점 입지 선정 주체 및 선정 기준

6) 가맹점사업자와 그 종업원의 채용 및 교육에 대한 기준

7) 가맹점 운영에 필요한 설비, 장비, 정착물 등의 물품 내역 및 공급 방법 · 공급 업체(가맹본부 또는 가맹본부가 지정한 자가 공급하는 경우만 해당한다)

나. 영업 중의 부담

1) 상표 사용료, 리스료, 광고 · 판촉료, 교육훈련비, 간판류 임차료, 영업표지 변경에 따른 비용, 리모델링(remodeling) 비용, 재고관리 및 회계처리 비용, 판매시점 관리 시스템(POS)을 포함한 운영 시스템 유지 비용 등 가맹점사업자가 해당 가맹사업을 경영하기 위하여 가맹본부 또는 가맹본부가 지정한 자에게 정기적으로 또는 비정기적으로 지급하여야 하는 모든 대가의 내역과 그 반환조건 및 반환될 수 없는 경우에는 그 사유(각각의 내역을 나누어 기재한다)

2) 가맹점사업자가 해당 가맹사업을 운영하는 과정에서 가맹본부가 가맹점사업자에게 가맹본부 또는 가맹본부가 지정한 자와 거래할 것을 강제 또는 권장하여 공급받는 품목에 대하여 가맹본부에 지급하는 대가 중 적정한 도매가격을 넘는 대가(이하 "차액가맹금"이라 한다)와 관련한 다음의 사항(부동산 임차료가 포함된 경우와 포함되지 않은 경우를 나누어 기재하며, 가맹본부가 직접 제조하거나 생산하여 가맹점사업자에게 공급하는 품목에 대한 정보는 기재하지 않을 수 있다)

　가) 직전 사업연도의 가맹점당 평균 차액가맹금 지급금액[직전 사업연도 영업기간이 6개월 이상인 가맹점이 가맹본부에 지급한 차액가맹금의 합계액(직전 사업연도의 영업기간이 1년 미만인 가맹점의 경우 지급한 차액가맹금을 1년치로 환산한 금액을 반영한다)/직전 사업연도 영업기간이 6개월 이상인 가맹점 수]

　나) 직전 사업연도의 가맹점당 매출액 대비 차액가맹금 지급금액의 비율[직전 사업연도 영업기간이 6개월 이상인 가맹점이 가맹본부에 지급한 차액가맹금의 합계액/직전 사업연도 영업기간이 6개월 이상인 가맹점 매출액의 합계액]

3) 가맹본부가 재고관리 · 회계처리 등에 관하여 가맹점사업자를 감독하는 내역

다. 계약 종료 후의 부담(부담이 없는 경우에는 그 사실을 기재한다)

    1) 계약 연장이나 재계약 과정에서 가맹점사업자가 추가로 부담하여야 할 비용(점포 이전이 필요할 경우 그 비용도 포함한다)

    2) 가맹본부의 사정에 의한 계약 등의 종료 시 조치사항

        가) 가맹본부가 가맹사업을 다른 사업자에게 양도하는 경우 기존 가맹점사업자와의 계약승계 여부

        나) 가맹본부가 사용을 허락한 지식재산권의 유효기간이 만료되는 경우 조치사항

        다) 가맹본부가 해당 가맹사업을 중단하는 경우 조치사항

    3) 가맹점사업자가 다른 사업자에게 가맹점운영권을 이전하려는 경우, 가맹점사업자 또는 다른 사업자가 가맹본부에 부담하여야 할 대가

    4) 계약종료 후 조치사항(가맹본부 또는 가맹본부가 지정한 자가 공급한 물품의 반품조건 등 재고물품 처리 방안을 포함한다)

6. 영업활동에 대한 조건 및 제한

가. 가맹점사업자가 해당 가맹사업을 시작하거나 경영하기 위하여 필요한 모든 부동산·용역·설비·상품·원재료 또는 부재료의 구입 또는 임차에 관한 다음의 사항

    1) 가맹본부가 가맹점사업자에게 가맹본부 또는 가맹본부가 지정한 자와 거래할 것을 강제 또는 권장할 경우 그 강제 또는 권장의 대상이 되는 품목, 품목별 차액가맹금 수취 여부 및 공정거래위원회 고시로 정하는 주요 품목별 직전 사업연도 공급가격의 상·하한[가맹본부가 직접 공급하는 품목과 가맹본부가 지정한 자가 공급하는 품목을 구분하여 기재한다. 다만, 가맹사업이 소매업(편의점 등 소비자에 대해 각종 잡화를 종합적으로 판매하는 업종을 의미한다)에 해당하거나 차액가맹금을 수취하지 않는 경우에는 해당 정보의 기재를 생략할 수 있다]

    2) 가맹본부가 가맹점사업자에게 가맹본부 또는 가맹본부가 지정한 자로부터 구입하도록 강제한 것과 관련하여 가맹본부의 특수관계인이 경제적 이익을 취하고 있는 경우 해당 특수관계인의 명칭, 가맹본부와 특수관계인 간 관계의 내용, 경제적 이익의 대상이 되는 상품 또는 용역의 명칭, 그 직전 사업연도에 해당 특수관계인에게 귀속된 경제적 이익의 내용(매출액, 임대수익 등을 의미하며, 정확한 금액이 산정되지 않는 경우에는 추정된 금액임을 밝히고 상한과 하한을 표시한다)

    3) 가맹본부가 가맹점사업자에게 가맹본부 또는 가맹본부가 지정한 자와 거래할 것을 강제 또는 권장한 품목과 관련하여 가맹본부가 직전 사업연도에 납품업체, 용역업체 등으로부터 금전, 물품, 용역, 그 밖의 경제적 이익을 얻는 경우 해당 납품업체, 용역업체 등의 명칭, 그 경제적 이익의 내용[금전인 경우 판매장려금, 리베이트(rebate)

등 그 명칭에 관계없이 그 합계액을 기재하되, 정확한 금액이 산정되지 않는 경우에는 추정된 금액임을 밝혀 상한과 하한을 표시하고, 금전이 아닌 경우에는 해당 상품이나 용역의 명칭·수량 등을 기재한다. 이하 4)에서도 같다]

　　4) 가맹본부가 가맹점사업자에게 가맹본부의 특수관계인과 거래(특수관계인의 상품 또는 용역이 가맹점사업자에게 직접 공급되거나 제3의 업체를 매개로 공급되는 경우를 포함한다)할 것을 강제한 품목과 관련하여 특수관계인이 직전 사업연도에 납품업체, 용역업체 등으로부터 경제적 이익을 얻는 경우 해당 납품업체, 용역업체 등의 명칭, 그 경제적 이익의 내용

나. 가맹본부의 온라인·오프라인 판매에 관한 사항

　　1) 바로 전 사업연도 말 기준 연간 국내 매출액(연간 국내 매출액을 산정하기 곤란한 불가피한 사정이 있는 경우에는 공정거래위원회가 정하여 고시하는 바에 따라 산정한 매출액을 말한다) 중 온라인과 오프라인의 매출액 비중. 이 경우 온라인 매출액 비중은 가맹본부가 직접 운영하는 온라인몰 매출액과 다른 자가 운영하는 온라인몰 매출액으로, 오프라인 매출액 비중은 가맹점 매출액과 그 밖의 오프라인 매출액으로 각각 구분하여 적는다.

　　2) 바로 전 사업연도 말 기준 국내 판매상품 중 온라인과 오프라인 전용 판매상품의 비중

다. 삭제 〈2014. 2. 11.〉

라. 상품 또는 용역, 거래상대방 및 가맹점사업자의 가격 결정을 제한하는 경우 이에 관한 상세한 내용

　　1) 가맹점사업자에게 지정된 상품 또는 용역만을 판매하도록 제한할 필요가 있는 경우에는 그 제한내용

　　2) 가맹점사업자의 거래상대방에 따라 상품 또는 용역의 판매를 제한할 필요가 있는 경우에는 그 제한내용

　　3) 가맹점사업자가 판매하는 상품 또는 용역의 가격을 정하여 이에 따르도록 권장하거나, 가맹점사업자가 판매가격을 결정·변경하기 전에 가맹본부와 협의할 필요가 있는 경우에는 그 제한내용

마. 가맹점사업자의 영업지역을 보호하기 위한 구체적인 내용

　　1) 법 제12조의4에 따라 가맹계약 체결 시 가맹점사업자의 영업지역을 설정하여 가맹계약서에 적는다는 사실과 가맹계약기간 중에는 정당한 사유 없이 가맹점사업자의 영업지역에서 동일한 업종의 직영점·가맹점(가맹본부 또는 그 계열회사가 운영하는 직영점·가맹점으로 한정한다)을 설치하지 아니한다는 사실(가맹본부 또는 그 계열회사가 보유하고 있는 영업표지 중 해당 가맹사업과 동일한 업종의 영업표지가 존재

하는 경우 그 영업표지도 함께 적는다)

　2) 영업지역의 설정 기준

　3) 가맹계약갱신 과정에서 영업지역을 재조정할 수 있는 사유 및 영업지역을 재조정하는 경우에 가맹점사업자에게 미리 알리는 절차와 동의를 받는 방법

　4) 가맹점사업자가 가맹본부로부터 보장받는 영업지역 밖의 고객에게 상품 및 용역을 판매하는 데 따르는 제한

　5) 가맹본부가 가맹점사업자의 영업지역 내에서 대리점, 다른 영업표지를 사용한 가맹점 등을 통하여 가맹점사업자가 거래하는 상품이나 용역과 동일하거나 유사하여 대체재 관계에 놓일 수 있는 상품이나 용역을 거래하고 있는 경우 이에 관한 내용

　6) 가맹본부가 온라인, 홈쇼핑, 전화권유판매 등을 통하여 가맹점사업자가 거래하는 상품이나 용역과 동일하거나 유사하여 대체재 관계에 놓일 수 있는 상품이나 용역을 거래하고 있는 경우 이에 관한 내용

　7) 그 밖에 영업지역에 관한 내용

바. 계약기간, 계약의 갱신·연장·종료·해지 및 수정에 관한 상세한 내용

　1) 가맹계약의 기간(계약갱신 기간을 포함하며, 여러 가지의 기간이 있으면 모두 기재한다)

　2) 계약갱신 거절 사유

　3) 계약 연장이나 재계약에 필요한 절차

　4) 계약 종료, 해지 사유 및 그 절차(가맹본부 및 가맹점사업자의 권리를 각각 기재한다)

　5) 계약 수정의 사유, 사전 통보 여부 및 동의 절차

사. 가맹점운영권의 환매·양도·상속 및 대리행사, 경업금지, 영업시간 제한, 가맹본부의 관리·감독 등에 관한 상세한 내용

　1) 가맹점운영권의 환매 및 양도에 필요한 절차

　2) 가맹점운영을 대행하거나 위탁할 수 있는지와 그에 필요한 요건

　3) 가맹점사업자의 경업금지 범위(경업금지 기간, 업종, 지역을 기재한다)

　4) 영업시간 및 영업일수 등의 제한에 대한 내용

　5) 가맹점사업자가 고용하도록 권장되는 종업원 수 및 가맹점사업자가 직접 영업장에서 근무해야 하는지 여부

　6) 가맹본부가 가맹점사업자의 영업장을 관리·감독하는지와 관리·감독하는 항목

아. 광고 및 판촉 활동

　1) 광고의 목적(상품광고인지 가맹점 모집광고인지 등)에 따른 가맹본부와 가맹점사업자의 비용분담기준

　2) 가맹점사업자가 가맹본부와 별개로 광고 및 판촉을 하려는 경우에 필요한 조건 및

절차

자. 해당 가맹사업의 영업비밀 보호 등에 관한 내용(가맹점사업자가 누설하지 아니하여야 할 영업비밀의 범위 및 그 기간을 포함한다)

차. 가맹계약 위반으로 인한 손해배상에 관한 사항

7. 가맹사업의 영업 개시에 관한 상세한 절차와 소요기간

가. 가맹계약 체결을 위한 상담·협의 과정에서부터 가맹점 영업 개시까지 필요한 절차(시간 순서대로 기재하되 변호사나 가맹거래사의 자문을 받는 방법을 포함한다)

나. 각 절차에 걸리는 기간(기간이 늘어날 수 있다는 점과 그 사유를 기재하되, 정확한 기간이 산정되지 아니하는 경우에는 추정된 기간임을 밝히고 상한과 하한을 포함한 구간으로 표시한다)

다. 각 절차에 드는 비용(절차별로 구체적으로 기재하되, 정확한 비용이 산정되지 아니하는 경우에는 추정된 비용임을 밝히고 상한과 하한을 포함한 구간으로 표시한다)

라. 가맹계약 체결 이후 일어날 수 있는 분쟁의 해결 절차

8. 가맹본부의 경영 및 영업활동 등에 대한 지원(지원사항이 없는 경우에는 그 사실을 적는다)

가. 가맹점사업자의 점포환경개선 시 가맹본부의 비용지원에 관한 사항(법 제12조의2 제2항에 따라 의무적으로 지급하여야 하는 최소한의 비용을 지급하는 경우라도 해당 내용을 적는다)

나. 판매촉진행사 시 인력지원 등 가맹본부가 지원하는 사항이 있는 경우 그 구체적 내용

다. 가맹본부가 가맹점사업자의 경영활동에 대한 자문을 하는 경우 그 구체적 방식 및 내용

라. 가맹본부가 가맹희망자 또는 가맹점사업자에게 직접 신용을 제공하거나 각종 금융기관의 신용 제공을 주선하는 경우에는 신용 제공에 대한 구체적 조건 및 신용 제공 금액

마. 가맹본부가 가맹점사업자의 안정적인 점포 운영을 위한 경영상 지원 제도를 운용하는 경우 지원 조건 및 금액

9. 교육·훈련에 대한 설명(교육·훈련 계획이 없는 경우에는 그 사실을 기재한다)

가. 교육·훈련의 주요내용(집단 강의 및 실습 교육을 구분한다) 및 필수적 사항인지 여부

나. 가맹점사업자에게 제공되는 교육·훈련의 최소시간

다. 가맹점사업자가 부담하는 교육·훈련비용

라. 교육·훈련을 받아야 하는 주체(가맹점사업자가 자기 대신에 지정한 자도 교육·훈련을 받을 수 있는 경우에는 이를 기재한다)

마. 정기적이고 의무적으로 실시되는 교육·훈련에 가맹점사업자가 불참할 경우에 가맹본

부로부터 받을 수 있는 불이익

10. 다음 각 목의 직영점 운영 현황

가. 바로 전 사업연도 말 기준 전체 직영점의 명칭 및 소재지

나. 바로 전 사업연도 말 기준 전체 직영점의 평균 운영기간(각 직영점의 영업개시일부터 바로 전 사업연도 말까지의 영업한 일수를 모두 더하여 총 직영점의 수로 나눈 기간을 말한다)

다. 바로 전 사업연도 말 기준 전체 직영점의 연간 평균 매출액(연간 평균 매출액을 산정하기 곤란한 불가피한 사정이 있는 경우에는 공정거래위원회가 정하여 고시하는 바에 따라 산정한 매출액을 말한다)

가맹점사업자(가맹희망자)는 가맹사업에 있어 더 많은 정보를 가지고 있는 가맹본부보다 열위의 지위에 있는 점을 고려할 때, 정보의 불균형으로 인하여 가맹사업 거래 과정에서 나타날 수 있는 각종 불공정거래행위를 사전 예방하는 제도적 장치로서 가맹사업법은 가맹본부로 하여금 가맹희망자가 가맹계약을 체결하기 전에 알아 두어야 할 중요한 사항을 기재한 문서 즉, 정보공개서를 공정거래위원회에 등록하도록 규정하고 있다.

 사례 검토

문 유명한 프랜차이즈(가맹사업) 음식점을 창업하려고 합니다. 가맹본부의 사업 현황, 사업자의 부담, 영업활동 조건 등을 미리 알아보고 싶은데 어떻게 해야 하나요?

답 가맹본부가 공정거래위원회에 등록한 가맹본부의 사업 현황, 가맹점사업자의 부담, 영업활동의 조건 등이 수록된 정보공개서를 통해 확인할 수 있고, 또한 가맹계약 체결 14일 전에 정보공개서를 가맹희망자에게 제공하도록 의무화하고 있으므로, 이를 통해 확인할 수 있습니다.

문 가맹본부로부터 정보공개서를 받았는데 그 내용을 다 믿을 수 있나요? 사실인지는 어떻게 확인해 볼 수 있나요?

답 가맹본부가 실수로 내용을 빠뜨리거나 고의로 거짓된 내용을 넣는 경우에는 정보공

개서의 내용과 다를 수 있습니다. 정부가 등록과정에서 정보공개서의 기재 사항을 확인하고 있으나 그 내용의 사실 여부까지 모두 판단하는 것은 아니기 때문입니다.

정보공개서 내용을 신뢰할 수 없거나 확인하고자 하는 경우 이미 창업해서 영업 중인 다른 가맹점사업자에게 가맹본부가 약속한 대로 정보공개서 내용대로 약속을 잘 지키는지를 물어볼 수 있습니다.

아니면 전문가인 가맹거래사에게 정보공개서의 내용은 물론 가맹본부의 신뢰도, 점포입지, 사업 전망 등 다양한 사항에 대해 자문받을 수 있습니다.

〈정보공개서의 개념〉

■ "정보공개서"란 가맹본부의 사업 현황, 임원의 경력, 가맹점사업자의 부담, 영업활동의 조건, 가맹점사업자에 대한 교육·훈련, 가맹계약의 해제·해지 및 갱신 등과 같은 가맹사업에 관한 사항을 수록한 문서를 말합니다.

※ 정보공개서는 가맹희망자가 가맹본부와 계약을 체결하기 전에 알아 두어야 할 중요한 사항이 수록된 문서로서, 가맹사업거래에 있어 가맹본부와 가맹희망자 또는 가맹점사업자 간 정보의 불균형으로 인하여 발생할 수 있는 부작용을 예방하고 상대적으로 불리한 지위에 있는 가맹희망자와 가맹점사업자의 권익을 보호하기 위해 공정거래위원회에 등록할 것을 그 요건으로 하고 있습니다.

〈정보공개서의 작성 원칙 및 내용〉

1. 정보공개서의 작성 원칙(**가맹사업법 시행령 제4조 제2항**)

■ 내용은 명확하고 구체적이어야 합니다.

■ 가맹희망자가 이해하기 쉽도록 영업 표지별로 별도 작성되어야 합니다.

■ 표지, 목차 및 정보공개사항으로 구성합니다.

2. 정보공개서의 내용

■ 정보공개서에 수록되는 항목은 다음과 같습니다(**가맹사업법 제2조 제10호, 가맹사업법 시행령 제4조 제1항 및 별표 1**).

　▸ 정보공개서의 표지

　▸ 가맹본부의 일반 현황

　▸ 가맹본부의 가맹사업 현황

　▸ 가맹본부와 그 임원의 법 위반 사실 등

- ▶ 가맹점사업자의 부담
- ▶ 영업활동에 대한 조건 및 제한
- ▶ 가맹사업의 영업 개시에 관한 상세한 절차와 소요 기간
- ▶ 가맹본부의 경영 및 영업활동 등에 대한 지원(지원사항이 없는 경우에는 그 사실을 적음)
- ▶ 교육·훈련에 대한 설명(교육·훈련 계획이 없는 경우에는 그 사실을 기재함)
- ▶ 가맹본부의 직영점(가맹본부의 책임과 계산 하에 직접 운영하는 점포를 말함) 현황(직영점의 운영 기간 및 매출에 관한 사항을 포함함)
- ※ 위 항목에 수록되는 구체적인 내용에 관한 설명은 가맹사업법 시행령 [별표 1]에서 확인할 수 있습니다.
- ■ 또한, 가맹본부는 위에서 언급한 내용 이외의 가맹사업 경영에 필요한 내용을 정보공개서에 기재할 수 있습니다(**가맹사업법 시행령 제4조 제3항**).

바. 점포환경개선

가맹사업법	제2조 (정의)　제11호 (점포환경개선)

11. "점포환경개선"이란 가맹점 점포의 기존 시설, 장비, 인테리어 등을 새로운 디자인이나 품질의 것으로 교체하거나 신규로 설치하는 것을 말한다. 이 경우 점포의 확장 또는 이전을 수반하거나 수반하지 아니하는 경우를 모두 포함한다.

가맹사업은 가맹점사업자가 가맹본부의 상표·상호·간판 등의 영업표지를 사용하고, 가맹본부가 설정하고 있는 품질기준이나 영업방식에 따라 상품이나 용역을 판매하는 특성이 있다는 점에 비추어 볼 때, 가맹점 운영 기간이 어느 정도 지난 경우는 가맹본부의 상표권을 보호하고 상품 또는 용역의 동일성을 유지하기 위해서 가맹점 점포환경개선이 뒤따를 수 있다.

따라서, 가맹사업법은 가맹점사업자의 점포환경개선에 대한 정의와 기준을 별도로 규정하고 있는데, 그 이유는 점포환경개선의 경우 가맹본부와 가맹점사업자 사이 많은 분쟁이 발생할 여지가 많기 때문이다.

사. 영업지역

가맹사업법	제2조 (정의) 제12호 (영업지역)

12. "영업지역"이란 가맹점사업자가 가맹계약에 따라 상품 또는 용역을 판매하는 지역을 말한다.

가맹점사업자(가맹희망자를 포함한다)가 창업하는 경우 가맹본부의 상표·상호 등 영업 표지를 사용함으로써 독립점포에 비해 상대적으로 실패의 위험성이 적을 뿐만 아니라 가맹본부가 해당 브랜드 광고를 해주기 때문에 가맹점에 대한 홍보 효과도 저절로 이루어진다는 점에 비추어 볼 때 가맹본부로서는 가맹점사업자를 더 많이 확보하여 매출을 더 늘리려는 반면, 가맹점사업자는 자기 영업지역 범위 또는 인근 지역에 신규 가맹점사업자가 생기는 것을 원하지 않는다.

특히, 신도시 건설, 대규모 아파트 건축 등 생활 거주지역의 변화 등으로 인구가 증가하는 경우는 가맹본부와 가맹점사업자 사이 영업지역에 대한 이해관계가 더욱 첨예하게 대립할 가능성이 매우 크다.

따라서, 이와 같은 영업지역 설정의 경우 가맹본부와 가맹점사업자 사이에 많은 분쟁이 발생할 여지가 크기 때문에 가맹사업법은 영업지역에 대한 정의와 기준을 별도로 규정하고 있다.

| 가맹사업법 | 제3조 (소규모 가맹본부에 대한 적용배제 등) |

법　률	시행령
제3조(소규모 가맹본부에 대한 적용배제 등) ① 이 법은 다음 각 호의 어느 하나에 해당하는 경우에는 적용하지 아니한다. 〈개정 2012. 2. 17., 2013. 8. 13.〉 1. 가맹점사업자가 가맹금의 최초 지급일부터 6개월까지의 기간 동안 가맹본부에게 지급한 가맹금의 총액이 100만 원 이내의 범위에서 <u>대통령령으로 정하는 금액</u>을 초과하지 아니하는 경우 2. 가맹본부의 연간 매출액이 2억 원 이내의 범위에서 <u>대통령령으로 정하는 일정규모</u> 미만인 경우. 다만, 가맹본부와 계약을 맺은 가맹점사업자의 수가 5개 이상의 범위에서 <u>대통령령으로 정하는 수</u> 이상인 경우는 제외한다. ② 제1항에도 불구하고 제6조의2부터 제6조의5까지, 제7조, 제9조, 제10조 및 제15조의2는 모든 가맹사업거래에 대하여 적용한다. 〈신설 2013. 8. 13., 2021. 5. 18.〉 [제목개정 2021. 5. 18.]	제5조(소규모 가맹본부에 대한 적용배제 등) ① 법 제3조 제1항 제1호에서 "<u>대통령령으로 정하는 금액</u>"이란 100만 원을 말한다. 〈개정 2012. 5. 7., 2014. 2. 11.〉 ② 법 제3조 제1항 제2호 본문에서 "<u>대통령령으로 정하는 일정규모</u>"란 5천만 원[해당 가맹사업과 같은 품질기준이나 영업방식에 따라 상품이나 용역을 판매하는 직영점(가맹본부의 책임과 계산하에 직접 운영하는 점포를 말한다. 이하 같다)을 개설하여 운영하고 있는 경우에는 해당 직영점의 매출액을 포함하여 5천만 원]을 말한다. 다만, 가맹본부가 가맹사업을 시작하기 전에 직영점을 개설하여 운영한 기간이 <u>1년 이상인 경우에는 2억 원(직영점의 매출액을 포함하여 2억 원)으로 한다.</u> 〈개정 2020. 4. 28., 2021. 11. 19.〉 ③ 제2항에 따른 금액의 산정은 바로 전 사업연도의 손익계산서상의 매출액으로 한다. 다만, 가맹본부가 손익계산서를 작성하지 아니하는 경우에는 「부가가치세법」에 따른 바로 전 2개 과세기간의 부가가치세확정신고서상의 과세표준과 면세수입금액을 합한 금액으로 한다. 〈신설 2008. 1. 31., 2010. 10. 13.〉 ④ 가맹본부가 가맹사업을 시작한 후 1년이 지나지 아니한 경우에는 사업을 시작한 때부터 마지막으로 부가가치세확정신고를 한 때까지의 부가가치세확정신고서(부가가치세확정신고를 하지 아니한 경우에는 부가가치세예정신고서)상의 과세표준과 면세

법 률	시행령
	수입금액을 합한 금액을 제3항 단서의 금액으로 본다. 〈신설 2008. 1. 31., 2010. 10. 13.〉 ⑤ 법 제3조 제1항 제2호 단서에서 "대통령령으로 정하는 수"란 5개를 말한다. 〈신설 2014. 2. 11.〉 [제목개정 2021. 11. 19.]

가맹사업법은 다음 중 어느 하나에 해당하는 소규모 가맹본부에 대해서는 가맹사업법의 적용을 하지 아니한다.

첫째, 가맹점사업자가 가맹금의 최초 지급일부터 6개월까지의 기간 동안 가맹본부에 지급한 가맹금의 총액이 100만 원을 초과하지 아니하는 경우

둘째, 가맹본부의 연간 매출액이 5천만 원(가맹본부가 가맹사업을 시작하기 전에 직영점을 개설하여 운영한 기간이 1년 이상의 경우는 2억 원) 미만의 경우(단, 5천만 원 또는 2억 원 미만이라 하더라도 가맹계약을 체결한 가맹점사업자수가 5개 이상의 경우는 제외 즉, 가맹사업법 적용)

그러나, 위와 같이 가맹사업법 적용이 배제되더라도 가맹사업법 제6조의2(정보공개서의 등록 등), 제6조의3(정보공개서 등록의 거부 등), 제6조의4(정보공개서 등록의 취소), 제6조의5(가맹금 예치 등), 제7조(정보공개서의 제공의무 등), 제9조(허위·과장된 정보제공 등의 금지), 제10조(가맹금의 반환), 제15조의2(가맹점사업자피해보상보험계약 등)는 모든 가맹사업거래에 적용하도록 하여 아무리 소규모 가맹본부라고 하더라도 가맹점사업자에게 피해가 발생할 수 있는 중요사항에 대해서는 가맹사업법을 적용하도록 하고 있다.

■ 소규모 가맹본부에 대하여 가맹사업법 적용을 배제한다는 가맹사업법 제3조에 대한 이슈

1. 관련 규정

　가맹사업법 제3조(소규모 가맹본부에 대한 적용배제 등) 및 가맹사업법 시행령 제5조에서는 소규모 가맹본부에 대해서는 가맹사업법의 적용을 하지 않도록 하고 있다.

2. 검토 배경 및 관련 이슈

　가맹사업법에서 적용배제 조항을 둔 취지는 창업 초기의 영세한 가맹본부는 가맹점사업자에 대해 거래상 지위를 남용한 불공정한 거래행위가 발생할 개연성이 낮다는 점과 가맹금 수령액과 매출액이 상당한 수준에 이르기까지 가맹사업법 적용을 배제함으로써 법 적용에 따른 부담을 완화하는 데 있다. 또한, 영세 규모의 가맹사업거래행위에서 발생하는 소규모 분쟁 사건은 공법상 시정명령 등의 처분보다는 손해배상청구 등 민사적인 구제 절차를 통해 해결하는 것이 더 합리적이라고 보기 때문이다.

　가맹사업이 다른 산업과 다른 특수성은 그 규모의 영세성 여부와 관계없이 계약과 동시에 가맹본부가 가맹점사업자에게 상당한 수준의 통제와 지원이라는 관계가 성립되고, 또한 가맹계약은 약관의 규제에 관한 법률을 적용받는 약관에 따른 계약으로서 모든 가맹점사업자에게 동일하게 적용되는 것이 원칙(특수상황을 반영한 특약은 예외)이라 할 수 있다.

　따라서, 개별 가맹점사업자는 가맹본부의 통제를 받을 수밖에 없는 한계를 인정할 수밖에 없는 구조로 설계된 약관에 동의한 자만 계약을 체결하고 그 사업을 영위하기 때문에 가맹본부의 규모가 영세하다고 하여 가맹사업법 적용을 배제하는 것은 가맹사업의 특성 또는 본질과는 거리가 멀다. 즉, 영세 가맹본부라고 하여 법 적용을 배제하는 것은 가맹사업법의 제정 취지의 하나인 가맹점사업자 보호에 부합한다고 볼 수 없다.

　또 하나의 문제점은 적용 배제 조항을 두면서도 정보공개서의 등록, 정보공개서 등록의 거부, 정보공개서 등록의 취소 등 정보공개서 관련 의무는 배제가 되지 아니하고 적용 대상이 되도록 하고 있는데, 영세한 가맹본부가 느끼는 가장 큰 부담은 정보공개서를 등록하고 변경된 내용을 정기 및 수시로 업데이트해야 하는 의무인데, 정보공개서의 분량은 적게는 30쪽 많게는 수백 쪽에 이를 정도로 방대한 양이고, 영세한 가맹본부가 자력으로 이를 작성하기는 불가능하여 가맹거래사 등의 조력을 받을 수밖에 없다는 점이다. 그러므로, 소규모 가맹본부가 많은 시간과 비용을 투입하여 제공하는 정보공개서의 정보(내용)가 가맹희망자 또는 가맹점사업자들에게 어떤 실효성이 있는지도

의문이다.

3. 개선방안

　　가맹점사업자의 피해는 중대형 규모의 가맹본부보다는 오히려 가맹사업법을 잘 모르는 소규모 가맹본부와 가맹점사업자 사이 거래에서 발생되는 경우가 훨씬 많다. 이러한 측면에서 영세한 규모의 가맹본부에 대하여 가맹사업법 적용을 배제하는 규정은 충분한 논의를 통해 적용배제 조건을 조정할 필요가 있어 보인다.

　　영세한 가맹본부에 대한 가맹사업법 적용 제외라는 취지를 살리고, 비용 대비 실효성이 낮은 정보공개서와 관련된 소규모 가맹본부의 의무를 가맹사업법 적용에서 배제하는 것이 바람직하다.

 스크랩 노트

〈가맹사업법의 적용배제〉

■ 가맹금 총액이나 연간 매출액이 다음에 해당하면 가맹사업법이 적용되지 않습니다.

▶ 가맹점사업자가 가맹금의 최초 지급일부터 6개월 동안 가맹본부에 지급한 가맹금 총액이 100만 원을 초과하지 않는 경우

▶ 가맹본부의 연간 매출액이 5천만 원[해당 가맹사업과 같은 품질기준이나 영업방식에 따라 상품이나 용역을 판매하는 직영점을 개설하여 운영하고 있는 경우에는 해당 직영점의 매출액을 포함하여 5천만 원] 미만인 경우

※ 다만, 가맹본부와 계약을 맺은 가맹점사업자의 수가 5개 이상의 경우는 제외합니다(**가맹사업법 시행령 제5조 제5항**).

▶ 가맹본부가 가맹사업을 시작하기 전에 해당 가맹사업과 같은 품질기준이나 영업방식에 따라 상품이나 용역을 판매하는 직영점을 개설하여 1년 이상 운영하고 있는 경우에는 연간 매출액이 2억 원(직영점의 매출액 포함) 미만인 경우

※ 이 경우의 금액산정은 다음의 기준에 따릅니다(**가맹사업법 시행령 제5조 제3항 및 제4항**).

가맹본부가 가맹사업을 시작한 지 1년이 지난 경우	① 가맹본부가 손익계산서를 작성한 경우는 바로 전 사업연도의 손익계산서 상의 매출액
	② 가맹본부가 손익계산서를 작성하지 않은 경우는 바로 전 2개 과세기간의 부가가치세확정신고서 상의 과세표준과 면세수입금액을 합한 금액

가맹본부가 가맹사업을 시작한 지 1년이 지나지 않은 경우	사업을 시작한 때부터 마지막으로 부가가치세확정신고서를 한 때까지의 부가가치세확정신고서(부가가치세확정신고를 하지 않은 경우에는 부가가치세예정신고서)상의 과세표준을 합한 금액을 ②의 금액으로 봄

〈적용 제외의 예외〉

- 위와 같이 가맹금 총액이나 연간 매출액이 일정한 금액 또는 규모에 미달하여 법 적용이 배제되더라도 가맹점사업자의 피해구제를 위하여 다음과 같은 가맹사업법의 일부 규정은 적용됩니다(**가맹사업법 제3조, 가맹사업법 시행령 제5조 제1항 및 제2항**).
  - ▶ 가맹본부가 가맹희망자 또는 가맹점사업자에게 허위·과장된 정보를 제공하는 행위 금지 규정(**가맹사업법 제9조**)
  - ▶ 가맹금의 반환에 관한 규정(**가맹사업법 제10조**)
  - ▶ 정보공개서의 등록(**가맹사업법 제6조의2**), 정보공개서 등록의 거부(**가맹사업법 제6조의3**), 정보공개서 등록의 취소(**가맹사업법 제6조의4**)
  - ▶ 가맹점사업자피해보상보험계약(**가맹사업법 제15조의2**)

제**3**장

가맹사업법의 핵심 규율 내용

가맹사업법은 가맹본부와 가맹희망자 또는 가맹점사업자 사이 체결하는 가맹점운영권에 관한 가맹계약을 체결하기 전과 체결한 후를 기준으로 가맹본부의 의무사항과 금지사항을 규정하고 있다.

앞에서 살펴본 바와 같이 가맹사업당사자는 가맹사업을 영위하는데 신의성실의 원칙을 지켜야 하고 가맹본부와 가맹점사업자가 각각 준수해야 할 사항을 규정하고 있으나, 이와 같은 신의성실의 원칙이나 가맹본부의 준수사항과 가맹점사업자의 준수사항을 지키지 아니한 경우 이를 제재할 수 있는 규정은 없다. 하지만 가맹본부의 가맹사업법 위반 여부를 판단할 때 고려사항으로 참고될 수 있다.

이 책 제3장의 제목은 "가맹사업법의 핵심 규율 내용"으로 되어 있다. 이와 같은 제목에서 알 수 있듯이 가맹거래사업에 있어서 공정한 거래에 대한 기준을 제시하여 규제하고 있는데 가맹본부가 이러한 기준을 위반하는 경우 공정거래위원회는 해당 가맹본부에 대하여 제재를 가할 수 있다.[21]

가맹본부가 가맹사업법에서 규정하고 있는 의무사항과 금지사항을 지키지 아니한 경우 이에 대한 제재는 크게 행정적 제재와 형벌로 나눌 수 있고, 행정적 제재는 공정거래위원회가 가맹사업법을 위반하는 가맹본부에 대하여 첫째, 시정조치 부과 둘째, 과징금 부과(과징금납부명령) 셋째, 과태료를 부과하는 것으로 나누어 볼 수 있고, 형벌은 공정거래위원회의 고발이 있어야만 검찰이 공소를 유지할 수 있고 법원의 판결에 따라 이루어진다.

한편, 가맹사업법에서는 법 위반사업자인 가맹본부에 대하여 공정거래위원회가 시정조치 및 과징금을 부과할 수 있는 조항을 구체적으로 규정하고 있는데, 시정조치 또는 과징금 부과가 가능한 가맹사업법 조문은 똑같다.

다시 말해서 가맹본부가 가맹사업법 개별조문에서 규정하고 있는 의무사항이나 금지사항을 위반하는 경우 공정거래위원회는 해당 가맹본부에 대하여 시정조치와 과징금 부과를 동시에 할 수 있다는 것이다.

반면, 가맹본부가 공정거래위원회의 시정조치나 과징금 부과와 관련 없는 개별조문에

---

21) 공정거래위원회가 중앙행정기관이므로 가맹본부(사업자)에 대한 제재를 "행정처분"이라고 할 수 있다.

서 규정하고 있는 의무사항이나 금지사항을 지키지 아니한 경우 공정거래위원회는 해당 가맹본부에 과태료를 부과할 수 있다.[22)]

따라서, 이 장에서는 가맹본부가 가맹계약을 체결하기 전의 의무사항 및 금지사항, 가맹계약 체결 직전·직후의 의무사항 및 금지사항 그리고 가맹계약을 체결한 후의 의무사항 및 금지사항 등 세 가지로 구분하고 그 구분 아래 다시 시정조치 및 과징금 부과와 과태료 부과로 구분하여 살펴보기로 한다.

---

22) 가맹사업법은 공정거래위원회가 시정조치, 과징금 부과, 과태료 부과를 할 수 없는 가맹본부의 의무사항이나 금지사항도 일부 규정하고 있다. 일반적으로 이러한 규정을 훈시규정이라고 부르기도 한다.

1 > 가맹계약 체결 전 가맹본부의 의무 및 금지사항 (4가지)

① 정보공개서 등록의무 및 변경등록 의무 (법 제6조의2)
② 가맹금 예치의무 및 예치가맹금 지급요청 금지 (법 제6조의5)
③ 정보공개서 제공의무 등 (법 제7조)
④ 가맹금 수령행위 및 가맹계약체결행위 금지 (법 제11조)

가. 정보공개서 등록 및 변경등록 의무[23]

가맹사업법	제6조의2 (정보공개서의 등록 등) 제1항 (등록) ⇨ 시정조치/과징금/과태료 부과 대상 아님 제2항 (변경등록) ⇨ 본문 위반하는 경우 (과태료) 1천만 원 이하 　　　　　　　단서 위반하는 경우 (과태료) 3백만 원 이하

법　률	시행령
제6조의2(정보공개서의 등록 등) 　① 가맹본부는 가맹희망자에게 제공할 정보공개서를 대통령령으로 정하는 바에 따라 공정거래위원회 또는 특별시장·광역시장·특별자치시장·도지사·특별자치도지사(이하 "시·도지사"라 한다)에게 등록하여야 한다. 〈개정 2013. 8. 13., 2018. 1. 16.〉 　② 가맹본부는 제1항에 따라 등록한 정보공개서의 기재 사항 중 대통령령으로 정하는 사항을 변경하려는 경우에는 대통령령으로 정하는 기한 이내에 공정거래위원회 또는 시·도지사에게 기재 사항의 변경등록을 하여야 한다. 다만, 대통령령으로 정하는 경미한 사항을 변경하려는 경우에는 신고하여야 한다. 〈신설 2013. 8. 13., 2018. 1. 16.〉	제5조의2(정보공개서의 등록 등) 　① 법 제6조의2 제1항에 따른 정보공개서의 등록기관은 다음 각 호의 구분에 따른다. 〈신설 2018. 12. 18.〉 1. 가맹본부의 주된 사무소의 소재지(이하 이 항에서 "주사무소소재지"라 한다)가 서울특별시인 경우 : 서울특별시장 2. 주사무소소재지가 인천광역시인 경우 : 인천광역시장 3. 주사무소소재지가 경기도인 경우 : 경기도지사 4. 주사무소소재지가 공정거래위원회가 정하여 고시하는 광역시·특별자치시·도·특별자치도인 경우 : 해당 광역시장·특별자치시장·도지사·특별자치도지사 5. 주사무소소재지가 그 밖의 지역인 경우

---

23) 가맹본부의 정보공개서 변경등록 의무는 가맹계약이 체결되어 가맹거래가 이루어지고 있는 상태에서 가맹본부가 변경등록을 하여야 한다는 점에 비추어 볼 때 가맹계약 체결 전의 의무사항이라고 볼 수 없으나, 가맹사업법 제6조의2 제1항에서 가맹본부의 정보공개서 등록 의무를 규정하고 있고 곧바로 제2항에서 가맹본부의 변경등록 의무를 규정하고 있는 점을 고려하여 가맹계약 체결 전의 의무사항으로 분류하였다.

법 률	시행령
③ 공정거래위원회 및 시·도지사는 제1항 또는 제2항에 따라 등록·변경등록하거나 신고한 정보공개서를 공개하여야 한다. 다만, 「개인정보 보호법」 제2조 제1호에 따른 개인정보와 「부정경쟁방지 및 영업비밀보호에 관한 법률」 제2조 제2호에 따른 영업비밀은 제외한다. 〈개정 2013. 8. 13., 2016. 12. 20., 2018. 1. 16.〉 ④ 공정거래위원회 및 시·도지사는 제3항에 따라 정보공개서를 공개하는 경우 해당 가맹본부에 공개하는 내용과 방법을 미리 통지하여야 하고, 사실과 다른 내용을 정정할 수 있는 기회를 주어야 한다. 〈개정 2013. 8. 13., 2016. 3. 29., 2018. 1. 16.〉 ⑤ 공정거래위원회는 제3항에 따른 정보공개서의 공개(시·도지사가 공개하는 경우를 포함한다)를 위하여 예산의 범위 안에서 가맹사업정보제공시스템을 구축·운용할 수 있다. 〈개정 2013. 8. 13., 2018. 1. 16.〉 ⑥ 그 밖에 정보공개서의 등록, 변경등록, 신고 및 공개의 방법과 절차는 대통령령으로 정한다. 〈개정 2013. 8. 13.〉 [본조신설 2007. 8. 3.]	: 공정거래위원회 ② 가맹본부는 법 제6조의2 제1항에 따라 정보공개서를 등록하려는 경우에는 별지 제1호 서식의 정보공개서 신규등록 신청서에 다음 각 호의 서류를 첨부하여 공정거래위원회 또는 특별시장·광역시장·특별자치시장·도지사·특별자치도지사(이하 "시·도지사"라 한다)에게 제출해야 한다. 〈개정 2010. 10. 13., 2012. 5. 7., 2018. 12. 18., 2021. 11. 19.〉 1. 정보공개서[문서 형태의 정보공개서와 함께 「정보통신망 이용촉진 및 정보보호 등에 관한 법률」 제2조 제1항 제1호에 따른 정보통신망(이하 "정보통신망"이라 한다)을 이용하여 전자적 파일을 제출하여야 한다] 2. 바로 전 3개 사업연도의 재무상태표 및 손익계산서(가맹본부가 재무제표를 작성하지 아니하는 경우에는 바로 전 3개 사업연도의 매출액을 확인할 수 있는 서류) 3. 바로 전 사업연도 말 현재 운영 중인 직영점 및 가맹점 목록[대표자, 소재지, 가맹계약 체결일(직영점은 영업개시일) 및 전화번호를 적어야 한다] 4. 가맹계약서 양식 사본 5. 바로 전 사업연도 말 현재 근무 중인 임직원 수를 확인할 수 있는 서류 6. 그 밖에 정보공개서 내용과 관련 있는 서류로서 공정거래위원회 또는 시·도지사가 제출하도록 요구하는 서류 ③ 제2항에 따라 신청서를 제출받은 공정거래위원회 또는 시·도지사는 「전자정부법」 제36조 제1항에 따른 행정정보의 공동이용을 통하여 다음 각 호의 서류를 확인하여야 한다. 다만, 신청인이 제2호 및 제3호의 확

법　률	시행령
	인에 동의하지 아니하는 때에는 그 서류(제3호의 경우에는 사본)를 제출하도록 하여야 한다. 〈개정 2010. 10. 13., 2018. 12. 18.〉
1. 법인 등기사항증명서(가맹본부가 법인인 경우로 한정한다)
2. 해당 법인의 설립등기 전에 등록신청하는 때에는 법인을 설립하려는 발기인의 주민등록표 초본
3. 사업자등록증(제4항에 따라 정보공개서 등록증을 내준 날부터 30일 이내에 공정거래위원회 또는 시·도지사가 확인하거나 신청인이 제출할 수 있다)
④ 공정거래위원회 또는 시·도지사는 제2항에 따른 등록신청이 있으면 등록신청일부터 30일(법 제6조의4에 따라 등록이 취소된 가맹본부가 다시 등록을 신청한 경우에는 2개월) 이내에 가맹본부에 별지 제2호 서식의 정보공개서 등록증(이하 "등록증"이라 한다)을 내주어야 하며, 법 제6조의2 제5항에 따른 가맹사업정보제공시스템(이하 "가맹정보시스템"이라 한다)에 등록에 관한 사항을 관리하여야 한다. 〈신설 2010. 10. 13., 2014. 2. 11., 2018. 12. 18.〉
⑤ 공정거래위원회 또는 시·도지사는 제4항에도 불구하고 다음 각 호의 어느 하나에 해당하면 1회에 한하여 상당한 기간을 정하여 가맹본부에 필요한 내용의 변경 또는 보완을 요구하거나 정보공개서의 등록을 거부할 수 있다. 〈개정 2010. 10. 13., 2018. 12. 18.〉
1. 정보공개서의 기재 사항이 사실과 다르거나 일부 내용이 빠진 경우
2. 제2항 제2호부터 제6호까지의 첨부 서류를 제출하지 아니한 경우
3. 제3항 제2호 및 제3호의 확인에 동의하지 아니하고 서류를 제출하지 아니한

법　률	시행령
	경우
	⑥ 공정거래위원회 또는 시·도지사는 다음 각 호의 어느 하나에 해당하면 정보공개서의 등록을 거부하여야 하고, 그 사실을 가맹본부에 통지하여야 한다. 〈개정 2010. 10. 13., 2018. 12. 18.〉
	1. 정보공개서의 기재 사항이나 첨부 서류에 거짓이 있는 경우
	2. 제5항에 따른 변경 또는 보완 요구에 가맹본부가 따르지 아니한 경우
	⑦ 가맹본부가 제5항에 따른 변경 또는 보완 요구에 따른 경우에는 그 요구에 따른 날을 등록신청을 한 날로 본다. 〈개정 2010. 10. 13., 2018. 12. 18.〉
	⑧ 가맹본부는 가맹정보시스템을 통하여 제2항에 따른 정보공개서 등록신청을 할 수 있다. 〈신설 2010. 10. 13., 2018. 12. 18.〉
	[본조신설 2008. 1. 31.]
	제5조의3(정보공개서의 변경등록 및 변경신고)
	① 법 제6조의2 제2항 본문에서 "대통령령으로 정하는 사항"이란 별표 1의2에 따른 변경등록사항을 말한다. 〈신설 2014. 2. 11.〉
	② 법 제6조의2 제2항 본문에서 "대통령령으로 정하는 기한"이란 별표 1의2에 따른 기한을 말한다. 〈신설 2014. 2. 11.〉
	③ 가맹본부는 별표 1의2에서 정한 변경등록사항이 변경된 경우에는 같은 표에서 정한 기한 내에 별지 제4호 서식의 정보공개서 변경등록 신청서에 다음 각 호의 서류를 첨부하여 공정거래위원회 또는 시·도지사에게 제출하여야 한다. 이 경우 공정거래위원회 또는 시·도지사는 「전자정부법」 제36조 제1항에 따른 행정정보의 공동이용을 통하여 법인 등기사항증명서와 사업자등록증을 확인(변경등록에 필요한 경우만

법 률	시행령
	해당한다)하여야 하며, 신청인이 사업자등록증의 확인에 동의하지 아니하는 경우에는 그 서류를 첨부하도록 하여야 한다. 〈개정 2012. 5. 7., 2014. 2. 11., 2018. 12. 18.〉
	1. 변경된 정보공개서
	2. 변경내용을 증명하는 서류
	3. 등록증(등록증 기재 사항을 변경하는 경우만 해당한다)
	④ 변경등록 및 거부절차에 관하여는 제5조의2 제1항 및 제3항부터 제7항까지의 규정을 준용한다. 이 경우 제5조의2 제4항 중 "30일"은 "20일"로 본다. 〈개정 2010. 10. 13., 2014. 2. 11., 2018. 12. 18.〉
	⑤ 법 제6조의2 제2항 단서에서 "대통령령으로 정하는 경미한 사항"이란 별표 1의2에 따른 변경신고사항을 말한다. 〈개정 2010. 10. 13., 2014. 2. 11.〉
	⑥ 가맹본부는 별표 1의2에서 정한 변경신고사항이 변경된 경우에는 같은 표에서 정한 기한 내에 별지 제4호서식의 정보공개서 변경신고서에 변경내용을 증명하는 서류를 첨부하여 공정거래위원회 또는 시·도지사에게 제출하여야 한다. 이 경우 공정거래위원회 또는 시·도지사는 「전자정부법」 제36조 제1항에 따른 행정정보의 공동이용을 통하여 법인 등기사항증명서와 사업자등록증을 확인(변경신고에 필요한 경우만 해당한다)하여야 하며, 신고인이 사업자등록증의 확인에 동의하지 아니하는 경우에는 그 서류를 첨부하도록 하여야 한다. 〈개정 2010. 10. 13., 2012. 5. 7., 2014. 2. 11., 2018. 12. 18.〉
	⑦ 공정거래위원회 또는 시·도지사는 제3항에 따른 변경등록 신청 또는 제6항에 따른 변경신고가 있으면 가맹정보시스템에 변경등록 또는 변경신고에 관한 사항을

법 률	시행령
	관리하여야 한다.〈개정 2010. 10. 13., 2014. 2. 11., 2018. 12. 18.〉 ⑧ 가맹본부는 정보공개서를 변경등록하거나 변경신고하는 경우에는 정보통신망을 이용하여 전자적 파일 형태의 정보공개서를 함께 제출하여야 한다.〈개정 2014. 2. 11.〉 ⑨ 삭제〈2016. 9. 29.〉 ⑩ 삭제〈2016. 9. 29.〉 ⑪ 가맹본부는 가맹정보시스템을 통하여 제3항에 따른 변경등록을 신청하거나 제6항에 따른 변경신고를 할 수 있다.〈신설 2016. 9. 29.〉 [본조신설 2008. 1. 31.] 제5조의4(정보공개서의 공개 등) ① 삭제〈2017. 3. 20.〉 ② 공정거래위원회 또는 시·도지사는 정보공개서를 공개하는 경우에는 법 제6조의2 제4항에 따라 다음 각 호의 사항을 적은 서면으로 공개일 10일 전까지 가맹본부에 이를 미리 알려야 한다.〈개정 2014. 2. 11., 2018. 12. 18.〉 1. 공개 목적과 공개 기간 2. 공개 내용 3. 공개 방법 4. 가맹본부의 정정 또는 비공개 요구 방법 ③ 제2항에 따른 통지를 받은 가맹본부는 공개하는 내용 중 사실과 다른 내용이 있거나 법 제6조의2 제3항 단서에 해당하는 내용이 있으면 통지를 받은 날부터 7일 이내에 그 사실을 증명하는 서류를 첨부한 서면으로 공정거래위원회 또는 시·도지사에게 그 내용의 정정 또는 비공개를 요구할 수 있다. 이 경우 공정거래위원회 또는 시·도지사는 가맹본부의 요구가 정당하다고 인정되면 정보공개서의 공개 내용

법 률	시행령
	을 변경하거나 공개하지 아니하여야 한다.〈개정 2017. 3. 20., 2018. 12. 18.〉 ④ 삭제 〈2012. 5. 7.〉 [본조신설 2008. 1. 31.]
제6조의3(정보공개서 등록의 거부 등) ① 공정거래위원회 및 시·도지사는 제6조의2에 따른 정보공개서 등록 신청이 다음 각 호의 어느 하나에 해당하는 경우에는 정보공개서의 등록을 거부하거나 그 내용의 변경을 요구할 수 있다. 〈개정 2016. 12. 20., 2018. 1. 16., 2021. 5. 18.〉 1. 정보공개서나 그 밖의 신청서류에 거짓이 있거나 필요한 내용을 적지 아니한 경우 2. 정보공개서에 기재된 가맹사업의 내용에 다른 법률에서 금지하고 있는 사항이 포함되어 있는 경우 3. 제6조의2 제1항에 따라 정보공개서를 신규로 등록하는 경우 등록 신청일 현재 정보공개서에 기재된 가맹사업과 영업표지가 동일하고 같은 품질기준이나 영업방식에 따라 상품이나 용역을 판매하는 직영점이 없거나, 그 운영기간(해당 직영점을 가맹본부가 운영하기 전에 가맹본부의 임원이 운영한 경우 <u>대통령령으로 정하는 바에 따라</u> 임원이 운영한 기간도 직영점 운영기간으로 본다)이 1년 미만인 경우. 다만, 가맹본부가 가맹사업의 영위를 위하여 관련 법령에 따라 허가·면허를 받아야 하는 등 직영점 운영이 불필요하다고 인정되는 사유로 <u>대통령령으로 정하는 경우</u>에는 이 규정을 적용하지 아니한다. ② 공정거래위원회 및 시·도지사는 정보공개서의 등록을 하였을 때에는 가맹본부	제5조의5(정보공개서 등록의 거부 등) ① 법 제6조의3 제1항 제3호 본문에 따라 가맹본부의 직영점 운영기간으로 보는 임원의 직영점 운영기간은 가맹본부의 정보공개서 등록 신청 당시 해당 가맹본부의 임원으로 재직 중인 임원이 직영점을 운영한 모든 기간으로 한다. ② 법 제6조의3 제1항 제3호 단서에서 "대통령령으로 정하는 경우"란 다음 각 호의 경우를 말한다. 1. 가맹본부가 가맹사업의 영위를 위해 관련 법령에 따라 허가·면허 등을 받거나 신고·등록 등을 한 경우 2. 가맹본부가 국내 또는 국외에서 정보공개서를 등록하려는 업종과 같은 업종의 사업을 1년 이상 영위한 경우 3. 그 밖에 제1호 및 제2호에 준하는 경우로서 가맹본부의 직영점 운영이 불필요하다고 공정거래위원회가 정하여 고시하는 경우 [본조신설 2021. 11. 19.] [종전 제5조의5는 제5조의6으로 이동 〈2021. 11. 19.〉]

법　률	시행령
에게 등록증을 내주어야 한다. 〈개정 2016. 12. 20., 2018. 1. 16.〉 [본조신설 2007. 8. 3.] 제6조의4(정보공개서 등록의 취소 등) ① 공정거래위원회 및 시·도지사는 정보공개서가 다음 각 호의 어느 하나에 해당하는 경우에는 그 등록을 취소할 수 있다. 다만, 제1호 및 제2호에 해당하는 경우에는 등록을 취소하여야 한다. 〈개정 2013. 8. 13., 2016. 12. 20., 2018. 1. 16.〉 1. 거짓이나 그 밖의 부정한 방법으로 정보공개서가 등록된 경우 2. 제6조의3 제1항 제2호에 해당하는 경우 3. 제2조 제10호 각 목의 기재 사항 중 <u>대통령령으로 정하는 중요한 사항</u>(이하 "중요사항"이라 한다)이 누락된 경우 4. 가맹본부가 폐업 신고를 한 경우 5. 가맹본부가 정보공개서 등록취소를 요청하는 경우 ② 공정거래위원회 및 시·도지사는 정보공개서 등록이 취소된 가맹본부의 명단을 공개할 수 있다. 〈신설 2013. 8. 13., 2018. 1. 16.〉	제5조의6(정보공개서 등록의 취소 등) ① 공정거래위원회 또는 시·도지사는 법 제6조의4 제1항 제1호 또는 제2호에 해당하는 사유로 정보공개서의 등록을 취소한 경우에는 취소한 날부터 7일 이내에 해당 가맹본부에 서면으로 그 사실과 취소 사유를 알려야 한다. 〈개정 2014. 2. 11., 2017. 3. 20., 2018. 12. 18.〉 ② 법 제6조의4 제1항 제3호에 "대통령령으로 정하는 중요한 사항"(이하 "중요사항"이라 한다)이란 다음 각 호의 어느 하나에 해당하는 사항을 말한다. 〈개정 2010. 10. 13., 2014. 2. 11., 2016. 9. 29., 2017. 3. 20.〉 1. 별표 1 제1호 2. 별표 1 제2호 가목, 나목(가맹본부와 관련된 사항만 해당한다), 다목부터 바목까지, 사목(대표자와 관련된 사항만 해당한다), 아목부터 차목까지 3. 별표 1 제3호 나목부터 카목까지 4. 별표 1 제4호부터 제6호까지, 제8호 및 제9호 ③ 공정거래위원회 또는 시·도지사는 법 제6조의4 제1항 제3호에 해당하는 사유가 있는 경우에는 상당한 기간을 정하여 누락된 중요사항의 보완을 가맹본부에 요구하여야 한다. 다만, 다음 각 호의 어느 하나에 해당하는 경우에는 가맹본부의 귀책정도, 회생가능성, 가맹희망자가 입을 피해 가능성, 기존 가맹점사업자에게 미치는 영향 등을 모두 고려하여 보완 요구 없이 정보공개서의 등록을 취소할 수 있다. 〈개정

법 률	시행령
	2014. 2. 11., 2017. 3. 20., 2018. 12. 18.〉 1. 가맹본부가 휴업 또는 폐업 신고를 한 경우 2. 가맹본부가 파산을 신청한 경우 3. 가맹본부에 대하여 강제집행절차 또는 회생절차가 개시된 경우 4. 가맹본부가 발행한 어음·수표가 부도 등으로 지급 거절된 경우 5. 가맹본부가 대표자의 사망·소재불명 등의 사유로 영업을 중단한 경우 6. 그 밖에 제1호부터 제5호까지의 규정에 준하는 경우로서 가맹본부가 가맹사업을 정상적으로 경영하기 어렵다고 공정거래위원회 또는 시·도지사가 판단하는 경우 ④ 가맹본부는 제3항 각 호 외의 부분 본문에 따른 보완 요구를 받은 경우에는 누락된 중요사항을 보완하여 제5조의3에 따라 정보공개서의 변경등록을 신청하여야 한다. [본조신설 2008. 1. 31.] [제5조의5에서 이동, 종전 제5조의6은 제5조의7로 이동 〈2021. 11. 19.〉] **제5조의7(정보공개서의 등록 등에 관한 사무처리지침)** 공정거래위원회는 공정거래위원회와 시·도지사 간 정보공개서의 등록·공개 및 등록취소 등에 관한 일관된 사무처리를 위하여 제5조의2부터 제5조의6까지의 규정의 시행에 필요한 세부사항을 정할 수 있다. 〈개정 2021. 11. 19.〉 [본조신설 2018. 12. 18.] [제5조의6에서 이동, 종전 제5조의7은 제5조의8로 이동 〈2021. 11. 19.〉]

■ 가맹사업거래의 공정화에 관한 법률 시행령 [별지 제1호 서식] 〈개정 2018. 12. 18.〉

※ 가맹사업거래홈페이지(franchise.ftc.go.kr)에서도 신청할 수 있습니다.

정보공개서 신규등록 신청서

※ 뒤쪽의 유의사항을 읽고 작성하시기 바라며, [ ]에는 해당되는 곳에 √표를 합니다.

(앞쪽)

접수번호		접수일	처리기간	30일

신청인	법인명(상호)		법인등록번호	
	영업표지		사업자등록번호	
	소재지		전화번호	
	대표자(성명)		생년월일	
	대표 휴대전화		대표 팩스번호	
	대표 전자우편			
	정보공개서 담당자	성명	직위/직급	
		전화번호	전자우편	
		사무실 주소		

* 위 소재지와 다른 경우만 적습니다.

「가맹사업거래의 공정화에 관한 법률」 제6조의2 제1항 및 같은 법 시행령 제5조의2 제1항·제2항에 따라 위와 같이 정보공개서의 등록을 신청합니다.

년 월 일

신청인: (서명 또는 인)

처리기관의 장 귀하 (공정거래위원회/서울특별시장/인천광역시장/경기도지사 중 선택 기재)

첨부서류	1. 정보공개서(문서 형태의 정보공개서와 함께 정보통신망을 이용하여 전자적 파일을 제출해야 합니다) 2. 바로 전 3개 사업연도의 재무상태표 및 손익계산서(가맹본부가 재무제표를 작성하지 않을 경우에는 바로 전 3개 사업연도의 매출액을 확인할 수 있는 서류) 3. 바로 전 사업연도 말 현재 운영 중인 직영점 및 가맹점 목록(대표자, 소재지, 가맹계약 체결일 및 전화번호를 적어야 합니다) 4. 가맹계약서 양식 사본 5. 바로 전 사업연도 말 현재 근무 중인 임직원 수를 확인할 수 있는 서류 6. 그 밖에 정보공개서 내용과 관련있는 서류로서 처리기관이 제출하도록 요구하는 서류	수수료 없음
담당자 확인사항	1. 법인 등기사항증명서(가맹본부가 법인인 경우만 해당합니다) 2. 법인을 설립하려는 발기인의 주민등록표 초본(해당 법인의 설립등기 전에 등록신청하는 때만 해당합니다) 3. 사업자등록증	

행정정보 공동이용 동의서

본인은 이 건 업무처리와 관련하여 처리기관의 담당자가 「전자정부법」 제36조 제1항에 따른 행정정보의 공동이용을 통하여 위의 담당자 확인사항의 제2호 및 제3호를 확인하는 것에 동의합니다.
※ 확인에 동의할 경우 행정정보의 공동이용을 위하여 대표자의 주민등록번호를 적습니다.
※ 확인에 동의하지 않는 경우 신청인이 해당 서류를 직접 제출해야 합니다.

대표자 주민등록번호	-
신청인	(서명 또는 인)

210mm×297mm[백상지 80g/㎡]

유 의 사 항

1. 정보공개서 신규등록 신청 처리기간은 등록 신청일부터 30일이나, 「가맹사업거래의 공정화에 관한 법률」 제6조의4에 따라 등록이 취소된 가맹본부가 다시 등록을 신청한 경우의 처리기간은 2개월입니다.
2. 법인명(상호): 법인인 경우 법인 등기사항증명서상 상호를, 개인인 경우 사업자등록증상 이름을 적습니다. 주식회사, 유한회사 등 회사종류는 약칭으로 적습니다. [예: (주)조정원]
3. 영업표지: 한글로 띄어쓰기 없이 적는 것을 원칙으로 합니다. 외국어로 표기하는 경우에는 한글로 적은 후 괄호 안에 함께 적습니다. [예: 페어트레이드(Fair Trade)]
4. 소 재 지: 법인 등기사항증명서 또는 사업자등록증상 본점의 주소를 적습니다.
5. 대표 휴대전화: 정보공개서 등록 관련 안내를 휴대전화를 통한 문자메시지로 받고 싶은 경우에만 적습니다. 개인 휴대전화번호는 적지 않습니다.
6. 대표 전자우편: 개인 전자우편주소는 적지 않습니다.
7. 정보공개서 담당자: 회사 전화번호, 회사 전자우편주소를 적습니다. 담당자 사무실의 소재지가 회사 본점 소재지와 다른 경우 그 사실을 적습니다.

처 리 절 차

| 신청서 작성 | → | 접수 | → | 검토 | → | 기안 · 결재 | → | 등록증 작성 | → | 등록증 발급 |

신청인   처리기관

■ 가맹사업거래의 공정화에 관한 법률 시행령 [별지 제2호 서식] 〈개정 2018. 12. 18.〉

(앞쪽)

정보공개서 등록증

등록번호			
가맹본부 상호			
영업표지			
소재지			
대표자(성명)		생년월일	
대표 업종		최초 등록일	

　　「가맹사업거래의 공정화에 관한 법률」 제6조의3 제2항 및 같은 법 시행령 제5조의2 제4항에 따라 위와 같이 정보공개서가 등록되었음을 증명합니다.

년　월　일

처리기관의 장　　　직인

(공정거래위원회/서울특별시장/부산광역시장/인천광역시장/경기도지사 중 선택 기재)

210mm×297mm[백상지 120g/㎡]

변경사항 및 처분사항 등

연월일	변경사항 및 처분사항	담당자(서명 또는 인)

■ 가맹사업거래의 공정화에 관한 법률 시행령 [별지 제4호 서식] 〈개정 2018. 12. 18.〉

정보공개서 [ ] 변경등록 신청서
[ ] 변경신고서

※ 뒤쪽의 유의사항을 읽고 작성하시기 바랍니다.
(앞쪽)

접수번호		접수일	처리기간	변경등록 20일 변경신고 3일

신청인	법인명(상호)		법인등록번호	
	영업표지		사업자등록번호	
	소재지		전화번호	
	대표자(성명)		생년월일	
	대표 휴대전화		대표 팩스번호	
	대표 전자우편		정보공개서 등록번호	
	정보 공개서 담당자	성명	직위/직급	
		전화번호	전자우편	
		사무실 주소	* 위 소재지와 다른 경우만 적습니다.	

신청사항	변경 전	변경 후
	*내용이 많을 경우에는 별지에 작성합니다.	

변경사유	

「가맹사업거래의 공정화에 관한 법률」 제6조의2 제2항 및 같은 법 시행령 제5조의3 제3항·제6항에 따라 위와 같이 정보공개서를 [ ] 변경등록 신청, [ ] 변경 신고합니다.

년 월 일

신청인(신고인): (서명 또는 인)

처리기관의 장 귀하 (공정거래위원회/서울특별시장/인천광역시장/경기도지사 중 선택 기재)

첨부서류	1. 변경된 정보공개서(변경등록하는 경우만 해당합니다) 2. 변경내용을 증명하는 서류 3. 정보공개서 등록증(등록증 기재 사항을 변경하는 경우만 해당합니다)	수수료 없음
담당자 확인사항	1. 법인 등기사항증명서 2. 사업자등록증	

행정정보 공동이용 동의서

본인은 이 건 업무처리와 관련하여 처리기관의 담당자가 「전자정부법」 제36조 제1항에 따른 행정정보의 공동이용을 통하여 사업자등록증을 확인하는 것에 동의합니다.
※ 확인에 동의할 경우 행정정보의 공동이용을 위하여 대표자의 주민등록번호를 적습니다.
※ 확인에 동의하지 않는 경우 신청인(신고인)이 해당 서류를 직접 제출해야 합니다.

대표자 주민등록번호 　　　　　－

신청인(신고인) 　　　　　(서명 또는 인)

210mm×297mm[백상지 80g/㎡]

유 의 사 항

1. 정보공개서 변경등록사항과 변경신고사항을 함께 변경하려는 경우에는 변경등록 신청서와 변경신고서의 해당
   [ ]에 모두 표시합니다.
2. 법인명(상호): 법인인 경우 법인 등기사항증명서상 상호를, 개인인 경우 사업자등록증상 이름을 적습니다.
   주식회사, 유한회사 등 회사종류는 약칭으로 적습니다. [예: (주)조정원]
3. 영업표지: 한글로 띄어쓰기 없이 적는 것을 원칙으로 합니다. 외국어로 표기하는 경우에는 한글로 적은 후
   괄호 안에 함께 적습니다. [예: 페어트레이드(Fair Trade)]
4. 소 재 지: 법인 등기사항증명서 또는 사업자등록증상 본점의 주소를 적습니다.
5. 대표 휴대전화: 정보공개서 등록 관련 안내를 휴대전화를 통한 문자메시지로 받고 싶은 경우에만 적습니다.
   개인 휴대전화번호는 적지 않습니다.
6. 대표 전자우편: 개인 전자우편주소는 적지 않습니다.
7. 정보공개서 담당자: 회사 전화번호, 회사 전자우편주소를 적습니다. 담당자 사무실의 소재지가 회사 본점
   소재지와 다른 경우 그 사실을 적습니다.
8. 신청사항: 변경 전·후의 내용을 정보공개서 관련 쪽수와 함께 적습니다. 내용이 많은 경우에는 별지에
   적습니다.
9. 변경사유: 내용이 많은 경우에는 별지에 적습니다.

처 리 절 차

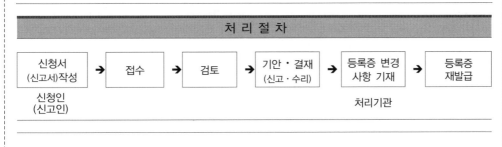

■ 가맹사업거래의 공정화에 관한 법률 시행령 [별표 1의2] 〈개정 2021. 11. 19.〉

정보공개서의 변경 사항 및 변경 기한(제5조의3 제1항 관련)

구분	정보공개서 기재 사항	변경 기한
변경 등록 사항	별표 1 제1호: 전체 별표 1 제2호: 가목, 나목(가맹본부와 관련된 정보만 해당한다), 다목부터 마목까지, 사목(대표자와 관련된 정보만 해당한다) 및 자목 별표 1 제3호: 나목 별표 1 제4호: 전체	변경사유가 발생한 날부터 30일
	별표 1 제2호: 차목 별표 1 제3호: 자목1) 및 2) 별표 1 제5호: 가목, 나목1)·3) 및 다목 별표 1 제6호: 라목부터 차목까지 별표 1 제8호: 전체 별표 1 제9호: 전체	변경사유가 발생한 분기가 끝난 후 30일
	별표 1 제2호: 바목 및 아목 별표 1 제3호: 다목부터 아목까지, 자목3) 및 차목 별표 1 제5호: 나목2) 별표 1 제6호: 가목 및 나목 별표 1 제10호: 전체	매 사업연도가 끝난 후 120일. 다만, 재무제표를 작성하는 개인 사업자인 가맹본부는 매 사업연도가 끝난 후 180일 이내에 정보공개서 변경등록을 신청할 수 있다.
변경 신고 사항	별표 1 제2호: 나목(가맹본부의 특수관계인과 관련된 정보만 해당한다), 사목(대표자 이외의 임원과 관련된 정보만 해당한다) 별표 1 제3호: 가목, 카목 및 타목 별표 1 제7호: 전체	변경사유가 발생한 분기가 끝난 후 30일

1) 정보공개서 등록 의무

가맹본부는 가맹희망자에게 제공할 정보공개서를 정보공개등록기관에 등록하여야 한다. 이와 같은 등록에 대한 구체적인 절차나 내용 등은 가맹사업법 시행령에 규정되어 있는데 구체적으로 살펴보기로 한다.

가) 정보공개서 등록기관 (가맹사업법 시행령 제5조의2 제1항)

가맹본부가 가맹사업법 제6조의2 제1항에 따라 정보공개서를 등록해야 할 등록기관은 다음과 같이 가맹본부 주사무소의 소재지에 따라 다르다.

첫째, 주사무소의 소재지가 서울특별시에 있는 경우 : 서울특별시장

둘째, 주사무소의 소재지가 인천광역시에 있는 경우 : 인천광역시장

셋째, 주사무소의 소재지가 경기도에 있는 경우 : 경기도지사

넷째, 주사무소의 소재지가 공정거래위원회가 정하여 고시하는 광역시·특별자치시·도·특별자치도에 있는 경우 : 해당 광역시장·특별자치시장·도지사·특별자치도지사

다섯째, 주사무소의 소재지가 그 밖의 지역에 있는 경우 : 공정거래위원회

2020년 3월 현재 위 넷째와 관련하여 공정거래위원회가 정하여 고시[24]한 광역지방자치단체는 부산광역시뿐이기 때문에 서울특별시, 인천광역시, 경기도, 부산광역시를 제외한 다른 광역자치단체 등의 지역에 있는 가맹본부는 다섯째에 해당하여 공정거래위원회에 정보공개서를 등록하여야 한다.

한편, 공정거래위원회는 정보공개등록 업무를 가맹사업법 시행령[25]및 관련 고시[26]에 따라 한국공정거래조정원에 위탁하고 있어 위 다섯째에 해당하는 가맹본부는 한국공정거래조정원에 정보공개서를 등록하여야 한다.

나) 정보공개서 등록신청 (가맹사업법 시행령 제5조의2 제2항 및 제8항)

가맹본부는 가맹사업법 제6조의2 제1항에 따라 정보공개서를 등록하려는 경우에는 가

---

24) 정보공개서 등록기관 지정 고시 [시행 2020. 3. 1. 공정거래위원회 고시 제2020-1호, 2020. 1. 2., 제정]

25) 제36조(업무의 위탁) ① 공정거래위원회는 법 제39조 제2항 제1호에 따라 정보공개서의 등록, 등록 거부 및 공개 등에 관한 업무를 조정원이나 가맹사업 분야의 전문성을 갖춘 법인·단체 중 해당 업무를 수행할 수 있다고 공정거래위원회가 인정하여 고시하는 기관에 위탁할 수 있다. 〈개정 2012. 5. 7., 2018. 12. 18.〉

26) 정보공개서 등록, 등록 거부 및 공개 등에 관한 업무의 위탁기관 지정 [시행 2015. 10. 23. 공정거래위원회 고시 제2015-15호, 2015. 10. 23., 일부개정]

맹사업법 시행령 별지 제1호 서식의 "정보공개서 신규등록 신청서"에 다음과 같은 서류를 첨부하여 정보공개등록기관에 제출해야 한다.

첫째, 정보공개서 : 문서 및 파일 모두 제출
➪ 문서 형태의 정보공개서
➪ 「정보통신망 이용촉진 및 정보보호 등에 관한 법률」 제2조 제1항 제1호에 따른 정보통신망을 이용하여 전자적 파일
둘째, 바로 전 3개 사업연도의 재무상태표 및 손익계산서
➪ 가맹본부가 재무상태표를 작성하지 아니하는 경우는 바로 전 3개 사업연도의 매출액을 확인할 수 있는 서류
셋째, 바로 전 사업연도 말 현재 운영 중인 직영점 및 가맹점 목록
➪ 대표자, 소재지, 가맹계약 체결일(직영점은 영업개시일) 및 전화번호
넷째, 가맹계약서 양식 사본
다섯째, 바로 전 사업연도 말 현재 근무 중인 임직원 수를 확인할 수 있는 서류
여섯째, 그 밖에 정보공개서 내용과 관련된 서류로서 정보공개등록기관이 제출하도록 요구하는 서류

한편, 가맹본부는 위와 같은 정보공개서 등록신청을 가맹사업법 제6조의2 제5항에 따라 공정거래위원회가 운영하는 "가맹사업정보제공시스템"에서 할 수 있다.

다) 정보공개서 등록기관의 서류 확인 (가맹사업법 시행령 제5조의2 제3항)

정보공개등록기관은 「전자정부법」 제36조 제1항에 따른 행정정보의 공동이용을 통하여 다음 서류를 확인하여야 한다. 다만, 정보공개등록 신청인이 아래 둘째(주민등록초본)와 셋째(사업자등록증) 서류의 확인에 동의하지 아니하는 때는 그 서류(사업자등록증은 사본)를 제출하도록 하여야 한다.

첫째, 법인 등기사항전부증명서(가맹본부가 법인인 경우)
둘째, 해당 법인의 설립등기 전에 정보공개서 등록을 신청하는 때는 법인을 설립하려는 발기인의 주민등록초본
셋째, 사업자등록증(가맹사업법 시행령 제5조의2 제4항에 따라 정보공개서 등록증을 내준 날부터 30일 이내 공정거래위원회 또는 시·도지사가 확인하거나 정보공개등록 신청인이 사본을 제출할 수 있다)

라) 정보공개서 등록증발급 및 등록사항관리 (가맹사업법 제5조의2 제4항)

정보공개등록기관은 가맹본부의 정보공개서 등록신청이 있으면 신청일부터 30일[27] 이내에 가맹본부에 가맹사업법 시행령 별지 제2호 서식의 "정보공개서 등록증"을 발급해 주어야 한다.[28]

아울러, 정보공개등록기관은 가맹사업법 제6조의2 제5항에 따라 구축한 "가맹사업정보제공시스템"에서 정보공개등록에 관한 사항을 관리하여야 한다.

마) 정보공개서 등록 거부 및 통지 (가맹사업법 시행령 제5조의2 제5항, 제6항, 제7항)

정보공개등록기관은 다음의 어느 하나에 해당하면 1회에 한정하여 상당한 기간을 정하여 가맹본부에 필요한 내용의 변경 또는 보완을 요구하거나 정보공개서의 등록을 거부할 수 있다.

첫째, 정보공개서 기재 사항이 사실과 다르거나 일부 내용이 빠진 경우

둘째, 정보공개서 신규 등록신청서에 첨부하는 서류(정보공개서 제외)를 제출하지 아니한 경우

셋째, 주민등록초본(법인설립의 경우) 및 사업자등록증의 확인에 동의하지 아니하고 서류(사업자등록증 사본)를 제출하지 아니한 경우

가맹본부가 위와 같은 정보공개등록기관의 변경 또는 보완 요구에 따른 경우는 그 요구에 따른 날(보완 요구에 따라 관련 서류를 제출한 날)을 정보공개서 등록신청을 한 날로 본다.

정보공개등록기관은 다음의 어느 하나에 해당하면 정보공개서의 등록을 거부하여야 하고, 그 사실을 가맹본부에 통지하여야 한다.

첫째, 정보공개서의 기재 사항이나 첨부 서류에 거짓이 있는 경우

둘째, 정보공개등록기관이 필요한 내용의 변경 또는 보완 요구에 가맹본부가 따르지 아니한 경우

---

27) 가맹사업법 제6조의4에 따라 등록이 취소된 가맹본부가 다시 등록을 신청하는 경우는 2개월이다.

28) 실제 가맹업계에서는 정보공개등록기관이 발급하고 있는 "정보공개서 등록증"을 가맹사업을 영위할 수 있는 필요조건(인가 또는 허가)으로 인식하고 있다.

2) 정보공개서 변경등록 의무

가) 변경등록사항 및 변경등록기한 (가맹사업법 시행령 제5조의3 제1항 및 제2항)

가맹본부는 가맹사업법 제6조의2 제1항에 따라 등록한 정보공개서의 기재 사항 중 대통령령으로 정하는 사항을 변경하려는 경우는 대통령령으로 정하는 기한 이내에 정보공개등록기관에 기재 사항의 변경등록을 하여야 한다. 다만, 대통령령으로 정하는 경미한 사항을 변경하려는 경우에는 신고하여야 한다.

가맹본부가 정보공개서 기재 사항 중 변경등록하여야 하는 사항 및 변경등록하여야 하는 기한, 신고 대상이 되는 기재 사항 등은 가맹사업법 시행령 [별표 1의2]의 내용에 따라야 한다.

나) 변경등록신청 및 정보공개등록기관의 확인 (가맹사업법 시행령 제5조의3 제3항, 제8항, 제11항)

가맹본부는 가맹사업법 제6조의2 제2항에 따라 정보공개서 기재 사항을 변경하려는 경우 즉, 가맹사업법 시행령 [별표 1의2]에서 정한 변경등록사항이 변경된 경우는 같은 표에서 정한 기한 내에 가맹사업법 시행령 별지 제4호 서식의 "정보공개서 변경등록 신청서"에 다음과 같은 서류를 첨부하여 정보공개등록기관에 제출하여야 한다. 이때 정보통신망을 이용하여 전자적 파일 형태의 정보공개서를 함께 제출하여야 한다.

첫째, 변경된 정보공개서

둘째, 변경내용을 증명하는 서류

셋째, 등록증(등록증 기재 사항을 변경하는 경우만 해당)

한편, 가맹본부는 위와 같은 정보공개서 변경등록신청을 가맹사업법 제5조의2 제5항에 따라 공정거래위원회가 운영하는 "가맹사업정보제공시스템"에서 할 수 있다.

위와 같이 가맹본부가 정보공개서 변경등록 신청을 한 경우 정보공개등록기관은 「전자정부법」 제36조 제1항에 따른 행정정보의 공동이용을 통하여 "법인등기사항전부증명서"와 "사업자등록증"을 확인(변경등록에 필요한 경우만 해당)하여야 하며, 신청인이 사업자등록증의 확인에 동의하지 아니하는 경우는 그 서류(사업자등록증 사본)를 첨부하도록 하여야 한다.

다) 정보공개서 변경등록 의무 업무 관련 준용사항 (가맹사업법 시행령 제5조의3 제4항)

가맹본부의 변경등록 및 거부 절차에 관하여는 가맹사업법 시행령 제5조의2 제1항 및 제3항부터 제7항까지의 규정을 준용한다. 즉, 정보공개등록기관, 정보공개등록기관의 서류 확인, 정보공개서 등록증 발급과 등록사항 관리, 정보공개서 등록 거부 및 통지 등과 관련된 업무 내용은 위 "1) 정보공개서 등록 의무"의 내용을 준용한다. 다만, 정보공개등록기관은 가맹본부의 변경등록신청이 있는 경우 변경등록 신청일부터 20일 이내 정보공개서 등록증을 해당 가맹본부에 발급해 주어야 한다.

라) 정보공개서 등록 변경 신고 (가맹사업법 시행령 제5조의3 제5항, 제6항, 제8항, 제11항)

가맹본부는 가맹사업법 시행령 [별표 1의2]에서 정한 변경 신고사항이 변경된 경우는 변경 사유가 발생한 분기가 끝난 후 30일 이내 가맹사업법 시행령 별지 제4호 서식의 "정보공개서 변경등록 신고서"에 변경내용을 증명하는 서류를 첨부하여 정보공개등록기관에 제출하여야 한다. 이때 정보통신망을 이용하여 전자적 파일 형태의 정보공개서를 함께 제출하여야 한다.

한편, 가맹본부는 위와 같은 정보공개서 변경등록 신고를 가맹사업법 제6조의2 제5항에 따라 공정거래위원회가 운영하는 "가맹사업정보제공시스템"에서 할 수 있다.

위와 같이 가맹본부가 정보공개서 변경등록 신고를 한 경우 정보공개등록기관은 「전자정부법」 제36조 제1항에 따른 행정정보의 공동이용을 통하여 "법인등기사항전부증명서"와 "사업자등록증"을 확인(변경 신고에 필요한 경우만 해당)하여야 하며, 신고인이 사업자등록증의 확인에 동의하지 아니하는 경우는 그 서류(사업자등록증 사본)를 첨부하도록 하여야 한다.

마) 변경등록 사항 관리 (가맹사업법 시행령 제5조의3 제7항)

정보공개등록기관은 가맹본부의 변경등록 신청 또는 변경 신고가 있으면 가맹사업정보제공시스템에 변경등록 또는 변경 신고에 관한 사항을 관리하여야 한다.

3) 기타 정보공개서 공개 의무[29)]

정보공개등록기관은 가맹본부가 정보공개서를 등록·변경등록하거나 신고한 정보공개서를 공개하여야 한다. 다만, 「개인정보보호법」 제2조 제1호에 따른 개인정보와 「부정경쟁방지 및 영업비밀보호에 관한 법률」 제2조 제2호에 따른 영업비밀은 제외한다.

한편, 정보공개등록기관은 가맹본부의 정보공개서를 공개하는 경우 해당 가맹본부에 공개하는 내용과 방법을 미리 통지하여야 하고, 사실과 다른 내용을 정정할 수 있는 기회를 주어야 한다.

이슈 검토

■ 직영점이 없거나 그 운영 기간이 1년 미만의 경우 가맹본부의 정보공개서 등록신청에 대한 관계기관의 등록거부권 행사에 대한 이슈

1. 관련 규정

  2021. 5. 18. 개정된 가맹사업법 제6조의3 제1항 제3호는 정보공개서를 신규로 등록하고자 하는 경우 등록 신청일 현재 직영점이 없거나, 그 운영 기간이 1년 미만의 경우 가맹본부의 정보공개서 등록신청에 대한 거부권을 공정거래위원회 및 시·도지사에게 부여하고 있다.

2. 검토 배경 및 관련 이슈

  미투 브랜드의 난립으로 자격 미달의 가맹본부가 난립하여 소상공인(가맹점사업자)의 피해가 급증하고 있으므로 직영점 운영 경험을 통해 가맹본부의 역량을 갖추도록 하여 가맹점사업자를 보호해야 한다는 것이 규제 신설의 취지이지만 다음과 같은 문제점을 안고 있다.

  첫째, 정보공개서 등록이 거부되면 현실적으로 가맹사업을 할 수 없다는 점에서 이는 매우 강력한 시장진입 규제라고 할 수 있다. 시장진입 규제는 그 어떤 규제보다도 강력한 규제로서 경쟁 단위가 감소함에 따라 먼저 진입한 사업자에게는 시장지배력이 강화되는 반면 진입제한을 받는 사업자는 적기 진입의 기회를 상실할 가능성이 있으며, 소비자 편익은 감소한다는 측면에서 볼 때 시장은 왜곡될 수밖에 없다.

  둘째, 직영점 운영 경험이 있다고 하여 가맹본부의 역량이 검증되었다고 단정하기

---

29) '정보공개서 공개 의무'는 가맹본부의 의무사항이 아니고 가맹본부가 등록하거나 신고한 정보공개서를 정보공개등록기관이 공개하여야 하는 의무사항이다. 이러한 점을 고려해 볼 때 "가맹본부의 정보공개서 등록 의무"의 연장선에 있다고 판단하고 "기타 정보공개서 공개 의무"라고 정리하였다.

어렵고, 법적 요건을 충족하기 위해 형식적으로 직영점을 운영할 가능성도 있으며, 경험이 없으면서도 타인의 브랜드를 양수받아 법적 요건을 충족하거나, 직영점 업종 구분이 분류상 명확하지 않은 경우도 많아 실효성을 기대하기도 어렵다.

셋째, 직영점과 가맹점은 시스템 구조, 이윤 창출 방식, 종업원구성·관리 등이 상당히 달라 직영점 운영 경험이 가맹사업에 있어 실효성을 기대하기 어려울 뿐만 아니라 설령 어느 정도 실효성이 있다고 하더라도 진입규제를 상쇄할 만큼의 유의미한 가치가 있는지도 의문이다. 나아가 직영점 운영 경험이 있다고 하여도 정보의 비대칭 문제는 여전히 남는다.

넷째, 가맹본부에 대한 진입규제는 사적자치라는 헌법적 권리를 지나치게 침해하고, 소비자 편익을 감소시킨다.

3. 개선방안

직영점 보유 의무와 그 운영 경험이 가맹본부의 역량과 어떠한 상관관계가 있는지, 가맹점사업자를 보호하는데 실질적인 기여도가 있는지에 대한 실증적 분석을 통해 개선안을 마련할 필요성이 있으며, 또한 이 규제가 경쟁제한, 소비자 편익 감소, 헌법상 권리침해 등 보편적으로 인정되는 가치 또는 원리를 초월하는 그 이상의 가치가 있는지에 대한 근본적인 의문을 해소할 필요성도 있다.

 스크랩 노트

〈정보공개서의 등록〉
- 가맹사업을 시작하는 가맹본부는 공정거래위원회에 정보공개서를 신규 등록해야 하고, 정보공개서가 변경된 경우는 변경된 내용도 등록해야 합니다.

〈정보공개서의 제공〉
- 가맹본부는 가맹계약을 체결하려는 가맹희망자에게 정보공개서를 제공할 의무가 있습니다. 이때, 가맹본부는 가맹희망자에게 거짓되거나 과장된 정보를 제공해서는 안 됩니다. 가맹희망자나 가맹점사업자는 수익 상황 등에 관한 정보를 서면으로 받습니다.
- 가맹본부가 가맹희망자에게 정보공개서를 제공하지 못하였거나 제공한 지 14일이 지나지 않는 경우(가맹희망자가 정보공개서에 대하여 변호사 또는 가맹거래사의 자문받은 경우는 7일)에는 가맹희망자와 가맹계약을 체결하거나 가맹금을 수령하여서는 안 됩니다.

〈정보공개의 내용 확인〉

■ 가맹본부는 가맹희망자에게 정보공개서와 함께 장래 점포 예정지에서 가장 가까운 가맹점(직영점도 포함) 10개(정보공개서 제공 시점에 가맹희망자의 장래 점포 예정지가 속한 광역지방자치단체에서 영업 중인 가맹점 수가 10개 미만의 경우는 해당 광역지방자치단체 내의 가맹점 전체)의 상호, 대표자의 이름, 소재지 및 전화번호가 적힌 문서를 제공해야 합니다.

※ 다만, 정보공개서를 제공할 때 장래 점포 예정지가 확정되지 않은 경우는 확정되는 즉시 제공하여야 합니다.

■ 위와 같이 인근 가맹점 현황을 제공하도록 의무화한 것은 가맹본부가 제공하는 정보에 맹목적으로 의존하지 말고 가맹희망자가 정보제공 내용의 사실 여부를 직접 확인해보는 등 현명한 투자자로서 최소한의 확인 의무를 다하는 등 책임 있는 투자자로서 창업을 결정하라는 취지입니다.

나. 가맹금 예치 의무 등[30)31)]

가맹사업법	제6조의5 (가맹금 예치 등)
	제1항 (예치가맹금 예치)
	⇨ (행정처분) 시정조치 / 과징금 부과대상
	(벌칙) 2년 이하 징역 또는 5천만 원 이하 벌금
	제4항 (거짓 · 부정방법 예치가맹금 지급요청 금지)
	⇨ (행정처분) 시정조치 / 과징금 부과대상
	(벌칙) 예치가맹금의 2배 상당금액 이하 벌금

법 률	시행령
제6조의5(가맹금의 예치 등) ① 가맹본부는 가맹점사업자(가맹희망자를 포함한다. 이하 이 조, 제15조의2 및 제41조 제3항 제1호에서 같다)로 하여금 가	제5조의8(가맹금의 예치기관) 법 제6조의5 제1항 본문에서 "대통령령으로 정하는 기관"(이하 "예치기관"이라 한다)이란 다음 각 호의 기관을 말한다. 〈개

---

30) 가맹사업법 제6조의5(가맹금의 예치 등)에서 규정하고 있는 문언을 기준으로 볼 때 '예치가맹금 예치의무' 또는 '예치가맹금 직접 수령 금지' 등으로 해석할 수도 있으나 조문 제목을 기준으로 '가맹금 예치의무 등'으로 정리하였다.

31) 「가맹사업법 위반사업자에 대한 과징금 부과기준에 관한 고시」(시행 2022. 7. 5. 공정거래위원회 고시 제2022-12호, 2022. 7. 5. 일부개정) 별표 세부평가기준표(이하 "과징금 고시 별표 세부평가기준표"라고 한다)에서는 "가맹금 예치의무 등 위반행위"로 되어 있다.

법 률	시행령
맹금(제2조 제6호 가목 및 나목에 해당하는 대가로서 금전으로 지급하는 경우에 한하며, 계약체결 전에 가맹금을 지급한 경우에는 그 가맹금을 포함한다. 이하 "예치가맹금"이라 한다)을 대통령령으로 정하는 기관(이하 "예치기관"이라 한다)에 예치하도록 하여야 한다. 다만, 가맹본부가 제15조의2에 따른 가맹점사업자피해보상보험계약 등을 체결한 경우에는 그러하지 아니하다. 〈개정 2016. 3. 29.〉 ② 예치기관의 장은 가맹점사업자가 예치가맹금을 예치한 경우에는 예치일부터 7일 이내에 그 사실을 가맹본부에 통지하여야 한다. ③ 가맹본부는 다음 각 호의 어느 하나에 해당하는 경우에는 예치기관의 장에게 대통령령으로 정하는 바에 따라 예치가맹금의 지급을 요청할 수 있다. 이 경우 예치기관의 장은 10일 이내에 예치가맹금을 가맹본부에 지급하여야 한다. 1. 가맹점사업자가 영업을 개시한 경우 2. 가맹계약 체결일부터 2개월이 경과한 경우. 다만, 2개월이 경과하기 전에 가맹점사업자가 제5항 제1호부터 제3호까지의 규정 중 어느 하나에 해당하는 조치를 취한 사실을 예치기관의 장에게 서면으로 통보한 경우에는 그러하지 아니하다. ④ 가맹본부는 거짓이나 그 밖의 부정한 방법으로 예치가맹금의 지급을 요청하여서는 아니 된다. ⑤ 예치기관의 장은 제1호부터 제3호까지의 규정 중 어느 하나에 해당하는 경우에는 제24조에 따른 가맹사업거래분쟁조정협의회의 조정이나 그 밖의 분쟁해결의 결과(이하 "분쟁조정 등의 결과"라 한다) 또	정 2008. 7. 29., 2010. 10. 13.〉 1. 「은행법」 제2조 제1항 제2호 및 같은 법 제5조에 따른 금융회사 2. 「우체국 예금·보험에 관한 법률」에 따른 체신관서 3. 「보험업법」에 따른 보험회사 4. 「자본시장과 금융투자업에 관한 법률」에 따른 신탁업자 [본조신설 2008. 1. 31.] [제5조의7에서 이동, 종전 제5조의8은 제5조의9로 이동 〈2021. 11. 19.〉] 제5조의9(가맹금의 예치 등) ① 가맹본부는 법 제6조의5 제1항 본문에 따라 가맹점사업자(가맹희망자를 포함한다. 이하 이 조, 제5조의10 및 제16조의2에서 같다)로 하여금 가맹금을 예치하도록 할 경우에는 예치기관을 지정하여 가맹금의 예치에 관한 계약을 체결해야 한다. 〈개정 2010. 10. 13., 2018. 12. 18., 2021. 11. 19.〉 ② 가맹본부는 가맹점사업자에게 별지 제5호 서식의 가맹금예치신청서(이하 "예치신청서"라 한다)를 내주어야 하며, 가맹점사업자는 예치신청서와 함께 법 제6조의5 제1항 본문에 따른 예치가맹금(이하 "예치가맹금"이라 한다)을 예치하여 줄 것을 지정된 예치기관에 신청하여야 한다. ③ 가맹본부는 제2항에 따라 예치신청서를 내주는 경우에는 법 제6조의5 제3항 각 호의 어느 하나에 해당하면 예치가맹금이 가맹본부에 귀속된다는 사실을 가맹점사업자에게 알려야 한다. ④ 예치기관의 장은 제2항에 따른 예치신청을 받은 경우에는 예치가맹금을 예치기관의 명의로 예치하여야 하고, 이를 다른 금융자산과 분리하여 관리하여야 한다.

법 률	시행령
는 제33조에 따른 공정거래위원회의 시정조치가 확정될 때(공정거래위원회의 시정조치에 대하여 이의신청이 제기된 경우에는 재결이, 시정조치나 재결에 대하여 소가 제기된 경우에는 확정판결이 각각 확정된 때를 말한다. 이하 이 조에서 같다)까지 예치가맹금의 지급을 보류하여야 하고, 제4호에 해당하는 경우에는 예치가맹금의 지급요청을 거부하거나 가맹본부에 그 내용의 변경을 요구하여야 한다. 1. 가맹점사업자가 예치가맹금을 반환받기 위하여 소를 제기한 경우 2. 가맹점사업자가 예치가맹금을 반환받기 위하여 알선, 조정, 중재 등을 신청한 경우 3. 가맹점사업자가 제10조의 위반을 이유로 가맹본부를 공정거래위원회에 신고한 경우 4. 가맹본부가 제4항을 위반하여 거짓이나 그 밖의 부정한 방법으로 예치가맹금의 지급을 요청한 경우 ⑥ 예치기관의 장은 가맹본부 또는 가맹점사업자가 분쟁조정 등의 결과나 시정조치 결과를 첨부하여 예치가맹금의 지급 또는 반환을 요청하는 경우 요청일부터 30일 이내에 그 결과에 따라 예치가맹금을 가맹본부에 지급하거나 가맹점사업자에게 반환하여야 한다. ⑦ 예치기관의 장은 가맹점사업자가 가맹본부의 동의를 받아 예치가맹금의 반환을 요청하는 경우에는 제5항 및 제6항에도 불구하고 요청일부터 10일 이내에 예치가맹금을 가맹점사업자에게 반환하여야 한다. ⑧ 그 밖에 가맹금의 예치 등에 관하여 필요한 사항은 대통령령으로 정한다. [본조신설 2007. 8. 3.]	⑤ 예치기관의 장은 제4항에 따라 예치가맹금을 예치한 경우에는 가맹본부와 가맹점사업자에게 각각 별지 제6호 서식의 가맹금 예치증서(이하 "예치증서"라 한다)를 내주어야 한다. [본조신설 2008. 1. 31.] [제5조의8에서 이동, 종전 제5조의9는 제5조의10으로 이동 〈2021. 11. 19.〉] 제5조의10(예치가맹금의 지급 및 반환) ① 가맹본부는 법 제6조의5 제3항에 따라 예치가맹금의 지급을 요청하려는 경우에는 별지 제7호 서식의 예치가맹금 지급(반환)요청서(이하 "가맹금지급요청서"라 한다)를 예치기관의 장에게 제출하여야 한다. 이 경우 법 제6조의5 제3항 제1호의 사유에 해당하면 가맹점사업자가 영업을 시작하였다는 사실을 증명하는 서류 또는 가맹점사업자의 확인서를 첨부하여야 한다.〈개정 2012. 5. 7.〉 ② 가맹점사업자는 법 제6조의5 제5항 제1호부터 제3호까지의 사유가 발생한 경우에는 그 사실을 증명하는 서류를 첨부하여 별지 제8호 서식의 예치가맹금 지급보류요청서를 예치기관의 장에게 제출하여야 한다. ③ 가맹본부 또는 가맹점사업자는 법 제6조의5 제6항에 따라 예치가맹금의 지급 또는 반환을 요청하려는 경우에는 그 사실을 증명하는 서류를 첨부하여 가맹금지급요청서를 예치기관의 장에게 제출하여야 한다. ④ 가맹점사업자는 법 제6조의5 제7항에 따라 예치가맹금의 반환을 요청하려는 경우에는 가맹본부의 동의서를 첨부하여 가맹금지급요청서를 예치기관의 장에게 제출하여야 한다.

법　률	시행령
	⑤ 예치기관의 장은 정보통신망을 이용하여 가맹금의 예치신청·지급 및 반환 등에 필요한 절차를 수행할 수 있다. 이 경우 예치기관의 장은 가맹본부와 가맹점사업자로 하여금 그 신원을 파악하기 위하여 「전자서명법」 제2조 제6호에 따른 인증서(서명자의 실지명의를 확인할 수 있는 것으로 한정한다)를 사용하도록 할 수 있다. 〈개정 2020. 12. 8.〉 ⑥ 예치기관의 장은 가맹본부 또는 가맹점사업자가 제1항부터 제4항까지의 규정에 따라 제출한 증명서류 등을 해당 예치가맹금을 지급 또는 반환한 날부터 3개월간 보관하여야 한다. ⑦ 공정거래위원회는 예치기관의 장에게 가맹금의 예치·지급 및 반환 현황 등에 관한 업무 자료를 요청할 수 있다. ⑧ 그 밖에 가맹금의 예치·지급 및 반환 등에 필요한 세부사항은 공정거래위원회가 정하여 고시할 수 있다. [본조신설 2008. 1. 31.] [제5조의9에서 이동 〈2021. 11. 19.〉]

■ 가맹사업거래의 공정화에 관한 법률 시행령 [별지 제5호 서식] 〈개정 2021. 11. 19.〉

가맹금예치신청서

※ 아래 유의사항을 읽고 작성하시기 바랍니다.

접수번호		접수일		처리기간 즉시
신청인	상호(가맹점명)			
	성명(대표자)			
	주소(사무소)		전화번호	
가맹본부	상호(영업표지)			
	성명(대표자)			
	주소(사무소)		전화번호	
예치가맹금	₩	(금		원 정)
신청인의 계좌				
가맹본부의 계좌				

「가맹사업거래의 공정화에 관한 법률」 제6조의5 제1항 본문 및 같은 법 시행령 제5조의9 제2항에 따라 위와 같이 예치가맹금을 예치해 줄 것을 신청합니다.

년 월 일

신청인 (서명 또는 인)

예치기관의 장(지점장) 귀하

예치기관이 주의해야 할 사항

1. 예치기관의 장은 예치가맹금을 예치한 경우에는 지체 없이 예치신청인에게 예치증서를 내주어야 합니다.
2. 예치기관의 장은 예치가맹금의 예치일부터 7일 이내에 예치가맹금 예치증서를 첨부하여 예치가맹금을 예치한 사실을 가맹본부에 통지해야 합니다.
3. 예치기관의 장은 예치가맹금의 예치 및 그 관리로 인해 발생하는 비용을 관리수수료로서 예치가맹금의 수령인이 수령할 금액에서 공제할 수 있습니다.

210mm×297mm[백상지 80g/㎡]

■ 가맹사업거래의 공정화에 관한 법률 시행령 [별지 제6호 서식] 〈개정 2021. 11. 19.〉

가맹금 예치증서

예치번호			
예치신청인 (가맹점명)			
수령인 (영업표지)			
예치기관명		계좌번호	
예치금액	₩	(금	원 정)
예치이율	연 %	관리수수료	₩

「가맹사업거래의 공정화에 관한 법률」 제6조의5 제1항 본문 및 같은 법 시행령 제5조의9 제4항·제5항에 따라 위와 같이 예치가맹금을 예치하였음을 증명합니다.

년   월   일

예치기관의 장(지점장)   .   [인]

예치기관이 주의해야 할 사항

1. 예치기관의 장은 예치가맹금을 예치한 경우에는 지체 없이 예치신청인에게 예치증서를 내주어야 합니다.
2. 예치기관의 장은 예치가맹금의 예치일부터 7일 이내에 본 증서를 첨부하여 예치가맹금을 예치한 사실을 가맹본부에 통지해야 합니다.
3. 예치기관의 장은 예치가맹금의 예치 및 그 관리로 인하여 발생하는 비용을 관리수수료로서 가맹금의 수령인이 수령할 금액에서 공제할 수 있습니다.

가맹점사업자가 주의해야 할 사항

1. 가맹점사업자가 영업을 시작하거나 가맹계약 체결일부터 2개월이 지난 경우에는 이 예치가맹금은 가맹본부에 지급됩니다.
2. 다만, 다음의 경우에는 예치가맹금 지급보류 요청서를 작성하여 예치기관에 요청하면 예치가맹금 지급이 보류됩니다.
   가. 가맹점사업자가 예치가맹금을 반환받기 위하여 소를 제기한 경우
   나. 가맹점사업자가 예치가맹금을 반환받기 위하여 알선, 조정, 중재 등을 신청한 경우
   다. 가맹점사업자가 예치가맹금반환 사유가 발생하여 가맹본부를 공정거래위원회에 신고한 경우

210mm×297mm[백상지 120g/㎡]

■ 가맹사업거래의 공정화에 관한 법률 시행령 [별지 제7호 서식] 〈개정 2021. 11. 19.〉

예치가맹금 [ ] 지급 요청서
[ ] 반환 요청서

※ 아래 유의사항을 읽고 작성하시기 바라며, [ ]에는 해당되는 곳에 √표를 합니다.

접수번호		접수일		처리기간	일반 10일 분쟁발생시 30일
신청인	해당 지위 [ ] 가맹본부		[ ] 가맹점사업자		
	상호명(대표자)				
	주소(사무소)		전화번호		
요청내용	요청사항 [ ] 지급		[ ] 반환		
	요청사유 [ ] 가맹점사업자의 영업개시 [ ] 계약체결 후 2개월 경과 [ ] 분쟁조정 · 시정조치 등 완료 [ ] 가맹본부의 동의				
예치가맹금	₩		(금		원 정)
예치번호/예치일					
입금 계좌					

「가맹사업거래의 공정화에 관한 법률」 제6조의5 제3항·제6항·제7항 및 같은 법 시행령 제5조의10 제1항·제3항·제4항에 따라 위와 같이 예치가맹금을 지급(반환)해 줄 것을 요청합니다.

년   월   일

신청인   (서명 또는 인)

예치기관의 장(지점장)   귀하

첨부서류	1. 요청사유를 증명하는 서류 2. 가맹점사업자의 영업 개시 사실 증명서류 또는 가맹점사업자의 확인서(가맹본부가 요청하는 경우로서 가맹점사업자가 영업을 개시한 경우만 해당합니다) 3. 가맹본부의 동의서(가맹사업자가 요청하는 경우로서 가맹본부의 동의를 받아 요청하는 경우만 해당합니다)	수수료 없음

예치기관이 주의해야 할 사항

1. 예치기관의 장은 가맹본부가 예치가맹금의 지급을 요청하는 경우에는 10일 이내에 지급해야 합니다. 다만, 가맹본부가 거짓이나 그 밖의 부정한 방법으로 지급을 요청한 경우에는 예치가맹금의 지급요청을 거부하거나 가맹본부에 그 내용의 변경을 요구해야 합니다.
2. 예치기관의 장은 가맹본부 또는 가맹점사업자가 분쟁조정 등의 결과나 시정조치 결과를 첨부하여 예치가맹금의 지급 또는 반환을 요청하는 경우에는 요청일부터 30일 이내에 그 결과에 따라 예치가맹금을 가맹본부에 지급하거나 가맹점사업자에게 반환해야 합니다.
3. 예치기관의 장은 가맹점사업자가 가맹본부의 동의를 받아 예치가맹금의 반환을 요청하는 경우에는 요청일부터 10일 이내에 예치가맹금을 가맹점사업자에게 반환해야 합니다.

210mm×297mm[백상지 80g/㎡]

※ 가맹사업법 시행령 [별지 제8호 서식]

■ 가맹사업거래의 공정화에 관한 법률 시행령 [별지 제8호 서식] 〈개정 2021. 11. 19.〉

예치가맹금 지급보류 요청서

※ 아래 유의사항을 읽고 작성하시기 바라며, [ ]에는 해당되는 곳에 √표를 합니다.

접수번호		접수일	처리기간 3일
신청인	상호(가맹점명)		
	성명(대표자)		
	주소(사무소)		전화번호
가맹본부	상호(영업표지)		
	성명(대표자)		
	주소(사무소)		전화번호
보류사유	[ ] 제소(提訴)　　[ ] 알선 신청　　[ ] 조정 신청 [ ] 중재 신청　　[ ] 공정위 신고　　[ ] 기타		
예치가맹금	₩　　　　　　　　　　　(금　　　　　　　원 정)		
예치번호/예치일	/		

　「가맹사업거래의 공정화에 관한 법률」 제6조의5 제5항 및 같은 법 시행령 제5조의10 제2항에 따라 위와 같이 예치가맹금 지급을 보류해 줄 것을 요청합니다.

년　　월　　일

신청인　　　　　　　　　　　　　　　　　(서명 또는 인)

예치기관의 장(지점장)　　귀하

첨부서류	보류사유를 증명하는 서류	수수료 없음

예치기관이 주의해야 할 사항

1. 예치기관의 장은 가맹본부가 예치가맹금의 지급을 요청하는 경우에는 10일 이내에 지급해야 합니다. 다만, 가맹본부가 거짓이나 그 밖의 부정한 방법으로 지급을 요청한 경우에는 예치가맹금의 지급요청을 거부하거나 가맹본부에 그 내용의 변경을 요구해야 합니다.
2. 예치기관의 장은 가맹본부 또는 가맹점사업자가 분쟁조정 등의 결과나 시정조치 결과를 첨부하여 예치가맹금의 지급 또는 반환을 요청하는 경우에는 요청일부터 30일 이내에 그 결과에 따라 예치가맹금을 가맹본부에 지급하거나 가맹점사업자에게 반환해야 합니다.
3. 예치기관의 장은 가맹점사업자가 가맹본부의 동의를 받아 예치가맹금의 반환을 요청하는 경우에는 요청일부터 10일 이내에 예치가맹금을 가맹점사업자에게 반환해야 합니다.

210mm×297mm[백상지 80g/㎡]

(가맹금 예치의무) 가맹본부는 가맹희망자 또는 가맹점사업자로 하여금 다음 두 가지에 해당하는 대가를 가맹금(금전의 경우에 한정하며 계약체결 전에 가맹금을 받은 경우는 그 가맹금을 포함한다. 이하 "예치가맹금"이라 한다)을 은행, 체신관서, 보험회사, 신탁업자 등에 예치하도록 하여야 한다.

첫째, 가입비·입회비·가맹비·교육비 또는 계약금 등 가맹점사업자가 영업표지의 사용 허락 등 가맹점운영권이나 영업활동에 대한 지원·교육 등을 받기 위하여 가맹본부에 지급하는 대가

둘째, 가맹점사업자가 가맹본부로부터 공급받는 상품의 대금 등에 관한 채무액이나 손해배상액의 지급을 담보하기 위하여 가맹본부에 지급하는 대가

(거짓·부정 방법 예치가맹금 지급요청 금지) 가맹본부는 거짓이나 그 밖의 부정한 방법으로 가맹희망자 또는 가맹점사업자가 예치가맹금을 예치한 금융기관에 예치가맹금을 지급해 달라는 요청을 하여서는 아니 된다.

(위반하는 경우 벌칙) 가맹본부가 위 가맹금 예치 의무를 위반하여 예치가맹금을 직접 수령한 자는 2년 이하의 징역 또는 5천만 원 이하의 벌금에 처해 질 수 있다.

이 경우 법인의 대표자나 법인 또는 개인의 대리인, 사용인, 그 밖의 종업원이 그 법인 또는 개인의 업무에 관하여 위 가맹금 예치의무를 위반하면 그 행위자를 벌하는 외에 그 법인 또는 개인도 5천만 원 이하의 벌금에 처해 질 수 있다(가맹사업법 제42조).

 사례 검토

> 📋 프랜차이즈 커피숍을 운영하기 위해 가맹본부로부터 영업활동에 대한 교육을 받았습니다. 이 경우 교육비를 가맹본부에 직접 지급하는 건가요?
>
> 🔲 가맹금 중에서 다음의 대가는 예치기관에 예치해야 합니다. 특히, 계약체결 이전에 가맹금을 지급하는 경우도 포함됩니다.
> ① 가맹점운영권이나 영업활동에 대한 지원·교육을 받기 위해 지급하는 대가
> ② 가맹본부로부터 공급받은 상품의 대금 등에 관한 채무액이나 손해배상액을 담보하기 위해 지급하는 대가

문 가맹금을 예치하는 예치기관에는 어떤 기관이 있습니까? 또한, 예치방법은 어떻게 되나요?

답 가맹금 예치기관은 은행, 체신관서, 보험회사, 신탁업자 등을 말합니다. 예치방법은 먼저 가맹본부로부터 "가맹금예치신청서"를 받아야 합니다. 그리고 가맹본부가 지정하는 은행 등의 예치기관에 가맹금을 예치하여야 합니다. 이때 반드시 예치기관의 장으로부터 가맹금 예치증서를 받아야 합니다.

문 가맹본부가 가맹점사업자(가맹희망자 포함, 이하 같다)에게 가맹금예치신청서를 줄 때 반드시 알려주어야 할 사항은?

답 가맹본부는 다음에 어느 하나에 해당하는 경우는 예치기관의 장에게 예치가맹금의 지급을 요청할 수 있습니다. 이 경우 예치기관의 장은 10일 이내에 예치가맹금을 가맹본부에 지급하여야 합니다. 그러므로, 가맹본부는 다음 두 가지 중 어느 하나에 해당하는 경우 예치가맹금이 가맹본부에 귀속된다는 사실을 가맹점사업자에게 알려주어야 합니다.
① 가맹점사업자가 영업을 개시한 경우
② 가맹계약체결일부터 2개월이 경과한 경우. 다만, 2개월이 경과 되기 전에 가맹점사업자가 다음 3가지의 경우 중 어느 하나에 해당하는 조치를 한 사실을 예치기관의 장에게 서면으로 통보한 경우는 예치기관의 장은 예치가맹금을 가맹본부에 지급하여서는 아니 됩니다.
첫째, 가맹점사업자가 예치가맹금을 반환받기 위하여 소를 제기한 경우
둘째, 가맹점사업자가 예치가맹금을 반환받기 위하여 알선, 조정, 중재 등을 신청한 경우
셋째, 가맹점사업자가 가맹사업법 제10조의 위반을 이유로 가맹본부를 공정거래위원회에 신고한 경우

 스크랩 노트

〈가맹금의 예치〉
- 가맹희망자나 가맹점사업자는 가맹금 중에서 다음에 해당하는 대가(계약체결 이전에 지급하는 가맹금을 포함)를 예치가맹금 명목으로 예치기관에 예치해야 합니다(**가맹사업법 제6조의5 제1항**).
  ▶ 가맹점운영권이나 영업활동에 대한 지원·교육을 받기 위하여 지급하는 대가
  ▶ 가맹본부로부터 공급받는 상품의 대금 등에 관한 채무액이나 손해배상액을 담보하

기 위하여 지급하는 대가

※ 다만, 2008년 8월 4일 이후 가맹본부가 가맹점사업자피해보상보험에 가입한 경우
나 공제조합과 공제계약을 체결하는 경우 등에는 가맹희망자나 가맹점사업자는
예치기관에 가맹금을 예치하지 않고 가맹본부에 직접 지급해야 합니다[가맹사업
법 제6조의5 제1항 단서 및 부칙(제8630호, 2007. 8. 3.) 제1조].

〈가맹금의 예치기관〉

■ 예치가맹금을 예치 받을 수 있는 예치기관은 다음과 같습니다(**가맹사업법 시행령 제5조
의8**).

  ▶ 「은행법」에 따른 은행

  ▶ 「우체국 예금·보험에 관한 법률」에 따른 체신관서

  ▶ 「보험업법」에 따른 보험회사

  ▶ 「자본시장과 금융투자업에 관한 법률」에 따른 신탁업자

〈예치가맹금의 예치 방법 등〉

1. 가맹금예치신청서 제출

■ 가맹희망자나 가맹점사업자는 가맹본부로부터 가맹금예치신청서를 받아 가맹본부가
지정하는 은행 등에 가맹금을 예치해야 합니다(**가맹사업법 제6조의5 제1항 본문, 가맹
사업법 시행령 제5조의9 제1항·제2항 및 별지 제5호 서식**).

2. 예치가맹금의 귀속에 대한 안내

■ 가맹본부는 가맹희망자나 가맹점사업자에게 가맹금예치신청서를 교부할 때 다음과
같은 경우에는 예치가맹금이 가맹본부에 귀속된다는 사실을 알려주어야 합니다(**가맹
사업법 제6조의5 제3항 및 가맹사업법 시행령 제5조의9 제3항**).

  ▶ 가맹점사업자가 영업을 개시한 경우

  ▶ 가맹계약 체결일부터 2개월이 경과한 경우

3. 가맹금예치증서의 수령

■ 가맹희망자나 가맹점사업자가 예치가맹금을 예치하면 예치기관의 장으로부터 가맹금
예치증서를 교부받습니다(**가맹사업법 시행령 제5조의9 제5항 및 별지 제6호 서식**).

4. 위반 시 제재

■ 가맹본부가 가맹희망자나 가맹점사업자로부터 예치가맹금을 직접 수령하는 경우에는
2년 이하의 징역 또는 5천만 원 이하의 벌금에 처해 집니다(**가맹사업법 제41조 제3항
제1호**).

■ 법인의 대표자나 법인 또는 개인의 대리인, 사용인, 그 밖의 종업원이 그 법인 또는 개인의 업무에 관하여 위의 위반행위를 하면 그 행위자를 벌하는 외에 그 법인 또는 개인도 5천만 원 이하의 벌금에 처해 집니다. 다만, 법인 또는 개인이 그 위반행위를 방지하기 위해 상당한 주의와 감독을 게을리하지 않은 경우는 예외로 합니다(**가맹사업법 제42조**).

다. 정보공개서 등 제공 의무[32]

가맹사업법	제7조 (정보공개서의 제공의무 등) 　제1항 (정보공개서 제공의무) 　　⇨ 위반하는 경우 제재 사항 없음 　제2항 (인근가맹점 현황문서 제공의무) 　　⇨ 위반하는 경우 제재 사항 없음 　제3항 (가맹금 수령행위 및 가맹계약체결행위 금지) 　　⇨ (행정처분) 시정조치 / 과징금 부과 대상 　　　(벌칙) 2년 이하 징역 또는 5천만 원 이하 벌금

법 률	시행령
제7조(정보공개서의 제공의무 등) ① 가맹본부(가맹지역본부 또는 가맹중개인이 가맹점사업자를 모집하는 경우를 포함한다. 이하 같다)는 가맹희망자에게 제6조의2 제1항 및 제2항에 따라 등록 또는 변경등록한 정보공개서를 내용증명우편 등 제공시점을 객관적으로 확인할 수 있는 대통령령으로 정하는 방법에 따라 제공하여야 한다. 〈개정 2007. 8. 3., 2013. 8. 13.〉 ② 가맹본부는 제1항에 따라 정보공개서를 제공할 경우에는 가맹희망자의 장래 점포 예정지에서 가장 인접한 가맹점 10개(정보공개서 제공시점에 가맹희망자의 장래 점포 예정지가 속한 광역지방자치단체에서 영업 중인 가맹점의 수가 10개 미만인 경우에는 해당 광역지방자치단체 내의 가	제6조(정보공개서의 제공 등) ① 가맹본부(가맹지역본부 또는 가맹중개인이 가맹점사업자를 모집하는 경우를 포함한다. 이하 같다)는 법 제7조 제1항에 따라 가맹희망자에게 정보공개서를 제공할 경우에는 다음 각 호의 어느 하나에 해당하는 방법에 따라야 한다. 다만, 제3호 및 제4호의 경우에는 문서의 형태로 인쇄 또는 출력이 가능하도록 하는 조치를 취하여야 한다. 〈개정 2008. 1. 31., 2014. 2. 11., 2015. 1. 6.〉 1. 가맹희망자에게 정보공개서를 직접 전달하는 방법. 이 경우 다음 각 목의 모든 사항을 적은 서면을 작성(가목부터 다목까지의 사항은 가맹희망자가 자필로 작성하는 것을 말한다)하여 가맹희

---

32) 과징금 고시 별표 세부평가기준표에는 "정보공개서 등의 제공의무 위반행위"라고 되어 있다.

법 률	시행령
맹점 전체)의 상호, 소재지 및 전화번호가 적힌 문서(이하 "인근가맹점 현황문서"라 한다)를 함께 제공하여야 한다. 다만, 정보공개서를 제공할 때 장래 점포 예정지가 확정되지 아니한 경우에는 확정되는 즉시 제공하여야 한다. 〈신설 2013. 8. 13.〉 ③ 가맹본부는 등록된 정보공개서 및 인근가맹점 현황문서(이하 "정보공개서등"이라 한다)를 제1항의 방법에 따라 제공하지 아니하였거나 정보공개서등을 제공한 날부터 14일(가맹희망자가 정보공개서에 대하여 변호사 또는 제27조에 따른 가맹거래사의 자문을 받은 경우에는 7일로 한다)이 지나지 아니한 경우에는 다음 각 호의 어느 하나에 해당하는 행위를 하여서는 아니 된다. 〈신설 2007. 8. 3., 2013. 8. 13.〉 1. 가맹희망자로부터 가맹금을 수령하는 행위. 이 경우 가맹희망자가 예치기관에 예치가맹금을 예치하는 때에는 최초로 예치한 날(가맹본부가 가맹희망자와 최초로 가맹금을 예치하기로 합의한 때에는 그 날)에 가맹금을 수령한 것으로 본다. 2. 가맹희망자와 가맹계약을 체결하는 행위 ④ 공정거래위원회는 대통령령이 정하는 바에 따라 정보공개서의 표준양식을 정하여 가맹본부 또는 가맹본부로 구성된 사업자 단체에게 그 사용을 권장할 수 있다. 〈개정 2007. 8. 3., 2013. 8. 13.〉 [제목개정 2007. 8. 3.]	망자에게 주어야 한다. 　가. 정보공개서를 제공받았다는 사실, 제공받은 일시 및 장소 　나. 가맹희망자의 성명·주소 및 전화번호 　다. 가맹희망자의 서명 또는 기명날인 　라. 가맹본부의 서명 또는 기명날인 2. 가맹희망자에게 정보공개서의 제공시점을 확인할 수 있는 내용증명우편으로 제공하는 방법 3. 정보통신망을 이용하여 정보공개서의 내용을 게시한 후 게시사실을 가맹희망자에게 알리는 방법. 이 경우 가맹본부는 특정 가맹희망자가 정보공개서의 내용을 읽어 본 시간을 그 가맹희망자 및 가맹본부가 확인할 수 있는 시스템을 마련하여야 한다. 4. 가맹희망자의 전자우편 주소로 정보공개서의 내용이 포함된 전자적 파일을 보내는 방법. 이 경우 가맹본부는 전자우편의 발송시간과 수신시간의 확인이 가능한 방법으로 하여야 한다. ② 가맹본부는 제1항의 규정에 불구하고 가맹희망자의 편의를 위하여 필요하다고 인정하는 때에는 정보공개사항의 일부에 관하여 별도의 문서(이하 "설명서"라 한다)를 작성하여 이를 제공할 수 있다. 이 경우 설명서에 수록되는 정보공개사항의 목차는 정보공개서에 수록하여야 한다. ③ 가맹본부는 정보공개서를 제공한 후 가맹계약 체결 전에 중요사항이 변경된 경우에는 변경된 내용을 제1항 각 호의 어느 하나에 해당하는 방법으로 가맹희망자에게 지체 없이 알려야 한다. 〈개정 2008. 1. 31.〉 ④ 삭제 〈2014. 2. 11.〉 ⑤ 삭제 〈2014. 2. 11.〉

법 률	시행령
	제7조(정보공개서의 표준양식) 공정거래위원회는 법 제7조 제4항에 따라 각 업종별·업태별 또는 용도별로 정보공개서의 <u>표준양식을 정하여 고시할 수 있다.</u> 〈개정 2010. 10. 13., 2014. 2. 11.〉

　(정보공개서 제공 의무) 가맹본부(가맹지역본부 또는 가맹중개인이 가맹점사업자를 모집하는 경우를 포함한다)는 가맹희망자에게 가맹사업법 제6조의2 제1항 및 제2항에 따라 등록 또는 변경등록한 정보공개서를 다음 중 한 가지의 방법으로 제공하여야 한다.

　첫째, 가맹희망자에게 정보공개서를 직접 전달하는 방법

　이 경우 다음 네 가지 사항이 모두 기재된 서면을 작성하여 가맹희망자에게 주어야 한다(아래 ①, ②, ③은 가맹희망자가 자필로 직접 작성하여야 한다).

　① 정보공개서를 제공받았다는 사실, 제공받은 일시 및 장소

　② 가맹희망자의 성명·주소 및 전화번호

　③ 가맹희망자의 서명 또는 기명날인

　④ 가맹본부의 서명 또는 기명날인

　둘째, 가맹희망자에게 정보공개서의 제공 시점을 확인할 수 있는 내용증명우편으로 제공하는 방법

　셋째, 정보통신망을 이용하여 정보공개서의 내용을 게시한 후 게시 사실을 가맹희망자에게 알리는 방법. 이 경우 가맹본부는 특정 가맹희망자가 정보공개서의 내용을 읽어 본 시간을 그 가맹희망자와 가맹본부가 확인할 수 있는 시스템을 마련하여야 한다.

　넷째, 가맹희망자의 전자우편 주소로 정보공개서의 내용이 포함된 전자적 파일을 보내는 방법. 이 경우 가맹본부는 전자우편의 발송 시간과 수신 시간이 확인될 수 있는 가능한 방법으로 하여야 한다.

　(인근가맹점 현황문서 제공 의무) 가맹본부는 위 정보공개서를 제공할 경우는 가맹희망자의 장래 점포예정지에서 가장 인접한 가맹점 10개[33]의 상호, 소재지 및 전화번호가 기재

---

33) 정보공개서 제공 시점에 가맹희망자의 장래 점포예정지가 속한 광역지방자치단체에서 영업 중인 가맹점의 수가 10개 미만의 경우는 해당 광역지방자치단체 내의 가맹점 전체를 말한다.

된 문서(이하 "인근가맹점 현황문서"라 한다)를 함께 제공하여야 한다. 다만, 정보공개서를 제공할 때 장래 점포예정지가 확정되지 아니한 경우에는 확정되는 즉시 제공하여야 한다.

(가맹금 수령행위 · 가맹계약체결행위 금지) 가맹본부는 등록된 정보공개서 및 인근 가맹점 현황문서를 제공하지 아니하였거나 제공한 날부터 14일[34]이 지나지 아니한 경우는 첫째, 가맹희망자로부터 가맹금을 수령하는 행위를 하여서는 아니 된다. 이 경우 가맹희망자가 예치기관에 예치가맹금을 예치하는 때에는 최초로 예치한 날(가맹본부가 가맹희망자와 최초로 가맹금을 예치하기로 합의한 때에는 그날)에 가맹금을 수령한 것으로 본다. 둘째, 가맹희망자와 가맹계약을 체결하는 행위를 하여서는 아니 된다.[35]

(위반하는 경우 벌칙) 가맹본부가 위 가맹금 수령행위 및 가맹계약체결행위 금지행위를 위반하여 가맹금을 수령하거나 가맹계약을 체결한 자는 2년 이하의 징역 또는 5천만 원 이하의 벌금에 처해 질 수 있다(가맹사업법 제41조 제3항 제2호).

이 경우 법인의 대표자나 법인 또는 개인의 대리인, 사용인, 그 밖의 종업원이 그 법인 또는 개인의 업무에 관하여 위 가맹금 예치의무를 위반하면 그 행위자를 벌하는 외에 그 법인 또는 개인도 5천만 원 이하의 벌금에 처해 질 수 있다(가맹사업법 제42조).

 사례 검토

> 문 프랜차이즈 커피숍을 운영하려 합니다. 가맹본부에 대한 정보를 확인하고 싶은데, 어떻게 확인할 수 있을까요?
>
> 답 가맹본부가 작성한 "정보공개서"를 확인하면 됩니다.
> "정보공개서"란 가맹본부의 사업 현황, 가맹점사업자의 부담, 영업활동의 조건과 제한, 가맹사업의 영업 개시에 관한 절차 및 소요 기간, 가맹점사업자에 대한 교육 · 훈련 등 가맹사업에 관한 사항을 수록한 문서를 말합니다. 가맹본부(가맹지역본부 또는 가맹중개인이 가맹점사업자를 모집하는 경우를 포함합니다)는 가맹희망자에게 공정거래위원회에 등록한 정보공개서를 제공하여야 합니다.
> 아울러, 가맹본부가 가맹희망자에게 정보공개서를 제공하는 방법에 대하여 구체적으

---

34) 가맹희망자가 정보공개서에 대하여 변호사 또는 가맹사업법 제27조에 따른 가맹거래사의 자문받은 경우는 7일로 한다.

35) 후술하는 "라. 가맹금 수령행위 및 가맹계약체결행위 금지"와 그 내용이 똑같다. 이는 가맹사업법 제7조 제3항 각 호의 내용과 제11조 제2항 각 호의 내용이 똑같기 때문이다.

로 살펴보면 다음과 같습니다.

첫째, 가맹희망자에게 직접 전달하는 방법이 있습니다. 이 경우 가맹본부는 ① 정보
공개서를 제공받았다는 사실, 제공받은 일시 및 장소 ② 가맹희망자의 성명·
주소 및 전화번호 ③ 가맹희망자의 서명 또는 기명날인 ④ 가맹본부의 서명 또
는 기명날인이 기재되어 있는 서면을 작성하여 가맹희망자에게 주어야 합니다.
특히 주의해야 할 사항은 위 ①, ②, ③의 내용은 가맹희망자가 자필로 작성하
여야 합니다.

둘째, 내용증명우편으로 제공하는 방법이 있습니다. 이 경우 가맹본부는 가맹희망자
에게 정보공개서를 제공한 시점을 확인할 수 있습니다.

셋째, 정보통신망을 이용하여 정보공개서의 내용을 게시한 후 게시 사실을 가맹희망
자에게 알리는 방법이 있습니다. 이 경우 가맹본부는 특정 가맹희망자가 정보
공개서의 내용을 읽어 본 시간을 자신뿐만 아니라 해당 가맹희망자가 확인할
수 있는 시스템을 마련하여야 합니다.

넷째, 가맹희망자의 전자우편 주소로 정보공개서의 내용이 포함된 전자적 파일을 보
내는 방법이 있습니다. 이 경우 전자우편의 발송 시간과 수신 시간을 확인할
수 있어야 합니다.

또한, 가맹본부는 정보공개서를 제공한 후 가맹계약 체결 전에 중요사항이 변경된 경
우는 변경된 내용을 위에서 언급한 4가지의 방법 중 하나의 방법으로 가맹희망자에
게 지체 없이 알려야 합니다.

한편, 가맹본부는 가맹희망자에게 위와 같은 방법으로 ① 정보공개서를 제공하지 않
았거나 ② 제공한 날부터 14일(가맹희망자가 정보공개서에 대해 변호사 또는 가맹거
래사의 자문받은 경우는 7일)이 지나지 아니한 경우에는 가맹금 수령 및 가맹계약
체결행위가 금지됩니다.

 스크랩 노트

〈정보공개서의 제공 의무〉

■ 가맹본부(가맹지역본부나 가맹중개인이 가맹점사업자를 모집하는 경우 포함)는 가맹
희망자에게 등록 또는 변경등록한 정보공개서를 내용증명우편 등 다음과 같이 제공
시점을 객관적으로 확인이 되는 방법으로 제공해야 합니다**(가맹사업법 제7조 제1항 및
가맹사업법 시행령 제6조 제1항)**.

▶ 가맹본부가 가맹희망자에게 정보공개서를 직접 또는 우편으로 전달하는 방법
※ 이 경우 다음의 모든 사항을 적은 서면을 작성(①부터 ③까지의 사항은 가맹희망

자가 자필로 작성하는 것을 말함)하여 가맹희망자에게 주어야 합니다.

① 정보공개서를 제공받았다는 사실, 제공받은 일시 및 장소

② 가맹희망자의 성명·주소 및 전화번호

③ 가맹희망자의 서명 또는 기명날인

④ 가맹본부의 서명 또는 기명날인

▶ 가맹희망자에게 정보공개서의 제공 시점을 확인할 수 있는 내용증명우편으로 제공하는 방법

▶ 가맹본부가 정보통신망을 이용하여 정보공개서의 내용을 게시한 후 게시 사실을 가맹희망자에게 알리는 방법(정보공개서의 내용을 읽어 본 시간을 그 가맹희망자와 가맹본부가 확인할 수 있는 시스템 마련)

▶ 가맹본부가 가맹희망자의 전자우편 주소로 정보공개서의 내용이 포함된 전자적 파일을 보내는 방법(전자우편의 발송 시간과 수신 시간이 확인될 수 있는 가능한 방법으로 해야 함)

※ "가맹중개인"은 가맹본부나 가맹지역본부로부터 가맹점사업자를 모집하거나 가맹계약을 준비하거나 체결하는 업무를 위탁받은 사람을 말합니다(**가맹사업법 제2조 제8호**).

※ 가맹희망자가 "정보통신망을 이용하여 정보공개서의 내용을 게시한 후 게시 사실을 가맹희망자에게 알리는 방법"과 "가맹희망자의 전자우편 주소로 정보공개서의 내용이 포함된 전자적 파일을 보내는 방법"으로 정보공개서를 받는 경우, 가맹본부가 문서의 형태로 인쇄나 출력이 가능할 수 있도록 하여야 합니다(**가맹사업법 시행령 제6조 제1항 단서**).

■ 가맹본부는 가맹희망자의 편의를 위하여 필요한 정보공개사항의 일부에 대하여 별도의 문서로 작성된 설명서를 가맹희망자에게 제공할 수 있는데, 이러한 설명서에 수록되는 정보공개사항의 목차는 정보공개서에 수록되어야 합니다(**가맹사업법 시행령 제6조 제2항**).

■ 인근가맹점 현황문서 제공

▶ 가맹본부는 가맹희망자에게 정보공개서를 제공할 경우는 가맹희망자의 장래 점포 예정지에서 가장 인접한 가맹점 10개(정보공개서를 제공하는 시점에 가맹희망자의 장래 점포 예정지가 속한 광역지방자치단체에서 영업 중인 가맹점의 수가 10개 미만의 경우는 해당 광역지방자치단체 내의 가맹점 전체)의 상호, 소재지 및 전화번호가 적힌 문서를 함께 제공해야 합니다(**가맹사업법 제7조 제2항 본문**).

※ 다만, 가맹본부가 가맹희망자에게 정보공개서를 제공할 때 장래 점포예정지가 확정되지 않은 경우는 확정되는 즉시 제공해야 합니다(**가맹사업법 제7조 제2항 단서**).

〈변경된 중요사항 제공 의무〉

■ 가맹본부는 정보공개서를 제공한 후 가맹계약 체결 전에 중요사항이 변경된 경우는 변경된 내용을 직접 또는 우편으로 전달하는 방법, 전자적 파일로 제공하는 방법 등

정보공개서를 제공하는 방법으로 가맹희망자에게 지체 없이 알려야 합니다(**가맹사업법 시행령 제6조 제3항**).

〈정보공개서 미제공 시 금지행위〉

■ 가맹본부는 등록된 정보공개서 및 인근가맹점 현황문서를 가맹희망자에게 제공하지 못했거나, 정보공개서를 제공한 날부터 14일(가맹희망자가 정보공개서에 대해 변호사나 가맹거래사의 자문받은 경우는 7일)이 지나지 않은 경우는 가맹희망자로부터 가맹금을 수령하거나 가맹계약을 체결하는 행위를 할 수 없습니다(**가맹사업법 제7조 제3항**).

　※ 여기서 "가맹금을 수령하는 행위"로 보는 날은 가맹희망자가 가맹금을 예치기관에 최초로 예치한 날 또는 최초로 예치하기로 가맹본부와 합의한 날입니다(**가맹사업법 제7조 제3항 제1호**).

〈위반 시 제재〉

■ 이를 위반하여 가맹본부가 가맹금을 수령하거나 가맹계약을 체결한 경우는 시정조치 및 과징금처분을 받을 수 있고, 2년 이하의 징역 또는 5천만 원 이하의 벌금에 처해집니다(**가맹사업법 제33조 제1항, 제35조 및 제41조 제3항 제2호**).

고시 / 지침 / 기타 관련규정

고시　**가맹사업거래 정보공개서 표준양식에 관한 고시**

　　[시행 2021. 11. 19.] [공정거래위원회 고시 제2021-15호, 2021. 11. 19., 일부개정]

제1조(목적) 이 고시는 「가맹사업거래의 공정화에 관한 법률」(이하 "법"이라 한다) 제7조(정보공개서의 제공의무 등) 제4항 및 법 시행령 제7조(정보공개서의 표준양식)에 따라 정보공개서의 표준양식을 정하여 가맹본부 또는 가맹본부로 구성된 사업자 단체에게 그 사용을 권장함으로써 가맹희망자에게 실효적인 정보공개서를 제공하고 가맹본부의 업무편의를 높이며 나아가 가맹사업의 공정한 거래관행이 정착되게 함을 목적으로 한다.

제2조(용어의 정의) ① 이 고시에서 "표준정보공개서"란 가맹본부 또는 가맹본부로 구성된 사업자 단체에게 그 사용이 권장되는 정보공개서의 표준양식으로 법 시행령 제4조(정보공개서의 기재 사항) 제1항의 내용을 포함한 것을 말한다.

② 이 고시에서 "주요품목"이라 함은 구입요구품목 중 전체 가맹점사업자가 전년도에 구매

한 금액의 합을 기준으로 상위 50%에 해당하는 품목을 말한다.

제3조(정보공개서 작성원칙) 가맹본부는 다음 각 호의 원칙에 따라 정보공개서를 작성한다.

1. 정보공개서는 가맹희망자나 가맹점사업자의 입장에서 읽기 쉽도록 명확하면서도 구체적으로 작성하여야 한다.

2. 정보공개서는 읽는 사람의 이해를 쉽게 하기 위하여 표, 그림, 그래프 등 시각적 효과를 높이는 도구를 가능한 많이 사용하고 중요한 내용은 별도의 색상, 글꼴, 글씨 크기 등으로 작성하여야 한다.

3. 정보공개서의 내용 중 사실과 가맹본부의 의견(전망, 예상, 추정 등을 포함한다)은 분리하여 작성하여야 한다.

4. 정보공개서는 법 시행령 별표1에 따른 기재 사항 순서대로 작성하여야 한다.

제4조(표준정보공개서의 이용) ① 표준정보공개서는 <u>별지 서식</u>과 같다.

② 가맹본부는 표준정보공개서의 내용을 자신이 영위하는 가맹사업에 맞도록 수정하여 사용할 수 있으나, 법 시행령 제4조 제1항의 정보공개사항을 임의로 삭제하여서는 아니 된다.

③ 공정거래위원회는 필요하다고 인정하는 경우에는 이 고시에서 정한 표준정보공개서에 대하여 업종별·업태별 또는 용도별로 세부적인 정보공개사항을 추가 또는 변경할 수 있다.

제5조(재검토기한) 공정거래위원회는 「훈령·예규 등의 발령 및 관리에 관한 규정」에 따라 이 고시에 대하여 2016년 1월 1일을 기준으로 매 3년이 되는 시점(매 3년째의 12월 31일까지를 말한다)마다 그 타당성을 검토하여 개선 등의 조치를 하여야 한다.

제6조(규제의 재검토) 공정거래위원회는 「행정규제기본법」에 따라 이 고시에 대하여 2019년 7월 1일 기준으로 매 3년이 되는 시점(매 3년째의 6월 30일까지를 말한다)마다 그 타당성을 검토하여 개선 등의 조치를 하여야 한다.

부 칙 〈제2020-9호, 2020. 7. 20.〉

이 고시는 발령한 날로부터 시행한다. 다만, 별지 서식 Ⅱ. 8. 및 Ⅶ. 5. 의 개정규정은 2021년 1월 1일부터 시행한다.

부 칙 〈제2021-15호, 2021. 11. 19.〉

이 고시는 2021년 11월 19일부터 시행한다.

[별지 서식] : 생략

⇨ 공정거래위원회 홈페이지(www.ftc.go.kr) - 심결/법령 - 가맹사업법 - 고시·지침 - "가맹사업거래 정보공개서 표준양식에 관한 고시"를 클릭한 후 [별지] 표준정보공개서 〈별지 서식〉 참조

라. 가맹금 수령행위 및 가맹계약체결행위 금지 등[36)]

가맹사업법	제11조 (가맹계약서의 기재 사항 등) 제1항 (가맹금 수령행위 및 가맹계약체결행위 금지) ⇨ (행정처분) 시정조치 / 과징금 부과 대상 제2항 (12가지 사항 가맹계약서 포함 의무) ⇨ (행정처분) 시정조치 / 과징금 부과 대상 제3항 (가맹계약서 보관의무) ⇨ (과태료) 1천만 원 이하

법　률	시행령
제11조(가맹계약서의 기재 사항 등) ① 가맹본부는 가맹희망자가 가맹계약의 내용을 미리 이해할 수 있도록 제2항 각 호의 사항이 적힌 문서를 가맹희망자에게 제공한 날부터 14일(가맹희망자가 가맹계약서의 내용에 대하여 변호사 또는 제27조에 따른 가맹거래사의 자문을 받은 경우에는 7일로 한다)이 지나지 아니한 경우에는 다음 각 호의 어느 하나에 해당하는 행위를 하여서는 아니 된다. 〈개정 2007. 8. 3., 2017. 4. 18., 2023. 8. 8.〉 1. 가맹희망자로부터 가맹금을 수령하는 행위. 이 경우 가맹희망자가 예치기관에 예치가맹금을 예치하는 때에는 최초로 예치한 날(가맹희망자가 최초로 가맹금을 예치하기로 가맹본부와 합의한 날이 있는 경우에는 그날)에 가맹금을 수령한 것으로 본다. 2. 가맹희망자와 가맹계약을 체결하는 행위 ② 가맹계약서는 다음 각 호의 사항을 포함하여야 한다. 〈개정 2007. 8. 3., 2018. 10. 16., 2024. 1. 2.〉 1. 영업표지의 사용권 부여에 관한 사항 2. 가맹점사업자의 영업활동 조건에 관한	제12조(가맹사업당사자의 권리·의무에 관한 사항) 법 제11조 제2항 제13호에서 "대통령령이 정하는 사항"이란 다음 각 호의 어느 하나에 해당하는 사항을 말한다. 〈개정 2003. 6. 13., 2010. 10. 13., 2018. 12. 18., 2024. 6. 4.〉 1. 가맹금 등 금전의 반환조건에 관한 사항 2. 가맹점사업자의 영업설비·집기 등의 설치와 유지·보수 및 그 비용의 부담에 관한 사항 3. 가맹계약의 종료 및 해지에 따른 조치 사항 4. 가맹본부가 가맹계약의 갱신을 거절할 수 있는 정당한 사유에 관한 사항 5. 가맹본부의 영업비밀에 관한 사항 6. 가맹계약 위반으로 인한 손해배상에 관한 사항 7. 가맹본부와 가맹점사업자 사이의 거래조건 변경 협의 및 분쟁 해결 절차에 관한 사항 8. 가맹본부가 다른 사업자에게 가맹사업을 양도하는 경우에는 종전 가맹점사업자와의 계약에 관한 사항 9. 가맹본부의 지식재산권 유효기간 만료

---

36) 과징금 고시 별표 세부평가기준표에는 "가맹계약서 제공의무 등 위반행위"라고 되어 있다.

법　률	시행령
사항 3. 가맹점사업자에 대한 교육·훈련, 경영 지도에 관한 사항 4. 가맹금 등의 지급에 관한 사항 5. 영업지역의 설정에 관한 사항 6. 계약기간에 관한 사항 7. 영업의 양도에 관한 사항 8. 계약해지의 사유에 관한 사항 9. 가맹희망자 또는 가맹점사업자가 가맹계약을 체결한 날부터 2개월(가맹점사업자가 2개월 이전에 가맹사업을 개시하는 경우에는 가맹사업개시일)까지의 기간 동안 예치가맹금을 예치기관에 예치하여야 한다는 사항. 다만, 가맹본부가 제15조의2에 따른 가맹점사업자피해보상보험계약 등을 체결한 경우에는 그에 관한 사항으로 한다. 10. 가맹희망자가 정보공개서에 대하여 변호사 또는 제27조에 따른 가맹거래사의 자문을 받은 경우 이에 관한 사항 11. 가맹본부 또는 가맹본부 임원의 위법행위 또는 가맹사업의 명성이나 신용을 훼손하는 등 사회상규에 반하는 행위로 인하여 가맹점사업자에게 발생한 손해에 대한 배상의무에 관한 사항 12. 가맹본부가 가맹점사업자에게 가맹본부 또는 가맹본부가 지정한 자와 거래할 것을 강제할 경우 그 강제의 대상이 되는 부동산·용역·설비·상품·원재료 또는 부재료·임대차 등의 종류 및 공급가격 산정방식에 관한 사항 13. 그 밖에 가맹사업당사자의 권리·의무에 관한 사항으로서 대통령령이 정하는 사항 ③ 가맹본부는 가맹계약서를 가맹사업의 거래가 종료된 날부터 3년간 보관하여야 한다.	시 조치에 관한 사항 [시행일: 2024. 12. 5.] 제12조 제7호

법 률	시행령
④ 삭제 〈2023. 6. 20.〉 [제목개정 2007. 8. 3.] [시행일: 2024. 7. 3.] 제11조	

(가맹금 수령행위·가맹계약체결행위 금지) 가맹본부는 가맹희망자가 가맹계약의 내용을 미리 이해할 수 있도록 가맹계약서를 가맹희망자에게 제공한 날부터 14일이 지나지 아니한 경우

첫째, 가맹희망자로부터 가맹금을 수령하는 행위를 하여서는 아니 된다. 이 경우 가맹희망자가 예치기관에 예치가맹금을 예치하는 때는 최초로 예치한 날(가맹본부가 가맹희망자와 최초로 가맹금을 예치하기로 합의한 때에는 그날)에 가맹금을 수령한 것으로 본다.

둘째, 가맹희망자와 가맹계약을 체결하는 행위를 하여서는 아니 된다.

(12가지 사항 가맹계약서 포함 의무 또는 가맹계약서 제공 의무)[37] 가맹본부가 가맹희망자에게 제공하는 가맹계약서에는 다음 12가지 사항이 반드시 포함되어 있어야 한다.

1. 영업 표지의 사용권 부여에 관한 사항
2. 가맹점사업자의 영업활동 조건에 관한 사항
3. 가맹점사업자에 대한 교육·훈련, 경영지도에 관한 사항
4. 가맹금 등의 지급에 관한 사항
5. 영업지역의 설정에 관한 사항
6. 계약기간에 관한 사항
7. 영업의 양도에 관한 사항
8. 계약 해지의 사유에 관한 사항
9. 가맹희망자 또는 가맹점사업자가 가맹계약을 체결한 날부터 2개월(가맹점사업자가 2개월 이전에 가맹사업을 개시하는 경우는 가맹사업개시일)까지의 기간 동안 예치가맹금을 예치기관에 예치해야 한다는 사항. 다만, 가맹본부가 가맹사업법 제15조의2에 따른 가맹점사업자피해보상보험계약 등을 체결한 경우는 그에 관한 사항으로 한다.

---

37) 구체적으로 '가맹본부가 가맹희망자에게 가맹계약서를 제공하여야 한다.'라는 표현이 규정되어 있지는 않지만, 가맹본부가 가맹희망자에게 제공하는 가맹계약서에 반드시 포함해야 할 사항을 규정하고 있으므로 "가맹본부의 가맹계약서 제공 의무"라고 보아도 무방할 것 같다.

10. 가맹희망자가 정보공개서에 대하여 변호사 또는 가맹거래사의 자문을 받은 경우 이에 관한 사항

11. 가맹본부 또는 가맹본부 임원의 위법행위 또는 가맹사업의 명성이나 신용을 훼손하는 등 사회상규에 반하는 행위로 인하여 가맹점사업자에게 발생한 손해에 대한 배상의무에 관한 사항

12. 가맹본부가 가맹점사업자에게 가맹본부 또는 가맹본부가 지정한 자와 거래할 것을 강제하는 경우 그 강제의 대상이 되는 부동산·용역·설비·상품·원재료 또는 부재료·임대차 등의 종류 및 공급가격 산정방식에 관한 사항[38]

13. 그 밖에 가맹사업당사자의 권리·의무에 관한 사항으로서 대통령령이 정하는 사항

그리고, 위 13.에서 말하는 가맹사업당사자의 권리·의무에 관한 사항이란 다음 9가지 기재 사항 중 어느 하나에 해당하는 사항을 말한다. 특히, 가맹본부는 아래 가맹사업법 시행령 제12조 제7호의 경우 거래조건 변경의 경우에 가맹점사업자와 협의해야 한다는 내용을 가맹계약서에 포함하도록 해야 한다(가맹사업법 시행령 제12조).

1. 가맹금 등 금전의 반환조건에 관한 사항

2. 가맹점사업자의 영업 설비·집기 등의 설치와 유지·보수 및 그 비용의 부담에 관한 사항

3. 가맹계약의 종료 및 해지에 따른 조치 사항

4. 가맹본부가 가맹계약의 갱신을 거절할 수 있는 정당한 사유에 관한 사항

5. 가맹본부의 영업비밀에 관한 사항

6. 가맹계약 위반으로 인한 손해배상에 관한 사항

7. 가맹본부와 가맹점사업자 사이의 거래조건 변경 협의 및 분쟁 해결 절차에 관한 사항[39]

---

38) 2024. 1. 2. 가맹사업법 개정 시 신설된 내용으로 시행일은 2024. 7. 3.이다.

39) 가맹사업법 시행령이 2024. 6. 4. "분쟁"이 "거래조건 변경 협의 및 분쟁"으로 개정되었다는 점을 고려할 때, 앞으로 가맹본부는 필수품목을 확대하거나 가격을 인상하는 등 필수품목 관련 거래조건을 가맹점사업자에게 불리하게 변경하는 경우 가맹점사업자와 협의하여야 한다. 아울러 필수품목과 관련된 내용을 정보공개서뿐만 아니라 가맹계약서에도 포함해야 한다. 만약, 가맹점사업자와 충분한 협의 없이 필수품목 거래조건을 불리하게 변경하거나 관련 내용을 계약서에 명시하지 않고 거래를 강제하면 가맹사업법상 거래상대방 구속행위로 제재받을 수 있다. 한편, 가맹사업법 시행령 제12조 제7호의 개정 규정은 이 영 시행 당시 존속 중인 가맹계약에도 적용되는데, 이 경우 가맹본부 및 가맹점사업자는 이 영 시행 이후 6개월(2025년 6월 4일) 이내에 개정 규정에 따른 사항 즉, 거래조건 변경 협의절차를 가맹계약서에 포함하도록 해야 한다 (가맹사업법 시행령 대통령령 제34556호 부칙 제1조 제1호 및 제2조 참조).

8. 가맹본부가 다른 사업자에게 가맹사업을 양도하는 경우는 종전 가맹점사업자와의
   계약에 관한 사항

9. 가맹본부의 지식재산권 유효기간 만료 시 조치에 관한 사항

이상의 내용을 종합하면 가맹본부는 가맹사업법에 따라 가맹희망자와의 가맹계약을 체결하기 위하여 작성하는 가맹계약서에는 가맹사업법에서 규정하고 있는 12가지 사항과 가맹사업법 시행령에서 규정하고 있는 9가지 사항 중 어느 하나에 해당하는 사항이 있으면 이를 반드시 포함되도록 하여야 한다.

(가맹계약서 보관 의무) 가맹본부는 가맹희망자와 체결한 가맹계약서를 해당 가맹사업의 거래가 종료된 날부터 3년간 보관하여야 한다.

 사례 검토

> 문 프랜차이즈로 커피전문점을 창업하려고 합니다. 가맹계약을 체결하려고 하는데 계약서에서 반드시 확인해야 할 사항에는 무엇이 있나요?
>
> 답 계약체결은 아무리 신중해도 지나치지 않습니다. 계약서 내용이 조금이라도 부족하다고 생각되면 해당 조항을 수정한 다음에 계약을 체결해야 합니다. 또한 계약서 내용과 정보공개서 내용에 차이가 있는 경우에는 반드시 가맹본부에 확인해야 합니다. 일단 계약서에 서명·날인을 하고 나면 쉽게 계약을 해지할 수 없으며 해지하더라도 위약금을 내는 등 여러 제약이 따르기 때문입니다.
> 「가맹사업거래의 공정화에 관한 법률」에서는 가맹희망자 또는 가맹점사업자의 권익 보호를 위해 가맹계약서에 포함되어야 할 사항을 정하고 있습니다.

> ## 가맹점서비스 수수료(Admin Fee)는 '영업활동 등에 관한 지원에 대하여 지급하는 대가'에 해당하므로, 가맹계약서에 반드시 기재하여야 한다는 판단
>
> 사건명 : 한국피자헛(유)의 가맹사업법 위반행위에 대한 건
> 〈 공정위 2015가맹1805 〉
> ♣ 【서울고등법원 2017. 8. 17. 선고 2017누38630 판결(확정)】 ♣

　　가맹점서비스 수수료(Administration Fee, 약칭 Admin Fee, 이하 '어드민피'라 함)는 원고가 가맹점사업자에게 원고의 구매팀, 품질관리팀, 마케팅팀, 전산팀, 영어기획팀 등에서 제공하는 서비스의 대가로서 청구하는 것으로서 가맹사업법 제2조 제6호 라목에서 정하는 '영업활동 등에 관한 지원에 대하여 지급하는 대가'에 해당하므로, 가맹사업법 제11조 제2항 제4호에 따라 가맹계약서상의 기재가 반드시 필요하다.

　　그러나 이 사건 가맹계약서에 가맹점사업자들에게 부과되는 최초 가맹비, 고정수수료, 원재료비, 콜센터 비용, 광고비에 관하여는 명시적인 근거조항이 존재하나 어드민피에 관하여는 명시적인 근거 조항이 없다.

　　가맹사업법 제11조 제2항은 가맹계약서상 기재되어야 할 사항을 명시적으로 규정하여 상대적으로 거래상 불리한 지위를 가지고 있는 가맹점사업자를 사전에 보호하기 위한 규정이다. 법이 명시적으로 규정한 사항임에도 다시 그 기재 사항이 가맹점사업자에 대한 실질적 보호가능성 여부를 판단하여 가맹사업법 제11조 제2항 제4호의 필수 기재 사항이 달라진다고 볼 것은 아니고, 더욱이 어드민피는 '가맹금 등의 지급에 관한 사항'으로서 가맹계약의 중요 부분을 이루고 있으므로 그 기재가 없더라도 가맹점사업자가 충분이 예상할 수 있다거나 가맹본부가 이를 가맹점사업자에게 알릴 필요가 없는 것이라 볼 수도 없다.

【판시사항】

　　피자전문점 가맹본부인 갑 유한회사가 가맹점사업자들에게 구매·마케팅·영업기획·품질관리 등과 관련하여 제공하는 서비스의 대가로 가맹점사업자와 사전에 협의하거나 동의를 받지 않고 가맹계약서에 기재되지 아니한 이른바 어드민피(Administration Fee)를 부과하여 징수하거나 인상한 행위에 대하여, 공정거래위원회가 가맹사업거래의 공정화에 관한 법률 제11조 제2항 제4호 등에 해당한다는 이유로 시정명령 및 과징금납부명령을 한 사안에서, 갑 회사가 가맹계약서에 어드민피 지급에 관한 사항을 기재하였

다고 볼 수 없고, 갑 회사의 어드민피 부과행위는 거래상의 지위를 이용하여 가맹점사업
자에게 부당하게 불이익을 주는 행위로서 가맹사업의 공정한 거래를 해할 우려가 있어
위 처분이 적법하다고 한 사례

【판결요지】

피자전문점 가맹본부인 갑 유한회사가 가맹점사업자들에게 구매·마케팅·영업기
획·품질관리 등과 관련하여 제공하는 서비스의 대가로 가맹점사업자와 사전에 협의하
거나 동의를 받지 않고 가맹계약서에 기재되지 아니한 이른바 어드민피(Administration
Fee)를 부과하여 징수하거나 인상한 행위에 대하여, 공정거래위원회가 가맹사업거래의
공정화에 관한 법률(이하 '가맹사업법'이라 한다) 제11조 제2항 제4호 등에 해당한다는
이유로 시정명령 및 과징금납부명령을 한 사안에서, 어드민피는 가맹사업법 제2조 제6호
(라)목에서 정하는 '영업활동 등에 관한 지원에 대하여 지급하는 대가'에 해당하므로 가
맹사업법 제11조 제2항 제4호에 따라 가맹계약서상 기재가 반드시 필요한데, 가맹계약서
에는 가맹점사업자들에게 부과되는 최초 가맹비, 고정수수료 등에 관하여는 명시적인 근
거 조항이 존재하나 어드민피에 관하여는 명시적인 근거 조항이 없는 점 등에 비추어,
갑 회사가 가맹계약서에 어드민피 지급에 관한 사항을 기재하였다고 볼 수 없으므로 그
와 같은 행위는 가맹사업법 제11조 제2항 제4호에 위반되고, 갑 회사가 어드민피에 관하
여 내부전산망 공지, 정보공개서 등록, 사업설명회와 오리엔테이션 자료 배부, 일부 가맹
점사업자들로 구성된 프랜차이즈 협의회와의 미팅에서 어드민피 인상을 통보한 사실만
으로 어드민피 부담에 관하여 가맹점사업자의 의사가 반영되었다고 볼 수 없고 어드민피
도입 당시 또는 요율 변경 당시 가맹점사업자들의 대표와 사전협의를 거치거나 동의를
얻었다고 볼 수 없는 점 등에 비추어, 갑 회사의 어드민피 부과행위는 가맹사업법 제12조
제1항 제3호에서 정한 거래상의 지위를 이용하여 가맹점사업자에게 부당하게 불이익을
주는 행위로서 가맹사업의 공정한 거래를 해할 우려가 있다는 이유로, 위 처분이 적법하
다고 한 사례

⚖️ **참고 판례**

부당이득금반환 · 부당이득금

[대법원 2018. 6. 15. 선고 2017다248803, 248810 판결]
〈서울고등법원 2017. 6. 9. 선고 2016나2045364, 2045371 판결〉

【판시사항】

[1] 가맹사업거래의 공정화에 관한 법률 제2조 제10호에서 정한 정보공개서에 가맹점사업자에 불리한 내용이 기재되어 있고 그것이 공정거래위원회에 등록되어 공개되었다거나 가맹계약 체결 전 가맹점사업자에게 제공되었다고 하여 그 자체가 가맹계약의 일부가 된다거나 별도의 합의 없이 가맹계약 내용에 당연히 편입된다고 볼 수 있는지 여부(소극)

[2] 가맹계약에 관하여 가맹본부와 가맹점사업자 사이에 가맹점사업자에게 불리한 내용의 묵시적 합의가 성립되었는지 판단하는 기준

[3] 판결에 당사자가 주장한 사항에 대한 구체적·직접적인 판단이 표시되어 있지 않지만 판결 이유의 전반적인 취지에 비추어 주장의 인용 여부를 알 수 있는 경우 또는 실제로 판단을 하지 않았지만 주장이 배척될 것임이 분명한 경우, 판단누락의 위법이 있는지 여부(소극)

[4] 상행위로 인한 채권뿐만 아니라 이에 준하는 채권도 상법 제64조가 적용 또는 유추 적용되는지 여부(적극)

[5] 가맹점사업자인 갑 등이 가맹본부인 을 유한회사를 상대로 을 회사가 가맹계약상 근거를 찾을 수 없는 'SCM Adm'(Administration Fee)이라는 항목으로 갑 등에게 매장 매출액의 일정 비율에 해당하는 금액을 청구하여 지급받은 것은 부당이득에 해당한다며 그 금액 상당의 반환을 구한 사안에서, 위 부당이득반환채권은 상법 제64조에 따라 5년간 행사하지 않으면 소멸시효가 완성된다고 한 사례

【판결요지】

[1] 가맹사업거래의 공정화에 관한 법률(이하 '가맹사업법'이라 한다) 제2조 제10호, 제6조의2, 제6조의3, 제6조의4, 제7조, 제9조 제1항, 제11조 제1항, 구 가맹사업법(2017. 4. 18. 법률 제14812호로 개정되기 전의 것) 제11조 제1항, 제2항, 가맹사업법 시행령 제5조의2 제1항의 규정 내용, 그에 따라 가맹본부가 정보공개서와 가맹계약서에 각 기재할 내용에 더하여, 가맹사업법의 입법 목적과 가맹본부로 하여금 가맹계약 체결 전에 가맹희망자에게 계약 체결에 필요한 가맹본부와 가맹사업 등에 관한 충분한 정보를 제공하도록 함으로써 가맹사업의 구조적 특성에 기인하는 가맹본부와 가맹점사업자 사이의 정보의 비대칭성으로 인해 발생할 수 있는 부작용을 예방하고 상대적으로 불리한 지위에 있는 가맹점사업자의 권익을 보호하려는 정보공개서 제도의 취지 등을 종합하여 보면, 정보공개서에 가맹점사업자에 불리한 내용이 기재되어 있고 그것이 공정거래위원회에 등록되어 공개되었다거나 가맹계약 체결 전 가맹점사업자에게 제공되었다고 하여 그 자체가 가맹계약의 일부가 된다거나 별도의 합의 없이 가맹계약 내용에 당연히 편입된다고 볼 수 없다.

[2] 가맹계약에 관하여 가맹본부와 가맹점사업자 사이에 가맹점사업자에게 불리한 내용의 묵시적 합의가 성립된 사실을 인정하려면 가맹본부와 가맹점사업자의 사회·경제적 지위, 가맹계약 체결 경위와 전체적인 내용, 가맹점사업자에게 그와 같은 묵시적 합의 체결의 의사를 표시할 수 있을 정도로 충분한 정보가 제공되었는지 여부, 가맹본부가 법적 불확실성이나 과징금 부과 등의 불이익을 무릅쓰면서까지 합의 내용을 가맹계약서에 명시하지 않을 특별한 사정이 있는지 여부, 그와 같은 계약 내용으로 인하여 가맹점사업자가 입는 불이익의 정도, 거래 관행 등을 종합적으로 고려하여 신중하게 판단하여야 한다. 그리하여 가맹점사업자가 상대적으로 취약한 정보력과 교섭력, 재정 상태, 거래 단절 우려 등으로 인하여 그 의사와 관계없이 가맹본부의 요구에 일방적으로 따른 것이 의사의 합치로 인정됨으로써 가맹사업의 공정한 거래질서를 확립하고 가맹본부와 가맹점사업자가 대등한 지위에서 상호보완적으로 균형 있게 발전하도록 함으로써 소비자 복지의 증진과 국민경제의 건전한 발전에 이바지함을 목적으로 하는 가맹사업법의 입법 취지가 훼손되지 않도록 하여야 한다.

[3] 판결서의 이유에는 주문이 정당하다는 것을 인정할 수 있을 정도로 당사자의 주장, 그 밖의 공격방어방법에 관한 판단을 표시하면 되고 당사자의 모든 주장이나 공격방어방법에 관하여 판단할 필요가 없다(민사소송법 제208조). 따라서 법원의 판결에 당사자가 주장한 사항에 대한 구체적·직접적인 판단이 표시되어 있지 않았더라도 판결 이유의 전반적인 취지에 비추어 그 주장을 인용하거나 배척하였음을 알 수 있는 정도라면 판단누락이라고 할 수 없고, 설령 실제로 판단을 하지 아니하였다고 하더라도 그 주장이 배척될 경우임이 분명한 때에는 판결 결과에 영향이 없어 판단누락의 위법이 있다고 할 수 없다.

[4] 상행위로부터 생긴 채권뿐 아니라 이에 준하는 채권에도 상법 제64조가 적용되거나 유추 적용될 수 있다.

[5] 가맹점사업자인 갑 등이 가맹본부인 을 유한회사를 상대로 을 회사가 가맹계약상 근거를 찾을 수 없는 'SCM Adm'(Administration Fee)이라는 항목으로 갑 등에게 매장 매출액의 일정 비율에 해당하는 금액을 청구하여 지급받은 것은 부당이득에 해당한다며 그 금액 상당의 반환을 구한 사안에서, 갑 등이 청구하는 부당이득반환채권은 갑 등과 을 회사 모두에게 상행위가 되는 가맹계약에 기초하여 발생한 것일 뿐만 아니라, 을 회사가 정형화된 방식으로 가맹계약을 체결하고 가맹사업을 운영해 온 탓에 수백 명에 달하는 가맹점사업자들에게 갑 등에게 부담하는 것과 같은 내용의 부당이득반환채무를 부담하는 점 등 채권 발생의 경위나 원인 등에 비추어 볼 때 그로 인한 거래관계를 신속하게 해결할 필요가 있으므로, 위 부당이득반환채권은 상법 제64조에 따라 5년간 행사하지 않으면 소멸시효가 완성된다고 한 사례

스크랩 노트

〈가맹계약서의 작성〉

■ 가맹계약을 체결하는 경우 가맹희망자는 가맹본부로부터 가맹계약의 내용을 미리 이해할 수 있도록 다음의 사항이 적힌 가맹계약서를 가맹희망자에게 제공한 날부터 14일이 지나지 아니한 경우에는 가맹희망자와 가맹계약을 체결하는 행위 또는 가맹희망자로부터 가맹금을 수령하는 행위(가맹희망자가 예치기관에 예치가맹금을 예치하는 경우는 최초로 예치한 날에, 가맹희망자가 최초로 가맹금을 예치하기로 가맹본부와 합의한 날이 있는 경우에는 그날에 가맹금을 수령한 것으로 봄)를 해서는 안 됩니다 **(가맹사업법 제11조 제1항 및 제2항)**.

  ▸ 영업표지의 사용권 부여에 관한 사항
  ▸ 가맹점사업자의 영업활동 조건에 관한 사항
  ▸ 가맹점사업자에 대한 교육·훈련, 경영지도에 관한 사항
  ▸ 가맹금 등의 지급에 관한 사항
  ▸ 영업지역의 설정에 관한 사항
  ▸ 계약기간에 관한 사항
  ▸ 영업의 양도에 관한 사항
  ▸ 계약 해지의 사유에 관한 사항
  ▸ 가맹희망자 또는 가맹점사업자가 가맹계약을 체결한 날부터 2개월(가맹점사업자가 2개월 이전에 가맹사업을 개시하는 경우는 가맹사업개시일)까지의 기간 동안 예치가맹금을 예치기관에 예치해야 한다는 사항(다만, 가맹본부가 가맹사업법 제15조의2에 따른 가맹점사업자피해보상보험계약 등을 체결한 경우는 그에 관한 사항으로 함)
  ▸ 가맹희망자가 정보공개서에 대하여 변호사 또는 가맹거래사의 자문을 받은 경우 이에 관한 사항
  ▸ 가맹본부 또는 가맹본부 임원의 위법행위 또는 가맹사업의 명성이나 신용을 훼손하는 등 사회상규에 반하는 행위로 인하여 가맹점사업자에게 발생한 손해에 대한 배상의무에 관한 사항
  ▸ 가맹본부가 가맹점사업자에게 가맹본부 또는 가맹본부가 지정한 자와 거래할 것을 강제할 경우 그 강제의 대상이 되는 부동산·용역·설비·상품·원재료 또는 부재료·임대차 등의 종류 및 공급가격 산정방식에 관한 사항
  ▸ 그 밖에 가맹사업당사자의 권리·의무에 관한 사항
■ 가맹본부는 가맹계약서를 가맹사업의 거래가 종료된 날부터 3년간 보관해야 합니다 **(가맹사업법 제11조 제3항)**.

※ 공정거래위원회에서는 건전한 가맹사업거래 질서를 확립하고 불공정한 내용의 가맹계약이 통용되는 것을 방지하기 위해 일정한 가맹사업거래에서 표준이 되는 가맹계약서를 작성 및 사용하도록 권장하고 있습니다[공정거래위원회 홈페이지(www.ftc.go.kr), 정보공개 – 표준계약서 – 표준가맹계약서 참조].

※ 업종별 표준가맹계약서 양식은 〈공정거래위원회 가맹사업거래 홈페이지(http://franchise.ftc.go.kr), 알림마당 – 법령 및 서식자료 – 관련서식자료〉에서 확인할 수 있습니다.

〈가맹음식점 창업 시 주의사항〉

■ 최근 가맹음식점 창업 방식은 가맹본부의 경험과 노하우를 이용하여 초보자도 손쉽게 창업할 수 있다는 점에서 선호되고 있으나, 로얄티 등 높은 가맹수수료, 부실한 가맹본부로 인한 피해, 독자적 경영권 침해 등의 단점도 있으므로 사전에 꼼꼼히 분석하여 확인하는 과정이 필요합니다.

■ 만약, 가맹계약을 체결하는 과정에서 분쟁이 발생할 경우는 가맹사업거래분쟁조정협의회에 분쟁조정을 신청하거나, 공정거래위원회에 신고 또는 소송 등의 절차를 통해 피해구제를 받을 수 있습니다(**가맹사업법 제22조 참조**).

〈독립창업과 가맹사업 창업(커피전문점)〉

☞ 독립창업과 가맹사업 창업의 차이점

　※ 창업의 형태 결정

　　예비창업자가 창업을 준비하는데 중요한 부분 중 하나가 독립창업을 할 것인지 가맹사업 창업을 할 것인지를 결정하는 것입니다. 이런 결정을 내리기가 쉽지 않은 것은 창업비용과 향후 점포 운영에 관한 영향력 때문입니다.

　　창업자는 창업을 결정하기 전에 독립창업과 가맹사업 창업의 사업 타당성을 검토·분석하고 자신의 경험, 투자 여력, 경영 능력, 경영 의지 등을 고려하여 창업 형태를 신중히 결정해야 합니다.

☞ 커피전문점의 형태

■ 커피전문점은 독립적으로 운영하는 방법과 가맹사업의 형태로 운영하는 방법이 있습니다.

☞ 독립창업 의의

■ "독립창업"은 투자에서 운영까지 모든 영업상 권한과 책임이 소유주에게 주어지는 경영형태를 말합니다.

■ 독립창업은 자기만의 노하우(know-how)나 비즈니스 모델이 있는 경우 그것을 바탕으로 독립적으로 창업하는 방법, 창업 전문가에게 교육받거나 경험이 있는 지인들의 도움을 받아서 창업하는 방법 및 기존에 영업 중인 매장을 인수하여 창업하는 방법이

있습니다.

※ 커피전문점 독립창업 시 커피 메뉴 조리법 습득 방법

커피전문점 창업 시 가맹사업 창업의 경우는 가맹본부의 정형화된 레시피에 따라 메뉴를 조리하면 되지만 독립창업의 경우에는 커피전문점의 콘셉트에 맞는 메뉴 조리법을 습득할 필요가 있습니다.

메뉴 조리법을 습득하는 방법에는 전문가 또는 전문 교육기관에서 교육받는 방법이 있습니다. 또한 바리스타로서의 전문성을 인정받기 위해서 민간자격시험에 응시할 수 있습니다.

바리스타 자격증의 경우 아직 국가공인 자격증이 없어 민간기관에서 바리스타 자격증을 발급하고 있습니다.

√ 한국커피협회(http://barista.kcc-coffee.org)

√ 한국음료산업연구원(http://www.bisk.or.kr)

√ 한국커피자격검정평가원(http://www.caea.or.kr)

√ 한국식음료외식조리교육협회(http://www.ncook.net)

고시 / 지침 / 기타 관련규정

가이드라인 **구입강제품목의 종류 및 공급가격 산정방식 계약서 기재방식에 관한 가이드라인** [시행 2024. 7. 3.]

─── 〈 안내 사항 〉 ───

★ 이 가이드라인은 법적 구속력이 없으며 가이드라인 내용이 법 위반 여부의 판단기준으로 작용하지 아니한다.

I. 목적

본 가이드라인은 「가맹사업거래의 공정화에 관한 법률」(2024. 7. 3. 시행, 이하 "가맹사업법"이라 한다) 제11조(가맹계약서의 기재사항) 제2항 제12호의 규정에 따라 가맹본부와 가맹점사업자 간에 체결되는 가맹계약서에 의무적으로 기재해야 하는 구입강제품목의 종류와 공급가격 산정방식의 구체적인 기재 방식을 규정하고 올바른 계약서 작성 예시를 제시함으로써 가맹본부의 가맹사업법 위반을 사전에 예방하고 구입강제품목과 관련된 거래 조건이 공정하고 투명하게 가맹계약에 반영되도록 하여 가맹사업의 공정한 거래 질서를 확립하는 것을 목적으로 한다.

Ⅱ. 「구입강제품목」 계약서 기재 의의

1. 「구입강제품목」 의미 및 관련 규정

구입강제품목이란 가맹본부가 가맹점사업자에게 가맹본부 또는 가맹본부가 지정한 자와 거래할 것을 강제하는 부동산·용역·설비·상품·원재료 또는 부재료·임대차 등의 품목을 의미한다. 가맹사업법 제11조(가맹계약서의 기재사항) 제2항 제12호는 가맹본부와 가맹점사업자 간의 거래에서 구입강제품목이 있는 경우 그 종류 및 공급가격 산정방식을 가맹계약서에 기재하도록 규정하고 있다.

> 〈가맹사업법(2024. 7. 3. 시행)〉
> 제11조(가맹계약서의 기재사항 등) ① (생략)
> ② 가맹계약서는 다음 각 호의 사항을 포함하여야 한다.
> 1.~11. (생략)
> 12. 가맹본부가 가맹점사업자에게 가맹본부 또는 가맹본부가 지정한 자와 거래할 것을 강제할 경우 그 강제의 대상이 되는 부동산·용역·설비·상품·원재료 또는 부재료·임대차 등의 종류 및 공급가격 산정방식에 관한 사항
> 13. (생략)

구입강제품목은 가맹본부가 가맹점사업자에게 자신 또는 자신이 지정한 자와 거래할 것을 권장하는 구입권장품목과는 구분된다. 다만, 형식상 구입권장품목이라고 하더라도 구입대상 품목의 규격, 품질, 용량 등이 엄격히 지정되어 있거나 다른 사업자와 거래할 수 있는 사유가 엄격히 제한되어 사실상 특정 사업자와의 거래가 강제되는 경우 등에는 구입강제품목에 해당할 수 있음을 유의해야 한다.

그리고, 구입강제품목의 거래상대방을 지정하여 거래를 강제하는 행위는 가맹사업법 제12조(불공정거래행위 금지) 제1항 제2호 및 가맹사업법 시행령 별표2 제2호 나목에 따른 거래상대방 구속행위에 해당하여 원칙적으로 금지된다. 다만, 가맹사업의 특성상 해당 품목이 가맹사업을 경영하는 데에 필수적이고, 특정한 거래상대방과 거래하지 아니하는 경우는 가맹본부의 상표권을 보호하고 상품 또는 용역의 동일성을 유지하기 어렵다는 사실이 객관적으로 인정되는 등의 실체적 요건과 미리 정보공개서를 통해 해당 사실을 알리고 가맹계약을 체결하는 등의 절차적 요건을 모두 준수하는 경우 예외적으로 허용된다. 가맹본부는 내부자율분쟁조정기구의 설치·운영 등의 절차와 방법에 대해 공개를 원칙으로 하며 투명한 운영을 위해 노력한다.

한편, 2024. 6. 4. 가맹사업법 시행령 개정(2024. 12. 5. 시행)으로 구입강제품목과 관련된 거래조건을 가맹점사업자에게 불리하게 변경 시 협의를 거쳐야 한다는 요건이 절차적 요건에 추가되었다.

〈가맹사업법 시행령 [별표2]〉

개 정 전	개 정 후
2. 구속조건부 거래 　나. 거래상대방의 구속 　　부동산·용역·설비·상품·원재료 또는 부재료의 구입·판매 또는 임대차 등과 관련하여 부당하게 가맹점사업자에게 특정한 거래상대방(가맹본부를 포함한다)과 거래할 것을 강제하는 행위. 다만, 다음의 요건을 모두 충족하는 경우에는 그러하지 아니하다. 　　(1) 부동산·용역·설비·상품·원재료 또는 부재료가 가맹사업을 경영하는 데에 필수적이라고 객관적으로 인정될 것 　　(2) 특정한 거래상대방과 거래하지 아니하는 경우에는 가맹본부의 상표권을 보호하고 상품 또는 용역의 동일성을 유지하기 어렵다는 사실이 객관적으로 인정될 것 　　(3) 가맹본부가 미리 정보공개서를 통하여 가맹점사업자에게 해당 사실을 알리고 가맹점사업자와 계약을 체결할 것	2. 구속조건부 거래 　나. 거래상대방의 구속 　　(좌동) 　　(1) (좌동) 　　(2) (좌동) 　　(3) 가맹본부가 미리 정보공개서를 통하여 특정한 거래상대방과 구입·판매 또는 임대차 등의 거래를 할 것을 강제하는 부동산·용역·설비·상품·원재료 또는 부재료의 세부내역 및 그 거래상대방에 관한 정보를 가맹점사업자에게 알리고 이를 가맹계약서에 포함할 것 　　(4) 가맹본부가 특정한 거래상대방과 구입·판매 또는 임대차 등의 거래를 할 것을 강제하는 부동산·용역·설비·상품·원재료 또는 부재료의 세부내역, 가격, 수량, 품질 및 그 거래상대방 등 거래조건을 가맹점사업자에게 불리하게 변경하는 경우 가맹점사업자와 협의를 거칠 것

2. 구입강제품목의 '종류' 및 '공급가격 산정방식' 계약서 기재 의의

통상적인 사업 구조 하에서는 사업자가 자신에게 필요한 상품 등을 최적의 조건으로 공급할 수 있는 공급자를 탐색하고 공급가격 등 거래조건도 거래당사자 간 충분한 합의를 거쳐 결정하는 것이 일반적이다.

하지만 가맹사업의 경우, 가맹본부가 특정 품목을 구입강제품목으로 지정하면 가맹점사업자는 지정된 거래상대방과 해당 품목의 거래가 강제되고, 그 거래상대방이 제시하는 가격 등 거래조건을 일방적으로 수용할 수밖에 없다.

이에 가맹본부가 지정하는 구입강제품목의 내역과 공급가격 산정방식은 가맹점사업자의 경영여건과 가맹사업거래와 관련된 의사결정에 중대한 영향을 미치는 핵심적인 거래조건이다. 그럼에도 불구하고 구입강제품목의 종류와 공급가격 산정방식을 가맹계약서에 포함하고 있는 경우는 극히 드물고, 이를 포함하고 있더라도 대략적인 내용만을 불명확한 표현으로 기재하고 있는 경우가 대부분이다. 이에 가맹점사업자는 구입강제품목의 구체적 내역이 무엇이며 공급가격은 어떻게 정해지고 변경될 수 있는지에 대한 정확한 정보를 갖지 못한 채 가맹계약을 체결할 수밖에 없다. 또한, 가맹계약 체결 이후에도 가맹본부가 일방적으로 구입강제품목을 추가하거나 공급가격을 과도하게 인상하더라도 가맹점사업자는 계약에 따른 권리를 주장하거나 분쟁조정이나 소송 등을 통해 구제받기 어려운 문제가 존재한다.

이와 관련하여 가맹사업법 제7조에 따라 가맹본부는 가맹계약 체결 시 가맹희망자에게 정보공개서를 의무적으로 제공해야 하고, 정보공개서에는 구입강제품목의 세부내역을 포함하도록 하고 있으나 이러한 정보제공만으로는 위와 같은 문제를 해결하기에는 한계가 존재한다. 먼저 정보공개서는 구입강제품목의 내역만을 포함하고 있을 뿐 공급가격 산정방식에 관한 정보는 담고 있지 않다. 또한 정보공개서는 가맹계약 체결 시 가맹희망자에게 제공되는 일종의 가맹사업 전반에 대한 안내서로서, 정보공개서의 내용이 항상 계약 내용에 포섭되는 것은 아니다(대법원 2018. 6. 15. 선고 2017다248803 판결 등). 아울러 가맹사업법은 가맹본부의 정보공개서 제공 의무를 최초 계약 체결 시에만 부여하고 있어서 정보공개서 기재 내용이 변경되더라도 기존 가맹점사업자에게는 변경된 정보공개서를 제공하지 않는 경우가 많다.

이러한 점에서 구입강제품목의 종류와 공급가격 산정방식을 가맹계약서에 기재하도록 하는 것은 가맹점 운영 성과에 중대한 영향을 미치는 핵심적인 거래조건에 대한 정확하고 구체적인 정보를 가맹점사업자에게 제공하여 가맹점사업자가 합리적이고 충분한 숙고를 거쳐 가맹계약을 체결할 수 있도록 하고 계약에 반하는 구입강제품목의 변경 또는 공급가격 인상으로부터 가맹점사업자가 용이하게 권리구제를 받을 수 있도록 하는데 그 의의가 있다.

Ⅲ. 「구입강제품목의 종류」 계약서 기재 방식

1. 「구입강제품목의 종류」 기재 내용

가맹점사업자가 가맹사업을 영위하는 과정에서 어떠한 품목을 지정된 사업자로부터 의무적으로 구매해야 하는지를 알 수 있도록 구입강제품목의 종류를 기재해야 한다. 구입강제품목의 종류를 계약서에 기재할 때에는 다음의 사항이 모두 반영되어야 한다.

가. 지정 이유 기재

구입강제품목의 종류를 기재할 때는 가맹사업법 시행령 별표2 제2호 나목(거래상대방의 구속)의 내용을 인용하는 등의 방식으로 어떠한 이유로 해당 품목의 거래가 강제되는지를 계약서에 포함해야 한다. 아울러 구입강제품목으로 지정한 구체적인 사유를 품목별로 작성할 수 있다면 더욱 바람직하다.

〈작성 예시〉

제○○조 (구입강제품목의 지정) 다음 품목은 가맹사업을 경영하는데 필수적이며, 다른 사업자로부터 구매할 경우 가맹본부의 상표권을 보호하고 상품 또는 용역의 동일성을 유지하기 어렵기 때문에 반드시 가맹본부(혹은 가맹본부가 지정한 사업자)로부터 구입해야 한다.

나. 기준시점 명시

구입강제품목의 종류는 시점에 따라 변동될 수 있으므로 계약서에 기재된 구입강제품목의 종류가 특정 시점을 기준으로 작성된 것임을 명시해야 한다. 최초 계약체결 시에는 계약체결 시점을 기준으로 구입강제품목의 종류를 작성하고, 이후 구입강제품목의 종류가 변동될 경우는 변동 시점을 명시하여 새로운 구입강제품목의 종류를 계약서에 포함해야 한다.

다. 구체적으로 모두 기재

구입강제품목의 종류를 계약서에 기재할 때는 정확히 어떠한 품목이 가맹본부나 가맹본부가 지정한 사업자로부터 구매해야 하는 품목인지 알 수 있도록 종류나 유형, 규격 등을 구분하여 품목별로 구체적으로 기재해야 한다. 동일 성격을 가진 상품이라고 하더라도 용량이나 크기, 포장 등을 기준으로 구분되어 거래되는 상품인 경우는 반드시 세부 품목별로 구분하여 기재해야 한다. 예를 들어 동일 부자재일지라도 색상별로 구분되어 거래된다면 색상별로 기재해야 한다.

품목의 재고관리를 위해 SKU(Stock Keeping Unit)를 활용하고 있다면 어떠한 품목을 지칭하는지 가맹점사업자가 알기 쉽도록 이를 함께 작성하는 것이 바람직하다.

라. 거래상대방 명시

구입강제품목의 종류를 기재할 때는 품목별 거래상대방도 명시해야 한다. 가맹본부와의 거래를 강제하는 경우는 '가맹본부', 다른 사업자와의 거래를 강제하는 경우는 해당 '사업자명'을 기재한다.

이때 다른 사업자의 경우 상호명이 중복되어 거래상대방을 특정하기 어려운 경우 등을 방지하기 위하여 해당 사업자의 소재지나 연락처 등 해당 사업자를 구분할 수 있는 정보를 함께 기재하는 것이 바람직하다.

마. 「구입강제품목의 종류」 변경 사유(조건) 및 변경 주기 기재

구입강제품목의 종류는 다양한 요인에 의해 변동될 수 있으므로 변경 사유를 구체적으로 기재하는 것은 매우 어렵다. 다만, 가맹점사업자가 합리적인 수준에서 구입강제품목 종류의 변경 가능성을 예측할 수 있고 가맹본부에 의한 일방적이고 과도한 품목 추가를 억제할 수 있도록 최소한의 기준을 계약서에서 제시할 필요가 있다.

이에 기존 제품 철수 및 신제품 출시 등 구입강제품목이 변경될 수 있는 조건을 계약서에 기재해야 한다. 아울러 일정한 주기를 기준으로 구입강제품목을 변경한다면 변경 주기를 계약서에 기재하는 것이 바람직하다. (예: 반기 1회 등)

2. 「구입강제품목의 종류」 기재 방법(양식)

구입강제품목의 종류를 가맹계약서에 포함시키는 양식과 방법은 가맹계약의 체결 방법, 구입강제품목의 수, 기타 가맹본부의 여건 등에 따라 다음과 같은 방법 등을 사용할 수 있다. 다만, 어떠한 양식과 기재 방법을 사용하든지 구입강제품목의 종류와 관련하여 기재된 사항이 가맹계약에 포섭된다는 내용이 반드시 계약서에 명시되어야 한다. 계약서에 구입강제품목의 종류를 기재하는데 사용할 수 있는 방법은 다음과 같다.

가. 가맹계약서 본문 또는 별지에 기재하는 방법

구입강제품목의 종류를 가맹계약서 본문 또는 가맹계약서의 별지에 포함시킬 수 있다. 가맹계약서의 별지로 기재하는 경우 본문에 구입강제품목의 종류에 관한 사항을 별지로 규정한다는 점을 기재하여야 한다.

나. POS 또는 전자매체에 공지(기재)하는 방법

POS에 기재된 상품정보 혹은 가맹점사업자와 공동으로 사용하는 전자매체의 공지 정보를 제공하는 것으로 구입강제품목 종류의 계약서 기재를 갈음할 수 있다. 이 경우에도 계약서에 이러한 방법으로 통지된 사항이 가맹계약에 포함된다는 내용이 기재되어야 한다. 또한 다음의 조건을 충족하여야 한다.

첫째, POS 등의 상품정보나 전자매체 공지정보를 제공하여 계약서 기재를 갈음하는 경우는 반드시 가맹계약서 제공 시점에 관련 정보를 가맹점사업자에게 제공하여야 하고,

이후 구입강제품목의 종류가 변경될 때마다 변경 시점별 정보를 가맹점사업자에게 제공하여야 한다.

둘째, POS 등의 상품정보나 전자매체 공지 정보에 거래되는 품목이 구입강제, 구입권장, 자율 등의 구분이 없이 섞여 있는 경우 반드시 구입강제품목을 구분하여 확인할 수 있도록하여야 한다.

셋째, 서면 계약서를 갱신하는 경우 계약당사자는 기존 계약 내용이 담긴 계약서를 보관할 수 있는 것과 같이 가맹사업자가 변경 이전의 정보를 확인할 수 있도록 작성 시점별정보를 따로 저장·관리하여야 한다.

다. 기타 방법

가맹본부의 여건, 가맹계약의 특성 등을 고려하여 기재 방법을 달리할 수 있다. 다만, 어떠한 방법을 사용하더라도 위에서 언급한 기재 내용과 기재 방법의 내용이 모두 반영되어야 한다.

3. 「구입강제품목의 종류」 기재(예시) 및 부적절한 기재(사례)

가. 가맹계약계약서 기재(예시)

〈계약서 별지에 기재하는 경우〉

〔계약서 본문〕

제○○조 (구입강제품목의 지정) ① 가맹본부는 가맹사업을 경영하는데 필수적이며, 다른 사업자로부터 구매할 경우 가맹본부의 상표권을 보호하고 상품 또는 용역의 동일성을 유지하기 어려운 품목(이하 구입강제품목)을 반드시 가맹본부 또는 지정된 사업자로부터 구입하도록 할 수 있으며 구체적인 내역은 [별지○]와 같다.

② 위 제1항에 따른 구입강제품목은 신제품 출시, 기존 제품 철수 등의 사유로 그 내역을 변경할 수 있으며 이때 변경된 내용이 기재된 [별지○]를 가맹점사업자에게 다시 제공해야 한다. 단, 구입강제품목의 변경은 특별한 사정이 없는 경우 분기에 1회로 한정한다.

〔별지○〕 **구입강제품목내역** 2024년 7월 3일 기준

순번	품목	SKU	규격·단위	거래상대방
1	치즈	C0014	박스(2.5kg*4ea)	가맹본부
2	도우	D588	박스(350g*45ea)	가맹본부
3	햄(대)	H1000	밀봉(1kg*2ea)	A식품㈜
4	햄(소)	H0200	밀봉(200g*5ea)	㈜B식품
…	…	…	…	…

* A식품㈜ : 세종특별자치시 어진로 2길, 전화 044-123-4567
* ㈜B식품 : 세종특별자치시 어진로 3길, 전화 044-321-1234

〈POS에 공지(기재)하는 경우〉

제○○조 (구입강제품목의 지정) ① 가맹본부는 가맹사업을 경영하는데 필수적이며, 다른 사업자로부터 구매할 경우 가맹본부의 상표권을 보호하고 상품 또는 용역의 동일성을 유지하기 어려운 품목을 반드시 가맹본부 또는 지정된 사업자로부터 구입하도록 할 수 있으며, 가맹본부는 이러한 품목의 종류(규격 및 단위, 거래상대방, 기준시점 등을 포함한다)를 POS 시스템을 통해 가맹점사업자에게 통지한다. 이를 통해 통지된 내용은 본 가맹계약의 내용에 포함된다.

② 위 제1항에 따른 구입강제품목은 신제품 출시, 기존 제품 철수 등의 사유로 그 내역을 변경할 수 있으며 이 때 변경된 내용을 포함한 구입강제품목의 내역을 POS 시스템을 통해 가맹점사업자에게 다시 통지해야 한다. 단, 구입강제품목의 변경은 특별한 사정이 없는 경우 분기에 1회로 한정한다.

③ 가맹본부는 위 제1항 및 제2항에 따라 통지한 내역을 따로 저장·관리하여 가맹점사업자가 언제든지 확인할 수 있도록 한다.

나. 부적절한 기재(사례)

- 구입강제품목이 있다는 사실만 기재하고 구체적인 종류를 기재하지 않은 경우
- 개별 구입강제품목을 구체적으로 구분하여 기재하지 않고 특정 카테고리를 포괄적으로 기재한 경우
  * 예) 개별 소스 품목 각각이 구입강제품목임에도 '소스류' 등으로 기재
- 구입강제품목의 종류와 관련하여 POS로 통지하는 사항이 가맹계약에 포섭된다는 내용 없이 '구입강제품목은 가맹본부가 POS를 통해 통지한다'라고만 기재한 경우
- 구입강제품목의 종류를 POS로 통지하는 경우 구입강제품목의 종류를 변경하였음에도 새로운 구입강제품목의 내용을 POS로 통지하지 않는 경우
- POS나 전자매체를 통해 통지할 때 구입강제품목과 기타 품목이 섞여 있음에도 이를 구분하지 않고 통지하여 가맹점사업자가 무엇이 구입강제품목인지 알 수 없게 하는 경우
- POS나 전자매체를 통해 통지함에도 통지한 내역을 가맹점사업자가 확인할 수 있도록 따로 저장·관리하지 않는 경우

Ⅳ. 「구입강제품목의 공급가격 산정방식」 계약서 기재 방식

1. 기본원칙

상품 등의 공급가격은 핵심적인 거래조건으로 거래당사자 간 합의에 의해 결정되는 것이 일반적이다. 그러나 가맹거래에서는 가맹사업의 통일성 유지를 위해 가맹본부가 다수의 가맹점사업자와 동일한 내용으로 계약을 체결할 필요가 있고, 이에 공급가격 역시 가맹본부가

개별 가맹점사업자와 합의를 통해 각각 결정하기 보다는 가맹본부에 의해 통일적으로 결정될 수밖에 없는 측면이 있다.

한편, 가맹본부의 공급가격 결정은 회계적으로 산출할 수 있는 원가요소 외에도 회계적 산출이 불가능한 전략요인, 환경요인 등을 고려하여 정해지며 이러한 요인들은 업종이나 품목별로 각기 다를 뿐 아니라 상황 및 환경 변화에 따라서도 지속적으로 변할 수 있다. 따라서, 품목별로 고정적인 가격산정방식을 정하고 이에 의거하여 기계적으로 공급가격을 정하는 가맹본부는 거의 존재하지 아니하고, 이를 계약서에 기재하는 것도 매우 어려운 일이다.

그러나, 고정적인 가격산정방식을 제시하기 어렵다고 하더라도 가맹본부는 거래상대방인 가맹점사업자에게 신의성실의 원칙에 따라 공급가격을 결정하는 최소한의 기준을 제시해 가맹점사업자가 어떠한 기준에 따라 가격이 결정되고 변경될 수 있는지를 예측할 수 있는 상황에서 계약이 체결될 수 있도록 해야 한다. 또한, 계약 체결 후에는 가맹점사업자의 합리적인 기대를 크게 벗어나지 않는 범위 내에서 구입강제품목의 가격이 변동될 필요가 있다. 이에 가맹본부는 다음과 같은 기본원칙을 고려하여 가맹계약서에 공급가격 산정방식을 기재해야 한다.

〈「구입강제품목의 공급가격 산정방식」 기재의 기본원칙〉

① 공급가격 산정방식 기재를 통해 가맹점사업자에게 공급가격 결정 및 변경에 대한 최소한의 예측 가능성을 부여하여야 한다.
② 계약서에 기재된 공급가격 산정방식이 가격 변동의 한계로서 기능할 수 있어야 한다. 즉, 기재된 내용이 가맹본부의 일방적이고 과도한 가격 인상을 제한하는 계약상 구속력을 가질 수 있어야 한다.

2. 「구입강제품목의 공급가격 산정방식」 기재 내용

앞에서 제시한 기본원칙에 따라 가맹점사업자에게 구입강제품목 공급가격 변동에 대한 예측 가능성을 부여하고 구입강제품목 공급가격 변동의 한계로서 기능할 수 있도록 가맹계약서에 구입강제품목 공급가격 산정방식을 기재해야 한다. 구입강제품목 공급가격 산정방식을 기재할 때는 다음의 사항이 모두 반영되어야 한다.

가. 「구입강제품목의 공급가격」 품목별 기재

세부 구입강제품목별로 공급가격을 기재한다. 각 구입강제품목을 가맹본부가 공급하는 경우는 가맹본부가 공급하는 가격을, 제3자가 공급하는 경우는 제3자의 공급가격을 기재한다. 이때 '시가'나 '별도 협의' 등 모호한 표현은 피하고 반드시 계약체결 당시 가맹점사업자에게 공급하고 있는 가격을 숫자로 기재해야 한다. 또한 기재하는 가격이 부가가치세가 포함되어 있는 것인지 제외되어 있는 것인지 같이 명시해야 한다.

나. 기준시점 명시

구입강제품목의 공급가격은 시점에 따라 변동될 수 있으므로 계약서에 특정 시점을 기준으로 작성하였다는 것을 명시해야 한다. 최초 계약체결 시에는 계약체결 시점을 기준으로 구입강제품목별 공급가격을 기재하고, 이후 구입강제품목의 공급가격이 변동될 경우에는 변동 시점을 명시하여 구입강제품목별 공급가격을 계약서에 포함하여야 한다.

다. 「구입강제품목별의 공급가격 결정기준」 기재

구입강제품목의 공급가격이 어떠한 기준에 따라 결정되는지 기재해야 한다. 이를 기재할 때는 구입강제품목을 성격이 동일·유사한 카테고리별로 구분하여 기재한다. 카테고리는 직접제조, 위탁생산, 재판매, 제3자 공급 등 공급방식에 따라 구분하는 방식을 사용할 수 있고 개별 가맹사업의 특성에 따라 가격 결정의 특성을 더욱 잘 구분할 수 있는 방식이 있다면 이를 변형하여 사용하거나 새로운 카테고리를 정해 사용해도 무방하다. 한편, 공급가격 결정기준은 개별 구입강제품목별로 각각 기재하는 것이 가장 바람직하지만, 카테고리 내에서 결정기준이 동일·유사한 품목들을 묶어서 한꺼번에 기재하는 것도 가능하다.

〈「공급방식에 따른 공급가격 결정기준」 기재 방법〉

> ① 직접(위탁) 제조
>
> 직접 제조 또는 위탁 생산하여 공급하는 품목의 경우 원가 및 마진의 파악이 가능한 경우가 많다. 그러므로 원칙적으로 품목별 제조원가, 간접비 등 비용, 가맹본부의 마진 등 가격 구성요소를 기초로 한 구체적인 공급가격 결정기준을 기재하는 것이 바람직하나, 정확한 원가 및 마진금액을 산정하기 곤란하거나 영업비밀 유출 우려가 있는 경우에는 마진의 범위만을 기재하거나 세부 가격 구성요소만을 기재하는 것도 가능하다. 다만, 가격 구성 요소만을 기재하는 경우 기재한 내용이 가격 변동의 한계로서 기능할 수 있도록 가격 변동의 폭 등을 함께 기재할 필요가 있다.
>
> 또한 가맹본부가 가격 결정 시 고려하는 전략적 요인으로 가맹본부의 마진율이 아닌 가맹점사업자의 적정 이익 확보를 중요시하는 경우, 가맹점사업자의 상품판매가격 대비 구입강제품목의 가격(원가율)을 기준으로 공급가격 산정방식을 기재할 수도 있다.
>
> > 〔작성 예시〕
> > - 공급가격은 직접제조원가(원재료 구매비용 등), 간접제조원가(연구개발비, 인건비, 전기료, 물류비 등), 판관비의 합이고 그 외에 가맹본부의 마진은 미반영
> > - 공급가격은 직접제조원가(원재료 구매비용 등), 간접제조원가(연구개발비, 인건비, 전기료, 물류비 등), 판관비에 ○○~○○% 범위의 마진을 더해 결정
> > - 공급가격은 직접제조원가(원재료 구매비용 등), 간접제조원가(연구개발비, 인건비, 전기료, 물류비 등), 판관비에 최대 ○○% 이내의 마진을 더해 결정

- 공급가격은 가맹점사업자의 원가율(판매하는 상품 가격 대비 원가의 비율)이 ○○%를 유지하는 수준에서 결정
- 공급가격은 가맹점사업자의 원가율이 최대 ○○%를 넘지 않도록 하는 수준에서 결정
- 공급가격은 직접제조원가(원재료 구매비용 등), 간접제조원가(연구개발비, 인건비, 전기료, 물류비 등)에 가맹본부의 마진을 더해 결정. 단, 공급가격 변경 횟수는 연 ○○회 이하, 변경 시 인상폭은 기존 공급가격의 ○○%를 넘지 않도록 하는 수준에서 결정
- 공급가격은 직접제조원가(원재료 구매비용 등), 간접제조원가(연구개발비, 인건비, 전기료, 물류비 등), 판관비, 마진의 합으로 직접제조원가의 ○○배를 넘지 않는 수준에서 결정

② **재판매**

가맹본부가 기 제조된 상품 등을 구매하여 구매한 상태 그대로 가맹점사업자에게 공급하거나 상표 부착, 소분 등 단순 가공만을 거쳐 공급하는 경우가 이에 해당한다. 재판매 상품의 경우 매입가격 및 마진을 명확하게 파악할 수 있으므로 원칙적으로 품목별 매입가격 및 마진 등 가격 구성요소를 기초로 한 공급가격 결정기준을 기재하는 것이 바람직하나, 영업비밀 유출 우려 등이 있는 경우에는 마진의 범위만을 기재하는 것도 가능하다. 또한, 재판매 상품의 경우 시중에 동일한 상품이 유통되는 경우가 많으므로 해당 제품의 시장가격을 기준으로 공급가격 결정기준을 기재할 수도 있고 직접제조 상품과 동일하게 가맹점사업자의 상품판매가격 대비 구입강제품목의 공급가격(원가율)을 기준으로 공급가격 결정기준을 기재할 수도 있다.

〔작성 예시〕
- 공급가격은 가맹본부의 매입 가격에 판매관리비만 더해 결정
- 공급가격은 가맹본부의 매입 가격에 ○○%의 마진을 더해 결정
- 공급가격은 가맹본부의 매입 가격에 판관비 및 ○○~○○% 범위의 마진을 더해 결정
- 공급가격은 가맹본부의 매입가격에 판관비 및 최대 ○○% 이내의 마진을 더해 결정
- 공급가격은 동일한 제품의 시중 유통가격을 넘지 않는 수준에서 결정
- 공급가격은 동일한 제품의 시중 유통가격보다 ○○%를 초과하지 않는 범위 내에서 결정
- 공급가격은 가맹점사업자가 판매하는 상품 가격 대비 원가의 비율(원가율)이 ○○%를 유지하는 수준에서 결정

- 공급가격은 가맹점사업자가 판매하는 상품의 원가율이 최대 ○○%를 넘지 않도록 하는 수준에서 결정
- 공급가격은 가맹본부의 매입 가격에 가맹본부가 책정한 마진율을 고려하여 결정하되, 가격 변경 횟수는 연 ○○회 이하, 변경 시 인상폭은 기존 공급가격의 ○○%를 넘지 않도록 하는 수준에서 결정
- ○○협회가 발표하는 ○○의 시세에 최대 ○○%의 마진을 더해 결정

③ 제3자 공급

제3자 공급은 가맹본부가 지정한 제3의 사업자가 가맹점사업자에게 구입강제품목을 공급하는 거래 구조를 의미한다. 이는 제3의 사업자가 가맹점사업자와의 거래 주체가 된다는 점에서 가맹본부가 제3의 사업자에게 운송만을 위탁하고 가맹본부가 거래 주체가 되는 단순 물류 위탁과 구분된다.

제3자 공급방식에서 공급가격 결정기준은 다양한데, 가맹본부가 제3의 사업자에게 가맹점사업자에 대한 공급가격을 지정하여 주는 경우도 있고 제3의 사업자와 협의하여 가맹점사업자에 대한 공급가격을 정하거나 제3의 사업자가 단독으로 결정하는 경우도 존재할 수 있다.

따라서 가맹본부가 제3의 사업자에게 가맹점사업자에 대한 공급가격을 지정하여 주는 경우는 거래의 실질에 따라 직접(위탁) 제조 또는 재판매 품목에 준하는 공급가격 결정기준을 기재하여야 한다. 한편 제3의 사업자와 가격을 협의하여 결정하거나 제3의 사업자가 단독으로 결정하는 경우는 이에 관한 내용을 기재하되, 제3의 사업자와 공급가격 결정기준과 관련된 사항을 협상한 내용이 있다면 이를 포함해야 한다.

아울러 제3자 공급 거래를 통해 가맹본부가 리베이트 등 경제적 이익을 수취한다면 이에 대한 내역을 기재해야 한다.

〔작성 예시〕
- 공급가격은 가맹점사업자의 원가율(판매하는 상품 가격 대비 원가의 비율)이 최대 ○○%를 넘지 않도록 하는 수준에서 가맹본부가 결정하며 가맹점사업자에 대한 공급가격의 ○○%를 경제적 이익으로 수취
- 공급가격은 가맹본부와 ○○ 간 협상에 따라 결정되며, 가맹본부는 별도의 경제적 이익을 미수취
- 공급가격은 가맹본부와 ○○ 간 협상에 따라 결정되며, 동일·유사 제품의 시중 유통 가격의 ○○%를 넘지 않는 수준에서 결정
- 공급가격은 ○○가 결정하며, 가맹본부는 가맹점사업자에 대한 공급가격의 ○○%를 경제적 이익으로 수취
- 공급가격은 ○○가 결정하되, 가격 변동에 관한 사항은 매년 초에 협의하여 결정하기로 하였으며, 가맹본부는 별도의 경제적 이익을 미수취

라. 「구입강제품목의 공급가격 및 공급가격 결정기준」 변경 사유(조건) 및 변경 주기 기재

구입강제품목 공급가격 및 공급가격 결정기준의 변경 또한 다양한 요인에 의해 이루어질 수 있으므로 변경 사유 및 주기를 구체적으로 기재하기는 어렵다. 그러나 가맹점사업자의 예측 가능성 확보 및 가맹본부에 의한 일방적이고 잦은 가격 인상을 방지하기 위해 공급가격 및 공급가격 결정기준이 변경될 수 있는 조건(예: 제조원가의 변화, 물류비용 변화, 가맹점사업자 원가율 변화 등)을 계약서에 기재해야 하고 변동 주기가 있다면 이를 기재하는 것이 바람직하다.

마. 「구입강제품목의 공급가격 결정기준」 예외 사유 기재

가맹본부는 천재지변, 전쟁, 전염병의 창궐 등 통제 불가능한 사유(불가항력)로 인한 수급불안정 및 가격 급등과 같이 공급가격 결정기준에 따르지 않고 공급가격이 결정될 수 있는 예외 사유가 있다면 이에 대하여 구체적으로 기재하여야 한다.

3. 「구입강제품목의 공급가격 산정방식」 기재 방법(양식)

구입강제품목의 공급가격 산정방식을 가맹계약서에 포함시키는 양식과 방법은 위 'Ⅲ. 2. 구입강제품목 종류의 기재 방법'에서 예시한 방식을 사용할 수도 있고, 가맹본부의 여건, 가맹계약의 특성 등을 고려하여 기재 방법을 달리할 수 있다. 다만, 어떠한 양식과 방법을 사용하든지 상기 기재 내용에 포함된 내용이 포함되어야 하며 해당 내용이 가맹계약에 포섭된다는 내용 또한 반드시 명시되어야 한다.

4. 「구입강제품목의 공급가격 산정방식」 기재(예시) 및 부적절한 기재(사례)

가. 가맹계약계약서 기재(예시)

〈계약서 별지에 기재하는 경우〉

〔계약서 본문〕

제○○조 (구입강제품목의 지정) ① 가맹본부는 가맹사업을 경영하는데 필수적이며, 다른 사업자로부터 구매할 경우 가맹본부의 상표권을 보호하고 상품 또는 용역의 동일성을 유지하기 어려운 품목(이하 구입강제품목)을 반드시 가맹본부 또는 지정된 사업자로부터 구입하도록 할 수 있으며 구체적인 내역은 [별지○]와 같다.

② 위 제1항에 따른 구입강제품목은 신제품 출시, 기존 제품 철수 등의 사유로 그 내역을 변경할 수 있으며 이때 변경된 내용이 기재된 [별지○]를 가맹점사업자에게 다시 제공해야 한다. 단, 구입강제품목의 변경은 특별한 사정이 없는 경우 분기에 1회로 한정한다.

〔별지○〕　　　　　**구입강제품목 공급가격 및 공급가격 결정기준**

2024년 7월 3일 기준

공급방식	순번	품목	공급가격 (부가세 포함)	공급가격 결정기준
직접 제조	1	치킨 매콤 양념	300원 (1ea)	직접 제조원가, 간접 제조원가, 판관비의 합계(마진 없음)
	2	치킨 파우더	5,000원 (1box)	직접 제조원가, 간접 제조원가, 판관비의 합계에 마진 ○○%~○○%를 더함
	3	염지 닭	4,000원 (1ea)	직접 제조원가, 간접 제조원가, 판관비에 마진을 더해 결정하되, 공급가격 변경은 분기 1회 이하, 변경 시 인상 폭은 기존 공급가격의 ○○% 이내로 함
재판매	4	치킨 상자	5,000원 (100ea)	가맹본부 매입 가격에 물류비 만을 더해 결정
	5	치킨 봉투(소)	3,000원 (300ea)	가맹본부 매입 가격에 ○○%의 마진을 더해 결정
	6	치즈볼	2,000원 (1ea)	동일 제품 시중 유통가격 수준에서 결정
	7	종이호일	8,000원 (300ea/1box)	유사제품 시중유통가격의 ○○%를 넘지 않는 수준에서 결정
제3자 공급	8	탄산음료	800원 (1ea)	A식품㈜이 가격을 결정하며 가맹본부는 리베이트 등을 미수취
	9	치킨무	500원 (1ea)	㈜B식품과의 협상에 따라 가격을 결정하며, 가맹본부는 공급 건당 ○○원을 리베이트로 수취

* 비용 요인에 대한 설명
1) 직접 제조원가는 원재료 구매비용 등을 포함한다.
2) 간접 제조원가는 연구개발비, 기술료, 인건비, 전기료, 설비·장비의 감가상각비 등을 포함한다.
3) 판관비에는 보관유지비, 물류비, 기타 관리비, 가맹본부가 지출하는 홍보, 마케팅, 판촉활동 비용 등을 포함한다.
4) 마진은 가맹본부가 가격 변동 가능성, 시장 내 경쟁력, 투자 여력 확보 등 경영 환경을 종합적으로 고려하여 책정한다.

※ 원가율을 기준으로 공급가격 결정기준을 기재 시 특정 판매상품에 투입되는 구입강제품목을 모두 묶어서 기재 가능
　예) 상기 표에서 양념치킨 제조에 투입되는 품목들을 묶어 "양념치킨 판매에 따른 원가율이 ○○%를 유지하는 수준에서 결정"이라고 기재

〈POS에 공지(기재)하는 경우〉

제○○조 (구입강제품목의 지정) ①~② (생략)

  ③ 구입강제품목의 공급가격 및 공급가격 결정기준(기준시점을 포함한다)은 POS 시스템을 통해 가맹점사업자에게 통지하며, 통지된 내용은 본 가맹계약의 내용에 포함된다. 단, 천재지변, 전쟁, 전염병의 창궐 등 가맹본부의 책임 없는 사유로 인한 전세계적 수급불안정 등으로 인해 큰 폭의 가격 변동이 급작스럽게 발생하는 경우 POS로 통지한 공급가격 결정기준을 따르지 않을 수 있다.

  ④ 제3항에 따른 구입강제품목의 공급가격 및 공급가격 결정기준은 품목별 원가율 변경, 급격한 원자재 가격 인상 등의 사유로 변경할 수 있고, 이때 변경된 내용을 포함한 공급가격 및 공급가격 결정기준을 POS 시스템을 통해 가맹점사업자에게 다시 통지해야 한다. 단, 공급가격의 변경은 특별한 사정이 없는 경우 분기에 1회로 한정한다.

나. 부적절한 기재(사례)

- 구입강제품목에 대한 공급가격 결정기준을 기재하지 않고 현재 기준 공급가격만을 기재한 경우
- 구입강제품목의 공급가격 결정기준의 구체적인 내용을 전혀 알 수 없도록 기재한 경우
  * 예1) A 품목은 가맹본부의 정책적, 경영 전략적 판단에 따라 공급가격을 결정
     2) B 품목은 제조원가, 판관비, 마진 등을 종합적으로 고려해 결정
- 공급가격 또는 공급가격 결정기준을 POS 시스템을 통해 통지한다고만 기재하고 통지된 내역이 계약 내용에 포함된다는 사항은 기재하지 않은 경우
- 구입강제품목 중 일부에 대한 공급가격 결정기준만을 기재한 경우
- 공급가격을 변경할 수 있는 범위를 지나치게 넓게 설정하여 과도한 가격 인상의 한계로 전혀 기능할 수 없는 경우
  * 예) C 품목의 공급가격은 가맹점사업자의 소비자 판매가격을 넘지 않는 수준에서 결정

1. 필수품목이 무엇인지 궁금합니다. 필수품목의 정의는 무엇인가요?

(**필수품목 개념**) 필수품목은 법정 개념은 아니고 업계에서 통용되는 용어로서 가맹본부가 가맹사업의 <u>통일적 이미지</u> 확보와 상품의 <u>동일한 품질 유지</u>를 위해 가맹점사업자로 하여금 <u>자신 또는 자신이 지정한 사업자와 거래할 것을 강제</u>하는 품목을 의미합니다.

> * 가맹본부가 구입을 강제하는 품목과 구입을 권장하는 품목 모두를 필수품목으로 칭하기도 하고, 이 경우 양자를 구분하기 위하여 각각 「구입강제품목」, 「구입권장품목」이라는 용어를 사용합니다.

(**필수품목 허용 여부**) 위와 같이 필수품목은 특정한 거래상대방과의 거래가 강제되는데 가맹사업법은 이와 같은 행위를 불공정거래행위 중 하나인 <u>거래상대방 구속행위로 규정하여 원칙적으로 금지</u>하고 있습니다.

다만, 해당 품목이 가맹사업 경영에 <u>필수적</u>이고 특정 거래상대방으로부터 구매하지 않을 경우 가맹본부의 <u>상표권 보호</u>나 상품의 동일성을 유지하기 어려워지는 등 일정 요건을 충족하는 경우는 예외적으로 이를 <u>허용</u>하고 있습니다.

〈참고〉 거래상대방 구속행위 관련 가맹사업법 시행령 [별표2]

2. 구속조건부 거래 (2024. 6. 4. 개정, 2024. 12. 5. 시행)

    나. 거래상대방의 구속

        부동산·용역·설비·상품·원재료 또는 부재료의 구입·판매 또는 임대차 등과 관련하여 부당하게 가맹점사업자에게 특정한 거래상대방(가맹본부를 포함한다)과 거래할 것을 강제하는 행위. 다만, <u>다음의 요건을 모두 충족하는 경우에는 그러하지 아니하다.</u>

        (1) 부동산·용역·설비·상품·원재료 또는 부재료가 가맹사업을 경영하는 데에 필수적이라고 객관적으로 인정될 것

        (2) 특정한 거래상대방과 거래하지 아니하는 경우에는 가맹본부의 상표권을 보호하고 상품 또는 용역의 동일성을 유지하기 어렵다는 사실이 객관적으로 인정될 것

        (3) 가맹본부가 미리 정보공개서를 통하여 특정한 거래상대방과 구입·판매 또는 임대차 등의 거래를 할 것을 강제하는 부동산·용역·설비·상품·원재료 또는 부재료의 세부내역 및 그 거래상대방에 관한 정보를 가맹점사업자에게 알리고 <u>이를 가맹계약서에 포함할 것</u>

        (4) <u>가맹본부가 특정한 거래상대방과 구입·판매 또는 임대차 등의 거래를 할 것을 강제하는 부동산·용역·설비·상품·원재료 또는 부재료의 세부내역, 가격, 수량, 품질 및 그 거래상대방 등 거래조건을 가맹점사업자에게 불리하게 변경하는 경우 가맹점사업자와 협의를 거칠 것</u>

2. 어떤 것이 필수품목인지 잘 모르겠습니다. 구체적인 판단기준이 있을까요?

(판단기준) 어떠한 품목이 필수품목인지에 대한 판단기준은 다음과 같습니다.

〈필수품목 판단기준〉

　어떠한 품목이 가맹사업의 목적과 가맹계약의 내용, 가맹금의 지급방식, 가맹사업의 대상인 상품 또는 용역과 설비와의 관계에 비추어 보았을 때
① 객관적으로 상품·원재료·부재료·설비 등이 가맹사업을 경영하는 데에 필수적이고,
② 가맹사업의 통일적 이미지 확보와 상품의 동일한 품질 유지를 위한 기술관리·표준관리·유통관리·위생관리의 필요성 등의 측면에서 가맹점사업자에게 사양서나 품질기준만을 제시하고 임의로 구입 또는 설치하도록 방치하여서는 가맹사업의 통일적 이미지 확보와 상품의 동일한 품질을 보증하는데 지장이 있다면 해당 품목을 필수품목으로 볼 수 있습니다.

(사례) 치킨 가맹브랜드에서의 육계나 소스류, 커피 가맹브랜드에서의 원두나 케이크류 등이 위 요건을 충족하는 대표적인 필수품목의 사례입니다.

(필수품목 불인정 사례) 공정거래위원회 심결례 및 판례에서 <u>필수품목이 아니라고 판단한 사례</u>는 다음과 같습니다.

〈필수품목 불인정 사례〉
- <u>김밥 가맹사업</u>에서 중심상품인 김밥 등의 맛이나 품질과 직접적인 관련이 없을 뿐 아니라 가맹사업의 동일성을 위해 가맹본부가 특별히 주문생산한 물품이 아니고 시중에서 이와 동일 또는 유사한 물품을 용이하게 구매할 수 있어 임의로 구입하더라도 가맹사업의 통일적 이미지 확보와 상품의 동일한 품질을 보증하는 데 지장이 없는 <u>소독용품, 주방용세제, 장비세척제, 위생용품, 청소용품, 국물용기, 반찬용기, 마스케어</u> 등 일반 공산품
- <u>패스트푸드 가맹사업</u>에서 가맹사업의 통일적 이미지나 중심상품인 패스트푸드의 맛과 품질의 동일성과 관련이 없고, 가맹본부가 품질기준을 제시하고 이를 자유롭게 구매하게 하더라도 용도나 기능에 지장이 없는 <u>1인 의자, 테이블, 빠의자, 금전등록기, 전산장비(PC)</u> 등 설비·장비
- <u>커피 가맹사업</u>에서 시중구매가 가능하고 독창성을 인정하기 어려워 가맹사업에 필수적이거나 거래가 강제되지 않을 시 가맹본부의 상표권 보호와 상품의 동일성 유지가 어렵다고 보기 어려운 <u>라탄의자, 라탄소파, 테라스 의자, 흡연실 의자</u> 등 가구류·용품
- <u>치킨 가맹사업</u>에서 중심상품의 맛과 품질에 직접 영향을 미치는 고유한 양념 제조비법 등에 해당되지 않고, 동일 서비스를 제공하는 업체가 시장에 다수 존재하는 <u>해충방제 서비스</u> 등 용역

- **치킨 가맹사업**에서 가맹사업 경영을 위한 필수적이고 객관적인 상품이라고 보기 어렵고, 가맹본부가 정해 놓은 품질기준이나 사양이 존재하지 않고 특별히 주문 제작한 상품도 아니어서 임의로 구입하더라도 가맹사업의 통일적 이미지 확보와 상품의 동일한 품질을 보증하는 데 지장이 없는 **냅킨, PT병, 대나무포크 등 부자재 및 가위, 칼, 도마, 국자, 바구니, 저울, 타이머, 양념통, 온도계** 등 주방 집기
- **김밥 가맹사업**에서 가맹본부가 자체적으로 제작하였으나 시중에서 이와 동일 또는 유사한 물품을 쉽게 구할 수 있고, 가맹본부가 규격과 재질을 특정하여 요구하더라도 가맹사업의 통일적 이미지 확보와 상품의 동일한 품질보증을 구현할 수 있는 **만두찜 종이** 등 부자재

※ 필수품목 판단에 대한 보다 구체적인 내용은 「가맹분야 불공정거래행위 심사지침(IV. 2. 나. 거래상대방의 구속」을 참고하시기 바랍니다.

3. 필수품목은 가맹사업에 꼭 필요한 것 아닌가요? 무엇이 문제인가요?

(필요성) 가맹사업은 그 특성상 모든 가맹점이 일정한 품질기준을 충족하는 상품과 서비스를 제공하도록 할 필요가 있다는 점에서 필수품목을 지정하는 것은 불가피한 측면이 있습니다. 특히, 가맹본부만의 노하우가 담긴 소스와 같이 브랜드의 차별화를 위한 품목의 경우, 이를 공급받는 것은 가맹점사업자의 권리임과 동시에 의무라고도 볼 수 있습니다.

(문제점) 그러나, 일부 가맹본부가 필수품목을 과도하게 지정하고 단가를 일방적으로 인상하는 문제가 존재하고 이는 가맹점사업자의 경영 환경을 악화하는 최대 현안 중 하나입니다. 필수품목의 특성상 가맹점사업자는 지정된 거래상대방에게 지정된 품목의 구매가 강제되기 때문에 가맹본부가 불합리한 거래조건을 제시하더라도 이를 수용할 수밖에 없습니다.

일부 가맹본부들은 이를 악용하여 필수품목의 가격을 일방적으로 인상하고, 가맹사업의 통일성 유지와 무관하고 시중에서 쉽게 구할 수 있는 일반 공산품까지도 필수품목으로 지정하는 사례가 자주 발생하고 있습니다.

〈참고〉 필수품목 관련 가맹점사업자 피해 사례

구 분	사 례
과도한 품목지정	▶ 커피 프랜차이즈 A - 시중에서 쉽게 구할 수 있는 공산품(연유, 우유, 생크림 등), 주방 도구(포장재, 주걱 등)를 필수품목으로 지정하여 비싼 가격에 공급 - 시중에서 판매하는 탄산수에 로고만 부착한 후 필수품목으로 지정 - 시중 우유의 일부 성분만 소량 변경하여 필수품목으로 지정

구 분	사 례
과도한 품목지정	▶ **피자 프랜차이즈 B** - 영업에 필요한 품목 중 오이, 양파를 제외한 모든 품목을 필수품목으로 지정 ▶ **제과제빵 프랜차이즈 C** - 냉동 제품을 데우기 위한 용도로만 사용되는 오븐을 필수품목으로 지정하고, 수입 제품을 고가에 공급 - 완제품 병 음료 보관 전용 냉장고를 필수품목으로 지정하여 고가에 공급하였으나, 냉장 기능이 미흡하여 점주 대부분은 해당 냉장고 대신 주방 냉장고에 병 음료를 보관
일방적 가격인상	▶ **한식 프랜차이즈 D** - 필수품목인 소고기를 기존보다 낮은 품질의 부위로 변경하면서 공급가격은 오히려 인상 (시중가의 약 2배 가격으로 공급) ▶ **패스트푸드 프랜차이즈 E** - 가맹본부가 패티 공급업체로부터 공급받는 가격이 인하되었음에도 불구하고 가맹점주들에게 공급하는 가격은 일방적으로 대폭 인상 - 가맹계약서에 원부자재 가격이 정해져 있고 이를 인상하고자 하는 경우 점주들과 사전협의를 거쳐야 한다는 규정이 존재함에도 사전협의 없이 일방적으로 인상 ▶ **치킨 프랜차이즈 F** - 1년 동안 약 7회에 걸쳐서 51개 품목의 가격을 대폭 인상
그 외	▶ **패스트푸드 프랜차이즈 G** - 양상추, 양배추, 토마토 등 채소를 가맹본부가 공급한 물품만 사용하도록 강제하면서 계절상 원활한 공급이 어려울 때는 시중에서 별도로 구입하도록 지시 ▶ **커피 프랜차이즈 H** - 시중에서도 구매할 수 있는 공산품을 가맹본부로부터만 구입하도록 강제하면서 유통기한이 임박한 제품을 공급

4. 필수품목 문제를 해결하기 위한 공정위의 제도개선 방안은 무엇인가요?

공정거래위원회는 2023년 9월 가맹분야의 필수품목 관련 불공정거래 관행을 근절하기 위해 첫째, 필수품목 관련 사항의 계약서 필수기재 둘째, 필수품목 관련 거래조건 변경 시 가맹점주와의 협의 보장을 주된 내용으로 하는 제도개선 방안을 발표·추진하고 있습니다.

(계약서 필수기재) 필수품목 항목 및 공급가격 산정방식과 거래조건 협의절차를 가맹계약서 필수기재 사항으로 추가하였습니다.

⇨ 계약을 통해 **필수품목의 지정·변경·가격산정** 과정에서 <u>가맹점사업자의 권리·의무를</u> 명확히 보호받을 수 있도록 하였습니다.

(필수품목 협의제) 또한 필수품목의 확대, 공급가격 인상 등 필수품목 관련 거래조건을 가맹점사업자에게 <u>불리하게 변경 시 가맹점사업자와 협의를</u> 거치도록 <u>의무화</u>하였습니다.

⇨ 기존에는 제재가 곤란했던 <u>가맹본부의 일방적인 품목 확대, 불합리한 가격 인상에 대한 제재 근거를</u> 마련하였습니다.

구 분	현 행	개 선
계약서 필수기재사항	필수품목 관련 사항을 가맹 계약서에 미기재	필수품목 목록 및 가격산정방식, 거래조건 변경 협의절차를 계약서 필수 기재 사항에 추가
필수품목 협의 의무제	가맹본부가 일방적으로 필수품목을 확대하고 가격을 인상	가맹본부가 거래조건을 협의 없이 점주에게 불리하게 변경 시 제재하여 거래조건 협의 관행 정착

5. 위와 같은 공정위 제도개선은 가맹점사업자 입장에서는 어떤 점이 좋아지게 되나요?

(거래조건 변경 관행 개선) 가맹본부가 <u>필수품목 관련 거래조건을 일방적으로 변경하던 관행이</u> 근절되어 나갈 것으로 기대됩니다.

• 필수품목 <u>거래조건 협의절차를 계약서에 명시하도록</u> 함에 따라 더 이상 가맹본부가 가맹점사업자와 협의 없이 <u>일방적으로 거래조건을 변경할 수 없음.</u>

• <u>가맹점사업자는</u> 거래조건 변경 시 <u>자신의 목소리를 충분히 전달할 수 있게</u> 되고 이를 통해 가맹본부의 일방적인 의사결정이 아닌 <u>협의를 통한 의사결정이 새로운 관행으로 정착될 수</u> 있을 것임.

(필수품목 지정 및 공급가격 인상 문제 해소) 가맹본부가 <u>필수품목을 과도하게 많이 지정하거나 공급가격을 급격하게 인상하는 문제도 해소될 수 있을 것으로</u> 기대됩니다.

• 필수품목을 새로 지정하려면 반드시 가맹점사업자와 협의하여야 하므로 시중에서 쉽게 구할 수 있는 일반 공산품까지 필수품목으로 지정하여 <u>구매 강제 관행이 개선될 것으로</u> 예상

• 가맹본부는 <u>계약서에 기재한 공급가격 결정기준에 따라 가격을 변경해야 하고 가격 인상 시 가맹점사업자와 협의를</u> 해야 하므로 <u>시장의 가격 인상 요인과 무관한 과도한 가격 인상 문제도 해소될 것으로</u> 예상

(로열티 모델 가맹사업으로의 전환) 가맹본부의 과도한 필수품목 지정과 일방적 가격 인상이 어려워지므로 필수품목 판매마진에 중점을 둔 현재 가맹사업 모델이 점차 로열티 모델(가맹점사업자 매출의 일정 비율을 로열티로 지급)로 전환되어 갈 것입니다.

- 필수품목 판매마진 모델에서는 필수품목 공급가격 인상 시 가맹본부의 이윤은 증가하는 반면 가맹점사업자의 수익은 감소하므로 가맹본부와 가맹점사업자의 이해관계가 상충
- 로열티 모델은 가맹점사업자의 수익이 증가할수록 가맹본부의 수익도 함께 증가하므로 두 사업자가 상생할 수 있는 바람직한 모델

6. 가맹희망자는 가맹계약을 하고 싶은 가맹본부의 필수품목 운영 현황을 어떻게 알 수 있나요?

(정보공개서를 통한 필수품목 확인) 가맹희망자는 가맹본부의 정보공개서를 통해서 필수품목 현황을 확인할 수 있습니다.

가맹본부의 정보공개서는 가맹계약 및 가맹사업 전반에 걸친 정보를 담고 있어 가맹계약서와 함께 가맹희망자가 가맹사업과 관련된 정보를 얻고 가맹계약 체결 여부를 결정할 때 중요한 역할을 합니다.

(가맹계약서를 통한 필수품목 확인) 가맹사업법 개정(2024. 7. 3. 시행)으로 가맹계약서에도 필수품목 내역이 세부적으로 반영될 예정입니다.

〈참고〉 표준정보공개서 일부 예시

Ⅴ. 영업활동에 대한 조건 및 제한

  1. 물품 구입 및 임차

    1) 귀하가 [반포삼겹살]을 시작하거나 경영을 위하여 필요한 부동산·용역·설비·상품·원재료 또는 부재료 등의 구매 또는 임차와 관련하여 당사 또는 당사가 지정하는 자와 거래하는 품목은 다음과 같습니다.

      가) 물품 구매 및 임차 현황

구분[①]	품목[②]	규격[③]	거래형태[④]	거래 상대방[⑤]	차액가맹금 수취 여부[⑥]
부동산	해당 없음				×
용역	POS 사용료	시스템 사용료	강제	◇◇시스템	×
	…				
설비	냉장고	1,000ℓ	권장	△△전자	×
	…				

구분[1]	품목[2]	규격[3]	거래형태[4]	거래 상대방[5]	차액가맹금 수취 여부[6]
상품	포장 삼겹살	500g	권장	당사	○
	특제소스	300ml	강제	㈜한라산	×
	…				
원·부재료	삼겹살	10kg	강제	당사	○
	오겹살	5kg	강제	당사	○
	…				
…					

7. 제도개선으로 가맹계약서에 기재해야 할 필수품목 관련 사항들이 많이 추가되었는데 각각의 사항을 언제까지 계약서에 기재하여야 하나요?

(필수품목 종류와 가격산정방식 등 기재 시행) 필수품목의 종류와 가격산정방식을 계약서에 필수사항으로 기재해야 하도록 규정한 가맹사업법 시행일은 2024년 7월 3일부터입니다.

- 거래조건 변경 시 협의절차를 계약서에 필수사항으로 기재해야 하도록 규정한 가맹사업법 시행령은 2024년 12월 5일부터 시행
- 개정된 가맹사업법령 시행일 이후 체결하는 신규 또는 갱신 계약의 경우는 곧바로 반영해야 하고, 기존에 체결한 계약의 경우는 시행일부터 6개월 이내 반영하여야 함

기재 사항	구 분	반영 시점
필수품목 종류 및 가격산정방식	신규, 갱신 계약	2024년 7월 3일부터 반영 (계약체결 시)
	기존 계약	2025년 1월 2일까지 반영 (모든 계약서)
거래조건 협의절차	신규, 갱신 계약	2024년 12월 5일부터 (계약체결 시)
	기존 계약	2025년 6월 4일까지 반영 (모든 계약서)

8. 계약서에 필수품목의 종류와 공급가격 산정방식은 어떻게 기재해야 하나요?

(필수품목 종류) 필수품목의 종류를 계약서에 기재할 때는 어떤 품목들이 필수품목인지와 함께 필수품목 지정 사유, 거래상대방, 기준시점을 기재하여야 합니다.

- 이때 어떤 품목이 필수품목인지 정확하게 알 수 있도록 품목별로 종류·유형·규격 등을 구

분하여 구체적으로 기재하여야 함

- 또한, 기재된 필수품목의 종류를 변경할 수 있는 사유와 변경이 예상되는 주기를 함께 기재하는 것이 바람직

(공급가격 산정방식) 필수품목의 공급가격 산정방식을 계약서에 기재할 때는 품목별 공급가격, 기준시점, 공급가격 결정기준 등을 기재하여야 합니다.

- 공급가격 결정기준은 첫째, 가맹점사업자에게 공급가격 결정 및 변경에 대한 최소한의 예측 가능성을 부여하고 둘째, 가맹본부의 일방적 가격 변동의 한계로서 기능할 수 있도록 기재하는 것을 원칙으로 하고 직접제조, 위탁생산, 재판매 등 공급방식에 따라 구분하여 작성할 수 있음

- 또한, 공급가격과 공급가격 결정기준을 변경할 수 있는 사유와 변경이 예상되는 주기를 함께 기재하는 것이 바람직

(가이드라인) 구체적인 내용은 구입강제품목의 종류 및 공급가격 산정방식 계약서 기재 방식에 관한 가이드라인을 참고하여 주시기 바랍니다.

※ 해당 가이드라인에서는 필수품목의 의미를 정확하게 규정하기 위하여 "구입강제품목"이라는 용어를 사용

---

9. 필수품목 관련 거래조건을 가맹사업자에게 불리하게 변경하는 경우 반드시 가맹점사업자와 협의해야 한다고 했는데 언제부터 협의해야 하고 어떻게 협의하여야 하나요?

(협의 시기) 개정된 가맹사업법 시행령의 규정에 따라 2024년 12월 5일부터 필수품목 관련 거래조건을 가맹점사업자에게 불리하게 변경하고자 하는 경우 반드시 가맹점사업자와 협의하여야 합니다.

- 가맹본부가 가맹점사업자와 협의하지 아니하고 일방적으로 거래조건을 변경하는 경우 거래상대방 구속행위에 해당하면 제재받을 수 있음

(고시 제정 예정) 가맹본부와 가맹점사업자와 협의하는 구체적인 방식에 대해서는 협의제가 시행되기 전에 별도의 고시를 제정하여 운영할 예정입니다.

- 공정거래위원회는 가맹본부, 가맹점사업자 등 이해관계자의 의견을 충분히 수렴하는 과정을 거쳐 가맹점사업자의 의견을 충분히 반영할 수 있게 하면서도 가맹본부에 과도한 부담이 발생하지 않도록 협의 방식을 구체화할 계획임

10. 현재(2024년 6월 기준)까지 제도개선 추진현황과 향후 일정은 어떻게 되나요?

(2024년 6월 현재 제도개선 완료 사항)

구 분	시 점	내 용
가맹사업법	2024. 1. 2. 개정 2024. 7. 3. 시행	필수품목의 종류와 공급가격 산정방식을 가맹계약서 필수기재 사항에 추가
가맹사업법 시행령	2024. 6. 4. 개정 2024. 12. 5. 시행	필수품목 관련 거래조건을 불리하게 변경하는 경우 가맹본부의 가맹점사업자와 협의 의무화
		거래조건 변경 협의절차를 가맹계약서 필수기재 사항에 추가
구입강제품목 계약서 기재 사항 가이드라인	2024. 6. 20. 배포	필수품목의 종류와 공급가격 산정방식의 기재방식에 대한 가이드 제공

(향후 제도개선 추진 예정 사항)

구 분	시 점	내 용
고시 제정	2024. 11. 예정	필수품목 관련 거래조건 변경 협의를 구체화하기 위한 고시 제정
표준계약서 개정	2024. 12. 예정	필수품목 제도개선 사항을 반영한 표준계약서 개정

2 ▶ **가맹계약 체결 직전 · 직후 가맹본부의 의무 및 금지사항[40] (2가지)**

> ① 허위 · 과장 및 기만적인 정보제공행위 금지 (법 제9조)
> ② 가맹금반환 의무 (법 제10조)

가. 허위 · 과장 및 기만적인 정보제공행위 금지 등[41]

가맹사업법	**제9조 (허위 · 과장된 정보제공 등의 금지)** **제1항 (허위 · 과장의 정보제공행위 금지 및 기만적인 정보제공행위 금지)** ⇨ **(행정처분) 시정조치 / 과징금 부과 대상** **(벌칙) 5년 이하 징역 또는 3억 원 이하 벌금** **제3항 (과거 및 장래〈예상〉수익상황 정보제공 서면제공의무)** **제4항 (자료비치 의무 및 자료열람 의무)** **제5항 (예상매출액 산정서 제공의무)** **제6항 (예상매출액 산정서 보관의무)** ⇨ **제3항 내지 제6항 위반할 경우** **(과태료) 1천만 원 이하**

법 률	시행령
제9조(허위 · 과장된 정보제공 등의 금지) ① 가맹본부는 가맹희망자나 가맹점사업자에게 정보를 제공함에 있어서 다음 각 호의 행위를 하여서는 아니 된다. 〈개정 2013. 8. 13.〉 1. 사실과 다르게 정보를 제공하거나 사실을 부풀려 정보를 제공하는 행위(이하 "허위 · 과장의 정보제공행위"라 한다) 2. 계약의 체결 · 유지에 중대한 영향을 미치는 사실을 은폐하거나 축소하는 방법	제8조(허위 · 과장의 정보제공행위 등의 유형) ① 법 제9조 제1항 제1호에 따른 허위 · 과장의 정보제공행위의 유형은 다음 각 호와 같다. 1. 객관적인 근거 없이 가맹희망자의 예상수익상황을 과장하여 제공하거나 사실과 다르게 가맹본부가 최저수익 등을 보장하는 것처럼 정보를 제공하는 행위 2. 가맹희망자의 점포 예정지 상권의 분석 등과 관련하여 사실 여부가 확인되지

---

40) "가맹계약 체결 직전 · 직후 의무 및 금지사항"이라고 구분한 이유는 가맹본부가 가맹계약을 체결하기 직전에 가맹희망자에게 허위 · 기만적인 정보를 주어서는 안 되고, 가맹계약을 체결 후라도 4개월 이내 가맹금의 반환을 해야 할 경우가 있기 때문이다. 다시 말해서 가맹계약 체결 직후라는 의미는 가맹계약일부터 4개월까지로 보자는 것이다.

41) 과징금 고시 별표 세부평가기준표에는 "허위 · 과장 및 기만적인 정보제공행위"라고 되어 있다.

법　률	시행령
으로 정보를 제공하는 행위(이하 "기만적인 정보제공행위"라 한다) ② 제1항 각 호의 행위의 유형은 대통령령으로 정한다. 〈신설 2013. 8. 13.〉 ③ 가맹본부는 가맹희망자나 가맹점사업자에게 다음 각 호의 어느 하나에 해당하는 정보를 제공하는 경우에는 서면으로 하여야 한다. 〈개정 2007. 8. 3., 2013. 8. 13.〉 1. 가맹희망자의 예상매출액·수익·매출총이익·순이익 등 장래의 예상수익상황에 관한 정보 2. 가맹점사업자의 매출액·수익·매출총이익·순이익 등 과거의 수익상황이나 장래의 예상수익상황에 관한 정보 ④ 가맹본부는 제3항에 따라 정보를 제공하는 경우에는 그 정보의 산출근거가 되는 자료로서 대통령령으로 정하는 자료를 가맹본부의 사무소에 비치하여야 하며, 영업시간 중에 언제든지 가맹희망자나 가맹점사업자의 요구가 있는 경우 그 자료를 열람할 수 있도록 하여야 한다. 〈개정 2007. 8. 3., 2013. 8. 13.〉 ⑤ 제3항에도 불구하고 다음 각 호의 어느 하나에 해당하는 가맹본부는 가맹계약을 체결할 때 가맹희망자에게 대통령령으로 정하는 예상매출액의 범위 및 그 산출 근거를 서면(이하 "예상매출액 산정서"라 한다)으로 제공하여야 한다. 〈신설 2013. 8. 13.〉 1. 중소기업자(「중소기업기본법」 제2조 제1항 또는 제3항에 따른 자를 말한다)가 아닌 가맹본부 2. 직전 사업연도 말 기준으로 가맹본부와 계약을 체결·유지하고 있는 가맹점사업자(가맹본부가 복수의 영업표지를 보유하고 있는 경우에는 동일 영업표지를 사용하는 가맹점사업자에 한정한다)의	아니한 정보를 제공하는 행위 3. 가맹본부가 취득하지 아니한 지식재산권을 취득한 것처럼 정보를 제공하는 행위 4. 제1호부터 제3호까지의 규정에 따른 행위에 준하여 사실과 다르게 또는 사실을 부풀려 정보를 제공하는 행위로서 공정거래위원회가 정하여 고시하는 행위 ② 법 제9조 제1항 제2호에 따른 기만적인 정보제공행위의 유형은 다음 각 호와 같다. 1. 중요사항을 적지 아니한 정보공개서를 가맹희망자에게 제공하는 행위 2. 가맹본부가 가맹점사업자에게 지원하는 금전, 상품 또는 용역 등이 일정 요건이 충족되는 경우에만 지원됨에도 불구하고 해당 요건을 제시하지 아니하면서 모든 경우에 지원되는 것처럼 정보를 제공하는 행위 3. 제1호 또는 제2호에 따른 행위에 준하여 계약의 체결·유지에 중대한 영향을 미치는 사실을 은폐하거나 축소하는 방법으로 정보를 제공하는 행위로서 공정거래위원회가 정하여 고시하는 행위 [본조신설 2014. 2. 11.] 제9조(예상수익상황에 대한 정보제공 등) ① 법 제9조 제4항에서 "대통령령으로 정하는 자료"란 다음 각 호의 자료를 말한다. 〈개정 2008. 1. 31., 2010. 10. 13., 2014. 2. 11., 2020. 4. 28.〉 1. 현재수익 또는 예상수익의 산출에 사용된 사실적인 근거와 예측에 관한 자료 2. 현재수익 또는 예상수익의 산출근거가 되는 다음 각 목의 자료 　가. 산출근거가 되는 가맹사업의 점포(직영점과 가맹점을 포함한다. 이

법　률	시행령
수가 대통령령으로 정하는 수 이상인 가맹본부 ⑥ 가맹본부는 예상매출액 산정서를 가맹계약 체결일부터 5년간 보관하여야 한다.〈신설 2013. 8. 13.〉 ⑦ 공정거래위원회는 예상매출액 산정서의 표준양식을 정하여 사용을 권장할 수 있다.〈신설 2013. 8. 13.〉	하 같다)의 수 나. 해당 가맹사업의 전체 점포 수 대비 가목에 따른 점포의 수 다. 가목에 따른 각 점포와 점포예정지와의 거리 3. 최근의 일정기간 동안에 가맹본부나 가맹중개인이 표시 또는 설명하는 현재수익 또는 예상수익과 같은 수준의 수익을 올리는 가맹점사업자의 수와 그 비율(이 경우 최근의 일정기간에 대하여 시작하는 날짜와 끝나는 날짜를 표시하여야 한다) ② 공정거래위원회는 제1항의 규정에 의한 자료에 대하여 업종별·업태별 또는 용도별로 세부적인 사항을 정하여 고시할 수 있다. ③ 법 제9조 제5항 각 호 외의 부분에서 "대통령령으로 정하는 예상매출액의 범위"란 가맹희망자의 점포 예정지에서 영업개시일부터 1년간 발생할 것으로 예상되는 매출액의 최저액과 최고액으로 획정된 범위를 말한다. 이 경우 그 매출액의 최고액은 그 매출액의 최저액의 1.7배를 초과해서는 아니 된다.〈신설 2014. 2. 11.〉 ④ 제3항에도 불구하고 가맹희망자의 점포 예정지가 속한 해당 특별시·광역시·특별자치시·도·특별자치도(이하 "시·도"라 한다)에 해당 가맹본부의 가맹점(직전 사업연도의 영업기간이 6개월 이상인 가맹점으로 한정한다. 이하 이 항에서 같다)이 5개 이상 있는 경우에는 그 점포예정지에서 가장 인접한 가맹점 5개 중 별표 1의3에 따른 직전 사업연도 매출환산액이 가장 작은 가맹점과 가장 큰 가맹점을 제외한 나머지 3개 가맹점의 같은 표에 따른 직전 사업연도 매출환산액 중 최저액과

법 률	시행령
	최고액으로 획정된 범위로 제3항에 따른 범위를 갈음할 수 있다. 〈신설 2014. 2. 11., 2018. 12. 18.〉 ⑤ 법 제9조 제5항 제2호에서 "대통령령으로 정하는 수"란 100개를 말한다. 〈신설 2014. 2. 11.〉 [제목개정 2014. 2. 11.]

【 가맹사업법 시행령 [별표 1의3] 】〈개정 2024. 2. 11.〉

직전 사업연도 매출환산액의 계산방법

(제9조 제4항 관련)

1. 직전 사업연도의 영업기간이 1년인 가맹점의 경우

$$직전\ 사업연도\ 매출환산액 = \frac{직전\ 사업연도에\ 발생한\ 매출액(원)}{매장면적(㎡)}$$

2. 직전 사업연도의 영업기간이 6개월 이상 1년 미만인 가맹점의 경우

$$직전\ 사업연도\ 매출환산액 = \frac{직전\ 사업연도에\ 발생한\ 매출액(원)}{매장면적(㎡)} \times \frac{365}{직전\ 사업연도\ 영업일수}$$

가맹사업법에서는 허위·과장의 정보제공행위나 기만적인 정보제공행위를 한 자는 5년 이하의 징역 또는 3억 원 이하의 벌금에 처할 수 있고, 가맹사업자에게 손해를 입히는 경우 발생한 손해 최대 3배를 넘지 않은 범위에서 배상책임을 지도록 하는 등 가맹본부의 허위·과장 및 기만적인 정보제공행위를 가장 중대한 위법행위로 보고 있다.

다시 말하면, 가맹사업당사자 사이 분쟁이 가장 빈번하게 발생하는 원인이라고 볼 수 있는 것이 가맹본부의 허위·과장 및 기만적인 정보제공행위이다. 이와 같은 행위의 대표적인 경우라고 할 수 있는 것이 창업 예정 점포에 대해 예상매출액산정서를 작성·교부할 때 예정 점포의 입지 조건, 유동 인구, 주변 거주 가구 수, 상권 현황 등에 대한 충분한 검토 없이 최저 수익이 보장되는 것처럼 과장된 정보를 제공하거나, 예상 수익 상황과 관련하여 중요 사실을 은폐·축소하는 등 기만적인 방법으로 정보를 제공하는 경우이다.

허위·과장된 정보제공행위에 해당하는지 아니하는지의 판단은 대법원 등의 판례를 종합해 보면, 보통의 주의력을 가진 가맹희망자 또는 가맹점사업자가 허위·과장된 정보 제공이 없었더라면 가맹계약을 체결하지 않았을 것임이 경험칙상 명백하고, 제공한 자료가 합리성, 적정성, 정확성 등 객관적으로 적절하지 않다고 인정되는 경우는 허위·과장된 정보제공행위라고 볼 수 있다.[42]

가맹사업법 제9조에서는 가맹본부는 가맹희망자 또는 가맹점사업자에게 정보를 제공할 때 다음과 같은 허위·과장된 정보제공 및 기만적인 정보제공 행위를 금지하고 있을 뿐만 아니라 기타 여러 가지 의무사항을 규정하고 있다.

(허위·과장의 정보제공행위 금지) 사실과 다르게 정보를 제공하거나 사실을 부풀려 정보를 제공하는 행위를 금지하고 있다.

(기만적인 정보제공행위 금지) 계약의 체결·유지에 중대한 영향을 미치는 사실을 은폐하거나 축소하는 방법으로 정보를 제공하는 행위를 금지하고 있다.

(과거 및 장래 예상수익상황 서면 제공 의무) 가맹본부는 가맹희망자 또는 가맹점사업자에게 가맹희망자의 예상매출액·수익·매출총이익·순이익 등 장래의 예상수익상황에 관한 정보 및 가맹점사업자의 매출액·수익·매출총이익·순이익 등 과거의 수익상황이나 장래의 예상수익상황에 관한 정보를 제공하는 경우 서면으로[43] 하여야 한다.[44][45]

---

42) 가맹본부가 가맹계약 체결을 유도하기 위하여 제공한 정보에 허위·과장된 정보 또는 기만적인 정보로 인하여 이를 신뢰한 가맹희망자가 착오 또는 사기에 의한 계약 체결로 계약을 취소하고 이미 지급한 가맹금 등에 대해 반환 요구를 할 수 있는지에 대해서는 가맹사업법에서 규정하고 있는 처분은 별론으로 하고, 민법 제109조에 의거 의사표시는 법률행위의 중요 부분에 착오가 있을 때는 표의자의 중대 과실을 제외하고는 취소할 수 있도록 규정하고 있고 또한, 민법 제110조는 사기 또는 강박에 의한 의사표시를 취소할 수 있도록 규정하고 있으므로 제공된 정보가 사기 또는 강박에 해당한다면 역시 계약취소를 할 수 있다. 또한 취소가 확정되면 이미 지급한 가맹금의 반환 등 당사자는 서로 원상회복해야 하는 의무를 지게 된다.

43) 가맹본부가 가맹점을 모집하는 과정에서 서면이 아닌 구두로 예상매출액, 순이익 등에 대한 수익정보를 제공하는 경우가 많았다. 이 과정에서 산출 근거가 불명확한 과장된 수치를 제공한 것이 분쟁의 원인이 되어왔다. 이를 해결하기 위해 가맹본부가 정보제공을 하는 경우는 반드시 서면으로 하도록 가맹사업법을 개정하였다(2007. 8. 3.). 그러므로 구두로 정보를 제공하는 행위는 가맹사업법에 저촉된다.

44) 가맹본부는 가맹희망자 또는 가맹점사업자에게 가맹희망자의 예상매출액·수익·매출총이익·순이익 등 장래의 예상수익상황에 관한 정보 및 가맹점사업자의 매출액·수익·매출총이익·순이익 등 과거 수익상황이나 장래 예상수익상황에 관한 정보를 제공하는 경우는 정보공개서, 상권분석자료(시장분석자료), 가맹점 모집 광고, 수익성 분석표, 사업계획서 등 제공한 자료의 형태나 명칭과 관계없이 제공한 정보 일체가 가맹사업법 적용 대상이 된다는 사실에 유념해야 한다.

45) 판례를 종합해 보면, 장래 예상순이익을 산정할 때 사업용 고정자산(인테리어, PC 및 집기류, 제조기기, 주

(자료 비치 및 열람 의무) 가맹본부는 가맹희망자의 장래 예상수익상황에 대한 정보 또는 가맹점사업자의 과거 수익상황이나 장래 예상수익상황에 관한 정보를 제공하는 경우는 그 정보의 산출 근거가 되는 다음의 자료를 가맹본부의 사무소에 비치하여야 하며, 영업시간 중에 언제든지 가맹희망자 또는 가맹점사업자의 요구가 있는 경우 그 자료를 열람할 수 있도록 하여야 한다.

첫째, 현재 수익 또는 예상 수익의 산출에 사용된 사실적인 근거와 예측에 관한 자료

둘째, 현재 수익 또는 예상 수익의 산출근거가 되는 직영점과 가맹점을 포함한 가맹사업의 점포 수

셋째, 해당 가맹사업의 전체 점포 수 대비 위 둘째에 따른 점포의 수

넷째, 위 둘째에 따른 각 점포와 점포 예정지와의 거리

다섯째, 최근의 일정 기간에 가맹본부나 가맹중개인이 표시 또는 설명하는 현재 수익 또는 예상 수익과 같은 수준의 수익을 올리는 가맹점사업자의 수와 그 비율(이 경우 최근의 일정 기간에 대하여 시작하는 날짜와 끝나는 날짜를 표시하여야 한다)

이와 같은 자료 비치 및 열람의 경우를 살펴보면, 가맹본부가 가맹희망자의 장래의 예상수익상황에 대한 정보 및 가맹점사업자의 과거의 수익상황이나 장래의 예상수익상황에 관한 정보를 제공하는 경우 가맹본부에게 서면으로 제공하여야 할 의무가 발생할 뿐만 아니라 자료의 비치 의무가 발생하고 가맹희망자 또는 가맹점사업자의 요구가 있는 경우 자료의 열람 의무가 발생한다. 다시 말해서 이와 같은 의무는 가맹본부가 정보를 제공하는 경우 발생하는 것이므로 가맹본부가 각종 수익상황에 관한 정보를 반드시 제공하여야 한다는 것은 아니라고 할 수 있다.

(예상매출액 산정서 제공 의무) 다음 두 가지 중 어느 하나의 경우에 해당되는 가맹본부(이하 "특정가맹본부"라 한다)는 가맹계약을 체결할 때 가맹희망자에게 가맹희망자의 점포 예정지에서 영업개시일부터 1년간 발생할 것으로 예상되는 매출액의 최저액과 최고액으로 획정된 범위[46] 및 산출 근거를 서면(이하 "예상매출액 산정서"라고 한다)으로 제공하여야 한다.

방기기 등)의 감가상각비용, 세금 등 가맹희망자가 가맹계약 체결 후 부담해야 하는 비용항목을 빠트리는 경우, 세전 소득을 순이익으로 광고하는 경우 등의 행위는 임의적 방식에 의한 산정으로 예측의 합리성, 적정성, 정확성 등이 결여된 허위 또는 과장된 정보제공 행위에 해당한다고 판시하고 있다.

46) 이 경우 그 매출액의 최고액은 그 매출액의 최저액의 1.7배를 초과해서는 아니 된다.

첫째, 중소기업자(「중소기업기본법」 제2조 제1항 또는 제3항에 따른 자를 말한다)가 아닌 가맹본부

둘째, 직전 사업연도 말 기준으로 가맹본부와 계약을 체결·유지하고 있는 가맹점사업자(가맹본부가 복수의 영업표지를 보유하고 있는 경우에는 동일 영업표지를 사용하는 가맹점사업자에 한정한다)의 수가 100개 이상인 가맹본부

(예상매출액 산정서 보관 의무) 가맹희망자에게 예상매출액 산정서를 반드시 제공하여야 하는 특정가맹본부는 해당 예상매출액 산정서를 가맹계약 체결일부터 5년간 보관하여야 한다.[47]

(위반하는 경우 벌칙) 허위·과장의 정보제공행위나 기만적인 정보제공행위를 한 자는 5년 이하의 징역 또는 3억 원 이하의 벌금에 처해 질 수 있다(가맹사업법 제41조 제1항).

이 경우 법인의 대표자나 법인 또는 개인의 대리인, 사용인, 그 밖의 종업원이 그 법인 또는 개인의 업무에 관하여 위 허위·과장의 정보제공이나 기만적인 정보제공 금지행위를 위반하면 그 행위자를 벌하는 외에 그 법인 또는 개인에게도 해당 조문의 벌금에 처해 질 수 있다. 다만, 법인 또는 개인이 그 위반행위를 방지하기 위하여 해당 업무에 관하여 상당한 주의와 감독을 게을리하지 아니한 경우에는 그러하지 아니하다(가맹사업법 제42조).

이슈 검토 ⑦

📖 예상 매출액 정보제공 의무에 대한 이슈

1. 관련 규정

가맹사업법 제9조 제3항 및 제5항에서는 중·대형 가맹본부는 가맹계약을 체결할 때 가맹희망자에게 가맹희망자의 점포 예정지에서 영업개시일부터 1년간 발생할 것으로 예상되는 매출액의 최저액과 최고액으로 획정된 범위 및 산출 근거를 서면으로 제

---

47) 가맹사업법 제9조 제5항에서 각 호의 어느 하나에 해당하는 가맹본부는 예상매출액 산정서를 제공하여야 하는 의무를 부과하고 있으나, 같은 조 제6항에서는 가맹본부가 예상매출액 산정서를 5년간 보관하도록 하는 의무를 부과하고 있다. 위 제5항의 문언은 예상매출액 산정서 제공 의무가 있는 가맹본부를 특정하고 있는데 반면, 제6항의 문언은 예상매출액 산정서 보관 의무가 있는 가맹본부를 특정하지 아니한 것으로 보이므로 이에 대한 개정이 필요할 것 같다. 다만, 제5항과 제6항을 연계하여 살펴보면 제6항에 규정한 가맹본부는 제5항에서 규정하고 있는 가맹본부로 볼 수는 있다.

공하도록 의무화하고 있다.

2. 검토 배경 및 관련 이슈

예상매출액 정보제공의무는 가맹사업법 규정 중 가장 논란이 많은 규정으로 세계 주요 나라는 이런 규정 자체가 없거나,[48] 예외적으로 제공하는 경우는 진실에 부합되는 여부를 확인할 수 있는 근거자료를 제시하도록 하고 있을 뿐이다. 반면, 우리나라는 대·중견기업에 해당하는 가맹본부는 예상매출액을 산정하여 서면(문서)으로 제공하는 것을 의무화하고 있다.

예상매출액을 산정하는 것은 변수가 많아 정확성을 담보할 수 없는 것임에도 불구하고 이 정보를 제공받는 가맹희망자 또는 가맹점사업자가 제공받은 예상매출액이 마치 법적 효력을 지닌 '매출보장액'으로 인식함에 따라 분쟁의 주요 원인이 되고 있고, 예상이 맞지 않는 경우 허위·과장된 정보제공으로 벌금 등 처벌의 대상이 될 수 있도록 한 것은 과잉 입법이라고 아니할 수 없다. 따라서, 불가능한 영역을 법으로 강제함에 따라 가맹본부의 사법적 리스크는 언제든지 발생할 수 있고, 이러한 일이 발생하는 경우 경영상 위기는 물론 분쟁 비용의 발생 등 그 부작용은 우려할 만한 수준이다.

가맹희망자 또는 가맹점사업자가 가맹본부의 잘못된 정보를 바탕으로 가맹계약을 체결하였다고 하더라도, 실제 매출 부진의 이유가 전적으로 가맹본부의 허위·과장된 정보제공에 의한 것으로 보기 어렵다는 점, 가맹점사업자도 예상수익에 대한 위험을 스스로 부담해야 하는 독립적인 사업자라는 점, 실제 가맹점사업자의 능력이 우수한 자와 그렇지 못한 자 사이에는 많은 차이가 있을 수 있다는 점 등 개별 가맹점의 매출액은 다양한 변수의 산물이라는 점에 비추어 볼 때 예상매출액을 산정하여 이를 제공하도록 강제하는 것은 많은 문제점이 있다.[49]

3. 개선방안

예상매출액은 그 자체가 정확성을 담보할 수 없는 것임을 고려하여 가맹점사업자의 전국평균 매출액 또는 지역별 평균 매출액, 예정지 가맹점 점포 인근 가맹점사업자(예를 들면 10개 가맹점사업자)의 평균 매출액 등을 제공하여 가맹희망자가 이를 참고자료로 활용하도록 하는 것이 더 합리적이라는 점에 비추어 볼 때 예상매출액 정보제공의무조항은 폐지 또는 합리적인 대안을 마련할 필요가 있다.

---

48) 예상매출액 정보제공행위를 사기로 보는 경우가 많고, 중국의 경우는 아예 예상수익 제공행위를 금지하고 있다.

49) 예상수익을 부풀려 제공한 혐의로 가맹본부 A를 상대로 손해배상 소송을 제기한 사건에서 법원은 손해배상의 책임 범위를 50%로 제한하였는데 그 이유는 가맹점사업자도 예상수익에 대한 위험을 스스로 부담해야 하는 독립적인 사업자인 점, 실제 매출액은 가맹점사업자의 점포 관리능력에 따라 변동될 수 있는 점, 코로나19와 같은 영향도 있었던 점 등을 고려해야 한다고 판시하였다(서울중앙지방법원 2023. 6. 8. 선고 2021가

**가맹본부의 정보제공행위가 허위·과장 정보제공행위에 해당하려면,
가맹사업법 시행령 제8조 제1항에서 규정하고 있는 행위 유형에
준한 것으로 평가할 수 있는지 여부로 정해야 한다는 판단**

사건명 : ㈜설빙의 가맹사업법 위반행위에 대한 건
〈 공정위 2018서경0007 〉

【서울고등법원 2020. 10. 29. 선고 2019누97 판결(확정)】

가맹사업법 제9조 제1항 제1호에서 금지하는 행위에 해당하는지 여부는 가맹사업의 공정한 거래 질서를 확립하고자 하는 가맹사업법의 목적 및 가맹본부의 허위·과장의 정보제공행위를 금지하는 취지에 비추어 가맹사업법 시행령 제8조 제1항에서 규정하는 행위 유형에 준하는 것으로 평가할 수 있는지 여부에 의하여 정함이 타당하다.

**가맹사업법 시행령 제8조 제1항 제1호부터 제3호까지의 규정은 허위·과장
정보제공행위를 구체화하기 위하여 예시적으로 그 유형을 열거한 것이라는 판단**

사건명 : 홈플러스㈜의 가맹사업법 위반행위에 대한 건
〈 공정위 2016가맹2552 〉

【서울고등법원 2018. 9. 6. 선고 2018누38651 판결(확정)】

가맹사업법 제9조 제1항 제1호가 가맹본부의 금지행위로서 규정한 '가맹희망자 등에게 정보를 제공함에 있어서 사실과 다르게 제공하거나 사실을 부풀려 정보를 제공하는 행위'는 그 규정 자체의 명확성과 자족성으로 인하여 법 시행령 등의 추가적인 규정 없이도 위 가맹사업법 조항 자체의 해석에 의하여 가맹사업법이 가맹본부에 대하여 금지하고자 하는 허위·과장된 정보제공 등의 금지행위에 해당하는지 여부를 판단할 수 있다.

가맹사업법 제9조 제2항에서 같은 조 제1항 각 호의 '행위의 유형'을 대통령령으로 정한다고 규정하고 있고, 법 시행령 제8조 제1항이 허위·과장된 정보제공행위의 대표적 유형을 들면서 제4호에 '제1호부터 제3호까지의 규정에 따른 행위에 준하여'라는 표현을 사용하여 공정거래위원회가 고시하는 행위라고 규정하고 있는 점과 위 법령 소정의 '허위·과장의 정보제공행위' 태양의 다양성 등을 종합하여 보면, 법 시행령 제8조 제4호가

단5323988 판결).

정하는 공정거래위원회 고시가 마련되어 있지 아니한 현 상황에서 법 시행령 제1호 내지 제3호에 의한 유형에 해당하는 행위만에 한정하여 가맹사업법 제9조 제1항 제1호에서 금지하는 허위·과장의 정보제공행위에 해당한다고 할 수는 없고, 다만 위 법 시행령 규정에 의해 가맹사업법 제9조 제1항 제1호에서 금지하고 있는 '사실과 다르게 정보를 제공하거나 사실을 부풀려 정보를 제공하는 행위'를 구체화하기 위하여 예시적으로 그 유형을 열거한 것으로 봄이 타당하다.

가맹사업법이 금지하는 허위·과장 정보제공행위의 성립요건에 대한 판단

사건명 : 홈플러스㈜의 가맹사업법 위반행위에 대한 건

〈 공정위 2016가맹2552 〉

【서울고등법원 2018. 9. 6. 선고 2018누38651 판결(확정)】

가맹사업법이 금지하는 허위·과장 정보제공행위는 가맹사업법 문언에 따라 '사실과 다르게 정보를 제공하거나 사실을 부풀려 정보를 제공하는 경우'에 성립한다고 보아야 하고, 이에 별도의 요건을 추가하여 가맹희망자를 오인시킬 우려 내지 가맹본부의 기만적인 의도가 인정되는 경우에 한하여 가맹사업법 제9조 제1항에 위반된다고 해석할 수 없다.

만약 이렇게 해석한다면, 가맹희망자로서는 가맹본부가 가맹사업법 규정에 따라 제공하는 정보에 대해서도 선별적으로 취사선택하여 의사결정을 하여야 하는 셈이 되므로, 이로 인하여 가맹희망자의 지위가 불안정해질 수 있는 위험성을 배제할 수 없어 상대적으로 불리한 지위에 있는 가맹희망자에게 정확한 정보를 제공하여 그들의 권익을 보호하고자 하는 가맹사업법 본래의 입법 취지에 반하게 될 우려가 있다.

가맹본부가 가맹희망자에게 객관성이 없는 '예상매출액 대비 추정이익'
자료[50]를 기초로 예상매출액에 대하여 설명한 경우,
허위·과장된 예상매출액 정보를 제공한 행위에 해당한다는 판단

사건명 : ㈜커핀그루나루의 가맹사업법 위반행위에 대한 건

〈 공정위 2012서제2219 〉

【서울고등법원 2014. 6. 26. 선고 2013누32719 판결】

【대법원 2014. 11. 13. 선고 2014두39425 판결(심리불속행 기각)】

---

50) 가맹희망자가 개설하고자 하는 가맹본부(원고)의 가맹점 인근에 있는 다른 커피 브랜드 가맹점 자료를 말한다.

① 원고는 이 사건 가맹계약 체결 전 가맹희망자에게 씨엔씨(점포창업 등 컨설팅업체)를 통해서나 원고 대표이사 스스로가 원고의 직원이 작성한 '예상매출대비 추정이익' 자료를 기초로 예상매출액에 대하여 설명하였는바, 이에 의하면 원고는 가맹사업법 제9조 제1항의 규정에 따라 가맹희망자에게 정보를 제공하였다고 충분히 인정할 수 있는 점, ② 원고가 이 사건 예상매출액 내역을 작성하면서 객관적 근거로 삼았다는 탐앤탐스 가맹점의 경우 2009년 당시 가맹점 수가 117개에 이르러 가맹점 수가 4개에 불과한 원고와 브랜드 인지도, 사업기간, 전체 매출액 등에 있어 큰 차이가 있어 적절한 비교 대상이라고 보기 어렵고, 그 외에 이 사건 예상매출액 내역이 객관적인 근거자료를 바탕으로 작성되었다고 인정할 만한 아무런 증거가 없으며, 원고가 이 사건 예상매출액이 이와 같이 산정된 사실을 가맹희망자에게 설명한 것으로도 보이지 아니한 점, ③ 오히려 원고의 2010년도 전체가맹점의 매출자료에 의하면 이 사건 가맹계약이 체결될 무렵인 2010. 1월, 2월 평균 매출액이 각 4,300만 원, 4,100만 원에 불과하여 원고가 가맹희망자에게 이 사건 가맹점을 운영하는 기간 동안의 실제 매출액은 월 평균 3,600만 원에 매월 평균 약 1,000만 원 이상의 손실이 발생하여 위 예상 매출액과는 매우 큰 차이가 있는 점, ④ 2010. 6월경 가맹희망자가 이 사건 가맹점 영업을 시작한 때부터 이 사건 가맹점의 월 매출액은 위와 같은 수준이었고, 그 손실도 상당한 액수였는데, 그와 같은 현상은 2012. 5월경까지 계속하여 비슷하게 이어진 점에 비추어 볼 때 단지 원고가 당시 인근 커피매장들의 증가와 경기 불황에 기인한 매출 감소를 예측할 수 없었기 때문에 위와 같은 정보를 가맹희망자에게 제공한 것이라고도 보기도 어려운 점, ⑤ 또한 원고는 가맹희망자에게 이 사건 가맹계약을 체결하면서 가맹본부가 가맹희망자에게 의무적으로 제공하도록 하고 있는 가맹본부의 일반현황 및 매출에 관한 사항 등을 포함한 정보공개서를 제공하지 아니하였는바, 가맹희망자로서는 원고가 제공한 이 사건 예상 매출액 내역에 의존할 수밖에 없었을 것으로 보이므로 원고가 이메일과 이 사건 예상 매출액 내역 자료에 "추정이익"이라는 사실을 기재하였다는 사실만으로 허위·과장된 정보가 아니라고 할 수는 없는 점, ⑥ 2013. 8. 13. 개정된 가맹사업법 및 2014. 2. 11. 개정된 가맹사업법 시행령에 따라 예상 매출액의 범위 및 산출 근거를 반드시 가맹희망자에게 제시하여야 하는 가맹본부는 가맹점사업자의 수가 100개 이상이어야 하고, 이는 원고가 인정하고 있는 바와 같이 가맹점사업자가 100개 이상 되어야 지역별로 객관적인 데이터 표본을 수집할 수 있고 이에 기반하여 시행령에서 제시하는 기준에 부합하는 객관성을 담보할 수 있게 되기 때문인 것으로 보이는데, 이러한 원고 스스로의 주장에 비추어 보더라도 2009년 당시 가맹점 수가 4개에 불과한 등으로 위 기준에 턱없이 부족했던 원고가 원고의 주장과 같이 2010년에 이 사건 가맹점에서 가까운 5곳을 기준으로 예상 매출액의 범위를 산정한다는 것은 그 객관성을 인정

하기 어려운 점 등을 종합하여 보면, 원고는 가맹본부로서 가맹희망자에게 허위·과장된 예상매출액 정보를 제공하였다고 판단된다.

객관적으로 적절하지 않은 장래수익에 관한 정보제공 및 사실과 다르게 현저히 차이가 나는 가맹점 수에 관한 정보제공의 경우, 가맹본부의 허위·과장의 정보제공행위에 해당한다는 판단

사건명 : ㈜하이쿨의 가맹사업법 위반행위에 대한 건
〈 공정위 2011전사1240 〉
【서울고등법원 2012. 8. 28. 선고 2012누8764 판결】
【대법원 2013. 1. 24. 선고 2012두22560 판결(심리불속행 기각)】

원고는 가맹희망자들에게, 사업설명회에서 카탈로그 등으로 장래의 수익에 관하여 '가맹점 운영 시 소득은 학원·일반·교회형 분원으로 PC 5대로 6시간 운영하여 30명을 모집할 경우 월 순수익 770만 원 등'이라는 정보를 제공하였고, 홈페이지를 통해 기존 가맹점 수에 관하여 '2010년 6월 현재 전국 650개 가맹점 성업 중'이라는 정보를 제공하였다.

그러나 원고가 제공한 위 장래수익에 관한 정보는 가맹점사업자의 실제 평균 순수익, 통계자료 등 객관적 근거에 바탕을 둔 것이 아니라 막연한 추정을 근거로 한 것이었을 뿐만 아니라, 위와 같이 순수익을 계산할 때 인테리어 비용, PC 및 집기류 구입비 등 상당한 비용이 누락되었고, 원고의 가맹점사업자 중 영업상황이 양호한 과정분원의 경우 월 평균 순수익 평균 150~200만 원 정도에 그치는 등 다른 가맹점사업자들의 실제 월 평균 순수익은 위 정보에 현저히 미치지 못하였으며, 원고의 가맹점 수는 2010년 말 기준 44개에 불과하다.

위 사실관계에 의하면, 원고가 제공한 장래수익에 관한 정보는 장래수익 예측의 합리성, 적정성, 그 설명 내용의 정확성 등 여러 면에서 객관적으로 적절하지 않다고 인정되므로 허위 또는 과장된 정보라고 할 수 있고, 가맹점 수 또한 사실과 현저히 차이가 나는 허위의 정보임이 명백하다.

따라서 가맹희망자에게 허위 또는 과장된 정보를 제공하여 가맹사업법 제9조 제1항을 위반하였음을 이유로 한 시정명령은 위법하지 않다.

손해배상(기)

[대법원 2022. 5. 26. 선고 2021다300791 판결]
〈서울고등법원 2021. 11. 11. 선고 2021나2009911 판결〉

【판시사항】

[1] 가맹사업거래의 공정화에 관한 법령상 가맹본부는 가맹희망자에게 예상수익상황에 관한 정보를 반드시 서면으로 제공하는 한편, 객관적이고 정확한 근거에 따라 예상수익상황을 산정할 주의의무를 부담하는지 여부(적극) 및 그 입법 취지

[2] 불법행위로 인한 손해배상책임을 지우기 위한 요건으로서 위법한 행위와 손해 사이에 상당인과관계가 있는지 판단하는 방법 / 민법 제393조에서 정한 '통상손해' 및 '특별한 사정으로 인한 손해'의 의미

[3] 갑 등이 을 주식회사와 가맹계약을 체결한 후 가맹점운영권을 부여받아 점포를 운영하였는데, 가맹계약을 체결하는 과정에서 을 회사가 제공한 '예상매출액 산정서'는 점포 예정지에서 가장 인접한 5개 가맹점들 중 직전 사업연도 매출환산액이 낮은 가맹점 일부를 임의로 제외하고 다른 가맹점을 포함시켜 예상매출액 범위를 확정함으로써 예상매출액 범위 최저액이 과다 산정된 것이었고, 갑 등이 가맹점 개설 이래로 계속 점포 차임 등 지출비용을 매출로 충당하지 못하는 영업손실이 발생하자 을 회사를 상대로 손해배상을 구한 사안에서, 을 회사가 가맹사업거래의 공정화에 관한 법률 시행령 제9조 제4항을 위반하여 '예상매출액 산정서'를 제공함으로써 갑 등이 잘못된 정보를 바탕으로 가맹계약을 체결하였으므로 을 회사는 그로 인한 갑 등의 손해를 배상할 책임이 있고, 갑 등의 영업손실 손해는 을 회사의 불법행위와 상당인과관계 있는 손해에 해당한다고 한 사례

【판결요지】

[1] 가맹사업거래의 공정화에 관한 법률 제1조, 제9조 제1항 제1호, 제5항, 제37조의2, 제41조 제1항, 부칙(2017. 4. 18.) 제4조, 구 가맹사업거래의 공정화에 관한 법률(2017. 4. 18. 법률 제14812호로 개정되기 전의 것) 제37조 제3항, 가맹사업거래의 공정화에 관한 법률 시행령 제8조 제1항 제1호, 제9조 제4항, 제5항의 내용, 입법 경과 등을 종합하면, 위 법령은 가맹희망자가 가맹계약을 체결할지 판단함에 있어 중요한 정보, 특히 예상수익상황에 관한 정보는 가맹본부로 하여금 반드시 '서면'으로 제공하게 하

는 한편, 이에 관한 객관적이고 정확한 근거에 따라 예상수익상황을 산정하도록 주의 의무를 부과한 것이라고 봄이 타당하다. 이로써 가맹본부에 정보가 편재되어 있는 상황에서 가맹본부로 하여금 정확한 정보를 제공하게 하여 가맹희망자의 합리적 판단을 방해하지 않도록 하고, 제공받은 정보에 기초하여 가맹계약을 체결함으로써 가맹점을 운영하는 가맹희망자나 가맹점사업자를 두텁게 보호하려는 데 그 입법 취지가 있다.

[2] 불법행위로 인한 손해배상책임을 지우려면 위법한 행위와 원고가 입은 손해 사이에 상당인과관계가 있어야 하고, 상당인과관계의 유무는 결과 발생의 개연성, 위법행위의 태양 및 피침해이익의 성질 등을 종합적으로 고려하여 판단하여야 한다. 한편 민법 제763조에 따라 불법행위로 인한 손해배상에 준용되는 민법 제393조 제1항은 "채무불이행으로 인한 손해배상은 통상의 손해를 그 한도로 한다."라고 규정하고, 제2항은 "특별한 사정으로 인한 손해는 채무자가 이를 알았거나 알 수 있었을 때에 한하여 배상의 책임이 있다."라고 규정하고 있다. 제1항의 통상손해는 특별한 사정이 없는 한 그 종류의 채무불이행이 있으면 사회일반의 거래관념 또는 사회일반의 경험칙에 비추어 통상 발생하는 것으로 생각되는 범위의 손해를 말하고, 제2항의 특별한 사정으로 인한 손해는 당사자들의 개별적, 구체적 사정에 따른 손해를 말한다.

[3] 갑 등이 을 주식회사와 가맹계약을 체결한 후 가맹점운영권을 부여받아 점포를 운영하였는데, 가맹계약을 체결하는 과정에서 을 회사가 제공한 '예상매출액 산정서'는 점포 예정지에서 가장 인접한 5개 가맹점들 중 직전 사업연도 매출환산액이 낮은 가맹점 일부를 임의로 제외하고 다른 가맹점을 포함시켜 예상매출액 범위를 확정함으로써 예상매출액 범위 최저액이 과다 산정된 것이었고, 갑 등이 가맹점 개설 이래로 계속 점포 차임 등 지출비용을 매출로 충당하지 못하는 영업손실이 발생하자 을 회사를 상대로 손해배상을 구한 사안에서, 을 회사가 가맹사업거래의 공정화에 관한 법률 시행령 제9조 제4항을 위반하여 임의로 선정한 가맹점들을 기준으로 삼아 예상매출액 범위 최저액을 과다 산정함으로써 마치 안정적 사업운영이 가능한 것처럼 보이는 '예상매출액 산정서'를 제공한 행위는 가맹사업거래의 공정화에 관한 법률(이하 '가맹사업법'이라 한다) 제9조 제1항 제1호의 허위·과장의 정보제공행위로서 가맹사업법의 규정을 위반한 위법행위에 해당하고, 이로 인하여 갑 등이 잘못된 정보를 바탕으로 가맹계약을 체결하였으므로, 을 회사는 그로 인한 갑 등의 손해를 배상할 책임이 있는데, 갑 등의 영업손실 손해는 객관적으로 보아 상당한 정도로 예측 가능한 것으로서 을 회사의 불법행위와 상당인과관계 있는 통상손해의 범위에 포함되고, 이 손해가 특별한 사정으로 인한 손해라고 하더라도 그러한 특별한 사정의 존재에 대하여는 을 회사의 예견가능성이 있었다고 보아야 하며, 위 영업손실에 갑 등의 운

영능력, 시장상황 등 다른 요인으로 인한 부분이 구분되지 않은 채 포함되어 있어 을 회사의 불법행위에 따른 손실 부분의 구체적인 액수 입증이 사안의 성질상 곤란하더라도, 변론 전체의 취지와 증거조사의 결과에 기초하여 상당한 손해액을 인정할 수 있는데도, 이와 달리 본 원심판단에 법리오해의 잘못이 있다고 한 사례

손해배상(기)

[대법원 2021. 6. 10. 선고 2021다216032 (심리불속행 기각)]
〈서울고등법원 2021. 1. 28. 선고 2019나2045839 판결(항소기각)〉
〈서울중앙지방법원 2019. 9. 26. 선고 2017가합548157 판결(원고일부승)〉

【판시사항】

갑 등이 빙수류 및 디저트류의 판매에 관한 가맹사업을 운영하는 을 주식회사로부터 예상매출액 산정서를 교부받은 다음 가맹점사업자로서 을 회사의 영업표지를 사용하여 가맹점을 운영하기로 하는 내용의 가맹계약을 을 회사와 체결하고 가맹점을 운영하다가 폐업하였는데, 그 후 갑 등이 을 회사를 상대로 예상매출액 관련 기망 등 불법행위로 인한 손해의 배상을 구한 사안에서, 을 회사가 주요 사항이 누락되거나 허위로 또는 과장되어 기재된 예상매출액 산정서를 갑 등에게 교부한 것은 가맹사업거래의 공정화에 관한 법률 제9조 제1항 제1호를 위반한 불법행위에 해당하므로 을 회사는 이에 따른 손해배상책임을 부담하는데, 그로 인하여 갑 등이 입은 통상의 손해는 가맹계약을 체결하고 점포를 개설하기 위하여 지출한 비용으로 한정된다고 한 사례

【판결요지】

갑 등이 빙수류 및 디저트류의 판매에 관한 가맹사업을 운영하는 을 주식회사로부터 예상매출액 산정서를 교부받은 다음 가맹점사업자로서 을 회사의 영업표지를 사용하여 가맹점을 운영하기로 하는 내용의 가맹계약을 을 회사와 체결하고 가맹점을 운영하다가 폐업하였는데, 그 후 갑 등이 을 회사를 상대로 예상매출액 관련 기망 등 불법행위로 인한 손해의 배상을 구한 사안이다.

을 회사가 작성하여 갑 등에게 교부한 예상매출액 산정서에 기재된 '인근 가맹점의 직전사업연도 매출환산액 범위'는 갑 등의 점포의 면적과 인근 가맹점들의 개별 점포면적의 차이를 고려하지 않았으며, 최고 매출의 경우 직전사업연도 일평균매출액이 아닌 가맹계약 체결 무렵의 일평균매출액을 기준으로 산정되었고 최저 매출의 경우 인근 가맹점들이 아닌 전국 가맹점들의 일평균매출액을 기준으로 산정되었으므로, 예상매출액 산정

서에 기재된 '인근 가맹점의 직전사업연도 매출환산액 범위'는 허위 정보에 해당하고, 을 회사가 갑 등에게 설명한 예상매출액도 갑 등의 점포와 인근 가맹점들 사이의 면적, 입지 등에 관한 비교·분석 없이 막연히 산출된 것으로 보이는 점 등에 비추어 을 회사가 주요 사항이 누락되거나 허위로 또는 과장되어 기재된 예상매출액 산정서를 갑 등에게 교부한 것은 가맹사업거래의 공정화에 관한 법률 제9조 제1항 제1호를 위반한 불법행위에 해당하므로, 을 회사는 이에 따른 손해배상책임을 부담하는데, 위와 같은 불법행위는 가맹계약 체결 과정에서의 불법행위이므로, <u>위 불법행위로 인하여 갑 등이 입은 통상의 손해는, 갑 등이 예상매출액 산정서의 기재가 주요 내용에 대한 허위나 과장 또는 누락 없이 사실 그대로라고 믿고서 가맹계약을 체결하고 점포를 개설하기 위하여 지출한 비용으로 한정되고, 가맹계약이 체결된 이후 가맹점을 운영하는 과정에서 발생한 비용이나 손실은 위와 같은 을 회사의 불법행위로 인한 것이라고 보기 어렵다</u>고 한 사례이다.

근저당권말소
[대법원 2020. 11. 26. 선고 2019다211324 판결]
〈대구지방법원 2019. 1. 23. 선고 2018나303729 판결〉

【판시사항】

[1] 구 가맹사업거래의 공정화에 관한 법률 제9조 제1항의 '중요사항을 누락한 경우'의 의미 및 이 경우 가맹본부가 가맹희망자에게 구 가맹사업거래의 공정화에 관한 법률 제37조 제3항, 독점규제 및 공정거래에 관한 법률 제56조 제1항에 의한 손해배상책임을 부담하는지 여부(적극) / 법률상 제한 내지 장애로 말미암아 가맹희망자가 가맹점을 개설·운영할 수 없는 사정이 가맹희망자의 의사결정에 중대한 영향을 미치는 사실에 해당하는지 여부(적극)

[2] 갑 등이 점포를 임차한 후 을 주식회사로부터 위 점포에 관해 가맹점운영권을 부여받아 편의점을 운영하였는데, 지방자치단체로부터 위 점포가 산업집적활성화 및 공장설립에 관한 법률에 따라 일반인을 대상으로 한 편의점으로는 운영될 수 없는 곳이라는 이유로 철거 등의 경고를 받은 후 영업을 중단하게 되자, 을 회사를 상대로 '가맹점개설에 관한 법률적 문제가 없다고 한 을 회사에 귀책사유가 있다.'고 주장하며 위계약의 해지를 통보한 사안에서, <u>가맹계약을 체결하기 위하여 상담하거나 협의하는 과정에서 을 회사가 위와 같은 사정을 고지하지 아니한 행위는 구 가맹사업거래의 공정화에 관한 법률 제9조 제1항에서 정한 중요사항의 누락, 즉 정보제공의무 내지 고지의무 위반에 해당한다</u>고 한 사례

【판결요지】

[1] 구 가맹사업거래의 공정화에 관한 법률(2013. 8. 13. 법률 제12094호로 개정되기 전의 것, 이하 '가맹사업법'이라고 한다) 제9조 제1항의 중요사항을 누락한 경우라 함은 가맹계약의 체결과 유지 등 가맹희망자의 의사결정에 중대한 영향을 줄 수 있는 사실 또는 가맹희망자가 일정한 사정에 관하여 고지를 받았더라면 가맹계약을 체결하지 않았을 것임이 경험칙상 명백한 경우 그와 같은 사정 등을 가맹계약을 체결하기 위하여 상담하거나 협의하는 단계에서 가맹희망자에게 고지하지 아니한 경우를 의미한다. 가맹본부가 이러한 행위를 하면 가맹사업법 제9조 제1항에 따른 정보제공 의무 내지 고지 의무를 위반하게 되어, 가맹본부는 가맹희망자에 대하여 가맹사업법 제37조 제3항으로 준용되는 독점규제 및 공정거래에 관한 법률 제56조 제1항에 의한 손해배상책임을 부담한다. 그리고 법률상 제한 내지 장애로 말미암아 가맹희망자가 가맹점을 개설·운영할 수 없는 사정이 존재하는 경우, 이 사정은 가맹희망자의 의사결정에 중대한 영향을 미치는 사실에 해당한다.

[2] 갑 등이 점포를 임차한 후 을 주식회사로부터 위 점포에 관해 가맹점운영권을 부여받아 편의점을 운영하였는데, 지방자치단체로부터 위 점포가 산업집적활성화 및 공장설립에 관한 법률에 따라 일반인을 대상으로 한 편의점으로는 운영될 수 없는 곳이라는 이유로 철거 등의 경고를 받은 후 영업을 중단하게 되자, 을 회사를 상대로 '가맹점개설에 관한 법률적 문제가 없다고 한 을 회사에 귀책사유가 있다.'고 주장하며 위 계약의 해지를 통보한 사안에서, 위 점포의 입지와 같은 경우 가맹점을 개설하여 운영하더라도 일반인을 대상으로 하는 통상적인 편의점 영업은 할 수 없고 공장 종업원들만을 대상으로 하는 제한적인 구내매점 형태의 영업을 할 수밖에 없다는 사정은 가맹계약의 체결과 유지 등 가맹희망자의 의사결정에 중대한 영향을 줄 수 있는 사실 또는 가맹희망자가 이러한 사정에 관하여 고지를 받았더라면 가맹계약을 체결하지 않았을 것임이 경험칙상 명백한 경우에 해당할 여지가 있는데, 갑 등이 가맹계약을 체결하기 위하여 상담하거나 협의하는 과정에서 을 회사에 이를 문의하였음에도 을 회사가 그와 같은 사정을 고지하지 아니하였다면 이러한 행위는 구 가맹사업거래의 공정화에 관한 법률(2013. 8. 13. 법률 제12094호로 개정되기 전의 것) 제9조 제1항에서 정한 중요사항의 누락, 즉 정보제공의무 내지 고지의무 위반에 해당하므로, 이와 달리 위 계약의 해지에 이르게 된 귀책사유가 을 회사에 있지 않다고 본 원심판단에 법리오해의 잘못이 있다고 한 사례

손해배상(기) · 약정금

[대법원 2015. 4. 9. 선고 2014다84824,84831 판결]
〈서울고등법원 2014. 11. 13. 선고 2013나80216, 80223 판결〉

【판시사항】

구 가맹사업거래의 공정화에 관한 법률 제9조 제1항에서 정한'중요사항을 누락한 경우' 의 의미 및 이 경우 가맹본부가 가맹희망자에게 구 가맹사업거래의 공정화에 관한 법률 제37조 제3항, 독점규제 및 공정거래에 관한 법률 제56조 제1항에 의한 손해배상책임을 부담하는지 여부(적극)

【판결요지】

구 가맹사업거래의 공정화에 관한 법률(2013. 8. 13. 법률 제12094호로 개정되기 전의 것, 이하 '가맹사업법'이라고 한다) 제4조, 제9조 제1항, 제41조 제1항의 내용을 종합하면, 가맹사업법 제9조 제1항의 중요사항을 누락한 경우라 함은 가맹계약의 체결과 유지 등 가맹희망자의 의사결정에 중대한 영향을 줄 수 있는 사실 또는 가맹희망자가 일정한 사정에 관하여 고지를 받았더라면 가맹계약을 체결하지 않았을 것임이 경험칙상 명백한 경우 그와 같은 사정 등을 가맹계약을 체결하기 위하여 상담하거나 협의하는 단계에서 가맹희망자에게 고지하지 아니한 경우를 의미한다. 그리고 이러한 행위는 가맹사업법 제9조 제1항에 따른 정보제공의무 내지 고지의무를 위반한 것으로서, 가맹본부는 가맹희망자에 대하여 가맹사업법 제37조 제3항, 독점규제 및 공정거래에 관한 법률 제56조 제1항에 의한 손해배상책임을 부담한다.

〈허위·과장된 정보 등의 제공금지〉

■ 가맹본부는 가맹희망자에게 정보를 제공할 때 다음과 같은 행위를 해서는 아니 됩니다(**가맹사업법 제9조 제1항·제2항 및 가맹사업법 시행령 제8조**).

▶ 허위·과장의 정보제공행위 : 사실과 다르게 정보를 제공하거나 사실을 부풀려 정보를 제공하는 행위

1. 객관적인 근거 없이 가맹희망자의 예상 수익 상황을 과장하여 제공하거나 사실과 다르게 가맹본부가 최저수익 등을 보장하는 것처럼 정보를 제공하는 행위
2. 가맹희망자의 점포 예정지 상권의 분석 등과 관련하여 사실 여부가 확인되지 않은 정보를 제공하는 행위
3. 가맹본부가 취득하지 않은 지식재산권을 취득한 것처럼 정보를 제공하는 행위
4. 위의 행위와 같이 사실과 다르게 또는 사실을 부풀려 정보를 제공하는 행위로서 공정거래위원회가 정하여 고시하는 행위

▶ 기만적인 정보제공행위 : 계약의 체결·유지에 중대한 영향을 미치는 사실을 은폐하거나 축소하는 방법으로 정보를 제공하는 행위

1. 중요사항을 적지 않은 정보공개서를 가맹희망자에게 제공하는 행위
2. 가맹본부가 가맹점사업자에게 지원하는 금전, 상품 또는 용역 등이 일정 요건이 충족되는 경우에만 지원됨에도 불구하고 마치 모든 경우에 지원되는 것처럼 정보를 제공하는 행위
3. 위의 행위와 같이 계약의 체결·유지에 중대한 영향을 미치는 사실을 은폐하거나 축소하는 방법으로 정보를 제공하는 행위로서 공정거래위원회가 정하여 고시하는 행위

※ 이를 위반하여 허위·과장의 정보제공행위나 기만적인 정보제공 행위를 한 경우에는 5년 이하의 징역 또는 3억 원 이하의 벌금에 처해 집니다(**가맹사업법 제41조 제1항**).

〈과거의 수익 상황 또는 장래의 예상 수익상황 정보의 서면제공 등〉

■ 가맹본부는 가맹희망자나 가맹점사업자에게 다음의 어느 하나에 해당하는 정보를 제공하는 경우는 서면으로 해야 합니다(**가맹사업법 제9조 제3항**).

▶ 가맹희망자의 예상매출액·수익·매출총이익·순이익 등 장래의 예상수익상황에 관한 정보

▶ 가맹점사업자의 매출액·수익·매출총이익·순이익 등 과거의 수익상황이나 장래

의 예상수익상황에 관한 정보

※ 이를 위반하여 정보를 서면으로 제공하지 않는 경우는 1천만 원 이하의 과태료가 부과됩니다(**가맹사업법 제43조 제6항 제2호**).

■ 가맹본부는 위의 정보를 제공하는 경우는 그 정보의 산출 근거가 되는 다음의 자료를 가맹본부의 사무소에 비치해야 하며, 영업시간 중에 언제든지 가맹희망자나 가맹점사업자의 요구가 있는 경우 그 자료를 열람할 수 있도록 해야 합니다(**가맹사업법 제9조 제4항 및 가맹사업법 시행령 제9조 제1항**).

▶ 현재 수익 또는 예상 수익의 산출에 사용된 사실적인 근거와 예측에 관한 자료

▶ 현재 수익 또는 예상 수익의 산출 근거가 되는 다음의 자료

① 산출 근거가 되는 가맹사업의 점포(직영점과 가맹점을 포함)의 수

② 해당 가맹사업의 전체 점포 수 대비 ①에 따른 점포의 수

③ ①에 따른 각 점포와 점포예정지와의 거리

▶ 최근의 일정 기간에 가맹본부나 가맹중개인이 표시 또는 설명하는 현재수익 또는 예상수익과 같은 수준의 수익을 올리는 가맹점사업자의 수와 그 비율(이 경우 최근의 일정 기간에 대해 시작하는 날짜와 끝나는 날짜를 표시해야 함)

※ 이를 위반하여 근거자료를 비치하지 않거나 자료요구에 응하지 않은 경우는 1천만 원 이하의 과태료가 부과됩니다(**가맹사업법 제43조 제6항 제3호**).

■ 다만, 다음의 어느 하나에 해당하는 가맹본부는 가맹계약을 체결할 때 가맹희망자에게 가맹희망자의 점포 예정지에서 영업개시일부터 1년간 발생할 것으로 예상되는 매출액의 최저액과 최고액으로 획정된 범위(이 경우 그 매출액의 최고액은 그 매출액의 최저액의 1.7배를 초과해서는 안 됨) 및 그 산출 근거를 서면(이하 "예상매출액산정서"라 함)으로 제공해야 합니다(**가맹사업법 제9조 제5항, 가맹사업법 시행령 제9조 제3항 및 제5항**).

▶ 중소기업자(「중소기업기본법」 제2조 제1항 또는 제3항에 따른 자를 말함)가 아닌 가맹본부

▶ 직전 사업연도 말 기준으로 가맹본부와 계약을 체결·유지하고 있는 가맹점사업자(가맹본부가 복수의 영업표지를 보유하고 있는 경우에는 동일 영업표지를 사용하는 가맹점사업자에 한정)의 수가 100개 이상인 가맹본부

※ 가맹본부는 예상매출액산정서를 가맹계약 체결일부터 5년간 보관해야 하며, 공정거래위원회는 예상매출액산정서의 표준양식을 정하여 사용을 권장할 수 있습니다(**가맹사업법 제9조 제6항 및 제7항**).

※ 이를 위반하여 예상매출액산정서를 제공하지 않거나 보관하지 않은 경우는 1천만 원 이하의 과태료가 부과됩니다(**가맹사업법 제43조 제6항 제4호 및 제5호**).

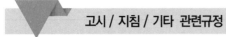
고시 **가맹사업거래상 허위·과장 정보제공행위 등의 유형 지정 고시**

[시행 2019. 11. 20.] [공정거래위원회 고시 제2019-8호, 2019. 11. 20. 제정]

Ⅰ. 목 적

이 고시는 「가맹사업거래의 공정화에 관한 법률」(이하 "법"이라 한다) 제9조 제2항, 같은 법 시행령(이하 "영"이라 한다) 제8조 제1항 제4호 및 동조 제2항 제3호 규정에 따라 가맹사업거래에서 금지되는 허위·과장의 정보제공행위 및 기만적인 정보제공행위(이하 "허위·과장의 정보제공행위 등"이라 한다)의 유형을 정하고, 아울러 허위·과장 정보제공행위 등에 해당될 수 있는 사례를 구체적으로 예시함으로써 가맹본부의 법 위반행위를 사전에 방지하고, 법 집행의 객관성과 효율성을 제고하는 데 그 목적이 있다.

이 고시는 가맹사업거래에서 허위·과장의 정보제공행위 등에 해당될 수 있는 공통적이고 대표적인 사항을 중심으로 규정되었으므로 고시에 열거되지 아니한 행위라고 해서 법 제9조 제1항에 따른 허위·과장의 정보제공행위 등에 해당되지 않는 것은 아니다. 또한, 특정행위가 이 고시에서 제시된 허위·과장의 정보제공행위 등에 해당될 수 있는 사례(예시)와 유사하더라도, 최종적인 법 위반 해당 여부는 개별 사안의 구체적인 사실관계에 대한 입증 및 위법성 심사를 통해 결정된다.

Ⅱ. 허위·과장의 정보제공행위의 세부 유형

1. 영 제8조 제1항 제1호에 따른 "객관적인 근거 없이 가맹희망자의 예상수익상황을 과장하여 제공하거나 사실과 다르게 가맹본부가 최저수익 등을 보장하는 것처럼 정보를 제공하는 행위"에 해당할 수 있는 사례는 다음과 같다.

〈예시〉

가. 객관적인 근거 없이 가맹희망자의 예상매출액, 영업이익, 순이익 등(이하 "예상매출액 등"이라 한다)을 임의로 부풀려 제공
   - 40평대 이상 가맹점의 17%만이 매출액 5,200만 원을 초과함에도 불구하고, 객관적인 근거 없이 40평대 가맹점의 예상매출액이 5,200만 원이라고 정보를 제공한 경우
   - 객관적인 근거 없이 가맹점 평균매출액을 27% 부풀린 금액을 예상매출액으로 제공한 경우
   - 가맹점 창업성공사례에 대한 매출액 정보를 제공하면서, 실제 매출액 보다 20% 부풀려진 금액을 제공한 경우

나. 객관적인 근거 없이 수익상황이 좋은 특정 점포 또는 특정 시기를 기준으로 예상매출액 등을 산정하여 제공
   - 객관적인 근거 없이 인지도, 규모, 가맹점 수 등이 다른 타 가맹본부 가맹점 매출액을 기준으로 예상매출액을 산정하여 제공한 경우

- 객관적인 근거 없이 매출액 상위 2개 가맹점의 매출액을 기준으로 예상매출액을 산정하여 제공한 경우
- 객관적인 근거 없이 점포 예정지 인근 가맹점이 아닌 매출액이 2배 이상 높은 타지역 가맹점 매출액을 기준으로 예상매출액을 산정하여 제공한 경우
- 면적 차이에 대한 조정 없이 점포 예정지보다 매장면적이 1.7배 넓은 가맹점의 매출액을 예상매출액으로 제공한 경우
- 객관적인 근거 없이 다른 가맹점의 성수기 또는 개점 직후 매출액만을 기준으로 예상매출액을 산정하여 제공한 경우

다. 예상매출액 등 산정방식을 사실과 다르게 제공
- 시행령 제9조 제4항에 따른 방식으로 예상매출액 범위를 산정하였다고 정보를 제공하였으나, 실제로는 이와 다른 기준으로 예상매출액 범위를 산정하여 예상매출액이 상당히 부풀려진 경우
- 전체 가맹점의 실제매출액을 기준으로 예상매출액을 산정하였다고 정보를 제공하였으나, 실제로는 임의적인 기준으로 예상매출액을 산정하여 예상매출액이 부풀려진 경우

라. 사실과 다르게 최저수익 등을 보장하는 것처럼 정보를 제공
- 객관적인 근거 없이 "평균 ○○원 투자 시 최소 "월 ○○백만 원의 매출, 월 ○○백만 원의 영업이익"등의 표현을 사용하여 가맹희망자들에게 수익이 보장되는 사업인 것처럼 정보를 제공한 경우

2. 영 제8조 제1항 제2호에 따른 "가맹희망자의 점포 예정지 상권의 분석 등과 관련하여 사실 여부가 확인되지 아니한 정보를 제공하는 행위"에 해당할 수 있는 사례는 다음과 같다.

〈예시〉
- 점포 예정지 인근 지역에 동종업종 점포가 다수 존재함에도 불구하고, 동종업종 점포가 없는 것처럼 정보를 제공한 경우

3. 영 제8조 제1항 제3호에 따른 "가맹본부가 취득하지 아니한 지식재산권을 취득한 것처럼 정보를 제공하는 행위"에 해당될 수 있는 사례는 다음과 같다.

〈예시〉
- 가맹본부가 상표권을 취득한 사실이 없음에도 불구하고, 상표권을 취득한 것처럼 "가맹본부가 사용을 허용하는 지식재산권", "출원 제00-00호", "등록 제00-00호" 등의 표현이 기재된 정보를 제공한 경우
- 특허 출원만 하고 등록은 되지 않은 상태에서 "특허받은 ○○를 사용"이라는 표현이 기재된 정보를 제공한 경우
- 자신의 협력회사에 대한 특허보유현황을 자신에 대한 현황인 것처럼 기재한 정보를 제공한 경우

4. 영 제8조 제1항 제4호에 따른 "제1호부터 제3호까지의 규정에 따른 행위에 준하여 사실과 다르게 또는 사실을 부풀려 정보를 제공하는 행위로서 공정거래위원회가 정하여 고시

하는 행위"란 다음 각 목에 해당하는 행위로 한다.

가. 회사 연혁, 사업실적, 가맹점 현황, 임직원 현황, 재무현황, 자산보유현황 등 가맹본부
　　에 관한 정보를 사실과 다르게 또는 부풀려서 제공하는 행위

〈예시〉
- 가맹점수가 20~40여 개에 지나지 않음에도 불구하고 개업 후 현재까지 한번이라도 계약이
체결되었던 가맹점 누적수를 대략적으로 추산하여 650개 가맹점이 성업 중이라고 정보를 제
공한 경우
- 가맹본부의 자본금이 5천만 원, 상시근로자 수가 8명이고 공장을 보유하고 있지 않음에도 자
본금 2억 원, 상시근로자 수 17명의 공장을 보유한 것처럼 기재한 정보를 제공한 경우
- 자신의 협력회사를 자신의 자회사인 것처럼 알리는 한편, 협력회사의 연혁, 기술제휴 현황,
생산설비현황 등을 자신의 현황인 것처럼 정보를 제공한 경우
- 가맹본부가 개인사업자임에도 법인사업자인 것처럼 보이기 위해 상호를 '주식회사 ○○'라고
기재하고, 대표를 대표이사로, 직원을 이사로 기재한 정보를 제공한 경우
- 외국계 회사의 커피 프랜차이즈 사업 운영권에 관해서만 업무위탁 계약을 체결했음에도 불구
하고 커피, 커피 머신, 프랜차이즈 사업권 등의 여러 사업 권한에 관한 독점총판계약을 체결한
것처럼 정보를 제공한 경우
- 유명인과 이름 및 초상권만을 사용하는 계약을 맺었을 뿐임에도 해당 유명인이 지분 참여를
한 것처럼 정보를 제공한 경우
- 100대 프랜차이즈에 선정되어 인증서를 받은 것에 불과함에도 100대 프랜차이즈 대상을 받은
것처럼 정보를 제공한 경우
- 실재하지 않는 가맹점을 창업에 성공한 가맹점인 것처럼 성공사례를 작성하여 정보를 제공한
경우

나. 가맹점사업자에게 공급하는 상품, 용역, 설비, 원·부재료 등에 대한 정보를 사실과
　　다르게 또는 부풀려서 제공하는 행위

〈예시〉
- 자신이 공급하는 ○○ 등 재료 가격이 경쟁사 ◇◇ 등의 공급가격보다 비쌈에도 불구하고,
해당 재료 가격이 경쟁사 ◇◇ 등의 공급가격보다 저렴한 것처럼 정보를 제공한 경우
- OEM 방식으로 생산하는 제품을 공급함에도 불구하고, 직영공장에서 생산하는 제품을 공급하
는 것처럼 정보를 제공한 경우
- 자신이 공급하는 의료기기가 유럽에서 가장 낮은 단계의 등급(ClassⅠ)을 얻었음에도 불구하고
최고 등급을 얻은 것처럼 '국내최초 유럽 메디컬 의료기기 1등급을 획득' 등의 표현을 기재한
정보를 제공한 경우
- 자신이 공급하는 ○○을 다른 사업자가 먼저 제조한 사실이 있음에도 불구하고, 자신이 ○○
을 최초로 제조했다고 정보를 제공한 경우
- 자신이 공급하는 ○○에 대한 제조 기술을 사실과 다르게 특정 장인에게 전수받은 것처럼 정
보를 제공한 경우
- 가맹점에 공급하는 상품·용역 등이 대리점, 온라인 등 다른 유통채널을 통해서도 공급됨에도

불구하고, 가맹점을 통해서만 공급되는 것처럼 정보를 제공한 경우

다. 가맹본부가 제공하는 경영 및 영업활동 등에 대한 지원 등에 관한 정보를 사실과 다르게 또는 부풀려서 제공하는 행위

〈예시〉
- 온라인 판매지원을 제공하지 않음에도 이를 제공하는 것처럼 정보를 제공한 경우
- 원·부자재가 아닌 완제품에 한해서만 반품을 받아줌에도 불구하고, 모든 제품에 대하여 반품을 받아주는 것처럼 정보를 제공한 경우
- 관련 인력이 전혀 없음에도 불구하고, 전문 인력을 통한 경영활동 자문을 제공하는 것처럼 정보를 제공한 경우
- 금융기관과 아무런 업무상 제휴가 없음에도 불구하고, 금융기관과 제휴를 통해 우대 신용대출이 가능한 것처럼 정보를 제공한 경우

라. 가맹금 등 가맹사업을 개시·영위하는 동안 가맹점사업자에게 발생하는 경제적 부담을 사실과 다르게 제공하는 행위

〈예시〉
- 가맹점주가 원가의 50%를 분담하는 판촉물 행사시, 판촉물 원가는 매입원가에 영업직접비, 판매직접비, 일반관리비, 물류비 등 판매관리비를 포함하여 산정함에도 불구하고 매입원가에 물류비만 포함하여 원가를 산정하는 것처럼 정보를 제공한 경우
- 사실과 다르거나 객관적인 근거 없이 업계 최저 창업비용이라거나, 경쟁사에 비해 창업비용이 가장 적은 것처럼 정보를 제공한 경우

Ⅲ. 기만적인 정보제공행위의 세부 유형

1. 영 제8조 제2항 제1호에 따른 "중요사항을 적지 아니한 정보공개서를 가맹희망자에게 제공하는 행위"에 해당할 수 있는 사례는 다음과 같다.

〈예시〉
- 점포예정지 인근 가맹점 존재 여부 및 변동현황을 누락한 정보공개서를 가맹희망자에게 제공한 경우
- 공정거래위원회로부터 시정조치를 받은 사실을 누락한 정보공개서를 가맹희망자에게 제공한 경우

2. 영 제8조 제2항 제2호에 따른 "가맹본부가 가맹점사업자에게 지원하는 금전, 상품 또는 용역 등이 일정 요건이 충족되는 경우에만 지원됨에도 불구하고 해당 요건을 제시하지 아니하면서 모든 경우에 지원되는 것처럼 정보를 제공하는 행위"에 해당할 수 있는 사례는 다음과 같다.

<예시>
- 본사에 이익이 되는 조건을 충족하는 경우에만 창업경영안전자금이 지원됨에도 불구하고 이를 제시하지 않고 가맹점 30호점까지는 제한 없이 창업경영안전자금이 지원되는 것처럼 정보를 제공한 경우
- 24시간 영업하는 경우에만 판매장려금 또는 전기료가 지원됨에도 불구하고 이를 제시하지 않고 조건 없이 판매장려금 또는 전기료가 지원되는 것처럼 정보를 제공한 경우

3. 영 제8조 제2항 제3호에 따른 "제1호 또는 제2호에 따른 행위에 준하여 계약의 체결·유지에 중대한 영향을 미치는 사실을 은폐하거나 축소하는 방법으로 정보를 제공하는 행위로서 공정거래위원회가 정하여 고시하는 행위"는 다음 각 목의 행위로 한다.

가. 가맹본부에 관한 중요사실을 은폐하거나 축소하는 방법으로 정보를 제공하는 행위

<예시>
- 유아 대상 교육원을 운영하는 가맹본부의 교육원 운영방식이 현행 법령 등에 위배 되는 것이어서 행정적 제재나 형사처벌을 받을 수 있다는 사정 등을 알리지 않은 경우
- 해외업체와 체결한 독점수입 계약이 곧 만료되어 해당 상품을 취급하는 다른 업체가 등장할 수 있다는 사실을 충분히 예견할 수 있었음에도 불구하고 이를 알리지 않은 경우

나. 가맹점사업자에게 공급하는 상품, 용역, 설비, 원·부재료 등에 관한 중요사실을 은폐하거나 축소하는 방법으로 정보를 제공하는 행위

<예시>
- 가맹점사업자에게 제공한 서비스표가 자신이 등록한 서비스표가 아니고 이에 서비스표 사용과 관련한 법적분쟁이 발생될 것이라는 점을 충분히 예견할 수 있었음에도 이에 대한 정보를 알리지 않은 경우
- 자신이 제공하는 교재와 커리큘럼이 "학부모 설문조사 결과 80% 이상 만족도를 내고 있다."라는 정보를 제공하면서, 해당 설문조사가 자신의 서비스를 이용해 본 경험이 없는 학부모들을 대상으로 한 것임을 밝히지 않은 경우
- 자신이 제공하는 교재가 시중에서 쉽게 구할 수 있는 교재에 로고만 삽입한 것임에도 불구하고, 이를 알리지 않은 경우

다. 가맹본부가 제공하는 경영 및 영업활동 등에 대한 지원 등에 관한 중요사실을 은폐하거나 축소하는 방법으로 정보를 제공하는 행위

<예시>
- 푸드코트 가맹점은 창업경영안전자금이 지원되지 않음에도 불구하고 이를 알리지 않고, 단순히 창업경영안전자금이 지원된다고 정보를 제공한 경우
- 개점 후 1년간만 판매장려금을 지원해 줌에도 불구하고 이를 알리지 않고, 단순히 판매장려금을 지원한다고 정보를 제공한 경우

라. 가맹금 등 가맹사업을 개시·영위하는 동안 가맹점사업자에게 발생하는 경제적 부담에 관한 중요사실을 은폐하거나 축소하는 방법으로 정보를 제공하는 행위

〈예시〉
- 월 지출 비용에 대한 정보를 제시하면서, 인테리어, 집기류 구입비 등 상당한 비용이 추가로 소요된다는 사실을 알리지 않고 자신이 제시한 비용이 가맹사업 시 발생하는 비용의 전부인 것처럼 정보를 제공한 경우
- 일정 요건을 충족하는 가맹계약자에게만 가맹비를 면제해 줌에도 이를 알리지 않고 누구나 가맹비를 면제받을 수 있는 것처럼 정보를 제공한 경우

마. 가맹희망자의 예상수익상황 또는 점포예정지 상권과 관련한 중요사실을 은폐하거나 축소하는 방법으로 정보를 제공하는 행위

〈예시〉
- 수익상황이 이례적으로 좋은 특정 가맹점의 매출액을 제공하면서, 이를 알리지 않고 실제 가맹점 매출액이라고만 정보를 제공한 경우
- 점포 예정지 건물에 동일 업종 점포가 다수 입점할 것이라는 사실을 알고 있었음에도 불구하고 이를 알리지 않은 경우

Ⅳ. 재검토기한

공정거래위원회는 「훈령·예규 등의 발령 및 관리에 관한 규정」에 따라 이 고시에 대하여 2020년 1월 1일 기준으로 매 3년이 되는 시점(매 3년째의 12월 31일까지를 말한다)마다 그 타당성을 검토하여 개선 등의 조치를 하여야 한다.

부 칙 〈제2019-8호, 2019. 11. 20.〉

이 고시는 2019년 11월 20일부터 시행한다.

나. 가맹금반환 의무[51]

가맹사업법	제10조 (가맹금의 반환) 제1항 (가맹금반환 의무) ⇨ (행정처분) 시정조치 / 과징금 부과 대상 제2항 (고려사항)

법　률	시행령

제10조(가맹금의 반환)
  ① 가맹본부는 다음 각 호의 어느 하나에 해당하는 경우에는 가맹희망자나 가맹점사업자가 <u>대통령령으로 정하는 사항이 적힌</u> 서면으로 요구하는 날부터 1개월 이내에 가맹금을 반환하여야 한다. 〈개정 2007. 8. 3., 2013. 8. 13.〉
  1. 가맹본부가 제7조 제3항을 위반한 경우로서 가맹희망자 또는 가맹점사업자가 가맹계약 체결 전 또는 가맹계약의 체결일부터 4개월 이내에 가맹금의 반환을 요구하는 경우
  2. 가맹본부가 제9조 제1항을 위반한 경우로서 가맹희망자가 가맹계약 체결 전에 가맹금의 반환을 요구하는 경우
  3. 가맹본부가 제9조 제1항을 위반한 경우로서 허위 또는 과장된 정보나 중요사항의 누락된 내용이 계약 체결에 중대한 영향을 준 것으로 인정되어 가맹점사업자가 가맹계약의 체결일부터 4개월 이내에 가맹금의 반환을 요구하는 경우
  4. 가맹본부가 정당한 사유 없이 가맹사업을 일방적으로 중단하고 가맹점사업자가 <u>대통령령으로 정하는 가맹사업의 중단</u>일부터 4개월 이내에 가맹금의 반환을 요구하는 경우
  ② 제1항의 규정에 의하여 반환하는 가맹
	제10조(가맹금반환의 요구)
	  법 제10조 제1항에 따라 가맹금의 반환을 요구하고자 하는 가맹점사업자 또는 가맹희망자는 다음 각 호의 사항이 기재된 서면으로 요구하여야 한다. 〈개정 2008. 1. 31.〉
	  1. 가맹금의 반환을 요구하는 가맹점사업자 또는 가맹희망자의 주소·성명
	  2. 가맹본부가 허위 또는 과장된 정보를 제공하거나 중요사항을 누락한 사실
	  3. 가맹본부가 허위 또는 과장된 정보를 제공하거나 중요사항을 누락하여 계약 체결에 중대한 영향을 준 것으로 인정되는 사실
	  4. 가맹본부가 정당한 이유 없이 가맹사업을 일방적으로 중단한 사실과 그 일자
	  5. 반환 대상이 되는 가맹금의 금액
	  6. 가맹본부가 정보공개서를 제공하지 아니한 사실 또는 정보공개서를 제공한 날부터 14일(가맹희망자가 정보공개서에 대하여 변호사 또는 법 제27조에 따른 가맹거래사의 자문을 받은 경우에는 7일)이 지나지 아니한 상태에서 가맹희망자로부터 가맹금을 수령하거나 가맹희망자와 가맹계약을 체결한 사실과 그 날짜
	
	제11조(가맹사업의 중단일)

---

51) 과징금 고시 별표 세부평가기준표에는 "가맹금반환 의무 위반행위"라고 되어 있다.

법　률	시행령
금의 금액을 정함에 있어서는 가맹계약의 체결경위, 금전이나 그 밖에 지급된 대가의 성격, 가맹계약기간, 계약이행기간, 가맹사업당사자의 귀책정도 등을 고려하여야 한다. 〈개정 2007. 8. 3.〉	법 제10조 제1항 제4호에서 "대통령령으로 정하는 가맹사업의 중단일"이란 다음 각 호의 어느 하나에 해당하는 날을 말한다. 〈개정 2008. 1. 31.〉 1. 가맹본부가 가맹점사업자에게 가맹사업의 중단일을 통지하는 경우에는 그 통지가 가맹점사업자에게 도달된 날 2. 가맹본부가 가맹점사업자에게 미리 통지함이 없이 가맹사업을 영위하는데 중대한 영향을 미치는 부동산·용역·설비·상품 등의 거래를 10일 이상 중단하고 가맹점사업자가 서면으로 거래재개일을 정하여 거래재개를 요청하였음에도 불구하고 가맹본부가 이에 응하지 아니한 경우에는 위 서면으로 정한 거래재개일

　가맹본부는 다음 네 가지 중 어느 하나에 해당하는 경우는 가맹희망자 또는 가맹점사업자가 대통령령으로 정하는 사항이 기재된 서면으로 요구하는 날부터 1개월 이내에 가맹금을 반환하여야 한다.

　첫째, 가맹본부가 정보공개서 제공 의무를 위반한 경우로서 가맹희망자 또는 가맹점사업자가 가맹계약 체결 전 또는 가맹계약의 체결일부터 4개월 이내에 가맹금반환을 요구하는 경우

　둘째, 가맹본부가 허위·과장의 정보제공 또는 기만적인 정보제공 금지행위를 위반한 경우로서 가맹희망자가 가맹계약 체결 전에 가맹금반환을 요구하는 경우

　셋째, 가맹본부가 허위·과장의 정보제공 또는 기만적인 정보제공 금지행위를 위반한 경우로서 허위 또는 과장된 정보나 중요사항의 누락된 내용이 계약체결에 중대한 영향을 준 것으로 인정되어 가맹점사업자가 가맹계약 체결일부터 4개월 이내에 가맹금반환을 요구하는 경우

　넷째, 가맹본부가 정당한 사유 없이 가맹사업을 일방적으로 중단하고 가맹점사업자가 대통령령으로 정하는 가맹사업의 중단일부터 4개월 이내에 가맹금반환을 요구하는 경우

위 넷째에서 규정하고 있는 '가맹사업의 중단일'이라 함은 다음 두 가지 중 어느 하나에 해당하는 날을 말한다.

첫째, 가맹본부가 가맹점사업자에게 가맹사업의 중단일을 통지하는 경우는 그 통지가 가맹점사업자에게 도달된 날

둘째, 가맹본부가 가맹점사업자에게 미리 통지함이 없이 가맹사업을 영위하는데 중대한 영향을 미치는 부동산·용역·설비·상품 등의 거래를 10일 이상 중단하고 가맹점사업자가 서면으로 거래재개일을 정하여 거래재개를 요청하였음에도 불구하고 가맹본부가 이에 응하지 아니한 경우는 위 서면으로 정한 거래재개일

한편, 가맹희망자 또는 가맹점사업자의 요구에 따라 가맹금을 반환하는 경우 반환하는 가맹금의 금액을 정함에 있어서는 가맹계약의 체결 경위, 금전이나 그 밖에 지급된 대가의 성격, 가맹계약 기간, 계약이행 기간, 가맹사업당사자의 귀책 정도 등을 고려하여야 한다.[52][53]

---

52) 반환 대상이 되는 가맹금을 산정하는데 있어 가맹사업법 제10조 제2항은 '반환하는 가맹금의 금액을 결정할 때는, 가맹계약의 체결 경위, 금전이나 그밖에 지급된 대가의 성격, 가맹계약 기간, 계약이행 기간, 가맹사업당사자의 귀책 정도 등을 고려하여야 한다.'라고 규정하고 있다. 예를 들면 로열티의 경우 매출액에 연동하여 후불형식으로 지급되는 금전이라는 점에서 반환 대상으로 볼 수 없고, 교육비의 경우 통상 가맹점사업자가 개점할 때 가맹본부로부터 영업방식 등 영업 전반에 대한 노하우를 전수하는 대가이고 교육이 종료되면 소멸하는 비용으로 볼 수 있으므로 반환 대상으로 보기 어려우며, 계약이행보증금의 경우는 손해액의 발생 금액이 확정된 경우라면 이를 제외한 금액이 반환 대상이 되고, 가맹비는 전체 계약기간을 대상으로 지급된 금전이라면 가맹사업거래가 종료된 날짜를 기준으로 잔여 계약기간에 해당하는 금액이 반환 대상이 된다. 이러한 제반 사정을 고려하지 아니하고 가맹비 전액을 반환하라고 처분하는 경우 재량권을 일탈·남용한 행위로 위법 사항이 된다.

53) 가맹계약서에 없는 가맹금을 반환받을 수 있는지에 대한 주요 판례를 보면, 가맹본부 A사가 'SCM Adm'이라는 항목으로 가맹점사업자에게 매장 매출액의 일정 비율에 해당하는 금액을 청구하여 지급받은 것은 부당이익에 해당한다고 주장하면서 그 금액의 반환을 요구하는 소송에서 법원은 <u>별도의 합의나 동의 절차 없이</u> 가맹점사업자에게 거래상 지위를 이용하여 가맹점사업자에게 <u>부당하게 불이익을 주는 행위</u>는 공정한 거래 질서를 해칠 우려가 있다고 판시하며 'SCM Adm'은 반환 대상이 되는 금원이라고 판시하였다(대법원 2018. 6. 15. 선고 2017다24883, 248810 판결).

문 프랜차이즈 계약을 해지하려고 합니다. 가맹금을 돌려받는 방법을 알려주세요.

답 가맹희망자나 가맹점사업자는 가맹본부의 허위·과장광고 등 일정한 경우에는 가맹금의 반환을 요구할 수 있고, 이 경우 가맹본부는 1개월 이내에 가맹금을 반환해야 합니다.

문 저는 6월 초 잉크 충전 가맹점을 계약하여 6월 17일경 홍보물을 받아 영업활동을 하던 중 7월에 운동하던 큰아들이 수술받게 되어 병간호 및 재활 기간에 영업활동을 못 하게 되어 7월 28일 가맹본부장을 만나 가맹점 매각을 요청하였습니다. 당시 가맹비는 환불이 되지 않는다고 하였으나 가맹본부장이 저의 처지를 이해하고 양도해주기로 하였습니다. 그런데 현재까지 양도의 약속이 이행이 안 되고 있습니다. 그리고 가맹비가 많은 것은 아니지만 계약 해지를 하고 가맹비 일부를 받을 수 있는지요?

답 가맹사업거래의 공정화에 관한 법률 제10조에 따르면 가맹금의 반환은 허위 또는 과장된 정보를 제공하거나 정보공개서의 중요사항을 누락한 것으로 인정되는 경우 일정한 절차에 따라 가맹금을 요구할 수 있습니다. 그러나 계약 해지에 의한 가맹금의 반환은 가맹계약서에 의해 고려할 사항입니다.

 핵심 판례

가맹본부가 가맹점사업자에게 반환해야 하는 가맹금에 대한 판단

사건명 : ㈜하이쿨의 가맹사업법 위반행위에 대한 건

〈 공정위 2011전사1240 〉

【서울고등법원 2012. 8. 28. 선고 2012누8764 판결】

【대법원 2013. 1. 24. 선고 2012두22560 판결(심리불속행 기각)】

가맹사업법 제33조 제1항은 '공정거래위원회는 가맹사업법 제10조 제1항의 가맹금반환 의무를 위반한 가맹본부로 하여금 가맹점사업자에게 가맹금의 반환을 명할 수 있다.'라고 규정하고 있고, 제10조 제1항은 '가맹본부가 정보공개서 제공 의무를 위반하였거나 허위 또는 과장된 정보를 제공하여 그 정보가 계약체결에 중대한 영향을 주었을 경우 가맹점사업자는 가맹계약의 체결일부터 2개월 이내에 대통령령으로 정하는 사항이 적힌 서면으로 가맹금의 반환을 요구할 수 있고 가맹본부는 요구받은 날부터 1개월 이내에 가맹금을 반환하여야 한다.'고 규정하고 있으며, 제10조 제2항은 '제1항의 규정에 의하여 반환하는 가맹금의 금액을 결정할 때는, 가맹계약의 체결 경위, 금전이나 그밖에 지급된 대가의 성격, 가맹계약 기간, 계약이행 기간, 가맹사업당사자의 귀책 정도 등을 고려하여야 한다.'라고 규정하고 있다.

위 가맹사업법 및 같은 법 시행령의 규정에 비추어 볼 때, 가맹금반환 명령을 할지는 피고의 재량이라고 볼 수 있으나, 반환명령의 대상은 '가맹금'이어야 할 뿐만 아니라, 위 제10조 제2항의 사항을 고려한 금액이어야 한다. 원고가 정보공개서 제공 의무를 위반하였고, 원고가 제공한 허위 또는 과장된 정보가 계약체결 시 중요하게 고려되는 요소인 가맹점의 장래 수익과 기존 가맹점 수이므로 그 정보가 계약체결에 중대한 영향을 주었다고 볼 수 있을 뿐만 아니라 가맹점사업자가 가맹계약의 체결일부터 2개월 이내에 가맹사업법 시행령 제10조의 사항을 적은 서면으로 가맹금의 반환을 요구하였으므로 원고는 가맹점사업자에게 가맹금을 반환할 의무가 있다.

가맹사업법 제2조 제6호, 같은 법 시행령 제3조 제1항의 규정에 비추어 볼 때, 원고가 받은 가맹점 개설대가 1,110만 원 중 가맹비, 교육지원비는 가맹금에 해당한다고 볼 수 있고, 물품비(홍보전단지·현수막·포스터·명함 등 개원준비물에 대한 대가)나 ID사용료(온라인 콘텐츠 사용권에 대한 대가)는 원고에게 귀속되지 않는 부분을 제외한 한도 내에서 가맹금에 해당한다고 볼 수 있다. 그럼에도 원고가 가맹점사업자로부터 받은 개설대가 1,110만 원 전부를 가맹금이라고 보고 그 반환을 명한 부분은 가맹금에 관하여 사실을 오인하여 재량권을 일탈·남용한 것으로 위법하다. 또한 가맹사업법 제10조 제2항에 따라 '반환할 가맹금'의 금액을 정할 때, 가맹점사업자가 가맹점을 2010. 12. 7.경 개원하여 적어도 원고에게 가맹금의 반환을 요구하는 내용증명 우편을 보낸 무렵까지는 운영하였으므로 이러한 사정을 고려해야 함에도 전혀 고려하지 않은 채 반환명령을 한 것도 재량권을 일탈·남용한 것으로 위법하다.

⚖ **참고 판례**

환급금

[서울고등법원 2003. 10. 15. 선고 2003나11433 판결(항소기각)]
〈수원지법 성남지원 2002. 12. 24. 선고 2002가단13668 판결(원고패소)〉

---

[1] 프랜차이즈 가맹계약이 계약기간의 중간에 해지되었을 경우 가맹금(initial fee) 반환 여부를 판단함에 있어서 고려사항

[2] 프랜차이즈 가맹계약이 합의 해지되는 경우 가맹본부(franchisor)는 가맹점사업자에게 가맹금의 일부를 반환해야 한다고 본 사례

【판결요지】

[1] 프랜차이즈 계약이 계약기간의 중간에 해지되었을 경우 계약체결 시 가맹본부(franchisor)가 받은 금전 중에 일부를 가맹점(franchisee)에게 반환하여야 하는가 하는 문제는, 가맹점이 가맹본부에게 지급한 금전이 어떤 이름으로 지급하였는가를 가지고만 볼 것이 아니라 무엇에 대한 대가로 지급한 것이고, 프랜차이즈 계약의 해지 경위와 그에 있어서 당사자의 귀책 사유 유무 등을 종합적으로 고려하여 판단하여야 한다.

[2] 맥도날드(Mcdonald's) 햄버거의 영업표지를 사용하는 것에 대한 대가로 지급한 프랜차이즈 수수료는 가맹금의 성격을 가지는 금전으로 봄이 상당하고 영업표지의 사용에 대한 이익은 기간에 따라 균등의 비율로 귀속되는 것이 원칙이므로, 가맹본부가 가맹점으로부터 점포를 인수(또는 우선 매수)하여 직영하는 방법으로 가맹점이 투하자본을 회수하기로 프랜차이즈 계약이 합의 해지된 경우라면 가맹본부가 지급받은 가맹금 중 프랜차이즈 계약의 합의 해지 후 잔여기간에 해당하는 부분은 가맹점에게 반환함이 상당하다고 본 사례

〈가맹금의 반환을 요구할 수 있는 사유〉

☞ 가맹희망자나 가맹점사업자가 가맹본부에 가맹금의 반환을 요구할 수 있는 경우는 다음과 같습니다.

① 가맹본부가 등록된 정보공개서를 제공하지 않았거나 정보공개서를 제공한 날부터 14일(가맹점희망자가 정보공개서에 대해 변호사나 가맹상담사의 자문받은 경우는 7일)이 지나지 않았음에도 가맹금을 수령하거나 가맹계약을 체결한 경우로 가맹희망자 또는 가맹점사업자가 가맹계약 체결 전 또는 가맹계약의 체결일부터 4개월 이내에 가맹금의 반환을 요구하는 경우

② 가맹본부가 가맹희망자에게 거짓이나 과장된 정보를 제공하거나 중요한 사항을 빠뜨리고 제공한 경우로서 가맹희망자가 가맹계약 체결 전에 가맹금의 반환을 요구

하는 경우
③ 가맹본부가 가맹희망자에게 거짓이나 과장된 정보를 제공하거나 중요한 사항을 빠뜨리고 제공한 경우로서 그 내용이 계약체결에 중대한 영향을 준 것으로 인정되어 가맹점사업자가 가맹점 계약의 체결일부터 2개월 이내에 가맹금의 반환을 요구하는 경우
④ 가맹본부가 정당한 사유 없이 가맹사업을 일방적으로 중단하고 가맹점사업자가 가맹사업의 중단일부터 2개월 이내에 가맹금의 반환을 요구하는 경우

〈가맹금반환 요구 방법〉

☞ 가맹금의 반환을 원하는 가맹점사업자 또는 가맹희망자는 다음의 사항이 기재된 <u>서면으로 요구</u>해야 합니다.
① 가맹점사업자 또는 가맹희망자의 주소·성명
② 가맹본부가 허위 또는 과장된 정보를 제공하거나 중요사항을 누락한 사실
③ 가맹본부가 허위 또는 과장된 정보를 제공하거나 중요사항을 누락하여 계약체결에 중대한 영향을 준 것으로 인정되는 사실
④ 가맹본부가 정당한 이유 없이 가맹사업을 일방적으로 중단한 사실과 그 일자
⑤ 반환 대상이 되는 가맹금의 금액
⑥ 가맹본부가 정보공개서를 제공하지 아니한 사실 또는 정보공개서를 제공한 날부터 14일(가맹희망자가 정보공개서에 대하여 변호사 또는 가맹거래사의 자문받은 경우는 7일)이 지나지 아니한 상태에서 가맹희망자로부터 가맹금을 수령하거나 가맹희망자와 가맹계약을 체결한 사실과 그 날짜

〈가맹금의 반환〉

☞ 가맹본부는 가맹희망자나 가맹점사업자에게 서면으로 요구받은 날부터 1개월 이내에 가맹금을 반환해야 합니다.

3 〉 **가맹계약 체결 후 가맹본부의 의무 및 금지사항** (8가지)

> ① 불공정거래행위 금지 (법 제12조)
> ② 부당한 점포환경개선 강요 금지 및 점포환경개선 비용 부담의무 (법 제12조의2)
> ③ 부당한 영업시간 구속 금지 (법 제12조의3)
> ④ 부당한 영업지역 침해 금지 (법 제12조의4)
> ⑤ 보복조치의 금지 (법 제12조의5)
> ⑥ 광고·판촉행사의 계약체결 의무 및 비용 부담의무 (법 제12조의6)
> ⑦ 가맹점사업자 단체 관련 불이익 제공 및 조건부 가맹계약체결행위 금지 (법 제14조의2)
> ⑧ 피해보상보험계약 관련 거짓자료 제출 금지 및 표시사용 또는 유사 표시 제작·사용 금지 (법 제15조의2)

가. 불공정거래행위 금지[54)55)]

가맹사업법	제12조 (불공정거래행위 금지) 　제1항 (불공정거래행위 / 불공정거래행위 하게 하는 행위) 　　⇨ (행정처분) 시정조치 / 과징금 부과 대상 　제2항 (불공정거래행위 유형 및 기준) 　　⇨ 대통령령에 위임

법 률	시행령
제12조(불공정거래행위의 금지) 　① 가맹본부는 다음 각 호의 어느 하나에 해당하는 행위로서 가맹사업의 공정한 거래를 저해할 우려가 있는 행위를 하거나 다른 사업자로 하여금 이를 행하도록 하여서는 아니 된다. 〈개정 2007. 8. 3., 2013. 8. 13., 2016. 3. 29.〉 　1. 가맹점사업자에 대하여 상품이나 용역	제12조의2(위약금의 부당성 판단기준) 　법 제12조 제1항 제5호에서 "계약의 목적과 내용, 발생할 손해 등 대통령령으로 정하는 기준"이란 다음 각 호의 기준을 말한다. 　1. 계약의 목적과 내용 　2. 발생할 손해액의 크기 　3. 당사자 간 귀책사유 유무 및 정도

---

54) 과징금 고시 별표 세부평가기준표에는 "불공정거래행위"라고 되어 있다.

55) '2022년도 소상공인 불공정거래 피해상담센터실태조사보고서'에 따르면 가맹점사업자의 불공정거래 피해사례를 보면 ① 상품·용역 구매 강제 52%, ② 상품 공급 및 영업지원 미흡 및 중단 25%, ③ 거래상 지위 남용 16%, ④ 가맹계약서 및 정보공개서 미제공 14%, ⑤ 부당한 점포환경개선 요구 11%로 나타났다(출처: 2023년도 소상공인시장진흥공단이 국회에 제출한 국정감사 자료).

법 률	시행령
의 공급 또는 영업의 지원 등을 부당하게 중단 또는 거절하거나 그 내용을 현저히 제한하는 행위 2. 가맹점사업자가 취급하는 상품 또는 용역의 가격, 거래상대방, 거래지역이나 가맹점사업자의 사업활동을 부당하게 구속하거나 제한하는 행위 3. 거래상의 지위를 이용하여 부당하게 가맹점사업자에게 불이익을 주는 행위 4. 삭제 〈2013. 8. 13.〉 5. 계약의 목적과 내용, 발생할 손해 등 대통령령으로 정하는 기준에 비하여 과중한 위약금을 부과하는 등 가맹점사업자에게 부당하게 손해배상 의무를 부담시키는 행위 6. 제1호부터 제3호까지 및 제5호 외의 행위로서 부당하게 경쟁가맹본부의 가맹점사업자를 자기와 거래하도록 유인하는 행위 등 가맹사업의 공정한 거래를 저해할 우려가 있는 행위 ② 제1항 각 호의 규정에 의한 행위의 유형 또는 기준은 대통령령으로 정한다.	4. 해당 업종의 정상적인 거래관행 [본조신설 2014. 2. 11.] 제13조(불공정거래행위의 유형 또는 기준) ① 법 제12조 제2항의 규정에 의한 불공정거래행위의 유형 또는 기준은 별표 2와 같다. ② 공정거래위원회는 필요하다고 인정하는 경우에 별표 2의 유형 또는 기준의 범위 내에서 특정업종 또는 특정행위에 적용되는 세부적인 불공정거래행위의 유형 또는 기준을 정하여 고시할 수 있다.

불공정거래행위의 유형 또는 기준

(제13조 제1항 관련)

1. 거래거절

법 제12조 제1항 제1호에 해당하는 행위의 유형 및 기준은 다음 각 목의 어느 하나와 같다. 다만, 가맹점사업자의 계약위반 등 가맹점사업자의 귀책 사유로 가맹사업의 거래관계를 지속하기 어려운 사정이 발생하는 경우는 그러하지 아니하다.

가. 영업지원 등의 거절

　　정당한 이유 없이 거래 기간에 가맹사업을 영위하는데 필요한 부동산·용역·설비·상품·원재료 또는 부재료의 공급과 이와 관련된 영업지원, 정보공개서 또는 가맹계약서에서 제공하기로 되어 있는 경영 및 영업활동에 관한 지원 등을 중단 또는 거절하거나 그 지원하는 물량 또는 내용을 현저히 제한하는 행위

나. 부당한 계약갱신의 거절

　　1) 가맹본부가 정당한 사유 없이 가맹점의 영업지역에 직영점을 설치할 목적으로 가맹점사업자의 계약갱신 요구를 거절하는 행위. 다만, 가맹본부가 가맹점사업자로부터 가맹점을 양수하거나, 가맹점사업자가 계약갱신을 요구하지 않은 경우로서 가맹본부가 법 제13조 제4항에 따라 가맹계약을 갱신하지 않는다는 사실을 통지함으로써 가맹계약이 종료된 경우는 제외한다.

　　2) 가맹본부가 정당한 사유 없이 특정 가맹점사업자에 대해서만 차별적으로 계약갱신 요구를 거절하는 행위. 다만, 가맹본부가 소속 가맹점사업자에게 공통으로 적용되는 평가기준, 평가시기, 평가방식 등을 포함한 계약갱신 기준(이하 "평가기준 등"이라 한다)을 사전에 통지하고 평가기준 등에 따라 가맹점 평가를 실시한 후 그 결과에 따라 계약갱신 요구를 거절하는 행위는 제외한다.

　　3) 가맹본부의 요구에 따른 점포환경개선 비용 중 가맹점사업자가 부담한 금액, 점포환경개선 후 가맹점 영업 기간, 해당기간 동안의 가맹점 수익 상황 등에 비추어 가맹점사업자가 점포환경개선 비용을 회수할 수 있는 충분한 기간이 경과하지 않았음에도 불구하고 정당한 사유 없이 가맹점사업자의 계약갱신 요구를 거절하는 행위

　　4) 1)부터 3)까지에 준하는 행위로서 가맹본부가 부당하게 가맹점사업자와의 계약갱신을 거절하는 행위

다. 부당한 계약 해지

　　부당하게 계약기간 중에 가맹점사업자와의 계약을 해지하는 행위

2. 구속조건부거래

법 제12조 제1항 제2호에 해당하는 행위의 유형 및 기준은 다음 각 목의 어느 하나와 같다.

가. 가격의 구속

정당한 이유 없이 가맹점사업자가 판매하는 상품 또는 용역의 가격을 정하여 그 가격을 유지하도록 하거나 가맹점사업자가 상품 또는 용역의 가격을 결정하는 행위를 부당하게 구속하는 행위. 다만, 다음의 어느 하나에 해당하는 행위는 제외한다.

1) 판매가격을 정하여 가맹점사업자에게 이를 따르도록 권장하는 행위

2) 가맹점사업자에게 판매가격을 결정하거나 변경하는 경우 그 내용에 관하여 사전에 협의하도록 하는 행위. 다만, 사전협의를 통해 판매가격을 강요하는 행위는 가격을 구속하는 행위로 본다.

나. 거래상대방의 구속

부동산·용역·설비·상품·원재료 또는 부재료의 구입·판매 또는 임대차 등과 관련하여 부당하게 가맹점사업자에게 특정한 거래상대방(가맹본부를 포함한다. 이하 이 목에서 같다)과 거래할 것을 강제하는 행위. 다만, 다음의 요건을 모두 충족하는 경우는 그러하지 아니하다.

1) 부동산·용역·설비·상품·원재료 또는 부재료가 가맹사업을 경영하는 데에 필수적이라고 객관적으로 인정될 것

2) 특정한 거래상대방과 거래하지 아니하는 경우에는 가맹본부의 상표권을 보호하고 상품 또는 용역의 동일성을 유지하기 어렵다는 사실이 객관적으로 인정될 것

3) 가맹본부가 미리 정보공개서를 통하여 특정한 거래상대방과 구입·판매 또는 임대차 등의 방법으로 거래할 것을 강제하는 부동산·용역·설비·상품·원재료 또는 부재료의 세부내역 및 그 거래상대방에 관한 정보를 가맹점사업자에게 알리고 이를 가맹계약서에 포함할 것

4) 가맹본부가 특정한 거래상대방과 구입·판매 또는 임대차 등의 거래를 할 것을 강제하는 부동산·용역·설비·상품·원재료 또는 부재료의 세부내역, 가격, 수량, 품질 및 그 거래상대방 등 거래조건을 가맹점사업자에게 불리하게 변경하는 경우 가맹점사업자와 협의를 거칠 것

다. 가맹점사업자의 상품 또는 용역의 판매 제한

가맹점사업자에게 부당하게 지정된 상품 또는 용역만을 판매하도록 하거나 거래상대방에 따라 상품 또는 용역의 판매를 제한하는 행위. 다만, 다음의 요건을 모두 충족하는 경우는 그러하지 아니하다.

1) 가맹점사업자의 상품 또는 용역의 판매를 제한하지 아니하는 경우는 가맹본부의 상표권을 보호하고 상품 또는 용역의 동일성을 유지하기 어렵다는 사실이 객관적으로 인정될 것

2) 가맹본부가 미리 정보공개서를 통하여 가맹점사업자에게 해당 사실을 알리고 가맹
점사업자와 계약을 체결할 것

라. 영업지역의 준수 강제

부당하게 가맹점사업자에게 영업지역을 준수하도록 조건을 붙이거나 이를 강제하는 행
위. 다만, 다음 각 호의 어느 하나에 해당하는 행위는 그러하지 아니하다.

1) 가맹본부가 가맹점사업자의 영업 거점지역을 정하는 행위

2) 가맹점사업자가 자기 영업지역에서 판매책임을 다하는 경우 영업지역 외의 다른 지
역에서 판매할 수 있도록 하는 행위

3) 가맹점사업자가 자기 영업지역 외의 다른 지역에서 판매하고자 하는 경우 그 지역의 가맹
점사업자에게 광고선전비 등 판촉비용에 상당하는 일정한 보상금을 지급하도록 하는 행위

마. 그 밖에 가맹점사업자의 영업활동의 제한

가목 내지 라목에 준하는 경우로서 부당하게 가맹점사업자의 영업활동을 제한하는 행
위. 다만, 다음의 요건을 모두 충족하는 경우는 그러하지 아니하다.

1) 가맹점사업자의 영업활동을 제한하지 아니할 경우는 가맹본부의 상표권을 보호하고
상품 또는 용역의 동일성을 유지하기 어렵다는 사실이 객관적으로 인정될 것

2) 가맹본부가 미리 정보공개서를 통하여 가맹점사업자에게 해당 사실을 알리고 가맹
점사업자와 계약을 체결할 것

3. 거래상 지위의 남용

법 제12조 제1항 제3호에 해당하는 행위의 유형 및 기준은 다음 각 목의 어느 하나와 같다.
다만, 다음 각 목의 어느 하나에 해당하는 행위를 허용하지 아니하는 경우 가맹본부의 상표
권을 보호하고 상품 또는 용역의 동일성을 유지하기 어렵다는 사실이 객관적으로 인정되는
경우로서 해당 사실에 관하여 가맹본부가 미리 정보공개서를 통하여 가맹점사업자에게 알
리고 가맹점사업자와 계약을 체결하는 경우는 그러하지 아니하다.

가. 구입강제 : 가맹점사업자에게 가맹사업의 경영과 무관하거나 그 경영에 필요한 양을
넘는 시설·설비·상품·용역·원재료 또는 부재료 등을 구입 또는 임차하도록 강제하
는 행위

나. 부당한 강요 : 부당하게 경제적 이익을 제공하도록 강요하거나 가맹점사업자에게 비용
을 부담하도록 강요하는 행위

다. 부당한 계약조항의 설정 또는 변경 : 가맹점사업자가 이행하기 곤란하거나 가맹점사업
자에게 불리한 계약조항을 설정 또는 변경하거나 계약갱신 과정에서 종전의 거래조건
또는 다른 가맹점사업자의 거래조건보다 뚜렷하게 불리한 조건으로 계약조건을 설정
또는 변경하는 행위

라. 경영의 간섭 : 정당한 이유 없이 특정인과 가맹점을 같이 운영하도록 강요하는 행위

마. 판매목표 강제 : 부당하게 판매 목표를 설정하고 가맹점사업자로 하여금 이를 달성하도록 강제하는 행위

바. 불이익제공 : 가목부터 마목까지의 행위에 준하는 경우로서 가맹점사업자에게 부당하게 불이익을 주는 행위

4. 부당한 손해배상 의무 부과 행위

법 제12조 제1항 제5호에 해당하는 행위의 유형 및 기준은 다음 각 목의 어느 하나와 같다.

가. 과중한 위약금 설정·부과 행위

  1) 계약 중도해지 시 과중한 위약금 설정·부과 행위

    계약 해지의 경위 및 거래당사자 간 귀책 사유 정도, 잔여계약기간의 정도, 중도해지 후 가맹본부가 후속 가맹점사업자와 계약을 체결하기 위하여 통상 소요될 것으로 예상되는 기간에 상당하는 손해액 등에 비추어 부당하게 과중한 위약금을 설정하여 계약을 체결하거나 이를 부과하는 행위

  2) 과중한 지연손해금 설정·부과 행위

    상품 또는 용역에 대한 대금 지급의 지연 시 지연 경위, 정상적인 거래 관행 등에 비추어 과중한 지연손해금을 설정하여 계약을 체결하거나 이를 부과하는 행위

나. 소비자 피해에 대한 손해배상 의무 전가 행위

  가맹본부가 가맹점사업자에게 공급한 물품의 원시적 하자 등으로 인하여 소비자 피해가 발생한 경우까지도 부당하게 가맹점사업자가 손해배상 의무를 모두 부담하도록 계약을 체결하는 행위

다. 부당한 영업위약금 부과 행위

  가맹점사업자가 영업을 개시한 날이 속하는 달의 다음 달부터 1년간의 평균 매출액이 가맹본부가 법 제9조 제3항 및 제5항에 따라 제공한 예상매출액의 최저액에 미달하여 가맹점사업자가 계약을 중도에 해지하는 경우 가맹본부가 계약 해지에 따른 기대이익 상실을 이유로 위약금을 부과하는 행위. 다만, 가맹점사업자의 가맹계약 위반, 가맹본부가 제시한 경영방침 미준수 또는 이에 준하는 사유로 인하여 평균 매출액이 예상매출액의 최저액에 미달한 경우는 제외한다.

라. 그 밖의 부당한 손해배상 의무 부과 행위

  가목 또는 나목에 준하는 경우로서 가맹점사업자에게 부당하게 손해배상 의무를 부담하도록 하거나 가맹본부가 부담해야 할 손해배상 의무를 가맹점사업자에게 전가하는 행위

가맹본부는 다음 5가지의 행위 중 어느 하나에 해당하는 행위로서 가맹사업의 공정한

거래를 저해할 우려가 있는 행위를 하거나 다른 사업자로 하여금 이를 행하도록 하여서는 아니 된다.

첫째, 가맹점사업자에 대하여 상품이나 용역의 공급 또는 영업의 지원 등을 부당하게 중단 또는 거절하거나 그 내용을 현저히 제한하는 행위[56]

둘째, 가맹점사업자가 취급하는 상품 또는 용역의 가격, 거래상대방, 거래지역이나 가맹점사업자의 사업 활동을 부당하게 구속하거나 제한하는 행위[57]

셋째, 거래상의 지위를 이용하여 부당하게 가맹점사업자에게 불이익을 주는 행위

넷째, 계약의 목적과 내용, 발생할 손해 등 대통령령으로 정하는 기준에 비하여 과중한 위약금을 부과하는 등 가맹점사업자에게 부당하게 손해배상 의무를 부담시키는 행위

다섯째, 위 4가지 외의 행위로서 부당하게 경쟁가맹본부의 가맹점사업자를 자기와 거래하도록 유인하는 행위 등 가맹사업의 공정한 거래를 저해할 우려가 있는 행위[58]

위 네 번째 규정에서 '대통령령으로 정하는 기준'이라 함은 ① 계약의 목적과 내용 ② 발생할 손해액의 크기 ③ 당사자 간 귀책 사유 유무 및 정도 ④ 해당 업종의 정상적인 거래 관행을 말한다.

---

56) 가맹본부가 가맹점사업자에게 상품이나 용역의 공급 또는 영업의 지원 등을 중단 또는 거절하는 경우 가맹점사업자로서는 사실상 가맹사업이 불가능하여 폐점에 이르게 될 수밖에 없는데 그 거래거절 행위가 어떤 경우 정당하고 또 어떤 경우 부당한 것인지에 대한 대법원 판례를 보면, 우선 정당한 경우는 가맹점사업자의 계약위반 등 가맹점사업자의 귀책 사유로 인하여 거래관계를 지속하기 어려운 중대한 사정이 있는 경우의 거래거절은 정당하고, 이에 반해 가맹점사업자의 귀책 사유가 없음에도 불구하고 거래거절을 통해 그 사업 활동을 곤란하게 하거나 가맹점사업자에 대한 부당한 통제목적으로 활용하는 경우는 부당하다고 판시하였다(대법원 2006. 3. 10. 선고, 2002두332 판결).

57) 가맹점사업자가 창업할 당시 흔히 가맹본부는 자기가 지정하는 사업자로부터 냉장고, 에어컨, 주방 집기 등을 구매하도록 강제하는 경우가 있는데, 이 경우 거래상대방을 구속하는 행위로서 위법성이 인정되는 기준은 특정 상품이 가맹본부의 상표권을 보호하고 상품 또는 용역의 동일성을 유지하기 위한 물품(필수품목)에 해당하는지 여부라고 할 수 있다. 그러므로 가맹본부가 거래상대방을 구속하는 행위는 최소한의 범위에 그쳐야 한다. 그러나 가맹본부가 미리 정보공개서를 통하여 해당 사실을 알리고 가맹점사업자와 계약을 체결하는 경우 필수품목이 아니라고 하더라도 거래상대방의 동의가 있었다면 가맹사업법에 위반되지 않는다는 주장과 함께 가맹계약을 강제하는 경우가 있는데 이러한 행위는 가맹사업법의 입법 취지에 반하는 것으로서 그 위법성이 인정될 가능성이 매우 크다.

58) 가맹사업법 제12조(불공정거래행위의 금지) 제1항 제6호(경쟁가맹본부의 가맹사업자 유인행위) 위반으로 공정거래위원회에 신고되어 처음으로 시정명령(제재)을 받은 심결례로는 ○○익스프레스가 상표권을 이용하여 경쟁가맹본부의 가맹점사업자들을 자기와 거래하도록 유인(사실상 강제)한 사건이다. 이 사건은 경영권 분쟁 중이던 상표권이 자기에게 이전되자 경쟁가맹본부 가맹점이 사용하는 상표권이 자기에게 있음을 이유로 더 이상 상표권을 사용하지 못하도록 요구하면서 계속 사용하는 경우 상표권 침해로 민·형사상의 조치를 하겠다고 통지하며 자기와 계약을 체결하도록 요구하여 거래하도록 하였는바, 이에 대해 공정거래위원회는 ○○익스프레스의 행위는 공정한 거래 질서를 저해하는 행위로 판단하고 시정명령을 하였다(공정거래위원회 2017. 6. 20. 의결 제2017-204호, 사건번호 : 2016서경3878)

구체적인 가맹본부의 불공정거래행위 유형 및 기준은 가맹사업법 시행령 별표 2에서 확인할 수 있다.

 사례 검토

> **문** 학원업을 영위하고 있는 사람입니다. 작년 겨울 동업종 관련 가맹사업을 하는 곳을 알게 되어서 가맹계약을 하게 되었고 가맹비를 지급하였으나, 학원 내의 장비 시설을 구축하는 데 가격이 너무 비싸 서로 구두로 합의하고 시설을 설치하지 않았습니다. 그런데 장비를 구매하지 않자 교육 및 학원 운영에 관한 가맹본부에서 관리사항을 이행하지 않고 가맹점에서 모두 알아서 하라고 하여 가맹점으로서는 수업 진행이 어려워 고민을 하던 중 다른 가맹점과 가맹계약을 하게 되었습니다.
>
> **답** 정당한 이유 없이 거래 기간에 가맹사업을 영위하는데 필요한 부동산·용역·설비·상품·원재료 또는 부재료의 공급과 이와 관련된 영업 지원, 정보공개서 또는 가맹계약서에서 제공하기로 되어 있는 경영 및 영업활동에 관한 지원 등을 중단 또는 거절하거나 그 지원하는 물량 또는 내용을 현저히 제한하는 행위를 하는 경우 불공정거래행위의 거래거절로 보고 있습니다.
>
> 귀하가 주장하신 내용이 가맹본부가 영업 지원 등을 부당하게 거절하여 가맹사업법에서 규정하고 있는 불공정거래행위에 해당하는지에 대한 여부를 확인하려면 공정거래위원회 지방공정거래사무소[59]에 가맹본부의 가맹사업법 위반 혐의에 대하여 신고해야 하고, 가맹사업당사자 사이 분쟁을 해결하려면 가맹사업거래분쟁조정협의회[60]에 증거자료를 첨부하여 분쟁조정을 신청하면 해당 지방공정거래사무소 또는 해당 분쟁조정협의회가 관련 업무를 처리합니다.

> **문** DVD방을 운영하는 사람입니다. 2003년 3월경 프랜차이즈 DVD방 업체와 계약을 했습니다. 이의가 없는 경우 1년 단위의 계약은 자동으로 갱신되는 계약이었습니다. 그런데 얼마 전 상호사용료라는 명목 아래 월 5만 원을 보내라는 공문을 본사로부터 받으면서 변경된 계약 내용으로 재계약을 요구받았습니다. 저는 분명히 매월 내는 로열티가 없는 계약을 했는데 로열티라는 용어 대신에 상호사용료라는 이름으로 터무니없는 금액을 요구하고 재계약을 종용하고 있습니다.

---

59) 가맹본부 소재지를 기준으로 공정거래위원회 5개 지방공정거래사무소(서울, 부산, 대구, 광주, 대전)에 신고를 할 수 있다.
60) 가맹본부 소재지를 기준으로 한국공정거래조정원 및 광역지방자치단체(서울특별시, 부산광역시, 인천광역시, 경기도)에 설치되어 있는 가맹사업거래분쟁조정협의회에 분쟁조정 신청을 할 수 있다.

답 가맹본부가 가맹점사업자에게 이행하기 곤란하거나 가맹점사업자에게 불리한 계약 조항을 설정 또는 변경하고 가맹점사업자에게 강제하거나 이를 따르지 않는 경우 불이익을 주는 행위(가맹사업법 시행령 제13조 제1항 별표 2)는 가맹사업법 위반 소지가 있습니다. 단, 그러한 사실에 관하여 가맹본부가 미리 정보공개서를 통하여 가맹점사업자에게 알리고 가맹점사업자와 계약을 체결하거나 가맹점사업자의 동의를 얻는 경우는 제외됩니다.

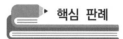 **핵심 판례**

가맹사업법에 따른 불공정거래행위로서 거래거절에 해당하는지는 가맹계약의 당사자 확정과는 별도로, 이 사건 행위의 부당성 즉, 공정한 거래 질서를 저해할 우려가 있는지를 기준으로 판단

사건명 : ㈜골프존의 가맹사업법 위반행위에 대한 건
〈 공정위 2022서가0561[61] 〉
【서울고등법원 2023. 6. 8. 선고 2022누53756 판결】
【대법원 2023. 9. 21. 선고 2023두44764 판결(심리불속행 기각)】

원고(가맹본부)는 2020. 12. 30. 홍○○과 명의를 조○○로 하는 '골프존파크 삼덕동성로점'(이 사건 가맹점) 가맹계약을 체결하고(제1 가맹계약), 이 사건 가맹점이 가맹계약에 따라 가맹계약금 등 대금 지급을 지체하던 중 홍○○의 요청에 따라 2021. 6. 23. 명의를 조○○에서 최△△/최◇◇으로 변경하는 가맹계약을 새로 체결하였음(제2 가맹계약).

가맹사업거래의 특성에 비추어 가맹본부가 가맹점사업자에 대하여 상품이나 용역의 공급 또는 영업의 지원 등을 중단 또는 거절하는 행위가 <u>불공정거래행위로서의 거래거절에 해당하기 위해서는 가맹점사업자의 계약위반 등 가맹점사업자의 귀책 사유로 인하여 가맹사업의 거래관계를 지속하기 어려운 중대한 사정이 없음에도 불구하고 가맹점사업자의 계속적 거래 기회를 박탈하여 그 사업 활동을 곤란하게 하거나 가맹점사업자에 대한 부당한 통제 등의 목적 달성을 위하여 그 실효성을 확보하기 위한 수단 등으로 부당하게 행하여진 경우</u>라야 하고(대법원 2005. 6. 9. 선고 2003두7484 판결 등), 또한 해당 거래거절행위를 가맹사업법에 따라 <u>위법한 것으로 평가하기 위해서는 그것이 가맹사업법의 목적에 비추어 부당한 것이어야 하고 부당성 유무의 판단은 중단 또는 거절하거</u>

---

61) 가맹본부의 가맹사업법 위반행위가 신고인에게 한정된 피해구제인 사건에 해당하는 것으로 판단한 심사관(서울지방공정거래사무소장)이 2022. 6. 30. 전결 처리하면서 경고(처분)한 사건이다.

나 현저히 제한하는 행위의 의도나 목적, 해당 행위의 경위, 내용 및 정도, 가맹계약의 내용, 관련 법령의 규정 등 제반 사정에 비추어 가맹사업의 공정한 거래 질서를 저해할 우려가 인정되는지를 기준으로 판단하여야 하고(대법원 2021. 9. 30. 선고 2020두48857 판결 등 참조), 해당 거래거절행위가 공정한 거래를 저해할 우려가 있는 행위라는 점은 피고가 이를 입증하여야 함.

이 사건 제1 가맹계약의 당사자 확정과 관련하여 조○○와 홍○○ 사이 민·형사상 분쟁이 있으나 가맹본부인 원고의 이 사건 행위가 가맹사업법에 따른 불공정거래행위로서 거래거절에 해당하는지는 가맹계약의 당사자 확정과는 별도로 이 사건 행위의 부당성 즉, 공정한 거래 질서를 저해할 우려가 있는지를 기준으로 판단하여야 함.

원고의 이 사건 행위와 관련하여 ① 홍○○은 2020. 4월경 원고 담당 직원과 처음으로 미팅하여 2020. 11월까지 원고 담당 직원과 여러 차례 가맹점 개설과 운영에 필요한 사항 등에 관하여 협의하였고, 2020. 12. 7. 조○○와 함께 원고 담당 직원을 함께 만났으며 그 자리에서 조○○가 원고 담당 직원에게 정보공개서 수령확인서를 작성해준 점, ② 홍○○은 2020. 12. 30. 조○○가 동석하지 않은 상황에서 원고와 사이에 이 사건 제1 가맹계약을 체결하면서 그 가맹계약서와 필수품목 및 옵션 품목 발주서에 이 사건 가맹점 명의를 조○○로 기재하고 스스로 조○○의 이름으로 서명한 점, ③ 이 사건 가맹점은 제1 가맹계약에 따라 초도 가맹비, 교육비 등(이하 가맹금 등)의 지급을 지체하자, 원고는 2021. 2월경부터 2021. 4월경까지 가맹금 등의 지급을 여러 차례 요구하였고 2021. 5월경 홍○○에게 '2021. 6월까지 입금하지 아니하는 경우 제1 가맹계약이 종료될 수 있다'라고 설명하였음에도 불구하고 제2 가맹계약이 체결될 때까지 가맹금 등이 입금되지 아니한 점, ④ 가맹금 등의 입금이 지체된 상황에서 홍○○은 2021. 6월경 원고에게 '조○○가 대출이 불가능하게 되어 이 사건 가맹점에 투자할 수 없다.'라고 하면서 이 사건 가맹점 제1 가맹계약의 명의를 변경해달라고 요청하여 제2 가맹계약이 체결된 점, ⑤ 제2 가맹계약의 내용은 계약기간(2021. 6. 23.~2023. 6. 22.)과 가맹점 대표자 명의만 변경되고 나머지는 제1 가맹계약과 같은 점, ⑥ 원고 담당 직원은 제2 가맹계약 체결 후 2021. 7. 6. 조○○와 통화하면서 '홍○○이 (조○○와) 동업하기로 했는데 돈을 안 줘서 입금을 좀 미뤄줄 수는 있는지를 물었다', '홍○○이 기계를 6월에 무조건 받아야 할 상황인데 돈은 없고 어쩔 수 없이 명의를 바꾼다고 얘기했다'라는 취지로 말하였던 점, ⑦ 원고가 제1, 2 가맹계약 관련 사항들을 주로 협의한 사람은 홍○○이었고 달리 이 사건 행위 당시 원고가 제1 가맹계약의 실제 가맹점사업자가 홍○○이 아닌 조○○라는 것을 명확하게 인식하였다고 볼 자료는 없고 나아가 조○○의 가맹사업 활동을 곤란하게 할 의도나 목적으로 이 사건 행위를 하였다고 인정할 사정은 전혀 찾아볼 수 없는 점, ⑧ 원고가 가맹금 등의 입금이 지체되었음에도 제1 가맹계약을 해지하지 아니하고 가맹금 등의 지급기한을 여러 차례 연기해준 점, ⑨ 이 사건 행위 당시 이 사건 가맹점 반경 1km 이내에 원고의 가맹점이 4개나 운영되고 있었기 때문에 원고가 이 사건 가맹점의 원활한 개점으로 가맹금 등을 받기 위해 서둘러 이 사건 행위를 한 것으로 보이지는 아니하다는 점 등에 비추어 보면 피고가 제출한 증거만으로는 원고의 이 사건 행위가 가맹사업법을 위반한 행위 즉 '가맹사업의 공정한 거래 질서를 저해할 우려'가 있는 행위로 인정하기에 부족함.

따라서 이 사건 행위는 가맹사업법 제12조 제1항 제1호의 불공정거래행위에 해당하지 않으므로 이 사건 처분(경고)은 취소되어야 함.

가맹본부의 계약 해지 행위는 가맹사업법 제12조 제1항 제1호에 해당하기 때문에 부당한 거래거절행위로 본다는 판단

사건명 : ㈜비에이치씨의 가맹사업법 위반행위에 대한 건
〈 공정위 2019가조1126 〉
【서울고등법원 2022. 10. 12. 선고 2021누53162 판결(확정)】

가맹사업자의 정당한 이익을 보호하기 위한 강행규정인 가맹사업법 제14조 제1항을 위반한 계약해지는 특별한 사정이 없는 한 그 자체로 부당한 계약해지에 해당한다고 보아야 하며, (중략) 원고(가맹본부)가 제시한 증거만으로 2회 이상 가맹계약 위반행위의 시정을 명하였다고 보기는 어려움.

진○○ 등이 원고에 대하여 문제를 제기함에 있어 전혀 허황된 얘기를 한 것은 아니고 나름의 근거를 바탕으로 의혹을 제기한 것으로 보여, 진○○ 등이 이 사건 가맹점사업자들에게 원고의 거래거절을 정당화할 만한 어떤 귀책 사유가 있다고 단정할 수 없음.

가맹본부가 가맹점사업자들에게 자신을 통해서만 홍보전단지를 구매할 수 있게 한 행위는 가맹사업법 제12조 제1항 제2호에 해당한다는 판단

사건명 : ㈜에땅의 가맹사업법 위반행위에 대한 건
〈 공정위 2016가맹3591 〉
【서울고등법원 2020. 8. 19. 선고 2018누79102 판결】
【대법원 2021. 9. 30. 선고 2020두48857 판결(파기환송)】

가맹사업법 제12조는 가맹점사업자가 취급하는 상품 또는 용역의 가격, 거래상대방, 거래지역이나 가맹점사업자의 사업활동을 부당하게 구속하거나 제한하는 행위로서 가맹사업의 공정한 거래를 저해할 우려가 있는 행위를 금지하면서(제1항 제2호), 이러한 행

위의 유형 또는 기준을 대통령령으로 정하도록 위임하고 있다(제2항). 그 위임에 따라 가맹사업법 시행령은 부동산·용역·설비·상품·원재료 또는 부재료의 구입·판매 또는 임대차 등과 관련하여 부당하게 가맹점사업자에게 특정한 거래상대방(가맹본부를 포함한다)과 거래할 것을 강제하는 행위를 '구속조건부거래' 중 '거래상대방 구속행위'로 규정하면서, 그 예외 사유로 ① 부동산·용역·설비·상품·원재료 또는 부재료가 가맹사업을 경영하는 데에 필수적이라고 객관적으로 인정될 것, ② 특정한 거래상대방과 거래하지 아니하는 경우는 가맹본부의 상표권을 보호하고 상품 또는 용역의 동일성을 유지하기 어렵다는 사실이 객관적으로 인정될 것, ③ 가맹본부가 미리 정보공개서를 통하여 가맹점사업자에게 해당 사실을 알리고 가맹점사업자와 계약을 체결할 것이라는 요건을 모두 충족하는 경우를 규정하고 있다[제13조 제1항 [별표 2] 제2호 (나)목].

이와 같은 관계 법령의 내용, 형식, 체제 및 입법 취지 등에 비추어 보면, 가맹본부가 가맹계약에 수반하여 별도로 홍보전단지 등 판촉물을 자기 또는 특정 거래상대방으로부터만 구입하도록 하는 행위가 부당한 거래상대방 구속행위에 해당하는지 여부는 가맹점계약의 내용, 가맹금이나 그 구입대금의 지급방식, 동종업계의 일반적인 거래관행, 가맹사업의 통일적 이미지 확보와 가맹본부의 상표권 보호나 상품 또는 용역의 동일성 유지의 필요성, 미리 정보공개서를 통하여 가맹점사업자에게 특정한 거래상대방과 거래해야만 한다는 점을 알리고 계약을 체결하였는지 여부 등을 종합적으로 고려하여 판단하여야 한다. 한편, 특정한 거래상대방과 거래하도록 '강제'하는 행위에는, 상대방이 구입하지 아니할 수 없는 객관적인 상황을 만들어 내는 것도 포함된다(대법원 2018. 11. 9. 선고 2015두59686 판결 참조).

① 홍보전단지는 '상품'과는 별도로 제공되므로 상품과 함께 제공되어 상품에 대한 소비자의 통일적 인식을 구성한다고 보기 어려운 점, ② 원고는 가맹점사업자들과 가맹계약을 하면서 별도의 홍보협의서를 작성하여 각 가맹점사업자가 매월 원고로부터 의무적으로 주문해야 할 홍보전단지의 목표 수량을 정하고, 가맹점사업자들로부터 수개월 치의 전단지 구매 대금에 상응하는 선수금을 받아 가맹점사업자들이 사실상 원고 이외에 다른 곳으로부터 홍보전단지를 구매할 수 있는 유인을 차단한 점, ③ 원고가 가맹계약 체결 이전에 홍보전단지의 구매에 관한 사항을 정보공개서를 통하여 가맹점사업자에게 미리 알렸다는 것을 인정할 만한 증거가 없는 점, ④ 원고는 선수금의 납부 의무에 관한 사항을 정보공개서나 가맹계약서에 명시하지 않았음에도 가맹점사업자에게 가맹계약 체결 시 선수금을 반드시 납부하도록 한 점, ⑤ 원고는 실제로 외부업체를 통해 홍보전단지를 제작한 가맹점사업자들에게 재발방지 각서를 받았고, 향후 계약 해지 가능성을 통보하는 등으로 제재를 가한 점 등을 이유로 원고(가맹본부)가 가맹점사업자들에게 자신을 통해서만 전단지를 구매할 수 있게 한 행위는 가맹사업법 제12조 제1항 제2호가 금지하는 '부당한 거래상대방 구속행위'에 해당한다.

> **가맹점사업자가 정보공개서를 통해 미리 알고 그에 동의한 후, 가맹
> 계약을 체결하였다는 사정만으로 가맹본부의 불공정거래행위가
> 정당화되거나 부당성이 부정된다고 볼 수 없다는 판단**
>
> 사건명 : ㈜카페베네의 가맹사업법 위반행위에 대한 건
> 〈 공정위 2014가맹0401 〉
> 【서울고등법원 2015. 11. 12. 선고 2014누67712 판결(원고승)】
> 【대법원 2018. 11. 9. 선고 2015두59686 판결(파기환송)】
> 【서울고등법원 2019. 10. 17. 선고 2018누72682 판결(원고일부승)】
> 【대법원 2020. 2. 13. 선고 2019두57800 판결(심리불속행 기각)】

　　정보공개서를 미리 제공하는 이유는 가맹희망자가 가맹본부와의 거래조건 등에 관하여 충분히 숙지하고 가맹계약을 체결을 결정할 수 있도록 하기 위한 것일 뿐, <u>가맹점사업자가 정보공개서를 통해 미리 알고 그에 동의한 후 가맹계약을 체결하였다는 사정만으로 곧바로 관련 행위가 정당화되거나 부당성이 부정된다고 볼 수는 없다.</u>

> **가맹사업에 필수적이거나 거래가 강제되지 않을 시 가맹본부의 상표권 보호와
> 상품 등의 통일성 유지가 어려운 설비·기기·용품(필수적 품목)과 필수적이지
> 않은 품목을 구분하지 아니한 채 설비·기기·용품 공급 전부에 대하여
> 공정위가 '가맹본부가 부당하게 가맹점사업자에게 특정한 거래상대방과
> 거래할 것을 강제한 행위'에 해당한다고 본 처분은 위법하다는 판단**
>
> 사건명 : ㈜카페베네의 가맹사업법 위반행위에 대한 건
> 〈 공정위 2014가맹0401 〉
> 【서울고등법원 2015. 11. 12. 선고 2014누67712 판결(원고승)】
> 【대법원 2018. 11. 9. 선고 2015두59686 판결(파기환송)】
> 【서울고등법원 2019. 10. 17. 선고 2018누72682 판결(원고일부승)】
> 【대법원 2020. 2. 13. 선고 2019두57800 판결(심리불속행 기각)】

　　원고가 공급한 다종·다양한 설비·기기·용품 중 필수적 품목과 그렇지 않은 품목을 구분하여 구체적으로 그 범위를 확정하기에 부족하고, <u>이는 근본적으로 필수적 품목까지 포함하여 설비·기기·용품 공급 전부의 공급이 거래상대방 구속행위에 해당한다고 보고 이 사건 처분을 한 피고의 잘못에서 기인한다.</u>

　　☞ <u>'부당하게 가맹점사업자에게 특정한 거래상대방과 거래할 것을 강제하는 행위'에
　　해당하는지 여부)</u>

[1] 가맹본부가 인테리어 시공 및 설비·기기·용품 등을 자기 또는 자기가 지정한 자로부터 구입하도록 하는 행위가 '부당하게 가맹점사업자에게 특정한 거래상대방과 거래할 것을 강제하는 행위'에 해당하는지 판단하는 방법 / 특정한 거래상대방과 거래하도록 '강제'하는 행위에 상대방이 구입하지 않을 수 없는 객관적인 상황을 만들어내는 것이 포함되는지 여부(적극) 및 가맹점사업자가 가맹계약 체결 전에 특정한 거래상대방과 거래해야 하는 사정을 정보공개서를 통해 알리거나 그에 대하여 사전에 의사 합치가 있는 상태에서 가맹계약을 체결한 경우, '부당하게 가맹점사업자에게 특정한 거래상대방과 거래할 것을 강제하는 행위'에 해당하지 않는다고 단정할 수 있는지 여부(소극)

[2] 가맹사업거래의 공정화에 관한 법률 제12조 제1항 제3호에서 정한 불이익제공행위의 불이익에 해당하기 위한 요건 및 이때 거래상 지위를 부당하게 이용하여 상대방에게 불이익을 준 행위인지 결정하는 기준

【판결요지】

[1] 가맹사업거래의 공정화에 관한 법률 제12조 제1항 제2호, 제2항, 가맹사업거래의 공정화에 관한 법률 시행령 제13조 제1항 [별표 2] 제2호 (나)목의 내용, 형식, 체제 및 입법 취지 등에 비추어 보면, 가맹본부가 인테리어 시공 및 설비·기기·용품 등의 구입을 자기 또는 자기가 지정한 자로부터 하도록 하는 행위가 '부당하게 가맹점사업자에게 특정한 거래상대방과 거래할 것을 강제하는 행위'에 해당하는지는, 가맹사업의 목적과 가맹점계약의 내용, 가맹금의 지급방식, 가맹사업의 대상인 상품 또는 용역과 설비와의 관계에 비추어 보았을 때, ① 객관적으로 설비 등이 가맹사업을 경영하는 데에 필수적인 것인지, ② 가맹사업의 통일적 이미지 확보와 상품의 동일한 품질 유지를 위한 기술관리·표준관리·유통관리·위생관리의 필요성 등의 측면에서 가맹점사업자에게 사양서나 품질기준만을 제시하고 임의로 구입 또는 설치하도록 방치해서는 가맹사업의 통일적 이미지 확보와 상품의 동일한 품질을 보증하는 데 지장이 있는지, ③ 미리 정보공개서를 통하여 가맹점사업자에게 특정한 거래상대방과 거래해야만 한다는 점을 알리고 가맹점사업자와 계약을 체결하였는지 등을 종합적으로 고려하여 판단하여야 한다.

한편, 특정한 거래상대방과 거래하도록 '강제'하는 행위에는, 상대방이 구입하지 아니할 수 없는 객관적인 상황을 만들어내는 것도 포함된다. 또한 가맹점사업자가 가맹계약 체결 전에 특정한 거래상대방과 거래하여야 하는 사정을 정보공개서를 통해 알리거나, 그에 대하여 사전에 의사 합치가 있는 상태에서 가맹계약을 체결하였다는 사정

이 있다고 하더라도, 그와 같은 사정이 있기만 하면 언제나 '부당하게 가맹점사업자에게 특정한 거래상대방과 거래할 것을 강제하는 행위'에 해당하지 않는다고 단정할 수는 없다.

[2] 불이익제공행위의 불이익에 해당하기 위해서는, 그 행위의 내용이 상대방에게 다소 불이익하다는 점만으로는 부족하고, 구입 강제, 이익제공 강요, 판매목표 강제 등과 동일시할 수 있을 정도로 일방 당사자가 자기의 거래상 지위를 부당하게 이용하여 그 거래조건을 설정 또는 변경하거나 그 이행과정에서 불이익을 준 것으로 인정되어야 한다. 또한 거래상 지위를 부당하게 이용하여 상대방에게 불이익을 준 행위인지는 당해 행위의 의도와 목적, 효과와 영향 등과 같은 구체적 태양과 상품의 특성, 거래의 상황, 해당 사업자의 시장에서의 우월적 지위의 정도 및 상대방이 받게 되는 불이익의 내용과 정도 등에 비추어 볼 때 정상적인 거래 관행을 벗어난 것으로서 공정한 거래를 저해할 우려가 있는지 여부에 따라 결정되어야 한다.

계약체결 전 정보공개서를 통해 알리거나, 사전에 의사 합치가 있는 상태에서 가맹계약을 체결하였다는 사정이 있다고 하더라도, 그러한 사정이 있기만 하면 언제나 '구속조건부거래'에 해당하지 않는다고 단정할 수 없다는 판단

사건명 : ㈜바르다김선생의 가맹사업법 위반행위에 대한 건
〈 공정위 2016가맹1772 〉
【서울고등법원 2019. 1. 11. 선고 2018누52 판결】
【대법원 2019. 6. 13. 선고 2019두36506 판결(심리불속행 기각)】
사건명 : ㈜카페베네의 가맹사업법 위반행위에 대한 건
〈 공정위 2014가맹0401 〉
♣【서울고등법원 2015. 11. 12. 선고 2014누67712 판결】♣
♣【대법원 2018. 11. 9. 선고 2015두59686 판결(파기환송)】♣

가맹점사업자가 가맹계약 체결 전에 특정한 거래상대방과 거래하여야 하는 사정을 정보공개서를 통해 알리거나, 그에 대하여 사전에 의사 합치가 있는 상태에서 가맹계약을 체결하였다는 사정이 있다고 하더라도, 그와 같은 사정이 있기만 하면 언제나 '부당하게 가맹점사업자에게 특정한 거래상대방과 거래할 것을 강제하는 행위'에 해당하지 않는다고 단정할 수는 없다.

> ## 가맹본부가 가맹점사업자에게 특정한 거래상대방과 거래하도록 구속하는 경우, 가맹사업법 제12조 제1항 제2호에 해당하는지에 대한 판단기준
>
> 사건명 : ㈜마세다린의 가맹사업법 위반행위에 대한 건
> 〈 공정위 2016가맹3583 〉
> 【서울고등법원 2018. 12. 19. 선고 2018누43424 판결】
> 【대법원 2019. 5. 10. 선고 2019두32733 판결(심리불속행 기각)】

이 사건 정보공개서에는 이 사건 필수품목의 일부가 포함된 대략적인 비용의 합계액이 기재되어 있거나, 이 사건 가맹계약 시 별도로 계약을 체결한다고만 되어 있어 가맹점사업자들은 가맹계약으로 인하여 발생할 손해 또는 이득에 관한 구체적인 정보는 제공받지 못하는 상황이었던 것으로 보이고, 이 사건 부자재들의 경우 가맹계약 체결이 이루어진 이후에도 거래상대방을 변경할 수 없도록 한 강제가 계속 존재하게 되는데, 거래 개시단계에서 가맹본부의 개략적인 정보제공이 있었고 가맹점사업자가 이를 알았다는 이유만으로 가맹사업법 제12조가 적용되지 않는다고 해석하는 것은 가맹사업법의 입법 취지를 몰각시킬 우려가 있다.

가맹본부가 설비·기기·용품 등의 구입을 자기 또는 자기가 지정한 자로부터 하도록 하는 행위가 '부당하게 가맹점사업자에게 특정한 거래상대방과 거래할 것을 강제하는 행위'에 해당하는지 여부는, 가맹사업의 목적과 가맹계약의 내용, 가맹금의 지급방식, 가맹사업의 대상인 상품 또는 용역과 설비와의 관계에 비추어 보았을 때, ① 객관적으로 설비 등이 가맹사업을 경영하는 데에 필수적인 것인지, ② 가맹사업의 통일적 이미지 확보와 상품의 동일한 품질유지를 위한 기술관리·표준관리·유통관리·위생관리의 필요성 등의 측면에서 가맹점사업자에게 사양서나 품질기준만을 제시하고 임의로 구입 또는 설치하도록 방치하여서는 가맹사업의 통일적 이미지 확보와 상품의 동일한 품질을 보증하는데 지장이 있는지, ③ 미리 정보공개서를 통하여 가맹점사업자에게 특정한 거래상대방과 거래해야만 한다는 점을 알리고 가맹점사업자와 계약을 체결하였는지 등을 종합적으로 고려하여 판단하여야 한다.

원고의 가맹사업 경영을 위한 필수적이고 객관적인 상품 또는 재료에 냅킨, PT병, 대나무포크와 같은 이 사건 부자재들이 포함된다고 보기 어렵고, 원고의 가맹사업의 주 품목인 치킨을 조리하기 위한 과정에서 이 사건 주방 집기들 가운데 가위, 국자, 주걱, 바구니, 저울 등이 필수적이고 객관적인 설비 내지 상품으로 볼 수 있다고 하더라도, 원고가 구입한 혹은 원고가 구입하도록 지정한 업체의 주방집기만이 원고의 가맹사업을 위한 필수적이고 객관적인 상품이라고 보기 어렵다.

가맹본부가 가맹점사업자의 영업지역을 축소하는 조건으로 재계약을 한 경우,
거래상의 지위를 이용하여 부당하게 가맹점사업자에게 불이익을 주는
불공정거래행위에 해당한다는 판단
사건명 : ㈜지엔푸드의 가맹사업법 위반행위에 대한 건
〈 공정위 2015가맹0236 〉
【서울고등법원 2016. 5. 26. 선고 2015누51554 판결(확정)】

다음 사정들에 의하면, 원고의 이 사건 행위는 원고가 가맹점사업자들과의 계약갱신 과정에서 종전의 거래조건보다 뚜렷하게 불리한 조건으로 계약조건을 변경하여 가맹점 사업자에게 부당하게 불이익을 줌으로써 가맹사업의 공정한 거래 질서를 저해할 우려가 있는 행위를 한 것으로서 가맹사업법 제12조 제1항 제3호 및 같은 법 시행령 제13조 제1 항, [별표 2] 불공정거래행위의 유형 및 기준 제3조 다목에 정한 '부당한 계약조항의 설정 또는 변경행위'에 해당한다고 봄이 상당하다.

(1) 원고의 가맹점사업자들이 원고의 영업표지 등을 사용하는 대가로 물품대금 형태의 가맹금을 원고에게 지급하고 원고로부터 상호, 상표, 포장, 디자인뿐만 아니라 상품 의 생산에 대한 노하우 등 경영 및 영업활동 전반에 대하여 지원·교육과 통제를 받 는 등 원고에게 전적으로 의존하는 거래관계에 있음은 앞서 본 바와 같다.

(2) 가맹사업법 제13조 제1, 2항에 의하면 가맹점사업자는 전체 가맹계약 기간이 10년을 초과하지 아니하는 범위에서 계약갱신 요구권이 있음에도 불구하고, 원고는 이 사건 공문을 통해 원고와 위와 같은 관계에 있는 130개 가맹점사업자들에게 '재계약을 위 해서는 원고가 제시하는 영업지역 축소 변경 조건을 받아들여야만 한다.'는 취지로 일방적으로 통보하였고, 이에 따라 위 130개 가맹점사업자들은 영업지역을 종전 계 약보다 축소하는 내용으로 재계약을 체결하였는바, 이러한 재계약이 가맹점사업자들 의 자유로운 의사에 의한 것으로 보이지 아니한다.

가맹본부가 신규 가맹점을 개설한 경우, 기존가맹점 상권의 규모, 기존
가맹점과의 거리, 사전협의 약정 불이행 등에 비추어 볼 때
부당하게 불이익을 주는 행위에 해당한다는 판단
사건명 : ㈜토니모리의 가맹사업법 위반행위에 대한 건
〈 공정위 2012서제3082 〉
【서울고등법원 2014. 11. 14. 선고 2014누42713 판결(확정)】

위 법리[대법원 2006. 9. 8. 선고 2003두7859 판결]에 비추어 이 사건을 보건대, 인정 사실과 각 증거에 변론 전체의 취지를 종합하여 알 수 있는 다음과 같은 사정, 즉 ① 여천점(기존가맹점)이 위치한 여수시는 2013. 3. 31. 기준으로 인구가 약 291,909명이고, 대도시 또는 교통의 요충지와 비교하여 상권이 대규모로 발달하거나 유동인구가 많은 곳이 아닌 점, ② 그럼에도 신규 가맹점은 여천점과 동일 상권 내의 직선거리로 불과 약 100m(보행거리로 약 200m) 인근에 위치한 점, ③ 원고는 자신의 계약 해지가 정당하다고 판단하고 ○○(여천점 가맹점사업자)를 대체할 의도로 새로운 가맹점사업자를 물색한 끝에 신규 가맹점을 개설한 점, ④ 이 사건 가맹계약서 제5조 제2항은 가맹본부가 일정한 경우 가맹점사업자와의 협의를 거쳐 새로운 가맹점을 개설할 수 있는 것으로 규정하고 있으나, 원고는 여천점과 아무런 사전협의 없이 신규 가맹점을 개설한 점, ⑤ 신규 가맹점의 개설 및 할인행사로 실제로 여천점이 상당한 재산상의 손해를 입었던 점 등에 비추어 볼 때, 원고의 신규 가맹점 개설행위는 정상적인 거래관행을 벗어난 것으로서 공정한 거래를 저해할 우려가 있다고 봄이 상당하고, 원고가 가맹계약서 및 정보공개서에 가맹점사업자에 대한 독점적·배타적 영업지역을 설정해 주지 않았다고 하여 달리 볼 것이 아니므로 원고의 위 주장도 이유 없다.

가맹본부가 가맹점사업자에게 시설환경표준화를 실시하도록 하고, 그 비용을 가맹점사업자로 하여금 부담하도록 한 경우, 부당하게 불이익을 주는 행위에 해당한다는 판단

사건명 : ㈜현대자동차의 가맹사업법 위반행위에 대한 건
〈 공정위 2015가맹0236 〉
【서울고등법원 2014. 1. 17. 선고 2012누40218 판결】
【대법원 2014. 5. 29. 선고 2014두4016 판결(심리불속행 기각)】

가맹사업법 제12조 제1항 제3호는 '가맹본부가 거래상의 지위를 이용하여 부당하게 가맹점사업자에게 불이익을 주는 행위'를 불공정거래행위의 하나로 규정하고, 같은 조 제2항에 따른 법 시행령 제13조 제1항 [별표 2] '불공정거래행위의 유형 및 기준' 제3호 바목은 가맹사업법 제12조 제1항 제3호에 해당하는 행위 유형의 하나로 '불이익제공'을 들고 있다. 이러한 불공정거래행위에 해당하는지 여부를 판단함에 있어 '거래상 지위'는 일방이 상대적으로 우월한 지위 또는 적어도 상대방과의 거래활동에 상당한 영향을 미칠 수 있는 지위를 갖고 있으면 충분하고, 거래상 지위가 있는지 여부는 당사자가 처하고 있는 시장의 상황, 당사자 간의 전체적 사업능력의 격차, 거래의 대상인 상품의 특성 등을 모두 고려하여 판단하여야 한다(대법원 2002. 1. 25. 선고 2000두9359 판결 등 참조).

① 원고가 국내 자동차 제조시장에서 시장지배적 사업자이고 자동차정비 가맹시장에서 1위 사업자인 점, ② 소비자들이 정비업소를 선택함에 있어 원고의 위와 같은 지위를 고려할 수 있고, 가맹점사업자들도 보증수리 업무를 위탁받을 경우 이 부분에서 고정적이고 안정적인 수익을 기대할 수 있으므로 원고와의 가맹계약을 지속적으로 유지할 필요가 있으며, 자동차정비업의 특성상 보증수리를 맡긴 고객이 일반수리 등을 맡길 가능성이 있는 점 등 제반사정을 종합하여 보면 원고가 가맹점사업자들에 대하여 상대적으로 우월한 지위 또는 적어도 상대방의 거래활동에 상당한 영향을 미칠 수 있는 지위에 있다고 볼 것이다.

불이익제공행위에 있어서 불이익에 해당하기 위해서는 그 행위의 내용이 상대방에게 다소 불이익하다는 점만으로는 부족하고, 구입강제, 이익제공 강요, 판매목표 강제 등과 동일시할 수 있을 정도로 일방 당사자가 자기의 거래상의 지위를 부당하게 이용하여 그 거래조건을 설정 또는 변경하거나 그 이행과정에서 불이익을 준 것으로 인정되어야 하고, 또한 거래상 지위를 부당하게 이용하여 상대방에게 불이익을 준 행위인지 여부는 당해 행위의 의도와 목적, 효과와 영향 등과 같은 구체적 태양과 상품의 특성, 거래의 상황, 해당사업자의 시장에서의 우월적 지위의 정도 및 상대방이 받게 되는 불이익의 내용과 정도 등에 비추어 볼 때 정상적인 거래 관행을 벗어난 것으로서 공정한 거래를 저해할 우려가 있는지 여부에 따라 결정되어야 한다(대법원 2006. 9. 8. 선고 2003두7859 판결).

① 자동차정비업의 특성을 고려하면 고객편의시설 개선을 포함한 이 사건 시설환경표준화[62]가 가맹사업의 목적을 달성하기 위하여 필수적이라고는 보기 어려운데도, 가맹점사업자들은 시설환경표준화를 이행하지 않는 경우는 서비스역량평가에서 감점을 받아 보증수리 공임이 삭감되고 계약이 해지될 수 있으므로, 높은 비용을 단기간 내에 지출해서 이를 이행해야 하였으므로 원고의 행위는 객관적인 평가를 통하여 정당한 보상을 받을 수 있도록 경제적 유인을 제공한 것에 그치지 않고 시설환경표준화의 이행을 강요한 것으로 볼 수 있는 점, ② 원고로서는 시설환경표준화 사업을 통하여 자동차정비업 시장에서 블루핸즈의 브랜드 가치를 높이고, 자동차정비업과 연계하여 자동차 제조시장에서의 경쟁력을 강화할 수 있는 반면, 가맹점사업자로서는 이러한 비용을 지출하더라도 그 회수가 불투명하였던 것으로 보이는데도 원고는 이미 시설공사를 마치고 영업 중인 기존의 가맹점에 대하여 일률적으로 시설환경표준화를 강요하여 추가비용을 지출하도록 하였고, 도서지역 가맹점, 시설환경표준화를 진행 중인 가맹점, 신규 영업 후 1년 미만인 가맹점사업자에 대하여 합리적이고 객관적인 평가를 거치지 않고 최저 등급을 부여하였는데, 이러한 행위는 정상적인 거래관행에 비추어 용인되기 어려운 점 등에 비추어 원고

---

62) 원고 가맹점의 간판, 외관, 작업장 및 고객 편의시설에 대한 표준화매뉴얼에 따라 통일된 모델로 공사하는 것을 말한다.

의 행위는 거래상의 지위를 이용하여 가맹점사업자에게 부당하게 불이익을 주는 행위에 해당한다.

원고는 자신의 행위가 가맹사업법 시행령 제13조 제1항 [별표 2] 제3호 단서의 예외요 건에 해당한다고 주장하나, 같은 법 시행령 별표의 규정은 '가맹본부의 상표권을 보호하 고 상품 또는 용역의 동일성을 유지하기 어렵다는 사실이 객관적으로 인정되는 경우로서 해당 사실에 관하여 가맹본부가 미리 정보공개서를 통하여 가맹점사업자에게 알리고 가 맹점사업자와 계약을 체결하는 경우'를 '불이익제공'으로 볼 수 없는 예외 사유로 규정하 고 있는데, 원고의 시설환경표준화의 주요 내용은 고객 쉼터, 접수처, 화장실과 고객 전용 TV 등 제품을 매뉴얼대로 설치·유지하는 것이어서 이를 시행하지 않더라도 원고의 자 동차정비 가맹사업의 상표권 보호나 자동차정비업 용역의 동일성 유지에 어떤 장애가 있 다고 보기 어렵고, 원고의 정보공개서에 "표준화 기준은 제시되며 사업자의 보수범위는 가맹본부와 협의하여 가맹점사업자가 결정한다."라고 기재되어 있고, 가맹계약서에는 "블루핸즈 사업장의 표준화된 이미지와 시장환경 변화 대응을 위해 필요시설 및 환경개 선을 요구할 수 있으며"라고 기재되어 있는 사실은 다툼이 없으나, 이러한 사정만으로 원고가 시설환경표준화에 관한 구체적인 내용을 가맹점사업자들에게 알렸다고 보기는 어려워 원고의 행위가 가맹사업법에 따른 예외요건에 해당한다고 볼 수 없다.

가맹사업법 제정 전 가맹본부의 거래상 지위 남용행위 및 거래거절 행위(공정거래법 적용)에 대한 판단

사건명 : ㈜롯데리아 거래상 지위 남용행위 및 거래거절행위에 대한 건
〈 공정위 9903유거0307, 9907유거1023 〉
【서울고등법원 2001. 12. 4. 선고 2000누2183 판결(원고 승)】
【대법원 2006. 3. 10. 선고 2002두332 판결(파기환송)】
【서울고등법원 2006. 9. 14. 선고 2006누8770 판결(확정)】

【판시사항】

[1] 가맹본부가 모든 가맹점사업자에게 판매촉진활동의 일환으로 실시하는 할인판매행 사에 참여하도록 한 행위가 구 독점규제 및 공정거래에 관한 법률 시행령 제36조 제1 항 [별표 1] 제6호 (라)목의 불이익제공행위인지 여부에 관한 판단 기준

[2] 가맹본부가 가맹점사업자의 판매상품 또는 용역을 자기 또는 자기가 지정한 자로부 터 공급받도록 하거나 그 공급상대방의 변경을 제한하는 행위가 구 독점규제 및 공 정거래에 관한 법률 시행령 제36조 제1항 [별표 1] 제6호 (가)목의 구입강제행위인

지 여부에 관한 판단에 있어서 가맹사업의 목적달성을 위한 필요한 범위 내인지 여부에 관한 판단 기준

[3] 가맹본부가 가맹점에 설치할 점포의 설비의 구입 및 설치를 자기 또는 자기가 지정한 자로부터 하도록 하는 행위가 구 독점규제 및 공정거래에 관한 법률 시행령 제36조 제1항 [별표 1] 제6호 (가)목의 구입강제행위인지 여부에 관한 판단에 있어서 가맹사업의 목적 달성을 위한 필요한 범위 내인지 여부에 관한 판단 기준

[4] 가맹본부가 가맹점사업자에 대하여 상품이나 용역의 공급 또는 영업의 지원 등을 중단 또는 거절하는 행위가 구 독점규제 및 공정거래에 관한 법률 시행령 제36조 제1항 [별표 1] 제1호 (나)목의 기타의 거래거절행위인지 여부에 관한 판단 기준

【판결요지】

[1] 가맹본부가 모든 가맹점사업자에게 판매촉진활동의 일환으로 실시하는 할인판매행사에 참여하도록 한 행위가 거래상의 지위를 이용하여 부당하게 가맹점사업자에게 불이익을 주는 행위로서 가맹사업의 공정한 거래를 저해할 우려가 있는 행위인지 여부는 가맹점계약의 내용, 할인판매행사의 목적과 내용, 할인판매행사비용의 구체적인 분담내역, 할인판매행사에의 참여 및 할인판매행사비용의 분담에 대한 가맹점사업자의 의사반영의 여부, 할인판매행사로 인하여 가맹점사업자에게 생길 수 있는 손해 발생의 개연성과 내용, 관련 업계의 거래 관행과 거래형태 등 여러 사정을 종합하여 구체적으로 판단하여 결정하여야 한다.

[2] 가맹본부가 가맹점사업자의 판매상품 또는 용역을 자기 또는 자기가 지정한 자로부터 공급받도록 하거나 그 공급상대방의 변경을 제한하는 행위가 가맹사업의 목적달성을 위한 필요한 범위 내인지 여부는 가맹사업의 목적과 가맹점계약의 내용, 가맹금의 지급방식, 가맹사업의 대상인 상품과 공급상대방이 제한된 상품과의 관계, 상품의 이미지와 품질을 관리하기 위한 기술관리·표준관리·유통관리·위생관리의 필요성 등에 비추어 가맹점사업자에게 품질기준만을 제시하고 임의로 구입하도록 하여서는 가맹사업의 통일적 이미지와 상품의 동일한 품질을 유지하는 데 지장이 있는지 여부를 판단하여 결정하여야 한다.

[3] 가맹본부가 가맹점에 설치할 점포의 실내외장식 등의 설비의 구입 및 설치를 자기 또는 자기가 지정한 자로부터 하도록 하는 행위가 가맹사업의 목적 달성을 위한 필요한 범위 내인지 여부는 가맹사업의 목적과 가맹계약의 내용, 가맹금의 지급방식, 가맹사업의 대상인 상품 또는 용역과 설비와의 관계, 가맹사업의 통일적 이미지 확보와 상품의 동일한 품질유지를 위한 기술관리·표준관리·유통관리·위생관리의 필요성 등에 비추어 가맹점사업자에게 사양서나 품질기준만을 제시하고 임의로 구

입 또는 설치하도록 방치하여서는 가맹사업의 통일적 이미지 확보와 상품의 동일한 품질을 보증하는 데 지장이 있는지 여부를 판단하여 결정하여야 한다.

[4] 가맹사업거래의 특성에 비추어 가맹본부가 가맹점사업자에 대하여 상품이나 용역의 공급 또는 영업의 지원 등을 중단 또는 거절하는 행위가 불공정거래행위로서의 거래 거절에 해당하기 위해서는 가맹점사업자의 계약위반 등 가맹점사업자의 귀책 사유로 인하여 가맹사업의 거래관계를 지속하기 어려운 중대한 사정이 없음에도 불구하고 가맹점사업자의 계속적인 거래 기회를 박탈하여 그 사업 활동을 곤란하게 하거나 가맹점사업자에 대한 부당한 통제 등의 목적 달성을 위하여 그 실효성을 확보하기 위한 수단 등으로 부당하게 행하여진 경우라야 한다.

가맹사업법 제정 전 가맹본부의 거래상 지위 남용행위 및 거래거절 행위(공정거래법 적용)에 대한 판단

사건명 : ㈜제네시스의 거래상 지위 남용행위 및 거래거절행위에 대한 건
〈 공정위 2000-유거1059 〉
【서울고등법원 2003. 5. 22. 선고 2001누1484 판결(원고 승)】
【대법원 2005. 6. 9. 선고 2003두7484 판결(기각)】

【판시사항】

[1] 가맹사업에 있어서 가맹본부가 가맹점사업자에 대하여 상품 및 용역의 품질기준의 준수를 요구할 수 있는지 여부

[2] 가맹본부가 가맹점사업자와 협의 없이 판매촉진 행사의 시행과 집행을 할 수 있는 내용의 가맹계약 조항이 약관의 규제에 관한 법률 제6조 제2항 제1호에서 규정한 '고객에 대하여 부당하게 불리한 조항'에 해당하는지 여부

[3] 가맹본부가 전국적인 판매촉진 행사를 하면서 가맹점사업자의 영업지역에 판매촉진 행사를 광고하는 광고전단지를 배포하게 하고 가맹점사업자에게 그 광고전단지 비용을 부담시킨 행위가 독점규제 및 공정거래에 관한 법률 시행령 제36조 제1항 [별표 1] 제6호 (라)목의 규정에 의한 불이익제공행위에 해당하는지 여부에 관한 판단 기준

[4] 가맹점 매뉴얼(manual)에 상품을 제조·판매·보관·포장하는 등의 방법 이외에 가맹점계약에 의하여 가맹점사업자에게 부과되어 있는 의무를 구체화하기 위한 내용도 포함될 수 있는지 여부

[5] 치킨가맹사업거래에 있어서 가맹본부가 가맹점사업자와 가맹점계약을 체결함에 있어 가맹점사업자가 치킨 제품을 판매할 때 백 깍두기나 양배추샐러드와 같은 보조

음식을 무료로 제공하는 것과 같은 사항에 대하여 명시·설명의무가 없다고 한 사례

[6] 가맹사업거래에 있어서 가맹본부가 가맹점사업자에 대하여 상품이나 용역의 공급 또는 영업의 지원 등을 중단 또는 거절하는 행위가 불공정거래행위로서의 거래거절에 해당하기 위한 요건

【판결요지】

[1] 가맹사업에서는 <u>가맹사업의 통일성과 가맹본부의 명성을 유지하기 위하여 합리적으로 필요한 범위 내에서 가맹점사업자가 판매하는 상품 및 용역에 대하여 가맹점사업자로 하여금 가맹본부가 제시하는 품질기준을 준수하도록 요구하고, 그러한 품질기준의 준수를 위하여 필요한 경우 가맹본부가 제공하는 상품 또는 용역을 사용하도록 요구할 수 있다고 봄이 상당하다.</u>

[2] 가맹사업은 가맹본부가 가맹점사업자로 하여금 자기의 상표·서비스표·상호·간판 그 밖의 영업표지를 사용하여 일정한 품질기준에 따라 상품(원재료 및 부재료를 포함한다) 또는 용역을 판매하도록 함과 아울러 이에 따른 경영 및 영업활동 등에 대한 지원·교육과 통제를 하고, 가맹점사업자는 영업표지 등의 사용과 경영 및 영업활동 등에 대한 지원·교육의 대가로 가맹본부에 가맹금을 지급하는 계속적인 거래관계를 말하므로, 가맹사업은 가맹본부와 가맹점사업자 사이의 상호의존적 사업방식으로서 신뢰 관계를 바탕으로 가맹점사업자의 개별적인 이익 보호와 가맹점사업자를 포함한 전체적인 가맹조직의 유지발전이라는 공동의 이해관계를 가지고 있으며, 가맹사업에 있어서의 판매촉진 행사는 비록 전국적인 것이라고 하더라도 1차적으로는 가맹점사업자의 매출 증가를 통한 가맹점사업자의 이익향상에 목적이 있고, 그로 인하여 가맹점사업자에게 공급하는 원·부재료의 매출증가에 따른 가맹본부의 이익 역시 증가하게 되어 가맹본부와 가맹점사업자가 모두 이익을 얻게 되므로, <u>가맹점계약에서 가맹본부와 가맹점사업자 사이에 판매촉진 행사에 소요된 비용을 합리적인 방법으로 분담하도록 약정하고 있다면, 비록 가맹본부가 판매촉진행사의 시행과 집행에 대하여 가맹점사업자와 미리 협의하도록 되어 있지 않더라도 그러한 내용의 조항이 약관의 규제에 관한 법률 제6조 제2항 제1호 소정의 고객에 대하여 부당하게 불리한 조항에 해당한다고 할 수는 없다.</u>

[3] 가맹본부가 전국적인 판매촉진행사를 하면서 가맹점사업자의 영업지역에 판매촉진 행사를 광고하는 광고전단지를 배포하게 하고 그 광고전단지 비용을 부담시킨 행위가 독점규제 및 공정거래에 관한 법률 시행령 제36조 제1항 [별표 1] 제6호 (라)목의 규정에 의한 불이익제공행위에 해당하는지 여부는 가맹사업의 거래특성, 전국적인 판매촉진 행사의 목적과 그에 관한 가맹점계약의 규정내용, 판매촉진행사의 수립 및

집행과정, 가맹점사업자와의 사전협의 여부, 비용분담의 적정성 등을 종합하여 구체적으로 판단하여 결정하여야 한다.

[4] 가맹점 매뉴얼(manual)은 가맹본부가 제품의 통일성과 품질관리 및 명성의 유지를 위하여 가맹점계약에 터 잡아 가맹점운영규칙의 일환으로 제정하여 운영하는 것이므로, 가맹점사업자가 상품을 제조·판매·보관·포장하는 등의 방법에 관하여는 물론 가맹점계약에 의하여 가맹점사업자에게 부과되어 있는 의무를 구체화하기 위한 내용도 포함될 수 있다고 봄이 상당하다.

[5] 치킨가맹사업거래의 특성과 치킨 제품의 가격결정 구조에 비추어, 가맹점사업자가 치킨 제품을 판매할 때 백 깍두기나 양배추샐러드와 같은 보조 음식을 무료로 제공하는 것과 같은 영업형태는 치킨가맹사업거래에 있어서 일반적이고 공통된 것이어서 가맹본부가 가맹점사업자와 가맹계약을 체결함에 있어 가맹점사업자에게 별도의 설명을 하지 아니하여도 충분히 예상할 수 있는 사항이라고 할 것이므로, 그러한 사항에 대하여까지 명시·설명의무가 있다고 할 수는 없다고 한 사례

[6] 가맹사업거래의 특성에 비추어 가맹본부가 가맹점사업자에 대하여 상품이나 용역의 공급 또는 영업의 지원 등을 중단 또는 거절하는 행위가 불공정거래행위로서의 거래거절에 해당하기 위해서는, 가맹점사업자의 계약위반 등 가맹점사업자의 귀책사유로 인하여 가맹사업의 거래관계를 지속하기 어려운 중대한 사정이 없음에도 불구하고 가맹점사업자의 계속적인 거래기회를 박탈하여 그 사업활동을 곤란하게 하거나 가맹점사업자에 대한 부당한 통제 등의 목적달성을 위하여 그 실효성을 확보하기 위한 수단 등으로 부당하게 행하여진 경우라야 한다.

고시 / 지침 / 기타 관련규정

예규 **가맹분야 불공정거래행위 심사지침**
　　　[시행 2024. 3. 25.] [공정거래위원회 예규 제459호, 2024. 3. 25. 제정]

Ⅲ. 위법성 심사의 일반원칙

1. 법 제12조 및 법 제12조의2, 3, 4의 위법성 심사기준

가. 공정한 거래를 저해할 우려

　　1) 법 제12조 제1항에 열거된 개별 행위유형 및 법 제12조의2 제1항, 법 제12조의3, 법 제12조의4 제3항에 규정된 행위유형이 법 위반에 해당하는지를 판단하는 기준은 해당 행위가 가맹사업의 '공정한 거래를 저해할 우려'(이하 '공정거래저해성'이라 한

다)가 있는지이다.

2) 공정거래저해성 판단

가) 공정거래저해성이 있는지는 거래내용의 불공정성을 중심으로 판단하되 필요한 경우 경쟁제한성이나 경쟁수단의 불공정성도 고려하여 판단한다.

나) '거래내용의 불공정성'은 가맹점사업자의 자유로운 의사결정을 저해하거나 불이익을 강요함으로써 가맹사업에서 공정거래의 기반이 침해되거나 침해될 우려가 있음을 의미한다.

다) 거래내용의 불공정성은 해당 행위를 한 목적, 해당 행위가 가맹점사업자의 자유로운 의사결정에 기초했는지, 가맹점사업자의 예측 가능성, 가맹점사업자의 사업 활동에 미치는 경제상 불이익 또는 사업 활동 곤란의 정도, 해당 가맹사업거래 분야의 통상적인 거래 관행, 관련 법령 등을 종합적으로 고려하여 판단한다.

라) '경쟁제한성'은 해당 행위로 인해 시장 경쟁의 정도 또는 경쟁사업자(잠재적 경쟁사업자 포함)의 수가 유의미한 수준으로 줄어들거나 줄어들 우려가 있음을 의미한다.

마) '경쟁수단의 불공정성'은 상품 또는 용역의 가격과 품질 이외에 바람직하지 않은 경쟁수단을 사용함으로써 정당한 경쟁을 저해하거나 저해할 우려가 있음을 의미한다.

바) 상기의 '우려'는 공정한 거래를 저해하는 효과가 실제로 구체적인 형태로 나타나는 경우뿐만 아니라 나타날 가능성이 큰 경우를 의미한다. 또한, 현재는 그 효과가 없거나 미미하더라도 장래에 발생할 가능성이 큰 경우를 포함한다.

3) '부당하게'와 '정당한 이유(사유) 없이'의 구분

가) 공정거래저해성은 그 판단 방법과 관련하여 시행령 [별표 2] 「불공정거래행위의 유형 또는 기준」, 법 제12조의2 제1항, 법 제12조의3 제1항, 법 제12조의4 제3항에서 다시 '부당하게'와 '정당한 이유 없이' 또는 '정당한 사유 없이'로 구체화 된다.

나) '부당하게'를 요건으로 하는 행위유형은 해당 행위의 외형이 있다고 하여도 그 사실만으로 공정거래저해성이 있다고 인정되는 것은 아니며, 원칙적으로 거래내용의 공정성을 침해하는 효과와 효율성 증대 효과, 소비자 후생 증대 효과 등을 비교 형량하여 거래내용의 공정성을 침해하는 효과가 보다 큰 경우에 공정거래저해성이 있는 것으로 본다. '부당하게'를 요건으로 하는 행위에 대해서는 공정거래위원회가 위법성을 입증할 책임을 부담하는 것으로 본다.

다) '정당한 이유 없이' 또는 '정당한 사유 없이'를 요건으로 하는 행위유형은 해당 행위의 외형이 있으면 원칙적으로 공정거래저해성이 있는 것으로 본다. 다만, 가맹본부가 정당한 이유 또는 사유가 있는지를 입증한 경우는 그러하지 아니하다.

나. 위법성 판단 시 고려사항

    1) 원칙적으로 공정거래저해성은 해당 행위의 효과를 기준으로 판단한다. 가맹본부의 의도나 가맹점사업자의 주관적 예측은 공정거래저해성을 입증하기 위한 정황증거로서의 의미를 갖는다.

    2) 법 제5조 및 제6조는 법 제4조의 신의성실의 원칙에 기초하여 가맹사업당사자로서 가맹본부와 가맹점사업자가 준수하여야 하는 사항을 규정하고 있다. 이는 공정하며 안정적인 가맹거래 관계를 유지하기 위한 전제로서 가맹사업당사자의 행위 준칙으로서의 의미를 갖는 만큼 위법성 심사 과정에서 가맹본부와 가맹점사업자의 귀책 여부를 판단할 때 보충적으로 고려될 수 있다.

Ⅳ. 개별 행위유형별 위법성 판단기준

이하의 불공정거래행위는 법 제12조 제1항 및 시행령 [별표 2]에 규정된 행위유형에 기초한 것이지만 법상 문제 되는 불공정거래행위는 그에 한정되지 않으며 법 제12조 제1항 제6호에 따라 부당하게 경쟁가맹본부의 가맹점사업자를 자기와 거래하도록 유인하는 행위 등 가맹사업의 공정한 거래를 저해할 우려가 있는 행위를 포괄한다.

이에 동 지침은 법 제12조 제1항 및 시행령 [별표 2]에서 정하는 불공정거래행위 유형 이외에 가맹사업거래 관련 쟁점으로서 법 제12조의2부터 제12조의6 제1항까지의 규정에 따른 '부당한 점포환경개선 강요 행위 등', '부당한 영업시간 구속행위', '부당한 영업지역 침해 행위', '보복 조치', '광고·판촉행사 사전동의 의무 위반행위' 및 법 제14조의2 제5항에 따른 '가맹점사업자 단체 활동 방해행위'에 관한 위법성 판단기준을 제시한다.

1. 거래거절 (법 제12조 제1항 제1호)

계속적 거래에서 그 거래를 지속시킬 것인지는 원칙적으로 거래당사자의 자유의사에 속하는 문제라고 할 수 있다. 그러나 계약위반 등 가맹점사업자의 귀책 사유로 가맹사업거래를 지속하기 어려운 중대한 사정이 없음에도 가맹본부가 가맹점사업자의 계속적 거래 기회를 박탈함으로써 그 사업 활동을 곤란하게 하거나, 법이 금지하고 있는 행위의 실효성을 확보하기 위한 수단 등으로 부당하게 활용하는 경우, 가맹사업의 공정한 거래 질서를 저해하게 되므로 금지된다.

가. 영업지원 등의 거절

> 정당한 이유 없이 거래 중에 가맹사업을 영위하는데 필요한 부동산·용역·설비·상품·원재료 또는 부재료의 공급과 이와 관련된 영업지원, 정보공개서 또는 가맹계약서에서 제공하기로 되어 있는 경영 및 영업활동에 관한 지원 등을 중단 또는 거절하거나 그 지원하는 물량 또는 내용을 현저히 제한하는 행위를 말한다. (시행령 별표2)

1) 대상행위

　가) 가맹본부가 가맹점사업자에 대하여 정당한 이유 없이 거래 중에 가맹사업을 영위하
　　는데 필요한 부동산·용역·설비·상품·원재료 또는 부재료의 공급과 이와 관련된
　　영업 지원을 중단 또는 거절하는 행위가 대상이 되며, 부수적으로 제공되는 것이라
　　할지라도 위의 거래와 밀접한 관련성이 인정된다면 거래거절의 대상이 될 수 있다.

　나) 가맹본부는 가맹점사업자의 경영 및 영업활동에 대한 지속적인 조언과 지원 의무(법
　　제5조 제5호)를 지므로 정보공개서 또는 가맹계약서에서 제공하기로 되어 있는 경영
　　및 영업활동에 관한 지원 등을 중단 또는 거절하는 행위도 대상이 된다.

　다) 가맹본부가 가맹점사업자에 대한 공급이나 지원 등을 현저히 제한하여 사실상 거래
　　를 거절하는 행위도 포함한다.

2) 위법성의 판단기준

　가) 영업 지원 등의 거절은 가맹사업의 본질적인 내용을 침해하는 것으로서 영업 지원
　　등의 거절을 당한 가맹점사업자는 가맹점 운영이 불가능할 정도로 사업 활동에 어려
　　움을 겪을 수 있으므로 영업 지원 등 거절의 외형이 있다고 인정되는 경우는 원칙적
　　으로 공정거래저해성이 있는 것으로 본다. 다만, 영업 지원 등의 거절에 정당한 이유
　　가 있는 것으로 인정되는 경우는 공정거래저해성이 없는 것으로 볼 수 있다.

　나) 정당한 이유가 있는지는 가맹본부가 입증책임을 부담하며 다음과 같은 경우에는 정
　　당한 이유가 있는 것으로 볼 수 있다.

　　(1) 계약위반 등 가맹점사업자의 귀책 사유로 가맹사업거래를 지속하기 어려운 중
　　　대한 사정이 발생하여 영업 지원 등의 거절 이외에 다른 방법으로 대응하는 것
　　　이 곤란하다고 인정되는 경우

　　(2) 가맹점사업자의 파산, 중대한 일신상의 사유 등으로 가맹사업거래를 지속하기
　　　어려운 불가피한 사정이 발생하여 영업 지원 등의 거절에 합리적인 이유가 있다
　　　고 인정되는 경우

　　(3) 천재지변, 상품 또는 서비스 공급처의 긴급한 사정 등 가맹본부의 책임 없는 사
　　　유로 인해 가맹점사업자가 필요로 하는 물품 등을 공급할 수 없는 사정이 발생
　　　하였다고 인정되는 경우

　　(4) 영업 지원 등의 거절에 위와 같은 사유에 준하는 그 밖의 합리적인 사유가 있다
　　　고 인정되는 경우

　다) 법 제14조 제1항은 가맹점사업자로 하여금 유예기간 동안 계약 해지 사유에 대하여
　　해명하고 시정할 수 있는 기회를 충분히 주기 위한 강행규정이므로, 가맹본부는 동
　　유예기간 중에는 가맹점사업자에게 가맹계약 상의 급부 제공을 거절할 수 없고 이를
　　위반하는 경우 위법성이 인정될 수 있다.

3) 법 제12조 제1항 제3호와의 관계

　가맹본부가 가맹점사업자에 대한 거래상 지위를 이용하여 불이익의 일환으로 합리적 이유 없이 거래거절을 하는 경우는 부당하게 가맹점사업자에게 불이익을 주는 행위로 법 제12조 제1항 제3호에 해당할 수 있다.

4) 법 위반에 해당할 수 있는 행위(예시)

　가) 단 1회의 가맹금 미지급, 경미한 물품 대금 미지급을 이유로 가맹사업 영위에 필수적인 상품 또는 용역의 공급 요청을 거절하는 행위

　나) 가맹계약 체결 후 가맹점사업자로부터 인테리어 공사비와 필수기기 대금을 지급 받았음에도 상당 기간 인테리어 공사와 필수기기를 공급하지 아니하는 행위

　다) 가맹본부가 주문 상품 외의 기타 비용을 납품 대금에 포함하여 청구하는 경우 가맹점사업자가 주문 상품에 대한 대금을 지급하였음에도 불구하고 기타 비용이 지급되지 않았다는 것을 이유로 상품을 주문받지 아니하거나 공급을 중단하는 행위

　라) 가맹계약서의 물품공급 중단 사유에 기재되어 있지 않은 사유를 들어 가맹사업 영위에 필수적인 상품공급을 중단하는 행위

　마) 법 제13조 제3항 및 제4항에 따른 가맹계약갱신 거절 절차를 준수하지 아니하여 이전과 같은 조건으로 가맹계약이 갱신되었는데도 불구하고 계약종료를 통보하고 상품공급을 중단하는 행위

　바) 법 제14조 제1항에 따른 가맹계약 해지 절차를 준수하지 아니하여 가맹계약이 적법하게 해지되지 않았음에도 불구하고 계약 해지를 이유로 상품공급을 중단하는 행위

나. 부당한 계약갱신의 거절

① 가맹본부가 정당한 사유 없이 가맹점의 영업지역에 직영점을 설치할 목적으로 가맹점사업자의 계약갱신 요구를 거절하는 행위를 말한다. 다만, 가맹본부가 가맹점사업자로부터 가맹점을 양수하거나, 가맹점사업자가 계약갱신 요구를 하지 않은 경우로서 가맹본부가 법 제13조 제4항에 따라 가맹계약을 갱신하지 않는다는 사실을 통지함으로써 가맹계약이 종료된 경우는 제외한다.

② 가맹본부가 정당한 사유 없이 특정 가맹점사업자에 대해서만 차별적으로 계약갱신 요구를 거절하는 행위를 말한다. 다만, 가맹본부가 소속 가맹점사업자에게 공통으로 적용되는 평가 기준, 평가 시기, 평가 방식 등을 포함한 계약갱신 기준(이하 '평가 기준 등'이라 한다)을 사전에 통지하고 평가 기준 등에 따라 가맹점 평가를 한 후 그 결과에 따라 계약갱신 요구를 거절하는 행위는 제외한다.

③ 가맹본부의 요구에 따른 점포환경개선 비용 중 가맹점사업자가 부담한 금액, 점포환경개선 후 가맹점 영업 기간, 해당 기간의 가맹점 수익 상황 등에 비추어 가맹점사업자가 점포환경개선 비용을 회수할 수 있는 충분한 기간이 경과 하지 않았음에도 불구하고 정당한

1) 대상행위

(1-1) 직영점을 설치할 목적으로 계약갱신 요구를 거절하는 행위

가) 가맹본부가 정당한 사유 없이 가맹점의 영업지역에 직영점을 설치할 목적으로 가맹점사업자의 계약갱신 요구를 거절하는 행위가 대상이 된다.

나) 다만, 다음과 같은 경우 계약갱신 요구 거절의 정당한 사유로 인정된다.

(1) 가맹본부가 가맹점사업자로부터 가맹점을 양수한 경우

(2) 가맹점사업자가 계약갱신을 요구하지 않은 경우로서 가맹본부가 법 제13조 제4항에 따라 가맹계약을 갱신하지 않는다는 사실을 통지함으로써 가맹계약이 종료된 경우

(1-2) 차별적으로 계약갱신 요구를 거절하는 행위

가) 가맹본부가 정당한 사유 없이 특정 가맹점사업자에 대해서만 차별적으로 계약갱신 요구를 거절하는 행위가 대상이 된다.

나) 다만, 가맹본부가 소속 가맹점사업자에게 공통으로 적용되는 평가 기준, 평가 시기, 평가 방식 등을 포함한 계약갱신 기준(평가 기준 등)을 사전에 통지하고 평가 기준 등에 따라 가맹점 평가를 한 후 그 결과에 따라 계약갱신 요구를 거절하는 경우는 정당한 사유로 인정된다.

다) 위 나) 같은 경우라 할지라도 평가 기준과 방식, 그 시기를 특정 가맹점사업자에게 유리 또는 불리하게 설정하거나 사전에 가맹점사업자 전체에 공지하지 않아 가맹점사업자가 이에 충분히 대비할 수 없는 경우 또는 해당 평가 결과에 따라 개선 조치 대상 가맹점으로 정해진 가맹점사업자에게 이의제기 절차 등을 보장하지 않은 상황에서 계약갱신 요구를 거절하는 행위는 부당한 계약갱신 거절에 해당할 수 있다.

(1-3) 점포환경개선 비용을 회수할 수 있는 충분한 기간이 지나지 않았음에도 계약갱신 요구를 거절하는 행위

가) 가맹본부의 요구에 따른 점포환경개선 비용 중 가맹점사업자가 부담한 금액, 점포환경개선 후 가맹점 영업 기간, 해당 기간 가맹점 수익 상황 등에 비추어 가맹점사업자가 점포환경개선 비용을 회수할 수 있는 충분한 기간이 지나지 않았음에도 불구하고 정당한 사유 없이 가맹점사업자의 계약갱신 요구를 거절하는 행위가 대상이 된다.

나) 다만, 가맹점사업자가 부담한 점포환경개선 비용의 잔존액에 상당하는 금액을 보상금으로 지급하는 등 가맹점사업자가 사실상 점포환경개선 비용을 회수하였다고 볼

만한 사정이 객관적으로 인정되는 경우는 계약갱신 거절에 정당한 사유가 있는 것으로 볼 수 있다.

(1-4) 그 밖의 부당한 계약갱신의 거절 행위

　　가) 위 (1-1)부터 (1-3)까지에 준하는 행위로서 가맹본부가 부당하게 가맹점사업자와의 계약갱신을 거절하는 행위가 대상이 된다.

　　나) 계약갱신을 거절하는 행위는 가맹점사업자의 계약갱신 요구권 행사에 대해 이를 거절하는 행위(계약갱신 요구 거절)와 가맹점사업자의 계약갱신 요구와 무관하게 가맹본부가 가맹계약갱신을 거절하는 행위(선제적 계약갱신 거절)로 구분된다.

2) 위법성의 판단기준

(2-1) 법 제13조와의 관계

　　가) 가맹본부가 법 제13조를 위반하여 가맹점사업자의 계약갱신 요구를 거절하거나 선제적으로 계약갱신을 거절하는 경우 위법성이 인정된다.

　　나) 외관상 법 제13조에 따른 계약갱신 요구 거절 또는 선제적 계약갱신 거절에 해당하는 경우라도 실질적으로 법 제12조 제1항 제1호가 금지하는 부당한 계약갱신의 거절에 해당하는 경우는 위법성이 인정된다.

(2-2) 위 (1-1)부터 (1-3)까지의 행위의 위법성 판단기준

　　가) 시행령 [별표 2] 1. 나. 1)부터 3)까지의 규정에 해당하는 위 (1-1)부터 (1-3)까지의 행위에 대해서는 계약갱신 요구 거절 행위의 외형이 있는 경우 원칙적으로 공정거래저해성이 있는 것으로 본다. 다만, 계약갱신 요구 거절에 정당한 사유가 있다고 인정되는 경우는 공정거래저해성이 없는 것으로 볼 수 있다.

　　나) 정당한 사유는 각 항목에서 정당한 사유로 인정하는 사유를 포함하되 반드시 이에 국한되지는 않으며 정당한 사유가 있는지에 대해서는 가맹본부가 입증책임을 부담한다.

　　다) 가맹점사업자가 최초 가맹계약 기간을 포함한 전체 가맹계약 기간이 10년을 초과하지 아니하는 범위 내에서 가맹계약 기간 만료 전 180일부터 90일까지 사이에 가맹계약의 갱신을 요구하는 경우 가맹본부가 법 제13조 제1항 각 호 및 시행령 제14조 제1항 각 호에 해당하는 정당한 사유 없이 이를 거절한다면 법에서 보호하고 있는 가맹점사업자의 계약갱신 요구권을 직접적으로 침해하는 것이므로 부당한 계약갱신 거절에 해당할 수 있다.

(2-3) 위 (1-4) 행위의 위법성 판단기준

　　가) 시행령 [별표 2] 1. 나. 4)에 해당하는 위 (1-4) 행위의 부당성은 실체적 측면에서 가맹본부가 부당한 사유를 들어 계약갱신을 거절하였는지와 절차적 측면에서 법에서 정한 절차에 의하지 아니하고 계약갱신을 거절하였는지를 중심으로 판단한다. 이

경우 행위의 부당성이 실체적 측면 또는 절차적 측면 중 어느 한 부분에서만 인정되더라도 위법성이 인정된다.

나) 실체적 측면에서 계약갱신이 부당한지는 다음과 같은 사항을 고려하여 판단한다.

〈계약갱신 요구 거절의 경우〉

가맹본부가 가맹점사업자의 계약갱신 요구를 거절하는 경우는 법령 또는 가맹계약의 해석에 따라 가맹점사업자가 가맹본부에 대해 계약갱신 요구권을 가지고 있는지, 법 제13조 제1항 각 호 및 시행령 제14조 제1항 각 호에 해당하는 정당한 사유 없이 가맹본부가 계약갱신 요구를 거절하였는지, 가맹본부가 제시한 계약갱신 요구 거절 사유가 객관성, 합리성 등을 결여하고 가맹본부의 자의적 판단에 따른 것이어서 정당한 사유에 해당한다고 보기 어려운 사정이 존재하는지 등을 종합적으로 고려하여 판단한다.

〈선제적 계약갱신 거절의 경우〉

가맹본부가 가맹점사업자의 계약갱신 요구와 무관하게 계약갱신을 거절하는 경우는 가맹본부의 계약갱신 거절이 가맹계약의 체결 경위·목적이나 내용, 계약 관계의 전개 양상, 당사자의 이익 상황 및 가맹계약 일반의 고유한 특성 등에 비추어 신의칙에 반하여 허용되지 아니하는 등의 사정이 존재하는지 등을 고려하여 부당성을 판단한다.

〈계약갱신 요구권 행사 기간 경과의 경우〉

(1) 법 제13조 제2항이나 가맹계약에서 정한 가맹점사업자의 계약갱신 요구권 행사 기간이 지나서 가맹점사업자에게 계약갱신 요구권이 인정되지 않는 경우 원칙적으로 가맹본부는 계약갱신 여부에 대하여 스스로 판단·결정할 자유가 있으므로 가맹본부의 계약갱신 거절에 정당한 사유가 요구되지는 않지만 이러한 경우라도 가맹본부의 계약갱신 거절이 신의칙에 반하여 허용되지 아니하는 등의 사정이 있는 경우는 부당한 계약갱신의 거절에 해당할 수 있다.

(2) 가맹점사업자가 법령에 따라 허용되는 행위를 했다는 이유로 계약갱신을 거절하는 경우나 부당한 점포환경개선 강요, 부당한 영업시간 구속, 부당한 영업지역 침해 등 법에서 금지하는 불공정거래행위에 대한 불응이나 이의제기 등을 이유로 계약갱신을 거절하는 경우는 부당성이 인정될 수 있다.

다) 절차적 측면에서 계약갱신 거절이 부당한지는 법 제13조에서 정한 절차에 의하지 아니하고 계약갱신을 거절하였는지를 기준으로 판단한다. 가맹본부가 법 제13조 제1항에 따른 가맹점사업자의 계약갱신 요구에 대해 그 요구를 받은 날부터 15일 이내에 서면으로 거절 통지를 하지 아니하거나 가맹계약 기간 만료 전 180일부터 90일까지

사이 가맹점사업자에게 계약갱신 거절 의사를 통지하지 아니하는 경우는 법에서 정한 계약갱신 절차를 위반한 것이므로 계약갱신 거절의 부당성이 인정된다.

라) 계약갱신 거절의 부당성을 판단할 때 가맹본부의 계약갱신 거절의 의도, 목적이 부당한지를 고려할 수 있으며, 가맹본부의 계약갱신 거절이 단지 가맹점사업자의 사업 활동을 곤란하게 할 의도로 행해진 경우나 법이 금지하고 있는 목적 달성을 위하여 그 실효성을 확보하기 위한 수단으로 이루어진 경우는 부당성이 보다 용이하게 인정될 수 있다.

3) 법 위반에 해당할 수 있는 행위(예시)

가) 가맹점사업자가 자신의 영업지역 내에 직영점 또는 신규 가맹점을 설치하려는 가맹본부의 계획에 반대하였다는 이유로 가맹계약갱신 요구를 거절하는 행위

나) 가맹점사업자가 가맹본부의 원재료 가격 인상에 대해 문제를 제기하자 가맹본부의 영업방침에 따르지 않았다는 이유로 계약갱신 요구를 거절하는 행위

다) 가맹점사업자가 가맹본부의 상표권 보호나 상품 또는 용역의 동일성 유지와 관계가 없고 시중에서 손쉽게 구입할 수 있는 일반 공산품을 직접 구입하여 사용하자 이에 대해 시정을 요구하고 가맹점사업자가 시정 요구에 불응하였다는 이유로 계약 만료 시점에 계약갱신 거절을 통보하는 행위

라) 계약갱신을 위한 가맹점 평가 기준을 사전에 가맹점사업자에게 공지하지 않고 평가 결과에 대한 이의제기 절차도 보장하지 않았음에도 가맹점 평가 결과가 저조하다는 이유로 가맹점사업자의 계약갱신 요구를 거절하는 행위

마) 가맹계약 기간이 10년이 지난 가맹점을 대상으로 점포환경개선을 하는 가맹본부의 방침에 따라 점포환경개선을 하였음에도 점포환경개선일부터 1년이 지나지 아니한 시점에 계약갱신 청구권 행사 기간 경과를 이유로 가맹점사업자의 계약갱신 요구를 거절하는 행위

바) 가맹점사업자의 계약갱신 요구에 대해 거절 사유를 제시하지 않거나 법상 계약갱신 요구 거절 사유에 해당하지 않는 불분명한 사유를 제시하면서 가맹계약갱신 요구를 거절하는 행위

사) 가맹계약서상 가맹계약갱신을 거절할 수 있는 정당한 사유에 포함되지 않은 가맹점사업자의 매출 부진을 이유로 가맹계약갱신 요구를 거절하는 행위

아) 가맹점사업자의 가맹계약갱신 요구를 받은 날부터 15일 이내에 거절 사유를 기재한 서면으로 거절 통지를 하지 아니하였음에도 계약기간 만료 시점에 계약종료를 통보하는 행위

자) 가맹계약 기간 만료 전 180일부터 90일까지 사이 가맹점사업자에게 계약갱신 거절 통지를 하지 아니하였음에도 계약기간 만료 시점에 계약종료를 통보하는 행위

다. 부당한 계약 해지

> 부당하게 계약기간 중에 가맹점사업자와의 계약을 해지하는 행위를 말한다. (시행령 별표2)

1) 대상행위
   가) 가맹본부가 부당하게 계약기간에 가맹점사업자와의 계약을 해지하는 행위가 대상이 된다.
   나) 계약 해지는 계약이 유효하게 성립된 이후에 일정한 사유가 발생하여 장래에 향하여 계약 관계를 소멸케 하는 일방적 행위를 말하므로 부당한 계약 해지는 계약체결 전이나 계약종료 후가 아닌 계약기간에 이루어진 행위를 대상으로 한다.

2) 위법성의 판단기준
   가) 부당한 계약 해지에 해당하는지는 실체적 측면에서 가맹본부가 부당한 계약 해지 사유를 들어 계약을 해지하였는지와 절차적 측면에서 법 제14조 제1항에서 정한 계약 해지 절차에 의하지 아니하고 계약을 해지하였는지를 중심으로 판단한다. 이 경우 행위의 부당성이 실체적 측면 또는 절차적 측면 중 어느 한 부분에서만 인정되더라도 위법성이 인정된다.
   나) 실체적 측면에서 계약 해지 사유가 부당한지는 가맹본부가 가맹계약서에 기재된 계약 해지 사유 외의 사유로 계약을 해지하였는지, 가맹계약서에 기재된 계약 해지 사유라고 하더라도 가맹계약의 목적, 거래 대상 상품 또는 용역의 특성, 해당 업종의 통상적인 거래 관행, 관계 법령 등에 비추어 볼 때 객관성, 합리성 등을 결여하여 가맹점사업자에게 일방적으로 불리한지 등을 종합적으로 고려하여 판단하되 다음과 같은 경우는 계약 해지 사유의 부당성이 인정될 수 있다.
   (1) 가맹계약서에서 정한 계약 해지 사유가 충족되지 않았을 뿐 아니라 이로 인해 가맹사업거래를 지속하기 어려운 사정이 발생하였다고 볼만한 객관적 근거가 없음에도 가맹계약을 해지하는 경우
   (2) 가맹점사업자가 하지 않은 허위의 계약위반 사실을 이유로 계약을 해지하는 경우
   (3) 가맹본부의 상표권 보호나 상품 또는 용역의 동일성 유지와 무관하고 가맹사업의 목적 달성을 위해 중요하다고 보기 어려운 경미한 의무 위반을 이유로 계약을 해지하는 경우
   (4) 객관적인 판단기준이 없고 지나치게 추상적이어서 가맹본부가 자의적으로 해석할 우려가 있는 계약 해지 사유를 이유로 계약을 해지하는 경우
   (5) 특별한 계약위반이 없음에도 가맹본부가 임의로 계약을 해지하는 경우
   (6) 가맹본부의 부당한 점포환경개선 강요, 부당한 영업시간 구속, 부당한 영업지역 침해 등 법에서 금지하는 불공정거래행위에 대한 불응이나 이의제기 등을 이유로 계약을 해지하는 경우

(7) 가맹본부의 영업방침이나 정책에 대한 정당한 이의제기나 공론화 등을 이유로 계약을 해지하는 경우

(8) 그 밖에 가맹계약을 해지하는 경우 가맹사업거래의 공정한 거래 질서에 반한다는 것이 객관적으로 명백한 경우

다) 절차적 측면에서 계약 해지가 부당한지는 법 제14조 제1항에서 정한 가맹계약 해지 절차에 의하지 아니하고 계약을 해지하였는지를 기준으로 판단한다.

(1) 가맹본부는 가맹계약을 해지하려는 경우 법 제14조 제1항에서 정한 바에 따라 2개월 이상의 유예기간을 두고 계약의 위반 사실을 구체적으로 밝히고 이를 시정하지 아니하면 그 계약을 해지한다는 사실을 서면으로 2회 이상 통지하여야 한다. 따라서 최초 서면 통지 시점을 기준으로 2개월 이상의 시정 유예기간을 부여하고 동 기간 내에 다시 한 차례 위반 사항의 시정촉구를 서면으로 통지하였음에도 위반사항이 시정되지 아니한 경우는 계약 해지가 가능하다고 할 것이다. 다만, 위반행위의 성질상 시정에 상당한 시일이 소요될 것으로 예상되는 경우는 이를 감안하여 충분한 유예기간을 부여하여야 한다.

(2) 법 제14조 제1항에서 정한 해지 절차는 가맹점사업자들로 하여금 계약 해지 사유에 대하여 해명하고 시정할 수 있는 기회를 충분히 가지도록 하기 위한 강행규정이므로, 이러한 절차를 거치지 아니하고 가맹계약을 해지하는 경우 부당성이 인정되며 법 제14조 제2항에 따라 그 효력이 없다.

(3) 다만, 가맹사업의 거래를 지속하기 어려운 경우로서 시행령 제15조 각 호에서 정한 즉시 계약 해지 사유에 해당하는 경우는 법 제14조 제1항에 따른 계약 해지 절차에 따르지 않더라도 부당한 계약 해지에 해당하지 아니한다.

라) 가맹계약 해지의 부당성을 판단할 때 가맹본부의 계약 해지의 의도, 목적이 부당한지를 고려할 수 있으며 가맹본부의 가맹계약 해지가 단지 가맹점사업자의 사업 활동을 곤란하게 할 의도로 행해진 경우나 법이 금지하고 있는 목적 달성을 위하여 그 실효성을 확보하기 위한 수단으로 이루어진 경우는 부당성이 보다 용이하게 인정될 수 있다.

3) 법 위반에 해당할 수 있는 행위(예시)

가) 광고비 미납행위가 가맹계약서에 명시된 계약 해지 사유가 아님에도 불구하고 가맹점사업자가 광고비 납부에 응하지 않는다는 이유로 계약을 해지하는 행위

나) 가맹계약서에서 가맹점사업자의 3개월 평균 매출실적이 연속 3회 이상 가맹본부의 평가 기준에 미달하는 경우를 계약 해지 사유로 하고 있으나 실제로 가맹본부가 평가 기준을 마련하지도 않고 가맹점을 매출실적에 따라 평가하지도 않아 계약 해지 사유에 해당한다고 보기 어려움에도 가맹점사업자의 영업 부진을 이유로 계약을 해지하는 행위

다) 가맹점사업자가 가맹본부의 영업 정책에 대한 불만 사항을 인터넷커뮤니티에 게재

한 행위가 법상 즉시 계약 해지 사유에 해당하지 아니함에도 가맹계약 해지 절차를 거치지 아니하고 가맹점사업자와의 계약을 해지하는 행위

라) 가맹점사업자가 허위 사실을 유포하여 가맹본부의 명성이나 신용을 뚜렷하게 훼손한 사실이 없음에도 허위 사실에 의한 명예훼손을 이유로 가맹계약을 해지하는 행위

마) 가맹본부의 부당한 거래조건 변경 등에 대응하기 위해 다른 가맹점사업자와 점주 단체 결성을 논의하자 타 가맹점사업자를 선동하고 회유하였다는 이유로 가맹계약을 해지하는 행위

바) 정당한 사유 없이 가맹점사업자에게 점포 환경을 개선하도록 지속적으로 요구하고 가맹점사업자가 이에 불응한다는 이유로 계약을 해지하는 행위

사) 가맹점사업자가 계약기간에 가맹본부의 상표권이나 영업비밀과 직접적인 연관이 없는 유사 업종의 점포를 개점하자 경업금지의무를 위반하였다는 이유로 계약을 해지하는 행위

아) 법령에서 정한 즉시 계약 해지 사유에 해당하지 아니함에도 가맹계약 해지 절차를 거치지 아니하고 가맹점사업자와의 계약을 해지하는 행위

자) 가맹점사업자에 대해 유예기간 부여나 서면에 의한 시정 요구 없이 계약위반을 이유로 계약을 해지하는 행위

차) 가맹점사업자의 물품 대금 미납에 대해 10일의 시정 기간을 주면서 시정을 요구하는 내용증명을 1회 발송하고 해당 기간에 시정하지 않았다는 이유로 계약을 해지하는 행위

2. 구속조건부거래 (법 제12조 제1항 제2호)

가맹점사업자가 가맹본부에 의하여 설계된 사업구조에 가입함으로써 사업 활동에 필요한 물품 등의 공급이나 지원을 받는 동시에 각종 의무를 부담하게 되면서 사업 활동에 일정한 제한을 받게 되는 가맹사업거래의 특성과 본질에 비추어 보면, 가맹점사업자에 대한 가맹본부의 구속조건부거래는 다른 불공정거래행위에 비하여 상대적으로 용이할 수 있으며 경우에 따라서는 불가피한 측면이 있을 수 있다. 그럼에도 불구하고, 가맹본부가 가맹점사업자가 취급하는 상품 또는 용역의 가격, 거래상대방, 거래지역이나 가맹점사업자의 사업 활동을 부당하게 구속하거나 제한하는 경우, 가맹점사업자의 영업활동의 자유를 부당하게 구속할 뿐 아니라 경우에 따라 경쟁을 제한하고 소비자 후생의 저하를 초래하여 가맹사업의 공정한 거래를 저해할 우려가 있으므로 금지된다.

가. 가격의 구속

정당한 이유 없이 가맹점사업자가 판매하는 상품 또는 용역의 가격을 정하여 그 가격을 유지하도록 하거나 가맹점사업자가 상품 또는 용역의 가격을 결정하는 행위를 부당하게 구속하는 행위를 말한다. 다만, 다음의 어느 하나에 해당하는 행위는 제외한다. (시행령 별표2)

① 판매가격을 정하여 가맹점사업자에게 이를 따르도록 권장하는 행위
② 가맹점사업자에게 판매가격을 결정하거나 변경하는 경우 그 내용에 관하여 사전에 협의하도록 하는 행위. 다만, 사전협의를 통해 판매가격을 강요하는 행위는 가격을 구속하는 행위로 본다.

1) 대상행위

　가) 정당한 이유 없이 가맹점사업자가 판매하는 상품 또는 용역의 가격을 정하여 그 가격을 유지하도록 하는 행위(판매가격 구속)와 가맹점사업자가 상품 또는 용역의 가격을 결정하는 행위를 부당하게 구속하는 행위(가격결정 구속)가 대상이 된다.

　나) 판매가격 구속과 가격결정 구속에는 해당 내용이 계약서에 명시된 경우뿐 아니라, 계약서에 명시되지 않더라도 이를 따르지 않을 경우는 가맹계약 해지 또는 갱신 거절 등의 불이익이 수반됨으로써 사실상 구속성이 인정되는 경우가 포함된다.

　다) 가맹본부에 의한 다음 두 가지 행위의 경우 금지 대상에서 제외된다.

　　(1) 판매가격을 정하여 가맹점사업자에게 이를 따르도록 권장하는 행위

　　(2) 가맹점사업자가 판매가격을 결정 또는 변경하는 경우 그 내용에 관하여 사전 협의하도록 하는 행위

　라) 다만, 권장 판매가격을 준수하지 아니함을 이유로 불이익 등 제재를 하거나 권장 판매가격을 준수하도록 하는 규약이나 의무를 부과하는 경우 그리고 사전협의를 통해 판매가격을 강요하는 행위는 가격을 구속하는 행위로 본다.

2) 위법성의 판단기준

〈판매가격 구속〉

　가) '판매가격 구속'은 가맹점사업자의 판매가격 결정권을 본질적으로 침해할 뿐 아니라 동일한 영업표지를 사용하는 가맹점사업자 간의 가격경쟁을 제한하게 되므로 행위의 외형이 있으면 원칙적으로 공정거래저해성이 인정된다. 다만, 판매가격 구속에 정당한 이유가 있다고 인정되는 경우는 공정거래저해성이 없는 것으로 볼 수 있다.

　나) 판매가격 구속에 정당한 이유가 있는지는 상품 또는 용역의 특성, 해당 업종의 거래관행, 가맹점사업자 간 경쟁의 정도, 브랜드 간 경쟁의 활성화 정도, 수요자의 인식 등에 비추어 볼 때 가맹본부가 직접 판매가격을 정하여 이를 준수하도록 하지 아니하는 경우, 상품 또는 용역의 동일성과 가맹본부의 신뢰를 유지하기 어렵다는 사정이 객관적으로 인정되는지, 판매가격 구속을 통한 효율성 증대로 인한 소비자 후생 증대 효과가 경쟁제한으로 인한 폐해를 상회하는지, 보다 경쟁제한성이 적은 대체적인 방식으로도 영업상 목적을 달성할 수 있는지 등을 종합적으로 고려하여 판단한다.

〈가격결정 구속〉

다) 가맹점사업자가 판매가격을 결정하는 경우 지역 특성 등을 고려하도록 요구하거나 가맹본부의 통일적 가격정책 보호 차원에서 판매가격 설정 시 협의절차를 거치도록 하는 것은 가맹사업의 목적 달성을 위해 필요한 범위 내의 통제에 해당할 수 있다. 따라서, 가격결정 구속은 판매가격 구속과 달리 행위의 외형이 있다고 하여 그 사실만으로 공정거래저해성이 인정되는 것은 아니며 가격결정 구속에 부당성이 있다고 인정되는 경우는 위법한 것으로 본다.

라) 가격결정 구속이 부당한지는 가맹본부에게 통상적으로 인정되는 가맹점사업자에 대한 통제 권한을 남용하여 가맹점사업자의 가격결정의 자유를 과도하게 침해하는지를 중심으로 판단한다.

마) 판매가격을 결정 또는 변경하는 경우 사전에 협의하도록 하거나 가맹사업의 특성을 반영하여 판매가격을 협의하는 것은 위법하지 않지만, 협의를 통해 판매가격을 준수하도록 강제하거나 그 실효성을 확보할 수 있는 수단을 계약서 등에 마련한다면 가맹본부의 통제 권한을 일탈하여 사실상 판매가격 구속과 같은 효과를 가지게 되므로 부당성이 인정된다.

3) 법 위반에 해당할 수 있는 행위(예시)

가) 가맹점사업자에게 자신이 정한 상품 판매가격을 준수하도록 강요하고 이를 거부하거나 할인 판매한 가맹점사업자에 대하여 가맹계약을 해지하는 행위

나) 가맹점사업자가 판매가격 결정 시 가맹본부와 협의하여야 한다는 내용만 가맹계약서에 기재되어 있음에도 실제로는 협의 과정에서 가맹점사업자의 의사에 반하여 일방적으로 판매가격을 결정하고 준수하도록 압박하는 행위

나. 거래상대방의 구속

부동산·용역·설비·상품·원재료 또는 부재료의 구입·판매 또는 임대차 등과 관련하여 부당하게 가맹점사업자에게 특정한 거래상대방(가맹본부를 포함)과 거래할 것을 강제하는 행위를 말한다. 다만, 다음의 요건을 모두 충족하는 경우는 그러하지 아니하다. (시행령 별표2)

① 부동산·용역·설비·상품·원재료 또는 부재료가 가맹사업을 경영하는 데에 필수적이라고 객관적으로 인정될 것

② 특정한 거래상대방과 거래하지 아니하는 경우 가맹본부의 상표권을 보호하고 상품 또는 용역의 동일성을 유지하기 어렵다는 사실이 객관적으로 인정될 것

③ 가맹본부가 미리 정보공개서를 통하여 가맹점사업자에게 해당 사실을 알리고 가맹점사업자와 계약을 체결할 것

1) 대상행위

가) 부동산·용역·설비·상품·원재료 또는 부재료의 구입·판매 또는 임대차 등과 관련하여 부당하게 가맹점사업자에게 특정한 거래상대방(가맹본부 포함)과 거래할 것을 강제하는 행위가 대상이 된다.

나) 거래의 대상은 가맹점사업자가 사업을 영위하는데 필요한 상품이나 원재료·부재료뿐만 아니라 인테리어 시공 및 설비·기기·용품 등이 포함된다.

다) 가맹본부가 가맹점사업자로 하여금 가맹본부를 포함한 특정한 거래상대방과 거래하도록 강제하는 행위를 의미하며 그에 관한 구체적 판단은 다음과 같다.

(1) 특정한 거래상대방과 거래하도록 강제하는 행위는 상대방의 자유로운 의사결정을 구속하는 행위로서 해당 요구에 응하지 않으면 불이익을 가하겠다는 의사를 밝히는 경우는 물론 상대방이 구입하지 아니할 수 없는 객관적인 상황을 만들어 내는 경우도 포함된다.

(2) 거래상대방을 예외 없이 제한하는 경우뿐만 아니라 예외 요건을 엄격히 설정함으로써 가맹점사업자가 사실상 거래상대방을 선택하는데 제한받는 경우도 포함된다.

(3) 가맹본부의 요구대로 가맹사업자가 특정한 거래상대방과의 거래를 실제로 이행하였는지, 이행하지 아니한 가맹사업자에게 불이익이 가해졌는지, 해당 거래로 인해 가맹본부가 이익을 얻었는지는 강제성 인정에 영향을 미치지 않는다.

(4) 가맹계약 체결 전에 가맹점사업자가 특정한 거래상대방과 거래하여야 하는 사정을 정보공개서를 통해 알리거나 그에 대하여 사전에 의사 합치가 있는 상태에서 가맹계약을 체결하였다는 사정이 있다고 하더라도, 그와 같은 사정이 특정 거래상대방과 거래할 것을 강제하지 않았다는 사실을 단정해 주는 것은 아니다.

2) 위법성 판단기준

가) 가맹사업에서는 가맹사업의 통일성과 가맹본부의 명성을 유지하기 위하여 합리적으로 필요한 범위 내에서 가맹점사업자로 하여금 판매하는 상품 및 용역에 대하여 가맹본부가 제시하는 품질기준을 준수하도록 요구하고, 그러한 품질기준의 준수를 위하여 필요한 경우 가맹본부 또는 가맹본부가 지정한 특정한 거래상대방의 상품 또는 용역을 사용하도록 요구할 수 있다. 다만, 가맹본부가 가맹사업의 목적 달성을 위하여 필요한 범위를 넘어 부당하게 가맹점사업자에게 특정 거래상대방과 거래할 것을 강제하는 경우 거래상대방 선택과 관련한 가맹점사업자의 자유로운 의사결정을 제한하고, 자유로운 시장기능을 저해하여 공정거래저해성이 인정될 수 있다.

나) 부당한 거래상대방 구속에 해당하는지는 가맹사업의 목적과 가맹계약의 내용, 가맹금의 지급방식, 가맹사업의 대상인 상품 또는 용역과 설비와의 관계에 비추어 보았을 때 ① 객관적으로 상품·원재료·부재료·설비 등이 가맹사업을 경영하는 데에

필수적인지, ② 가맹사업의 통일적 이미지 확보와 상품의 동일한 품질 유지를 위한 기술관리·표준관리·유통관리·위생관리의 필요성 등의 측면에서 가맹점사업자에게 사양서나 품질기준만을 제시하고 임의로 구입 또는 설치하도록 방치하여서는 가맹사업의 통일적 이미지 확보와 상품의 동일한 품질을 보증하는데 지장이 있는지, ③ 미리 정보공개서를 통하여 가맹점사업자에게 특정한 거래상대방과 거래해야만 한다는 점을 알리고 가맹점사업자와 계약을 체결하였는지 등을 종합적으로 고려하여 판단한다.

다) 다음의 요건을 모두 충족하는 경우는 부당한 거래상대방 구속에 해당하지 아니한다.

(1) 부동산·용역·설비·상품·원재료 또는 부재료가 가맹사업을 경영하는 데에 필수적이라고 객관적으로 인정될 것. 상품의 사용 목적, 기능, 구조에 비추어 낱개로 사용되는 독립적인 상품이 아니라 개별 구성 상품을 결합하여 하나의 상품으로 제공되는 경우는 가맹사업 경영에 필수적인지를 판단할 때 구성 상품 각각을 별개로 판단하지 않고 이들을 하나의 기능을 하는 일체 상품으로 보아 판단할 수 있다.

(2) 특정한 거래상대방과 거래하지 아니하는 경우는 가맹본부 상표권을 보호하고 상품 또는 용역의 동일성을 유지하기 어렵다는 사실이 객관적으로 인정될 것

(3) 가맹본부가 미리 정보공개서를 통하여 가맹점사업자에게 해당 사실을 알리고 가맹점사업자와 계약을 체결할 것

3) 법 위반에 해당할 수 있는 행위(예시)

가) 가맹사업을 경영하는 데에 필수적이라고 보기 어려운 다음과 같은 상품 등을 가맹본부 또는 가맹본부가 지정한 자로부터만 구입하도록 강제하는 행위

(1) 가맹사업의 통일적 이미지나 중심 상품 품질의 균질성과 직접 관련이 없는 일반 공산품

(2) 가맹사업의 통일적 이미지나 중심 상품 품질의 균질성과 직접 관련이 없는 설비·장비

(3) 가맹사업의 통일적 이미지나 중심 상품 품질의 균질성과 직접 관련이 없는 용역

나) 가맹본부가 품질기준을 제시하고 가맹점사업자가 자유롭게 거래상대방을 정하여 구매하도록 하여도 가맹사업의 통일적 이미지 확보와 상품의 동일한 품질 유지에 지장이 없음에도 불구하고, 다음과 같은 상품 등을 가맹본부 또는 가맹본부가 지정한 자로부터만 구입하도록 강제하는 행위

(1) 가맹본부가 주문·생산한 물품이라거나 동일한 품질 유지를 위해 유통관리나 위생관리의 필요성이 있다고 보기 어려운 시판용 부재료

(2) 시중에서 용이하게 동일한 기능의 물품을 구매할 수 있는 일반적인 도구

(3) 시중에서 용이하게 동일하거나 유사한 물품을 구매할 수 있는 일반적인 일회용 품(가맹본부가 자체 제작한 물품이라고 하더라도 동일하거나 유사한 물품을 용이하게 구할 수 있는 경우 포함)

(4) 시중에서 용이하게 동일한 기능의 제품을 구매할 수 있는 설비

〈가) (1)~ (3), 나) (1)~ (4)에 해당할 수 있는 구체적인 품목 예시〉

- 김밥 가맹사업에서 중심 상품인 김밥 등의 맛이나 품질과 직접적인 관련이 없을 뿐 아니라 가맹사업의 동일성을 위해 가맹본부가 특별히 주문생산한 물품이 아니고 시중에서 이와 동일 또는 유사한 물품을 용이하게 구매할 수 있어 임의로 구입하더라도 가맹사업의 통일적 이미지 확보와 상품의 동일한 품질을 보증하는 데 지장이 없는 소독용품, 주방용세제, 장비세척제, 위생용품, 청소용품, 국물용기, 반찬용기, 마스케어 등 일반공산품
- 패스트 푸드 가맹사업에서 가맹사업의 통일적 이미지나 중심 상품인 패스트 푸드의 맛과 품질의 동일성과 관련이 없고, 가맹본부가 품질기준을 제시하고 이를 자유롭게 구매하게 하더라도 용도나 기능에 지장이 없는 1인 의자, 테이블, 빠의자, 금전등록기, 전산장비(PC) 등 설비·장비
- 커피 가맹사업에서 시중 구매가 가능하고 독창성을 인정하기 어려워 가맹사업에 필수적이거나 거래가 강제되지 않을 시 가맹본부의 상표권 보호와 상품의 동일성 유지가 어렵다고 보기 어려운 라탄의자, 라탄소파, 테라스 의자, 흡연실 의자 등 가구·용품
- 치킨 가맹사업에서 중심 상품의 맛과 품질에 직접 영향을 미치는 고유한 양념 제조비법 등에 해당하지 않고, 동일 서비스를 제공하는 업체가 시장에 다수 존재하는 해충방제 서비스 등 용역
- 치킨 가맹사업에서 가맹사업 경영을 위한 필수적이고 객관적인 상품이라고 보기 어렵고, 가맹본부가 정해 놓은 품질기준이나 사양이 존재하지 않고 특별히 주문 제작한 상품도 아니어서 임의로 구입하더라도 가맹사업의 통일적 이미지 확보와 상품의 동일한 품질을 보증하는 데 지장이 없는 냅킨, PT 병, 대나무 포크 등 부자재 및 가위, 칼, 도마, 국자, 바구니, 저울, 타이머, 양념통, 온도계 등 주방 집기
- 김밥 가맹사업에서 가맹본부가 자체적으로 제작하였으나 시중에서 이와 동일 또는 유사한 물품을 쉽게 구할 수 있고, 가맹본부가 규격과 재질을 특정하여 요구하더라도 가맹사업의 통일적 이미지 확보와 상품의 동일한 품질보증을 구현할 수 있는 만두찜 종이 등 부자재

※ 특정품목이 위에서 예시한 거래상대방 구속행위에 해당될 수 있는 품목과 동일하거나 유사하더라도 해당 품목의 거래상대방을 구속한 행위가 법 위반에 해당하는지 여부는 개별 사안의 구체적 사실관계에 따라 달라질 수 있다.

다) 가맹본부가 인테리어 시공기준을 제시하고 가맹점사업자가 그 기준에 맞추어 다른 시공업체에게 시공을 맡긴다고 하더라도 용도나 기능에 지장이 없음에도 불구하고,

가맹본부가 지정하는 1개의 업체에만 시공을 맡기도록 하는 조건으로 가맹계약을 체결하고 그 이행을 강제하는 행위

라) 가맹본부가 가맹점사업자로 하여금 인테리어시공업체를 자율적으로 선택할 수 있도록 하고 있으나, 그 시공에 대한 감리 비용을 정상적인 거래 관행에 비해 지나치게 고가로 책정함으로써 가맹점사업자로 하여금 가맹본부가 지정한 업체를 통해 인테리어를 시공하도록 사실상 구속하는 행위

마) 홍보전단지의 경우 반드시 동일한 디자인과 형태를 갖추어야 한다거나 통일적이고 획일적인 기준을 엄격하게 요구할 필요가 있다고 보기 어려울 뿐 아니라, 오히려 가맹점사업자별로 영업활동 지역의 환경과 특색에 맞추어 제작하는 경우 더 큰 홍보 효과를 거둘 수 있음에도 가맹본부가 지정한 업체를 통해서만 제작하도록 강제하는 행위

다. 가맹점사업자의 상품 또는 용역의 판매 제한

가맹점사업자에게 부당하게 지정된 상품 또는 용역만을 판매하도록 하거나 거래상대방에 따라 상품 또는 용역의 판매를 제한하는 행위를 말한다. 다만, 다음의 요건을 모두 충족하는 경우는 그러하지 아니하다. (시행령 별표2)
① 가맹점사업자의 상품 또는 용역의 판매를 제한하지 아니하는 경우는 가맹본부의 상표권을 보호하고 상품 또는 용역의 동일성을 유지하기 어렵다는 사실이 객관적으로 인정될 것
② 가맹본부가 미리 정보공개서를 통하여 가맹점사업자에게 해당 사실을 알리고 가맹점사업자와 계약을 체결할 것

1) 대상행위

가) 가맹점사업자에게 부당하게 지정된 상품 또는 용역만을 판매하도록 하거나 거래상대방에 따라 상품 또는 용역의 판매를 제한하는 행위가 대상이 된다.

나) 거래상대방에 따라 판매를 제한하는 행위에는 특정한 거래상대방에게는 상품을 판매하지 못하도록 하는 경우뿐만 아니라 거래상대방에 따라 판매하는 상품이나 용역의 수량을 제한하거나 판매에 조건을 붙이는 경우도 포함된다.

다) 이러한 행위는 기본적으로 가맹점사업자 스스로 판매할 상품 또는 용역이나 자신의 거래상대방을 정할 수 있는 영업활동의 자유를 제한하는 것으로 금지된다. 다만, 이러한 제한행위라 하더라도 다음 요건을 모두 충족하는 경우는 예외적으로 허용된다.

(1) 가맹점사업자의 상품 또는 용역의 판매를 제한하지 아니하는 경우는 가맹본부의 상표권을 보호하고 상품 또는 용역의 동일성을 유지하기 어렵다는 사실이 객관적으로 인정되는 경우

(2) 가맹본부가 정보공개서를 통하여 가맹점사업자에게 해당 사실을 사전에 알리고 가맹점사업자와 계약을 체결한 경우

2) 위법성 판단기준

상품 또는 용역의 판매 제한행위가 부당한지는 가맹사업의 목적 달성을 위하여 필요한 범위를 넘어 판매하고자 하는 상품 또는 용역의 선정과 관련한 가맹점사업자의 영업활동의 자유를 과도하게 침해하는지를 중심으로 판단한다.

3) 법 위반에 해당할 수 있는 행위(예시)

가) 가맹사업의 통일성 내지 가맹사업시스템의 유지와 무관한 이유로 가맹점사업자의 판매상품을 지정하거나 거래상대방에 따라 판매를 부당하게 제한하는 행위

나) 가맹본부의 상표권 침해 우려 등에 관한 객관적 근거 없이 가맹점사업자의 판매상품을 지정하거나 거래상대방에 따라 판매를 부당하게 제한하는 행위

다) 가맹본부가 정보공개서 등에 해당 사실을 사전에 알리지 않고 가맹점사업자의 판매상품을 지정하거나 거래상대방에 따라 판매를 부당하게 제한하는 행위

라. 영업지역의 준수 강제

> 부당하게 가맹점사업자에게 영업지역을 준수하도록 조건을 붙이거나 이를 강제하는 행위를 말한다. 다만, 다음의 어느 하나에 해당하는 행위는 그러하지 아니하다. (시행령 별표2)
> ① 가맹본부가 가맹점사업자의 영업거점 지역을 정하는 행위
> ② 가맹점사업자가 자기의 영업지역에서의 판매책임을 다하는 경우 영업지역 외의 다른 지역에서 판매할 수 있도록 하는 행위
> ③ 가맹점사업자가 자기의 영업지역 외의 다른 지역에서 판매하고자 하는 경우 그 지역의 가맹점사업자에게 광고선전비 등 판촉 비용에 상당하는 일정한 보상금을 지급하도록 하는 행위

1) 대상행위

가) 가맹본부가 부당하게 가맹점사업자에게 영업지역을 준수하도록 조건을 붙이거나 이를 강제하는 행위가 대상이 된다.

나) 가맹본부가 부당하게 가맹점사업자의 영업지역을 지정하고 그 지역 내에서만 영업활동을 하도록 강제한다면, 가맹점사업자의 영업활동지역 선택의 자유를 제한할 뿐 아니라 가맹점사업자 사이의 고객 확보 경쟁 즉, 브랜드 내 경쟁(intra-brand competition)을 제한하는 효과를 가지게 되기 때문에 금지된다.

다) 영업지역을 준수하도록 조건을 붙이거나 이를 강제하는 행위는 그 내용이 계약서에 명시된 경우뿐만 아니라, 계약서에 명시되어 있지 않더라도 영업지역을 위반하여 영업활동을 하는 경우 경고, 시정 요구, 상품공급 중단, 계약 해지, 계약갱신 거절 등과 같은 불이익이 수반됨으로써 사실상 구속성이 인정되는 경우가 포함된다.

라) 다만, 다음의 어느 하나에 해당하는 행위는 가맹사업의 목적 달성을 위해 합리적인 사유가 있다고 보아 예외적으로 허용된다.

(1) 가맹본부가 가맹점사업자의 영업거점 지역을 정하는 행위

(2) 가맹점사업자가 자기의 영업지역에서의 판매책임을 다하는 경우 영업지역 외의 다른 지역에서 판매할 수 있도록 하는 행위

(3) 가맹점사업자가 자기의 영업지역 외의 다른 지역에서 판매하고자 하는 경우 그 지역의 가맹점사업자에게 광고선전비 등 판촉 비용에 상당하는 일정한 보상금을 지급하도록 하는 행위

2) 위법성 판단기준

가) 영업지역 준수 강제가 부당한지는 가맹점사업자의 영업활동 지역 선택의 자유를 과도하게 침해하는지를 중심으로 판단하되, 해당 가맹사업거래 분야의 경쟁이 제한되는지도 보충적으로 고려할 수 있다.

나) 이때, 경쟁제한성은 다음에서 보는 바와 같이 영업지역 준수 강제의 의도, 브랜드 내 경쟁 및 브랜드 간 경쟁에 미치는 효과, 가맹본부의 영향력 등을 종합적으로 고려하여 판단한다.

(1) 영업지역 준수를 강제하려는 의도가 오로지 가맹점사업자 간 경쟁을 제거하고자 하는 것임이 명백하고 그 밖에 다른 합리적인 이유가 없는지

(2) 영업지역 준수 강제로 인한 브랜드 내 경쟁제한 효과는 매우 큰 반면 브랜드 간 경쟁 촉진 효과는 미미하다면 경쟁제한 우려가 크다고 볼 수 있다.

(3) 가맹본부의 시장점유율이 높고 경쟁브랜드의 수 및 시장점유율이 낮을수록 경쟁제한 효과가 유발되는 정도가 커질 수 있다.

(4) 해당 행위로 인해 소비자의 선택권이 침해되거나 서비스 질 제고 및 가격 인하 유인이 축소되는지

(5) 영업지역 준수 강제가 아니더라도 보다 경쟁제한성이 작은 다른 대체적인 방식으로도 영업상 목적을 달성할 수 있는지

다) 영업지역 준수 강제가 가격 구속 등 다른 불공정거래행위와 병행하여 행해지거나 그 실효성을 확보하기 위한 수단으로 사용되는 경우는 부당성이 보다 용이하게 인정될 수 있다.

3) 법 위반에 해당할 수 있는 행위(예시)

가) 가맹점사업자로 하여금 지정된 영업지역을 준수하도록 하면서 이를 위반하는 경우 식품공급 중단, 폐점 등의 조치를 하더라도 이의를 제기하지 않겠다는 내용의 각서를 받고, 미준수 가맹점사업자에게 식품공급 중단, 계약 연장거부 의사를 통보하는 행위

마. 그 밖에 가맹점사업자의 영업활동의 제한

> 가목 내지 라목에 준하는 경우로서 부당하게 가맹점사업자의 영업활동을 제한하는 행위를 말한다. 다만, 다음의 요건을 모두 충족하는 경우는 그러하지 아니하다. (시행령 별표2)
> ① 가맹점사업자의 영업활동을 제한하지 아니하는 경우 가맹본부의 상표권을 보호하고 상품 또는 용역의 동일성을 유지하기 어렵다는 사실이 객관적으로 인정될 것
> ② 가맹본부가 미리 정보공개서를 통하여 가맹점사업자에게 해당 사실을 알리고 가맹점사업자와 계약을 체결할 것

1) 대상행위

　가) 위의 가)부터 라)까지 규정된 구속조건부거래 행위에 준하는 경우로서 부당하게 가맹점사업자의 영업활동을 제한하는 행위가 대상이 된다.

　나) 다만, 이러한 제한행위라 하더라도 다음의 요건을 모두 충족하는 경우는 금지되지 아니한다.

　　(1) 가맹점사업자의 영업활동을 제한하지 아니하는 경우 가맹본부의 상표권을 보호하고 상품 또는 용역의 동일성을 유지하기 어렵다는 사실이 객관적으로 인정될 것

　　(2) 가맹본부가 미리 정보공개서를 통하여 가맹점사업자에게 해당 사실을 알리고 가맹점사업자와 계약을 체결할 것

2) 위법성 판단기준

　가격의 구속, 거래상대방의 구속, 가맹점사업자의 상품 또는 용역의 판매 제한, 영업지역의 준수 강제에 준하여 가맹본부의 상표권 보호나 상품 또는 용역의 동일성 유지와 무관한 사유로 가맹점사업자의 영업활동의 자유를 부당하게 침해하는지를 위주로 판단한다.

3) 법 위반에 해당할 수 있는 행위(예시)

　가) 합리적인 이유 없이 가맹점사업자의 영업지역 내에서의 독자적인 판촉 활동을 금지하는 행위

　나) 합리적인 이유 없이 가맹점사업자의 배달앱을 통한 광고 등 영업활동을 금지하는 행위

　다) 가맹점사업자가 계약기간 중에 가맹본부의 지식재산권과 무관한 유사 업종의 사업을 영위하는 것을 금지하는 행위

3. 거래상 지위의 남용 (법 제12조 제1항 제3호)

〈가맹본부의 거래상 지위 남용금지 취지〉

(1) 거래상 지위의 남용이란 가맹본부가 거래상 지위를 이용하여 부당하게 가맹점사업자에게 불이익을 주는 행위를 말한다. 법이 가맹본부의 거래상 지위 남용을 금지하는 취지는 가맹본부가 거래상 우월적 지위가 있음을 이용하여 열등한 지위에 있는 가맹점사업

자에 대하여 일방적으로 물품구입 강제 등 각종 불이익을 부과하거나 경영에 간섭하는 경우 가맹사업의 공정한 거래기반을 침해하기 때문이다.

(2) 가맹본부가 가맹점사업자에 대하여 거래상 우월적 지위를 가지고 있다고 인정되는 경우 법 제12조 제1항 제3호가 적용된다. 가맹사업거래에서의 가맹본부의 거래상 지위는 시장지배적 지위와 같은 정도의 지위를 의미하는 것은 아니며 최소한 가맹점사업자의 거래 활동에 상당한 영향을 미칠 수 있는 지위로서 특별한 사정이 없으면 가맹본부는 가맹점사업자에 대하여 거래상 우월적 지위가 있는 것으로 인정된다.

(3) 다만, 거래상 지위 남용 유형에 해당하는 행위를 허용하지 아니하는 경우 가맹본부의 상표권을 보호하고 상품 또는 용역의 동일성을 유지하기 어렵다는 사실이 객관적으로 인정되는 경우로서 해당 사실에 관하여 가맹본부가 미리 정보공개서를 통하여 가맹점사업자에게 알리고 가맹점사업자와 계약을 체결하는 경우는 예외적으로 허용될 수 있다.

(4) 가맹본부가 가맹점사업자에 대해 거래상 지위를 갖는다고 하더라도 가맹거래당사자 간 권리 의무귀속 관계, 채권·채무 관계(예 : 채무불이행, 손해배상청구, 지체상금 등) 등과 관련하여 계약서 및 관련 법령 내용 등의 해석에 대해 다툼이 있는 경우는 법 제12조 제1항 제3호가 적용되지 않는다.

〈가맹본부의 거래상 지위 판단기준〉

(1) 거래상 지위는 일방이 상대적으로 우월한 지위 또는 적어도 상대방과의 거래 활동에 상당한 영향을 미칠 수 있는 지위를 갖고 있으면 충분하고, 거래상 지위가 있는지는 당사자가 처하고 있는 시장의 상황, 당사자 간의 전체적 사업 능력의 격차, 거래의 대상인 상품의 특성 등을 모두 고려하여 판단하여야 한다.

(2) 가맹사업의 경우 다음에서 보는 바와 같이 가맹점사업자의 가맹본부에 대한 거래 의존성, 거래단절에 따른 투자 비용 회수의 비용이성 등이 존재하는 점을 고려할 때, 일반적으로 가맹본부는 가맹점사업자에 대해 거래상 지위가 있는 것으로 인정된다.

① 가맹점사업자가 영업표지 등을 사용하는 대가로 일정 금액의 가맹금을 가맹본부에 지급하고 영업행위 일체에 대한 지원을 받는 점과 가맹사업의 동일성 유지를 위한 범위 내에서 일정한 통제가 허용되는 점 등에 비추어 때 가맹점사업자는 가맹점 운영과 관련하여 가맹본부에 의존하는 거래관계에 있는 점

② 가맹점사업자는 가맹본부가 제시하는 조건과 기준 등에 따라 점포·시설·장비 등을 준비하여야 하고 이와 관련하여 상당한 비용의 투자가 이루어져야 하는바, 가맹점사업자가 원치 않는 시기에 계약 해지 등으로 거래가 단절되는 경우 투자 비용의 회수가 곤란할 뿐 아니라 대체거래선 확보가 용이하지 않아 경제적 손실을 입게 되기 때문에 가맹본부의 요구에 응할 수밖에 없는 점

(3) 가맹본부가 해당 가맹사업거래 분야에서 시장지배적 지위에 상응하는 시장점유율을 보

유하거나 상당히 높은 소비자 선호도를 보이는 경우 가맹점사업자로서는 가맹본부와의 지속적인 거래관계를 유지하고자 할 것이므로 거래상 지위가 보다 용이하게 인정될 수 있다.

〈위법성 판단 일반기준〉

(1) 법 제12조 제1항 제3호의 거래상 지위 남용에 해당하는지는 가맹본부의 가맹점사업자에 대한 거래상 지위 보유 여부, 거래내용의 불공정성 여부를 종합적으로 고려하여 판단한다.

(2) 가맹본부의 상표권을 보호하고 상품 또는 용역의 동일성을 유지하기 어렵다는 사실이 객관적으로 인정되는 경우로서 해당 사실에 관하여 가맹본부가 미리 정보공개서를 통하여 가맹점사업자에게 알리고 가맹점사업자와 계약을 체결하는 경우는 법 시행령 제13조 제1항 관련 [별표 2] 제3호 단서 규정에 따라 위법성이 조각된다.

가. 구입강제

> 가맹점사업자에게 가맹사업의 경영과 무관하거나 그 경영에 필요한 양을 넘는 시설·설비·상품·용역·원재료 또는 부재료 등을 구입 또는 임차하도록 강제하는 행위를 말한다. (시행령 별표 2)

1) 대상행위

　가) 가맹본부가 가맹점사업자에게 가맹사업의 경영과 무관하거나 그 경영에 필요한 양을 넘는 시설·설비·상품·용역·원재료 또는 부재료 등을 구입 또는 임차하도록 강제하는 행위가 대상이 된다. 따라서, 가맹사업의 경영과 관련이 있는 상품 등을 경영에 필요한 수량 내에서 구입 또는 임차하도록 강제하는 경우는 구입강제에 해당하지 않는다.

　나) 구입이 강제되는 상품 등은 가맹본부가 직접 가맹점사업자에게 공급하는 것일 수도 있고, 가맹본부가 직·간접적으로 지정하는 사업자의 것일 수도 있다.

　다) 구입하도록 강제하는 행위란 가맹점사업자가 구입하지 않을 수 없는 객관적인 상황을 만들어 내는 것을 포함한다. 즉, 가맹점사업자에게 해당 상품 등을 구입하지 아니하는 경우 제재가 있다고 명시하여 구입하도록 하는 것뿐만 아니라, 주위의 사정으로 보아 객관적으로 구입하지 아니하는 경우 불이익을 받을 가능성이 크다고 가맹점사업자가 인식할 수 있는 경우는 구입강제가 있는 것으로 본다.

　라) 구입을 강제하기 위한 제재 수단에는 제한이 없으며 실제로 제재 수단이 사용되었는지와 가맹점사업자가 실제로 구입 또는 임차를 하였는지는 강제성 인정에 영향을 미치지 않는다.

2) 위법성의 판단기준

　가) 가맹본부가 가맹사업의 경영과 무관하거나 그 경영에 필요한 양을 넘는 상품 등을 구입 또는 임차하도록 강제하는 것은 가맹사업의 목적 달성을 위하여 필요한 범위를 넘어 거래상 지위를 이용하여 구입할 상품의 종류 및 물량 결정과 관련한 가맹점사업자의 영업활동의 자유를 과도하게 구속하고 가맹점사업자에게 불이익을 주는 것이므로 그 자체로 공정거래저해성이 있는 것으로 본다.

　나) 다만, 구입강제를 하지 아니하면 가맹본부의 상표권을 보호하고 상품 또는 용역의 동일성을 유지하기 어렵다는 사실이 객관적으로 인정되는 경우로서 해당 사실에 관하여 가맹본부가 미리 정보공개서를 통하여 가맹점사업자에게 알리고 가맹점사업자와 계약을 체결하는 경우는 위법성이 없는 것으로 본다.

3) 법 제12조 제1항 제2호와의 관계

　구입강제가 가맹점사업자에 대해 가맹본부 또는 가맹본부가 지정한 특정한 거래상대방으로부터만 상품 또는 용역 등을 구입 또는 임차하도록 강제하는 행위에도 해당하는 경우는 법 제12조 제1항 제2호에 해당할 수 있다.

4) 법 위반에 해당할 수 있는 행위(예시)

　가) 가맹점사업자에 대해 가맹본부가 정한 월간 의무구매 수량만큼 구입하도록 종용하면서 구입 물량이 적은 가맹점사업자에 대해 불이익을 주거나 주문할 수밖에 없는 상황을 조성하는 행위

　나) 가맹점별로 매장 크기, 매출 규모, 고객 성향 등이 달라 필요물량이 상이함에도 이에 대한 고려 없이 자신이 거래하는 가맹점사업자들에게 일정 수량을 일괄 출고하는 행위

　다) 가맹점사업자가 주문하지도 않은 재고품, 비인기제품 등을 일방적으로 공급하고 반품을 허용하지 않는 행위

　라) 가맹점사업자가 보유한 재고가 많이 남아있어 추가 구입이 필요하지 않음에도 추가 구입 물량을 할당하고 임의로 공급하는 행위

　마) 가맹사업의 동일성 유지와 직접적인 관련이 없는 상품을 가맹점사업자의 의사와 관계없이 일방적으로 공급하는 행위

　바) 원·부재료 1회 주문 시 합리적인 사유 없이 일정 물량 또는 일정 금액 이상만 주문이 가능하도록 하여 필요 수량 이상을 구매하도록 강제하는 행위

　사) 신제품의 공급 수량을 가맹본부가 일방적으로 정하여 가맹점사업자에게 공급하는 행위

나. 부당한 강요

> 부당하게 경제적 이익을 제공하도록 강요하거나 가맹점사업자에게 비용을 부담하도록 강요하는 행위를 말한다. (시행령 별표 2)

1) 대상행위

　가) 부당하게 가맹점사업자에게 경제적 이익을 제공하도록 강요하거나 비용을 부담하도록 강요하는 행위가 대상이 된다.

　나) 경제적 이익은 반드시 금전에 국한되는 것은 아니며 물품·용역을 비롯하여 그 명칭에 상관없이 경제적 가치가 있는 모든 것이 포함된다. 또한 가맹본부 자신뿐 아니라 가맹본부가 지정하는 제3자에게 경제적 이익을 제공하도록 하는 행위도 포함된다.

　다) 비용을 부담하도록 강요하는 행위란 원래 가맹본부가 부담하여야 할 비용을 가맹점사업자에게 부담하도록 강제하는 행위를 말한다. 다만, 매출 확대 등 이익증진에 공통의 이해관계를 가지는 경우 등에 발생한 비용을 합리적인 기준과 절차에 따라 가맹본부가 가맹점사업자의 동의를 얻어 부담시키는 경우는 비용부담을 강요한 것으로 볼 수 없다.

　라) 강요는 협박, 요구, 요청, 제안 등 방식에 관계 없이 가맹점사업자의 자유로운 의사에 반하여 가맹본부가 요구하는 일정한 행위를 하도록 하는 것을 말하며, 직접적·명시적인 강요가 없더라도 가맹본부의 의사에 따르지 않을 수 없는 객관적인 상황을 만들어 내는 간접적·묵시적 강요를 포함한다.

　마) 가맹본부가 거래상 지위를 이용하여 가맹점사업자로 하여금 이익을 제공하거나 비용을 부담하도록 강요하는 행위 그 자체를 규제하는 것이므로, 실제로 가맹점사업자가 경제적 이익을 제공하였는지 또는 비용을 부담하였는지는 강요의 인정에 영향을 미치지 아니한다.

2) 위법성의 판단기준

　가) 강요 행위의 부당성은 이익제공 또는 비용부담 강요 행위의 목적과 내용 및 그에 관한 가맹계약의 내용, 이익제공 또는 비용부담의 적정성, 가맹점사업자의 동의 여부, 이익제공 또는 비용부담으로 인해 가맹점사업자에게 생길 수 있는 손해 발생의 개연성과 내용, 관련 업계의 거래 관행 등을 종합하여 구체적으로 판단하여 결정한다.

　나) 경제적 이익을 제공하거나 비용을 부담하도록 강요하는 행위를 허용하지 아니하면 가맹본부의 상표권을 보호하고 상품 또는 용역의 동일성을 유지하기 어렵다는 사실이 객관적으로 인정되는 경우로서, 해당 사실에 관하여 가맹본부가 미리 정보공개서를 통하여 가맹점사업자에게 알리고 가맹점사업자와 계약을 체결하는 경우는 위법성이 없는 것으로 본다.

3) 법 위반에 해당할 수 있는 행위(예시)

가) 가맹본부가 가맹점사업자의 동의 없이 일방적으로 전국적인 판촉행사를 실시하면서 가맹점사업자의 영업지역에 판촉행사를 광고하는 광고 전단지를 배포하게 하고 그 광고 전단지 구입비용을 가맹점사업자에게 부담시키는 행위

나) 가맹본부가 사전에 가맹점사업자들의 동의를 구하지 않고 상품광고를 실시하였음에도 불구하고 가맹점사업자들에게 광고비용을 부담시키는 행위

다) 가맹본부가 통신사 또는 카드사와 제휴하여 할인행사 등을 실시하면서 가맹점사업자의 동의 없이 할인행사 등에 따른 비용을 가맹점사업자에게 부담하도록 강요하는 행위

라) 가맹본부가 할인행사를 실시하면서 당초 자신이 부담하기로 한 할인 비용의 일부를 합리적인 사유 없이 가맹점사업자들에게 추가로 부담하도록 강요하는 행위

마) 가맹본부가 가맹사업거래와 무관한 행사를 실시하면서 가맹점사업자에게 협찬금이나 물품을 무상으로 제공하도록 요구하는 행위

바) 가맹계약 체결 당시 개점 행사비를 수령하였음에도 불구하고 개점 행사를 실시하면서 가맹계약서에 기재되지 않은 인건비 명목의 비용을 별도로 요구하는 행위

사) 가맹계약에서 점포의 임대료를 가맹본부가 부담하기로 하였음에도 가맹계약 도중 가맹본부가 임차한 점포의 임대료가 인상되자 임대료 인상분을 합리적인 사유 없이 가맹점사업자에게 부담하도록 강요하는 행위

아) 정부가 국가적 재난에 따른 소상공인 피해구제를 위해 가맹점사업자에게 지급한 긴급자금을 수령 권원이 없는 가맹본부에게 배분하도록 종용하는 행위

자) 가맹점사업자의 동의 없이 모바일 상품권을 취급하도록 하면서 수수료 등 관련 비용을 일방적으로 부담하도록 강요하는 행위

차) 물품 제공형 모바일 상품권 발행 이후 상품 판매가격이 인상되어 모바일 상품권 액면금액과 상품 판매가격 간에 차액이 발생하는 경우 합리적인 사유 없이 그 비용을 일방적으로 가맹점사업자에게 부담시키는 행위

다. 부당한 계약조항의 설정 또는 변경

가맹점사업자가 이행하기 곤란하거나 가맹점사업자에게 불리한 계약조항을 설정 또는 변경하거나 계약갱신 과정에서 종전의 거래조건 또는 다른 가맹점사업자의 거래조건보다 뚜렷하게 불리한 조건으로 계약조건을 설정 또는 변경하는 행위를 말한다. (시행령 별표 2)

1) 대상행위

가) 가맹점사업자가 이행하기 곤란하거나 가맹점사업자에게 불리한 계약조항을 설정 또는 변경하거나 계약갱신 과정에서 종전의 거래조건 또는 다른 가맹점사업자의 거래

조건보다 뚜렷하게 불리한 조건으로 계약조건을 설정 또는 변경하는 행위가 대상이 된다.

나) 거래조건에는 가맹금 지급 기준 및 방식, 가맹점 입지 선정기준 및 영업지역, 구입이 강제되는 물품이나 설비, 영업시간 등 영업활동 조건, 영업 중 비용부담, 계약기간, 계약의 갱신·연장·종료·해지·수정 조건, 손해배상에 관한 사항, 그 밖의 각종 구속사항 등 가맹계약 상 모든 거래조건이 포함된다.

2) 위법성의 판단기준

가) 이행이 곤란하거나 불리한 계약조항에 해당하는지는 해당 가맹계약의 내용과 업계의 상황 등 객관적 사정에 비추어 판단한다. 이행이 곤란한지 또는 불리한지에 대해 가맹점사업자가 계약체결 이전에 이미 알고 있었는지는 위법성 판단에 영향을 미치지 아니한다.

나) 종전 또는 다른 가맹점사업자의 거래조건에 비추어 뚜렷하게 불리한 계약조건의 설정 또는 변경에 해당하는지는 계약조건의 설정 또는 변경의 정도가 종전의 거래조건 또는 다른 가맹점사업자의 거래조건에 비추어 명백하게 불리하여 가맹점사업자의 정상적 사업 활동이 어려울 것이 예상되거나 가맹점사업자의 거래상 지위를 약화시킬 우려가 있는지 등을 종합적으로 고려하여 판단한다.

다) 부당한 계약조항 설정 또는 변경행위 자체를 규제하는 것이므로 설정 또는 변경된 계약조항이 실제 적용되어 가맹점사업자에게 구체적인 불이익이 현실적으로 발생할 것을 요구하지는 않는다.

라) 계약조항의 설정 또는 변경을 허용하지 아니하는 경우 가맹본부의 상표권을 보호하고 상품 또는 용역의 동일성을 유지하기 어렵다는 사실이 객관적으로 인정되는 경우로서, 해당 사실에 관하여 가맹본부가 미리 정보공개서를 통하여 가맹점사업자에게 알리고 가맹점사업자와 계약을 체결하는 경우는 위법성이 없는 것으로 본다.

3) 법 위반에 해당할 수 있는 행위(예시)

가) 합리적인 사유 없이 가맹점사업자가 가맹계약 종료 후 가맹본부의 영업과 동종 또는 유사 업종의 사업을 일체 영위할 수 없다는 조항이 포함된 가맹계약을 체결하는 행위

나) 계약기간에 합리적인 사유 없이 일방적으로 종전의 영업지역을 축소하여 계약조건을 변경하는 행위

다) 가맹계약갱신 과정에서 로열티나 광고 분담금 등의 지급조건을 일방적으로 가맹점사업자에게 불리하게 변경하는 행위

라) 계약기간에 가맹점사업자들이 거래개시 당시 납부한 가맹금 외에 가맹본부가 일방적으로 정한 추가 가맹금을 부담시키는 내용으로 계약을 변경하는 행위

마) 가맹점사업자의 실질적 변경이 없이 가맹점사업자의 명의를 변경하는 경우 명의변경에 따른 행정절차에 소요되는 비용이나 대가를 초과하여 가맹점사업자에게 명의개서료를 부담하도록 하는 계약조항을 설정하는 행위

바) 가맹계약갱신 과정에서 법령에서 정한 가맹계약 즉시 해지사유보다 가맹점사업자에게 불리한 즉시 해지사유를 추가하여 계약조항을 설정하는 행위

사) 법에서 가맹본부가 계약조건 변경 또는 계약갱신 거절 의사를 통지하지 않는 경우 이전과 같은 조건으로 다시 계약을 체결한 것으로 간주함에도 가맹본부가 임의로 묵시적 계약갱신의 경우 이전 계약기간보다 짧은 기간 동안 계약이 갱신된 것으로 본다는 조항을 가맹계약서에 기재하는 행위

아) 가맹본부의 계약 해지 시 가맹점사업자가 이의제기를 하지 못한다는 내용으로 계약조항을 설정하는 행위

자) 가맹본부가 임의로 지정한 특정 법원을 관할법원으로 한다는 내용의 조항을 가맹계약서에 포함하는 행위

라. 경영의 간섭

> 정당한 이유 없이 특정인과 가맹점을 같이 운영하도록 강요하는 행위를 말한다. (시행령 별표 2)

1) 대상행위

가) 정당한 이유 없이 가맹점사업자에게 특정인과 가맹점을 같이 운영하도록 강요하는 행위가 대상이 된다.

나) 강요에는 명시적인 강요뿐 아니라 묵시적인 강요도 포함된다.

다) 특정인에 대해서는 특별한 제한이 없으며 가맹본부 또는 가맹본부가 선정한 제3 자가 될 수도 있다.

2) 위법성의 판단기준

가) 경영간섭은 가맹본부가 가맹사업의 목적 달성에 필요한 통제의 범위를 넘어 거래상 지위를 이용하여 가맹점 공동경영 여부 결정, 공동경영자 선정과 관련한 가맹점사업자의 의사결정의 자유를 과도하게 침해하여 가맹점사업자에게 불이익을 주는 행위이므로 행위의 외형이 있는 경우에는 원칙적으로 공정거래저해성이 있는 것으로 본다. 다만, 경영의 간섭에 정당한 이유가 있는 것으로 인정되는 경우는 공정거래저해성이 없는 것으로 볼 수 있다.

나) 특정인과 가맹점을 같이 운영하도록 강제하지 않는다면 가맹본부의 상표권을 보호하고 상품 또는 용역의 동일성을 유지하기 어렵다는 사실이 객관적으로 인정되는 경

우로서, 해당 사실에 관하여 가맹본부가 미리 정보공개서를 통하여 가맹점사업자에게 알리고 가맹점사업자와 계약을 체결하는 경우는 정당한 이유가 인정될 수 있다.

3) 법 위반에 해당할 수 있는 행위(예시)

　　가) 가맹점사업자가 상권조사 및 점포 임차 등 직접적 노력을 기울여 계약을 체결하고자 하였음에도 가맹본부가 정당한 이유 없이 특정인과 함께 가맹점을 운영하도록 강요하는 행위

　　나) 합리적인 사유 없이 가맹본부 소속 직원을 가맹점의 점장으로 임명하여 가맹점 경영과 관련한 모든 사안에 대해 협의하도록 하는 행위

마. 판매 목표 강제

> 부당하게 판매 목표를 설정하고 가맹점사업자로 하여금 이를 달성하도록 강제하는 행위를 말한다. (시행령 별표 2)

1) 대상행위

　　가) 가맹본부가 부당하게 가맹점사업자에게 판매 목표를 정해주고 이를 달성하도록 강제하는 행위가 대상이 된다.

　　나) 가맹점사업자에게 판매 목표를 설정하거나 제시한 사실만으로는 판매 목표 강제에 해당하지 아니하며 판매 목표를 달성하도록 강제하는 행위가 있어야 한다. 판매 목표 강제는 가맹계약서에 명시적으로 규정된 경우뿐만 아니라 계약체결 후 구두로 이루어지는 경우나 가맹본부의 의사에 따르지 않을 수 없는 객관적인 상황을 만들어내는 경우도 포함한다.

　　다) 판매 목표의 대상이 되는 상품 또는 용역은 반드시 가맹본부가 공급하는 것일 필요는 없으며 대체로 상품의 경우에는 판매량의 할당이, 용역의 경우에는 일정 수의 가입자나 회원의 확보가 문제 된다.

2) 위법성의 판단기준

　　가) 판매 목표 강제가 부당한지는 판매 목표 달성 요구에 강제성이 있는지를 중심으로 판단한다. 판매 목표의 달성을 강제하기 위한 수단에는 특별한 제한이 없으며, 판매 목표가 과다한 수준인지, 가맹점사업자가 판매 목표를 달성하였는지, 판매 목표 미달성 시 실제로 제재 수단이 사용되었는지는 강제성 인정에 영향을 미치지 않는다.

　　나) 판매 목표를 달성하지 못하거나 판매 목표 달성 요구를 거절했을 경우 위약금 부과나 가맹계약의 해지, 원·부재료의 공급 거절, 공급량의 현저한 제한 또는 공급 지연 등 불이익이 부과되는 경우는 강제성이 인정된다.

　　다) 판매 확대를 위해 노력하도록 촉구 또는 독려하는 경우나 판매 목표 달성을 위해 자

발적인 협력을 유인하는 수단으로 가맹점사업자에게 장려금이나 지원금을 지급하는 경우는 원칙적으로 강제성이 인정되지 않는다. 다만, 장려금이나 지원금이 정상적인 유통 마진을 대체하는 효과가 있어서 사실상 판매 목표를 강제하는 효과가 나타나는 경우는 강제성이 인정될 수 있다.

3) 법 위반에 해당할 수 있는 행위(예시)

가) 가맹본부가 가맹점사업자에 대하여 판매 목표를 설정하고 이를 달성하지 못하는 경우 계약갱신을 거절하는 행위

나) 가맹본부가 공급하는 용역을 제공하는 가맹점사업자에 대하여 회원 또는 가입자의 수를 할당하고 이를 달성하지 못하는 경우 가맹계약을 해지하는 행위

다) 가맹점사업자의 판매실적이 판매 목표에 미달하는 경우 합리적인 이유 없이 가맹점사업자에게 공급하는 물품 등의 수량을 현저히 축소하거나 지연하여 공급하는 행위

라) 가맹본부가 자신의 판매 목표를 달성하거나 재고를 소진하기 위해 가맹점사업자에 대하여 미판매 물량을 임의로 할당하고 가맹점사업자에게 재고비용을 부담하게 하는 행위

바. 불이익 제공

가목부터 마목까지의 행위에 준하는 경우로서 가맹점사업자에게 부당하게 불이익을 주는 행위를 말한다. (시행령 별표 2)

1) 대상행위

가) 가맹본부가 구입강제, 부당한 강요, 부당한 계약조항의 설정 또는 변경, 경영간섭, 판매 목표 강제 행위에 준하여 가맹점사업자에게 부당하게 불이익을 주는 행위가 대상이 된다.

나) 불이익 제공 금지규정은 가맹본부의 거래상 지위 남용 행위를 포괄적으로 금지하기 위한 일반조항적 성격을 갖고 있다. 따라서, 시행령 제13조 제1항 관련 [별표 2] '불공정거래행위의 유형 또는 기준'에서 거래상 지위 남용 행위 유형으로 열거되지 않은 행위라도 그 행위가 실질적으로 가맹점사업자에게 불이익이 되거나 가맹본부에게 이익을 제공하도록 하는 경우는 불이익 제공행위에 해당할 수 있다.

다) 불이익 제공행위에서 불이익에 해당하기 위해서는 그 행위의 내용이 가맹점사업자에게 다소 불이익하다는 점만으로는 부족하고, 구입강제, 부당한 강요, 부당한 계약조항의 설정 또는 변경, 경영간섭, 판매 목표 강제 등과 동일시할 수 있을 정도로 가맹본부가 자기의 거래상 지위를 부당하게 이용하여 그 거래조건을 설정 또는 변경하거나 그 이행과정에서 불이익을 준 것으로 인정되어야 한다.

라) 가맹본부의 가맹점사업자에 대한 불이익 제공은 가맹점사업자에게 일방적으로 불리한 거래조건을 당초부터 설정하거나 기존의 거래조건을 불리하게 변경하는 것은 물론, 거래조건을 불이행하거나 거래과정에서 일정한 행위를 강요하여 가맹점사업자에게 불이익이 되도록 하는 행위 전반을 포함하는 포괄적 개념이다.

마) 불이익 제공은 적극적으로 가맹점사업자에게 불이익이 되는 행위를 하는 작위뿐만 아니라 소극적으로 자기가 부담해야 할 비용이나 책임 등을 이행하지 않는 부작위에 의해서도 성립할 수 있다.

바) '부당한 계약조항의 설정 또는 변경'에 해당하지 않는 행위로서 계약조항으로 설정되어 있지 않은 거래조건을 가맹점사업자에게 불리하게 설정 또는 변경하는 행위도 불이익 제공에 해당할 수 있다.

2) 위법성의 판단기준

가) 거래상의 지위를 이용하여 가맹점사업자에게 부당하게 불이익을 준 행위인지는 해당 행위의 의도와 목적, 효과와 영향 등과 같은 구체적 태양과 상품의 특성, 거래의 상황, 가맹본부의 거래상 지위의 정도 및 가맹점사업자가 받게 되는 불이익의 내용과 정도 등에 비추어 볼 때 정상적인 거래 관행을 벗어난 것으로서 공정한 거래 질서를 저해할 우려가 있는지 등을 고려하여 판단한다.

나) 가맹본부가 제3자에 대해 거래조건을 설정 또는 변경하거나 제3자에게 이익을 제공함으로써 가맹점사업자가 제3자에 비하여 상대적으로 불이익한 취급을 받게 되었다고 하여 가맹점사업자에게 불이익을 제공한 것으로 볼 수는 없다.

다) 불이익 제공을 허용하지 아니하는 경우 가맹본부의 상표권을 보호하고 상품 또는 용역의 동일성을 유지하기 어렵다는 사실이 객관적으로 인정되는 경우로서, 해당 사실에 관하여 가맹본부가 미리 정보공개서를 통하여 가맹점사업자에게 알리고 가맹점사업자와 계약을 체결하는 경우는 위법성이 없는 것으로 본다.

3) 법 위반에 해당할 수 있는 행위(예시)

가) 가맹계약서상 근거 없이 가맹점사업자들에 대한 행정적 지원 대가 명목으로 새로운 항목의 가맹금을 신설하면서 가맹점사업자의 동의를 받지 않고 이를 부담하도록 하는 행위

나) 가맹본부가 계약기간에 일방적으로 가맹점사업자의 인근에 직영점 또는 신규 가맹점을 개설하여 가맹점사업자에게 불이익을 주는 행위

다) 당초 가맹계약서에서 규정하지 않았던 내용의 거래조건을 가맹점사업자에게 일방적으로 부과하여 불이익을 주는 행위

라) 가맹본부가 가맹점사업자에게 공급한 상품이나 원재료에 하자가 있어 반품을 요청

했음에도 합리적인 사유 없이 이를 거부하는 행위

마) 가맹본부의 귀책 사유로 계약이 해지되었음에도 가맹점 철거 및 원상복구에 소요되는 비용을 가맹점사업자에게 부담시키는 행위

바) 합리적인 사유 없이 가맹점사업자가 요청한 영업양도의 승인을 거절하는 행위

사) 영업양수인이 기존 가맹점사업자의 가맹계약 상 권리와 의무를 포괄적으로 승계하였음에도 불구하고 양수로 인해 발생한 행정적 비용 등을 초과하여 최초가맹금을 수령하는 행위

아) 상품권 발행업체의 정산 지연 등 합리적인 사유 없이 가맹점사업자와 기존에 합의한 모바일 상품권 매출 정산 기간을 초과하여 가맹점사업자에게 피해를 주는 행위

4. 부당한 손해배상 의무 부과 행위 (법 제12조 제1항 제5호)

채무불이행으로 인한 손해배상은 통상의 손해를 그 한도로 하는 것이나(민법 제393조 제1항), 손해의 입증이 곤란하거나 그 손해액의 산정이 어려운 경우에 대비하기 위하여 당사자가 채무불이행에 관한 손해배상액을 미리 예정할 수 있으며(민법 제398조 제1항), 위약금의 약정은 손해배상액의 예정으로 추정된다(민법 제398조 제4항). 다만, 손해배상의 예정액이 부당히 과다한 경우에 법원이 감액할 수 있도록 하고(민법 제398조 제2항), 고객에게 부당하게 과중한 지연손해금 등의 손해배상 의무를 부담시키는 약관 조항은 무효로 하여(약관의 규제에 관한 법률 제8조) 당사자 일방에게 과중한 손해배상 의무를 부담시키는 행위를 규제하고 있다. 그럼에도 가맹사업거래에서는 가맹사업거래의 특성, 가맹본부와 가맹점사업자 간의 거래상 지위 차이 등으로 가맹점사업자에게 과중한 손해배상 의무가 부과될 여지가 많은 점을 고려하여 법은 '부당한 손해배상 의무 부과 행위'를 불공정거래행위의 하나로 금지하고 있다.

가. 과중한 위약금 설정·부과 행위

1) 계약 중도해지 시 과중한 위약금 설정·부과 행위

계약 해지의 경위와 거래당사자 간 귀책 사유 정도, 잔여 계약기간의 정도, 중도해지 후 가맹본부가 후속 가맹점사업자와 계약을 체결하기 위하여 통상 소요될 것으로 예상되는 기간에 상당하는 손해액 등에 비추어 부당하게 과중한 위약금을 설정하여 계약을 체결하거나 이를 부과하는 행위를 말한다.

2) 과중한 지연손해금 설정·부과 행위

상품 또는 용역에 대한 대금 지급의 지연 시 지연 경위, 정상적인 거래 관행 등에 비추어 과중한 지연손해금을 설정하여 계약을 체결하거나 이를 부과하는 행위를 말한다. (시행령 별표 2)

1) 대상행위

   가) '계약 중도해지 시 과중한 위약금 설정·부과 행위'와 '과중한 지연손해금 설정·부과 행위'가 대상이 된다.

   나) 위약금을 설정·부과하는 행위가 대상이므로 과중한 중도해지 위약금이나 지연손해금을 부과하는 행위뿐 아니라 계약체결 과정에서 가맹계약서에 과중한 중도해지 위약금이나 지연손해금을 설정하여 기재하는 행위도 포함된다.

2) 위법성의 판단기준

   가) '계약 중도해지 시 과중한 위약금 설정·부과 행위'의 위법성은 계약 해지의 경위와 거래당사자 간 귀책 사유 정도, 잔여 계약기간의 정도, 중도해지 후 가맹본부가 후속 가맹점사업자와 계약을 체결하기 위하여 통상 소요될 것으로 예상되는 기간에 상당하는 손해액 등에 비추어 '부당하게 과중한' 위약금을 설정하여 계약을 체결하거나 이를 부과하였는지를 중심으로 판단한다.

   나) '과중한 지연손해금 설정·부과 행위'의 위법성은 상품 또는 용역에 대한 대금 지급의 지연 시 지연 경위, 정상적인 거래 관행 등에 비추어 '과중한' 지연손해금을 설정하여 계약을 체결하거나 이를 부과하였는지를 중심으로 판단한다.

3) 법 위반에 해당할 수 있는 행위(예시)

   가) 가맹점사업자가 임의로 중도에 계약을 해지하는 경우 잔여 계약기간을 고려하지 않고 가맹본부의 실손실에 비추어 과다한 금액을 위약금으로 부과하는 행위

   나) 가맹계약 체결 후 경쟁브랜드 근접 출점, 재개발 등 가맹점사업자의 책임 없는 사유로 경영적자가 지속되어 가맹점 유지가 어려운 상황에서 불가피하게 폐점하였음에도 가맹본부가 과도한 영업위약금을 요구하는 행위

   다) 가맹점사업자가 가맹점을 양수인에게 포괄 양도하면서 가맹계약을 해지하는 경우 가맹본부는 장래의 기대이익을 상실하였다고 보기 어려움에도 불구하고 이를 이유로 과도한 위약금을 요구하는 행위

   라) 가맹계약 체결 후 개점 전 계약 해지 시 가맹본부가 입은 손해에 대한 고려 없이 계약기간의 모든 채무를 담보하기 위하여 수취한 가맹보증금 전부를 위약금으로 부과하여 부당하게 과도한 위약금을 수취하는 행위

   마) 가맹점사업자가 일일 송금 의무를 위반하는 경우 지연 일수 1일당 정상적인 거래 관행에 비추어 과중한 금액의 지연손해금을 부과하는 행위

나. 소비자 피해에 대한 손해배상 의무 전가 행위

> 가맹본부가 가맹점사업자에게 공급한 물품의 원시적 하자 등으로 인하여 소비자 피해가 발생한 경우까지도 부당하게 가맹점사업자가 손해배상 의무를 모두 부담하도록 계약을 체결하는 행위를 말한다. (시행령 별표 2)

1) 대상행위

　가) 가맹본부가 가맹점사업자에게 공급한 물품의 원시적 하자 등으로 인하여 소비자 피해가 발생한 경우까지도 부당하게 가맹점사업자가 손해배상 의무를 모두 부담하도록 계약을 체결하는 행위가 해당한다.

　나) 가맹본부가 가맹점사업자에게 공급한 물품은 가맹본부가 직접 제조한 경우는 물론이고 가맹본부가 구입하여 판매나 대여 등의 방법으로 가맹점사업자에게 공급한 경우도 포함한다.

　다) 가맹본부가 공급하지 않은 물품을 가맹점사업자가 판매하여 소비자 피해가 발생한 경우와 가맹본부가 공급한 물품의 원시적 하자 없이 가맹점사업자의 보관·취급상 주의의무위반 또는 상품 제조·판매상의 과실로 인하여 소비자 피해가 발생한 경우 등과 같이 가맹본부에게 귀책 사유가 없다고 인정되는 경우는 해당하지 않는다.

　라) 가맹점사업자에게 손해배상 의무를 전가하는 내용의 계약을 체결하는 행위가 대상이므로 계약체결 없이 손해배상 의무를 전가하는 행위를 하는 경우는 해당하지 않는다. 다만 이러한 경우는 시행령 [별표 2] 4. 라.에서 규정하고 있는 '그 밖의 부당한 손해배상 의무 부과 행위'에 해당할 수 있다.

2) 위법성의 판단기준

소비자 피해에 대한 손해배상 의무 전가 행위의 위법성은 가맹계약의 목적과 내용, 거래 대상 물품의 특성, 귀책 사유 유무 및 책임의 정도, 해당 가맹사업 분야의 통상적인 거래관행 등에 비추어 볼 때, 가맹본부의 귀책으로 발생한 소비자 피해에 대해서는 가맹본부가 그 피해에 대한 손해배상책임을 부담하여야 함에도 부당하게 가맹점사업자에게 손해배상책임을 전가하는 내용의 계약을 체결함으로써 가맹사업의 공정한 거래기반이 침해될 우려가 있는지를 중심으로 판단한다.

3) 법 위반에 해당할 수 있는 행위(예시)

　가) 가맹본부가 가맹점사업자에게 공급하는 물품이라도 가맹본부가 직접 제조하지 않는 경우는 물품의 하자로 인한 소비자 피해에 대해 그 귀책의 사유가 누구에게 있는지 불문하고 모두 가맹점사업자가 책임을 진다는 내용의 계약을 체결하는 행위

　나) 가맹본부가 공급한 매장 내 가구의 원시적 하자로 고객이 다치는 사고가 발생하였음

에도 가맹점 내 소비자 사고는 그 귀책의 사유가 누구에게 있는지 불문하고 모두 가맹점사업자가 책임을 진다는 계약조항을 이유로 책임을 회피하는 행위

다. 부당한 영업위약금 부과 행위

> 가맹점사업자가 영업을 개시한 날이 속하는 달의 다음 달부터 1년간의 평균 매출액이 가맹본부가 법 제9조 제3항 및 제5항에 따라 제공한 예상 매출액의 최저액에 미달하여 가맹점사업자가 계약을 중도에 해지하는 경우 가맹본부가 계약 해지에 따른 기대이익 상실을 이유로 위약금을 부과하는 행위를 말한다. 다만, 가맹점사업자의 가맹계약 위반, 가맹본부가 제시한 경영방침 미준수 또는 이에 준하는 사유로 인하여 평균 매출액이 예상 매출액의 최저액에 미달한 경우는 제외한다. (시행령 별표 2)

1) 대상행위

가) 가맹점사업자가 영업을 개시한 날이 속하는 달의 다음 달부터 1년간의 평균 매출액이 가맹본부가 제공한 예상 매출액의 최저액에 미달하여 가맹점사업자가 계약을 중도에 해지하는 경우 가맹본부가 계약 해지에 따른 기대이익 상실을 이유로 위약금을 부과하는 행위가 대상이 된다. 다만, 가맹점사업자의 가맹계약 위반, 가맹본부가 제시한 경영방침 미준수 또는 이에 준하는 사유로 인하여 평균 매출액이 예상 매출액의 최저액에 미달한 경우는 제외한다.

나) 가맹본부가 예상 매출액을 과도하게 산정하거나 근거 없이 산정한 경우는 물론 사실적인 근거에 따라 예상 매출액 산정서를 제공한 경우에도 해당한다.

2) 위법성의 판단기준

가) 동 규정은 가맹점사업자의 귀책 사유가 없음에도 출점 후 1년간 매출액이 가맹본부가 제공한 예상 매출액의 하한에도 미치지 못하여 폐점하는 경우, 가맹본부에 일정 부분 책임이 있음을 고려하여 영업위약금을 부과하는 것을 금지하려는 취지의 규정이다. 따라서, 가맹점사업자의 출점 후 1년간 평균 매출액이 가맹본부가 제공한 예상 매출액의 최저액에 미달하여 계약을 해지하는 경우 가맹본부가 계약 해지에 따른 기대이익 상실을 이유로 영업위약금을 부과하였다면, 그 자체로 공정거래저해성이 있는 것으로 인정된다.

나) 다만, 가맹점사업자의 가맹계약 위반, 가맹본부가 제시한 경영방침 미준수 또는 이에 준하는 사유로 인하여 평균 매출액이 예상 매출액의 최저액에 미달한 경우는 영업위약금을 부과하더라도 위법하지 않은 것으로 본다. 가맹계약 위반, 경영방침 미준수 등의 사유로 인하여 평균 매출액이 예상 매출액의 최저액에 미달하였는지에 대한 입증책임은 가맹본부가 부담한다.

3) 법 위반에 해당할 수 있는 행위(예시)

  가) 가맹본부가 부풀린 예상 매출액을 제공하여 가맹점사업자가 개점 후 1년간 평균 매출액이 이러한 예상 매출액의 최저액에 미달한다는 이유로 계약을 해지하자 영업위약금을 부과하는 행위

  나) 가맹점사업자의 개점 후 1년간 평균 매출액이 예상 매출액의 최저액에 미달한다는 이유로 계약을 해지하자 예상 매출액 산정서가 사실적 근거에 의하여 작성되었다는 이유로 중도해지 위약금을 부과하는 행위

  다) 가맹점사업자가 개점 후 1년간 평균 매출액이 예상 매출액의 최저액에 미달하여 계약을 해지한다고 통보하자 합리적인 근거 없이 영업 부진이 가맹점사업자의 과실에 따른 것이라고 주장하면서 영업위약금을 부과하는 행위

라. 그 밖의 부당한 손해배상 의무 부과 행위

> 가목 또는 나목에 준하는 경우로서 가맹점사업자에게 부당하게 손해배상 의무를 부담하도록 하거나 가맹본부가 부담해야 할 손해배상 의무를 가맹점사업자에게 전가하는 행위를 말한다. (시행령 별표 2)

1) 대상행위

  가) 과중한 위약금 설정·부과 행위 또는 소비자 피해에 대한 손해배상 의무 전가 행위에 준하는 경우로서 가맹점사업자에게 부당하게 손해배상 의무를 부담하도록 하거나 가맹본부가 부담해야 할 손해배상 의무를 가맹점사업자에게 전가하는 행위가 대상이 된다.

  나) 손해배상 의무를 부담하도록 하거나 또는 전가하는 행위에는 이러한 내용의 계약을 체결하는 행위와 실제로 가맹점사업자에게 부과하는 행위가 모두 포함된다.

2) 위법성 판단기준

  그 밖의 부당한 손해배상 의무 부과 행위의 위법성은 가맹계약의 목적과 내용, 발생한 손해액의 크기, 가맹본부와 가맹점사업자 간의 귀책 사유 유무 및 책임의 정도, 해당 업종의 정상적인 거래 관행 등에 비추어 가맹점사업자에게 부당하게 과중한 손해배상 의무를 부담하도록 하거나 가맹본부가 부담하여야 할 손해배상 의무를 가맹점사업자에게 전가하는지를 중심으로 판단한다.

3) 법 위반에 해당할 수 있는 행위(예시)

  가) 가맹점사업자가 비밀유지의무 및 경업금지의무를 위반하는 경우 손해배상액으로 일정 금액을 부담하도록 하는 가맹계약서 조항을 근거로 위반행위의 내용·기간·정도, 피해 규모 등을 전혀 감안하지 않고 가맹점사업자의 귀책 사유 정도에 비해 과중

한 위약금을 부과하는 행위

나) 가맹본부가 운영하는 세탁공장의 빈번한 과실로 인한 세탁물 하자로 소비자 불만이 발생하고 매출이 감소하여 계약을 해지하는 경우임에도 검품 소홀 및 소비자 불만을 이유로 가맹점사업자에게 위약금을 부과하는 행위

5. 그 밖의 불공정거래행위 (법 제12조 제1항 제6호)

〈경쟁 가맹점사업자 유인행위〉

가맹본부가 자신이 제공하는 영업표지의 가치, 상품 또는 용역의 가격과 품질을 경쟁 수단으로 삼아야 함에도 불구하고, 부당한 이익제공이나 위계, 거래방해 등의 방법으로 경쟁가맹본부의 가맹점사업자를 자신과 거래하도록 유인할 경우, 이는 가맹사업의 공정한 거래 질서를 저해하게 되므로 금지된다.

> 가맹본부가 다른 경쟁가맹본부의 가맹점사업자를 자기와 거래하도록 하여 자기의 가맹점 사업자의 영업에 불이익을 주거나 다른 경쟁가맹본부의 가맹사업에 불이익을 주는 행위를 말한다. (시행령 별표 2)

1) 대상행위

가) 가맹본부가 다른 경쟁가맹본부의 가맹점사업자를 자기와 거래하도록 유인하여 자기의 가맹점사업자의 영업에 불이익을 주거나 다른 경쟁가맹본부의 가맹사업에 불이익을 주는 행위가 대상이 된다.

나) 경쟁가맹본부는 소비자의 측면에서는 각 가맹본부가 영위하는 사업이 동일 또는 유사하여 어느 가맹사업을 선택하더라도 동일 또는 유사한 상품이나 서비스를 이용할 수 있고, 가맹점사업자의 측면에서는 특정 업종의 가맹사업을 영위하기 위하여 가맹계약을 체결할 가맹본부가 서로 대체할 수 있는 관계에 있는 것으로 족하고 각 가맹본부가 지속적·실질적으로 경쟁 관계에 있어야 할 것을 요구하지 않는다.

다) 경쟁가맹본부의 가맹점사업자를 자기와 거래하도록 유인하는 행위의 방식은 부당한 이익에 의한 유인, 위계에 의한 유인, 그 밖의 부당한 유인을 포함한다.

(1) 부당한 이익에 의한 유인은 정상적인 거래 관행에 비추어 부당하거나 과대한 이익을 제공하거나 제공할 것을 제의하여 경쟁가맹본부의 가맹점사업자를 자기와 거래하도록 하는 것을 말한다.

(2) 위계에 의한 유인은 부당한 표시·광고 외의 방법으로 자기가 공급하는 상품 또는 용역의 내용이나 거래조건 및 그 밖에 거래에 관한 사항을 실제보다 또는 경쟁가맹본부의 것보다 현저히 우량 또는 유리한 것으로 오인시키거나 경쟁가맹본부의 것이 실제보다 또는 자기의 것보다 현저히 불량 또는 불리한 것으로 오인시켜 경쟁가맹본부의 가맹점사업자를 자기와 거래하도록 유인하는 것을 말한다.

(3) 그 밖의 부당한 유인은 계약성립의 저지, 계약불이행의 유인 등의 방법으로 거래를 부당하게 방해하여 경쟁가맹본부의 가맹점사업자를 자기와 거래하도록 유인하는 행위를 말한다.

2) 위법성의 판단기준

가) 경쟁가맹점사업자 유인행위의 부당성은 경쟁 수단의 불공정성을 중심으로 판단한다.

나) 경쟁 수단이 불공정한지는 정상적인 거래 관행에 비추어 부당하거나 과대한 이익을 제공하였는지, 기만이나 위계 수단을 사용하여 경쟁가맹본부의 가맹점사업자가 오인할 우려가 있는지, 부당하게 경쟁가맹본부와 가맹점사업자의 계약성립을 저지하거나 계약불이행을 유인하여 거래를 방해하였는지 등을 고려하여 판단한다.

3) 법 위반에 해당할 수 있는 행위(예시)

가) 경쟁가맹본부의 부도 임박, 매각 등 근거 없는 사실을 제시하여 경쟁가맹본부의 가맹점사업자를 자기와 거래하도록 하는 행위

나) 경영권 분쟁 과정에서 자신이 경쟁가맹본부의 상표권을 취득한 사실을 내세워 경쟁가맹본부의 가맹점사업자에게 상표를 계속 사용하는 경우 민·형사상 조치를 취하겠다고 압박하여 자신과 가맹계약을 체결하도록 하는 행위

나. 부당한 점포환경개선 강요 금지 및 점포환경개선 비용 부담 의무[63]

가맹사업법
제12조의2 (부당한 점포환경개선 강요 금지 등)
제1항 (부당한 점포환경개선 강요 금지)
⇨ (행정처분) 시정조치 / 과징금 부과 대상
제2항 (점포환경개선 비용 부담의무)
⇨ (행정처분) 시정조치 / 과징금 부과 대상

법 률	시행령
제12조의2(부당한 점포환경개선 강요 금지 등) ① 가맹본부는 대통령령으로 정하는 정당한 사유 없이 점포환경개선을 강요하여서는 아니 된다. ② 가맹본부는 가맹점사업자의 점포환경개선에 소요되는 비용으로서 대통령령으로 정하는 비용의 100분의 40 이내의 범위	제13조의2(점포환경개선 비용부담의 범위 및 절차 등) ① 법 제12조의2 제1항에서 "대통령령으로 정하는 정당한 사유"란 다음 각 호의 어느 하나에 해당하는 경우를 말한다. 1. 점포의 시설, 장비, 인테리어 등의 노후화가 객관적으로 인정되는 경우

---

63) 과징금 고시 별표 세부평가기준표에는 "부당한 점포환경개선 강요 등 행위"라고 되어 있다.

법 률	시행령
에서 <u>대통령령으로 정하는 비율</u>에 해당하는 금액을 부담하여야 한다. 다만, 다음 각 호의 어느 하나에 해당하는 경우에는 그러하지 아니하다. 1. 가맹본부의 권유 또는 요구가 없음에도 가맹점사업자의 자발적 의사에 의하여 점포환경개선을 실시하는 경우 2. 가맹점사업자의 귀책사유로 인하여 위생·안전 및 이와 유사한 문제가 발생하여 불가피하게 점포환경개선을 하는 경우 ③ 제2항에 따라 가맹본부가 부담할 비용의 산정, 청구 및 지급절차, 그 밖에 <u>필요한 사항은 대통령령으로 정한다.</u> [본조신설 2013. 8. 13.]	2. 위생 또는 안전의 결함이나 이에 준하는 사유로 인하여 가맹사업의 통일성을 유지하기 어렵거나 정상적인 영업에 현저한 지장을 주는 경우 ② 법 제12조의2 제2항 각 호 외의 부분 본문에서 "<u>대통령령으로 정하는 비용</u>"이란 다음 각 호의 비용을 말한다. 1. 간판 교체비용 2. 인테리어 공사비용(장비·집기의 교체비용을 제외한 실내건축공사에 소요되는 일체의 비용을 말한다). 다만, 가맹사업의 통일성과 관계없이 가맹점사업자가 추가 공사를 함에 따라 드는 비용은 제외한다. ③ 법 제12조의2 제2항 각 호 외의 부분 본문에서 "<u>대통령령으로 정하는 비율</u>"이란 다음 각 호의 구분에 따른 비율을 말한다. 1. 점포의 확장 또는 이전을 수반하지 아니하는 점포환경개선의 경우: 100분의 20 2. 점포의 확장 또는 이전을 수반하는 점포환경개선의 경우: 100분의 40 ④ 가맹점사업자는 법 제12조의2 제2항 각 호 외의 부분 본문에 따른 금액(이하 "가맹본부부담액"이라 한다)의 지급을 청구하려면 가맹본부에 공사계약서 등 공사비용을 증명할 수 있는 서류를 제출하여야 한다. ⑤ 가맹본부는 제4항에 따른 지급청구일부터 90일 이내에 가맹본부부담액을 가맹점사업자에게 지급하여야 한다. 다만, 가맹본부와 가맹점사업자 간에 별도의 합의가 있는 경우에는 1년의 범위에서 가맹본부 부담액을 분할하여 지급할 수 있다. ⑥ 가맹본부는 제4항 및 제5항 본문에도 불구하고 가맹점사업자가 가맹본부 또는 가맹본부가 지정한 자를 통하여 점포환경개선을 한 경우에는 점포환경개선이 끝난 날부터

법 률	시행령
	90일 이내에 가맹본부 부담액을 가맹점사업자에게 지급하여야 한다. 〈신설 2018. 4. 3.〉 ⑦ 가맹본부는 점포환경개선이 끝난 날부터 3년 이내에 가맹본부의 책임 없는 사유로 계약이 종료(계약의 해지 또는 영업양도를 포함한다)되는 경우에는 가맹본부 부담액 중 나머지 기간에 비례하는 부담액은 지급하지 아니하거나 이미 지급한 경우에는 환수할 수 있다. 〈개정 2018. 4. 3.〉 [본조신설 2014. 2. 11.]

(**부당한 점포환경개선 강요 금지**) 가맹본부가 다음 두 가지의 경우가 아님에도 불구하고 가맹점사업자에게 점포환경개선을 강요하는 경우는 부당한 점포환경개선 강요 행위에 해당하여 시정조치 및 과징금 부과 대상이 된다.

첫째, 점포의 시설, 장비, 인테리어 등의 노후화가 객관적으로 인정되는 경우

둘째, 위생 또는 안전의 결함이나 이에 준하는 사유로 인하여 가맹사업의 통일성을 유지하기 어렵거나 정상적인 영업에 현저한 지장을 주는 경우

다시 말해서, 위의 두 가지 중 어느 하나에 해당하는 경우는 가맹본부에게 정당한 사유가 있는 것으로 인정되므로 해당 가맹본부가 가맹점사업자에게 부당하게 점포환경개선을 강요한 것으로 볼 수 없다.

(**점포환경개선 비용 부담 의무**) 가맹본부는 가맹점사업자의 점포환경개선에 투입되는 비용 중 ① 간판 교체 비용과 ② 인테리어 공사비용[64](장비·집기의 교체 비용을 제외한 실내 건축공사에 투입되는 비용 일체)의 100분의 40 이내 범위에서 그 비용을 부담하여야 한다.

다만, 다음 두 가지의 경우 어느 하나에 해당하는 경우는 점포환경개선에 투입되는 비용을 부담하지 않아도 된다.

첫째, 가맹본부의 권유 또는 요구가 없음에도 가맹점사업자의 자발적 의사에 의하여 점포환경개선을 하는 경우

---

64) 가맹사업의 통일성과 관계없이 가맹점사업자가 추가 공사를 하는데 투입되는 비용은 제외한다.

둘째, 가맹점사업자의 귀책 사유로 인하여 위생·안전 및 이와 유사한 문제가 발생하여 불가피하게 점포환경개선을 하는 경우

가맹본부가 위와 같이 가맹점사업자의 점포환경개선에 투입되는 비용을 부담하는 경우 그 부담 비율은 다음 두 가지의 경우로 나눈다.

첫째, 점포의 확장 또는 이전을 수반하지 아니하는 경우 : 100분의 20

둘째, 점포의 확장 또는 이전을 수반하는 경우 : 100분의 40

 핵심 판례

> **가맹본부가 가맹점사업자의 점포환경개선에 소요되는 비용을
> 부담하지 않아도 되는 예외 사유 해당 요건에 대한 판단 /
> 이러한 예외 사유에 해당하는지에 대한 입증책임은 가맹본부에 있다는 판단**
>
> 사건명 : ㈜제너시스비비큐의 가맹사업법 위반행위에 대한 건
> 〈 공정위 2016가맹2547 〉
> 【서울고등법원 2019. 1. 23. 선고 2018누48726 판결】
> 【대법원 2019. 6. 19. 선고 2019두35985 판결(심리불속행 기각)】

가맹사업법 제12조의2 제2항 제1호의 '권유'의 사전적 의미는 '어떤 일 따위를 하도록 권함, 권하여 타이름'이고, '요구'의 사전적 의미는 '어떤 행위를 할 것을 청함'으로 이해되는데, 위와 같은 권유 또는 요구의 사전적 의미 및 가맹사업법 제12조의2 제1항과의 관계상, 가맹사업법 제12조의2 제2항 제1호에서 규정하는 <u>가맹본부의 권유나 요구는 단순한 정보제공보다는 구체적이면서 강요에는 미치지 아니하는 정도의 요청을 의미하는 것</u>으로 해석된다(외형은 권유 또는 요구이더라도 <u>그 실질이 강요에 해당될 경우에는 가맹사업법 제12조의2 제1항에 위배되는 것으로서 가맹사업법 제12조의2 제2항 제1호의 예외사유에 해당할 여지는 없다고 할 것이다</u>).

점포환경개선이 가맹사업법 제12조의2 제2항 제1호의 <u>예외 사유에 해당하기 위해서는</u>, 원칙적으로 ① <u>가맹본부의 권유 또는 요구가 없었을 것</u>, ② <u>가맹점사업자의 자발적 의사에 의하여 점포환경개선을 실시하였을 것이라는 두 가지 요건을 갖추어야 한다고 해석함이 타당하고, 위 요건을 모두 충족하여 가맹사업법 제12조의2 제2항 제1호의 예외 사유에 해당하는지 여부는 가맹본부인 원고에게 이를 입증할 책임이 있다.</u>

가맹본부가 가맹사업의 영업상 필요에 따라 가맹점 전반에 적용될 수 있는 점포환경개

선 계획을 수립하고 이에 따라 가맹점사업자에게 점포환경개선을 권유 또는 요구하였다면, 가맹본부의 권유 또는 요구와 가맹점사업자의 점포환경개선 결의 사이에 인과관계가 인정되지 않더라도 가맹사업법 제12조의2 제2항 제1호의 예외 사유에 해당한다고 볼 수 없다.

원고는 이 사건 점포환경개선을 실시하지 않더라도 가맹점사업자들에 대하여 불이익을 주지 않았으므로 원고가 점포환경개선을 권유 또는 요구하였다고 볼 수 없다고 주장하나, 점포환경개선을 실시하지 않은 경우 불이익이 수반되었는지 여부는 원고가 가맹점사업자들에게 이 사건 점포환경개선을 권유 또는 요구하였는지를 판단하기 위하여 고려될 것은 아니고 원고는 일정한 지원이나 포상을 실시하는 등의 유인책과 가맹계약갱신 여부를 점포환경개선과 결부시키는 등의 방법으로 가맹점사업자들에 대하여 이 사건 점포환경개선을 권유 또는 요구하였다고 판단된다.

가맹사업법 시행령 제13조의2 제4항에 대한 해석으로서, 가맹본부가 지정한 업체를 통해 점포환경개선을 실시한 경우까지 일률적으로 가맹점사업자의 지급청구가 있어야만 가맹본부의 비용부담의무가 발생한다고 할 수는 없음

사건명 : ㈜제너시스비비큐의 가맹사업법 위반행위에 대한 건
〈 공정위 2016가맹2547 〉
【서울고등법원 2019. 1. 23. 선고 2018누48726 판결】
【대법원 2019. 6. 19. 선고 2019두35985 판결(심리불속행 기각)】

가맹사업법 및 같은 법 시행령 규정들의 문언, 내용, 형식, 체제를 고려하면, 가맹사업법 제12조의2 제2항은 점포환경개선을 실시할 경우 바로 가맹본부에게 점포환경개선에 소요된 비용의 일정 비율로 산정한 가맹본부부담액을 부담하여야 할 의무가 발생하는 것으로 규정한 것으로 해석되고, 다만 가맹본부가 부담할 비용의 산정, 청구 및 지급절차를 가맹사업법 시행령에 위임하여 이를 가맹사업법 시행령 제13조의2 제2항, 제3항이 구체화한 것에 불과하다.

가맹사업법 시행령 제13조의2 제4항은 가맹본부가 점포환경개선에 소요된 비용, 기간을 알기 어려운 예외적인 경우를 대비하여 가맹사업법 제12조의2 제3항의 위임을 받아 청구 절차를 구체화한 것에 불과하므로, 이와 달리 가맹사업법 시행령 제13조의2 제4항을 가맹본부가 지정한 업체를 통해 점포환경개선을 실시한 통상적인 경우까지 일률적으로 가맹점사업자의 지급청구가 있어야만 가맹본부의 비용부담의무가 발생한다는, 즉 가맹본부의 비용 부담의무 발생의 절차적 요건을 규정한 것이라고 해석할 수는 없다.

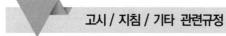

예규 가맹분야 불공정거래행위 심사지침

[시행 2024. 3. 25.] [공정거래위원회 예규 제459호, 2024. 3. 25. 제정]

Ⅳ. 개별 행위유형별 위법성 판단기준

6. 부당한 점포환경개선 강요 행위 등 (법 제12조의2)

가맹본부가 자신의 이익을 위하여 가맹점사업자의 의사와 무관하게 점포환경개선을 빈번하게 강요하는 경우 가맹점사업자에게 과중한 경제적 부담을 지우게 되므로 정당한 사유 없이 점포환경개선을 강요하는 행위는 금지된다. 또한 가맹점의 점포환경개선이 되는 경우 가맹본부도 매출 증대 효과 등의 이익을 함께 누리게 되므로 법에서 규정하고 있는 예외 사유에 해당하지 않는 한 가맹본부는 점포환경개선 시 그 비용을 분담하여야 한다.

가. 부당한 점포환경개선 강요 행위

> 가맹본부가 다음의 어느 하나에 해당하는 정당한 사유 없이 점포환경개선을 강요하는 것을 말한다. (법 제12조의2 제1항 및 시행령 제13조의2 제1항)
> ① 점포의 시설, 장비, 인테리어 등의 노후화가 객관적으로 인정되는 경우
> ② 위생 또는 안전의 결함이나 이에 준하는 사유로 인하여 가맹사업의 통일성을 유지하기 어렵거나 정상적인 영업에 현저한 지장을 주는 경우

1) 대상행위

　가) 가맹본부가 점포환경개선을 강요하는 행위가 해당하며 '대통령령으로 정하는 정당한 사유'에 해당하는 경우는 예외로 한다.

　나) '대통령령으로 정하는 정당한 사유'란, ① 점포의 시설, 장비, 인테리어 등의 노후화가 객관적으로 인정되는 경우 또는 ② 위생 또는 안전의 결함이나 이에 준하는 사유로 인하여 가맹사업의 통일성을 유지하기 어렵거나 정상적인 영업에 현저한 지장을 주는 경우를 말한다.

　다) 점포환경개선은 가맹점 점포의 기존 시설, 장비, 인테리어 등을 새로운 디자인이나 품질의 것으로 교체하거나 신규로 설치하는 것을 말하며 이 경우 점포의 확장 또는 이전을 수반하거나 수반하지 아니하는 경우를 모두 포함한다. (법 제2조 제11호)

　라) 강요는 협박, 요구, 요청, 제안 등 방식에 관계 없이 가맹점사업자의 자유로운 의사에 반하여 가맹본부가 요구하는 일정한 행위를 하게 하는 것을 말하며, 직접적·명시적인 강요가 없더라도 가맹본부의 의사에 따르지 않을 수 없는 객관적인 상황을 만들

어 내는 간접적·묵시적 강요를 포함한다.

2) 위법성의 판단기준

가) 점포환경개선 강요 행위의 외형이 있는 경우 원칙적으로 위법성이 인정되며, 정당한 사유가 있는 경우에만 예외가 인정된다. 정당한 사유가 있는지에 대해서는 가맹본부가 입증하여야 한다.

나) 강요가 있었는지는 그 형식이 아닌 실질을 기준으로 판단하여야 한다. 점포환경개선을 하지 않더라도 불이익이 수반되지 않는 단순한 권유나 촉구, 독려 등은 강요에 해당하지 않으나, 외형은 권유 또는 요구이더라도 점포환경개선을 하지 아니하는 경우 계약 해지, 계약갱신 거절, 물품공급 중단 등 불이익이 있을 것임을 밝혀 가맹점사업자가 이에 따르지 않을 수 없는 상황을 조성하면 강요에 해당한다.

다) 가맹점사업자의 자유로운 의사를 구속하여 점포환경개선을 하도록 하는 행위가 있으면 족하고, 실제로 점포환경개선이 이행되었는지는 강요성을 인정하는 데 영향을 미치지 않는다.

3) 법 위반에 해당할 수 있는 행위(예시)

가) 가맹본부가 새로운 모델의 인테리어를 도입하면서 점포의 노후도 등에 대한 고려 없이 모든 가맹점사업자를 대상으로 점포환경개선을 하도록 요구하고, 지정된 기일까지 미 이행시 가맹본부의 어떠한 조치에도 따르겠다는 내용의 확약서를 작성토록 하여 이행을 강제하는 행위

나) 개점 후 2년밖에 지나지 않아 노후화가 객관적으로 인정된다고 보기 어렵고 위생·안전상 결함이 있다고 보기도 어려운 가맹점에 대해 영업양도 승인 조건으로 점포환경개선을 하도록 하는 행위

다) 가맹점사업자에게 정당한 사유 없이 점포환경개선을 하도록 요구하고 수시로 이행 상황을 점검하면서 이행 여부를 계약갱신 승인 조건으로 하여 가맹점사업자의 이행을 압박하는 행위

나. 점포환경개선 비용부담 의무 위반행위

가맹본부는 가맹점사업자의 점포환경개선에 소요되는 비용으로서 간판 교체 비용 및 인테리어공사 비용(장비·집기의 교체 비용을 제외한 실내건축공사에 소요되는 일체의 비용을 말하며 가맹사업의 통일성과 관계 없이 가맹점사업자가 추가 공사를 함에 따라 드는 비용은 제외)의 100분의 20(점포의 확장 또는 이전을 수반하지 않는 경우) 또는 100분의 40(점포의 확장 또는 이전을 수반하는 경우)을 부담하여야 한다. (법 제12조의2 제2항 및 시행령 제13조의2 제2항 및 제3항)

다만, 다음의 어느 하나에 해당하는 경우는 그러하지 아니하다. (법 제12조의2 제2항 단서)

① 가맹본부의 권유 또는 요구가 없음에도 가맹점사업자의 자발적 의사에 의하여 점포환경
  개선을 하는 경우
② 가맹점사업자의 귀책 사유로 인하여 위생·안전 및 이와 유사한 문제가 발생하여 불가피
  하게 점포환경개선을 하는 경우

1) 대상행위
　가) 가맹본부가 가맹점사업자의 점포환경개선에 소요되는 비용으로서 '대통령령으로 정
　　　하는 비용'의 100분의 40 이내의 범위에서 '대통령령으로 정하는 비율'에 해당하는 금
　　　액을 전혀 지급하지 않거나 일부만을 지급하는 행위가 대상이 된다.
　나) '대통령령으로 정하는 비용'이란 ① 간판 교체비용 ② 인테리어 비용(장비·집기의
　　　교체 비용을 제외한 실내건축공사에 소요되는 일체의 비용)을 말하며 다만, 인테리
　　　어공사 비용 중 가맹사업의 통일성과 관계없이 가맹점사업자가 추가 공사를 함에 따
　　　라 발생한 비용은 제외된다.
　다) '대통령령으로 정하는 비율'은 점포의 확장 또는 이전 수반 여부에 따라 다음과 같이
　　　구분된다.
　　　(1) 점포의 확장 또는 이전을 수반하지 않는 경우 : 100분의 20
　　　(2) 점포의 확장 또는 이전을 수반하는 경우 : 100분의 40
　라) 시행령 제13조의2 제5항에 따르면 가맹점사업자의 지급 청구가 있는 경우에는 지급
　　　청구일부터 90일 이내에(합의에 따라 1년의 범위에서 분할지급 가능), 같은 조 제6
　　　항에 따르면 가맹본부(가맹본부가 지정한 자 포함)를 통하여 점포환경개선을 하는
　　　경우는 점포환경개선이 끝난 날부터 90일 이내에 법정 가맹본부 부담액을 지급하여
　　　야 한다. 따라서, 가맹본부가 위의 지급기한까지 가맹본부 부담액을 전혀 지급하지
　　　않거나 일부만 지급하는 경우는 법 제12조의2 제2항 위반에 해당한다.
　마) 다만, ① 가맹본부의 권유 또는 요구가 없음에도 가맹점사업자의 자발적 의사에 의
　　　하여 점포환경개선을 하는 경우(법 제12조의2 제2항 제1호) 또는 ② 가맹점사업자
　　　의 귀책 사유로 인하여 위생·안전 및 이와 유사한 문제가 발생하여 불가피하게 점
　　　포환경개선을 하는 경우(법 제12조의2 제2항 제2호)는 비용부담의 예외로 한다.
2) 위법성의 판단기준
　가) 가맹본부가 점포환경개선 관련 가맹본부 부담액을 법정 지급기한 내에 지급하였는
　　　지를 기준으로 판단한다.
　나) 법 제12조의2 제2항 각 호의 비용부담 예외 사유에 해당하는지는 가맹본부가 입증하
　　　여야 한다.
　다) 법 제12조의2 제2항 제1호의 예외 사유에 해당하기 위해서는 ① 가맹본부의 권유

또는 요구가 없었을 것, ② 가맹점사업자의 자발적 의사에 의하여 점포환경개선을 하였을 것이라는 두 가지 요건을 갖추어야 한다.

(1) 권유 또는 요구는 단순한 정보제공보다는 구체적이면서 강요에는 미치지 아니하는 정도의 요청을 의미하는 것으로 점포환경개선이 가맹본부 차원에서 일정한 계획 또는 전략 아래 기획되어 행해진 것이라면 가맹본부의 권유 또는 요구가 인정되며 불이익이 수반되었는지는 권유 또는 요구의 인정 여부에 고려되지 않는다.

(2) 자발적 의사는 점포환경개선과 관련하여 가맹본부의 어떠한 권유 또는 요구가 없었음에도 가맹점사업자 스스로 의사에 따라 점포환경개선을 한 것이 명백한 경우에 한정하여 인정될 수 있다. 따라서, 가맹본부가 가맹점 전반에 적용될 수 있는 점포환경개선계획을 수립하고 이에 따라 가맹점사업자에게 점포환경개선을 권유 또는 요구하였다면 특별한 사정이 없는 한 법 제12조의2 제2항 제1호의 예외 사유에 해당한다고 볼 수 없다. 특별한 사정은 가맹본부가 입증하여야 한다.

(3) 가맹본부가 가맹점사업자의 자발적 의사에 따라 점포환경개선을 한다는 내용이 포함된 확인서, 요청서, 동의서 등 문서를 수령 하였더라도 해당 문서가 가맹본부의 요구에 따라 작성되는 등 가맹점사업자의 진정한 의사를 반영하였다고 보기 어려운 경우는 자발적 의사가 인정되지 않는다.

라) 법 제12조의2 제2항 제2호의 예외 사유에 해당하기 위해서는 ① 가맹점사업자의 귀책 사유의 존재, ② 위생·안전 및 이와 유사한 문제가 실제로 발생할 것, ③ 가맹점사업자의 귀책 사유와 위생·안전 및 이와 유사한 문제의 발생 사이에 인과관계가 인정될 것이라는 요건을 갖추어야 한다.

(1) 위생·안전 및 이와 유사한 문제가 발생하였는지는 가맹점사업자의 정상적인 영업에 현저한 지장을 줄 정도의 위생·안전 및 이와 유사한 문제가 현실적으로 발생해야 하는 것으로 한정하여 해석하여야 한다.

(2) 단순히 점포 시설의 노후화가 진행되었다는 사실만으로 바로 위생·환경 및 이와 유사한 문제가 발생하였다고 볼 수 없으며 브랜드 평판 저하나 전체 매출에 대한 영향 등의 문제가 이에 해당한다고 할 수도 없다.

(3) 위생·안전상 문제가 발생한 것으로 인정되는 경우도 가맹본부가 가맹점사업자의 귀책 사유와의 인과관계를 입증하여야 하며, 가맹점사업자가 가맹계약서에서 정한 점포환경개선 기간을 준수하지 않았다는 사실만으로 가맹점사업자의 귀책 사유가 당연히 인정되는 것은 아니다.

3) 법 위반에 해당할 수 있는 행위(예시)

가) 가맹본부가 가맹점사업자에게 점포환경개선을 하도록 권유 또는 요구하였음에도 가맹점사업자가 점포환경개선에 지출한 비용을 법정 비율 미만으로 부담(지급)하는 행위

나) 가맹본부가 점포환경개선 공사에 소요된 총비용 중 일부 항목을 임의로 조정함으로써 실제로는 법정 분담금에 미치지 못하는 수준의 비용만을 부담(지급)하는 행위

다) 가맹본부가 점포환경개선 계획을 수립하고 그에 따라 가맹점사업자에게 지속적으로 점포환경개선을 하도록 권유하거나 요구하였음에도, 비용부담을 회피하려는 목적에서 가맹점사업자에게 요구하여 수령한 자발적 점포환경개선 요청서를 근거로 법정 부담 비용을 지급하지 아니하는 행위

다. 부당한 영업시간 구속 금지[65]

가맹사업법	제12조의3 (부당한 영업시간 구속 금지) 　제1항 (부당한 영업시간 구속 금지) 　　⇨ (행정처분) 시정조치 / 과징금 부과 대상 　제2항 (부당한 영업시간 구속 간주) 　　⇨ (행정처분) 시정조치 / 과징금 부과 대상

법　률	시행령
제12조의3(부당한 영업시간 구속 금지) 　① 가맹본부는 정상적인 거래관행에 비추어 부당하게 가맹점사업자의 영업시간을 구속하는 행위(이하 "부당한 영업시간 구속"이라 한다)를 하여서는 아니 된다. 　② 다음 각 호의 어느 하나에 해당하는 가맹본부의 행위는 부당한 영업시간 구속으로 본다. 　1. 가맹점사업자의 점포가 위치한 상권의 특성 등의 사유로 대통령령으로 정하는 심야 영업시간대의 매출이 그 영업에 소요되는 비용에 비하여 저조하여 대통령령으로 정하는 일정한 기간 동안 영업손실이 발생함에 따라 가맹점사업자가 영업시간 단축을 요구함에도 이를 허용하지 아니하는 행위 　2. 가맹점사업자가 질병의 발병과 치료 등	제13조의3(부당한 영업시간 구속 금지의 판단기준) 　① 법 제12조의3 제2항 제1호에서 "대통령령으로 정하는 심야 영업시간대"란 오전 0시부터 오전 6시까지 또는 오전 1시부터 오전 6시까지를 말한다. 〈개정 2018. 4. 3.〉 　② 법 제12조의3 제2항 제1호에서 "대통령령으로 정하는 일정한 기간"이란 가맹점사업자가 영업시간 단축을 요구한 날이 속한 달의 직전 3개월을 말한다. 〈개정 2018. 4. 3.〉 　[본조신설 2014. 2. 11.]

---

65) 과징금 고시 별표 세부평가기준표에는 "부당한 영업시간 구속행위"라고 되어 있다.

법　률	시행령
불가피한 사유로 인하여 필요 최소한의 범위에서 영업시간의 단축을 요구함에도 이를 허용하지 아니하는 행위 [본조신설 2013. 8. 13.]	

　가맹본부는 정상적인 거래 관행에 비추어 부당하게 가맹점사업자의 영업시간을 구속하는 행위를 하여서는 아니 된다.

　가맹본부가 다음 어느 하나에 해당하는 행위를 한 경우는 부당한 영업시간 구속으로 본다.

　첫째, 가맹점사업자가 자신의 점포가 위치한 상권의 특성 등을 이유로 심야 영업시간대 즉, 오전 0시부터 오전 6시까지 또는 오전 1시부터 오전 6시까지의 매출이 그 영업에 투입되는 비용에 비하여 저조하여 가맹본부에 영업시간 단축을 요구하였음에도 불구하고, 가맹본부가 이를 허용하지 아니하는 행위

　이 경우, 가맹점사업자가 가맹본부에 영업시간 단축을 요구할 수 있는 기준은 요구한 날이 속한 달의 직전 3개월 동안 영업손실이 있어야 한다.

　둘째, 가맹점사업자가 질병의 발병과 치료 등 불가피한 사유로 인하여 필요 최소한의 범위에서 영업시간의 단축을 요구함에도 가맹본부가 이를 허용하지 아니하는 행위

고시 / 지침 / 기타 관련규정

 가맹분야 불공정거래행위 심사지침

　　[시행 2024. 3. 25.] [공정거래위원회 예규 제459호, 2024. 3. 25. 제정]

Ⅳ. 개별 행위유형별 위법성 판단기준

7. 부당한 영업시간 구속행위 (법 제12조의3)

　가맹사업의 특성을 고려할 때 가맹본부는 가맹사업의 목적 달성을 위하여 필요한 범위 내에서는 가맹계약을 통해 가맹점사업자의 영업시간을 정하여 이를 통제할 수 있는 것이 원칙이다. 그러나, 가맹본부가 가맹점사업자의 거래 현실에 비추어 과도한 영업시간을 설정하고 이를 강요하는 경우 가맹점사업자에게 과중한 피해를 줄 수 있으므로 부당한 영업시간 구속

은 금지된다.

가맹본부가 정상적인 거래 관행에 비추어 부당하게 가맹점사업자의 영업시간을 구속하는 행위를 하는 것을 말한다. (법 제12조의3 제1항)

---

1) 대상행위

　가) 가맹본부가 정상적인 거래 관행에 비추어 부당하게 가맹점사업자의 영업시간을 구속하는 행위가 대상이 된다.

　나) 다음의 어느 하나에 해당하는 가맹본부의 행위는 부당한 영업시간 구속으로 본다. (법 제12조의3 제2항)

　　(1) 가맹점사업자의 점포가 위치한 상권의 특성 등의 사유로 심야 영업시간대(오전 0시부터 오전 6시까지 또는 오전 1시부터 오전 6시까지)의 매출이 그 영업에 소요되는 비용에 비하여 저조하여, 가맹점사업자가 영업시간 단축을 요구한 날이 속한 달의 직전 3개월 동안 심야 영업시간대의 영업손실이 발생함에 따라 가맹점사업자가 영업시간 단축을 요구함에도 이를 허용하지 아니하는 행위

　　(2) 가맹점사업자가 질병의 발병과 치료 등 불가피한 사유로 인하여 필요 최소한의 범위에서 영업시간의 단축을 요구함에도 이를 허용하지 아니하는 행위

　다) 영업시간의 구속은 가맹본부가 가맹점사업자의 의사에 반하여 영업시간을 정하여 이를 준수하도록 강제하는 것을 말하며, 해당 내용이 계약서에 명시된 경우뿐만 아니라 계약서에 명시되지 않더라도 이를 따르지 않는 경우 가맹계약 해지 또는 갱신 거절 등의 불이익이 수반됨으로써 사실상 구속성이 인정되는 경우가 포함된다.

　라) 영업시간을 구속하는 행위가 대상이므로 단순히 영업시간을 정하여 이를 따르도록 권장하는 행위는 해당하지 아니한다.

2) 위법성의 판단기준

　가) 영업시간 구속행위의 외형이 있다고 하여 곧바로 위법한 것은 아니며 위법성이 인정되기 위해서는 영업시간을 구속하는 행위가 정상적인 거래 관행에 비추어 부당하여야 한다.

　나) 영업시간 구속의 부당성은 해당 거래 분야의 특성, 시간대별 매출상황, 소비자 구매행태 등에 비추어 볼 때 영업시간을 구속하는 것이 일반적인지, 가맹본부에게 통상적으로 허용되는 영업시간 관련 통제 권한을 남용하여 가맹점사업자의 영업시간 결정의 자유를 과도하게 침해하는지, 특정 시간에 영업하도록 강제하는 경우 가맹점사업자에게 상당한 피해가 발생할 우려가 있는지, 가맹점사업자에게 영업시간을 준수하지 못할 불가피한 사유가 발생하였는지 등을 종합적으로 고려하여 판단한다.

다) 정상적인 거래 관행상 24시간 영업이 일반적이지 않은 업종(예시 : 학원, 문구점 등)에서 가맹점사업자에게 24시간 영업을 요구하는 경우는 부당한 영업시간의 구속에 해당한다.

라) 정상적인 거래 관행상 24시간 영업이 허용되는 업종(예시: 편의점 등)이라고 하더라도 가맹점사업자의 점포가 위치한 상권의 특성상 특정 시간에 영업을 강제하는 경우 가맹점사업자의 피해가 발생할 것이 명백하게 예상되는 경우나 가맹점사업자에게 영업시간을 준수하지 못할 불가피한 사정이 있는 경우에 영업시간을 강제한다면 부당한 영업시간 구속에 해당할 수 있다.

3) 법 위반에 해당할 수 있는 행위(예시)

가) 해당 가맹사업거래의 특성상 24시간 영업이 필요하지 아니함에도 24시간을 영업시간으로 설정하고 이를 준수하지 아니하는 가맹점사업자에게 불이익을 주는 행위

나) 가맹점 점포의 입지 조건상 심야 영업시간대에 유동 인구가 거의 없어 영업하더라도 매출액이 인건비 등 영업비용을 충당하지 못할 것이 객관적으로 명백하여 영업시간 단축을 요구하였음에도 이를 허용하지 않는 행위

다) 가맹점사업자 1인이 운영하는 점포로서 가맹점사업자가 질병 치료를 위해 통원하는 시간에는 점포 운영이 불가능하여 일정기간 통원에 소요되는 시간만큼 영업시간의 단축을 요구하였음에도 불구하고 이를 허용하지 않는 행위

라) 명절 당일, 직계가족의 경조사 등 불가피한 사유로 영업시간 단축을 요구하였음에도 합리적인 이유 없이 영업시간 단축을 허용하지 않는 행위

라. 부당한 영업지역 침해금지[66]

가맹사업법	제12조의4 (부당한 영업지역 침해금지) 제1항 (가맹계약서에 영업지역 기재의무) 제2항 (가맹계약갱신 과정에서 기존영업지역 변경할 경우 합의의무) 제3항 (영업지역 내 직영점 또는 가맹점 설치행위 금지) ⇨ 위 각 항 위반 시 　　(행정처분) 시정조치 / 과징금 부과 대상

---

66) 과징금 고시 별표 세부평가기준표에는 "부당한 영업지역 침해행위"라고 되어 있다.

법　률	시행령
제12조의4(부당한 영업지역 침해금지) 　① 가맹본부는 가맹계약 체결 시 가맹점사업자의 영업지역을 설정하여 가맹계약서에 이를 기재하여야 한다. 　② 가맹본부가 가맹계약갱신 과정에서 상권의 급격한 변화 등 <u>대통령령으로 정하는 사유</u>가 발생하여 기존 영업지역을 변경하기 위해서는 가맹점사업자와 <u>합의하여야 한다</u>.〈개정 2018. 1. 16.〉 　③ 가맹본부는 정당한 사유 없이 가맹계약 기간 중 가맹점사업자의 영업지역 안에서 가맹점사업자와 동일한 업종(수요층의 지역적·인적 범위, 취급품목, 영업형태 및 방식 등에 비추어 동일하다고 인식될 수 있을 정도의 업종을 말한다)의 자기 또는 계열회사(「독점규제 및 공정거래에 관한 법률」 제2조 제12호에 따른 계열회사를 말한다. 이하 같다)의 직영점이나 가맹점을 설치하는 행위를 하여서는 아니 된다.〈개정 2018. 1. 16., 2020. 12. 29.〉 [본조신설 2013. 8. 13.]	**제13조의4(영업지역 변경사유)** 　법 제12조의4 제2항에서 "상권의 급격한 변화 등 대통령령으로 정하는 사유가 발생하는 경우"란 다음 각 호의 어느 하나에 해당하는 경우를 말한다. 　1. 재건축, 재개발 또는 신도시 건설 등으로 인하여 상권의 급격한 변화가 발생하는 경우 　2. 해당 상권의 거주인구 또는 유동인구가 현저히 변동되는 경우 　3. 소비자의 기호변화 등으로 인하여 해당 상품·용역에 대한 수요가 현저히 변동되는 경우 　4. 제1호부터 제3호까지의 규정에 준하는 경우로서 기존 영업지역을 그대로 유지하는 것이 현저히 불합리하다고 인정되는 경우 [본조신설 2014. 2. 11.]

　가맹본부는 가맹희망자와 가맹계약을 체결할 때 해당 가맹점 점포의 영업지역을 설정하여 가맹계약서에 이를 기재하여야 한다.

　한편, 가맹본부가 가맹계약갱신 과정에서 다음 어느 하나에 해당하는 경우는 상권의 급격한 변화 등의 사유가 발생한 것으로 볼 수 있으므로 기존 영업지역을 변경할 수 있으나, 변경하기 위해서는 기존 가맹점사업자와 "합의"하여야 한다.[67]

---

67) 영업지역의 변경에 해당할 만한 사정의 변화가 있는 경우는 계약갱신 과정에서 이를 이유로 '합의'를 통해 영업지역을 변경할 수 있을 것이다. 그러나 이 '합의'에는 가맹사업법 제12조 제1항 제3호(부당한 계약조항의 설정 또는 변경)의 거래상 지위 남용행위에 해당하지 아니한 범위 내에서만 가능하다는 한계가 있다. 즉, 계약갱신 과정에서 종전의 거래조건 또는 다른 가맹점사업자와의 거래조건보다 뚜렷하게(현저하게) 불리한 조건으로 계약조건을 설정 또는 변경하는 행위는 거래상 지위를 남용한 행위가 되기 때문이다. 이와 같은 점을 고려하지 아니하고 이루어진 변경계약은 자유의사에 기한 계약행위라고 하더라도 추후 손해배상이 제기되는 등 분쟁의 원인이 될 수 있다.

첫째, 재건축, 재개발 또는 신도시 건설 등으로 인하여 상권의 급격한 변화가 발생하는 경우

둘째, 해당 상권의 거주인구 또는 유동 인구가 현저히 변동되는 경우

셋째, 소비자의 기호 변화 등으로 인하여 해당 상품·용역에 대한 수요가 현저히 변동되는 경우

넷째, 위 첫째부터 셋째까지에 준하는 경우로서 기존 영업지역을 그대로 유지하는 것이 현저히 불합리하다고 인정되는 경우

특히, 가맹본부는 정당한 사유 없이 가맹계약이 진행되고 있는 기간에 가맹점사업자의 영업지역 안에서 가맹점사업자와 동일한 업종[68]에 해당하는 자기 또는 계열회사[69]의 직영점이나 가맹점을 설치하는 행위를 하여서는 아니 된다.[70]

이슈 검토

■ **가맹본부와 가맹점사업자가 가맹계약갱신 과정에서 상권의 급격한 변화 등에 따른 영업지역을 변경(조정)할 필요가 있는 경우 당사자가 반드시 '합의'를 해야 한다는 규정에 대한 이슈**

1. 관련 규정

가맹사업법 제12조의4(부당한 영업지역 침해금지) 제2항에서는 가맹본부가 가맹계약갱신 과정에서 상권의 급격한 변화 등 대통령령으로 정하는 사유가 발생하여 기존 영업지역을 변경하고자 할 경우는 가맹점사업자와 '합의'를 전제조건으로 하고 있다.

2. 검토 배경 및 관련 이슈

관련 규정(법 제12조의4)이 2013. 8. 13. 신설될 때 상권의 급격한 변화 등의 사유가 발생하는 경우 가맹계약갱신 과정에서 가맹본부와 가맹점사업자가 '협의'를 통해서 영업지역을 변경(조정)할 수 있도록 되어 있었으나, 2016. 3. 29. 관련 규정이 다시 개정되면서 '협의'가 '합의'로 바뀌게 되었는데 이는 기존 가맹점사업자의 기득권을 보다 강

---

68) 수요층의 지역적·인적 범위, 취급 품목, 영업 형태 및 방식 등에 비추어 동일하다고 인식될 수 있을 정도의 업종을 말한다.

69) 공정거래법 제2조 제12호의 규정에 따른 계열회사를 말한다.

70) 기존 가맹점사업자의 영업지역에 가맹본부가 직영점을 설치하거나 새로운 가맹점사업자와 가맹계약을 체결하는 경우, 기존 가맹점사업자가 가맹본부에 대해 취할 수 있는 조치로는 공정거래위원회에 가맹본부의 가맹사업법 위반행위에 대한 신고와 자신의 매출 하락 등으로 인한 수익 감소를 이유로 손해배상을 청구할 수 있다.

하게 보호하고자 한 것인데 이에 대해서는 찬반 논리가 팽팽히 맞서고 있다.

관련 규정 중 '협의'가 '합의'로 개정됨으로써 가맹본부가 상권의 급격한 변화 등 영업지역의 변경 사유가 명백히 발생하였다고 하더라도 기존 가맹점사업자와 '합의'라는 전제조건을 충족하지 못한다면 기존 가맹점사업자의 영업지역을 변경하는 것은 사실상 불가능하게 되었다.

영업지역 설정 및 보호를 의무화한 것은 기존 가맹점사업자의 지배력이 강화되고, 신규 가맹점사업자의 진입을 억제하여 사업자 사이 경쟁을 제한하는 결과를 가져와 경쟁을 촉진한다는 공정거래위원회의 경쟁정책에 반하며, 소비자의 선택권을 제한함으로써 그 편익을 감소하게 한다.

또한, 최근 온라인 거래 및 배달·택배업의 폭발적 성장은 유통혁명이라는 근본적인 변화를 가져와 영업지역 설정과 같은 물리적인 위치설정은 큰 의미가 없어졌으며, 상권이 급격하게 커지는 경우 타 가맹본부가 경쟁적으로 가맹점사업자를 늘리게 되어 경쟁 단위는 더 많아질 것이다.

따라서, 이와 같은 시장환경이 바뀌게 되면 가맹본부는 기존 가맹점사업자의 영업지역을 보호할 수가 없고, 합의를 통한 신규 가맹점사업자의 시장진입은 타 경쟁가맹본부에 비해 적시성을 상실하여 경쟁력을 잃는 결과를 초래할 것이다.

3. 개선방안

개정하기 전의 규정처럼 가맹본부와 가맹점사업자가 '협의'를 통해 자율적으로 영업지역을 설정할 수 있도록 하는 것이 바람직하며, 가맹본부의 추가 가맹점사업자와의 가맹계약 체결에 따라 매출액의 현저하게 감소하는 등 기존 가맹점사업자에게 객관적으로 그 손해가 명백하게 발생하는 경우는 가맹본부가 그에 따른 손해를 배상할 수 있도록 하는 등의 내용을 가맹계약서 등에 기재하도록 하는 것이 바람직하다.

가맹사업법 제12조의4 제3항에서 규정하고 있는 가맹본부가 "가맹점을
설치하는 행위"라는 것은 신규 가맹점으로서 외관을 실제 갖춘 행위를
말하고, 실제 영업개시를 하였을 것을 요하지 않는다는 판단
사건명 : ㈜올치에프씨(가맹사업법 위반)의 경고심의요청에 대한 건
〈 공정위 2018서경2872 〉
【서울고등법원 2020. 2. 5. 선고 2019누55448 판결】
【대법원 2020. 5. 14. 선고 2020두34524 판결(심리불속행 기각)】

가맹사업법 제12조의4 제3항의 입법 취지는 가맹본부의 중복 출점에 따른 가맹점사업
자의 피해를 방지하기 위하여 영업지역 보호를 강화하려는 것이고, 이러한 보호의 충실
화는 가맹점사업자의 기존 영업지역에 다른 새로운 가맹점이 들어선다는 객관적 외관이
형성되는 것을 차단할 때에 가능하다.

　　기존의 가맹점사업자는 그러한 객관적인 외관이 형성되는지는 쉽게 확인할 수 있으나
그 새로운 가맹점이 영업을 개시했는지 여부와 그 시점을 수시로 확인하는 것이 쉽지 않
고, 기존의 가맹점사업자에게 이런 확인부담을 지우는 것도 옳지 않다.

 고시 / 지침 / 기타 관련규정

예규　가맹분야 불공정거래행위 심사지침

　　[시행 2024. 3. 25.] [공정거래위원회 예규 제459호, 2024. 3. 25. 제정]

Ⅳ. 개별 행위유형별 위법성 판단기준

8. 부당한 영업지역 침해행위 (법 제12조의4)

　　가맹본부가 가맹점사업자의 영업지역 안에서 동일한 업종의 매장을 개설하는 경우 경쟁이
일부 촉진되고 소비자 입장에서도 선택권이 확대되는 등 편익이 증대되는 측면이 있을 수
있다. 하지만 가맹본부가 가맹점사업자의 영업지역을 침해하여 가맹점사업자와 경쟁 관계에
있는 매장을 설치하는 경우 가맹본부에 비해 상대적으로 경제적 약자인 가맹점사업자에게
큰 피해를 주어 공정한 거래 질서를 저해할 우려가 있으므로 법은 가맹본부에게 가맹점사업
자의 영업지역 설정 의무를 부과하고 영업지역 변경의 사유 및 방식을 엄격하게 제한하는

한편, 영업지역 내에서 동일한 업종의 직영점이나 가맹점을 설치하는 행위를 금지하고 있다.

가. 영업지역 설정 및 기재의무 위반행위

> 가맹본부는 가맹계약 체결 시 가맹점사업자의 영업지역을 설정하여 가맹계약서에 이를 기재하여야 한다. (법 제12조의4 제1항)

1) 대상행위

가) 가맹본부가 가맹계약 체결 시 가맹점사업자의 영업지역을 설정하여 가맹계약서에 기재하지 아니하는 행위가 해당한다.

나) 법 제2조 제12호에 따르면 영업지역은 가맹점사업자가 가맹계약에 따라 상품 또는 용역을 판매하는 지역을 말한다. 이와 관련하여 법 제12조의4에서 말하는 영업지역은 가맹본부가 동일 업종의 가맹점이나 직영점을 신규 출점할 수 없는 지역을 의미하는 것이며(가맹본부의 점포 추가개설 금지구역) 다른 가맹점이나 직영점의 영업활동이 금지되는 지역을 의미하는 것은 아니다.

다) 영업지역은 가맹계약서에 기재되어야 하므로, 가맹계약 체결 시 영업지역을 구두로 약정하였다고 하더라도 가맹계약서에 기재하지 아니하는 경우는 영업지역 기재의무 위반에 해당한다.

2) 위법성 판단기준

가) 영업지역의 설정 기준 및 방식에 대해서는 법에서 별도로 규율하고 있지 않으므로 가맹본부가 계약체결 과정에서 업종, 지역 특성, 브랜드 인지도 등을 고려하여 행정구역, 지리적 거리, 인구밀도 등 합리적인 기준에 따라 자율적으로 설정할 수 있는 것이 원칙이다.

나) 다만, 영업지역은 가맹점사업자들이 자신의 영업지역을 명확하게 인식하고 다른 가맹점이 어디에 출점될 수 있는지 충분히 예측할 수 있을 정도로 합리적인 범위 내에서 특정되어야 한다. 따라서, 형식상 영업지역을 설정하였다고 하더라도 불분명하게 설정하는 경우 결국 가맹점사업자들을 불안한 지위에 놓이게 하므로 적법한 영업지역 설정이라고 볼 수 없다.

다) 영업지역은 가맹본부의 영업지역 침해로 인한 가맹점사업자의 피해를 방지할 수 있을 정도의 합리적인 범위로 설정되어야 한다. 따라서, 가맹계약 체결 시 영업지역을 설정하였다고 하더라도 해당 가맹사업의 업종특성, 지역 특성, 상권, 소비자 구매행태, 영업방식 등을 고려하지 않고 지나치게 좁게 설정하는 등 가맹점사업자에게 부당하게 불리하게 설정된 경우는 부당한 계약조항의 설정에 해당하여 법 제12조 제1항 제3호에 해당할 수 있다.

3) 법 위반에 해당할 수 있는 행위(예시)

가) 가맹계약서상에 가맹점사업자의 영업지역을 설정하지 아니하거나 불완전하게 설정하는 행위

나) 가맹계약을 체결하면서 가맹점사업자의 영업지역을 설정하고도 이를 가맹계약서에 기재하지 아니하는 행위

다) 가맹본부가 가맹계약을 체결하면서 영업지역의 경계를 명확하게 특정할 수 없는 특수상권을 영업지역으로 설정하는 행위

라) 가맹본부가 영업지역을 '사회 통념상 인정되는 범위'와 같은 추상적 용어로 정하는 등 구체적이고 명확하게 설정하지 아니하는 행위

나. 부당한 영업지역 변경행위

> 가맹본부가 가맹계약갱신 과정에서 상권의 급격한 변화 등 다음의 어느 하나에 해당하는 사유가 발생하여 기존 영업지역을 변경하기 위해서는 가맹점사업자와 합의하여야 한다. (법 제12조의4 제2항 및 시행령 제13조의4)
> ① 재건축, 재개발 또는 신도시 건설 등으로 인하여 상권의 급격한 변화가 발생하는 경우
> ② 해당 상권의 거주인구 또는 유동 인구가 현저히 변동되는 경우
> ③ 소비자의 기호 변화 등으로 인하여 해당 상품·용역에 대한 수요가 현저히 변동되는 경우
> ④ 제1호부터 제3호까지의 규정에 준하는 경우로서 기존 영업지역을 그대로 유지하는 것이 현저히 불합리하다고 인정되는 경우

1) 대상행위

가) 법 제12조의4 제2항에 따르면 가맹본부는 가맹계약갱신 과정에서 ① 상권의 급격한 변화 등 시행령 제13조의4에서 정하는 영업지역 변경이 허용되는 사유가 발생하는 경우(실체적 요건), ② 가맹점사업자와 합의하여(절차적 요건) 영업지역을 변경할 수 있다. 따라서, 위 실체적 요건과 절차적 요건의 어느 하나라도 충족하지 못하는 경우가 대상이 된다.

나) 영업지역 변경이 허용되는 사유는 ① 재건축, 재개발 또는 신도시 건설 등으로 인하여 상권의 급격한 변화가 발생하는 경우, ② 해당 상권의 거주인구 또는 유동 인구가 현저히 변동되는 경우, ③ 소비자의 기호 변화 등으로 인하여 해당 상품·용역에 대한 수요가 현저히 변동되는 경우, ④ 이상의 상황에 준하는 경우로서 기존 영업지역을 그대로 유지하는 것이 현저히 불합리하다고 인정되는 경우를 말한다.

2) 위법성 판단기준

영업지역 변경의 위법성은 상권의 급격한 변화 등으로 기존 영업지역을 그대로 유지하는

것이 현저히 불합리하다고 인정되는 사유가 있는지, 가맹계약갱신 과정에서 가맹본부가 영업지역 변경에 대해 가맹점사업자와 합의하였는지를 기준으로 판단한다.

3) 법 제12조 제1항 제1호 및 제3호와의 관계

가맹계약갱신 과정에서 가맹점사업자가 영업지역 축소에 합의하지 않는다는 이유로 가맹계약갱신을 거절하는 경우 법 제12조 제1항 제1호에 해당할 수 있으며 가맹본부가 가맹점사업자에게 계약갱신 조건으로 영업지역을 변경하여야 한다는 내용을 통보하고 기존 영업지역을 축소하여 계약을 갱신하는 경우 법 제12조 제1항 제3호에 해당할 수 있다.

4) 법 위반에 해당할 수 있는 행위(예시)

가) 가맹점사업자의 점포가 속한 지역의 상권이 급격히 변화하였다는 등의 사유가 없음에도 가맹계약갱신 과정에서 영업지역을 변경하는 행위

나) 가맹계약갱신 과정에서 상권이 급격하게 변화하였다는 이유로 가맹점사업자와의 합의 없이 일방적으로 영업지역을 조정하여 통지하는 행위

다. 부당한 영업지역 침해 행위

> 가맹본부가 정당한 사유 없이 가맹계약 기간 중 가맹점사업자의 영업지역 안에서 가맹점사업자와 동일한 업종(수요층의 지역적·인적 범위, 취급 품목, 영업 형태 및 방식 등에 비추어 동일하다고 인식될 수 있을 정도의 업종을 말한다)의 자기 또는 계열회사의 직영점이나 가맹점을 설치하는 행위를 하는 것을 말한다. (법 제12조의4 제3항)

1) 대상행위

가) 가맹본부가 정당한 사유 없이 가맹계약 기간 중 가맹점사업자의 영업지역 안에서 가맹점사업자와 동일 업종의 자기 또는 계열회사의 직영점이나 가맹점을 설치하는 행위가 대상이 된다.

나) 가맹계약 기간 중 영업지역을 침해하는 행위가 금지되는 것이므로 가맹계약이 종료한 후에 직영점이나 가맹점을 설치하는 행위는 해당하지 않는다. 다만, 가맹계약이 적법하게 종료되지 않았음에도 가맹계약 종료를 이유로 직영점이나 가맹점을 설치하는 경우는 포함된다.

다) 동일한 업종은 수요층의 지역적·인적 범위, 취급품목, 영업형태 및 방식 등에 비추어 동일하다고 인식될 수 있을 정도의 업종을 의미한다. 동일 업종에 해당하는지는 취급하는 상품이나 서비스의 기능 및 효용, 가격, 영업 형태 및 방식, 수요자의 인식 및 구매행태 등에 비추어 객관적으로 동일하다고 인식될 수 있는지를 개별 사안에 따라 구체적으로 판단하되 통계법 제22조 제1항에 따라 통계청장이 작성·고시하는 '한국표준산업분류'나 정보공개서의 업종 분류를 참조할 수 있다.

라) 가맹본부뿐만 아니라 동일 업종의 계열회사의 직영점이나 가맹점을 설치하는 행위도 포함되며 여기서 계열회사는 공정거래법 제2조 제12호에 따른 계열회사를 말한다.

마) 영업지역 안에서 '직영점이나 가맹점을 설치하는 행위'란 직영점이나 가맹점을 신규 출점하는 것을 의미하는 것으로 신규 가맹점으로서 외관을 실제로 갖춘 행위가 있으면 족하고 실제로 영업개시를 했을 것을 요구하지 않는다.

바) 형식상 대리점 등 다른 형태의 점포를 개설하였더라도 그 실질이 가맹점사업자와 동일 업종의 직영점이나 가맹점에 해당하는 경우는 법 위반에 해당한다.

2) 위법성 판단기준

가) 가맹본부가 가맹계약 기간 중 가맹점사업자의 영업지역 안에서 가맹점사업자와 동일 업종의 자기 또는 계열회사의 직영점이나 가맹점을 설치하는 경우 가맹점사업자의 계약상 권리를 침해할 뿐 아니라 영업지역을 보장받을 것이라고 믿고 계약을 체결한 가맹점사업자에게 예측하지 못한 피해를 줄 수 있으므로 원칙적으로 공정거래 저해성이 인정된다. 다만, 정당한 사유가 있는 경우에는 위법성이 없는 것으로 볼 수 있다.

나) 정당한 사유가 있는지는 재건축, 재개발 또는 신도시 건설 등으로 인한 상권의 급격한 변화, 해당 상권의 거주인구 또는 유동 인구의 현저한 변화, 소비자의 기호 변화 등으로 인한 상품·용역에 대한 수요의 현저한 변화 등의 사유가 발생함에 따라 기존 가맹점사업자와 상권이나 고객층이 확연히 구분되어 신규 출점하더라도 신규 출점 점포로의 고객 전환 가능성이 현저히 낮아 기존 가맹점사업자가 피해를 볼 우려가 거의 없다는 객관적인 사정이 존재하는지, 가맹점사업자와 합의하였는지 등을 종합적으로 고려하여 판단한다.

다) 가맹본부가 동일 업종의 다른 가맹본부를 인수하거나 합병하여 다른 가맹본부의 가맹점사업자가 동일 점포에서 가맹점사업자가 속한 가맹본부의 브랜드로 전환하고자 하는 경우 해당 업종의 기존 경쟁 관계에 실질적인 변화가 발생한다고 보기 어려우므로 기존 가맹점사업자의 동의를 얻어 가맹점사업자가 속한 브랜드로 신규 출점하였다면 부당한 영업지역 침해에 해당하지 않는다.

3) 법 제12조 제1항 제2호와의 관계

법 제12조의4 제3항은 가맹본부와 가맹점사업자 간의 수직적 관계에서 가맹본부가 가맹점사업자의 영업지역을 보장하도록 하는 규정일 뿐 가맹점사업자 간의 수평적 관계에서 다른 가맹점사업자의 영업지역 내의 영업활동을 금지하는 규정은 아니므로 가맹본부가 가맹점사업자에게 영업지역 내에서만 영업활동을 하도록 강제하는 경우는 법 제12조 제1항 제2호에 해당할 수 있다.

4) 법 위반에 해당할 수 있는 행위(예시)
  가) 가맹점으로부터 반경 1km 이내에 신규 가맹점 또는 직영점을 개점할 수 없음을 가맹
      계약서에 명시하였음에도 불구하고 정당한 사유 없이 해당 가맹점으로부터 500m 떨
      어진 위치에 가맹본부의 직영점을 개설하는 행위
  나) 가맹본부가 양수한 가맹점을 정당한 사유 없이 가맹점사업자의 영업지역 내로 이전
      하여 설치하는 행위

마. 보복조치의 금지[71]

가맹사업법	제12조의5 (보복조치의 금지) ⇨ (행정처분) 시정조치 / 과징금 부과 대상 (벌칙) 3년 이하의 징역 또는 1억 원 이하 벌금

가맹본부는 가맹점사업자가 다음 각 호의 어느 하나에 해당하는 행위를 한 것을 이유로
그 가맹점사업자에 대하여 상품·용역의 공급이나 경영·영업활동 지원의 중단, 거절 또
는 제한, 가맹계약의 해지, 그 밖에 불이익을 주는 행위를 하거나 계열회사 또는 다른 사
업자로 하여금 이를 행하도록 하여서는 아니 된다.
1. 제22조 제1항에 따른 분쟁조정의 신청
2. 제32조의2에 따른 공정거래위원회의 서면실태조사에 대한 협조
3. 제32조의3 제1항에 따른 신고 및 같은 조 제2항에 따른 공정거래위원회의 조사에 대한
   협조
[본조신설 2018. 1. 16.]

가맹본부는 가맹점사업자가 다음 중 어느 하나에 해당하는 행위를 한 것을 이유로 그
가맹점사업자에 대하여 상품·용역의 공급이나 경영·영업활동 지원의 중단, 거절 또는
제한, 가맹계약의 해지, 그 밖에 불이익을 주는 행위를 하거나 계열회사 또는 다른 사업자
로 하여금 이를 행하도록 하여서는 아니 된다.

첫째, 가맹사업법 제22조 제1항에 따라 가맹사업거래 관련 분쟁조정을 신청한 행위
둘째, 공정거래위원회가 가맹사업법 제32조의2에 따라 실시하는 서면실태조사에 협조
한 행위
셋째, 가맹사업법 제32조의3 제1항에 따라 가맹본부의 가맹사업법 위반 혐의를 공정거

---

71) 과징금 고시 별표 세부평가기준표에는 "보복조치"라고 되어 있다.

래위원회에 신고한 행위

넷째, 공정거래위원회가 가맹사업법 제32조의3 제2항에 따라 실시하는 조사에 협조한 행위

고시 / 지침 / 기타 관련규정

예규 **가맹분야 불공정거래행위 심사지침**
[시행 2024. 3. 25.] [공정거래위원회 예규 제459호, 2024. 3. 25. 제정]

Ⅲ. 위법성 심사의 일반원칙

2. 법 제12조의5의 위법성 심사기준

가맹점사업자의 신고 등 행위와 보복 조치로서 이루어지는 행위 사이 인과관계를 중심으로 판단한다.

Ⅳ. 개별 행위유형별 위법성 판단기준

9. 보복 조치 (법 제12조의5)

가맹점사업자가 협상력을 제고하고 권익을 보호하기 위해 분쟁조정 신청, 공정거래위원회에 신고, 공정거래위원회의 조사 또는 서면실태조사에 대해 협조하였다는 것을 이유로 가맹본부가 가맹점사업자에게 보복 조치로서 불이익을 주는 행위는 가맹사업거래의 공정한 거래 질서를 저해하므로 금지된다.

> 가맹점사업자가 다음의 어느 하나에 해당하는 행위를 한 것을 이유로 그 가맹점사업자에 대하여 상품·용역의 공급이나 경영·영업활동 지원의 중단, 거절 또는 제한, 가맹계약의 해지, 그 밖에 불이익을 주는 행위를 하거나 계열회사 또는 다른 사업자로 하여금 이를 행하도록 하는 행위를 말한다. (법 제12조의5)
> ① 법 제22조 제1항에 따른 분쟁조정의 신청
> ② 법 제32조의2에 따른 공정거래위원회의 서면실태조사에 대한 협조
> ③ 법 제32조의3 제1항에 따른 신고 및 같은 조 제2항에 따른 공정거래위원회의 조사에 대한 협조

1) 대상행위
   가) 가맹점사업자의 분쟁조정 신청, 공정위의 조사 또는 서면실태조사에 대한 협조, 법 위반 사실의 공정위 신고를 이유로 가맹점사업자에 대하여 상품·용역의 공급이나 경영·영업활동 지원의 중단, 거절 또는 제한, 가맹계약의 해지, 그 밖에 불이익을

주는 행위를 하거나 계열회사 또는 다른 사업자로 하여금 불이익을 주도록 하는 행위가 대상이 된다.

나) 가맹점사업자에게 불이익을 주는 행위는 상품·용역의 공급이나 경영·영업활동 지원의 중단, 거절 또는 제한 및 계약 해지 외에 계약갱신의 거절, 보복 출점 등은 물론이고 거래조건 설정이나 거래 과정 등에서 합리적 이유 없이 다른 가맹점보다 차별적으로 불리하게 취급하는 행위도 포함한다.

다) 가맹본부가 제공하는 불이익은 반드시 계약상, 법률상 불이익일 필요는 없으며 가맹점사업자에게 사실상 불이익을 가하는 행위까지 포함된다. 예를 들어, 가맹점사업자의 분쟁조정 신청 등을 이유로 매장점검을 강화하는 경우 계약상 근거가 있다고 하더라도 보복 조치의 일환으로서 이를 남용하여 행해진다면 불이익에 해당할 수 있다.

2) 위법성의 판단기준

가) 보복 조치는 가맹점사업자의 분쟁조정 신청 등 원인행위를 이유로 이루어지는 악의에 기한 행위로서 가맹점사업자의 원인행위를 이유로 불이익을 주는 행위를 하였다는 사실이 인정되면 위법성이 있는 것으로 본다. 따라서, 가맹점사업자의 원인행위와 가맹본부의 불이익을 주는 행위 간 인과관계 즉, 보복 의사가 있는지를 중심으로 위법성을 판단한다.

나) 가맹점사업자에 대한 가맹본부의 보복 의사는 가맹점사업자의 원인행위의 경위와 내용, 가맹본부의 불이익 제공의 의도나 목적, 경위 및 시기, 불이익의 내용 및 정도, 다른 가맹점사업자와의 형평성, 관련 업계의 일반적인 거래 관행, 가맹계약의 내용, 관련 법령의 규정 등 가맹점사업자의 원인행위로부터 가맹본부의 불이익 제공에 이르기까지의 제반 사정은 물론 해당 조치 전후의 정황 사실을 종합적으로 고려하여 판단한다.

다) 불이익 제공행위의 내용이 가맹계약의 갱신 거절인 경우는 계약갱신 거절 사유로 들고 있는 계약조건이나 영업방침 등의 위반 사실이 확인된 경위, 위반행위의 내용, 횟수와 정도, 다른 가맹점사업자에 대한 계약갱신 실태, 동종 또는 유사한 위반행위에 대하여 종전에 또는 다른 가맹점사업자에게 한 조치내용과의 비교 등 제반 사정을 고려하여 갱신 거절이 가맹점사업자의 분쟁조정 신청 등 원인행위를 이유로 한 것인지를 판단하여야 한다.

라) 가맹본부가 가맹점사업자에 대하여 불이익한 행위를 하거나 계열회사 또는 다른 사업자로 하여금 이를 행하도록 하면서 표면적으로는 법 제12조의5 각 호에 해당하지 않는 이유를 제시하더라도 실질적으로 가맹점사업자의 분쟁조정 신청 등 원인행위를 이유로 불이익을 준 것으로 볼 수 있는 경우에는 보복 의사가 인정된다.

마) 가맹점사업자에 대한 불이익 제공행위는 오로지 분쟁조정 신청 등 원인행위를 이유

로 할 필요는 없고 불이익을 제공한 주된 이유가 가맹점사업자의 분쟁조정 신청 등 원인행위라고 인정되면 보복 의사가 있는 것으로 볼 수 있다.

3) 법 위반에 해당할 수 있는 행위(예시)

가) 가맹본부의 가맹사업법 위반 사실을 공정위에 신고하였다는 이유로 가맹계약갱신을 거절하거나 계약을 해지하는 행위

나) 가맹점사업자가 공정위 조사에 협조하였다는 이유로 상품·용역의 공급이나 경영·영업활동 지원의 중단, 거절 또는 제한하는 등의 방법으로 가맹점사업자의 사업 활동을 곤란하게 하는 행위

다) 가맹점사업자가 분쟁조정을 신청하였다는 이유로 거래조건 또는 지원사항 등을 다른 가맹점사업자에 비하여 현저히 불리하게 변경하는 행위

라) 가맹점사업자가 공정위에 신고하였다는 이유로 정당한 사유 없이 해당 가맹점사업자의 영업지역 안에서 가맹본부의 직영점을 개점하거나 가맹점사업자와 유사한 업종의 가맹점을 개설하는 행위(이른바 '보복 출점' 행위)

바. 광고·판촉행사의 비용부담 관련 동의 취득 의무 등[72]

가맹사업법	제12조의6 (광고·판촉행사의 실시 및 집행 내역 통보) 제1항 (광고·판촉행사 시 비용부담 관련 가맹점사업자의 동의 취득 의무) ⇨ (행정처분) 시정조치 / 과징금 부과 대상 제2항 (광고·판촉행사 실시 경우 집행 내역 통보 의무 등) ⇨ (과태료) 1천만 원 이하 제3항 (가맹점사업자의 동의, 집행 내역 통보·열람 방법 및 절차 등)

법 률	시행령
제12조의6(광고·판촉행사의 실시 및 집행 내역 통보) ① 가맹본부는 가맹점사업자가 비용의 전부 또는 일부를 부담하는 광고나 판촉행사를 실시하려는 경우(가맹본부 및 가맹점사업자가 <u>대통령령으로 정하는</u> 바에 따라	제13조의5(광고·판촉행사의 실시 등) ① 가맹본부는 법 제12조의6 제1항에 따라 광고·판촉행사의 약정을 체결하지 않고 가맹점사업자가 비용의 전부 또는 일부를 부담하는 광고나 판촉행사를 실시하려는 경우에는 문서, 내용증명우편, 전자우편,

---

72) 과징금 고시 별표 세부평가기준표에는 "광고·판촉행사 사전 동의 의무 위반행위"라고 되어 있다. 그러나, 가맹사업법 제12조의6 제1항의 규정을 살펴보면 "사전 동의"라는 문언은 없다. 다만, 가맹본부가 광고나 판촉행사를 실시하려는 경우 가맹점사업자의 동의를 받아야 하도록 규정하고 있다는 점을 고려할 때 "광고·판촉행사 사전 동의 의무 위반행위"라는 문언을 사용하여도 무방하다고 할 것이다.

법 률	시행령
체결한 광고·판촉행사의 약정에 따라 실시하는 경우는 제외한다) 그 비용 부담에 관하여 전체 가맹점사업자 중 <u>대통령령으로 정하는 비율</u> 이상의 가맹점사업자의 동의를 받아야 한다. 다만, 판촉행사의 경우에는 해당 판촉행사의 비용 부담에 동의한 가맹점사업자만을 대상으로 하여 이를 실시할 수 있다. ② 가맹본부는 가맹점사업자가 비용의 전부 또는 일부를 부담하는 광고나 판촉행사를 실시한 경우 그 집행 내역을 가맹점사업자에게 통보하고 가맹점사업자의 요구가 있는 경우 이를 열람할 수 있도록 하여야 한다. ③ 제1항에 따른 가맹점사업자의 동의 및 제2항에 따른 집행 내역 통보·열람의 방법과 절차 등에 관하여 <u>필요한 사항은 대통령령</u>으로 정한다. [전문개정 2022. 1. 4.]	인터넷 홈페이지, 어플리케이션 또는 판매시점 관리 시스템(POS) 등을 통해 동의 시점을 객관적으로 확인할 수 있는 방법으로 가맹점사업자의 동의를 받아야 한다. ② 법 제12조의6 제1항 본문에서 "<u>대통령령으로 정하는 비율</u>"이란 다음 각 호의 구분에 따른 비율을 말한다. 1. 광고의 경우 : 100분의 50 2. 판촉행사의 경우 : 100분의 70 ③ 가맹본부 및 가맹점사업자가 <u>법 제12조의6 제1항 본문에 따른 광고·판촉행사의 약정을 체결하려는 경우에는 가맹계약과 별도로 체결해야 한다.</u> ④ 제3항에 따라 체결하는 광고·판촉행사의 약정에는 다음 각 호의 사항이 모두 포함돼야 한다. 1. 광고나 판촉행사의 명칭 및 실시기간 2. 광고나 판촉행사의 소요 비용에 대한 가맹점사업자의 분담 비율 및 분담 한도 [본조신설 2022. 6. 7.] **제13조의6(광고·판촉행사 관련 집행 내역 통보 절차 등)** ① 가맹본부는 법 제12조의6 제2항에 따라 매 사업연도 종료 후 3개월 이내에 가맹점사업자에게 다음 각 호의 사항을 통보해야 한다. 〈개정 2022. 6. 7.〉 1. 해당 사업연도에 실시한 광고나 판촉행사(해당 사업연도에 일부라도 비용이 집행된 경우를 포함한다. 이하 같다)별 명칭, 내용 및 실시기간 2. 해당 사업연도에 광고나 판촉행사를 위하여 전체 가맹점사업자로부터 지급받은 금액 3. 해당 사업연도에 실시한 광고나 판촉행사별로 집행한 비용 및 가맹점사업자가 부담한 총액

법 률	시행령
	② 가맹본부가 가맹점사업자에게 제1항에 따른 통보를 하는 경우에는 제6조 제1항 각 호의 어느 하나에 해당하는 방법을 준용한다. 다만, 제6조 제1항 제3호 후단은 준용하지 아니한다. ③ 가맹본부는 법 제12조의6 제2항에 따라 가맹점사업자가 집행 내역의 열람을 요구하는 경우 열람의 일시 및 장소를 정하여 해당 자료를 열람할 수 있도록 해야 한다. 〈개정 2022. 6. 7.〉 [본조신설 2016. 9. 29.]

(광고·판촉행사 시 비용부담 관련 가맹점사업자의 동의 취득 의무) 가맹본부가 가맹점사업자와 광고·판촉행사의 약정을 체결하지 않고 가맹점사업자가 비용의 전부 또는 일부를 부담하는 광고나 판촉행사를 실시하려는 경우[73] 그 비용부담에 관하여 전체 가맹점사업자 중 광고의 경우는 100분의 50, 판촉행사의 경우는 100분의 70 이상 가맹점사업자의 동의를 받아야 한다. 다만, 판촉행사의 경우는 해당 판촉행사의 비용부담에 동의한 가맹점사업자만을 대상으로 하여 이를 실시할 수 있다.

나아가, 가맹본부가 위와 같은 방법에 따라 광고나 판촉행사를 실시하려는 경우로서 가맹점사업자의 동의를 받는 때, 가맹점사업자가 동의한 시점이 객관적으로 확인되는 방법 즉 문서, 내용증명우편, 전자우편, 인터넷 홈페이지, 어플리케이션 또는 판매시점관리 시스템(POS) 등을 통해 이루어져야 한다.

한편, 가맹점사업자가 비용의 전부 또는 일부를 부담하는 광고나 판촉행사를 실시하고자 하는 경우로서, 가맹본부 및 가맹점사업자가 광고·판촉행사의 약정을 체결하려는 경우에는 가맹계약과 별도로 체결해야 하고 해당 광고·판촉행사의 약정에는 첫째, 광고나 판촉행사의 명칭 및 실시기간 둘째, 광고나 판촉행사의 소요 비용에 대한 가맹점사업자의 분담 비율 및 분담 한도가 모두 포함되도록 하여야 한다.

---

73) 가맹본부 및 가맹점사업자가 대통령령으로 정하는 바에 따라 체결한 광고·판촉행사의 약정에 따라 실시하는 경우는 제외한다.

(광고 · 판촉행사 실시 경우 집행 내역 통보 및 열람 의무) 가맹본부는 가맹점사업자가 비용의 전부 또는 일부를 부담하는 광고나 판촉행사를 실시하는 경우 그 집행 내역을 가맹점사업자에게 통보하고 가맹점사업자의 요구가 있는 경우 이를 열람할 수 있도록 하여야 한다.

가맹본부는 가맹점사업자에게 광고 · 판촉행사 집행 내역을 매 사업연도 종료 후 3개월 이내 통보해야 하는데, 통보해야 할 사항은 다음과 같이 세 가지이다.

첫째, 해당 사업연도에 실시한 광고나 판촉행사(해당 사업연도에 일부라도 비용이 집행된 경우를 포함한다. 이하 같다)별 명칭, 내용 및 실시기간

둘째, 해당 사업연도에 광고나 판촉행사를 위하여 전체 가맹점사업자로부터 지급받은 금액

셋째, 해당 사업연도에 실시한 광고나 판촉행사별로 집행한 비용 및 가맹점사업자가 부담한 총액

가맹본부가 위와 같이 광고 · 판촉행사 집행 내역을 통보할 때 그 방법은 가맹본부가 가맹희망자에게 정보공개서를 제공하는 경우의 방법을 준용한다. 즉, 직접 전달하는 방법, 내용증명우편, 정보통신망, 전자우편을 이용하는 방법이다.

또한, 가맹본부는 가맹점사업자가 집행 내역의 열람을 요구하는 경우 열람의 일시 및 장소를 정하여 해당 자료를 열람할 수 있도록 해야 한다.

 사례 검토

문 본사가 정한 판촉물을 가맹점사업자에게 일괄적으로 분배하여 판매할 수 있나요? 이곳은 지역이 작아서 판촉물을 모두 소진하지 못하고 무용지물이 되어 버려지게 되는데, 이런 경우도 본사에서는 가맹점사업자에게 판촉물을 일방적으로 판매할 수 있나요?

답 귀하와 본사의 관계가 가맹사업거래의 공정화에 관한 법률 제2조에 따른 가맹본부와 가맹점사업자의 정의에 부합되는 경우, 가맹사업거래의 공정화에 관한 법률 제12조의6 제1항은 가맹본부가 가맹점사업자가 비용의 전부 또는 일부를 부담하는 광고나 판촉행사를 실시하려는 경우 그 비용부담에 관하여 전체 가맹점사업자 중 광고의 경우에는 100분의 50, 판촉행사의 경우에는 100분의 70 이상 가맹점사업자의 동의를 받아야 할 수 있도록 되어 있습니다.

■ 가맹본부가 광고 및 판촉행사를 실시하려는 경우 가맹점사업자의 동의를 일정 비율 이상 받아야 한다는 규정에 대한 이슈

1. 관련 규정

가맹사업법 제12조의6 제1항은 가맹본부가 광고 및 판촉행사를 실시하려는 경우 가맹점사업자의 동의를 대통령령으로 정한 비율 이상(광고의 경우 100분의 50, 판촉행사의 경우 100분의 70 이상) 받도록 규정하고 있다.

2. 검토 배경 및 관련 이슈

가맹본부가 실시하려는 광고 및 판촉행사는 시장 상황, 소비자 기호 변화, 경쟁사업자의 판촉행사 실시 여부, 행사 타이밍 등을 고려해야 하는 고도의 전문적이고 기술이 필요한 사항으로 가맹본부의 적절한 경영상 판단은 존중되어야 하는데 이 행위를 제약하게 되면 다음과 같은 문제가 발생할 수 있다.

첫째, 마케팅은 유행이나 이슈 등 당시 시대 상황에 부합해야 성공할 수 있으며, 특히 유행에 민감하고 소비층이 넓은 브랜드의 경우 마케팅은 사업의 성패를 좌우할 정도로 중요한 활동인데 가맹점사업자의 사전 동의를 거치게 하는 경우 최적의 타이밍을 놓칠 수 있고, 최적의 타이밍을 놓치게 되면 비용만 쓰게 되고 효과는 별로 없어 가맹사업당사자 사이 발생하는 분쟁의 원인이 될 수 있다.

둘째, 광고 및 판촉행사는 가맹본부가 브랜드 성장과 인지도 확대, 가맹점포 수 증대에 따른 규모의 경제 실현, 매출 증대를 통한 동반성장 등 경쟁력 제고를 위한 유일한 마케팅 활동인데, 이를 제약하는 경우는 가맹본부의 성장 모멘텀을 확보하기 어렵다.

셋째, 가맹본부의 90% 이상이 매출액 100억 원 미만의 중소기업이고, 60% 이상이 매출액 10억 원 미만의 영세한 사업자임을 고려할 때, 가맹본부가 독자적으로 광고 및 판촉행사를 하기는 사실상 어려워 가맹점사업자가 일정부분을 분담하는 것은 부당하다고 보기 어려우며, 행사 시행 후 집행 내역의 통보·열람은 가맹사업법에 따른 의무사항인바 가맹본부가 가맹점사업자에게 일방적으로 비용을 책정·전가하는 불공정한 거래행위는 가맹사업법에 저촉될 가능성이 매우 크므로 일어날 가능성이 거의 없다.

넷째, 가맹본부가 광고 및 판촉행사를 실시하려는 경우 가맹점사업자의 동의를 얻도록 규정하고 있으나, 동의하지 아니한 가맹점사업자들의 경우에는 비용은 부담하지 아니하고 광고효과만 누리는 무임승차문제가 발생하여 가맹점사업자 사이 갈등이 일어날 우려가 상당하다.

3. 개선방안

광고 및 판촉행사에 따른 동의 규정을 폐지하는 것이 바람직하고, 유지해야 할 필요성이 있다고 하더라도 가맹본부의 규모에 따라 동의 비율을 차등화 시킬 필요가 있다. 즉, 규모가 큰 가맹본부는 동의를 구하는 절차 및 대상이 많아 어려움이 있으므로 동의 비율을 낮추어 동의 절차의 어려움을 해소해[74) 줄 필요가 있다.

가맹본부와 가맹점사업자가 계약을 체결할 때 연간 광고 및 판촉행사의 실시 횟수, 비용 분담 비율, 총액한도 등은 미리 약정하고 비용은 행사실시 후 정산하는 방법 등의 계약에 대해서는 가맹점사업자의 사전 동의를 대신하도록 하는 등의 예외 조항을 신설하는 것을 검토해 볼 수 있다.

고시 / 지침 / 기타 관련규정

 가맹분야 불공정거래행위 심사지침

[시행 2024. 3. 25.] [공정거래위원회 예규 제459호, 2024. 3. 25. 제정]

Ⅲ. 위법성 심사의 일반원칙

3. 법 제12조의6 제1항의 위법성 심사기준

가맹점사업자가 비용의 전부 또는 일부를 부담하는 광고나 판촉행사를 실시하면서 전체 가맹점사업자 중 시행령 제13조의5 제2항에서 정하는 비율 이상의 가맹점사업자의 동의를 받거나 가맹점사업자와 약정을 체결하였는지를 기준으로 판단한다.

Ⅳ. 개별 행위유형별 위법성 판단기준

10. 광고·판촉행사 사전 동의 의무 위반행위 (법 제12조의6)

가맹본부가 가맹점사업자의 의견수렴 없이 광고·판촉행사를 일방적으로 실시하는 경우 비용을 부담하는 가맹점사업자에게 예측하지 못한 피해를 줄 수 있으므로 가맹점사업자와 약정을 체결하거나 가맹점사업자의 동의를 받지 않고 가맹점사업자가 비용을 부담하는 광

---

74) 동의절차를 단순히 동의 여부에만 한정해서 체크만 하는 것으로 생각할 수 있지만 오히려 가맹점사업자를 상대로 설명과 설득을 해야 하는 경우가 많고 가맹점사업자의 수정 요구 및 이를 피드백하는 경우는 다시 동의를 구하여야 한다. 특히 대형가맹본부의 경우 동의에 따른 노력과 비용도 상당하며, 가맹점사업자 단체가 반대하는 경우 이를 설득하는 과정에서 광고 및 판촉행사의 타이밍을 실기하거나 행사 자체가 무산되기도 한다.

고·판촉행사를 하는 것은 금지된다.

> 가맹본부는 가맹점사업자가 비용의 전부 또는 일부를 부담하는 광고나 판촉행사를 실시하려는 경우(가맹본부 및 가맹점사업자가 대통령령으로 정하는 바에 따라 체결한 광고·판촉행사의 약정에 따라 실시하는 경우는 제외한다) 그 비용부담에 관하여 문서, 내용증명우편, 전자우편, 인터넷 홈페이지, 어플리케이션 또는 판매시점 관리 시스템(POS) 등을 통해 동의 시점을 객관적으로 확인할 수 있는 방법으로 전체 가맹점사업자 중 100분의 50(광고의 경우) 또는 100분의 70(판촉행사의 경우) 이상의 동의를 받아야 한다. 다만, 판촉행사의 경우에는 해당 판촉행사의 비용 부담에 동의한 가맹점사업자만을 대상으로 하여 이를 실시할 수 있다. (법 제12조의6 제1항, 시행령 제13조의5 제1항 및 제2항)
>
> 법 제12조의6 제1항 본문에 따른 광고·판촉행사의 약정을 체결하려는 경우에는 가맹계약과 별도로 체결하여야 하며 광고·판촉행사의 약정에는 다음의 사항이 모두 포함되어야 한다. (시행령 제13조의5 제3항 및 제4항)
> ① 광고나 판촉행사의 명칭 및 실시기간
> ② 광고나 판촉행사의 소요 비용에 대한 가맹점사업자의 분담 비율 및 분담 한도

1) 대상행위

　　가) 가맹점사업자가 비용의 전부 또는 일부를 부담하는 광고나 판촉행사를 실시하면서 가맹점사업자와 약정을 체결하지도 않고 전체 가맹점사업자의 일정 비율(광고의 경우 100분의 50, 판촉행사의 경우 100분의 70) 이상의 동의를 받지 않는 행위가 대상이 된다. 다만, 판촉행사의 경우 법정 동의 비율에 미달하는 경우라도 동의한 가맹점사업자만을 대상으로 하여 이를 실시하는 행위는 제외된다.

　　나) 광고는 구체적인 행사와 관계없이 매체(TV, 라디오, 인터넷, 신문, 잡지, 입간판 등)를 통해 이루어지는 회사 이미지 제고, 신상품 출시 홍보 등의 활동을 의미하며, 판촉행사는 명칭이나 형식에 상관없이 상품에 대한 수요를 늘려 판매를 증진시킬 목적으로 행하는 모든 행사 또는 활동(할인행사, 사은품 증정, 경품행사, 제휴 행사, 쿠폰 발행 등) 및 이에 부수하여 수행하는 홍보활동(홍보 전단 제작 등)을 의미한다.

　　다) 가맹점사업자가 비용의 전부 또는 일부를 부담하는 광고·판촉행사가 대상이므로 가맹점사업자가 비용을 전혀 부담하지 않거나 가맹점사업자가 자발적으로 실시하는 광고·판촉행사는 해당하지 않는다.

　　라) 가맹본부가 가맹점사업자와 광고·판촉행사의 약정을 체결하였으나 시행령 제13조의5 제4항에서 약정에 포함하도록 정한 광고나 판촉행사의 명칭 및 실시기간, 소요 비용에 대한 가맹점사업자의 분담 비율 및 분담 한도를 전부 또는 일부 누락한 경우도 대상이 된다.

　　마) 전체 가맹점사업자 중 일부만 비용을 부담하는 광고나 판촉행사를 실시하는 경우(예

시 : 서울지역을 대상으로 실시하면서 서울 소재 가맹점주만 비용을 부담하는 판촉
행사의 경우)에는 비용을 부담하는 가맹점사업자만을 대상으로 동의받으면 된다.

바) 여러 건의 광고·판촉행사에 대해 일시에 동의나 약정체결 절차를 진행하는 경우 광
고·판촉행사별로 명칭 및 실시기간, 소요 비용에 대한 가맹점사업자의 분담 비율 및
분담 한도를 특정하여 개별 광고·판촉행사별로 동의받거나 약정을 체결하여야 한다.

사) 가맹계약에 따라 가맹점사업자로부터 정기적으로 정액 또는 정률의 광고 분담금이
나 판촉 분담금을 수취하는 경우 이를 활용하여 광고나 판촉행사를 실시하려는 경우
는 사전동의를 받거나 약정을 체결하여야 한다.

2) 위법성의 판단기준

가) 광고·판촉행사의 동의는 문서, 내용증명우편, 전자우편, 인터넷 홈페이지, 애플리케
이션 또는 판매시점 관리 시스템(POS) 등을 통해 동의 시점을 객관적으로 확인할
수 있는 방법으로 받아야 하므로 구두로 동의받는 경우는 동의 시점을 객관적으로
확인할 수 있는 특별한 방법이 마련되어 있지 않은 한 적법한 동의에 해당한다고 보
기 어렵다.

나) 동의의 경우 약정과 달리 법령에서 내용을 구체적으로 정하고 있지 않지만, 약정에 준하여
시행령 제13조의5 제4항에 규정된 광고나 판촉행사의 명칭 및 실시기간, 소요 비용에 대한
가맹점사업자의 분담 비율 및 분담 한도 등 세부 사항을 고지하여 동의받아야 한다. 따라서
이러한 내용을 포함하지 않고 동의받았다면 적법한 동의에 해당한다고 보기 어렵다.

다) '가맹점사업자'의 '동의'를 받아야 하므로 직영점을 동의 대상에 포함하여 동의 비율
을 계산하거나 동의 의사를 명확히 밝히지 않은 가맹점사업자를 동의한 것으로 간주
하여 동의 비율을 계산하는 것은 허용되지 않는다.

라) 사전약정은 가맹점사업자가 자신이 비용을 부담하여야 하는 광고·판촉행사의 내용
과 비용부담의 정도를 구체적으로 인식할 수 있는 수준으로 기재되어야 한다. 따라
서, 약정에서 광고·판촉행사의 명칭 및 실시기간, 가맹점사업자의 비용 분담 비율과
분담 한도가 전부 또는 일부 누락된 경우나, 형식상으로는 기재되었더라도 가맹점사
업자가 광고·판촉행사의 내용이나 비용부담의 내용을 명확하게 인식하기 어려운
경우에는 적법한 약정체결에 해당하지 않는다.

마) 광고·판촉행사의 약정은 가맹계약과 별도로 체결되어야 하므로 가맹계약의 일부인 부
속서 형태로 약정을 체결하는 것은 가맹계약과 별도로 체결된 약정에 해당하지 않는다.

바) 동의와 약정은 별개의 절차이므로 법정 동의 비율 이상에 해당하는 가맹점사업자와
광고나 판촉행사의 약정을 체결하였더라도 적법하게 동의를 받은 것으로 보아 전체
가맹점사업자를 대상으로 비용을 부담시킬 수 있는 것은 아니다.

사) 동의나 약정체결 이후 광고·판촉행사 실시 전 동의나 약정의 내용이 변경되는 경우 원칙적

으로 변경된 내용을 반영하여 다시 동의받거나 약정을 체결하여야 한다. 다만, 변경된 내용이 광고·판촉행사의 본질적인 부분이나 가맹점사업자의 비용부담과 관련한 내용이 아닌 경미한 사항으로서 기존 동의나 약정내용에 실질적인 변경이 없다고 객관적으로 인정되는 경우는 가맹점사업자에게 변경된 내용을 고지하고 광고·판촉행사를 실시할 수 있다.

3) 법 제12조 제1항 제3호와의 관계

가맹본부가 광고·판촉행사의 비용부담에 동의하지 않거나 약정체결을 거부한 가맹점사업자에게 동의나 약정체결을 강요하는 경우와 동의받거나 약정을 체결한 범위를 벗어나 그 이상으로 광고·판촉행사 비용을 부담시키는 경우는 법 제12조 제1항 제3호에 해당할 수 있다.

4) 법 위반에 해당할 수 있는 행위(예시)

가) 전국적인 TV 광고실시에 대해 전체 가맹점사업자의 50% 미만이 동의하였음에도 광고를 실시하고 그 비용을 전체 가맹점사업자에게 청구하는 행위

나) 신제품 할인행사 실시에 대해 70%에 미달하는 가맹점사업자만 동의하였음에도 전체 가맹점사업자에게 참여하도록 요구하면서 할인금액의 일부를 부담하도록 하는 행위

다) 여러 건의 광고·판촉행사를 대상으로 일시에 약정을 체결하면서 내용과 비용부담의 수준을 광고·판촉행사별로 명확하게 특정하지 않고 포괄적으로 기재하여 일괄적으로 약정을 체결하는 행위

라) 동일한 영업표지를 사용하는 다수의 가맹점을 운영하는 가맹점사업자가 광고 실시에 동의하지 않아 동의 비율이 50%를 넘지 않자 해당 가맹점사업자를 1개로 취급하여 50% 이상 동의받았다는 것을 이유로 광고 실시 후 비용을 부담하도록 하는 행위

마) 광고비용 부담에 대한 가맹점사업자 동의 비율이 50%에 미달하자 직영점을 포함하여 동의 비율을 계산하고 그 결과 동의 비율이 50%가 넘었다는 것을 이유로 광고 실시 후 비용을 부담하도록 하는 행위

바) 가맹점사업자가 비용을 부담하는 광고나 판촉행사임에도 가맹점사업자의 비용부담 비율이나 한도를 구체적으로 기재하지 않은 약정을 체결하고 해당 약정에 따라 광고나 판촉행사를 실시하는 행위

사) 사전약정을 체결하여 판촉행사를 실시하면서 약정을 체결하지 않은 가맹점사업자도 판촉행사에 참여하도록 하여 비용을 부담시키는 행위

아) 판촉행사 성격의 모바일 상품권을 발행하면서 사전에 가맹점사업자와 약정을 체결하지도 않고 가맹점사업자의 동의도 받지 않는 행위

자) 판촉행사 성격의 모바일 상품권 발행에 대해 전체 가맹점사업자의 70% 미만이 동의하였음에도 전체 가맹점사업자에게 이를 취급하도록 강요하는 행위

차) 가맹점사업자와 판촉행사 성격의 모바일 상품권 취급 약정을 체결하면서 가맹점사업자의 비용 분담 비율(예시: 모바일 상품권 수수료 분담 비율, 물품 제공형 상품권의 액면금액과 실제 상품 판매금액이 다른 경우 그 차액에 대한 분담 비율 등)을 약정내용에 포함하지 않는 행위

사. 가맹점사업자 단체 관련 불이익 제공행위 금지 등[75]

가맹사업법	제14조의2 (가맹점사업자 단체의 거래조건 변경 협의 등) 제5항 (가맹점사업자 단체 구성·가입·활동 등의 이유로 불이익 행위 및 가입 여부를 조건으로 가맹계약체결 금지) ⇨ (행정처분) 시정조치 / 과징금 부과 대상

① 가맹점사업자는 권익 보호 및 경제적 지위 향상을 도모하기 위하여 단체(이하 "가맹점사업자 단체"라 한다)를 구성할 수 있다.
② 특정 가맹본부와 가맹계약을 체결·유지하고 있는 가맹점사업자(복수의 영업표지를 보유한 가맹본부와 계약 중인 가맹점사업자의 경우에는 동일한 영업표지를 사용하는 가맹점사업자로 한정한다)로만 구성된 가맹점사업자 단체는 그 가맹본부에 대하여 가맹계약의 변경 등 거래조건(이하 이 조에서 "거래조건"이라 한다)에 대한 협의를 요청할 수 있다.
③ 제2항에 따른 협의를 요청받은 경우 가맹본부는 성실하게 협의에 응하여야 한다. 다만, 복수의 가맹점사업자 단체가 협의를 요청할 경우 가맹본부는 다수의 가맹점사업자로 구성된 가맹점사업자 단체와 우선적으로 협의한다.
④ 제2항에 따른 협의와 관련하여 가맹점사업자 단체는 가맹사업의 통일성이나 본질적 사항에 반하는 거래조건을 요구하는 행위, 가맹본부의 경영 등에 부당하게 간섭하는 행위 또는 부당하게 경쟁을 제한하는 행위를 하여서는 아니 된다.
⑤ 가맹본부는 가맹점사업자 단체의 구성·가입·활동 등을 이유로 가맹점사업자에게 불이익을 주는 행위를 하거나 가맹점사업자 단체에 가입 또는 가입하지 아니할 것을 조건으로 가맹계약을 체결하여서는 아니 된다.
[본조신설 2013. 8. 13.]

가맹점사업자는 권익 보호 및 경제적 지위 향상을 도모하기 위하여 가맹점사업자 단체를 구성할 수 있다. 이때 가맹점사업자 단체를 구성할 수 있는 가맹점사업자의 기준은 동일한 영업표지를 사용하여야 그 구성원이 될 수 있다.

---

75) 과징금 고시 별표 세부평가기준표에는 "가맹점사업자 단체 활동방해행위"라고 되어 있다.

가맹점사업자 단체는 그 가맹본부에 가맹계약의 변경 등 거래조건에 대한 협의를 요청할 수 있다. 다만, 가맹사업의 통일성이나 본질적 사항에 반하는 거래조건을 요구하는 행위, 가맹본부의 경영 등에 부당하게 간섭하는 행위 또는 부당하게 경쟁을 제한하는 행위는 협의 요청 대상이 아니다.

가맹점사업자 단체의 협의를 요청받은 가맹본부는 성실하게 응해야 하고, 복수의 가맹점사업자 단체가 협의를 요청하는 경우 다수의 가맹점사업자로 구성된 가맹점사업자 단체와 먼저 협의하여야 한다.

한편, 가맹본부는 가맹점사업자 단체의 구성·가입·활동 등을 하였다는 것을 이유로 해당 가맹점사업자에게 불이익을 주는 행위뿐만 아니라 가맹점사업자 단체에 가입 또는 가입하지 아니할 것을 조건으로 가맹계약을 체결하는 행위는 금지된다.

이슈 검토

■ 가맹본부가 제시하고 있는 가맹금, 계약기간, 계약 해지, 갱신 거절 등의 거래조건에 대한 가맹점사업자 단체의 협의권 보장에 대한 이슈

1. 관련 규정

　가맹사업법 제14조의2 제2항 및 3항은 가맹점사업자 단체는 그 가맹본부에 대하여 가맹계약의 변경 등 거래조건에 대한 협의를 요청할 수 있고, 협의를 요청받은 가맹본부는 성실하게 협의에 응해야 한다고 규정하고 있다.

2. 검토 배경 및 관련 이슈

　가맹계약은 가맹본부가 자기 가맹사업의 특성과 업종의 특성을 반영하여 가맹금, 계약기간, 계약 해지, 갱신 거절 등에 대한 거래조건을 전략적·전문적·기술적으로 설계하고, 이와 같은 거래조건을 가맹희망자가 받아들임으로써 이루어지는 것인데, 가맹본부가 자기가 제시한 거래조건을 가맹점사업자 단체와 협의를 통해 변경하는 경우 관련 시장에서 경쟁력을 상실할 우려가 상당하다.

　또한, 가맹본부의 가맹사업 운영방식에 불만이 많은 일부 가맹점사업자의 주장이나 의견이 과도하게 반영되거나 복수의 가맹점사업자 단체가 노동조합과 같은 행태를 보이면서 서로 다른 거래조건을 경쟁적으로 제시하여 관철하고자 하는 경우 해당 가맹본부로서는 정상적인 영업활동이 어려울 수도 있다.

　협의 사항 중 가맹사업의 통일성이나 본질적인 사항에 반하는 거래조건을 요구하는 행위, 가맹본부의 경영 등에 대하여 부당하게 간섭하는 행위 또는 부당하게 경쟁을 제한하는 행위는 협의 대상이 아니라고 하지만 그 경계를 명확하게 구분하는 것이 쉽지 않아 협의 대상이 되는지 그 여부를 놓고 대립할 가능성 역시 발생할 수 있다.

가맹점사업자 단체에게 부여된 협의권은, 노동법적 적용[76]이 확정적으로 인정되지 않고 있을 뿐만 아니라[77] 가맹점사업자를 근로자와 동일하게 볼 수 있는지에 대해 논란이 많다는 점을 고려할 때 가맹본부의 기업 활동의 자유, 계약자유의 원칙, 재산권의 침해 등 헌법상 기본권을 침해할 소지도 있다.

3. 개선방안

가맹점사업자가 근로자로 인정되지 않은 현 상황에서 단체권에 기한 노동법적 접근보다는 경쟁법의 테두리 안에서 규율되는 것이 바람직하다고 판단된다. 즉, 불공정한 거래조건으로 거래가 이루어지고 있다면 가맹사업법뿐만 아니라 약관법, 민사적 구제절차 등을 통해 거래조건을 개선할 수 있도록 하는 것이 바람직하다.

가맹사업법에서 가맹점사업자 단체의 거래조건에 대한 협의 요청에 대하여 가맹본부의 성실 협의 의무를 강제하고 있지만 이에 응하지 아니한 가맹본부에 대하여 처벌할 수 있는 법적 근거 규정을 마련하지 못하고 있다는 것은 가맹점사업자 단체에게 부여하고 있는 협의권의 한계를 스스로 인정하고 있는 것으로 볼 수 있으므로 실효성이 없으면서 분쟁을 일으키는 협의권보다 경쟁법의 범위 내에서 실질적으로 가맹점사업자의 권익을 높일 수 있는 다른 대안을 마련하는 것이 바람직하다.

---

76) 예를 들면, 가맹점사업자가 근로자에 해당하는지 아니하는지 그 여부를 말한다.

77) 가맹점사업자가 예상수익을 부풀려 제공한 혐의가 있는 가맹본부를 상대로 손해배상소송을 제기한 사건에서, 법원은 손해배상의 책임 범위를 50%로 제한하였는데 그 이유는 가맹점사업자도 예상수익에 대한 위험을 스스로 부담해야 하는 독립적인 사업자인 점, 실제 매출액은 가맹점사업자의 점포 관리능력에 따라 변동될 수 있는 점, 코로나19와 같은 영향도 있었던 점 등을 고려해야 한다고 판시하였는데, 이는 법원이 가맹점사업자가 '독립적인 사업자'임을 전제로 손해배상금액을 정하였다고 볼 수 있다(서울중앙지방법원 2023. 6. 8. 선고 2021가단5323988 판결).

가맹사업법 제14조의2 제5항에서 규정하고 있는 가맹점사업자 단체 가입·
활동을 이유로 한 불이익 제공행위는 해당 행위가 실질적으로 볼 때, 가맹점
사업자 단체의 활동 등을 주된 이유로 하는 것인지에 따라 판단하여야 함

사건명 : ㈜비에이치씨의 가맹사업법 위반행위에 대한 건
〈 공정위 2019가조1126 〉
【서울고등법원 2022. 10. 12. 선고 2021누53162 판결(확정)】

가맹사업법 제14조의2 제5항의 내용과 가맹점사업자 단체의 활동 등을 이유로 불이익
을 주는 행위를 금지하는 입법 취지에 비추어 보면, 가맹본부의 행위가 가맹사업법 제14
조의2 제5항 전단에 따른 불이익 제공행위에 해당하는지는 먼저 해당 행위의 의도나 목
적, 가맹점사업자가 한 가맹점사업자 단체의 활동 등의 구체적인 내용, 불이익 제공의 경
위, 불이익의 내용 및 정도, 관련 업계의 일반적인 거래 관행, 가맹점사업자 단체 가입
여부에 따른 취급의 차이, 가맹계약의 내용, 관계 법령의 규정 등 제반 사정을 종합적으로
고려하여 불이익 제공행위가 실질적으로 볼 때 가맹점사업자 단체의 활동 등을 주된 이
유로 하는 것인지에 따라 판단하여야 함.

가맹본부가 계약내용에 따라 가맹점의 계약위반을 이유로 계약해지 또는
갱신을 거절하였다 하더라도 그 해지 또는 거절행위의 실질이 가맹점사업자
단체의 구성·가입·활동을 주된 이유로 하는 것이라고 판단된다면 위법함

사건명 : ㈜에땅의 가맹사업법 위반행위에 대한 건
〈 공정위 2016가맹3591 〉
【서울고등법원 2022. 5. 12. 선고 2021누61871 판결(확정)】

해당 불이익 제공행위를 가맹사업법에 따라 위법한 것으로 보기 위해서는 그것이 가맹
사업법의 목적에 비추어 부당한 것이어야 하고, 여기에서 부당성 유무의 판단은 앞서 본
제반 사정에 비추어 가맹사업의 공정한 거래 질서를 저해할 우려(가맹사업법 제1조)가
인정되는지를 기준으로 판단하여야 함.
원심이 인정한 사실관계에 비추어 보면 이 사건 매장 점검은 점주협회의 활동을 가맹
점사업자들의 계약 위반사항을 적발한 다음 이를 이유로 계약갱신 거절 등의 불이익 제

공행위를 함으로써 궁극적으로 가맹점사업자 단체의 활동을 무력화시키고자 하는 목적에서 이루어진 것으로 이 사건 계약종료를 위한 수단 내지 방편에 불과하다고 할 것임.

따라서, 원고가 이 사건 매장 점검을 하고 이를 통하여 발견한 계약 위반사항을 기초로 계약종료에 나아간 일련의 행위는 전체적으로 보아 가맹사업법 제14조의2 제5항에서 금지하고 있는 불이익 제공행위에 해당한다고 보아야 함.

가맹사업법 제14조의5 제5항 전단 불이익을 주는 행위의 내용이 가맹계약의 갱신을 부당하게 거절하는 것인 경우에 대한 판단기준

사건명 : ㈜에땅의 가맹사업법 위반행위에 대한 건
〈 공정위 2016가맹3591 〉
【서울고등법원 2020. 8. 19. 선고 2018누79102 판결】
【대법원 2021. 9. 30. 선고 2020두48857 판결(파기환송)】

가맹사업법 제14조의2 제5항의 내용과 가맹점사업자 단체의 활동 등을 이유로 불이익을 주는 행위(이하 '불이익제공행위'라 한다)를 금지하는 입법 취지에 비추어 보면, 가맹본부의 행위가 가맹사업법 제14조의2 제5항 전단에 따른 불이익제공행위에 해당하는지는 먼저 해당 행위의 의도나 목적, 가맹점사업자가 한 가맹점사업자 단체의 활동 등의 구체적인 내용, 불이익제공의 경위, 불이익의 내용 및 정도, 관련 업계의 일반적인 거래 관행, 가맹점사업자 단체 가입 여부에 따른 취급의 차이, 가맹계약의 내용, 관계 법령의 규정 등 제반 사정을 종합적으로 고려하여 불이익제공행위가 실질적으로 볼 때 가맹점사업자 단체의 활동 등을 주된 이유로 하는 것인지에 따라 판단하여야 한다.

또한 해당 불이익제공행위를 가맹사업법에 따라 위법한 것으로 평가하기 위해서는 그것이 가맹사업법의 목적에 비추어 부당한 것이어야 하고, 여기에서 부당성 유무의 판단은 가맹사업의 공정한 거래 질서를 저해할 우려(가맹사업법 제1조)가 인정되는지를 기준으로 판단하여야 한다.

다시 말해서, 가맹사업법 제14조의2 제5항 전단의 불이익제공행위의 내용이 가맹계약의 갱신을 부당하게 거절하는 것인 경우에는 가맹본부가 계약갱신의 거절 사유로 들고 있는 계약조건이나 영업방침 등의 위반 사실이 확인된 경위, 위반행위의 내용, 횟수와 정도, 다른 가맹점사업자에 대한 계약갱신의 실태, 동종 또는 유사한 위반행위에 대하여 종전에 또는 다른 가맹점사업자에게 한 조치 내용과의 비교 등 제반 사정을 종합하여 그 갱신거절이 가맹점사업자 단체의 구성·가입·활동 등을 이유로 한 것인지를 판단하여야 한다.

한편, 가맹사업법 제13조 제2항이나 가맹점계약에서 정한 가맹점사업자의 계약갱신 요구권 행사기간이 경과하여 가맹점사업자에게 계약갱신 요구권이 인정되지 않는 경우라고 하더라도 가맹본부의 갱신거절이 당해 <u>가맹점계약의 체결 경위·목적이나 내용, 그</u> <u>계약관계의 전개 양상, 당사자의 이익 상황 및 가맹점계약 일반의 고유한 특성 등에 비추</u> <u>어 신의칙에 반하여 허용되지 아니하는 특별한 사정이 있을 수 있으므로(대법원 2020.</u> <u>7. 23. 선고 2019다289495 판결 등 참조), 그러한 경우에는 가맹점사업자에게 계약갱</u> <u>신 요구권이 인정되지 않는다는 이유만으로 가맹본부의 갱신거절이 가맹사업법 제14조</u> <u>의2 제5항 전단의 '불이익을 주는 행위'에 해당하지 않는다고 볼 수는 없다.</u>

고시 / 지침 / 기타 관련규정

예규 **가맹분야 불공정거래행위 심사지침**

[시행 2024. 3. 25.] [공정거래위원회 예규 제459호, 2024. 3. 25. 제정]

Ⅲ. 위법성 심사의 일반원칙

4. 법 제14조의2 제5항의 위법성 심사기준

가맹점사업자 단체 구성·가입·활동 등 행위와 가맹점사업자에 대한 불이익 제공행위 사이 인과관계가 있는지, 가맹점사업자 단체에 가입하거나 가입하지 아니하는 것을 조건으로 가맹계약을 체결하였는지를 기준으로 판단한다.

Ⅳ. 개별 행위유형별 위법성 판단기준

11. 가맹점사업자 단체 활동 방해행위 (법 제14조의2)

가맹점사업자가 협상력을 제고하고 경제적 지위 향상을 도모하기 위해 가맹점사업자 단체를 구성하거나 이에 가입하여 활동하였다는 이유로 불이익을 주거나 가맹점사업자 단체의 가입이나 미가입을 조건으로 가맹계약을 체결하는 것은 가맹점사업자 단체 활동을 위축시켜 가맹점사업자의 권익을 침해하고 가맹사업거래의 공정한 거래 질서를 저해하게 되므로 금지된다.

> 가맹본부가 가맹점사업자 단체의 구성·가입·활동 등을 이유로 가맹점사업자에게 불이익을 주는 행위를 하거나 가맹점사업자 단체에 가입 또는 가입하지 아니할 것을 조건으로 가맹계약을 체결하는 행위를 하는 것을 말한다. (법 제14조의2 제5항)

1) 대상행위
   가) 가맹본부가 가맹점사업자 단체의 구성·가입·활동 등을 이유로 가맹점사업자에게 불이익을 주는 행위와 가맹점사업자 단체에 가입 또는 가입하지 아니할 것을 조건으

로 가맹계약을 체결하는 행위가 대상이 된다.

나) 가맹점사업자 단체는 동일한 영업표지를 사용하는 가맹점사업자들로 구성된 단체뿐 아니라 개별 가맹점사업자 단체의 연합체 성격의 단체도 포함한다. 또한, 가맹점사업자 단체는 반드시 가맹점사업자로만 구성되어야 하는 것은 아니며 가맹점사업자가 아닌 사람이 일부 포함되어 있다고 하더라도 가맹점사업자의 권익 보호 및 경제적 지위 향상을 도모하기 위한 목적에서 설립된 경우라면 가맹점사업자 단체에 해당한다.

다) 가맹점사업자에게 불이익을 주는 행위는 상품·용역의 공급이나 경영·영업활동 지원의 중단, 거절 또는 제한 및 계약 해지 외에 계약갱신의 거절, 보복 출점 등은 물론이고 거래조건 설정이나 거래 과정 등에서 합리적 이유 없이 다른 가맹점보다 차별적으로 불리하게 취급하는 행위도 포함한다.

라) 가맹본부가 제공하는 불이익은 반드시 계약상, 법률상 불이익일 필요는 없으며 가맹점사업자에게 사실상 불이익을 가하는 행위까지 포함된다. 예를 들어, 가맹점사업자의 가맹점사업자 단체 활동 등을 이유로 매장점검을 강화하는 경우, 계약상 근거가 있다고 하더라도 가맹점사업자 단체 활동 등을 이유로 행해진다면 불이익에 해당할 수 있다.

마) 가맹점사업자 단체에 가입하지 아니하는 것을 조건으로 가맹계약을 체결하는 경우뿐 아니라 특정 가맹점사업자 단체에 가입하는 것을 조건으로 가맹계약을 체결하는 경우도 대상이 된다.

바) 가맹점사업자 단체에 가입하거나 가입하지 아니하는 것을 조건으로 가맹계약을 체결하는 행위는 가맹계약서에서 가맹점사업자 단체 가입 또는 미가입을 가맹계약 체결조건으로 명시하는 경우뿐 아니라 별도 약정으로 이를 명시하여 가맹계약을 체결하는 경우도 포함한다.

2) 위법성의 판단기준

가) 가맹점사업자 단체 구성·가입·활동 등을 이유로 한 불이익 제공행위는 가맹점사업자의 가맹점사업자 단체 구성·가입·활동 등 원인행위를 이유로 이루어지는 악의에 기한 행위로서 가맹본부가 가맹점사업자 단체 구성·가입·활동 등을 이유로 가맹점사업자에게 불이익을 주는 행위를 하였다는 사실이 인정되면 위법성이 있는 것으로 본다.

나) 가맹점사업자 단체 구성·가입·활동 등을 이유로 가맹점사업자에게 불이익을 주는 행위에 해당하는지는 가맹점사업자 단체 활동 등의 경위와 내용, 가맹본부의 불이익 제공의 의도나 목적, 경위 및 시기, 불이익의 내용 및 정도, 다른 가맹점사업자와의 형평성, 관련 업계의 일반적인 거래 관행, 가맹계약의 내용, 관계 법령의 규정, 가맹점사업자 단체 활동 방해 가능성 등 제반 사정을 종합적으로 고려하여 그 불이익 제공행위가 실질적으로 볼 때 가맹점사업자 단체의 활동 등을 이유로 하는 것인지에

따라 판단한다.

다) 불이익 제공행위의 내용이 가맹계약의 갱신 거절인 경우는 계약갱신 거절 사유로 들고 있는 계약조건이나 영업방침 등의 위반 사실이 확인된 경위, 위반행위의 내용, 횟수와 정도, 다른 가맹점사업자에 대한 계약갱신 실태, 동종 또는 유사한 위반행위에 대하여 종전에 또는 다른 가맹점사업자에게 한 조치내용과의 비교 등 제반 사정을 고려하여 갱신 거절이 가맹점사업자 단체의 구성·가입·활동 등을 이유로 한 것인지를 판단하여야 한다.

라) 가맹본부가 가맹점사업자에 대하여 불이익한 행위를 하면서 표면적으로는 다른 이유를 제시하더라도 실질적으로 가맹점사업자의 가맹점사업자 단체 구성·가입·활동 등을 이유로 불이익을 주는 행위를 한 것으로 인정되는 경우는 위법성이 있는 것으로 본다.

마) 가맹점사업자에 대한 불이익 제공은 오로지 가맹점사업자 단체 구성·가입·활동 등을 이유로 할 필요는 없고 불이익을 제공한 주된 이유가 가맹점사업자의 가맹점사업자 단체 구성·가입·활동 등이라고 인정되는 경우는 위법성이 있는 것으로 본다.

바) 가맹점사업자 단체 가입 또는 미가입을 조건으로 가맹계약을 체결하는 행위는 가맹점사업자 단체 가입과 관련한 가맹점사업자의 의사결정의 자유를 제한할 뿐 아니라 가맹점사업단체 활동을 원천적으로 봉쇄할 수 있으므로 가맹점사업자 단체 가입 또는 미가입을 조건으로 가맹계약을 체결하였다는 사실이 인정되면 위법성이 있는 것으로 본다. 이 경우 가맹점사업자가 실제로 가맹점사업자 단체에 가입했는지 또는 가입하지 않았는지는 위법성 판단에 영향을 미치지 않는다.

3) 법 위반에 해당할 수 있는 행위(예시)

가) 가맹점사업자 단체 설립을 주도한 가맹점사업자에 대해 통상의 수준에 비하여 과도한 매장점검을 하고 이를 통하여 발견한 가맹계약 위반 사유를 들어 계약갱신을 거절하거나 계약을 해지하는 행위

나) 가맹점사업자에게 가맹계약갱신 조건으로 가맹계약 종료일까지 가맹점사업자 단체를 탈퇴할 것을 통보하고 가맹점사업자가 이에 응하지 않자 가맹계약 종료를 이유로 물품공급을 중단하는 행위

다) 가맹계약을 체결하면서 가맹점사업자는 가맹점사업단체에 가입하지 않아야 하며 이를 위반하는 경우 가맹본부의 어떠한 조치에도 따른다는 내용이 기재된 약정을 체결하는 행위

라) 가맹본부가 자신에게 우호적인 특정 가맹점사업자 단체에 가입하지 아니하는 경우 가맹계약을 무효로 한다는 내용으로 가맹계약을 체결하는 행위

아. 피해보상보험계약 관련 거짓 자료 제출 금지 등[78]

> **가맹사업법**
>
> **제15조의2 (가맹점사업자피해보상보험계약 등)**
> **제3항 (피해보상보험계약 체결 시 거짓자료 제출 금지)**
> ⇨ (행정처분) 시정조치 / 과징금 부과 대상
> **제6항 (피해보상보험계약 미체결에 따른 표지 사용 금지)**
> ⇨ (행정처분) 시정조치 / 과징금 부과 대상
> (벌칙) 2년 이하 징역 또는 5천만 원 이하 벌금

법 률	시행령
제15조의2(가맹점사업자피해보상보험계약 등) ① 가맹본부는 가맹점사업자의 피해를 보상하기 위하여 다음 각 호의 어느 하나에 해당하는 계약(이하 "가맹점사업자피해보상보험계약 등"이라 한다)을 체결할 수 있다. 〈개정 2012. 2. 17.〉 1. 「보험업법」에 따른 보험계약 2. 가맹점사업자 피해보상금의 지급을 확보하기 위한 「금융위원회의 설치 등에 관한 법률」 제38조에 따른 기관의 채무지급보증계약 3. 제15조의3에 따라 설립된 공제조합과의 공제계약 ② 가맹점사업자피해보상보험계약 등에 의하여 가맹점사업자 피해보상금을 지급할 의무가 있는 자는 그 지급사유가 발생한 경우 지체 없이 이를 지급하여야 한다. 이를 지연한 경우에는 지연배상금을 지급하여야 한다. ③ 가맹점사업자피해보상보험계약 등을 체결하고자 하는 가맹본부는 가맹점사업자피해보상보험계약 등을 체결하기 위하여 매출액 등의 자료를 제출함에 있어서 거짓 자료를 제출하여서는 아니 된다. ④ 가맹본부는 가맹점사업자피해보상보험	제16조의2(가맹점사업자피해보상보험계약 등) ① 법 제15조의2 제1항에 따라 가맹본부가 체결하는 가맹점사업자피해보상보험계약 등(이하 "피해보상보험계약 등"이라 한다)은 다음 각 호의 사항을 충족하여야 한다. 1. 가맹본부의 가맹금반환의무의 불이행 등으로 인한 가맹점사업자의 피해를 보상하는 내용일 것 2. 피보험자·채권자 또는 수익자는 해당 가맹본부와 가맹계약을 체결하거나 체결할 예정인 가맹점사업자 또는 가맹점사업자가 지정한 자로 할 것 3. 계약금액은 예치가맹금 이상으로 할 것 4. 정당한 사유 없이 가맹점사업자의 의사표시 방법을 제한하거나 가맹점사업자에게 지나친 입증책임을 지우지 아니할 것 5. 정당한 사유 없이 피해보상의 범위나 보험자·보증인·공제조합 또는 가맹본부의 책임을 한정하지 아니할 것 6. 계약기간은 2개월 이상으로 하고, 정당한 사유 없이 쉽게 계약을 해지할 수 있도록 하여 가맹점사업자에게 불이익을 주지 아니할 것 7. 그 밖에 가맹점사업자에게 예상하기 어려운 위험이나 손해를 줄 염려가 있거

---

78) 과징금 고시 별표 세부평가기준표에는 "피해보상보험계약 관련 위반행위"라고 되어 있다.

법　률	시행령
계약 등을 체결함에 있어서 가맹점사업자의 피해보상에 적절한 수준이 되도록 하여야 한다. ⑤ 가맹점사업자피해보상보험계약 등을 체결한 가맹본부는 그 사실을 나타내는 표지를 사용할 수 있다. ⑥ 가맹점사업자피해보상보험계약 등을 체결하지 아니한 가맹본부는 제5항에 따른 표지를 사용하거나 이와 유사한 표지를 제작 또는 사용하여서는 아니 된다. ⑦ 그 밖에 가맹점사업자피해보상보험계약 등에 대하여 필요한 사항은 대통령령으로 정한다. [본조신설 2007. 8. 3.]	나 부당하게 불리한 약정을 두지 아니할 것 8. 보험금·보증금 또는 공제금은 해당 가맹본부와 가맹계약을 체결하거나 체결할 예정인 가맹점사업자 또는 가맹점사업자가 지정한 자가 직접 수령할 수 있도록 할 것 ② 제1항 외에 가맹본부가 경영하는 가맹사업의 특성에 따른 피해보상보험계약 등의 구체적인 기준이나 피해보상의 내용·절차와 보험의 표지 사용 등에 필요한 세부사항은 공정거래위원회가 정하여 고시할 수 있다. [본조신설 2008. 1. 31.]

가맹본부는 가맹점사업자의 피해를 보상하기 위하여 보험계약, 채무지급보증계약, 공제계약 등(이하 "피해보상계약"이라 한다)을 체결할 수 있다. 이러한 피해보상 관련 계약은 가맹본부의 의무사항은 아니지만, 가맹본부가 피해보상계약을 체결할 때 가맹점사업자의 피해보상이 적절한 수준에서 이루어질 수 있도록 하여야 한다.

가맹본부가 이와 같은 피해보상계약을 체결하는 경우 해당 계약에 따라 가맹점사업자에게 피해보상금을 지급할 의무가 있는 자는 그 지급 사유가 발생하는 경우 이를 지체 없이 지급하여야 하고, 지연한 경우는 지연배상금을 지급하여야 한다.

(피해보상계약 체결 시 거짓 자료 제출 금지) 피해보상계약을 체결하고자 하는 가맹본부는 해당 계약을 체결하기 위하여 매출액 등의 자료를 제출할 때 거짓 자료를 제출하여서는 아니 된다. 피해보상계약을 체결한 가맹본부는 그 사실을 나타내는 표지를 사용할 수 있다.

(피해보상계약 미체결에 따른 표지 사용 금지) 피해보상계약을 체결하지 아니한 가맹본부는 피해보상계약에 따른 표지를 사용하거나 이와 유사한 표지를 제작 또는 사용하여서는 아니 된다.

(위반하는 경우 벌칙) 가맹본부가 피해보상계약을 체결하지 않았음에도 불구하고 피해보상계약에 따른 표지를 사용하거나 이와 유사한 표지를 제작 또는 사용한 자는 2년 이하의 징역 또는 5천만 원 이하의 벌금에 처해 질 수 있다.

이 경우 법인의 대표자나 법인 또는 개인의 대리인, 사용인, 그 밖의 종업원이 그 법인 또는 개인의 업무에 관하여 위 피해보상계약 미체결에 따른 표지 사용 금지를 위반하면 그 행위자를 벌하는 외에 그 법인 또는 개인도 5천만 원 이하의 벌금에 처해 질 수 있다 (가맹사업법 제42조).

가. 가맹계약의 갱신 거절 금지

가맹사업법	제13조 (가맹계약의 갱신 등) ⇨ (행정처분 못함) 시정조치 / 과징금 부과 대상 아님

법 률	시행령
제13조(가맹계약의 갱신 등) ① 가맹본부는 가맹점사업자가 가맹계약 기간 만료 전 180일부터 90일까지 사이에 가맹계약의 갱신을 요구하는 경우 정당한 사유 없이 이를 거절하지 못한다. 다만, 다음 각 호의 어느 하나에 해당하는 경우에는 그러하지 아니하다. 1. 가맹점사업자가 가맹계약상의 가맹금 등의 지급의무를 지키지 아니한 경우 2. 다른 가맹점사업자에게 통상적으로 적용되는 계약조건이나 영업방침을 가맹점사업자가 수락하지 아니한 경우 3. 가맹사업의 유지를 위하여 필요하다고 인정되는 것으로서 다음 각 목의 어느 하나에 해당하는 가맹본부의 중요한 영업방침을 가맹점사업자가 지키지 아니한 경우 　가. 가맹점의 운영에 필요한 점포·설비의 확보나 법령상 필요한 자격·면허·허가의 취득에 관한 사항 　나. 판매하는 상품이나 용역의 품질을 유지하기 위하여 필요한 제조공법 또는 서비스기법의 준수에 관한 사항 　다. 그 밖에 가맹점사업자가 가맹사업을 정상적으로 유지하기 위하여 필요하다고 인정되는 것으로서 <u>대통령령으로 정하는 사항</u> ② 가맹점사업자의 계약갱신 요구권은 최	제14조(가맹계약의 갱신거절사유 등) ① 법 제13조 제1항 제3호 다목에서 "<u>대통령령으로 정하는 사항</u>"이란 다음 각 호의 어느 하나에 해당하는 사항을 말한다. 1. 가맹본부의 가맹사업 경영에 필수적인 지식재산권의 보호에 관한 사항 2. 가맹본부가 가맹점사업자에게 정기적으로 실시하는 교육·훈련의 준수에 관한 사항. 다만, 가맹점사업자가 부담하는 교육·훈련비용이 같은 업종의 다른 가맹본부가 통상적으로 요구하는 비용보다 뚜렷하게 높은 경우는 제외한다. ② 법 제13조 제4항 단서에서 "<u>대통령령으로 정하는 부득이한 사유</u>"란 다음 각 호의 어느 하나에 해당하는 경우를 말한다. 1. 가맹본부나 가맹점사업자에게 파산 신청이 있거나 강제집행절차 또는 회생절차가 개시된 경우 2. 가맹본부나 가맹점사업자가 발행한 어음·수표가 부도 등으로 지급 거절된 경우 3. 가맹점사업자에게 중대한 일신상의 사유 등이 발생하여 더 이상 가맹사업을 경영할 수 없게 된 경우 [전문개정 2008. 1. 31.]

법 률	시행령
초 가맹계약기간을 포함한 전체 가맹계약기간이 10년을 초과하지 아니하는 범위 내에서만 행사할 수 있다. ③ 가맹본부가 제1항에 따른 갱신 요구를 거절하는 경우에는 그 요구를 받은 날부터 15일 이내에 가맹점사업자에게 거절 사유를 적어 서면으로 통지하여야 한다. ④ 가맹본부가 제3항의 거절 통지를 하지 아니하거나 가맹계약기간 만료 전 180일부터 90일까지 사이에 가맹점사업자에게 조건의 변경에 대한 통지나 가맹계약을 갱신하지 아니한다는 사실의 통지를 서면으로 하지 아니하는 경우에는 계약 만료 전의 가맹계약과 같은 조건으로 다시 가맹계약을 체결한 것으로 본다. 다만, 가맹점사업자가 계약이 만료되는 날부터 60일 전까지 이의를 제기하거나 가맹본부나 가맹점사업자에게 천재지변이나 그 밖에 <u>대통령령으로 정하는 부득이한 사유</u>가 있는 경우에는 그러하지 아니하다. [전문개정 2007. 8. 3.]	

가맹본부는 가맹점사업자가 가맹계약이 끝나기 전 180일부터 90일까지 사이에 가맹계약의 갱신을 요구하는 경우 정당한 사유 없이 이를 거절하지 못한다. 다만, 다음 어느 하나에 해당하는 경우는 가맹계약갱신을 거절할 수 있다.[79]

첫째, 가맹점사업자가 가맹계약상의 가맹금 등의 지급 의무를 지키지 아니한 경우

둘째, 다른 가맹점사업자에게 통상적으로 적용되는 계약조건이나 영업방침을 가맹점사업자가 수락하지 아니한 경우

---

79) 공정거래위원회는 2019년 '장기점포의 안정적 계약갱신을 위한 지침(이하 '가이드라인'이라 한다)'을 제정하여 가맹점사업자의 실정법 위반 등 법에서 규정한 갱신 거절 사유에 해당하지 않는다면 원칙적으로 갱신을 허용하고 가맹점사업자에게 이의제기 절차를 보장하는 등 계약갱신이 공정하고 예측이 가능한 기준 및 절차에 따르도록 하고 있다. 2019. 5월 가이드라인이 시행된 이후 2023. 8월 현재 공정거래위원회에 계약갱신 거절과 관련하여 총 9건이 신고되었고(이 중 5건에 대해서는 무혐의 결정), 한국공정거래조정원에도 총 29건이 접수되어(조정이 성립된 건은 9건으로 31%의 성립률) 10년 이상 된 가맹점사업자의 계약갱신과 관련한 가맹본부와의 갈등은 지속되고 있는 것으로 나타났다(공정거래위원회의 2023년도 국정감사 국회 제출자료).

셋째, 가맹사업의 유지를 위하여 필요하다고 인정되는 것으로서 다음 세 가지 중 어느 하나에 해당하는 가맹본부의 중요한 영업방침을 가맹점사업자가 지키지 아니한 경우

① 가맹점 운영에 필요한 점포·설비의 확보나 법령상 필요한 자격·면허·허가의 취득에 관한 사항

② 판매하는 상품이나 용역의 품질 유지를 위하여 필요한 제조공법 또는 서비스기법의 준수에 관한 사항

③ 그 밖에 가맹점사업자가 가맹사업을 정상적으로 유지하기 위하여 필요하다고 인정되는 것으로서 가맹본부의 가맹사업 경영에 필수적인 지식재산권의 보호에 관한 사항 및 가맹본부가 가맹점사업자에게 정기적으로 실시하는 교육·훈련의 준수에 관한 사항. 다만, 가맹점사업자가 부담하는 교육·훈련비용이 같은 업종의 다른 가맹본부가 통상적으로 요구하는 비용보다 뚜렷하게 높은 경우는 제외한다.

가맹본부는 가맹계약 기간 만료 전 180일부터 90일까지 사이 요구하는 가맹점사업자의 가맹계약갱신을 거절하는 경우는 그 요구를 받은 날부터 15일 이내에 거절 사유를 가맹점사업자에게 서면으로 통지하여야 한다.

만일, 가맹본부가 거절 통지를 하지 아니하거나 가맹계약 기간 만료 전 180일부터 90일까지 사이에 가맹점사업자에게 조건의 변경에 대한 통지나 가맹계약을 갱신하지 아니한다는 사실의 통지를 서면으로 하지 아니하는 경우는 계약 만료 전의 가맹계약과 같은 조건으로 다시 가맹계약을 체결한 것으로 보아야 한다.

다만, 다음 다섯 가지의 경우에는 계약 만료 전의 가맹계약과 같은 조건으로 다시 가맹계약을 체결한 것으로 보지 아니한다.

첫째, 가맹점사업자가 계약이 만료되는 날부터 60일 전까지 이의를 제기한 경우

둘째, 가맹본부나 가맹점사업자에게 천재지변이 일어난 경우

셋째, 가맹본부나 가맹점사업자에게 파산 신청이 있거나 강제집행절차 또는 회생절차가 개시된 경우

넷째, 가맹본부나 가맹점사업자가 발행한 어음·수표가 부도 등으로 지급이 거절된 경우

다섯째, 가맹점사업자에게 중대한 일신상의 사유 등이 발생하여 더 이상 가맹사업을 경영할 수 없게 된 경우

가맹점사업자의 계약갱신 요구권리는 최초 가맹계약 기간을 포함한 전체 가맹계약 기간이 10년을 초과하지 아니하는 범위 내에서만 행사할 수 있다.[80]

 사례 검토

문 저는 가맹점사업자이고 가맹계약 종료 6개월 전부터 계약갱신을 요청해왔습니다. 그런데 계약기간이 1달밖에 남지 않은 지금 가맹본부에서 계약 해지를 통보해왔습니다. 저는 어떻게 해야 하나요?

답 가맹본부가 가맹계약 기간 만료 전 180일부터 90일까지 사이에 가맹점사업자에게 조건변경이나 계약 미갱신에 관한 통지를 서면으로 하지 않은 경우는 계약 만료 전과 동일한 조건으로 다시 계약을 체결한 것으로 봅니다.

 **핵심 판례**

가맹계약갱신 요구기간 경과 후 갱신거절 관련 불공정거래행위 성립 여부[81]

손해배상(기)

【대구고등법원 2019. 10. 31. 선고 2019나21232 판결】
【대법원 2020. 7. 23. 선고 2019다289495 판결】

【판시사항】

[1] 계속적 계약 관계에 해당하는 가맹사업(프랜차이즈) 계약 관계에서 가맹사업거래의

---

80) 가맹점사업자의 계약갱신 요구권리는 최초 가맹계약 기간을 포함한 전체 가맹계약 기간이 10년을 초과하지 아니하는 범위 내에서만 행사할 수 있도록 규정하고 있으므로 10년을 초과한 경우는 계약갱신 요구가 법률상 보호가 되는 권리라고 볼 수 없다. 그러나 법원은 비록 계약기간이 10년 초과하여 가맹사업법에서 규정하고 있는 갱신요구권이 인정되지 않는다고 하더라도 계약갱신의 거절은 당해 가맹계약 체결의 경위·목적이나 내용, 계약관계의 전개 양상, 당사자의 이익 상황 및 가맹계약의 고유한 특성 등에 비추어 신의칙에 반하여 허용되지 아니하는 특별한 사정이 있는 경우 가맹점사업자의 갱신 요구를 <u>거절할 수 없다</u>고 판시하였다(대법원 2020. 7. 23. 선고 2019다289495 판결). 즉, 특별한 사정이 있음에도 불구하고 가맹계약갱신을 거절하였다면 <u>가맹본부가 거래상 지위를 남용하여 부당하게 가맹계약갱신을 거절함으로써 가맹점사업자에게 불이익을 부과하였다</u>고 보아 가맹본부에 대해 손해배상책임을 물을 수 있다는 것이다. 이에 대해서 일각에서는 갱신거절권도 가맹본부의 재산권이라고 볼 때 재산권 행사를 지나치게 제한하는 판결이라는 지적도 있다.

81) 공정거래위원회의 행정처분에 대한 행정소송 결과를 "핵심 판례"에 정리하였으나, 이 사건의 경우 민사사건임에도 가맹본부의 가맹계약갱신 거절에 따른 손해배상책임을 인정하였기 때문에 "핵심 판례"로 분류하여 정리하였다.

공정화에 관한 법률상 가맹점사업자의 계약갱신 요구권 행사기간이 경과하였고, 가맹계약에 계약의 갱신 또는 존속기간의 연장에 관하여 별도의 약정이 없거나 그 계약에 따라 약정된 가맹점사업자의 계약갱신 요구권 행사기간마저 경과한 경우, 당사자가 새로이 계약의 갱신 등에 관하여 합의하여야 하는지 여부(적극) / 이때 가맹본부는 가맹점사업자의 갱신요청을 받아들여 갱신 등에 합의할 것인지 스스로 판단·결정할 자유를 가지는지 여부(원칙적 적극)

[2] 갑이 치킨 프랜차이즈 가맹본부를 운영하는 을과 가맹계약을 체결한 후 약 12년간 가맹점을 운영하고 있었는데, 을이 갑에게 가맹본부의 중요한 영업방침인 조리 매뉴얼을 위반하였다고 시정요구를 하였으나 갑이 이에 불응한다는 등의 이유로 가맹계약갱신을 거절하자, 갑이 을을 상대로 손해배상을 구한 사안에서, 을이 우월한 거래상 지위를 남용하여 부당하게 가맹계약갱신을 거절함으로써 갑에게 불이익을 부과하였다고 보아 을의 손해배상책임을 인정한 사례

【판결요지】

[1] 가맹사업거래의 공정화에 관한 법률(이하 '가맹사업법'이라고 한다) 제13조 제2항은 "가맹점사업자의 계약갱신 요구권은 최초 가맹계약기간을 포함한 전체 가맹계약 기간이 10년을 초과하지 아니하는 범위 내에서만 행사할 수 있다."라고 규정하고 있다. 계속적 계약 관계에 해당하는 가맹사업(프랜차이즈) 계약관계에서 가맹사업법상의 위 계약갱신 요구권 행사기간이 경과하였고, 가맹계약에 계약의 갱신 또는 존속기간의 연장에 관하여 별도의 약정이 없거나 그 계약에 따라 약정된 가맹점사업자의 계약갱신 요구권 행사기간마저 경과한 경우에는, 당사자가 새로이 계약의 갱신 등에 관하여 합의하여야 한다. 그 경우 가맹본부는 가맹점사업자의 갱신요청을 받아들여 갱신 등에 합의할 것인지 여부를 스스로 판단·결정할 자유를 가진다. 다만 가맹본부의 갱신거절이 당해 가맹계약의 체결 경위·목적이나 내용, 계약관계의 전개 양상, 당사자의 이익 상황 및 가맹계약 일반의 고유한 특성 등에 비추어 신의칙에 반하여 허용되지 아니하는 특별한 사정이 있는 경우에는 그러하지 아니하다.

[2] 갑이 치킨 프랜차이즈 가맹본부를 운영하는 을과 가맹계약을 체결한 후 약 12년간 가맹점을 운영하고 있었는데, 을이 갑에게 가맹본부의 중요한 영업방침인 조리 매뉴얼을 위반하였다고 시정요구를 하였으나 갑이 이에 불응한다는 등의 이유로 가맹계약갱신을 거절하자, 갑이 을을 상대로 손해배상을 구한 사안에서, 제반 사정에 비추어 갑이 을과 가맹계약을 체결한 지 10년이 경과하여 가맹사업법상 계약갱신 요구권 내지 가맹계약상 계약갱신 요구권이 인정되지 않는 경우라고 하더라도, 을의 가맹계약갱신 거절에는 신의칙에 반하여 허용될 수 없는 특별한 사정이 있다고 보이므로,

을이 우월한 거래상 지위를 남용하여 부당하게 가맹계약갱신을 거절함으로써 갑에 게 불이익을 부과하였다고 보아 을의 손해배상책임을 인정한 사례

손해배상(기)등

[대법원 2010. 7. 15. 선고 2010다30041 판결]

〈서울고등법원 2010. 3. 18. 선고 2009나77848 판결〉

【판시사항】

[1] 계속적 계약 관계에 있어 계약갱신 또는 존속기간 연장의 방법 및 가맹점사업자가 가맹계약의 갱신을 요청하는 경우 가맹본부는 정당한 사유 또는 합리적 사유가 있어 야만 그 계약의 갱신을 거절할 수 있는지 여부(원칙적 소극)

[2] 가맹본부가 가맹점사업자와 존속기간이 3년인 가맹계약을 체결한 후 두 차례 갱신하 여 오다가 두 번째 갱신된 가맹계약에서 정한 바에 따라 그 계약의 존속기간 만료일 3개월 전에 가맹계약을 갱신 또는 연장하지 않겠다고 통지한 사안에서, 위 가맹계약 은 특별한 사정이 없는 한 그 존속기간의 만료로 종료되었다고 한 사례

【판결요지】

[1] 존속기간의 정함이 있는 계속적 계약 관계는 그 기간이 만료되면 종료한다. 한편 그 계약에서 계약의 갱신 또는 존속기간의 연장에 관하여 별도의 약정이 있는 경우에는 그 약정이 정하는 바에 따라 계약이 갱신되거나 존속기간이 연장되고, 그러한 약정이 없는 경우에는 법정갱신 등에 관한 별도의 법 규정이 없는 한 당사자가 새로이 계약 의 갱신 등에 관하여 합의하여야 한다. 이는 계속적 계약 관계에 해당하는 가맹(프랜 차이즈)계약 관계에서도 다를 바 없다. 따라서 법 규정 또는 당해 가맹계약의 해석에 좇아 가맹점사업자가 가맹본부에 대하여 갱신을 청구할 권리를 가지거나, 가맹본부 의 갱신 거절이 당해 가맹계약의 체결 경위·목적이나 내용, 그 계약 관계의 전개 양 상, 당사자의 이익 상황 및 가맹계약 일반의 고유한 특성 등에 비추어 신의칙에 반하 여 허용되지 아니하는 등의 특별한 사정이 없는 한, 가맹본부는 가맹점사업자의 갱신 요청을 받아들여 갱신 등에 합의할 것인지 여부를 스스로 판단·결정할 자유를 가지 며, 그에 있어서 정당한 사유 또는 합리적 사유가 있는 경우에 한하여 갱신을 거절할 수 있는 것은 아니다.

[2] 가맹본부가 가맹점사업자와 존속기간이 3년인 가맹계약을 체결한 후 두 차례 갱신하여 오다가 두 번째 갱신된 가맹계약에서 정한 바에 따라 <u>그 계약의 존속기간 만료일 3개월 전에 가맹계약을 갱신 또는 연장하지 않겠다고 통지한 사안에서, 위 가맹계약은 특별한 사정이 없는 한 그 존속기간의 만료로 종료되었다</u>고 한 사례

 **스크랩 노트**

〈가맹계약의 갱신요구권〉

☞ 가맹점사업자는 가맹계약 기간이 만료하기 전 180일부터 90일까지 사이에 가맹본부에게 가맹계약의 갱신을 요구할 수 있습니다. 이때 가맹본부는 정당한 사유 없이 갱신을 거절할 수 없습니다.

☞ 다만, 다음의 어느 하나에 해당하는 경우는 그렇지 않습니다.

① 가맹점사업자가 가맹계약에 있는 가맹금 등의 지급 의무를 지키지 않은 경우

② 다른 가맹점사업자에게 통상적으로 적용되는 계약조건이나 영업방침을 가맹점사업자가 수락하지 않은 경우

③ 가맹사업의 유지를 위하여 필요하다고 인정되는 다음의 어느 하나에 해당하는 가맹본부의 중요한 영업방침을 가맹점사업자가 지키지 않은 경우

　가. 가맹점의 운영에 필요한 점포·설비의 확보나 법령상 필요한 자격·면허·허가의 취득에 관한 사항

　나. 판매하는 상품이나 용역의 품질을 유지하기 위하여 필요한 제조공법 또는 서비스기법의 준수에 관한 사항

　다. 가맹본부의 가맹사업 경영에 필수적인 지식재산권의 보호에 관한 사항

　라. 가맹본부가 가맹점사업자에게 정기적으로 실시하는 교육·훈련의 준수에 관한 사항(다만, 가맹점사업자가 부담하는 교육·훈련비용이 같은 업종의 다른 가맹본부가 통상적으로 요구하는 비용보다 뚜렷하게 높은 경우는 제외함).

※ 가맹점사업자의 계약갱신 요구권은 최초 가맹계약 기간을 포함한 전체 가맹계약 기간이 10년을 초과하지 않는 범위 내에서만 행사할 수 있습니다.

〈가맹계약의 묵시적 갱신〉

☞ 가맹점사업자의 가맹계약갱신 요구를 받은 날부터 15일 이내에 거절 사유를 적은 서면으로 갱신 거절의 통지를 하지 않은 경우나 가맹계약 기간 만료 전 180일부터 90일까지 사이에 조건변경에 대한 통지나 프랜차이즈 계약을 갱신하지 않는다는 사실의 통지를 서면으로 하지 않은 경우는 계약 만료 전의 계약과 같은 조건으로 다시 계약을 체결한 것으로 봅니다.

☞ 다만, 다음에 해당하는 경우는 같은 조건으로 다시 프랜차이즈 계약을 체결한 것으로 보지 않습니다.

① 체인점사업자가 계약이 만료되기 60일 전까지 이의를 제기하는 경우
② 가맹본부나 가맹점사업자에게 파산 신청이 있거나 강제집행절차 또는 회생절차가 개시된 경우
③ 가맹본부나 가맹점사업자가 발행한 어음·수표가 부도 등으로 지급이 거절된 경우
④ 가맹점사업자에게 중대한 일신상의 사유 등이 발생하여 더 이상 가맹사업을 경영할 수 없게 된 경우
⑤ 천재지변의 사유로 갱신할 수 없는 경우

고시 / 지침 / 기타 관련규정

가이드라인 장기점포의 안정적 계약갱신을 위한 가이드라인[82]
[공정거래위원회 2019. 5. 28. 보도자료]

1. 목적

이 가이드라인은 가맹본부가 최초 가맹계약 기간을 포함한 전체 가맹계약 기간이 10년을 앞두고 있거나 10년을 초과한 가맹점사업자(이하 "장기점포운영자"라 한다)와의 계약갱신 여부를 판단하는 기준 및 관련 절차 등을 규정함으로써 가맹본부의 「가맹사업거래의 공정화에 관한 법률(이하 "가맹사업법"이라 한다)」 위반을 사전 예방하고 장기점포운영자의 안정적 경영 여건을 보장하여 가맹본부와 가맹점사업자가 균형 있게 발전할 수 있도록 함을 목적으로 한다.

2. 기본원칙

가. 장기점포운영자는 브랜드의 가치 제고, 상권개척 등 가맹본부의 수익 증대에 장기간 기여해 온 가맹점사업자이므로 가맹본부는 장기점포운영자에 대한 계약을 안정적으로 보장한다.

나. 장기점포운영자 또한 관련 법령, 가맹본부의 중요한 영업방침 등을 준수함으로써 가맹본부의 명성을 유지하기 위해 노력한다.

---

82) 이 가이드라인은 공정거래위원회가 한국프랜차이즈산업협회, 전국가맹점주협의회 등과 사전에 긴밀히 협의를 거친 후 2019. 5. 28. 발표한 자료이다. 다만, 일반적으로 가이드라인의 경우 법적 구속력이 없다는 점을 고려하여 공정거래위원회가 발표한 자료 중 일부 문언을 수정하였다.

3. 가맹본부가 장기점포운영자와의 계약갱신 여부를 결정하는 기준

가맹본부는 장기점포운영자 계약의 안정성을 보장하기 위해 장기점포운영자가 계약갱신에 대하여 다음과 같은 특별한 사유에 해당하지 않는 한 계약을 갱신한다.

가. 장기점포운영자에게 가맹사업법 제13조 제1항 각 호의 사유가 있는 경우

나. 가맹점사업자에게 사전에 통지된 기준에 따라 운영되는 평가시스템에서 장기점포운영자가 사전에 통지된 수준 이하의 평가를 받은 경우

4. 가맹점 평가시스템

가맹본부는 장기점포운영자와의 계약갱신 여부를 공정하고 투명하게 결정하기 위한 목적으로 다음과 같은 가맹점 평가시스템을 도입하여 운영한다.

가. 가맹본부는 가맹사업의 성공적 운영을 위해 가맹점사업자가 준수하여야 할 사항을 반영하여 평가지표를 마련한다. 이 경우 평가지표, 평가지표에 부여된 배점, 평가지표별 가중치, 평가방식 등 가맹점 평가와 관련된 사항(이하 "평가지표 등"이라 한다)을 사전에 공개한다.

나. 가맹본부는 가맹점사업자 또는 가맹점사업자 단체가 평가지표 등에 대한 의견을 제시한 경우, 평가지표 등의 적절성을 주기적으로 재검토한다.

다. 가맹본부는 장기점포운영자를 포함한 모든 가맹점사업자에 대하여 매년 평가지표 등에 따른 평가를 한다. 가맹본부는 평가 결과를 개별적으로 통지하고, 가맹점사업자가 요구하는 경우 이를 열람할 수 있도록 한다.

라. 가맹본부는 가맹점사업자에게 평가 결과를 통지한 날부터 30일의 기간 동안 이의를 제기할 수 있는 기간을 보장한다.

마. 가맹점사업자가 이의를 제기하는 경우 가맹본부는 이의 제기일부터 45일 내 이의제기에 대한 검토결과 및 그 사유를 통지한다.

5. 관련 법령의 준수

3.에도 불구하고 가맹본부는 다음과 같이 가맹사업법 등 관련 법령에 반하여 부당하게 장기점포운영자의 계약갱신 요청을 거절하여서는 아니 된다. 다음과 같은 행위는 부당한 계약갱신 거절에 해당할 수 있다.

가. 가맹본부의 권유 또는 요구에 따라 장기점포운영자가 점포환경개선 등 일정 금액을 투자하였음에도 불구하고 가맹본부가 투자금액을 회수할 수 있는 충분한 기간이 경과되기 전에 장기점포운영자의 계약갱신 요청을 거절하는 경우

나. 장기점포운영자의 가맹점사업자 단체 구성·가입·활동 등을 이유로 장기점포운영자의 계약갱신 요청을 거절하는 경우

다. 장기점포운영자가 가맹본부의 부당한 점포환경개선 강요, 부당한 영업시간 구속, 부당한

영업지역 침해 등에 불응하거나 이의를 제기하였다는 이유로 장기점포운영자의 계약갱신 요청을 거절하는 경우

라. 장기점포운영자가 분쟁조정 신청, 공정거래위원회의 서면실태조사에 대한 협조, 공정거래위원회에 대한 신고 및 조사에 대한 협조 등 관련 법령에서 허용하는 행위를 하였다는 이유로 장기점포운영자의 계약갱신 요청을 거절하는 경우

6. 계약갱신의 절차

가맹본부와 장기점포운영자는 계약갱신 여부를 결정함에 있어 다음과 같은 절차를 준수한다.

가. 가맹본부는 계약기간 만료일부터 180일 전부터 150일 전까지의 기간에 장기점포운영자에 대하여 계약갱신 가능 여부 및 그 사유(계약갱신이 불가능하다는 사실을 통지하는 경우는 3.에 규정된 사유)를 통지한다.

나. 가맹본부로부터 계약갱신이 불가능하다는 사실을 통지받은 장기점포운영자는 거절 통지를 받은 날부터 30일 이내 계약갱신 거절 사유에 대한 이의를 제기하거나, 해당 사유를 시정할 것을 조건으로 일정기간 동안 가맹계약을 연장해줄 것을 신청(이하 "유예기간 신청"이라 한다)할 수 있다.

다. 장기점포운영자로부터 이의제기를 받거나 유예기간 신청을 받은 가맹본부는 받은 날부터 30일 이내 장기점포운영자의 이의제기 또는 유예기간 신청에 대한 검토결과 및 그 사유를 통지한다.

라. 장기점포운영자는 6.다.에 따른 통지를 받은 날부터 30일 이내 가맹본부가 5.에 해당한다는 사실을 근거로 계약갱신을 요청할 수 있다.

마. 장기점포운영자로부터 6.라.에 따라 갱신요청을 받은 가맹본부는 요청받은 날부터 30일 이내 갱신요청에 대한 검토결과 및 그 사유를 통지한다.

7. 계약 종료에 따른 조치

가맹본부는 장기점포운영자와 계약을 종료하려는 경우 해당 점포에 대한 양수도가 원활히 이루어질 수 있도록 성실히 협력한다.

8. 협약의 체결

가맹본부는 가맹점사업자와 가이드라인의 주요 내용이 담긴 협약을 체결할 수 있다.

[붙임] 가이드라인에 따른 표준 협약(안)

장기점포의 안정적 계약갱신을 위한 상생 협약(안)

영업표지 [영업표지명]의 가맹점사업자(이하 "가맹점사업자"라 한다)와 [가맹본부명](이하 "가맹본부"라 한다)는 다음과 같이 장기 점포의 안정적 경영 여건 보장을 위한 상생

협약(이하 "상생 협약"이라 한다)을 체결한다.

Ⅰ. 목적

이 협약은 가맹본부가 최초 가맹계약 기간을 포함한 전체 가맹계약 기간이 10년을 앞두고 있거나 10년을 초과한 가맹점사업자(이하 "장기점포운영자"라 한다)의 계약갱신 여부를 판단하는 기준 및 절차 등을 규정함으로써 장기점포운영자의 계약갱신이 안정적으로 이루어질 수 있도록 하여 가맹본부와 가맹점사업자가 균형 있게 발전할 수 있도록 함을 목적으로 한다.

Ⅱ. 기본원칙

장기점포운영자는 브랜드의 가치 제고, 상권개척 등 가맹본부의 수익 증대에 장기간 기여해 온 가맹점사업자이므로 가맹본부는 장기점포운영자의 계약갱신을 안정적으로 보장한다. 한편, 장기점포운영자 역시 관련 법령, 가맹본부의 중요한 영업방침 등을 준수함으로써 가맹본부의 명성을 유지하기 위해 노력한다.

1. 가맹본부는 Ⅲ.에 규정된 특별한 사유가 없는 한 장기점포운영자의 계약갱신 요구를 거절하지 않는다.
2. 가맹본부는 장기점포운영자에 대한 계약갱신 여부를 공정하고 투명하게 결정하기 위한 목적으로 Ⅳ.에 규정된 가맹점 평가시스템을 도입하여 운영한다.
3. 가맹본부는 Ⅴ.에 따라 계약갱신 여부를 결정함에 있어 가맹사업거래의 공정화에 관한 법률(이하 "가맹사업법"이라 한다) 등 관련 법령을 준수한다.
4. 가맹본부와 장기점포운영자는 계약갱신 시 Ⅵ.에 규정된 절차를 준수한다.

Ⅲ. 계약갱신 기준

5. 가맹본부는 다음 각 호에 해당하는 경우가 아닌 한 장기점포운영자가 요청한 계약의 갱신을 거절하지 않는다.
5.1. 가맹사업법상 계약갱신 거절 사유
   장기점포운영자에게 가맹사업법 제13조 제1항 각 호의 사유가 있는 경우
5.2. 평가결과 일정 기준에 미달하는 경우
   Ⅳ.에 규정된 가맹점 평가시스템에 따른 평가 결과, 장기점포운영자가 [예: 2년 연속 최하위 등급]에 해당하는 평가점수를 받은 경우

Ⅳ. 가맹점 평가시스템

6. 가맹본부는 장기점포운영자와의 계약갱신 여부를 공정하고 투명하게 결정하기 위한 목

적으로 아래와 같이 가맹점 평가시스템을 도입하여 운영한다.

6.1. 가맹본부는 가맹점별 목표 매출액·매장 위생 상태·가맹점사업자의 영업능력 등 가맹사업의 성공적 운영에 필요한 평가지표를 마련하고, 각 평가지표별 가중치, 평가횟수 및 평가방식 등 평가와 관련된 세부사항(이하 "평가지표 등"이라 한다)을 결정하여 이를 가맹점사업자가 확인할 수 있도록 전자게시판 등을 통해 공지한다.

6.2. 가맹본부는 가맹점사업자 또는 가맹점사업자 단체가 평가지표 등에 대한 의견을 제시하는 경우 평가지표 등의 적절성을 매년 재검토한다.

6.3. 가맹본부는 장기점포운영자를 포함한 모든 가맹점사업자에 대하여 매년 평가지표 등에 따른 평가를 한다. 가맹본부는 평가결과를 개별적으로 통지하고, 가맹점사업자가 요구하는 경우 이를 열람할 수 있도록 한다.

6.4. 가맹점사업자는 가맹본부가 평가결과를 통지한 날부터 30일 이내 평가결과에 대해 이의를 제기할 수 있다.

6.5. 가맹본부는 6.4.에 따른 이의 제기일부터 45일 이내 이의제기에 대한 검토결과 및 그 사유를 가맹점사업자에게 통지한다.

V. 관련 법령의 준수

7. 가맹본부의 권유 또는 요구에 따라 장기점포운영자가 점포환경개선 등 일정 금액을 투자한 경우, 가맹본부는 투자금액을 회수할 수 있는 충분한 기간을 주어야 하며 그 기간 동안 장기점포운영자의 계약갱신 요청을 거절하지 않는다.

8. 가맹본부는 가맹점사업자 단체의 구성·가입·활동 등을 이유로 장기점포운영자의 계약갱신 요청을 거절하지 않는다.

9. 가맹본부는 부당한 점포환경개선 강요, 부당한 영업시간 구속, 부당한 영업지역 침해 등에 불응하거나 이의를 제기하였다는 이유로 장기점포 운영자의 계약갱신 요청을 거절하지 않는다.

10. 가맹본부는 장기점포운영자의 분쟁조정 신청, 공정거래위원회의 서면실태조사에 대한 협조, 공정거래위원회에 대한 신고 및 조사에 대한 협조 등 관련 법령에서 허용하는 행위를 하였다는 이유로 장기점포운영자의 계약갱신 요청을 거절하지 않는다.

VI. 계약갱신의 절차

11. 가맹본부와 장기점포운영자는 계약갱신 여부를 결정함에 있어 다음과 같은 절차를 준수한다.

11.1. 가맹본부는 장기점포운영자와의 계약기간 만료일부터 180일 전부터 150일 전까지의 기간 내에 계약갱신 가능 여부 및 그 사유(위 Ⅲ. 5.에 따른 사유를 의미한다)를 문서로

통지한다.

11.2. 장기점포운영자는 계약갱신을 거절하는 내용을 통보받은 날부터 30일 이내 계약갱신 거절 사유에 대한 이의를 제기하거나, 해당 사유를 시정할 것을 조건으로[예: 1년 또는 2년간] 가맹계약을 연장해줄 것을 신청(이하 "유예기간 신청"이라 한다)할 수 있다.

11.3. 장기점포운영자로부터 이의제기를 받거나 유예기간 신청을 받은 가맹본부는 받은 날부터 30일 이내 장기점포운영자의 이의제기 또는 유예기간 신청에 대한 검토결과 및 그 사유를 장기점포운영자에게 통지한다.

11.4. 11.3.에도 불구하고 계약갱신 거절을 통지받은 장기점포운영자는 가맹본부의 갱신 거절이 Ⅴ.에 해당한다는 사유로 가맹본부에 대하여 이의를 제기할 수 있다.

11.5. 장기점포 운영자로부터 11.4.에 따른 이의제기를 받은 가맹본부는 신청을 받은 날부터 30일 이내 이의제기에 대한 검토결과 및 그 사유를 장기점포운영자에게 통지한다.

Ⅶ. 계약종료에 따른 조치

12. 가맹본부는 장기점포운영자와 계약을 종료하려는 경우, 해당 점포에 대한 양수도가 원활히 이루어질 수 있도록 성실히 협력하여야 한다.

나. 가맹계약 해지 서면 통지 의무

가맹사업법	제14조 (가맹계약해지의 제한) ⇨ (행정처분 못함) 시정조치 / 과징금 부과 대상 아님

법 률	시행령
제14조(가맹계약해지의 제한) ① 가맹본부는 가맹계약을 해지하려는 경우에는 가맹점사업자에게 2개월 이상의 유예기간을 두고 계약의 위반 사실을 구체적으로 밝히고 이를 시정하지 아니하면 그 계약을 해지한다는 사실을 서면으로 2회 이상 통지하여야 한다. 다만, 가맹사업의 거래를 지속하기 어려운 경우로서 <u>대통령령이 정하는 경우</u>에는 그러하지 아니하다. 〈개정 2007. 8. 3.〉 ② 제1항의 규정에 의한 절차를 거치지 아니한 가맹계약의 해지는 그 효력이 없다.	제15조(가맹계약의 해지사유) 법 제14조 제1항 단서에서 "대통령령이 정하는 경우"란 다음 각 호의 어느 하나에 해당하는 경우를 말한다. 〈개정 2008. 1. 31., 2010. 10. 13., 2015. 3. 30., 2020. 4. 28., 2021. 1. 5.〉 1. 가맹점사업자에게 파산 신청이 있거나 강제집행절차 또는 회생절차가 개시된 경우 2. 가맹점사업자가 발행한 어음·수표가 부도 등으로 지급정지된 경우 3. 천재지변, 중대한 일신상의 사유 등으로

법　률	시행령
	가맹점사업자가 더 이상 가맹사업을 경영할 수 없게 된 경우
	4. 가맹점사업자가 가맹점 운영과 관련되는 법령을 위반하여 다음 각 목의 어느 하나에 해당하는 행정처분을 받거나 법원 판결을 받음으로써 가맹본부의 명성이나 신용을 뚜렷이 훼손하여 가맹사업에 중대한 장애를 초래한 경우
	가. 위법사실을 시정하라는 내용의 행정처분
	나. 위법사실을 처분사유로 하는 과징금·과태료 등 부과처분
	다. 위법사실을 처분사유로 하는 영업정지 명령
	5. 삭제〈2020. 4. 28.〉
	6. 가맹점사업자가 가맹점 운영과 관련되는 법령을 위반하여 자격·면허·허가 취소 또는 영업정지 명령(15일 이내의 영업정지 명령을 받은 경우는 제외한다) 등 그 시정이 불가능한 성격의 행정처분을 받은 경우. 다만, 법령에 근거하여 행정처분을 갈음하는 과징금 등의 부과 처분을 받은 경우는 제외한다.
	7. 가맹점사업자가 법 제14조 제1항 본문에 따른 가맹본부의 시정요구에 따라 위반사항을 시정한 날부터 1년(계약갱신이나 재계약된 경우에는 종전 계약기간에 속한 기간을 합산한다) 이내에 다시 같은 사항을 위반하는 경우. 다만, 가맹본부가 시정을 요구하는 서면에 다시 같은 사항을 1년 이내에 위반하는 경우에는 법 제14조 제1항의 절차를 거치지 아니하고 가맹계약이 해지될 수 있다는 사실을 누락한 경우는 제외한다.
	8. 가맹점사업자가 가맹점 운영과 관련된 행위로 형사처벌을 받은 경우

법 률	시행령
	9. 가맹점사업자가 뚜렷이 공중의 건강이나 안전에 급박한 위해를 일으킬 염려가 있는 방법이나 형태로 가맹점을 운영하고 있으나, 행정청의 시정조치를 기다리기 어려운 경우
	10. 가맹점사업자가 정당한 사유 없이 연속하여 7일 이상 영업을 중단한 경우

가맹본부는 가맹계약을 해지하려는 경우 가맹점사업자에게 2개월 이상의 유예기간을 두고 가맹계약 위반 사실을 구체적으로 밝히고 이를 시정하지 아니하면 가맹계약을 해지한다는 사실을 서면으로 2회 이상 통지하여야 한다. 아울러 이러한 절차를 거치지 아니한 가맹계약의 해지는 그 효력이 없다.

다만, 가맹사업의 거래를 지속하기 어려운 경우로서 다음 중 어느 하나에 해당하는 경우는 가맹계약 해지 사실을 서면으로 통지하지 않아도 된다.

첫째, 가맹점사업자에게 파산 신청이 있거나 강제집행절차가 또는 회생절차가 개시된 경우

둘째, 가맹점사업자가 발행한 어음·수표가 부도 등으로 지급이 정지된 경우

셋째, 천재지변, 중대한 일신상의 사유 등으로 가맹점사업자가 더 이상 가맹사업을 경영할 수 없게 된 경우

넷째, 가맹점사업자가 가맹점 운영과 관련되는 법령을 위반하여 ① 위법 사실을 시정하라는 내용의 행정처분 ② 위법 사실을 처분 사유로 하는 과징금·과태료 등 부과 처분 ③ 위법 사실을 처분으로 하는 영업정지 명령이나 법원의 판결을 받음으로써 가맹본부의 명성이나 신용을 뚜렷이 훼손하여 가맹사업에 중대한 장애를 초래한 경우

다섯째, 가맹점사업자가 가맹점 운영과 관련되는 법령을 위반하여 자격·면허·허가 취소 또는 영업정지 명령(15일 이내의 영업정지 처분명령을 받은 경우는 제외) 등 그 시정이 불가능한 성격의 행정처분을 받은 경우(다만, 법령에 근거하여 행정처분을 갈음하는 과징금 등의 부과 처분을 받은 경우는 제외)

여섯째, 가맹점사업자가 가맹사업법 제14조 제1항 본문에 따른 가맹본부의 시정 요구에 따라 위반사항을 시정한 날부터 1년(계약갱신이나 재계약된 경우는 종전 계약기간에 속

한 기간을 합산한다) 이내에 다시 같은 사항을 위반하는 경우(다만, 가맹본부가 시정을 요구하는 서면에 다시 같은 사항을 1년 이내에 위반하는 경우는 가맹사업법 제14조 제1항의 절차를 거치지 아니하고 가맹계약이 해지될 수 있다는 사실을 누락한 경우는 제외)

일곱째, 가맹점사업자가 가맹점 운영과 관련된 행위로 형사처벌을 받은 경우

여덟째, 가맹점사업자가 뚜렷이 공중의 건강이나 안전에 급박한 위해를 일으킬 염려가 있는 방법이나 형태로 가맹점을 운영하고 있으나, 행정청의 시정조치를 기다리기 어려운 경우

아홉째, 가맹점사업자가 정당한 사유 없이 연속하여 7일 이상 영업을 중단한 경우

 사례 검토

> **문** 프랜차이즈로 음식점 영업을 하고 있습니다. 계약 종료 한 달 전 가맹본부로부터 일방적인 계약 해지를 통보를 받았는데 이게 가능한가요?
>
> **답** 가맹본부는 가맹점사업자와의 가맹계약을 해지하려고 하는 경우는 2개월 이상의 유예기간을 두고 ① 구체적인 계약위반 사실과, ② 그 위반 사실을 고치지 않으면 계약을 해지한다는 사실을 서면으로 2회 이상 가맹점사업자에게 통지해야 합니다. 다만, 다음의 어느 하나에 해당하는 경우는 통지하지 않고 가맹계약을 해지할 수 있습니다.
> 1. 가맹점사업자에게 파산 신청이 있거나 강제집행절차 또는 회생절차가 개시된 경우
> 2. 가맹점사업자가 발행한 어음·수표가 부도 등으로 지급이 정지된 경우
> 3. 천재지변, 중대한 일신상의 사유 등으로 가맹점사업자가 더 이상 가맹사업을 경영할 수 없게 된 경우
> 4. 가맹점사업자가 가맹점 운영과 관련되는 법령을 위반하여 다음의 어느 하나에 해당하는 행정처분을 받거나 법원 판결을 받음으로써 가맹본부의 명성이나 신용을 뚜렷이 훼손하여 가맹사업에 중대한 장애를 초래한 경우
>   ① 그 위법 사실을 시정하라는 내용의 행정처분
>   ② 그 위법 사실을 처분 사유로 하는 과징금·과태료 등 부과 처분
>   ③ 그 위법 사실을 처분 사유로 하는 영업정지 명령
> 5. 가맹점사업자가 가맹점 운영과 관련되는 법령을 위반하여 자격·면허·허가 취소 또는 영업정지 명령(15일 이내의 영업정지 처분명령을 받은 경우는 제외한다) 등 그 시정이 불가능한 성격의 행정처분을 받은 경우
>   ※ 다만, 행정처분을 대신하는 과징금 등의 부과 처분받은 경우는 제외함.
> 6. 가맹점사업자가 가맹본부의 시정 요구에 따라 위반사항을 시정한 날부터 1년(계

약갱신이나 재계약된 경우는 종전 계약기간에 속한 기간을 합산한다) 이내에 다시 같은 사항을 위반한 경우.

> ※ 다만, 가맹본부가 시정을 요구하는 서면에 다시 같은 사항을 1년 이내에 위반하는 경우는 가맹 해지의 절차를 거치지 않고 가맹계약이 해지될 수 있다는 사실을 누락한 경우는 제외함.

7. 가맹점사업자가 가맹점 운영과 관련된 행위로 형사처벌을 받은 경우
8. 가맹점사업자가 뚜렷이 공중의 건강이나 안전에 급박한 위해를 일으킬 염려가 있는 방법이나 형태로 가맹점을 운영하고 있으나, 행정청의 시정조치를 기다리기 어려운 경우
9. 가맹점사업자가 정당한 사유 없이 연속하여 7일 이상 영업을 중단한 경우

☞ **위의 사유에 해당하지 않으면서도 가맹본부가 가맹점사업자에게 통지하지 않고 행한 프랜차이즈 계약의 해지는 효력이 없습니다.**

문 가맹대리점과의 재계약 시점이 10월 1일입니다. 가맹대리점과의 계약종료의 통보는 90일 이내에 시행되어야 하고, 계약 해지 시에는 2개월에 걸쳐 3회 서면 통지하여야 하는 것으로 알고 있습니다. 그럼 9월 중에 계약 해지 통보를 하게 되면 지금부터 90일 이후에 계약 해지가 가능한 것인지요? 10월 1일이 재계약 시점이므로 10월 1일의 90일 이전인 7월 1일까지 통보하였어야 하는 것인가요?

답 가맹본부가 계약을 종료하려는 경우에는 계약이 만료되는 날부터 90일 전에 가맹점사업자에게 그 사실을 서면으로 통지하여야 합니다. 통지하지 않는 경우는 동일한 조건으로 다시 가맹계약을 체결한 것으로 보고 있습니다. 그러므로 귀하의 질의내용으로 볼 때 재연장이 된 것으로 보입니다. 또한, 가맹본부는 가맹계약서에서 정한 가맹계약 해지의 사유가 발생하여 가맹계약을 해지하려는 경우에는 「가맹사업거래의 공정화에 관한 법률」의 절차를 따라야 하며 절차를 거치지 아니한 가맹계약의 해지는 효력이 없습니다. 그러므로 가맹본부에서는 2개월 이내에 3번의 시정을 요구하여야 하며 그 이후 시정 요구에 응하지 않는 경우는 해지할 수 있음을 알려드립니다.

■ 가맹본부가 가맹계약을 해지하려는 경우 가맹사업자에게 2개월 이상의 유예기간을 두고 계약위반 사실을 구체적으로 밝히고 이를 시정하지 아니하면 계약을 해지한다는 사실을 서면으로 2회 이상 통지하도록 한 가맹본부의 의무사항에 대한 이슈

1. 관련 규정

가맹사업법 제14조 제1항에서 가맹본부는 가맹계약을 해지하려는 경우에는 가맹점사업자에게 2개월 이상의 유예기간을 두고 계약위반 사실을 구체적으로 밝히고 이를 시정하지 아니하면 그 계약을 해지한다는 사실을 서면으로 2회 이상 통지하여야 하도록 규정하고 있다.

2. 검토 배경 및 관련 이슈

가맹사업법 제14조는 가맹본부가 가맹점사업자에게 2개월이라는 유예기간 동안 계약 해지 사유에 대하여 해명·시정할 기회를 주고 있는데 이는 가맹점사업자에게 가맹사업 종료에 대비할 수 있는 기간을 부여하기 위한 취지이나 이러한 취지에 대해서는 형평성 및 계약자유의 원칙과 관련하여 많은 논란이 있다.

다시 말해 가맹본부의 계약의 자유를 지나치게 제약하고 가맹본부와 가맹점사업자 사이의 형평성에도 문제가 있다는 것이다. 즉, 가맹점사업자에게는 해지에 따른 별도의 제한이 없으면서도 가맹본부에 대해서만 계약위반을 한 가맹점사업자를 대상으로 2개월 이상의 유예기간을 2차례나 두도록 하는 것은 계약의 형평성에도 어긋날 뿐만 아니라, 계약 해지 사유가 가맹점사업자의 귀책 사유 즉, 가맹사업자가 계약을 위반하였음에도 불구하고 가맹본부로서는 계약위반 상태를 장기간 관리해야 하는데 따르는 관리비용을 부담해야 하고, 계약 해지 후 새로운 가맹계약 또는 양도양수 지연에 따른 손해가 발생하게 되어 가맹사업당사자 사이 분쟁의 원인이 된다.

3. 개선방안

가맹점사업자의 계약위반으로 인하여 해지 사유가 발생하였다고 하더라도 2개월 이상의 유예기간과 2회 이상의 통지 의무는 위와 같이 문제가 있으므로 가맹점사업자의 보호 취지를 살리면서도 가맹본부와의 형평성, 손해 발생 등의 문제점을 해소하는 차원에서 유예기간의 단축 및 통지 의무 횟수를 줄이는 것이 바람직하다.

손해배상(기)

[대법원 2021. 8. 19. 선고 2021다225708 판결]

〈수원지방법원 2021. 3. 16. 선고 2020나63566 판결〉

【판시사항】

[1] 가맹계약 해지 절차 등을 규정하고 있는 가맹사업거래의 공정화에 관한 법률 제14조가 강행규정인지 여부(적극)

[2] 갑이 을 주식회사와 지점설치계약을 체결한 후 을 회사의 택배사업을 수탁하여 운영하였는데, 을 회사가 갑에게 '거래처 이탈, 물량감소 등으로 지점운영이 불가능하여 지점존속이 불가능하다고 판단될 경우 을 회사가 일방적으로 계약을 해지하여도 갑은 하등의 이의를 제기하지 못한다.'라고 정한 계약조항에 근거하여 경영상의 이유를 들어 계약을 해지한다고 통지한 사안에서, 위 계약은 가맹사업거래의 공정화에 관한 법률 제2조 제1호에서 정한 '가맹사업'에 해당하고, 을 회사의 해지 통지는 같은 법 제14조에서 정하고 있는 적법한 절차를 거치지 않았으므로 효력이 없다고 본 원심판결이 정당하다고 한 사례

【판결요지】

[1] 가맹사업거래의 공정화에 관한 법률(이하 '가맹사업법'이라 한다) 제14조는 가맹본부가 가맹계약을 해지하려는 경우에는 가맹점사업자에게 2개월 이상의 유예기간을 두고 계약의 위반 사실을 구체적으로 밝히고 이를 시정하지 아니하면 그 계약을 해지한다는 사실을 서면으로 2회 이상 통지하여야 하고(제1항), 그와 같은 절차를 거치지 않은 가맹계약의 해지는 효력이 없다고 정하고 있다(제2항). 위 조항은 가맹점사업자로 하여금 유예기간 동안 계약 해지 사유에 대하여 해명·시정할 기회를 주고 가맹점사업자에게 가맹사업 종료에 대비할 수 있는 기간을 부여하기 위한 것으로 강행규정에 해당한다.

[2] 갑이 을 주식회사와 지점설치계약을 체결한 후 을 회사의 택배사업을 수탁하여 운영하였는데, 을 회사가 갑에게 '거래처 이탈, 물량감소 등으로 지점 운영이 불가능하여 지점존속이 불가능하다고 판단될 경우 을 회사가 일방적으로 계약을 해지하여도 갑은 하등의 이의를 제기하지 못한다.'라고 정한 계약조항에 근거하여 경영상의 이유를 들어 계약을 해지한다고 통지한 사안에서, 위 계약은 본사인 을 회사가 지점사업자인

갑으로 하여금 을 회사의 영업권, 상표 등 영업표지를 사용하여 택배사업을 수탁·운영하도록 하면서 갑에게 영업활동에 대한 지원과 통제를 하고, 갑은 을 회사의 영업표지를 사용하여 택배영업을 하면서 택배전산시스템을 이용하여 을 회사에 일 단위로 매출수입금 전액을 보고하고 월 단위로 정산하는 것을 주된 내용으로 하고 있으므로, 위 계약은 가맹사업법 제2조 제1호에서 정한 '가맹사업'에 해당하는데, 위 계약이 민법상 위임의 성격을 가지고 있다고 하더라도 가맹사업법이 특별법으로서 우선 적용되므로 계약 해지 절차에 관해서는 가맹사업법 제14조가 적용되고, 위 계약조항은 강행규정인 가맹사업법 제14조에 반하는 것으로 그 자체로 무효이며, 위 계약조항에 따른 을 회사의 해지 통지도 가맹사업법 제14조에서 정하고 있는 적법한 절차를 거치지 않은 이상 효력이 없다고 본 원심판결이 정당하다고 한 사례

손해배상(기)

[서울고등법원 2015. 11. 18. 선고 2015나2030648 판결(항소기각/확정)]
〈 서울동부지방법원 2015. 5. 22. 선고 2014가합109264 판결(원고일부승) 〉

【판시사항】

의류를 제조, 판매하는 가맹사업을 하는 을 주식회사가 갑과 가맹계약을 체결하였는데, '을 회사의 영업정책상 갑의 판매가 저조하거나 판매 활성화가 불가능하다고 판단될 경우 을 회사는 서면 통보 후 임의로 계약해지를 할 수 있다'는 내용의 가맹계약 조항에 따라 계약 해지를 통지한 사안에서, 위 가맹계약 조항은 가맹사업거래의 공정화에 관한 법률 제14조 제1항 본문에 반하여 무효이고, 을 회사의 해지 통지도 효력이 없으므로, 을 회사는 가맹계약 위반으로 갑이 입은 손해를 배상할 책임이 있다고 판단한 다음, 제반 사정을 고려하여 을 회사의 책임을 70%로 제한한 사례

【판결요지】

의류를 제조, 판매하는 가맹사업을 하는 을 주식회사가 갑과 가맹계약을 체결하였는데, '을 회사의 영업정책상 갑의 판매가 저조하거나 판매 활성화가 불가능하다고 판단될 경우 을 회사는 서면 통보 후 임의로 계약해지를 할 수 있다'는 내용의 가맹계약 조항에 따라 계약 해지를 통지한 사안에서, 위 가맹계약 조항은 "가맹본부는 가맹계약을 해지하려는 경우에는 가맹점사업자에게 2개월 이상의 유예기간을 두고 계약의 위반 사실을 구체적으로 밝히고 이를 시정하지 아니하면 그 계약을 해지한다는 사실을 서면으로 2회 이상 통지하여야 한다."는 강행규정인 가맹사업거래의 공정화에 관한 법률 제14조 제1항

본문에 반하여 무효이고, 을 회사의 해지 통지도 효력이 없으므로, 을 회사는 가맹계약 위반으로 갑이 계약기간 종료일까지 매장을 운영하지 못함으로써 입은 일실손해를 배상할 책임이 있다고 판단한 다음, 갑 운영 매장의 매출이 인근 가맹점과 비교하여 저조했던 점 등을 고려하여 을 회사의 책임을 70%로 제한한 사례

손해배상(기)등

[대법원 2010. 7. 15. 선고 2010다30041 판결(상고기각)]

〈서울고등법원 2010. 3. 18. 선고 2009나77848 판결(항소기각)〉

〈서울중앙지방법원 2009. 7. 17. 선고 2008가합85654 판결(원고패소)〉

【청구취지】

피고는 원고에게 금 1,866,577,398원 및 이에 대한 이 사건 소장부본 송달일 다음날부터 다 갚는 날까지 연 20%의 비율에 의한 금원을 지급하라.

【이 유】

1. 기초사실

　가. 피고는 '도미노피자'라는 브랜드의 대한민국 내 판매권을 가지고 가맹사업을 하는 회사이고, 원고는 피고와 가맹계약을 체결하여 서울 강남구(이하 상세주소 생략)에서 '도미노피자 ○○점'(이하 '이 사건 점포'라 한다)을 운영하던 자이다.

　나. 원고는 피고로부터 피고가 운영하는 이 사건 점포를 양수하기로 하고, 피고와 사이에 1999. 4. 9. 양수대금 270,000,000원, 양도일 같은 달 30.로 정하여 가계약을 체결하여, 같은 날 피고에게 계약금으로 27,000,000원을 지급하였다. 그 후 원고는 위 가계약에 기한 이 사건 점포의 양수도일인 1999. 4. 30. 피고와 사이에 사업 포괄 양도양수 계약(이하 '이 사건 사업양수도 계약'이라 한다)을 체결하고, 같은 날 피고에게 잔금 243,000,000원을 지급하였다(피고는, 이 사건 점포는 피고의 영업이사 였던 소외 5가 자신의 장모인 소외 4 명의로 운영하던 것으로, 원고는 위 소외 5로 부터 이 사건 점포를 양수한 것이라고 주장한다. 살피건대, 갑 제3호증, 제4호증의 2의 각 기재에 의하면 이 사건 사업양수도 계약서가 원고와 소외 4 명의로 작성되 었으며, 양도대금의 잔금 243,000,000원도 소외 4의 계좌로 입금된 사실을 인정할 수 있으나, 갑 제1, 2호증, 제4호증의 1, 제6, 32호증의 각 기재에 변론 전체의 취지를 종합하면, 이 사건 사업 양수도에 관한 위 가계약서가 피고의 대표이사 명의로 작성되었으며, 계약금 및 잔금의 입금표가 피고의 경리담당 직원인 소외 8의 명의

로 작성된 사실, 원고가 피고와 사이에 아래 다항 기재와 같이 이 사건 가맹계약을 체결하면서 통상의 가맹계약이었으면 응당 지급하였어야 할 가맹비 금 30,000,000 원의 지급을 면제받은 사실, 원고가 이 사건 점포를 인수하기 전 이 사건 점포의 점장이었던 소외 6이 이 사건 점포의 영업에 관한 사항을 피고의 대표이사인 소외 7에게 직접 보고를 해 왔던 사실을 각 인정할 수 있는바, 위 인정사실에 비추어 보면 이 사건 사업양수도 계약의 당사자는 피고로 봄이 상당하다).

다. 또한, 원고는 1999. 5. 1. 피고와 사이에 이 사건 점포에 관하여 존속기간을 3년으로 정한 도미노피자 판매체인점 가맹계약을 체결하였는바, 위 계약은 2002. 5. 1. 및 2005. 5. 1. 두 차례에 걸쳐 갱신되었고, 2005. 5. 1. 갱신된 가맹계약의 주요한 내용은 별지 가맹계약 기재와 같다(이하 '이 사건 가맹계약'이라 한다).

라. 원고는 2007. 8. 9.경 원고의 친형인 소외(대법원 판결의 소외인)에게 이 사건 점포의 영업권 일체를 양도하기 위하여 이 사건 가맹계약에 따라 피고에게 영업양도 승인 요청을 하였으나, 피고는 같은 달 29. 위 영업양도 승인을 거절하였다.

마. 그 후, 피고는 2008. 1. 14. 원고에게 이 사건 가맹계약이 2008. 4. 30. 만료되며, 계약 기간이 만료된 이후에는 이 사건 가맹계약을 갱신 또는 연장하지 않겠다는 취지의 통지를 하였으며, 그에 따라 2008. 5. 1.부터 원고에게 피자 등의 제조에 필요한 식자재 등을 공급해 주지 아니하여 원고는 결국 이 사건 점포의 영업을 중단하게 되었다.

2. 원고 주장의 청구원인 사실

가. 계약의 위법한 파기로 인한 손해배상

1) 이 사건 점포는 원래 피고가 직접 운영하던 직영점으로, 원고는 피고로부터 이 사건 점포에 관한 일체의 권리와 의무를 양수받았고, 이러한 사업양수도 계약에 따른 원고의 영업권을 보장하기 위하여 원고와 피고는 이 사건 가맹계약을 체결한 것이다. 따라서 이 사건 가맹계약에서 정한 존속기간과 상관없이, 원고가 이 사건 사업양수도 계약상의 의무를 위반하는 등 위 사업양수도 계약의 해지 사유 발생하지 않는 한, 피고는 이 사건 가맹계약을 해지하거나 종료시킬 수 없다. 그런데 피고는 원고에게 이 사건 사업양수도 계약의 위반으로 인한 계약 해지 사유가 없음에도 불구하고 이 사건 가맹계약의 갱신을 거절하여 이 사건 사업양수도 계약상 보장된 영업권을 침해하였다.

2) 또한 이 사건 가맹계약에 의하더라도, 비록 가맹계약에서 존속기간을 정해 놓았다고 하더라도 피고는 계약갱신의 의무가 있어 갱신을 거절하기 위하여는 원고의 계약 위반 등의 사유가 있어야 하는바, 원고가 이 사건 가맹계약을 위반한 사실이 없음에도 불구하고 피고가 이 사건 가맹계약의 갱신을 거절하여 원고에게 손해를 입혔다.

3) 그러므로 피고는 원고에게 손해배상으로 피고가 계약을 파기하지 않았더라면 원고가 얻을 수 있었던 영업이익 상당, 즉 피고가 이 사건 가맹계약을 파기한 2008. 5. 1.부터 2008. 10. 30.까지 원고의 예상 영업이익 상당인 금 129,327,288원(=매월 21,554,548원×6개월)을 지급할 의무가 있다.

4) 또한 원고는 당초 이 사건 점포를 소외 1에게 금 1,400,000,000원에 양도하려 하였고 피고도 위와 같은 사실을 잘 알고 있었는바, 피고의 위법한 계약 파기로 인하여 원고는 이 사건 점포를 양도할 수 없게 되었다. 따라서 피고는 원고에게 원고가 이 사건 점포를 양도하였을 경우 얻을 수 있었던 이익인 금 1,300,000,000원(=금 1,400,000,000원－임차보증금 100,000,000원)을 지급할 의무가 있다.

나. 원부자재 구입과 관련한 불공정거래행위로 인한 손해배상

1) 이 사건 가맹계약에 의하면 피고는 브랜드 및 제품품질의 동일성을 유지하는데 필요한 원부재료를 원고에게 공급한다고 규정하고 있으며, 위 규정에 의하여 피고는 모든 가맹점사업자에게 피자 등을 제조·판매하기 위해 필요한 물품들을 공급하여 왔다. 그런데 피고는 2002년경부터 이 사건 가맹사업의 통일적 이미지 및 상품의 동일한 품질 유지와 전혀 상관없는 물품들까지 피고로부터 구입하도록 강요하였는바, 이와 같은 피고의 행위는 거래상대방의 구속행위 또는 거래상 지위를 남용한 구입강제행위에 해당하는 것으로 위법한 행위라고 할 것이다.

2) 피고의 이와 같은 위법한 구입강제행위로 인하여 원고는 2002. 1. 1.부터 2008. 4. 30.까지 합계 금 242,575,806원의 손해를 입었으므로, 피고는 원고에게 동액 상당을 손해배상금으로 지급할 의무가 있다.

다. 광고비에 대한 부당한 강요행위로 인한 손해배상

1) 원고와 피고는 피고가 전국적으로 실시하는 광고의 비용에 관하여 원고가 매출금액의 3%를 지급하기로 약정하였는데, 피고는 2003. 12.경부터 원고와의 사전협의 없이 일방적으로 원고가 부담하여야 하는 광고비를 매출금액의 4.5~6%로 인상하였는바, 이는 거래상 지위를 남용한 부당한 강요에 해당하는 위법한 행위라고 할 것이다.

2) 이와 같은 피고의 부당한 강요 행위로 인하여 원고는 2003. 12. 28.부터 2008. 4. 20.까지 사이에 합계 금 56,674,304원의 광고비를 추가로 부담하는 손해를 입었으므로, 피고는 원고에게 손해배상으로 동액 상당을 지급할 의무가 있다.

라. 할인행사와 관련한 부당한 강요행위로 인한 손해배상

1) 피고는 2001년경부터 SK텔레콤, LG텔레콤 등의 이동통신사와 제휴하여 위 이동통신 가입자들에게 피자 가격을 15%~30% 할인하여 주는 제휴카드 할인행사를 시행하고 있는바, 위 할인행사에 따른 비용부담에 관한 사항은 정보공개서

나 이 사건 가맹계약에는 규정되지 아니한 것으로, 해당 비용은 원고를 비롯한 가맹점사업자들이 예상할 수 없었던 비용임에도 피고는 자신은 비용을 전혀 부담하지 않고 원고가 이를 모두 부담하도록 강제하였다. 이와 같은 피고의 행위는 자신의 거래상 지위를 이용하여 거래상대방인 가맹점사업자에게 부당하게 비용을 부담하도록 강요하여 불이익을 주는 행위로 불공정거래행위에 해당한다.

2) 그로 인하여 원고는 2003년부터 2008년 1월까지 합계 금 138,000,000원의 손해를 입었으므로, 피고는 원고에게 손해배상으로 동액 상당을 지급할 의무가 있다.

마. 손해배상액의 합계

따라서 피고는 원고에게 손해배상으로 합계 금 1,866,577,398원(= 금 129,327,288원 + 금 1,300,000,000원 + 금 242,575,806 + 금 56,674,304원 + 금 138,000,000원) 및 이에 대한 지연손해금을 지급할 의무가 있다.

3. 판단

가. 계약의 위법한 파기 주장에 관한 판단

1) 사업양수도 계약과 가맹계약의 관계

위 기초사실에서 본 바와 같이 원고는 피고와 사이에 이 사건 사업양수도 계약 및 가맹계약을 체결하였는바, 이처럼 원고가 피고로부터 이 사건 점포를 양수하였다는 사실로 인하여 이 사건 가맹계약의 해지나 갱신거절이 제한을 받는지에 관하여 살피건대, 이 사건 사업양수도 계약 및 가맹계약의 각 목적, 내용 등에 비추어 볼 때, 비록 위 각 계약의 당사자는 동일하지만, 위 각 계약에 있어서의 양 당사자의 법적 지위나 위 각 계약이 규율하는 법률관계는 서로 전혀 다르다고 할 것이어서, 원고와 피고 간의 이 사건 가맹사업에 관한 법률관계는 전적으로 이 사건 가맹계약에 의하여 규율된다고 봄이 상당하다.

따라서 이 사건 양수도계약상의 의무위반 여부와 상관없이 가맹계약에서 정한 해지 사유 등 계약종료 사유가 발생하면 피고는 적법하게 가맹계약을 종료시킬 수 있다고 할 것이다(다만, 아래에서 보는 바와 같이 가맹계약의 특수성으로 인하여 피고는 원고를 비롯한 가맹점사업자들에게 일정기간 가맹계약을 존속시켜 줄 의무를 부담한다고 할 것인바, 이러한 가맹계약의 의무적 존속기간을 판단함에 있어서 원고가 피고로부터 이 사건 점포를 직접 양수하였다는 사실은 중요한 고려 요소가 될 수 있다).

2) 가맹계약갱신 거절의 위법성 여부

가) 관련 법규

구 가맹사업거래의 공정화에 관한 법률(2007. 8. 3. 법률 제8630호로 개정되기 전의 것. 이하 '구 가맹사업법'이라 한다)

> **제13조 (가맹계약 종료 사실의 통지 등)**
> ① 가맹본부가 가맹계약을 갱신 또는 연장하지 아니하는 경우에는 계약이 만료되는 날부터 90일 전에 가맹점사업자에게 그 사실을 서면으로 통지하여야 한다.
> ② 가맹본부가 제1항의 규정에 의한 통지를 하지 아니하는 경우에는 계약만료 전의 가맹계약과 동일한 조건으로 다시 가맹계약을 체결한 것으로 본다. 다만, 가맹점사업자가 계약이 만료되는 날부터 60일 전에 이의를 제기하거나 가맹본부나 가맹점사업자에게 천재지변 등 대통령령이 정하는 부득이한 사유가 있는 경우에는 그러하지 아니하다.

가맹사업거래의 공정화에 관한 법률(2007. 8. 3. 법률 제8630호로 개정된 것. 이하 '개정 가맹사업법'이라 한다)

> **제13조 (가맹계약의 갱신 등)**
> ① 가맹본부는 가맹점사업자가 가맹계약기간 만료 전 180일부터 90일까지 사이에 가맹계약의 갱신을 요구하는 경우 정당한 사유 없이 이를 거절하지 못한다. 다만, 다음 각 호의 어느 하나에 해당하는 경우에는 그러하지 아니하다.
> 1. 가맹점사업자가 가맹계약상의 가맹금 등의 지급의무를 지키지 아니한 경우
> 2. 다른 가맹점사업자에게 통상적으로 적용되는 계약조건이나 영업방침을 가맹점사업자가 수락하지 아니한 경우
> 3. 가맹사업의 유지를 위하여 필요하다고 인정되는 것으로서 다음 각 목의 어느 하나에 해당하는 가맹본부의 중요한 영업방침을 가맹점사업자가 지키지 아니한 경우 (각 호 생략)
> ② 가맹점사업자의 계약갱신 요구권은 최초 가맹계약기간을 포함한 전체 가맹계약기간이 10년을 초과하지 아니하는 범위 내에서만 행사할 수 있다.

나) 판단

살피건대, 이 사건 가맹계약에 의하면 가맹계약의 존속기간은 3년이며, 기간 만료일 3개월 전까지 어느 일방 당사자가 상대방에게 서면으로 계약 종료통지를 할 수 있도록 하고 있는바, 이러한 가맹계약에 비추어 볼 때, 피고는 원칙적으로 계약기간이 만료될 경우 자유롭게 계약의 갱신여부를 결정할 수 있다고 봄이 상당하다[개정 가맹사업법에 의하면 가맹점사업자에게 갱신요구권을 부여하고 있으나, 이 사건 가맹계약은 개정 가맹사업법이 시행되기 전에 체결되었으므로 개정 가맹사업법이 적용되지 아니한다(개정 가맹사업법

부칙 제4조 참조)].

다만, 가맹사업의 특성상 원고와 같은 가맹점사업자는 가맹사업을 위하여 초기 시설비 등으로 상당한 비용의 투자를 하게 되며, 또한 가맹계약 기간동안 해당 상권을 꾸준히 관리하는 등 당해 가맹사업 존속에 대한 상당한 기대이익을 가지게 되는 점에 비추어 볼 때, 가맹계약에서 정해진 계약기간이 만료되었다고 가맹본부가 언제든지 바로 갱신을 거절할 수 있다고 보기는 어려우며, 가맹점사업자의 위와 같은 계약 존속에 관한 신뢰를 보호하여 상당한 기간동안에는 가맹본부가 가맹계약의 갱신을 거절할 수 없다고 보아야 할 것이다.

이 사건으로 돌아와 살피건대, 이 사건 가맹계약은 최초 계약 이후에 2차례에 걸쳐 갱신이 되어 총 9년 동안 가맹계약이 계속되어 왔는바, 개정 가맹사업법에서 보장하고 있는 가맹점사업자의 갱신요구권의 인정기간(10년), 앞서 본 바와 같이 원고가 피고로부터 이 사건 점포를 직접 양수한 사정 등에 비추어 볼 때, 9년이라는 기간은 원고의 가맹계약 존속에 대한 기대이익 등을 보호하기에 충분한 기간이라고 판단되므로, 피고는 자유롭게 이 사건 가맹계약의 갱신을 거절할 수 있다고 할 것이다.

나아가 위 기초사실에서 본 바와 같이, 피고는 구 가맹사업법 및 이 사건 가맹계약에 따라 계약만료 시점인 2008. 4. 30.으로부터 3개월 전인 2008. 1. 14. 원고에게 갱신거절의 의사를 표시하였으므로, 피고의 갱신거절은 적법하다고 할 것이다. 따라서, 피고가 이 사건 가맹계약을 위법하게 파기하였다는 원고의 이 부분 주장은 이유 없다.

나. 원부자재 구입과 관련한 불공정거래행위 주장에 관한 판단

1) 인정사실

갑 제13호증, 을 제1호증의 1 내지 24의 각 기재 및 증인 소외 3의 증언에 변론 전체의 취지를 종합하면, 피고는 이 사건 가맹계약에 따라 원고를 비롯한 가맹점사업자들에게 피자 등을 제조 및 판매하기 위한 물품들을 중요 식자재(일명 '코어 아이템')와 기타 식자재(일명 '논코어 아이템')로 분류하여 그중 중요 식자재는 피고로부터 구입하도록 하고, 기타 식자재는 원고 등 가맹점사업자들의 선택에 따라 피고로부터 구입하든가 아니면 일반 시중에서 자유롭게 구입할 수 있도록 해 온 사실, 피고는 이러한 사실 및 피고로부터 구입하여야 하는 중요 식자재 목록을 가맹사업법에 따라 '정보공개서'에 기재하여 이를 등록해 온 사실, 피고는 위와 같은 중요 식자재의 품목이 변경되거나 가격이 변동될 경우 원고를 비롯한 가맹점사업자들에게 그러한 사실을 서면으로 사전에 통지하여 온 사실을 각 인정할 수 있으며, 이 사건 가맹계약에도 원고는 점포의 통일성과 대외적인 이미지

확보 및 소비자 보호 등을 위하여 피고가 공급하는 물품과 피고가 지정한 물품만을 사용하여야 한다고 규정되어 있음(제18조 제4항)은 앞서 본 바와 같다.

2) 판단

살피건대, 이 사건 가맹사업은 표준화된 시스템을 통하여 전국적으로 통일적인 품질의 제품을 판매하는 사업으로, 그 특성상 전국적으로 유통과정, 유통기한 등이 정상적인, 안전한 정량의 원부재료를 사용하여 똑같은 맛과 위생상태를 유지하여야 할 필요성이 있는 점, 그런데 가맹점이 개별적으로 원부재료를 구입하게 되면 위와 같은 품질의 관리는 불가능하게 되는 점, 원고도 이 사건 가맹계약 당시 이러한 점을 잘 알고 있었던 점, 또한 피고가 중요 식자재의 품목이나 가격에 변동이 생길 경우 이러한 사실을 즉시 원고에게 통지하여 그에 관한 의견을 제시할 기회를 제공하여 주었던 점, 피고가 지정한 중요 식자재 품목의 가격이 시중가격보다 지나치게 비싸 피고가 그로 인하여 부당하게 높은 이익을 얻고 있다는 사정이 보이지 않는 점 등에 비추어 볼 때, 피고가 일부 원부자재를 피고로부터만 공급받도록 하는 것은 이 사건 가맹사업의 구체적인 운영실상에 비추어 그 합리성이 인정되어 가맹사업의 목적달성에 필요한 범위 내의 제한이라고 할 것이며, 거래상의 지위를 이용하여 부당하게 거래상대방으로 하여금 구입할 의사가 없는 상품을 구입하도록 강요하는 행위로는 볼 수가 없다고 할 것이다. 따라서 원고의 이 부분 주장 역시 이유 없다.

다. 광고비에 대한 부당한 강요행위 주장에 관한 판단

1) 인정사실

갑 제14호증, 을 제3, 4, 17호 증(가지번호 있는 것은 가지번호 포함)의 각 기재와 증인 소외 3의 증언에 변론 전체의 취지를 종합하면, 다음과 같은 사실을 인정할 수 있다.

가) 원고는 2001. 6. 26. 이 사건 가맹사업과 관련하여 피고가 전국적으로 시행하는 광고 비용의 분담에 관하여 피고와 사이에 약정을 체결하였는바, 그 주요 내용은 다음과 같다(이하 '이 사건 광고비 약정'이라 한다).

> 제1조 (광고비의 정의)
> 피고가 기획한 광고에 대하여 원고와 피고는 정해진 방식과 정해진 율에 따라 광고비에 소요되는 비용을 분담하여 원고가 피고에게 납부하는 비용을 말한다.
>
> 제2조 (광고비 산출근거)
> 원고의 광고비 산정근거는 원고의 ROYALTY SALES 금액을 광고비 분담의 산출근거로 한다. 단, 광고비 산출방식 및 광고비 금액의 변경

이 있을 경우는 원고와 피고가 상호 협의하여 변경할 수 있다.

제4조 (광고비 분담률)

원고의 광고비 분담률은 ROYALTY SALES 금액의 3%(부가세 별도)로 확정하여 분담한다. 단, 현재 청구하고 있는 광고비 중에서 순수 광고비를 제외한 기타 경비(무선이지체크서비스료, 핸드폰사용료, 회원카드 및 쿠폰구입료) 등은 별도 청구한다.

나) 그런데 피고는 그 후 시장 내 경쟁상황 및 사업환경의 변경에 따라 매출액의 3~6%의 범위 내에서 수시로 광고비 분담비율을 변경하였는바, 피고는 위와 같이 광고비 분담률을 변경할 때에는 원고를 비롯한 가맹점사업자들에게 사전에 서면으로 통지하여 가맹점사업자들로부터 서면 동의를 받았으며, 원고도 광고비 분담률이 변경될 때마다 그 변경에 동의하였다.

다) 한편, 피고도 피고의 로열티 수익액 및 식자재 매출액에 관하여 원고를 비롯한 가맹점사업자들의 분담률과 같은 비율로 광고비를 분담하였는바, 그리하여 원고의 광고비 분담률이 인상되면 피고의 광고비 분담률도 함께 인상되었다.

2) 판단

살피건대, 위 인정사실에 비추어 볼 때 알 수 있는 다음과 같은 사정, 즉 광고비 분담률 인상에 관한 사항이 이 사건 가맹계약에 명시되어 있지 않다고 하여도 (이 사건 가맹계약 제9조에서는 로열티 매출의 3%를 원고가 피고에게 전국광고기금으로 지급하도록 되어 있으나, 그 분담률의 인상에 관하여는 규정하지 않고 있다) 계약 당사자들의 합의에 의하여 광고비 분담률을 인상할 수 있는 것은 계약 자유의 원칙상 당연한 것이라고 할 것이며, 또한 이 사건 가맹계약 중 광고비와 관련한 특별 계약이라고 할 수 있는 이 사건 광고비 약정에 의하면 원고와 피고가 협의하여 광고비 분담률을 변경할 수 있다고 규정하고 있는 점, 위 약정에 따라 광고비 분담률이 변경될 때마다 피고는 원고의 동의를 받아온 점, 피고는 원고의 광고비 분담률이 인상되면 그에 따라 피고의 광고비 분담률도 같은 비율로 인상시켜온 점, 또한, 광고비 증가는 결국 이 사건 가맹사업에 관한 인지도 상승, 이미지 제고 및 매출 증가로 이어져 원고에게도 이익이 되는 점 등에 비추어 볼 때, 위와 같은 광고비 분담률의 변경은 전체적인 가맹사업 조직의 유지·발전이라는 목적을 달성하기에 필요한 것으로 피고가 거래상의 지위를 이용하여 부당하게 광고비 분담률 인상을 강요하였다고 보기는 어렵다고 할 것이다. 따라서 원고의 이 부분 주장 역시 이유 없다.

라. 할인행사와 관련한 부당한 강요행위 주장에 관한 판단

  1) 인정사실

　　을 제4호증의 1 내지 6, 제17호증의 각 기재와 증인 소외 3의 증언에 변론 전체의 취지를 종합하면, 피고는 2001년부터 이동통신회사인 SK텔레콤과 제휴를 맺고 위 이동통신 가입자들에게 피고의 가맹점사업자가 판매하는 피자 가격의 15% 내지 30%를 할인하여 왔는바, 위와 같은 할인금액 중 일부는 SK텔레콤에서 부담하고 나머지 금액은 원고를 비롯한 가맹점사업자가 부담해 오고 있는 사실, 그 후 피고는 2005. 11.경부터 LG텔레콤과도 제휴를 맺고 위 이동통신 가입자들에게 피고의 피자 가격의 15%를 할인하여 주었는바, 그 할인금액은 전액 원고를 비롯한 가맹점사업자가 부담해 오고 있는 사실, 그런데 피고는 위와 같은 이동통신 제휴 할인을 시행함에 있어서 원고를 비롯한 가맹점사업자들에게 동의를 받아 사업을 시행하였으며, 할인율의 변경이 있을 때에도 그때마다 이를 원고를 비롯한 가맹점사업자들에게 통지하여 그 변경에 관하여 동의를 받아 온 사실을 각 인정할 수 있다.

  2) 판단

　　살피건대, 위 인정사실에 의하면, 피고는 이동통신 제휴 할인행사를 시행해 오면서 자신은 아무런 비용을 부담하지 아니하고, 원고를 비롯한 가맹점사업자들에게만 할인으로 인한 비용을 부담하게 한 사실을 인정할 수 있으나, 원고는 피고에 의하여 진행되는 전국적 할인행사에 의무적으로 참가하기로 이미 이 사건 가맹계약에서 약정(제30조)하고 있었던 점, 위와 같은 할인행사는 결국 이 사건 가맹사업에 관한 인지도 상승, 이미지 제고 및 매출 증가로 이어지게 되어, 비록 할인행사로 인하여 감소하는 제품 가격을 원고가 모두 부담하게 된다고 할지라도 그것이 반드시 원고에게 손해라고 볼 수만은 없는 점(이와 같은 할인행사로 인하여 할인행사 전보다 원고에게 순이익이 감소하는 등 실제로 손실이 발생하였음을 인정할 만한 아무런 자료가 없다), 피고가 제휴 할인행사의 실시 및 할인율의 변경이 있을 때마다 원고의 동의를 받은 점 등을 알 수 있는바, 이러한 점들에 비추어 볼 때 피고가 할인행사로 인한 비용을 일방적으로 원고에게만 부담하게 하였다고 하더라도 이는 가맹사업의 목적 달성을 위해 필요한 범위 내의 행위라고 할 것이어서, 이를 가지고 피고가 거래상의 지위를 이용하여 부당하게 거래상대방에게 불이익을 주었다고 할 수는 없다고 할 것이다. 따라서 원고의 이 부분 주장 역시 이유 없다.

4. 결 론

　그렇다면, 원고의 이 사건 청구는 모두 이유 없어 이를 기각하기로 하여 주문과 같이 판결한다.

손해배상(기)

[대법원 2009. 9. 24. 선고 2009다32560 판결]
〈서울고등법원 2009. 4. 1. 선고 2008나75838 판결〉

【판시사항】

[1] 구 가맹사업거래의 공정화에 관한 법률 제14조에 정한 유예기간 중에 가맹본부가 가맹점사업자에게 가맹계약상의 급부 제공을 거절할 수 있는지 여부(소극) 및 이에 반하는 행위가 불법행위가 될 수 있는지 여부(적극)

[2] 가맹본부의 가맹계약 해지 통고가 구 가맹사업거래의 공정화에 관한 법률 제14조에 정한 절차를 위반하여 위법하고 이는 계약에 따른 채무를 이행하지 아니할 의사를 명백히 표시한 것이므로, 가맹점사업자는 이행거절의 채무불이행 내지 위 조항을 위반한 불법행위를 이유로 손해배상을 청구할 수 있다고 한 사례

【이　유】 상고이유를 판단한다.

1. 법률행위의 해석은 당사자가 그 표시행위에 부여한 객관적인 의미를 명백하게 확정하는 것으로서, 사용된 문언에만 구애받는 것은 아니지만, 어디까지나 당사자의 내심의 의사가 어떤지에 관계없이 그 문언의 내용에 의하여 당사자가 그 표시행위에 부여한 객관적 의미를 합리적으로 해석하여야 하는 것이고, 당사자가 표시한 문언에 의하여 그 객관적인 의미가 명확하게 드러나지 않는 경우에는 그 문언의 형식과 내용, 그 법률행위가 이루어진 동기 및 경위, 당사자가 그 법률행위에 의하여 달성하려는 목적과 진정한 의사, 거래의 관행 등을 종합적으로 고려하여 사회정의와 형평의 이념에 맞도록 논리와 경험의 법칙, 그리고 사회일반의 상식과 거래의 통념에 따라 합리적으로 해석하여야 한다(대법원 2007. 9. 7. 선고 2005다50690 판결 등 참조).

2. 또한 채무자가 채무를 이행하지 아니할 의사를 명백히 표시한 경우에 채권자는 신의성실의 원칙상 이행기 전이라도 이행의 최고 없이 채무자의 이행거절을 이유로 계약을 해제하거나 채무자를 상대로 손해배상을 청구할 수 있고, 채무자가 채무를 이행하지 아니할 의사를 명백히 표시하였는지 여부는 채무 이행에 관한 당사자의 행동과 계약 전후의 구체적인 사정 등을 종합적으로 살펴서 판단하여야 한다(대법원 2007. 9. 20. 선고 2005다63337 판결 등 참조).

3. 한편 가맹사업거래의 공정화에 관한 법률(2007. 8. 3. 법률 제8630호로 개정되기 전의 것) 제14조는 가맹본부가 가맹계약을 해지하고자 하는 경우는 해당 가맹점사업자에게 계약을 해지하는 날부터 2월 이상의 유예기간을 두고 3회 이상 계약해지의 사유를 기

재한 문서로서 그 시정을 요구하도록 하고, 그와 같은 절차를 거치지 아니한 가맹계약의 해지는 효력이 없다고 규정하고 있는바, 이는 가맹점사업자들로 하여금 위 유예기간 동안 계약 해지 사유에 대하여 해명하고 시정할 수 있는 기회를 충분히 가지도록 하기 위한 강행규정이므로, 가맹본부로서는 위 법률 제14조가 규정하는 유예기간 중에는 가맹점사업자에게 가맹계약상의 급부 제공을 거절할 수 없고, 이에 위반하는 행위는 불법행위가 될 수 있다 할 것이다.

4. 원심판결 이유에 의하면 원심은, 피고가 2007. 8. 8.자로 이 사건 해지 통고를 보낸 후에도 원고의 교재주문을 받아들여 이를 배송하였고, 해지 통고에 따른 조치를 취하거나 요구한 일이 없으며, 원고도 이 사건 해지 통고를 거절하였고, 피고가 이 사건 해지 통고 이후에 원고의 계속되는 이 사건 확인영어 제공행위 등 다른 가맹계약체결 및 이 사건 로고 미사용에 대하여 원고에게 시정을 요구한 것 외에 별다른 행위를 한 바 없으므로, 이 사건 해지 통고만으로 피고가 이행거절의 의사를 명백히 하였다고 볼 수 없고, 한편 피고의 이 사건 해지 통고가 위 법률 제14조에 따른 절차를 거치지 아니하였지만 그 위반의 정도가 경미하다고 인정되므로 피고에게 손해배상을 구할 정도가 된다고 볼 수 없을 뿐만 아니라, 이 사건 해지 통고가 무효여서 그 해지의 의사표시가 부적법한 경우에는 계약 해지의 법률효과가 발생하지 아니하고 이 사건 가맹계약은 여전히 유효하게 존속한다 할 것이므로 부적법한 계약해지의 의사표시로 인하여 원고에게 어떠한 손해가 발생한다고 할 수도 없다고 하여, 이 사건 가맹계약이 피고의 위법한 계약 해지 등 귀책 사유로 인하여 해지되었음을 이유로 그로 인한 손해배상을 구하는 원고의 청구를 기각하였다.

5. 그러나 이러한 원심의 판단은 앞서 본 법리 등에 비추어 다음과 같은 이유로 이를 수긍하기 어렵다.

원심판결 및 원심이 적법한 증거조사를 거쳐 채택한 증거 등에 의하면, 피고는 2007. 6. 26.자로 원고가 이 사건 가맹계약 제26조 제6항의 타 교육사업 참여 금지의무와 제7조 제1항의 피고 체인학원으로서의 이미지 동일성 유지 의무를 위반하였으므로 2007. 7. 31.까지 이를 시정하지 않으면 계약을 해지할 것이라고 통지한 사실, 그러자 원고는 2007. 7. 31.자로 피고가 지적하는 타 교육사업인 확인영어 프로그램은 피고가 영위하지 않는 분야인 인터넷 자율학습용으로서 학원 수업 시간에는 적용하지 않고 있고 2007. 7. 31.자로 사업장도 분리할 예정이며, 이미지 동일성 유지 의무를 지적한 피고의 새로운 로고 부착은 이를 간판 등에 적용하는 작업을 완료하였고 일부 작업은 진행 중이므로 기한을 연장해달라고 통지한 사실, 그런데 피고는 이와 같은 원고의 해명과 시정조치에 대하여 제대로 확인하거나 검토해보지 않은 채 기 지적한 계약위반이 시정되지 않았고 그 외에도 원고가 2007년 TESOL 행사의 피고 가맹학원장 모임에서 피고의 명예를 훼손하는 발언을 하였다며 2007. 8. 8.자로 이 사건 해지 통고를 하였고, 이 사건 해지 통고에는 "원고의 계약위반으로 인하여 이 사건 가맹계약을 2007. 8. 1.

자로 해지하기로 결정하였으므로 2007. 8. 14.부터 교재 출고를 정지할 것이며, 원고는 2007. 8. 20.까지 교재 반환 등 계약 해지에 따른 원상회복 조치를 이행하여야 한다."라는 피고의 의사가 명확히 표시되어 있는 사실, 원고는 이 사건 해지 통고를 받고 2007. 8. 13.자로 피고가 지적하는 계약 해지 사유가 부당할 뿐 아니라 계약해지 절차가 가맹점사업자에게 2월 이상의 유예기간을 두고 3회 이상 계약 해지의 사유를 기재한 문서로서 그 시정을 요구하여야 한다는 위 법률 제14조의 규정에 위반된다고 통지하였는데, 이에 대하여 피고는 2007. 8. 14.경부터 교재를 반환받는 등 원고의 해지 절차 이행에 대하여 별다른 조치를 취하지 않다가 2007. 9. 18.자로 원고가 확인영어 제공행위뿐 아니라 ○○어학원 및 △△영어관의 운영도 하고 있다고 지적하면서 2007. 10. 4.까지 이를 시정하지 않으면 가맹계약을 해지하겠다는 내용의 통지를 한 사실, 이에 원고는 2007. 10. 1.자로 피고가 이미 이 사건 해지 통고를 하고도 다시 시정을 권고한 것은 이해할 수 없다고 하면서, 피고가 부당한 사유로 해지 통고를 하고 교재공급을 중단한 것은 가맹계약을 위반한 것이라는 이유로 계약 해지를 통지하였고, 반면 피고는 2007. 10. 23.자로 2007. 6. 26.부터 2개월 이상의 유예기간을 두고 3회에 걸쳐 위반사항의 시정을 요구하였음에도 원고가 이에 따르지 않았으므로 이 사건 가맹계약은 위 법률에 따라 적법하게 해지되었다고 통지한 사실, 한편 원고는 2007. 8. 14. 및 8. 17.에 피고에게 344,500원 상당의 강의교재를 주문하여 수령한 일이 있으나, 이에 반하여 원고가 2007. 8. 14.경부터 피고에게 반환한 교재는 8,887,000원 상당에 달하였던 사실(원고는 피고에 대한 위 교재 주문은 원고로부터 피고의 계약 해지 사실을 통보받지 못한 학원 강사들이 강의에 필요한 교재들을 개별적으로 주문한 데에서 비롯된 것으로서 원, 피고 사이의 해지 절차와는 관계가 없는 것이라고 주장한다)을 알 수 있다.

위와 같은 사실들을 종합하면 보면, 피고는 당초 2007. 6. 26.자 통지를 통하여 지적한 원고의 계약위반 사항에 관하여 원고의 해명이나 그 시정 여부를 제대로 확인하지도 않은 채 이 사건 해지 통고로써 위 법률 제14조의 절차에 위반하여 이 사건 가맹계약을 해지함과 아울러 계약에 따른 채무를 이행하지 아니할 의사를 명백히 표시하였고, 이후로도 원고가 시정한 내용과 그렇지 않은 내용을 구분하여 추가 보완을 요구하거나 원고의 주장을 받아들일 수 없는 이유를 원고에게 적절히 설명하는 등 계약 관계의 유지를 위한 진지한 해결책을 모색하기보다는 원고가 2007. 8. 13.자 통지에서 지적한 해지 절차의 위법 문제를 보완하기 위하여 2007. 9. 18.자 통지를 보내면서 오히려 그동안 지적하지 않았던 새로운 위반사항까지 추가하여 이를 불과 보름 남짓한 2007. 10. 4.까지 시정하도록 일방적으로 요구함으로써 기존의 계약해지 의사를 더욱 확고히 하였으며, 이에 원고가 2007. 10. 1.자 통지로써 계약을 해지하기에 이른 것으로 보이므로, 설령 결과적으로 원고에게 계약위반 사항이 존재하여 피고가 계약을 해지할 수 있는 사유가 있었다고 하더라도, 이 사건 가맹계약은 위와 같은 피고의 위법한 계약해지 및 이행거절 등으로 인하여 피고의 귀책사유에 기하여 해지된 것으로 봄이 상당하고, 이와 같이 피고가 위법하게 계약을 해지함과 아울러 채무를 이행하지 아니할 의사를 명백히 표시한 이상 원고는 피고의 이와 같은 이행거절의 채무불이행 내지 위 법률 제14조를 위반한 불법행위를 이유로 손해배상을 청구할 수 있다 할 것이다.

6. 그럼에도 불구하고 원심은 피고가 이 사건 해지 통고만으로 이행거절의 의사를 명백히 하였다고 볼 수 없다는 등의 이유로 위와 같이 원고의 청구를 기각하고 말았으니, 이러한 원심판결에는 의사표시의 해석, 계약 해지와 이행거절 및 위 법률 제14조 등에 관한 법리를 오해하여 판결에 영향을 미친 위법이 있으므로, 이 점을 지적하는 상고이유의 주장은 이유 있다.

7. 그러므로 원심판결을 파기하고 사건을 다시 심리·판단하게 하기 위하여 원심법원에 환송하기로 하여, 관여 대법관의 일치된 의견으로 주문과 같이 판결한다.

제 **4** 장

가맹사업법 위반사업자에
대한 제재

가맹사업법	제32조의3 (위반행위의 신고 등) 제32조 (조사개시대상의 제한)

법 률	시행령
제32조의3(위반행위의 신고 등) 　① 누구든지 이 법에 위반되는 사실이 있다고 인정할 때에는 그 사실을 공정거래위원회에 신고할 수 있다. 이 경우 공정거래위원회는 대통령령으로 정하는 바에 따라 신고자가 동의한 경우에는 가맹본부 또는 가맹지역본부에게 신고가 접수된 사실을 통지하여야 한다. 　② 공정거래위원회는 제1항 전단에 따른 신고가 있거나 이 법에 위반되는 혐의가 있다고 인정할 때에는 필요한 조사를 할 수 있다. 　③ 제1항 후단에 따라 공정거래위원회가 가맹본부 또는 가맹지역본부에게 통지한 때에는 「민법」 제174조에 따른 최고가 있은 것으로 본다. 다만, 신고된 사실이 이 법의 적용대상이 아니거나 제32조 제1항 본문에 따른 조사개시대상행위의 제한 기한을 경과하여 공정거래위원회가 심의절차를 진행하지 아니하기로 한 경우, 신고된 사실에 대하여 공정거래위원회가 무혐의로 조치한 경우 또는 신고인이 신고를 취하한 경우에는 그러하지 아니하다. 〈개정 2018. 12. 31.〉	제32조의3(위반행위의 신고 및 신고의 통지) 　① 법 제32조의3 제1항 전단에 따라 신고를 하려는 자는 다음 각 호의 사항을 적은 서면(전자문서를 포함한다. 이하 이 조에서 같다)을 공정거래위원회에 제출하여야 한다. 다만, 긴급하거나 부득이한 경우에는 구두로 신고할 수 있다. 　1. 신고자의 성명·주소 　2. 가맹본부 또는 가맹지역본부의 성명 또는 명칭(법인인 경우에는 그 대표자의 성명을 포함한다)과 그 주소 　3. 위반행위의 내용과 이를 입증할 수 있는 자료 　② 공정거래위원회는 제1항에 따른 신고를 접수한 날부터 15일 이내에 신고자가 다음 각 호의 동의를 하는지 여부를 확인하기 위한 서면을 신고자에게 직접 발급하거나 송부하여야 한다. 　1. 신고가 접수된 사실을 공정거래위원회가 가맹본부 또는 가맹지역본부에 통지하는 것에 대한 동의 　2. 제1호의 통지를 하는 경우 신고자 및 신고내용도 함께 통지하는 것에 대한 동의 　③ 신고자는 제2항 각 호 외의 부분에 따

---

83) 가맹사업법 제32조의3(위반행위의 신고 등)은 2002. 5. 13. 제정 당시 없었던 조문으로 2016. 12. 20. 신설(개정)되었던 반면 가맹사업법 제32조(조사개시대상의 제한 등)는 2002. 5. 13. 제정 당시 있었던 조문이다. 두 조문의 제·개정 시점을 기준으로 볼 때 제목을 "가맹사업거래 위반행위 조사개시대상 기간 및 신고"라고 하는 것이 타당하나, 가맹사업법 위반행위에 대한 조사의 단서가 대부분 신고라는 점과 신고 시점을 기준으로 조사개시 대상이 되는지를 판단하여야 하는 점 등을 고려하여 "가맹사업거래 위반행위 신고 및 조사개시대상 기간"으로 정하였다.

법　률	시행령
④ 공정거래위원회는 제2항에 따라 조사를 한 경우에는 그 결과(조사결과 시정조치 명령 등의 처분을 하고자 하는 경우에는 그 처분의 내용을 포함한다)를 서면으로 해당 사건의 당사자에게 통지하여야 한다. [본조신설 2016. 12. 20.] **제32조(조사개시대상의 제한 등)** ① 이 법의 규정에 따라 공정거래위원회의 <u>조사개시대상이 되는 가맹사업거래는 그 거래가 종료된 날부터 3년을 경과하지 아니한 것에 한정한다.</u> 다만, 그 거래가 종료된 날부터 3년 이내에 제22조 제1항에 따른 조정이 신청되거나 제32조의3 제1항에 따라 신고된 가맹사업거래의 경우에는 그러하지 아니하다. 〈개정 2018. 12. 31.〉 ② 공정거래위원회는 다음 각 호의 구분에 따른 기간이 경과한 경우에는 이 법 위반행위에 대하여 이 법에 따른 시정조치를 명하거나 과징금을 부과하지 아니한다. 다만, 법원의 판결에 따라 시정조치 또는 과징금 부과처분이 취소된 경우로서 그 판결이유에 따라 새로운 처분을 하는 경우에는 그러하지 아니하다. 〈신설 2018. 12. 31.〉 1. 공정거래위원회가 이 법 위반행위에 대하여 제32조의3 제1항 전단에 따른 신고를 받고 같은 조 제2항에 따라 조사를 개시한 경우: 신고일부터 3년 2. 제1호의 경우 외에 공정거래위원회가 이 법 위반행위에 대하여 제32조의3 제2항에 따라 조사를 개시한 경우: 조사개시일부터 3년 [제목개정 2018. 12. 31.] **제15조의5(신고포상금)** ① 공정거래위원회는 이 법의 위반행위를 신고하거나 제보하고 그 신고나 제보를 입	른 서면을 발급받거나 송부 받은 날부터 15일 이내에 제2항 각 호의 동의 여부를 공정거래위원회에 서면으로 통지하여야 하며, 그 기간 내에 통지하지 아니한 경우에는 동의를 하지 아니한 것으로 본다. ④ 공정거래위원회는 제3항에 따라 신고자로부터 동의한다는 통지를 받은 경우에는 그 통지를 받은 날부터 7일 이내에 신고접수 사실, 신고자 및 신고내용을 기재한 서면을 가맹본부 또는 가맹지역본부에 직접 발급하거나 송부하여야 한다. [본조신설 2017. 3. 20.] [종전 제32조의3은 제32조의4로 이동 〈2017. 3. 20.〉] **제17조(포상금의 지급)** ① 법 제15조의5 제1항에 따른 포상금(이하 이 조에서 "포상금"이라 한다)은 법 제33조

법 률	시행령
증할 수 있는 증거자료를 제출한 자에게 예산의 범위에서 포상금을 지급할 수 있다. ② 제1항에 따른 포상금 지급대상자의 범위, 포상금 지급의 기준·절차 등에 필요한 사항은 <u>대통령령</u>으로 정한다. [본조신설 2018. 1. 16.]	제1항에 따른 시정조치의 대상이 되는 위반행위를 신고하거나 제보하고, 이를 입증할 수 있는 증거자료를 최초로 제출한 자에게 지급한다. 다만, 해당 위반행위를 한 가맹본부 및 그 가맹본부의 임직원으로서 해당 위반행위에 관여한 사람은 제외한다. ② 공정거래위원회는 특별한 사정이 있는 경우를 제외하고는 신고 또는 제보된 행위가 법 제33조 제1항에 따른 시정조치의 대상이 되는 위반행위에 해당한다고 인정하여 해당 행위를 한 가맹본부에 시정조치 등의 처분을 하기로 의결한 날(이의신청이 있는 경우에는 재결한 날을 말한다)부터 3개월 이내에 포상금을 지급한다. ③ 포상금의 지급에 관여한 조사공무원은 신고자 또는 제보자의 신원 등 신고 또는 제보와 관련된 사항을 타인에게 제공하거나 누설해서는 아니 된다. ④ 위반행위의 유형별 포상금의 구체적인 지급기준은 위반행위의 중대성 및 증거의 수준 등을 고려하여 공정거래위원회가 정하여 고시한다. ⑤ 포상금의 지급에 관한 사항을 심의하기 위하여 공정거래위원회에 신고포상금 심의위원회를 둘 수 있다. ⑥ 제5항에 따른 신고포상금 심의위원회의 설치·운영에 관한 사항 및 그 밖에 포상금의 지급에 필요한 사항은 공정거래위원회가 정하여 고시한다. [본조신설 2018. 7. 10.]

누구든지 가맹사업법에 위반되는 사실이 있다고 인정할 때는 그 사실을 공정거래위원회에 신고할 수 있다.

그러나 가맹사업법의 규정에 따라 공정거래위원회의 조사개시 대상이 되는 가맹사업거래는 그 거래가 종료된 날부터 3년을 경과하지 아니한 것에 한정한다. 다만, 가맹사업거래가 종료된 날부터 3년 이내에 가맹사업법 제22조 제1항에 따른 조정이 신청되거나 가맹사업법 제32조의3 제1항에 따라 신고된 가맹사업거래의 경우에는 조사개시 대상에 포함된다.

다시 말해서, 공정거래위원회는 가맹사업거래가 신고일부터 3년, 직권조사 개시일부터 3년이 지나는 경우는 가맹사업법 위반행위에 대하여 가맹사업법 제33조 제1항에 따른 시정조치를 명하거나, 가맹사업법 제35조에 따른 과징금을 부과하지 못한다. 다만, 법원의 판결에 따라 시정조치 또는 과징금 부과 처분이 취소된 경우로서 그 판결 이유에 따라 새로운 처분을 하는 경우는 시정조치 또는 과징금을 부과할 수 있다.

이슈 검토

■ 신고 및 직권인지에 의해 조사를 개시하는 경우 기간(3년) 경과에 따른 행정처분 등을 할 수 없다는 규정에 대한 이슈

1. 관련 규정

가맹사업법 제32조(조사개시대상의 제한 등) 제2항은 신고사건은 신고일부터 3년, 직권조사 사건은 조사개시일부터 3년을 경과하는 경우 가맹사업법 위반행위에 대하여 가맹사업법에 따른 시정조치를 명하거나 과징금을 부과하지 아니하도록 규정하고 있다.

2. 검토 배경 및 관련 이슈

관련 규정은 2018. 12. 31. 신설된 조항으로 그 취지는 장기간의 조사로 인하여 조사대상이 된 가맹본부를 불안정한 지위에 두는 경우를 막기 위함인데, 이러한 규정은 사건을 신속하게 처리하도록 공정거래위원회를 구속하는 의미가 있으나[84], 공정거래위원회가 여러 가지 사정으로 인하여 3년이라는 기한을 초과하는 경우는 가맹점사업자의 피해구제를 회피·외면하였다는 비난 등 오해의 소지도 있을 수 있고 아울러 공정거래위원회에 대한 신뢰도가 하락할 것이다.

또한, 조사인력의 충원 등 여건이 충족되지 아니한 채 사건처리시한에 쫓겨 졸속 조사를 통한 행정처분 등을 하는 경우, 처분의 정당성에 불복하여 가맹본부의 이의신청, 소송제기가 증가하는 등 그 부작용도 만만찮을 것으로 보인다.

3. 개선방안

신고 및 직권조사 사건에 대한 조사 기간이 3년이 지났다고 하더라도 가맹본부의 위반 횟수 등 과거 법 위반 이력, 공정거래 질서를 크게 저해하였는지 여부, 다수의 가

---

84) 이 조항이 신설되기 전에는 공정거래위원회의 사건처리 속도가 지나치게 늦다는 지적이 계속되어왔다.

맹점사업자에게 영향이 미치는 정도, 가맹사업법 위반행위로 인하여 부당이득이 발생하였는지 여부 등을 종합적으로 판단하였을 때 법 위반행위가 중하여 행정처분 등이 불가피한 경우 예외를 인정하여 행정처분 등이 가능하도록 관련 규정을 정비하는 것이 바람직하다.

고시 / 지침 / 기타 관련규정

고시 공정거래위원회 회의운영 및 사건절차 등에 관한 규칙

[시행 2023. 12. 21.] [공정거래위원회 고시 제2023-26호, 2023. 12. 21. 일부개정]

[별지 제12호 서식]

가맹사업거래의 공정화에 관한 법률 위반행위 신고서

※ 가맹사업법상 시정조치 대상 법 위반행위를 신고하고 이를 입증할 수 있는 증거를 최초로 제공하는 경우 포상금 예산의 범위 내에서 관련 규정에 따라 포상금이 지급될 수 있습니다(공정거래법 등 위반행위 신고자에 대한 포상금 지급에 관한 규정 참조).

※ (*)표시항목은 필수사항이니 반드시 기재하여 주시고, 나머지 사항은 효율적인 심사를 위하여 가능한 한 기재해 주시기 바랍니다. 다만, 신고인 정보 기재를 원치 않는 경우 공정거래위원회 익명제보센터(www.ftc.go.kr)를 이용할 수 있습니다.

신고인	성명(*)			생년월일(*)	
	주소(*)				
	연락처	전화번호(*)		휴대폰	
		팩스번호		이메일	
	피신고인과의 관계				
	신고인이 가맹사업자인 경우	가맹사업자명(*)		사업자등록번호(*)	
		사업장 주소(*)			
		가맹사업내용(*)		가맹금(*)	
		가맹계약일자(*)		가맹계약기간(*)	

피신고인	사업자명(*)		대표자 성명	
	주소 또는 전화번호(*)			
			관련부서 및 담당자	
	사업내용 또는 영위업종			
	피신고인의 연간 매출액			
	피신고인의 시장점유율			

신고 내용(*)	
분쟁 조정 여부(*)	[ ] 진행하였음([ ] 성립, [ ] 불성립·종결) [ ] 진행한 적 없음([ ] 조정 희망, [ ] 조정 불희망)
증거 자료	[ ] 있음 [ ] 없음
신고인 신분공개 동의여부	[ ] 공개 [ ] 비공개 [ ] 사건 조치 후 공개

「가맹사업거래의 공정화에 관한 법률」제32조의3 제1항 및 「공정거래위원회 회의 운영 및 사건 절차 등에 관한 규칙」제10조 제2항에 의하여 위와 같이 신고합니다.

년   월   일

신 고 인 :   (서명 또는 인)

공정거래위원회위원장 귀하

〈첨부 1 〉 신고서 작성 안내 및 위반행위 사전점검표

신 고 서 작 성 안 내

◆ 신고서 용도

※ 이 신고서는 **「가맹사업거래의 공정화에 관한 법률」**에 위반되는 행위에 대하여 공정거래위원회에 신고하고자 하는 경우 사용할 수 있습니다.

- 가맹본부와 가맹점사업자 간 가맹사업 거래 등과 관련하여 아래 「위반행위 사전점검표」에 열거된 위반행위가 있는 경우 신고할 수 있습니다.

◆ 「가맹사업거래의 공정화에 관한 법률」이 적용되지 않는 경우

※ 귀하의 신고가 다음에 해당하면 처리되지 않을 수 있으니, 확인한 후 신고하여 주시기 바랍니다.

- 가맹사업거래가 ①~⑤ 요건을 충족하지 아니한 경우
- 가맹사업거래가 끝난 날부터 3년이 경과한 경우
- 소규모 가맹본부에 해당하는 경우(법 제6조의5, 제7조, 제9조, 제10조 및 제15조의2 위반행위의 경우 적용 가능)

〈가맹사업거래 요건〉

① 가맹본부가 가맹점사업자에게 영업표지 사용을 허락

② 가맹점사업자는 일정한 품질기준이나 영업방식에 따라 상품 또는 용역을 판매

③ 가맹본부가 경영 및 영업활동 등에 대한 지원, 교육 및 통제 등을 수행

---

④ 가맹점사업자가 영업표지의 사용과 경영 및 영업활동 등에 대한 지원·교육의 대가로 가맹금 지급

⑤ 계속적인 거래관계

〈소규모 가맹본부 요건〉

✓ 가맹본부의 직전 사업연도의 연간 매출액이 5천만 원(직영점 운영 시 2억 원) 미만으로서 가맹본부와 가맹계약을 맺은 가맹점사업자의 수가 5개를 넘지 않는 경우(법 제3조 참고)

✓ 가맹금의 최초 지급일부터 6개월까지 기간 동안 가맹본부에게 지급한 가맹금이 100만 원 미만인 경우

◆ 신고서 작성요령

※ (*)표시항목은 필수사항이니 반드시 기재하여 주시고, 나머지 사항은 효율적인 심사를 위하여 가능한 한 기재해 주시기 바랍니다.

※ 신고인

- 휴대폰 번호나 이메일을 기재하시면 사건 접수 및 처리현황을 SMS 문자서비스나 이메일로 통보하여 드립니다.

- 신고인 정보 기재를 원치 않는 경우, 공정거래위원회 익명제보센터(www.ftc.go.kr)를 이용할 수 있습니다.

※ 신고내용

- 아래 「위반행위 사전점검표」에 있는 행위유형 중 귀하가 신고하고자 하는 내용에 해당하는 것을 찾아 체크(√) 한 후, 6하 원칙에 맞게 기재하여 주시기 바랍니다.

  – 언제 발생한 일인가요?

  – 어디서 발생한 일인가요?

  – 신고하시는 내용과 관련된 상대방 당사자는 누구인가요?

  – 경험하신 법 위반행위는 무엇인가요?

  – 상대방 당사자와의 거래관계 등 어떤 목적이나 동기에서 행위가 발생하였나요?

  – 신고하게 된 경위는 무엇인가요?

- 기재할 공간이 부족하면 〈첨부 2〉 신고내용 추가 작성 양식에 추가 기재하여 주시기 바랍니다.

- 신고내용 및 증거 자료가 불일치하거나 신고내용의 사실관계를 확인할 수 없는 경우, 심사관이 신고인에게 신고 보완요청을 하였으나 보완내용이 분명하지 아니한 경우 또는 신고서가 허위로 기재된 경우는 심사절차를 개시하지 않을 수 있음을 알려드립니다.

※ 분쟁 조정 여부

- 신고에 의한 사건처리의 경우 법 위반행위 시정은 가능하나 직접적 피해구제를 원하는

경우 분쟁조정 신청이 더 적절한 수단임을 알려 드립니다.

- 만약 본 신고서로 분쟁조정을 신청하여 조정이 불성립하는 경우 별도의 신고 없이 신고사건으로 진행됨을 알려드립니다.

※ 증거 자료

- 신고내용을 증명하는 데 도움이 되는 증거 자료가 있으면 첨부하여 주십시오.

※ 가맹사업법 시행령 제17조 제1항에서 정한 법 위반행위를 신고하고 이를 입증할 수 있는 증거를 최초로 제공할 경우, 포상금 예산의 범위 내에서 관련 규정에 따라 포상금이 지급될 수 있습니다(「공정거래법 등 위반행위 신고자에 대한 포상금 지급에 관한 규정」 참조).

※ 신고와 관련하여 상담을 원하시면 공정거래위원회 상담 안내(☎ 1670-0007) 또는 가맹거래조사팀(☎ 044-200-4935)으로 문의하시기 바랍니다.

◆ 주의 사항

※ 만약 가맹본부의 소재지가 서울특별시, 경기도, 인천광역시, 부산광역시인 경우, 가맹사업법 제9조 제3항(3-③), 제9조 제4항(3-④), 제9조 제5항(3-⑤), 제9조 제6항(3-⑥), 제11조 제3항(5-③), 제12조의6 제2항(11-②)을 위반한 행위에 대한 과태료 부과·징수는 해당 지방자치단체에서만 가능합니다.

- 따라서 신고하고자 하는 가맹본부의 소재지가 서울특별시, 경기도, 인천광역시, 부산광역시 중 하나이고, 신고하고자 하는 행위가 가맹사업법 제9조 제3항, 제9조 제4항, 제9조 제5항, 제9조 제6항, 제11조 제3항, 제12조의6 제2항 중 하나를 위반한 것이라면 해당 지방자치단체로 신고하여 주시기 바랍니다.

◆ 위반행위 사전점검표

연번	관련 법 조항	위반 사실	해당 여부
1	제6조의5 (가맹금 예치 등)	가맹본부가 예치대상 가맹금을 예치하지 않고 자신의 계좌로 직접 수령하는 경우 ※ 가맹본부가 법 제15조의2에 따른 가맹점사업자피해보상보험계약 등을 체결한 경우는 제외	1 (√)
2	제7조 (정보공개서의 제공 의무 등)	등록된 정보공개서 및 인근가맹점 현황문서를 제공한 날부터 14일이 지나지 아니한 상태에서 가맹계약을 체결하거나 가맹금을 수령하는 행위	2 (√)
3	제9조 (허위·과장된 정보제공 등의 금지)	객관적인 근거 없이 가맹희망자의 예상수익을 과장하는 등 사실과 다르게 정보를 제공하거나 사실을 부풀려 정보를 제공하는 행위	3-① (√)

연번	관련 법 조항	위반 사실	해당 여부
3	제9조 (허위·과장된 정보제공 등의 금지)	일정요건이 충족되는 경우에만 금전·상품 또는 용역 등이 지원됨에도 모든 경우에 지원되는 것처럼 정보를 제공하는 등 계약의 체결·유지에 중대한 영향을 미치는 사실을 은폐하거나 축소하는 방법으로 정보를 제공하는 행위	3-② (√)
		가맹희망자의 장래 예상수익상황에 관한 정보를 제공하거나 가맹점사업자의 과거 수익상황 및 장래 예상수익상황에 관한 정보를 제공하면서 서면으로 하지 아니하는 행위	3-③ (√)
		가맹희망자에게 장래 예상수익상황에 관한 정보를 제공하거나 가맹점사업자에게 과거 수익상황 및 장래 예상수익상황에 관한 정보를 제공하면서 그 정보의 산출근거가 되는 자료를 가맹본부의 사무소에 비치하지 아니하거나, 가맹희망자나 가맹점사업자가 열람할 수 있도록 하지 아니하는 행위	3-④ (√)
		가맹계약을 체결할 때 가맹희망자에게 예상매출액의 범위 및 그 산출근거를 서면으로 제공하지 아니하는 행위 ※ 가맹본부가 중소기업자이면서 직전 사업연도 말 기준으로 가맹본부와 계약을 체결 및 유지하고 있는 가맹점사업자 수가 100개 미만의 경우는 제외	3-⑤ (√)
		가맹계약 체결일부터 5년간 예상매출액 산정서를 보관하지 아니하는 행위	3-⑥ (√)
4	제10조 (가맹금의 반환)	가맹점사업자가 법에서 정한 사유와 절차 등에 따라 서면으로 가맹금반환을 요청하였음에도 가맹금을 반환하지 아니하는 행위 ※ 정보공개서 제공의무를 위반한 경우로서 계약체결 전 또는 계약체결일부터 4개월 이내에 가맹금반환 요구	4 (√)

연번	관련 법 조항	위반 사실	해당 여부
4	제10조 (가맹금의 반환)	※ 허위·과장된 정보를 제공한 경우로서 계약체결 전에 가맹금반환 요구(계약체결에 중대한 영향을 주는 정보로 인정되는 경우는 계약체결일부터 4개월 이내) ※ 가맹본부가 정당한 사유 없이 가맹사업을 일방적으로 중단한 경우로서 계약체결일부터 4개월 이내에 가맹금반환구	4 (√)
5	제11조 (가맹계약서의 기재 사항 등)	가맹희망자에게 가맹계약서를 제공한 날부터 14일이 지나지 아니한 상태에서 가맹계약을 체결하거나 가맹금을 수령하는 행위	5-① (√)
		법 제11조 제2항 각 호의 법정 필수기재 사항을 누락한 가맹계약서를 제공하는 행위	5-② (√)
		가맹사업 거래가 종료된 날부터 3년간 가맹계약서를 보관하지 아니하는 행위	5-③ (√)
6	제12조 (불공정거래행위의 금지)	상품이나 용역의 공급 또는 영업의 지원 등을 부당하게 중단 또는 거절하거나 그 내용을 현저히 제한하는 행위 ※ 영업지원 등의 거절 ※ 부당한 계약갱신 거절 ※ 부당한 계약 해지	6-① (√)
		가맹점사업자가 취급하는 상품 또는 용역의 가격, 거래상대방, 거래지역이나 가맹점사업자의 사업활동을 부당하게 구속하거나 제한하는 행위 ※ 가맹사업 경영에 필수적인 상품, 원·부재료 등으로 가맹본부의 상표권 보호 또는 상품·용역의 동일성 유지 등을 위해 거래상대방을 지정하는 행위는 제외	6-② (√)
		가맹사업의 경영과 무관하거나 그 경영에 필요한 양을 넘는 시설·설비·상품·용역·원재료 또는 부재료 등을 구입 또는 임차하도록 강제하는 행위	6-③ (√)
		부당하게 경제적 이익을 제공하도록 강요하거나 가맹점사업자가 비용을 부담하도록 강요하는 행위	6-④ (√)

연번	관련 법 조항	위반 사실	해당 여부
6	제12조 (불공정거래행위의 금지)	가맹점사업자가 이행하기 곤란하거나 가맹점사업자에게 불리한 계약조항을 설정 또는 변경하거나 계약갱신 과정에서 종전의 거래조건 또는 다른 가맹점사업자의 거래조건보다 뚜렷하게 불리한 조건으로 계약조건을 설정 또는 변경하는 행위	6-⑤ (√)
		정당한 이유 없이 특정인과 가맹점을 같이 운영하도록 강요하는 행위	6-⑥ (√)
		부당하게 판매 목표를 설정하고 가맹점사업자로 하여금 이를 달성하도록 강제하는 행위	6-⑦ (√)
		6-③ 내지 6-⑦에 준하는 경우로서 가맹점사업자에게 부당하게 불이익을 주는 행위	6-⑧ (√)
		계약의 목적과 내용, 발생할 손해 등 대통령령으로 정하는 기준에 비하여 과중한 위약금을 부과하는 등 가맹점사업자에게 부당하게 손해배상 의무를 부담시키는 행위 ※ 사전에 정한 계약서 및 약정 등에 따라 합리적인 범위 내에서 위약금을 부과하는 경우는 제외	6-⑨ (√)
		부당하게 경쟁가맹본부의 가맹점사업자를 자기와 거래하도록 유인하는 행위	6-⑩ (√)
7	제12조의2 (부당한 점포환경개선 강요 금지 등)	시설·장비·인테리어의 노후화가 객관적으로 인정되는 경우 등의 정당한 사유 없이 점포환경개선을 강요하는 행위	7-① (√)
		가맹점사업자의 점포환경개선 비용을 부담하지 아니하거나 법정 비율 미만으로 부담하는 행위 ※ 가맹점사업자의 자발적 의사에 따라 실시되었거나 위생·안전 등의 불가피한 사유가 있는 경우는 제외	7-②(√)

연번	관련 법 조항	위반 사실	해당 여부
8	제12조의3 (부당한 영업시간 구속 금지)	정상적인 거래 관행에 비추어 부당하게 가맹점사업자의 영업시간을 구속하는 행위 ※ 심야영업시간대의 매출이 그 영업에 소요되는 비용에 비해 저조하여 영업손실이 발생함에 따라 영업시간 단축을 요구함에도 허용하지 않는 행위 ※ 질병의 발병과 치료 등 불가피한 사정으로 필요 최소한의 범위에서 영업시간의 단축을 요구함에도 이를 허용하지 아니하는 행위	8 (√)
9	제12조의4 (부당한 영업지역 침해금지)	가맹계약 체결 시 가맹점사업자의 영업지역을 설정하지 아니하는 행위	9-①(√)
		정당한 이유 없이 계약기간 중 가맹점사업자의 영업지역 안에서 동종의 자기 또는 계열회사의 직영점이나 가맹점을 설치하는 행위	9-②(√)
10	제12조의5 (보복조치의 금지)	분쟁조정 신청, 서면실태조사 및 공정위 조사에 대한 협조 등을 이유로 상품·용역의 공급이나 경영·영업활동 지원의 중단, 거절 또는 제한, 가맹계약의 해지, 그 밖에 불이익을 주거나 다른 사업자로 하여금 행하도록 하는 행위	10 (√)
11	제12조의6 (광고·판촉행사 관련 집행 내역 통보 등)	가맹점사업자가 비용의 전부 또는 일부를 부담하는 광고나 판촉행사를 실시하면서 사전에 가맹점사업자와 약정을 체결하지 아니하고 법정 비율 이상 가맹점사업자의 동의를 받지 아니한 경우	11-①(√)
		가맹점사업자가 비용의 전부 또는 일부를 부담하는 광고나 판촉행사를 실시하였음에도 그 집행내역을 통보하지 아니하거나 열람을 거부하는 행위 ※ 가맹본부가 비용을 전부 부담하는 경우는 제외	11-②(√)

연번	관련 법 조항	위반 사실	해당 여부
12	제14조의2 (가맹점사업자 단체의 거래조건 변경 협의 등)	가맹점사업자 단체의 구성·가입·활동 등을 이유로 가맹점사업자에게 불이익을 주는 행위	12-①(√)
		가맹점사업자 단체에 가입 또는 가입하지 아니할 것을 조건으로 가맹계약을 체결하는 행위	12-②(√)
13	기타(위 법 조항에 나열되지 않은 내용) ※ 이 경우 「가맹사업거래의 공정화에 관한 법률」상의 위반행위에 해 당하지 아니하여 심사절차를 개시하지 않을 수 있음을 양지하여 주시기 바랍니다.		13 (√)

〈첨부 2 〉 신고내용 추가 작성 양식

위반 사실 해당 여부 (사전점검표에 체크한 번호)	예) 3-①
신고내용	
증거 자료	

<첨부 3> 신고서 작성 예시

위반 사실 해당 여부 (사전점검표에 체크한 번호)	예) 3-①
신고내용	**1. 피신고인과 신고인 사이의 거래 경위** 신고인은 피신고인과 20##년 ##월 ##일 ○○○ 가맹계약을 체결하여 현재까지 가맹점 운영을 계속해오고 있습니다. 피신고인은 신고인에게 영업표지 ○○○의 사용권을 부여하면서 그 대가로 가맹금을 수령하였고, 신고인은 피신고인이 정한 품질기준이나 영업방식 등에 따라 일정한 통제와 교육을 받으며 점포를 운영하고 있습니다(자료 1 내지 3). **2. 가맹사업법 위반** 신고인은 20##년 ##월 ##일 피신고인의 사무실에서 피신고인 직원 김○○로부터 창업 상담을 받았습니다. 상담 당일 김○○는 신고인에게 이 사건 가맹점을 개점 시 월 평균 1,000만 원 이상의 순이익이 발생할 것이라고 기재된 홍보자료를 제공하면서, 최소 800만 원 이상의 순이익이 보장된다는 언급도 하였습니다. 신고인은 이를 신뢰하여 피신고인과 가맹계약을 체결하게 되었습니다(자료 4 내지 6). 그런데 가맹점을 개점하고 나니 김○○의 설명과 달리 매출이 현저히 낮게 발생하고 순이익은 적자를 기록하였습니다. 이에 피신고인에게 예상 순이익이 산정된 구체적 근거를 요청하였으나 받지 못하였습니다(자료 7 및 8). 피신고인의 위 행위는 사전점검표의 3-①에 해당하는 것으로 보입니다.
증거 자료	자료 1번 : 가맹계약서 자료 2번 : 가맹금 이체내역 자료 3번 : 가맹점 운영매뉴얼 자료 4번 : 피신고인 직원 김○○의 명함 자료 5번 : 가맹점 개설 홍보자료 자료 6번 : 피신고인 직원 김○○와의 대화 녹취록 자료 7번 : 가맹점 월 매출액 및 순이익 내역 자료 8번 : 신고인이 피신고인에게 발송한 내용증명

2 > 가맹사업법 사건처리 절차

| 가맹사업거래사건 처리흐름도 |

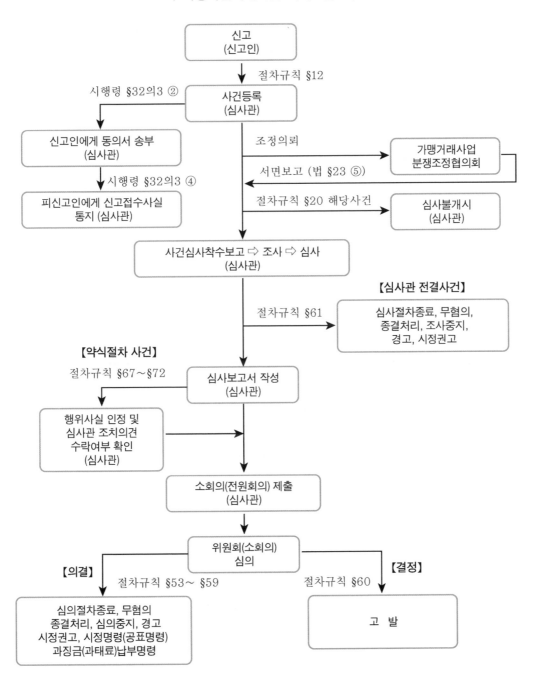

신고
(신고인)

↓ 절차규칙 §12

사건등록
(심사관)

시행령 §32의3 ②

신고인에게 동의서 송부
(심사관)

↓ 시행령 §32의3 ④

피신고인에게 신고접수사실
통지 (심사관)

조정의뢰

가맹거래사업
분쟁조정협의회

서면보고 (법 §23 ⑤)

절차규칙 §20 해당사건

심사불개시
(심사관)

사건심사착수보고 ⇨ 조사 ⇨ 심사
(심사관)

절차규칙 §61

【심사관 전결사건】
심사절차종료, 무혐의,
종결처리, 조사중지,
경고, 시정권고

【약식절차 사건】
절차규칙 §67~§72

심사보고서 작성
(심사관)

행위사실 인정 및
심사관 조치의견
수락여부 확인
(심사관)

소회의(전원회의) 제출
(심사관)

위원회(소회의)
심의

【의결】
절차규칙 §53~ §59

심의절차종료, 무혐의
종결처리, 심의중지, 경고
시정권고, 시정명령(공표명령)
과징금(과태료)납부명령

【결정】
절차규칙 §60

고 발

공정거래위원회가 가맹사업법 위반사업자를 제재하기 위한 절차는 먼저 가맹사업법 위반사업자에 대한 조사 및 심사를 거쳐 심사관[85] 전결에 의하거나 전원회의 또는 소회의를 개최하여 심의·의결을 통해서 이루어진다. 이때 공정거래위원회가 가맹사업법 위반사업자에 대한 조사를 개시하는 단서는 크게 두 가지인데 신고 또는 직권인지(직권조사)이다.[86]

위 〈가맹사업거래사건 처리흐름도〉에서 보는 바와 같이 공정거래위원회의 가맹사업법 위반사건은 대부분 신고인의 신고가 있고 그 신고를 기준으로 처리되고 있다고 하여도 지나치지 않다. 따라서 신고를 기준으로 공정거래위원회가 가맹사업거래사건을 처리하는 흐름에 대하여 살펴보기로 한다.

첫째, 가맹점사업자 또는 가맹희망자 등 신고인은 가맹사업거래 과정에서 가맹본부의 불공정거래행위가 있었다는 사실을 인지하였다면 관련 증빙을 갖추어 『공정거래위원회 회의운영 및 사건절차 등에 관한 규칙』(이하 "사건절차규칙"이라 한다) 별지 제12호 서식의 "가맹사업거래의 공정화에 관한 법률 위반행위 신고서"를 공정거래위원회에 제출·접수하여야 한다.

둘째, 공정거래위원회에 신고서가 접수되면 가맹사업거래사건을 심사하게 될 공무원(이하 "심사관"이라 한다)은 사건절차규칙 제12조의 규정에 따라 사건을 등록하여야 한다.

아울러, 심사관은 가맹사업법 시행령 제32조의3 제2항에 따라 신고를 접수한 날부터 15일 이내 신고인이 ① 신고가 접수된 사실을 공정거래위원회가 가맹본부 또는 가맹지역본부에 통지하는 것에 대한 동의 ② 공정거래위원회가 통지하는 경우 신고자 및 신고내용도 함께 통지하는 것에 대하여 동의하는지 그 여부를 확인하기 위한 서면을 신고인에게 직접 발급하거나 송부하여야 한다.

그리고, 심사관은 신고인의 동의 의사를 통지받는 경우 가맹사업법 시행령 제32조의3 제4항에 따라 7일 이내 신고접수 사실, 신고인, 신고내용을 기재한 서면을 가맹본부 또는

---

85) 가맹사업법 위반사업자에 대한 조사 등을 총괄하는 공무원으로서 공정거래위원회 조직도에서 살펴보면 조사관리관 밑에 있는 기업거래결합심사국장 또는 5개 지방공정거래사무소장을 심사관이라 한다.
86) 가맹점사업자가 가맹본부의 가맹사업법 위반 혐의를 공정거래위원회에 신고한 건수는 2019년 123건, 2020년 388건, 2021년 397건, 2022년 468건, 2023. 8월 현재 310건으로 매년 증가추세에 있다(공정거래위원회의 2023년도 국정감사 국회 제출자료).

지역가맹본부에 직접 발급하거나 송부하여야 한다.

셋째, 심사관은 신고사건을 조사하기 전에 가맹사업거래의 분쟁에 관한 사건에 대하여 가맹사업거래분쟁조정협의회에 조정을 의뢰할 수 있다. 실무적으로 심사관은 대부분의 가맹사업거래 관련 신고사건을 조사 및 심사하기 전에 가맹사업거래분쟁조정협의회에 조정을 의뢰하고 있다.

한편, 심사관은 가맹사업거래분쟁조정협의회가 분쟁조정 결과를 보고하였을 때, 그 보고 내용이 조정이 성립되고 분쟁당사자가 성립된 조정내용을 이행하였을 경우는 더 이상 가맹사업법 사건으로 처리하지 아니하여야 하고, 분쟁당사자가 성립된 조정내용을 이행하지 아니하거나 조정이 성립되지 아니하였을 경우는 사건절차규칙에 따라 가맹사업법 신고사건으로 처리하여야 한다.[87]

넷째, 심사관은 신고사건 또는 가맹사업거래분쟁조정협의회의 조정결과가 성립되지 아니한 사건(이하 "조정불성립사건"이라 한다)의 사실관계가 사건절차규칙 제20조 각 호의 어느 하나에 해당하는 경우는 그 사건에 대하여 심사절차를 개시하지 아니할 수 있다.[88]

다섯째, 심사관은 신고사건 또는 조정불성립사건의 사실관계가 사건절차규칙 제20조의 각 호의 어느 하나에 해당하지 아니한다고 인정되는 경우는 사건절차규칙 제15조에 따라 신고접수일부터 15일 이내 공정거래위원회 위원장에게 "사건심사착수보고"를 하여야 한다.

여섯째, 심사관은 신고사건에 대하여 조사 및 심사한 결과가 사건절차규칙 제53조 내지 제58조에 해당한다고 인정되는 경우는 심사절차종료, 무혐의, 종결처리, 조사중지, 경고, 시정권고를 할 수 있다.[89]

일곱째, 심사관은 신고사건에 대하여 조사 및 심사한 결과 심사보고서를 작성한 경우,

---

87) 현재 실무(한국공정거래조정원 가맹사업거래분쟁조정협의회)에서는 분쟁조정 신청자(가맹점사업자)는 조정사건의 결과가 "조정불성립"으로 결론이 났을 경우 피신청인(가맹본부)의 가맹사업법 위반 여부를 확인하려면 공정거래위원회에 다시 사건절차규칙 별지 제12호 서식인 "가맹사업거래의 공정화에 관한 법률 위반행위 신고서"를 제출하여야 한다.
88) 공정거래위원회의 실무에서는 해당 사건의 조치유형을 "심사불개시"라고 한다.
89) 공정거래위원회의 실무에서는 해당 사건을 "심사관 전결 사건"이라고 한다.

사건절차규칙 제5조의 규정에 따른 소회의 소관 사항에 해당하면 사건절차규칙 제67조 제1항의 규정에 따라 가맹사업법 위반사업자(이하 "피심인"이라 한다)가 수락하지 않을 것이 명백한 경우가 아닌 한 피심인에게 심사보고서상의 "행위사실"을 인정하고 "심사관의 조치의견"을 수락하는지 그 여부를 물어야 한다.[90]

이때 피심인이 행위사실을 인정하고 심사관의 조치의견을 수락하는 경우 심사관은 그 사건을 사건절차규칙 제3장 제3절의 약식절차에 따라 처리한다.

여덟째, 심사관은 약식절차가 아닌 사건의 경우는 사건절차규칙 제25조 제1항의 규정에 따라 작성한 심사보고서를 공정거래위원회 소회의 또는 전원회의에 제출하여야 한다.

아홉째, 공정거래위원회 소회의 또는 전원회의는 "사건절차규칙 제3장 제2절 심의 및 의결절차"에서 규정하고 있는 절차에 따라 심사관이 제출한 심사보고서를 기준으로 각 회의에서 심의를 거쳐 사건절차규칙 제53조 내지 제59조에 해당한다고 인정되는 경우 피심인에 대하여 심의절차종료, 무혐의, 종결처리, 심의중지, 경고, 시정권고, 시정명령(법위반사실 공표명령 및 교육실시명령을 포함한다), 과징금납부명령, 과태료납부명령 등을 의결할 수 있고, 더 나아가 고발 결정을 할 수도 있다.[91]

---

90) 공정거래위원회의 실무에서는 "약식사건"이라고 한다.
91) 고발은 공정거래위원회의 행정처분이 아니기 때문에 "의결"이 아니고 "고발 결정"이라고 한다. 따라서 공정거래위원회의 실무에서는 소회의 또는 전원회의의 의사결정을 작성하는 문서를 의결할 때는 "의결서" 고발 결정할 때는 "결정문"이라고 한다.

공정거래위원회가 중앙행정기관으로서 가맹사업법을 위반한 사업자에 대하여 구체적으로 제재할 수 있는 조치는 크게 가맹사업법 위반행위의 시정에 필요한 조치 즉, 시정조치와 과징금납부명령, 과태료부과 등으로 나누어 볼 수 있다. 시정조치에는 시정명령, 시정권고, 공표명령 등이 있다.

위와 같이 공정거래위원회가 가맹사업법 위반사업자에 대하여 가맹사업법 관련 규정에 따라 조치하는 행위를 행정절차법에서 규정하고 있는 행정행위 또는 행정처분이라고 할 수 있다. 공정거래위원회는 이러한 행정처분뿐만 아니라 가맹사업법 위반사업자를 검찰에 고발할 수 있는 결정을 할 수 있다.

그리고, 공정거래위원회가 가맹사업법 위반사업자에 대한 조사과정에서 가맹본부가 공정거래위원회의 출석, 보고, 자료 제출 요청 등에 대하여 출석, 보고, 자료 제출을 거부하거나 거짓 보고, 거짓 자료를 제출하는 경우와 공정거래위원회의 조사를 거부·방해·기피하는 경우 공정거래위원회는 가맹사업법에서 규정한 의무이행을 태만이 한 사업자 또는 개인에게 행정벌로서 물게 하는 과태료를 부과할 수 있다.[92]

이와 같은 공정거래위원회의 조사와 관련한 과태료뿐만 아니라 가맹본부가 가맹사업법에서 규정하고 있는 의무사항이나 금지사항을 위반하였을 경우 공정거래위원회는 해당 가맹본부에 대하여 과태료를 부과할 수 있다. 공정거래위원회가 부과하는 과태료는 벌금과 달리 형벌의 성질은 아니다.

한편, 법원이 가맹사업법 위반사업자에 대한 형벌을 내리려면 검찰의 공소제기가 필요

---

92) 행정 법규에 따른 명령 또는 금지의 위반에 대한 제재로서 일반통치권에 의해 과해지는 처벌을 말한다. 행정 법규는 행정 목적의 실현을 위해 국민에게 각종의 행정 의무를 과하는 동시에, 국민이 그 의무를 위반하는 경우 제재를 과할 것을 규정함으로써 행정 법규의 실효성을 확보한다. 이에 비해 징계벌(懲戒罰 :'秩序罰'이라고도 함)은 공법상 특별권력 관계에서 그 내부 질서를 유지하기 위해 질서 문란자에게 과하는 제재를 말한다. 행정벌은 경우에 따라 징계벌을 포함하는 '행정상의 처벌'이라는 의미로 사용되기도 한다. 또한 행정벌은 과거의 행정법상의 의무 위반에 대한 제재로서 과하는 처벌이지만 집행벌은 장래에 향해 행정법상의 의무이행을 강제하기 위해 과하는 처벌이라는 점에서 다르다. 실정법상의 행정벌에는 질서행정벌(秩序行政罰)·공기업벌(公企業罰)·정서벌(整序罰)·재정벌(財政罰)·군정벌(軍政罰) 등이 포함된다. 행정벌에는 형법에 형명(刑名)이 있는 형벌[사형·징역·금고·자격 상실·자격 정지·벌금·구류·과료(科料)·몰수]을 과하는 행정형벌과, 행정질서벌로서의 과태료, 조례에 의한 과태료 등 세 종류가 있다(행정학사전, 2009. 1. 15. 이종수).

한데, 이러한 검찰의 공소제기는 반드시 공정거래위원회의 고발이 있어야만 한다.[93)]

이상의 내용을 종합하면 공정거래위원회가 가맹사업법 위반사업자에 대하여 취할 수 있는 조치는 크게 시정조치, 과징금납부명령, 과태료 부과, 고발 등이 있다. 따라서 아래에서는 공정거래위원회가 직접 조치할 수 있는 "행정적 제재"와 검찰의 공소제기에 따라 그 결과가 확인되는 "형벌"로 나누어 살펴보기로 한다.

가. 행정적 제재

1) 시정조치

가맹사업법	제33조 (시정조치) 제34조 (시정권고) 제36조 (관계 행정기관의 장의 협조) 제37조 (「독점규제 및 공정거래에 관한 법률」의 준용)

법 률	시행령
제33조(시정조치) 　① 공정거래위원회는 제6조의5 제1항·제4항, 제7조 제3항, 제9조 제1항, 제10조 제1항, 제11조 제1항·제2항, 제12조 제1항, 제12조의2 제1항·제2항, 제12조의3 제1항·제2항, 제12조의4, 제12조의5, 제12조의6 제1항, 제14조의2 제5항, 제15조의2 제3항·제6항을 위반한 가맹본부에 대하여 가맹금의 예치, 정보공개서등의 제공, 점포환경개선 비용의 지급, 가맹금반환, 위반행위의 중지, 위반내용의 시정을 위한 필요한 계획 또는 행위의 보고 그 밖에 위반행위의 시정에 필요한 조치를 명할 수 있다. 〈개정 2007. 8. 3., 2013. 8. 13., 2016. 3. 29., 2018. 1. 16.〉 　② 삭제 〈2018. 12. 31.〉	

---

93) 관련 업계에서는 일반적으로 공정거래위원회의 고발이 반드시 있어야만 검찰이 공소제기를 할 수 있는 권한을 "공정거래위원회의 전속고발권"이라고 부른다.

법　률	시행령
③ 공정거래위원회는 제1항에 따라 시정 명령을 하는 경우에는 가맹본부에게 시정 명령을 받았다는 사실을 공표하거나 거래 상대방에 대하여 통지할 것을 명할 수 있다. 〈개정 2007. 8. 3.〉	
제34조(시정권고) ① 공정거래위원회는 이 법의 규정을 위반 한 가맹본부에 대하여 제33조의 규정에 의 한 시정조치를 명할 시간적 여유가 없는 경우에는 대통령령이 정하는 바에 따라 시 정방안을 마련하여 이에 따를 것을 권고할 수 있다. 이 경우 그 권고를 수락한 때에는 시정조치를 한 것으로 본다는 뜻을 함께 통지하여야 한다. 〈개정 2016. 3. 29.〉 ② 제1항의 규정에 의한 권고를 받은 가맹 본부는 그 권고를 통지받은 날부터 10일 이내에 이를 수락하는 지의 여부에 관하여 공정거래위원회에 통지하여야 한다. 〈개 정 2016. 3. 29.〉 ③ 제1항의 규정에 의한 권고를 받은 가맹 본부가 그 권고를 수락한 때에는 제33조의 규정에 의한 시정조치를 받은 것으로 본 다. 〈개정 2016. 3. 29.〉	제33조(시정권고절차) 법 제34조 제1항의 규정에 의한 시정권고 는 다음 각 호의 사항을 명시한 서면으로 하여야 한다. 1. 법 위반내용 2. 권고사항 3. 시정기한 4. 수락여부통지기한 5. 수락거부시의 조치
제36조(관계 행정기관의 장의 협조) 공정거래위원회는 이 법의 시행을 위하여 필요하다고 인정하는 때에는 관계행정기 관의 장의 의견을 듣거나 관계행정기관의 장에 대하여 조사를 위한 인원의 지원 그 밖의 필요한 협조를 요청할 수 있다.	
제37조(「독점규제 및 공정거래에 관한 법률」 의 준용) ① 이 법에 의한 공정거래위원회의 조사 · 심의 · 의결 및 시정권고에 관하여는 「독	

법 률	시행령
점규제 및 공정거래에 관한 법률」 제64조부터 제68조까지, 제81조 제1항·제2항·제3항·제6항·제9항, 제93조, 제95조부터 제97조까지 및 제101조를 준용한다. 〈개정 2007. 8. 3., 2016. 12. 20., 2020. 12. 29.〉 ② 이 법에 의한 과징금의 부과·징수에 관하여는 「독점규제 및 공정거래에 관한 법률」 제103조부터 제107조까지의 규정을 준용한다. 〈개정 2004. 12. 31., 2007. 8. 3., 2013. 8. 13., 2020. 12. 29.〉 ③ 이 법에 의한 이의신청, 소의 제기 및 불복의 소의 전속관할에 관하여는 「독점규제 및 공정거래에 관한 법률」 제96조, 제97조, 제98조의2, 제99조 및 제100조를 준용한다. 〈개정 2007. 8. 3., 2016. 3. 29., 2017. 4. 18., 2020. 12. 29., 2024. 2. 6.〉 ④ 이 법에 의한 직무에 종사하거나 종사하였던 공정거래위원회의 위원, 공무원 또는 협의회에서 가맹사업거래에 관한 분쟁의 조정업무를 담당하거나 담당하였던 자 및 제34조의3에 따른 동의의결의 이행관리 업무를 담당하거나 담당하였던 사람에 대하여는 「독점규제 및 공정거래에 관한 법률」 제119조를 준용한다. 〈개정 2020. 12. 29., 2022. 1. 4.〉 ⑤ 제34조의3에 따른 동의의결의 이행관리 업무를 담당하거나 담당하였던 사람에 대하여는 「독점규제 및 공정거래에 관한 법률」 제123조 제2항을 준용한다. 〈신설 2022. 1. 4.〉 [제목개정 2007. 8. 3.] [시행일: 2024. 8. 7.] 제37조	

가) 시정명령

공정거래위원회가 가맹사업법을 위반하였다는 사실을 이유로 가맹금의 예치, 정보공개서 등의 제공, 점포환경개선 비용의 지급, 가맹금반환, 위반행위의 중지, 위반내용의 시정을 위하여 필요한 계획 또는 행위의 보고 그 밖에 위반행위의 시정에 필요한 조치를 명할 수 있는 대상은 가맹본부뿐이다.

다시 말해서, 가맹본부는 가맹사업법에서 규정하고 있는 자신의 의무사항이나 금지사항을 위반하였을 경우 위반내용에 따라 공정거래위원회로부터 비용 지급명령, 가맹금반환명령, 가맹점사업자 모집 중지 명령, 시정을 위해 필요한 계획 또는 행위를 보고하도록 하는 보고명령, 교육실시명령 등과 같은 작위 명령 등을 받을 수 있다는 것이다. 이러한 시정명령의 근거는 가맹사업법 제33조 제1항이다.

구체적으로 그 내용을 살펴보면, 가맹본부가 제6조의5 제1항·제4항, 제7조 제3항, 제9조 제1항, 제10조 제1항, 제11조 제1항·제2항, 제12조 제1항, 제12조의2 제1항·제2항, 제12조의3 제1항·제2항, 제12조의4, 제12조의5, 제12조의6 제1항, 제14조의2 제5항, 제15조의2 제3항·제6항을 위반하는 경우는 공정거래위원회의 시정명령 대상이 된다.

나) 수명사실 공표 또는 통지 명령

공정거래위원회는 가맹사업법을 위반한 가맹본부에 대하여 시정에 필요한 조치를 명하는 경우 공정거래위원회로부터 시정조치를 받았다는 사실을 공표하도록 명하거나 거래상대방인 가맹점사업자에게 통지할 것을 명할 수 있다.

다) 시정권고

공정거래위원회가 가맹사업법을 위반한 가맹본부에 대하여 시정명령을 하고 해당 가맹본부가 그 시정명령을 이행하는 데 상당한 시간이 소요되기 때문에 시간적 여유가 없는 경우에는 시정방안을 마련하여 이에 따를 것을 권고할 수 있다.

가맹사업법 제34조에 따르면 공정거래위원회가 가맹본부에 대하여 시정방안을 정하여 이를 따를 것을 권고하고, 가맹본부가 이를 수락하였을 때는 시정조치를 받은 것으로 간주한다. 이때 공정거래위원회로부터 시정권고를 받은 가맹본부는 시정권고를 통지받은 날부터 10일 이내 그 수락 여부를 회신하여야 한다.

한편, 가맹본부가 공정거래위원회의 시정권고를 수락하지 아니하는 경우 공정거래위원회는 사건처리절차에 따라 가맹본부에 대하여 시정조치, 과징금납부명령 등의 조치를 할 수 있다.

가맹사업법 제14조 제1항 위반행위가 법령상 시정조치의 대상이 아니라도,
해당 행위가 가맹사업법 제12조 제1항의 불공정거래행위에 해당한다면
시정조치의 대상이 될 수 있음

사건명 : ㈜비에이치씨의 가맹사업법 위반행위에 대한 건
〈 공정위 2019가조1126 〉
【서울고등법원 2022. 10. 12. 선고 2021누53162 판결(확정)】

가맹사업법 제33조 제1항에서 시정조치의 대상으로 제14조 제1항을 제외하고 있는 것은 이를 같은 법 제12조 제1항의 불공정거래행위에 포섭할 수 있고, 가맹점사업자는 피고(공정거래위원회)의 시정명령이 없더라도 가맹사업법 제14조 제2항에 의해 그 계약 해지가 효력이 없어 어느 정도 보호받는다는 사정을 고려한 것으로 보아야 하고, 가맹사업법 제14조 제1항 위반에 대하여는 그것이 같은 법 제12조 제1항의 불공정거래행위에 해당하는 경우에도 시정에 필요한 조치를 명할 수 없다는 취지는 아니라고 봄이 타당함.

이 사건 시정명령은 가맹점사업자들이 시설환경표준화를 이행하지 않을 경우
발생하는 부당한 결과를 방지하는 것이고, 가맹점의 시설환경 개선 정도에
따라 적정한 평가를 실시하는 것은 가맹사업법의 입법 취지에 비추어 허용
된다고 볼 수 있으므로 시정명령의 이행이 불가능하다고 볼 수 없다는 판단

사건명 : ㈜현대자동차의 가맹사업법 위반행위에 대한 건
〈 공정위 2015가맹0236 〉
【서울고등법원 2014. 1. 17. 선고 2012누40218 판결】
【대법원 2014. 5. 29. 선고 2014두4016 판결(심리불속행 기각)】

원고는 시설환경표준화(가맹점사업자의 고객편의시설 등에 대한 표준화매뉴얼에 따라 통일된 모델로 공사하는 것)를 실시하면서 거래상 지위를 이용하여 미실시 가맹점사업자의 경우 서비스역량평가에서 감점하는 등의 가맹점사업자에게 불이익을 주는 행위를 다시 하여서는 안 된다는 내용의 시정명령을 이행할 경우, 우수한 고객편의시설을 갖춘 가맹점과 그렇지 않은 가맹점을 공정하게 평가할 방법이 없게 되어 고객용 시설 등을 새로 설치한 가맹점의 역차별 문제가 발생하는 점 등을 고려하면 이 사건 시정명령의 이

행은 실질적으로 불가능하다고 주장하나, 가맹사업의 통일적 이미지와 품질 유지 등 그 목적 달성을 위하여 표준화를 실시하는 것은 허용되지만, 이 사건에서 시설환경표준화 중 고객편의시설 부분 등은 가맹사업의 목적 달성을 위하여 필수적인 것으로 보기 어렵고, 원고가 이미 시설공사를 마치고 영업 중인 기존의 가맹점에 대하여 일률적으로 시설환경표준화를 강요하여 추가 비용을 지출하도록 하였으며, 표준화를 위하여 감점 방식을 새로 도입하고 계약 해지 사유로 정하는 등 과도한 수단을 사용한 점 등에 비추어 이 사건과 같은 표준화는 허용되기 어렵다.

따라서 이 사건 시정명령은 가맹점사업자들이 시설환경표준화를 이행하지 아니하는 경우 감점 방식 등에 의하여 정당한 공임을 지급받지 못하거나 계약이 해지되는 등 부당한 결과를 방지하기 위한 것이어서, 이러한 정도에 이르지 않는 한 가맹점의 시설환경의 개선 정도에 따라 적정한 평가를 실시하고 경제적 유인을 부여하는 것은 가맹사업법의 입법 취지에 비추어도 허용된다고 볼 수 있으므로 특별한 사정이 없는 한 이 사건 시정명령의 이행이 불가능하다고 보기 어렵다.

가맹본부가 가맹사업법 관련 조항을 몰라서 가맹금 예치의무 및 정보공개서 제공의무를 위반한 경우, 공정위의 시정명령은 적법하다는 판단

사건명 : ㈜하이쿨의 가맹사업법 위반행위에 대한 건
〈 공정위 2011전사1240 〉
【서울고등법원 2012. 8. 28. 선고 2012누8764 판결】
【대법원 2013. 1. 24. 선고 2012두22560 판결(심리불속행 기각)】

행정법규 위반에 대하여 가하는 제재는 행정 목적의 달성을 위하여 행정법규 위반이라는 객관적 사실에 착안하여 가하는 제재이므로 위반자의 의무해태를 탓할 수 없는 정당한 사유가 있는 등의 특별한 사정이 없는 한 위반자에게 고의나 과실이 없더라도 부과될 수 있다(대법원 2009. 6. 11. 선고 2009두4272 판결 등 참조).

이 사건에서, 원고가 가맹사업법 관련 조항을 몰라서 가맹금 예치의무 및 정보공개서 제공의 의무를 위반하였더라도, 그러한 사정만으로는 원고에게 위 의무해태를 탓할 수 없는 정당한 사유가 있다고 보기 어렵다. 따라서 원고의 가맹금 예치의무 및 정보공개서 제공의무 위반을 이유로 한 시정명령은 적법하다.

공정거래위원회의 시정조치 운영지침

[시행 2024. 1. 1.] [공정거래위원회 예규 제457호, 2023. 12. 29. 일부개정]

Ⅰ. 목적

이 지침은 공정거래위원회가 「독점규제 및 공정거래에 관한 법률」(이하 "공정거래법"이라 한다)에 의하여 피심인에게 시정조치를 명함에 있어 시정조치의 원칙과 시정조치 주요 유형별 기준 및 예시를 제시함으로써 당해 위반행위의 시정에 가장 적절하고 효율적인 시정조치를 발굴할 수 있도록 하여 시정조치의 실효성을 제고하는데 그 목적이 있다.

Ⅱ. 용어의 정의 및 유형의 구분

1. "시정조치"는 위반행위의 중지명령, 주식처분명령, 계약조항 삭제명령, 시정명령을 받은 사실의 공표명령 등 공정거래법의 시정조치 규정에 근거하여 법에 위반되는 상태를 법에 합치하는 상태로 회복시키기 위한 행정처분을 말한다.
2. 시정조치는 그 양태와 주된 내용에 따라 다음 3가지의 유형으로 구분할 수 있다.
   (1) "작위명령"이라 함은 주식처분명령, 임원의 사임명령, 채무보증 취소명령, 계약조항 수정·삭제명령, 합의파기명령, 거래개시·재개명령 등 피심인의 적극적인 행위를 요구하는 내용의 시정조치를 말한다.
   (2) "부작위명령"이라 함은 당해 법 위반행위의 중지명령, 향후 위반행위 금지명령 등 피심인의 소극적인 부작위를 요구하는 내용의 시정조치를 말한다.
   (3) "보조적 명령"이라 함은 관련 있는 자에게 시정명령을 받은 사실의 통지명령, 시정 명령의 이행결과 보고명령, 일정기간 동안 가격변동 사실의 보고명령, 공정거래법에 관한 교육실시명령, 관련자료 보관명령 등 시정조치의 이행을 실효성 있게 확보하고 당해 위반행위의 재발을 효과적으로 방지하기 위하여 주된 명령에 부가하여 명하는 시정조치를 말한다.

Ⅲ. 지침의 적용범위

1. 이 지침은 원칙적으로 공정거래법 제7조(시정조치), 제14조(시정조치 등), 제37조(시정조치 등), 제42조(시정조치), 제49조(시정조치), 제52조(시정조치)에 의한 각 시정조치에 적용한다. 다만, 시정명령을 받은 사실의 공표명령 조치는 "공정거래위원회로부터 시정명령을 받은 사실의 공표에 관한 운영지침"을 적용한다.
2. 이 지침상의 기준과 예시는 시정조치의 실효성을 제고하기 위하여 위반행위에 따라 적

절하게 고려될 수 있는 시정조치 유형을 제시한 것이다. 따라서 이 지침에서 제시하는 기준과 사례가 위반행위를 시정하기 위하여 합당하게 부합하지 아니한 경우에까지 반드시 이 지침에 따라야 하는 것은 아니며, 이 지침에 명시적으로 열거되지 않은 유형이라고 해서 반드시 그러한 시정조치를 명할 수 없는 것은 아니다.

Ⅳ. 시정조치의 목적

시정조치는 현재의 법 위반행위를 중단시키고, 향후 유사행위의 재발을 방지·억지하며, 왜곡된 경쟁질서를 회복시키고, 공정하고 자유로운 경쟁을 촉진시키는 것을 목적으로 한다.

Ⅴ. 시정조치의 원칙과 방법

1. 시정조치의 원칙

가. 실효성의 원칙

시정조치는 당해 위반행위를 효과적으로 시정할 수 있도록 실효성 있게 명하여져야 한다.

나. 연관성의 원칙

시정조치는 당해 위반행위의 위법성 판단과 연관되게 명하여져야 한다.

다. 명확성과 구체성의 원칙

시정조치는 시정조치를 받은 피심인이 이행해야 될 시정조치의 내용이 무엇이고, 공정거래위원회가 이행을 확보하고 점검하여야 할 내용이 무엇인지 알 수 있도록 명확하고 구체적으로 명하여져야 한다.

라. 이행 가능성의 원칙

시정조치는 피심인이 당해 시정조치를 사실상·법률상 이행하는 것이 가능할 수 있도록 명하여져야 한다.

마. 비례의 원칙

시정조치는 당해 위반행위의 내용과 정도에 비례하여 명하여져야 한다.

2. 시정조치의 방법

가. 공정거래위원회는 위반행위를 효과적으로 시정할 수 있다면 단순히 부작위명령에 국한하지 않고, 위반행위에 비례하여 합리적으로 필요한 범위 내에서 작위명령 또는 보조적 명령을 위반행위에 따라 적절하게 선택하여 명할 수 있다.

나. 공정거래위원회는 작위명령 또는 보조적 명령이 위반행위의 시정을 위해 가장 합리적이고 적절한 수단으로 인정된다면 비록 공정거래법의 각 시정조치 규정에 시정조치의 유형으로 명시되어 있지 않더라도 위반행위에 비례하여 합리적으로 필요한 범위 내에서 '기타 시정을 위한 필요한 조치'를 근거로 작위명령 또는 보조적 명령을 명할 수 있다.

다. 공정거래위원회는 당해 위반행위를 효과적이고 실질적으로 시정하기 위하여 필요하다면 공정거래법의 각 시정조치 규정상의 '당해 행위의 중지'를 근거로 하여 당해 위반행위의 중지 또는 종료에 관한 실질적 내용을 작위명령으로 명할 수 있다.

Ⅵ. 시정조치의 효력 기간

공정거래위원회는 작위명령 또는 보조적 명령이 피심인의 계속된 이행 행위를 요구하는 경우에는 시정조치의 목적 달성과 피심인의 부담간의 비교 등을 고려하여 적정한 시정조치의 효력 기간을 정하여 명한다.

다만, 시정조치의 효력 기간이 장기간인 경우에는 시정조치 후 시장경쟁 상황의 변화에 따른 시정조치의 계속적 필요 여부를 고려하여 피심인으로 하여금 시정조치 변경을 요청할 수 있도록 할 수 있다.

〈예시〉

이 시정명령은 시정명령을 받은 날부터 5년간 효력을 유지한다. 다만, 시정명령일부터 2년의 기간이 경과 후에는 해마다 피심인은 시장여건의 변화에 맞도록 이 시정명령을 재검토하여 줄 것을 요청할 수 있다.

또한, 행위중지명령과 행위금지명령에서 최대 ○년까지 시정조치의 기간을 정하여 명하는 경우 이는 그 기간 이후의 시정조치와 관련된 행위에 대해 공정거래법의 적용을 면제하는 것이 아니고, 위 행위에 대해 시정조치 불이행이 아닌 새로운 법 위반행위의 여부를 조사·심사하여 처리할 수 있다는 것을 의미한다.

Ⅶ. 시정조치 주요 유형별 기준 및 예시

1. 부작위명령

가. 행위중지명령

(1) 공정거래위원회는 원칙적으로 법 위반행위가 최종 심의일에도 진행 중이거나 위반행위의 효과가 최종 심의일에도 지속되는 경우 행위중지명령을 명할 수 있다.

(2) 행위중지명령은 관련 상품, 거래상대방, 위반행위의 내용 또는 방법 등 당해 위법사실을 최대한 반영하여 중지하여야 할 행위를 구체적으로 특정하고, 시정조치 기간(즉시 또는 일정 시점까지)을 명확하게 하여 명하여져야 한다.

〈예시 1〉

피심인은 이 시정명령을 받은 날부터 향후 ○년까지 ○○○을 판매하는 시장에서 ○○○에게 ○○○방법으로 ○○○한 행위를 하여서는 아니 된다. 다만, ○년 이후의 위 행위는 새로운 법 위반행위가 될 수 있다.

〈예시 2〉

피심인은 ○○○판매(또는 거래)를 함에 있어서 ○○○시장의 경쟁제한에 영향을 미치는 다음의 행위를 즉시 중지하여야 한다.

1. ○○○사업자 간에 명시적·묵시적으로 ○○○방법으로 합의를 하는 행위
2. ○○○사업자(실무자를 포함) 간에 위 1의 합의를 위한 모든 직접적·간접적 모임을 조직하거나 시도하는 행위

나. 행위금지명령

(1) 행위금지명령은 원칙적으로 법 위반행위가 최종 심의일에 이미 종료되었으나, 가까운 장래에 당해 법 위반행위와 동일 또는 유사한 행위가 반복될 우려가 있는 경우에 명할 수 있다.

(2) 행위금지명령은 단순히 법령의 규정을 반복하여 추상적인 법을 선언하는 식으로 일반적·포괄적으로 명하여서는 아니 된다.

(3) 행위금지명령은 법 위반행위를 최대한 반영하여 향후 이와 동일하거나 유사한 행위가 발생한 경우 새로운 위법행위가 아니라, 시정조치 불이행으로 판단할 수 있도록 금지대상이 되는 법 위반행위의 유형을 어느 정도 구체화하여 명하여야 한다.

(4) 다만, 행위금지명령의 내용이 지나치게 구체적이어서 장래에 동일 또는 유사한 법위반 행위가 발생할 가능성이 거의 없게 되지 않도록 한다.

〈예시 1〉

피심인은 ○○○을 판매하는 시장에서 ○○○에게 ○○○방법으로 ○○○하는 행위와 동일 또는 유사한 행위를 앞으로 다시 하여서는 아니 된다.

〈예시 2〉

피심인은 ○○○을 판매하는 시장에서 ○○○에게 ○○○방법으로 ○○○하는 행위와 동일 또는 유사한 행위를 이 시정명령을 받은 날부터 ○년까지 앞으로 다시 하여서는 아니 된다. 다만, ○년 이후의 위 행위는 새로운 법 위반행위가 될 수 있다.

2. 작위명령

아래와 같은 작위명령은 예시에 불과하며, 공정거래위원회는 이외에도 당해 위반행위의 시정에 가장 적절하고 실효성 있는 시정조치라면 법 위반행위에 비례하여 합리적으로 필요한 범위 내에서 다른 작위명령도 명할 수 있다.

가. 이용강제·거래개시·거래재개명령

(1) 공정거래위원회는 예를 들어 (가) 시장지배적 사업자가 자신의 지배력을 유지·강화하기 위하여 정당한 이유없이 다른 사업자의 상품 또는 용역의 생산·공급·판매에 필수적인 요소의 사용 또는 접근을 거절·중단하거나 다른 사업자의 생산활동에

필요한 원재료 구매를 방해하는 등 공정거래법 제5조 제1항의 시장지배적 지위남용 행위를 최종 심의일시까지 계속하고 있거나, 또는 (나) 경쟁사업자의 시장진입을 저지하여 경쟁을 제한할 목적으로 공동으로 거래를 거절하거나 중단하는 등 공정거래법 제45조 제1항 제1호의 공동의 거래거절행위를 최종 심의일시까지 계속하고 있는 경우에 "이용강제·거래개시·거래재개명령"을 명할 수 있다.

(2) 다만, 이용강제·거래개시·거래재개명령은 당사자의 경제여건 등을 고려할 때 이용강제·거래개시·거래재개가 가능하고, 당해 시장에서의 경쟁을 회복·촉진할 수 있는 효과적인 수단으로 평가되는 경우로 하되, 거래조건 등에 있어서 피심인의 사적자치에 대한 과도한 침해의 우려가 없도록 명하여져야 한다.

〈예시〉

A시장에서 시장지배적 사업자로서 자신과 경쟁관계에 있는 B사업자에 대하여 상품생산에 필수적인 원료 C의 공급을 부당하게 거절함으로써 그 경쟁사업자의 사업활동을 방해하는 경우

1. 피심인은 B사업자가 자신의 상품생산에 필수적인 원료 C의 공급을 피심인에게 요청하는 경우 당해 시장의 거래관행에 비추어 합리적인 거래조건으로 요청을 받는 날부터 30일 이내에 이를 공급하여야 한다.

2. 피심인은 위 1.의 이행결과를 공급한 날부터 30일 이내에 공정거래위원회에 서면으로 보고하여야 한다.

나. 합의파기명령

(1) 공정거래위원회는 예를 들어 공정거래법 제40조 제1항이 적용되는 명백한 합의가 있고, 최종 심의일까지 그 합의가 종료되지 않아 부당한 공동행위가 유지되고 있으며, 공동행위가 관행화되어 있어 합의파기라는 외형적 행위를 통해 법 위반행위를 효과적으로 종료시킬 필요가 있거나 법 위반행위를 억지할 필요가 있는 경우에 "합의파기명령"을 명할 수 있다.

(2) 합의파기 방식은 피심인 각자가 이사회 등의 공식적인 최고 의결기구의 의결을 통해 '사업자 간의 합의를 파기하며, 향후 독자적으로 의사결정을 하겠다'는 취지로 합의파기 의사를 확인하고 그 결과를 회의록에 기재하는 한편, 공동행위에 참가한 다른 피심인 및 관련 있는 자에게 이를 통지하게 할 수 있다.

〈예시〉

1. 피심인들은 이 시정명령을 받은 날부터 ○일 이내에 정부기관이 발주하는 ○○○ 구매 입찰에서 낙찰받는 가격이나 낙찰 순번을 공동으로 결정하는 방법과 관련된 합의를 각사의 이사회 등 공식적인 최고 의결기구의 의결을 통해서 파기하여야 한다.

2. 피심인들은 위 1.의 합의파기 의사를 회의록에 기재하는 한편, 이 건 부당한 공동행위에 참가한 다른 사업자 및 별지 기재의 발주기관에 통지하여야 한다.

3. 피심인들은 위 1. 및 2.의 이행결과를 합의파기를 한 날부터 ○일 이내에 공정거래위원회에 서면으로 보고하여야 한다.

(3) 공정거래위원회는 예를 들어 사업자단체가 구성사업자들로 하여금 부당한 공동행위 등을 하도록 하기 위하여 약정서 또는 서약서 등을 작성하게 하여 이를 지키게 하는 경우 약정서(또는 서약서) 파기명령을 명할 수 있으며, 파기방식은 위 (2)와 같이 할 수 있다.

다. 계약조항의 수정 또는 삭제명령

공정거래위원회는 예를 들어 부당한 계약조항에 기초하여 불공정거래행위나 재판매가격유지행위가 이루어지고, 당해 위반행위의 시정에 부당한 계약조항의 수정 또는 삭제가 필요한 경우에 "계약조항의 수정 또는 삭제명령"을 명할 수 있다.

〈예시〉

1. 피심인은 이 시정명령을 받은 날부터 ○년까지 프랜차이즈 형태의 가맹계약을 체결하고 독자적으로 영업활동을 하는 가맹계약자(이하 "가맹점"이라 한다)에게 자기가 승인하거나 인정한 가격대로 상품을 판매하도록 하는 행위를 하여서는 아니 된다.

2. 피심인은 위 1.의 행위와 관련하여 가맹점과 체결한 ○○○ 계약서 제20조 제3항의 규정을 지체 없이 수정 또는 삭제해야 한다. 단, 동 조항의 삭제 또는 수정내용은 사전에 공정거래위원회와 협의를 거친 것이어야 한다.

라. 독자적 가격재결정명령

(1) 공정거래위원회는 예를 들어 (가) 공정거래법 제40조 제1항이 적용되는 명백한 합의가 있고, (나) 최종 심의일까지 그 합의가 종료되지 않아 부당한 공동행위가 유지되고 있으며, (다) 부당한 공동행위에 있어 공동행위가 관행화되어 있거나 시장구조가 과점화되어 있어 향후 공동행위의 재발가능성이 크며, (라) 가격공동행위의 기간이 장기간에 걸쳐 있어, (마) 합의에 의한 가격결정 · 유지 · 변경행위의 중지를 구체적인 작위명령으로 명할 필요가 있는 경우에 "독자적 가격재결정명령"을 명할 수 있다.

(2) 가격재결정명령 방식은 행위중지명령 또는 합의파기명령과 함께 피심인에게 합의에 의해 결정한 가격을 철회하고 새로이 독립적인 판단에 따라 각자 가격을 결정하여 공정거래위원회에 서면으로 보고하도록 한다.

〈예시〉

1. 피심인들은 ○○○을 판매하는 시장에서 공동으로 ○○○방법으로 합의하여 가격을 결정 · 유지 · 변경하는 행위를 하여서는 아니 된다.

2. 피심인들은 위 1.의 방법으로 합의하여 결정한 가격을 철회하고 각자 독자적으로 가격을 재결정하여 판매하여야 하며, 이 시정명령을 받은 날부터 30일 이내에 재결정하여 판매하는 가격을 공정거래위원회에 서면으로 보고하여야 한다.

3. 피심인들은 향후 3년간 위 1.2.에 해당하는 제품의 가격을 인상하는 경우 인상 시점부터 30일 이내에 공정위에 서면으로 보고하여야 한다.

마. 분리판매명령

공정거래위원회는 예를 들어 사업자가 끼워팔기를 통하여 부당하게 경쟁자의 고객을 자기와 거래하도록 강제하거나, 시장지배적 사업자가 끼워팔기를 통하여 시장지배적 지위 남용행위를 하는 경우 끼워팔기를 효과적이고 실질적으로 시정하기 위하여 끼워팔기의 중지를 주된 상품과 종된 상품의 분리 판매 등의 "분리판매명령"을 명할 수 있다.

〈예시〉

피심인은 거래상대방에 대하여 ○○○상품을 ○○○방법으로 부당하게 끼워파는 행위를 지체 없이 중지하고, ○○○의 방식으로 ○○○상품을 ○○○상품과 분리하여 판매하여야 한다.

바. 정보공개명령

(1) 공정거래위원회는 예를 들어, 관련 정보의 미공개행위가 불공정거래행위의 원인이 되고, 관련 정보를 공개함으로써 위법상태를 효과적으로 치유할 수 있는 경우 관련 정보를 공개하라는 명령을 할 수 있다.

(2) 동 명령은 시장 상황, 업계의 관행, 당사자의 경제적 여건, 정보의 성격 등을 고려했을 때 공개가 가능하고, 당해 시장에서의 경쟁을 회복, 촉진할 수 있는 효과적인 수단으로 평가되며, 피심인의 영업활동을 과도하게 침해하지 않는 범위 내에서 행해져야 한다.

〈예시〉

1. 피심인은 ○○○에게 제공하는 ○○○ 내역을 별지○의 양식에 따라 ○○○에 매○기간마다 공개하여야 한다. 공개 기간은 시정명령을 받은 날부터 ○년간이며, 기타 공개 방법, 공개 일정 등은 사전에 공정거래위원회와 협의를 거친 것이어야 한다.

2. 피심인은 시정명령을 받은 날부터 2년간 매 반기 종료일부터 30일 이내에 위 1.의 ○○○ 정보공개 내역을 공정거래위원회에 보고하여야 한다.

사. 절차이행명령

공정거래위원회는 예를 들어, 거래상대방의 동의절차 미비 등 위법행위가 절차상 하자로 인한 것이며 그 위법상태가 지속되고 있는 경우 거래상대방의 동의를 받도록 하는 등 절차상 하자를 치유할 것을 명할 수 있다.

〈예시〉

1. 피심인은 ○○○에 대하여 사전 동의 없이 일방적으로 ○○○방법으로 부당하게 불이익을 주는 행위를 즉시 중지하여야 한다.

2. 피심인이 ○○○ 행위를 하기 위해서는 사전에 거래상대방인 ○○○의 동의받는 절차를 거쳐야 한다. 이 경우 피심인은 이 시정명령을 받은 날부터 ○○ 이내에 ○○ 절차를 이행하고 그 결과를 공정거래위원회에 보고하여야 한다.

3. 보조적 명령

아래와 같은 보조적 명령은 예시에 불과하며, 공정거래위원회는 이외에도 시정조치의 이행을 확실하게 확보하고, 위반행위의 재발을 방지하며 시장개선의 효과를 충분히 확보하기 위하여 필요하다면 다른 보조적 명령도 명할 수 있다.

가. 통지명령 또는 교부명령

(1) 공정거래위원회는 예를 들어 거래상대방, 입찰 실시기관, 구성사업자, 신규가입자 등 당해 위반행위에 의해 영향을 받았거나 향후 영향을 받을 가능성이 큰 자(이하 "관련자"라 한다)에게 공정거래위원회로부터 시정조치를 받았다는 사실, 합의를 파기했다는 사실 등을 일정기간 동안 통지하도록 "통지명령"을 명하거나, 공정거래위원회로부터 처분받은 명령서 사본을 교부하도록 "교부명령"을 명할 수 있다.

(2) 통지명령 또는 교부명령은 관련자에게 피심인에 대한 시정조치와 관련된 사실이 직접 통지 또는 교부되게 함으로써 관련자가 피심인의 법 위반행위를 명확히 인식하게 되고, 피심인은 관련자가 지속적으로 피심인의 행위를 감시할 것이라는 것을 의식하여 향후 동일 또는 유사행위를 하지 못하게 하는 목적이 있다.

(3) 다만, 통지명령 또는 교부명령은 관련자에 대한 피해구제가 목적이 아니고, 향후 동일 또는 유사행위의 재발을 방지하고자 하는 것이 주된 목적이므로 정상적인 거래관계에 대해서까지 불필요한 오해와 불신이 초래되어 피심인의 정상적인 사업을 방해하는 정도가 되지 않도록 통지 또는 교부의 범위를 명확히 하여야 한다.

〈예시 1〉

피심인은 이 시정명령을 받은 날로부터 30일 이내에 공정거래위원회로부터 처분받은 명령서 사본을 등기우편으로 별지1. 기재의 구성사업자에게 교부하여야 한다.

〈예시 2〉

피심인은 이 시정명령을 받은 날부터 30일 이내에 위 1.의 행위를 하여 독점규제 및 공정거래에 관한 법률을 위반하였다는 이유로 공정거래위원회로부터 시정명령을 받은 사실을 〈별지1〉 기재의 문안대로 거래상대방 ○○○에게 서면으로 통지하여야 한다.

나. 보고명령

(1) 공정거래위원회는 예를 들어 (가) 시정조치의 이행을 효과적으로 확보하고 시장감시체계를 확보하여 시장개선의 효과를 확실히 하기 위하여 시정명령의 이행결과를 보고하게 하거나, (나) 공동행위가 고착화된 시장에서 공동행위의 재발을 방지하기 위하여 일정기간 동안 담합대상 상품의 가격변동 추이를 보고하게 하거나, (다) 주소변경, 파산 등 시정조치의 이행에 영향을 주는 피심인의 존속에 대한 위험사유 발생 시에 일정기간 내에 보고하도록 하는 등의 "보고명령"을 명할 수 있다.

(2) 보고방식은 일정기간 이내에 공정거래위원회에 서면으로 보고하도록 한다.

〈예시〉

1. 피심인은 ○○○상품의 가격을 공동으로 합의하여 인상하는 방법으로 ○○○ 시장에서의 가격경쟁을 부당하게 제한하는 행위를 다시 하여서는 아니 된다.

2. 피심인은 향후 3년간 ○○○의 가격을 인상할 때마다 가격인상 실행 후 30일 이내에 가격의 인상률, 인상 시기, 인상 사유를 공정거래위원회에 서면으로 보고하여야 한다.

다. 교육실시명령

공정거래위원회는 피심인이 공정거래법 등을 알지 못하여 법 위반행위를 한 경우로서 공정거래위원회 조사 이후에도 피심인이 관련법을 숙지하지 못하는 등의 이유로 교육명령을 부과하지 않고는 향후 동일한 법 위반 행위가 발생할 것으로 예상되는 경우 법 위반행위의 재발을 방지하기 위하여 피심인으로 하여금 소속 임·직원 또는 판매원을 대상으로 법 위반사항과 관련된 법령, 제도 등에 관해 일정기간 내에 일정기간 동안 교육을 실시하고 그 결과를 보고하도록 하는 "교육실시명령"을 명할 수 있다.

〈예시〉

피심인은 이 시정명령을 받은 날부터 60일 이내에 위 1.의 행위와 유사한 행위가 발생하지 않도록 이 사건 위반행위와 관련된 영업담당자 및 책임 임원에 대하여 ○○○법과 관련 제도에 대해 최소 ○시간 이상 교육을 시행하고, 그 결과를 공정거래위원회에 보고하여야 한다. 구체적인 교육 일정, 교육내용, 교육방식, 시간, 장소, 해당 임원 등에 관하여서는 공정거래위원회와 협의하여야 한다. 구체적인 내용은 별지와 같다.

라. 점검활동 보장명령

공정거래위원회는 예를 들어 당해 시정조치가 복잡하고 전문적이어서 전문적인 제3자로 하여금 이행점검을 하게 할 필요가 있거나, 또는 당해 시정조치가 지속적인 현장점검을 통해서만이 시정조치의 이행을 효과적으로 확보할 수 있는 경우에 전문적인 제3자 또는 공정거래위원회의 직원을 이행확인(감시)기구로 임명할 수 있으며, 피심인으로 하여금 위 이행확인(감시)기구가 자신의 영업장소에서 일정기간 상주하면서 시정조치 이행과 관련된 자료 등을 점검하는 것을 보장하도록 "점검활동 보장명령"을 명할 수 있다.

〈예시 1〉

1. 피심인은 거래상대방에 대하여 인기상품 A를 공급하면서 거래상대방의 의사와 관계 없이 비인기상품인 B를 사실상 강제적으로 구매하도록 하는 방법으로 정상적인 거래 관행에 비추어 부당하게 다른 상품을 자기로부터 구입하도록 강제행위를 하여서는 아니 되며, A상품과 B상품은 각각 분리하여 판매하여야 한다.

2. 공정거래위원회는 이 시정명령의 이행사실을 확인하기 위하여 이 시정명령일부터 30 일 이내에 이행감시기구를 임명한다. 이행감시기구는 피심인이 이 시정명령의 내용을 이행하는데 필요한 모든 사무를 담당하고, 피심인의 이행사실을 수시로 확인하여 그 결과를 공정거래위원회에 보고하여야 한다. 이행감시기구의 업무의 내용 및 범위, 확 인 및 보고의 방법, 업무장소 및 보수 등에 관하여서는 이 시정명령을 받은 날부터 30일 이내에 공정거래위원회가 피심인의 의견을 들어 정한다.

3. 피심인은 이 시정명령을 받은 날부터 향후 ○년 동안 위 2.의 이행감시기구가 피심인 의 영업소에 상주하면서 원활한 업무수행을 할 수 있도록 보장하여야 하며, 업무장소, 비용, 보수 등 원활한 업무수행을 위하여 필요한 비용은 피심인이 부담한다.

〈예시 2〉

1. 피심인은 혼인예식장업을 영위하면서 거래상대방에 대하여 자기의 예식 관련 부대 물품·서비스를 이용하지 않으면 피심인의 혼인예식장을 이용할 수 없게 하는 방법 으로 정상적인 거래관행에 비추어 부당하게 다른 상품을 자기로부터 구입하도록 강 제행위를 하여서는 아니 되며, 혼인예식장 이용과 예식 관련 부대 물품·서비스는 별 개의 계약을 통해 각각 분리하여 판매하여야 한다.

2. 피심인은 공정거래위원회가 피심인의 위 1.의 이행결과를 확인하기 위하여 시정명령 을 받은 날부터 향후 ○개월 동안 현장 이행점검팀으로 하여금 피심인의 영업소에 상 주하면서 계약체결현황 등 이행과 관련된 자료를 점검할 수 있도록 보장하여야 한다.

마. 자료보관 명령

공정거래위원회는 예를 들어 시정조치의 이행점검을 용이하게 하여 시정조치의 이행을 확보하고 위반행위의 반복 우려가 있는 시장에 대한 감시를 충분히 할 수 있는 여건을 마련하기 위하여 피심인으로 하여금 일정기간 동안 시정조치 이행과 관련된 자료를 보 관하도록 하고, 상당한 통지에 의하여 공정거래위원회가 관련된 자료를 점검하고 복사 할 수 있도록 "자료보관 명령"을 명할 수 있다.

〈예시〉

피심인은 이 시정명령을 받은 날부터 향후 ○년 동안 위 1.에 해당하는 행위와 관련하여 행해진 모든 서면 연락 등 시정조치 이행을 자세히 표현하기에 충분한 관련 자료를 보관하여 공정거래위원회의 직원이 상당한 통지에 의하여 점검하고 복사할 수 있도록 하여야 한다.

Ⅷ. 유효기간

이 지침은 「훈령·예규 등의 발령 및 관리에 관한 규정」에 따라 이 지침을 발령한 후의 법령이나 현실 여건의 변화 등을 검토하여야 하는 2026년 12월 31일까지 효력을 가진다.

부 칙 〈제307호, 2018. 8. 9.〉

제1조(시행일) 이 지침은 2018년 8월 21일부터 시행한다.

제2조(종전 예규의 폐지) 종전의 독점규제 및 공정거래에 관한 법률 등의 위반행위에 관한 지침은 이를 폐지한다.

제3조(준용) 이 지침은 표시 광고의 공정화에 관한 법률 제7조(시정조치), 전자상거래 등에서의 소비자 보호에 관한 법률 제32조(시정조치), 방문판매 등에 관한 법률 제49조(시정조치), 할부거래에 관한 법률 제39조(시정조치), 가맹사업거래의 공정화에 관한 법률 제33조(시정조치), 약관의 규제에 관한 법률 제17조의2(시정조치), 하도급거래 공정화에 관한 법률 제25조(시정조치), 대규모유통업에서의 거래공정화에 관한 법률 제32조(시정명령), 대리점 거래의 공정화에 관한 법률 제23조(시정조치)에 의한 각 시정조치에 있어 필요한 범위 내에서 준용할 수 있다.

부 칙 〈제372호, 2021. 8. 17.〉

제1조(시행일) 이 예규는 2021년 8월 21일부터 시행한다.

부 칙 〈제380호, 2021. 12. 30.〉

제1조(시행일) 이 예규는 2021년 12월 30일부터 시행한다.

부 칙 〈제457호, 2023. 12. 29.〉

제1조(시행일) 이 예규는 2024년 1월 1일부터 시행한다.

공정거래위원회로부터 시정명령을 받은 사실의 공표에 관한 운영지침

[시행 2021. 12. 30.] [공정거래위원회 예규 제378호, 2021. 12. 30. 일부개정]

1. 목 적

이 지침은 「독점규제 및 공정거래에 관한 법률」(이하 "공정거래법"이라 한다), 「표시·광고의 공정화에 관한 법률」(이하 "표시·광고법"이라 한다), 「하도급거래 공정화에 관한 법률」(이하 "하도급법"이라 한다), 「방문판매 등에 관한 법률」(이하 "방문판매법"이라 한다), 「전자상거래 등에서의 소비자보호에 관한 법률」(이하 "전자상거래소비자보호법"이라 한다), 대규모 유통업에서의 거래 공정화에 관한 법률(이하 "대규모유통업법"이라 한다), 할부거래에 관한 법률(이하 "할부거래법"이라 한다), 가맹사업거래의 공정화에 관한 법률(이하 "가맹사업법"이라 한다), 약관의 규제에 관한 법률(이하 "약관규제법"이라 한다), 「대리점거래의 공정화에 관한 법률」(이하 "대리점법"이라 한다)에 따라 피심인에게 공정거래위원회로부터 시정명령을 받은 사실의 공표를 명함에 있어 이에 관한 세부집행기준을 정함으로써 공표제도를 효율적으로 운영하고 공표효과를 높이는 데 그 목적이 있다.

2. 용어의 정의

가. 중앙일간지

이 지침에서 "중앙일간지"란 「신문 등의 진흥에 관한 법률」 제2조(정의) 제1호 가목에 따른 일반일간신문(이하 "일반일간신문"이라 한다) 중 수도권지역에 발행소를 두고 전국을 대상으로 발행되는 신문을 말한다.

나. 지방일간지

이 지침에서 "지방일간지"란 일반일간신문 중 수도권지역을 제외한 특정지역에 발행소를 두고 특정지역을 대상으로 발행되는 신문을 말한다.

다. 잡지

이 지침에서 "잡지"란 「잡지 등 정기간행물의 진흥에 관한 법률」 제2조(정의) 제1호 가목에서 정한 동일한 제호로 월 1회 이하 정기적으로 발행하는 책자 형태의 간행물을 말한다.

3. 적용범위 및 공표요건

가. 적용범위

이 지침은 공정거래법 제7조(시정조치), 제14조(시정조치 등), 제37조(시정조치 등), 제42조(시정조치), 제49조(시정조치), 제52조(시정조치), 표시·광고법 제7조(시정조치), 하도급법 제25조(시정조치), 방문판매법 제49조(시정조치 등), 전자상거래소비자보호법 제32조(시정조치 등), 대규모유통업법 제32조(시정명령), 할부거래법 제39조(시정조치), 가맹사업법 제33조(시정조치), 약관규제법 제17조의2(시정조치), 대리점법 제23조 (시정조치) 등에 따라 시정명령을 받은 사실의 공표조치에 적용한다.

나. 공표요건

공정거래위원회의 시정조치에도 불구하고 위법사실의 효과가 지속되고 피해가 계속될 것이 명백한 경우로서 다음 각 호의 어느 하나에 해당하는 경우 공표를 명할 수 있다.

(1) 직접 피해를 입은 자가 불특정 다수인 경우

(2) 공표를 함으로써 피해자가 자신의 권익구제를 위한 법적 조치를 취할 수 있도록 할 필요가 있다고 인정되는 경우

(3) 허위·과장 등 부당한 표시·광고행위로 인하여 소비자에게 남아 있는 오인·기만 적 효과를 제거할 필요가 있다고 인정되는 경우

4. 법 위반 점수의 산정

가. 부당한 표시·광고행위를 제외한 법 위반행위

공표크기, 매체수 및 게재횟수 등을 정하기 위한 법 위반 점수는 다음과 같이 산출한다.

고려사항		가중치	등급(점수)		
			상(10점)	중(7점)	하(4점)
위반행위 내용		3	세부기준은 [별표 2]에 따른다.		
위반 행위 정도	위반 행위의 파급효과	3	• 관련 시장이 전국 적인 시장일 때 위반행위 효과가 3개 이상의 특별 시·광역시·도 에 미치는 경우 • 관련시장이 특정 지역 시장일 때 위반행위 효과가 그 지역 전체에 미치는 경우	• 관련시장이 전국 적인 시장일 때 위반행위 효과가 2개 이상의 특별 시·광역시·도 에 미치거나 적 어도 서울특별시 에 미치는 경우 • 관련시장이 특정 지역 시장일 때 위반행위 효과가 그 지역의 일부 에 미치는 경우	• 관련시장이 전국 적인 시장일 때 위반행위 효과가 1개의 광역시· 도 이내에만 미 치는 경우
위반 행위 정도	위반 사업자 3개년 평균 매출액	1	1조 원 이상	5천억 원 이상 1조 원 미만	5천억 원 미만

고려사항	가중치	등급(점수)		
		상(10점)	중(7점)	하(4점)
위반 기간	2	3년 이상	1년 이상 3년 미만	1년 미만
법 위반 전력	2	5회 이상	3회 이상 5회 미만	1회 이상 3회 미만

주 1) 고려사항별로 해당 가중치에 해당 등급의 점수를 곱하여 점수를 산출한 후, 각 점수를 합하여 법 위반 점수를 산출한다.

　　2) "법 위반 전력"은 해당 사건에 관하여 「공정거래위원회 회의운영 및 사건절차 등에 관한 규칙」 제29조에 따른 심사보고서가 전원회의 또는 소회의에 제출된 날부터 최근 3년간 위반사업자가 해당 법 위반행위와 동일한 법률을 위반하여 공정거래위원회로부터 시정권고 이상(시정명령, 과징금 및 고발을 포함한다)의 시정조치를 받은 횟수를 말한다.

나. 허위·과장 등 부당한 표시·광고행위

　　허위·과장 등 표시·광고행위에 대하여는 부당한 표현의 내용 및 정도, 부당한 표시·광고의 규모, 표시·광고 내용 중 부당한 표현이 차지하는 비중, 부당한 표시·광고의 지역적 확산 정도를 고려한 [별표 3]의 기준에 따라 법 위반점수를 산출한다.

5. 공표에 관한 운영지침

　가. 공표방법

　　(1) 공정거래위원회(이하 "위원회"라 한다)는 피심인에게 시정명령을 받은 날부터 30일 이내에 해당 시정명령을 받은 사실 등을 신문·잡지 등 간행물, 사업장 또는 전자매체에 공표하도록 한다. 다만, 피심인의 법 위반 정도, 과거 법 위반 점수, 공표의 실효성 등을 고려하여 신문, 사업장 또는 전자매체에 공표하도록 할 수 있으며, 시정명령을 받은 사실의 조속한 공표 필요성 등을 고려하여 위 기간을 조정할 수 있다.

　　(2) 위원회는 피심인별로 공표하도록 하되, 필요하다고 인정하는 경우는 연명으로 공표하도록 할 수 있다.

　　(3) 법 위반사업자들 중 일부만 이행 의사를 밝혀 오거나, 수 개의 법 위반사실 중 일부만 효력정지 또는 패소하는 경우 및 그 밖의 사항에 대한 이행 여부 등에 대해서는 위원회의 새로운 의결을 거쳐 정할 수 있다.

　나. 간행물공표

　　(1) 매체선정

　　　위원회는 법 위반으로 인한 파급효과를 고려하여 시정명령을 받은 사실 등을 중앙일간지(全版)나 지방일간지(全版), 잡지 또는 그 밖의 간행물에 게재하도록 한다. 다만, 법 위반사실이 일간지, 잡지, 그 밖의 간행물 광고를 통하여 이루어진 경우는 해당 일간지(全版), 잡지, 그 밖의 간행물에 게재하도록 한다.

(가) 법 위반으로 인한 파급효과가 전국적인 사건

    1) 피심인의 공표명령 이행 협의 요청일부터 1년간 소급하여 광고횟수 또는 광고비가 많은 순으로 해당 중앙일간지(全版)에 게재하도록 한다. 다만, 광고 실적이 없는 경우에는 중앙 일반일간지(全版)에 게재하도록 할 수 있다.

    2) 제1)호의 규정에도 불구하고 법 위반행위가 부당광고에 해당되는 경우에는 해당 광고를 많이 한 매체 순으로 게재하도록 할 수 있다.

    3) 법 위반의 정도가 크고 소비자 오인성이 심한 경우에는 제1)호 및 제2)호의 규정에도 불구하고 특정 일간지를 지정하여 게재하도록 할 수 있다.

(나) 법 위반으로 인한 파급효과가 특정 지역에 국한되는 사건

    1) 법 위반을 한 피심인의 소재지를 발행 대상지역으로 하는 지방일간지(全版)에 게재하도록 하되 위 (가)항 1)호 또는 2)호를 준용할 수 있다.

    2) 법 위반의 정도가 크고 소비자 오인성이 심한 경우 (가)항 3)호를 적용할 수 있다.

(다) 기업의 법 위반행위의 특성상 특수지, 전문지(예 : 농민·축산신문 등)에 게재하는 것이 더 효과적이라고 판단되는 경우는 해당 특수지, 전문지 등에 게재하도록 할 수 있다.

(2) 공표일

위원회는 시정명령을 받은 사실 등을 토요일, 일요일, 공휴일을 제외한 평일에 게재하도록 한다.

(3) 게재면

(가) 위원회는 신문의 게재면을 2면, 3면, 사회면, 경제면 중에서 택일하도록 하되, 법 위반 점수가 부당한 표시·광고행위를 제외한 법 위반행위의 경우 51점 이상, 부당한 표시·광고행위의 경우 71점 이상인 때는 사회면 또는 경제면 중에서 택일하도록 한다.

(나) 스포츠신문인 경우에는 2면, 3면 또는 사회면 중에서 택일하도록 하되, 부득이한 경우 게재면을 위원회와 협의하여 조정할 수 있다.

(다) 연명으로 공표하고자 하는 경우 위 (가)의 법 위반 점수는 각 피심인별 법 위반 점수를 산술평균하여 산출한다.

(4) 공표문안 및 글자크기

위원회는 원칙적으로 공표문안, 글자크기 및 테두리의 모양을 〔별표1〕의 표준공표양식에 따르도록 한다. 다만, 위 5. 가. (2)에 따른 연명공표의 경우 글자크기 등을 위원회가 달리 정할 수 있다.

(가) 공표제목에는 시정명령을 받은 사실을 명료하게 표시하여야 한다.

〈예시〉 공정거래위원회로부터 시정명령을 받은 사실의 공표

(나) 공표내용에는 일반소비자에게 널리 알려진 법 위반사업자의 사업장명이 따로 있는 경우 함께 쓰고, 해당 시정명령을 받은 사실을 원칙적으로 6하원칙에 따라 구체적으로 기재하여야 한다.

〈예시〉 저희 ㈜○○(△△백화점)은 ······.

(다) 공표제목, 피심인의 회사명 및 대표자, 법 위반행위, 공정거래위원회, 시정명령의 표시는 선명하게 부각되도록 글자를 고딕체로 하여 색도를 진하게 하여야 한다.

(라) 공표문을 둘러싸는 겹 테두리를 사각형으로 표시하되 겹 테두리의 가운데 여백은 1㎜, 바깥쪽과 안쪽 테두리의 두께는 각각 0.5㎜의 규격으로 검게 표시하여야 한다.

(5) 공표크기 및 매체수

(가) 원칙

공표크기, 매체수 및 게재횟수는 법 위반 점수에 따라 다음과 같다.

1) 부당한 표시·광고행위를 제외한 법 위반행위

법 위반점수	공표크기	매체수(개)	게재횟수(회)
50점 이하	3단 × 10㎝	1	1
51점 이상 ~ 60점 이하	5단 × 12㎝	1	1
61점 이상 ~ 80점 이하	5단 × 15㎝	2	1
81점 이상	5단 × 18.5㎝	2	1

2) 허위·과장 등 부당한 표시·광고행위

법 위반점수	공표크기	매체수(개)	게재횟수(회)
70점 이하	3단 × 10㎝	1	1
71점 이상 ~ 80점 이하	5단 × 12㎝	1	1
81점 이상 ~ 90점 이하	5단 × 15㎝	2	1
91점 이상	5단 × 18.5㎝	2	1

(나) 예외

1) 경쟁저해성 또는 소비자 오인성의 정도, 상습·악질성 여부 등에 따라서 공표크기는 5단×37㎝까지, 매체수 및 게재횟수는 2배까지 확대 조정할 수 있다.

2) 아래 각 목의 어느 하나에 해당하는 경우는 위 (가)의 원칙에도 불구하고 실제 법 위반 점수의 2분의 1의 범위에서 감경 조정할 수 있다.

가) 경쟁저해성 또는 소비자 오인성의 정도가 현저히 낮다고 인정되는 경우

나) 일반소비자, 대리점 등 다수의 거래상대방이 존재하는 업종에 속한다고

인정되는 피심인 또는 다수의 지사·지점·영업소 등이 전국에 걸쳐 있는 피심인 등으로서 법 위반행위의 발생 가능성이 다른 업종 또는 사업자(사업자 단체를 포함한다)에 비해 현저히 높아 실제 그대로 산출할 경우 형평성에 문제가 있다고 인정되는 경우

(6) 위원회는 피심인이 신문 등의 매체에 공표를 완료한 날부터 10일 이내에 그 이행 여부를 확인하여야 한다. 이 경우 위원회는 피심인의 협조를 받을 수 있다.

다. 사업장 공표

(1) 공표대상 및 장소

(가) 위원회는 피심인의 해당 법 위반행위가 소비자에게 직접 영향을 주는 경우에는 피심인의 사업장에 공표하도록 할 수 있다.

(나) 공표장소는 피심인의 사업장의 정문 출입구, 승강기입구, 게시판 등 소비자들이 출입하는 곳 중에서 공표사실을 가장 쉽게 볼 수 있는 곳으로 한다.

(2) 공표문안 및 글자크기

원칙적으로 〔별표 1〕의 표준공표양식을 적용한다.

(3) 공표기간 및 공표크기

(가) 공표기간은 원칙적으로 7일(휴업일 제외)로 하되, 경쟁저해성·소비자 오인성 또는 법 위반의 상습·악질성 등을 고려하여 5일의 범위에서 연장하거나 단축할 수 있다.

(나) 공표크기는 전지규격(78.8㎝×109㎝)으로 한다.

(4) 사업장 공표의 시행

(가) 위원회는 해당 공표장소에 공표문을 부착 또는 게시 등의 형태로 공표하도록 하되, 위원회의 관인이 날인된 스티커를 공표문에 부착하도록 한다.

(나) 위원회는 피심인에게 공표문을 무단 훼손하거나 공표장소를 무단 변경하는 경우 시정명령 불이행으로 처벌될 수 있음을 의결내용과 함께 통지한다.

(다) 위원회는 공표기간 중 1회 이상 현장 점검을 통해 이행 여부를 확인하여야 한다. 이 경우 위원회는 피심인의 협조를 받을 수 있다.

라. 전자매체 공표

(1) 위원회는 법 위반행위가 인터넷상에서 발생하거나 또는 인터넷으로 공표하는 것이 더 효율적이라고 인정하는 경우는 해당 인터넷 매체 또는 피심인 홈페이지의 초기화면 팝업창에 공표하게 할 수 있다. 다만, 팝업창 설정 방식 등에 대해서는 해당 웹사이트의 특성을 고려하여 위원회와 피심인이 협의하여 정하도록 한다.

(2) 공표문안·크기

(가) 공표문안은 원칙적으로 〔별표 1〕의 표준공표문안으로 한다.

(나) 공표크기는 원칙적으로 해당 웹사이트 전체화면의 6분의 1로 하되, 경쟁저해성·소비자 오인성의 정도, 상습·악질성 여부 등에 따라 그 크기를 웹사이트 화면의 2분의 1까지 확대 조정할 수 있다.

(3) 공표기간

(가) 원칙

공표기간은 산정된 법 위반 점수에 따라 다음과 같다.

1) 부당한 표시·광고 행위를 제외한 법 위반행위

법 위반점수	공표기간
50점 이하	2일 이상 5일 미만
51점 이상 ~ 60점 이하	5일 이상 7일 미만
61점 이상 ~ 80점 이하	7일 이상 10일 미만
81점 이상	10일 이상 12일 이하

2) 허위·과장 등 부당한 표시·광고 행위

법 위반점수	공표기간
70점 이하	2일 이상 5일 미만
71점 이상 ~ 80점 이하	5일 이상 7일 미만
81점 이상 ~ 90점 이하	7일 이상 10일 미만
91점 이상	10일 이상 12일 이하

(나) 예 외

다음 각 호의 어느 하나에 해당하는 경우에는 실제 법 위반 점수의 2분의 1의 범위에서 감경 조정할 수 있다.

1) 경쟁저해성 또는 소비자 오인성의 정도가 현저히 낮다고 인정되는 경우

2) 일반소비자, 대리점 등 다수의 거래상대방이 존재하는 업종에 속한다고 인정되는 피심인 또는 다수의 지사·지점·영업소 등이 전국에 걸쳐 있는 피심인 등으로서 법 위반행위의 발생 가능성이 다른 업종 또는 사업자(사업자 단체를 포함한다)에 비해 현저히 높아 실제 그대로 산출할 경우 형평성에 문제가 있다고 인정되는 경우

(4) 글자크기·모양·색상, 공표일정 등에 대해서는 해당 웹사이트 특성을 고려하여 위원회와 피심인이 협의하여 정하도록 한다.

6. 공정거래 자율준수프로그램의 모범적 설계·운용에 따른 감면

위반사업자가 「공정거래 자율준수프로그램 운영 및 유인 부여 등에 관한 규정」 Ⅳ.에 따른 CP 등급평가에서 AAA 등급을 받은 경우에는 위 5.에 따른 공표를 면제할 수 있고, AA

또는 A 등급을 받은 경우에는 위 5. 나. (5)에 따른 간행물공표에 대한 공표크기 및 매체수를 1단계 하향 조정할 수 있으며, 이 경우 5. 다. (3) (가) 및 라. (2) (나)에 따른 사업장공표 또는 전자매체공표에 대한 공표기간을 추가로 단축할 수 있다.

6-1. 소비자중심경영 인증기업에 대한 감면

    가. 위원회는 위반사업자가 「소비자기본법」 제20조의2(소비자중심경영의 인증)에 따른 소비자중심경영인증을 받은 경우는 위 5. 나. (5)에 따른 간행물공표에 대해서는 공표크기 및 매체수를 1단계 하향 조정할 수 있고, 위 5. 다. (3) (가) 및 라. (2) (나)에 따른 사업장 공표 또는 전자매체 공표에 대해서는 공표기간을 추가로 단축할 수 있다.

    나. 위원회는 위반사업자가 「소비자기본법」 제20조의2(소비자중심경영의 인증)에 따른 소비자중심경영인증을 받고 해당 위반행위를 자진 시정하였다고 인정되는 경우는 공표를 면제할 수 있다.

7. 이행확보 관련사항

    가. 이행기한의 만료 후 10일 이내에 이행 여부를 확인하고, 위원회는 공표명령을 받은 피심인이 공표명령을 이행하지 아니하는 경우 10일 이내의 기간을 정하여 1차 촉구하고 1차 촉구 기간이 경과 후에도 이행하지 아니하는 경우 10일 이내의 기간을 정하여 2차 촉구하고 불이행시 정당한 사유가 없는 한 고발한다. 다만, 고발 결정 때까지 이행을 완료한 경우는 고발하지 아니한다.

    나. 이행한 내용이 주문 취지와 완전히 일치하지 아니하여 그 이행 여부에 대한 판단이 불분명한 경우에는 위원회에 부의할 수 있다.

8. 재검토기한

    공정거래위원회는 「훈령·예규 등의 발령 및 관리에 관한 규정」에 따라 이 예규에 대하여 2018년 1월 1일을 기준으로 매 3년이 되는 시점(매 3년째의 12월 31일까지를 말한다)마다 그 타당성을 검토하여 개선 등의 조치를 하여야 한다.

부 칙 〈제378호, 2021. 12. 30.〉

제1조(시행일) 이 예규는 발령한 날부터 시행한다. 다만, 별표 2 중 하도급법 위반행위 부분의 개정 규정은 2022년 2월 18일부터 시행한다.

[별표 1] 표준공표양식

1. 표준공표문안

<table>
<tr><td>공정거래위원회로부터 시정명령을 받은 사실의 공표</td><td>—— 공표제목</td></tr>
<tr><td>저희 회사(△백화점, ○협회)는 ○○기간 중 ○○에 대하여 ○○방식으로 ○○행위를 하여 독점규제 및 공정거래에 관한 법률을 위반하였다는 이유로 공정거래위원회로부터 시정명령을 받았습니다.</td><td>—— 공표내용</td></tr>
<tr><td>○○○○년 ○월 ○일
○○주식회사
대표(이사) ○○○</td><td>—— 공 표 자</td></tr>
</table>

2. 글자크기

구 분	공표제목	공표내용	공표자
신문 공표			
• 5단 × 37cm	42P 이상	22P 이상	31P 이상
• 5단 × 18.5cm	31P 이상	14P 이상	22P 이상
• 5단 × 15cm	26P 이상	12P 이상	20P 이상
• 5단 × 12cm	22P 이상	11P 이상	16P 이상
• 3단 × 10cm	20P 이상	11P 이상	14P 이상
사업장 공표 全紙 크기 (78.8cm × 109cm)	3.0cm × 4.5cm 이상	2.5cm × 3.5cm 이상	3.0cm × 4.5cm 이상

[별표 2] 공표크기 등 결정을 위한 부당한 표시·광고행위를 제외한 법 위반행위의 위반행위 내용 평가기준

법률별 위반행위 유형		등급(점수)		
		상(10점)	중(7점)	하(4점)
가맹사업법 위반행위	제12조 제1항, 제12조의2 제1항, 제2항, 제12조의3 제1항, 제2항, 제12조의4 제1항, 제3항 위반행위	• 위반행위로 인해 경쟁사업자 또는 거래상대방에게 상당한 손해가 실제로 발생하였거나 또는 상당한 손해가 발생할 우려가 있는 경우	• 위반행위로 인해 경쟁사업자 또는 거래상대방에게 경미한 손해가 실제로 발생하였거나 또는 경미한 손해가 발생할 우려가 있는 경우	• 위반행위로 인해 경쟁사업자 또는 거래상대방에게 손해가 거의 발생하지 않았거나 또는 손해가 발생할 우려가 거의 없는 경우
	제6조의5 제1항, 제4항, 제7조 제3항, 제9조 제1항, 제10조 제1항, 제11조 제1항, 제2항, 제14조의2 제5항, 제15조의2 제3항	• 제9조 제1항 위반에 해당하는 행위	• 제6조의5 제1항·4항, 제7조 제3항, 제15조의2 제6항 위반에 해당하는 행위	• 제10조 제1항, 제11조 제1항·제2항, 제14조의2 제5항, 제15조의2 제3항 위반에 해당하는 행위

2) 과징금 부과(과징금납부명령)

가맹사업법	제35조 (과징금)

법 률	시행령
제35조(과징금) ① 공정거래위원회는 제6조의5 제1항·제4항, 제7조 제3항, 제9조 제1항, 제10조 제1항, 제11조 제1항·제2항, 제12조 제1항, 제12조의2 제1항·제2항, 제12조의3 제1항·제2항, 제12조의4, 제12조의5, 제12조의6 제1항, 제14조의2 제5항, 제15조의2 제3항·제6항을 위반한 가맹본부에 대하여	제34조(과징금의 산정방법 등) ① 법 제35조 제1항 본문에서 "대통령령으로 정하는 매출액"이란 해당 가맹본부가 위반 기간(위반행위의 개시일부터 종료일까지의 기간을 말한다. 이하 이 조에서 같다) 동안 관련 가맹점사업자 또는 가맹희망자에게 판매한 상품이나 용역의 매출액 또는 이에 준하는 금액(이하 "관련매출액"

법　률	시행령
대통령령으로 정하는 매출액(대통령령으로 정하는 사업자의 경우에는 영업수익을 말한다. 이하 같다)에 100분의 2를 곱한 금액을 초과하지 아니하는 범위에서 과징금을 부과할 수 있다. 다만, 그 위반행위를 한 가맹본부가 매출액이 없거나 매출액의 산정이 곤란한 경우로서 대통령령으로 정하는 경우에는 5억 원을 초과하지 아니하는 범위에서 과징금을 부과할 수 있다. 〈개정 2016. 3. 29., 2018. 1. 16.〉 ② 공정거래위원회는 제1항에 따라 과징금을 부과하는 경우에는 다음 각 호의 사항을 고려하여야 한다. 1. 위반행위의 내용 및 정도 2. 위반행위의 기간 및 횟수 3. 위반행위로 취득한 이익의 규모 등 ③ 이 법을 위반한 회사인 가맹본부가 합병을 하는 경우에는 그 가맹본부가 한 위반행위는 합병 후 존속하거나 합병으로 설립되는 회사가 한 위반행위로 보아 과징금을 부과·징수할 수 있다. ④ 공정거래위원회는 이 법을 위반한 회사인 가맹본부가 분할되거나 분할합병되는 경우 분할되는 가맹본부의 분할일 또는 분할합병일 이전의 위반행위를 다음 각 호의 어느 하나에 해당하는 회사의 행위로 보고 과징금을 부과·징수할 수 있다. 1. 분할되는 회사 2. 분할 또는 분할합병으로 설립되는 새로운 회사 3. 분할되는 회사의 일부가 다른 회사에 합병된 후 그 다른 회사가 존속하는 경우 그 다른 회사 ⑤ 공정거래위원회는 이 법을 위반한 회사인 가맹본부가 「채무자 회생 및 파산에 관한 법률」 제215조에 따라 신회사를 설립하	이라 한다)을 말한다. 〈개정 2014. 2. 11.〉 ② 법 제35조 제1항 본문에서 "대통령령으로 정하는 사업자"란 상품 또는 용역의 대가의 합계액을 재무제표 등에서 영업수익으로 적는 사업자를 말한다. 〈신설 2014. 2. 11.〉 ③ 법 제35조 제1항 단서에서 "대통령령으로 정하는 경우"란 다음 각 호의 어느 하나에 해당하는 경우를 말한다. 〈신설 2014. 2. 11.〉 1. 영업중단 등으로 인하여 영업실적이 없는 경우 2. 위반 기간 등을 확정할 수 없어 관련매출액의 산정이 곤란한 경우 3. 재해 등으로 인하여 매출액 산정자료가 소멸 또는 훼손되는 등 객관적인 매출액의 산정이 곤란한 경우 ④ 법 제35조 제1항에 따른 과징금의 부과기준은 별표 4의2와 같다. 〈신설 2014. 2. 11.〉 ⑤ 그 밖에 과징금의 부과절차에 필요한 세부사항은 공정거래위원회가 정하여 고시한다. 〈개정 2014. 2. 11.〉 [전문개정 2008. 1. 31.]

법　률	시행령
는 경우에는 기존 회사 또는 신회사 중 어느 하나의 행위로 보고 과징금을 부과·징수할 수 있다. ⑥ 제1항에 따른 과징금의 부과기준은 대통령령으로 정한다. [전문개정 2013. 8. 13.]	

【가맹사업법 시행령 [별표 4의2]】

과징금의 부과기준

(제34조 제4항 관련)

1. 과징금 부과여부의 결정

과징금은 위반행위의 내용 및 정도를 우선적으로 고려하고, 시장상황 등을 종합적으로 고려하여 그 부과여부를 결정하되, 다음 각 목의 어느 하나에 해당하는 경우는 원칙적으로 과징금을 부과한다.

가. 가맹사업의 공정한 거래질서를 크게 저해하는 경우

나. 가맹점사업자 등에게 미치는 영향이 큰 경우

다. 위반행위에 의하여 부당이득이 발생한 경우

라. 그 밖에 가목부터 다목까지에 준하는 경우로서 공정거래위원회가 정하여 고시하는 경우

2. 과징금의 산정기준

과징금은 법 제35조 제2항 각 호의 사항과 이에 영향을 미치는 사항을 고려하여 산정하되, 가목에 따른 기본 산정기준에 나목에 따른 위반행위의 기간 및 횟수 등에 따른 조정과 다목에 따른 가맹본부의 고의·과실 등에 따른 조정을 거쳐 라목에 따른 부과과징금을 산정한다.

가. 기본 산정기준

　　1) 법 제35조 제2항 제1호에 따른 위반행위의 내용 및 정도에 따라 위반행위의 중대성 정도를 "중대성이 약한 위반행위", "중대한 위반행위", "매우 중대한 위반행위"로 구분하고, 위반행위의 중대성의 정도별로 2)의 기준에 따라 산정한다.

　　2) 가맹본부의 관련매출액에 중대성의 정도별로 정하는 부과기준율을 곱하여 산정한다. 다만, 제34조 제3항 각 호의 어느 하나에 해당하는 경우는 5억 원 이내에서 중대성의 정도를 고려하여 산정한다.

3) 위반기간은 위반행위의 개시일부터 종료일까지의 기간으로 하며, 관련매출액은 가맹 본부의 회계자료 등을 참고하여 정하는 것을 원칙으로 한다.

나. 위반행위의 기간 및 횟수 등에 따른 조정(이하 "1차 조정"이라 한다)

법 제35조 제2항 제2호에 따른 위반행위의 기간 및 횟수를 고려하여 기본 산정기준의 100분의 50의 범위에서 공정거래위원회가 정하여 고시하는 기준에 따라 조정한다.

다. 가맹본부의 고의·과실 등에 따른 조정(이하 "2차 조정"이라 한다)

법 제35조 제2항 각 호의 사항에 영향을 미치는 가맹본부의 고의·과실, 위반행위의 성 격과 사정 등의 사유를 고려하여 1차 조정된 기본 산정기준의 100분의 50의 범위에서 공정거래위원회가 정하여 고시하는 기준에 따라 조정한다.

라. 부과과징금

1) 가맹본부의 현실적 부담능력이나 그 위반행위가 시장에 미치는 효과, 그 밖에 시장 또는 경제여건 및 법 제35조 제2항 제3호에 따른 위반행위로 취득한 이익의 규모 등 을 충분히 반영하지 못하여 과중하다고 인정되는 경우는 2차 조정된 기본 산정기준의 100분의 50의 범위에서 감액하여 부과과징금으로 정할 수 있다. 다만, 가맹본부의 과징 금 납부능력의 현저한 부족, 가맹본부가 속한 시장·산업 여건의 현저한 변동 또는 지 속적 악화, 경제위기, 그 밖에 이에 준하는 사유로 불가피하게 100분의 50을 초과하여 감액하는 것이 타당하다고 인정되는 경우는 100분의 50을 초과하여 감액할 수 있다.

2) 2차 조정된 기본 산정기준을 감액하는 경우는 공정거래위원회의 의결서에 그 이유를 명시하여야 한다.

3) 가맹본부의 채무상태가 지급불능 또는 지급정지 상태에 있거나 부채의 총액이 자산의 총액을 초과하는 등의 사유로 인하여 가맹본부가 객관적으로 과징금을 납부할 능력 이 없다고 인정되는 경우는 과징금을 면제할 수 있다.

3. 세부기준의 제정

기본 산정기준의 부과기준율, 관련매출액 산정에 관한 세부기준, 1차 조정 및 2차 조정, 그 밖에 과징금의 부과에 필요한 세부적인 기준과 방법 등에 관한 사항은 공정거래위원회가 정하여 고시한다.

가) 원칙

공정거래위원회는 가맹사업법을 위반한 가맹본부에게 가맹사업법 위반 기간[94] 동안

---

94) 가맹본부의 가맹사업법 위반행위의 개시일부터 종료일까지를 말한다.

관련 가맹점사업자 또는 가맹희망자에게 판매한 상품이나 용역의 매출액 또는 이에 준하는 금액(이하 "관련 매출액"이라 한다)에 100분의 2를 곱한 금액을 초과하지 아니하는 범위에서 과징금을 부과할 수 있다.[95] 이와 같은 과징금 부과 관련 법률의 근거는 가맹사업법 제35조 제1항이다.

다만, 가맹사업법을 위반한 가맹본부가 관련 매출액이 없거나 관련 매출액 산정이 곤란한 경우로서 첫째, 영업 중단 등으로 인하여 영업실적이 없는 경우 둘째, 위반 기간 등을 확정할 수 없어 관련 매출액의 산정이 곤란한 경우 셋째, 재해 등으로 인하여 매출액 산정자료가 소멸 또는 훼손되는 등 객관적인 매출액의 산정이 곤란한 경우에는 5억 원을 초과하지 아니하는 범위에서 과징금을 부과할 수 있다.[96]

구체적으로 그 내용을 살펴보면, 가맹본부가 가맹사업법 제6조의5 제1항·제4항, 제7조 제3항, 제9조 제1항, 제10조 제1항, 제11조 제1항·제2항, 제12조 제1항, 제12조의2 제1항·제2항, 제12조의3 제1항·제2항, 제12조의4, 제12조의5, 제12조의6 제1항, 제14조의2 제5항, 제15조의2 제3항·제6항을 위반하였을 때 공정거래위원회는 해당 가맹본부에게 과징금을 부과할 수 있다.

이러한 공정거래위원회가 과징금을 부과할 수 있는 가맹본부의 가맹사업법 위반행위는 시정조치의 대상이 되는 가맹사업법 위반행위와 같다.

공정거래위원회는 가맹본부의 가맹사업법 위반내용 및 정도를 우선 고려하고, 시장 상황 등을 종합적으로 고려하여 그 부과 여부를 결정하되, 첫째, 가맹사업의 공정한 거래질서를 크게 저해하는 경우 둘째, 가맹점사업자 등에게 미치는 영향이 큰 경우 셋째, 위반행위로 인하여 부당이득이 발생하는 경우 넷째, 그 밖에 첫째부터 셋째까지의 내용에 준하는 경우로서 공정거래위원회가 정하여 고시하는 경우는 과징금을 부과하는 것을 원칙으로 한다.

한편, 공정거래위원회가 고시한 것에 대하여 살펴보면, 가맹사업법을 위반한 가맹본부가 과거 5년간 2회 이상 가맹사업법 위반으로 조치[97] 받고 위반 횟수 가중치의 합산이

---

95) 공정거래위원회의 실무에서는 "정률 과징금"이라고 한다.
96) 공정거래위원회의 실무에서는 "정액 과징금"이라고 한다.
97) 공정거래위원회의 행정처분 중 경고 이상을 포함하되 시정조치의 대상이 아닌 위반행위에 대하여 경고한 경우는 제외한다. 사건절차규칙에 따라 조치하는 경고(처분) 이상을 포함한다는 의미로 해석된다.

3점 이상의 경우에는 원칙적으로 과징금을 부과하여야 한다. 다만, 당해 행위의 위반행위의 정도가 경미하거나 가맹사업법 위반내용의 자진 시정 등의 이유로 경고에 해당하는 경우는 과징금을 부과하지 않을 수도 있다.

나) 과징금 산정

(1) 산정기준

산정기준은 위반행위를 그 내용 및 정도에 따라 "중대성이 약한 위반행위", "중대한 위반행위", "매우 중대한 위반행위"로 구분한 후 해당하는 중대성의 정도에 따라 정해진 부과 기준율[98] 또는 부과 기준금액[99]을 적용하여 정한다.

정률 과징금의 경우, 위반행위 중대성의 정도는 가맹사업법 위반사업자에 대한 과징금 부과기준에 관한 고시 [별표] 세부평가기준표에 따라 산정된 점수를 기준으로 2.2점 이상은 매우 중대한 위반행위(부과 기준율 1.6% 이상 2.0% 이하), 1.4점 이상 2.2점 미만은 중대한 위반행위(부과 기준율 0.8% 이상 1.6% 미만), 1.4점 미만은 중대성이 약한 위반행위(부과 기준율 0.1% 이상 0.8% 미만)로 구분한다.

정액 과징금의 경우, 위반행위 중대성의 정도를 판단하는 기준 점수는 정률 과징금의 경우와 같다. 다만, 매우 중대한 위반행위의 부과 기준금액은 4억 원 이상 5억 이하, 중대한 위반행위의 부과 기준금액은 2억 원 이상 4억 원 미만, 중대성이 약한 위반행위의 부과 기준금액은 5백만 원 이상 2억 원 미만으로 한다.

이상의 내용을 종합하면 정률 과징금의 산정기준을 산출하는 경우 부과 기준율은 100분의 2를 초과하지 못하고, 정액 과징금의 산정기준을 산출하는 경우 부과 기준금액은 5억 원을 초과하지 못한다.

(2) 1차 조정 (위반행위 기간 및 위반행위 횟수에 의한 조정으로 가중)

가맹본부의 가맹사업법 위반행위의 기간 및 위반행위의 횟수에 따라 가중 사유가 인정

---

98) 가맹사업법 시행령 제34조 제1항에서 규정하고 있는 관련 매출액 즉, 가맹본부가 법 위반 기간 동안 관련 가맹점사업자 또는 가맹희망자에게 판매한 상품이나 용역의 매출액 또는 이에 준하는 금액에 대한 산정이 가능한 경우에 적용하는 과징금 부과 기준율을 말하는데, 부과 기준율을 기준으로 과징금 산정기준을 정하는 경우를 공정거래위원회의 실무에서는 "정률 과징금"이라고 한다.

99) 가맹사업법 제35조 제1항 단서 규정에 따라 법 위반행위를 한 가맹본부가 관련 매출액이 없거나 산정이 곤란한 경우에 적용하는 과징금 부과 기준금액을 말하는데, 부과 기준금액을 기준으로 과징금 산정기준을 정하는 경우를 공정거래위원회의 실무에서는 "정액 과징금"이라고 한다.

되는 경우 각각의 가중비율의 합을 산정기준에 곱하여 산정된 금액을 산정기준에 더하는 방법으로 조정한다. 다만, 가중되는 금액은 산정기준의 100분의 50 범위를 초과하지 못한다. 이러한 1차 조정은 가맹본부의 가맹사업법 위반행위의 기간 및 위반행위의 횟수를 기준으로 가중에 따른 조정만 있다.

(가) 위반행위의 기간에 의한 조정

산정기준을 정하는 과정에서 위반 기간이 고려되지 않은 경우는 다음과 같이 위반 기간에 따라 산정기준을 조정한다.

첫째, 위반 기간이 1년 이내의 경우 산정기준을 그대로 유지한다.

둘째, 위반 기간이 1년 초과 2년 이내의 경우 산정기준의 100분의 10에 해당하는 금액을, 2년 초과 3년 이내의 경우 산정기준의 100분의 20에 해당하는 금액을 가산한다.

셋째, 위반 기간이 3년을 초과하는 경우 산정기준의 100분의 50에 해당하는 금액을 가산한다.

(나) 위반 횟수에 의한 조정

과거 5년간 2회 이상 가맹사업법 위반으로 조치(경고 이상을 포함하되 시정조치의 대상이 아닌 위반행위에 대하여 경고를 한 경우는 제외한다)를 받고 위반 횟수 가중치[100]의 합산이 3점 이상의 경우 3회 조치부터 다음과 같이 산정기준을 가중할 수 있다.

첫째, 과거 5년간 2회 이상 가맹사업법 위반으로 조치(경고 이상)를 받고 위반 횟수 가중치의 합산이 3점 이상의 경우 100분의 20 이내

둘째, 과거 5년간 3회 이상 가맹사업법 위반으로 조치(경고 이상)를 받고 위반 횟수 가중치의 합산이 5점 이상의 경우 100분의 40 이내

셋째, 과거 5년간 4회 이상 가맹사업법 위반으로 조치(경고 이상)를 받고 위반 횟수 가중치의 합산이 7점 이상의 경우 100분의 50 이내

---

100) 가맹사업법 위반사업자에 대한 과징금 부과기준에 대한 고시 Ⅱ. 10. 나.

| 시정조치 유형별 위반횟수 가중치 기준 |

유 형	경 고	시정권고	시정명령	과징금	고 발
가중치	0.5	1.0	2.0	2.5	3.0

| 1차 조정 : 위반행위 기간 및 위반행위 횟수 조정(가중) |

구 분	조정대상 요건	산정기준(가중)
위반 기간	1년 이내	유지
	1년 초과 2년 이내	20/100
	3년 초과	50/100
위반횟수	과거 5년간 2회 이상 & 가중치 3점 이상	20/100 이내
	과거 5년간 3회 이상 & 가중치 5점 이상	40/100 이내
	과거 5년간 4회 이상 & 가중치 7점 이상	50/100 이내

(3) 2차 조정 (조사 협조, 자진 시정 등에 의한 조정으로 감경)

감경 사유가 인정되는 경우 각각의 감경 비율의 합을 1차 조정된 산정기준에 곱하여 산정된 금액을 1차 조정된 산정기준에서 빼는 방법으로 한다. 다만, 감경되는 금액은 1차 조정된 산정기준의 100분의 50 범위를 초과하지 못한다.

(가) 조사·심의 협조 등

첫째, 위원회의 조사단계에서 위법성 판단에 도움이 되는 자료를 제출하는 등 적극 협조한 경우 100분의 10 이내

둘째, 위원회 심의의 신속하고 효율적인 운영에 적극 협력하고 심리 종결 시까지 행위사실을 인정하는 경우 100분의 10 이내

(나) 사건절차규칙 제69조 제1항에 따라 소회의의 약식 심의 결과를 수락하는 경우 100분 10 이내. 다만, 이 경우 위원회 심의의 신속하고 효율적인 운영에 적극 협력하고 심리 종결 시까지 행위사실을 인정하는 경우에도 해당하는 것으로 보아 100분의 10 이내 추가 감경할 수 있다.

(다) 위반행위를 자진 시정한 경우

첫째, 피해의 원상회복 등 위반행위의 효과를 실질적으로 제거한 경우 100분의 20 이상 100분의 30 이내

둘째, 위반행위의 효과를 상당 부분 제거한 경우 100분의 10 이상 100분의 20 이내

셋째, 위 두 가지의 경우에는 해당하지 아니하나, 위반행위 효과를 제거하기 위해 적극적으로 노력하였고 자신의 귀책 사유 없이 위반행위 효과가 제거되지 아니한 경우 100분의 10 이내

넷째, 위 첫째 내지 셋째의 자진 시정이 조사가 개시된 이후 또는 심사보고서의 송부 이후에 이루어진 경우는 각각 감경률을 축소할 수 있다.

(라) 위반행위가 통상의 업무수행 과정에서 발생할 수 있는 가벼운 과실에 의한 것임이 명백한 경우 100분의 10 이내

| 2차 조정 : 조사 협조, 자진 시정 등 조정(감경) |

구 분	조정대상 요건	1차 조정 산정기준(감경)
조사·심의 협조 등	조사단계 위법성 판단 도움 자료 제출	10/100 이내
	심의단계 적극 협력 행위사실 인정	10/100 이내
약식 소회의	약식 소회의 심의 결과를 수락한 경우	10/100 이내
자진 시정	피해 원상회복 등 위반행위 효과를 실질적으로 제거한 경우	20/100 이상 30/100 이내
	위반행위 효과를 상당 부분 제거한 경우	10/100 이상 20/100 이내
	적극적으로 위반행위 효과를 제거하기 위하여 노력한 경우(귀책 사유 없는 경우)	10/100 이내
	조사개시/심사보고서 송부 이후 자진시정	감경률 축소
통상 업무수행에서 발생할 수 있는 가벼운 과실이 명백한 경우		10/100 이내

(4) 부과과징금

(가) 가맹본부의 현실적 부담 능력, 시장 또는 경제 여건, 위반행위가 시장에 미치는 효과 및 위반행위로 인해 취득한 이익의 규모 등을 충분히 반영하지 못하여 과중하다고 인정되는 경우 공정거래위원회는 그 이유를 의결서에 명시하고, 2차 조정된 산정기준을 다음과 같이 조정하여 부과과징금을 결정할 수 있다. 다만, 위반 가맹본부의 현실적 부담 능력과 관련한 감경의 경우로서 부과받을 과징금 납부로 인해 단순히 자금 사정에 어려움이 예상되는 경우(공정거래법 제103조에 따른 과징금 납부 기한 연기 및 분할납부로 자금 사정의 어려움을 피할 수 있는 경우를 포함한다)에는 감경하지 않는다.

① 위반 가맹본부의 현실적 부담 능력에 따른 조정

첫째, 의결일 직전 사업연도 사업보고서상 ㉮ 부채비율이 300%를 초과 또는 200%를 초과하면서 같은 업종[통계법에 따라 통계청장이 고시하는 한국표준산업분류의 대분류

기준에 따른 업종(제조업의 경우 중분류 기준에 따른 업종)을 말한다. 이하 같다] 평균의 1.5배를 초과하고, ㈏ 당기순이익이 적자이면서, ㈐ 2차 조정된 산정기준이 잉여금 대비 상당한 규모인 경우와 의결일 직전 사업연도 사업보고서상 자본잠식(적자로 인해 자본 총계가 납입자본금보다 적어지는 현상) 상태에 있는 경우 2차 조정된 산정기준의 100분 의 30 이내에서 감액할 수 있다.

둘째, 위 첫째에서 언급하고 있는 의결일 직전 사업연도 사업보고서상의 두 가지 경우 를 모두 충족하는 경우 2차 조정된 산정기준에서 100분의 50 이내에서 감액할 수 있다.

셋째, 의결일 직전 사업연도 사업보고서상 위반 가맹본부의 자본잠식률이 50% 이상의 경우 또는 ㈎ 의결일 직전 사업연도 사업보고서상 부채비율이 400%를 초과하거나, 200%를 초과하면서 같은 업종 평균의 2배를 초과하고, ㈏ 의결일 기준 최근 2개 사업연 도 사업보고서상 당기순이익이 적자이면서, ㈐ 의결일 직접 사업연도 사업보고서상 자본 잠식이라는 세 가지 요건을 동시에 충족하는 경우 중 어느 하나에 해당하여 위반 가맹본 부의 과징금 납부 능력이 현저히 부족하다고 인정되는 경우 100분의 50을 초과하여 감액 할 수 있다. 다만, 두 경우 모두 100분의 50을 초과하여 감액하지 않고서는 위반 가맹본부 가 사업을 더 이상 지속하기 어려운지를 고려하여야 한다.

넷째, 위반 가맹본부가 「채무자 회생 및 파산에 관한 법률」에 따른 회생절차 중에 있는 등 객관적으로 과징금 납부 능력이 없다고 인정되는 경우는 과징금을 면제할 수 있다.

② 위반행위가 시장에 미치는 효과, 시장·산업 여건의 악화, 부당이득 규모 등에 따른
   조정

첫째, ㈎ 경기변동(경기종합지수 등), 수요·공급의 변동(해당 업종 산업동향 지표 등), 환율변동 등 금융위기, 석유·철강 등 원자재 가격 동향, 천재지변 등 심각한 기후적 요인, 전쟁 등 심각한 정치적 요인 등을 종합적으로 고려할 때 시장 또는 경제 여건이 상당히 악화되었는지 여부 ㈏ 위반행위의 전후 사정, 해당 업종의 구조적 특징 등 위반행 위가 시장에 미치는 효과 및 위반 가맹본부의 규모(「중소기업기본법」 제2조에 따른 중소 기업자 해당 여부 등), 시장점유율, 실제로 취득한 부당이득의 정도 등의 사유를 종합적 으로 고려하여 처분의 개별적·구체적 타당성을 기하기 위하여 필요한 경우 2차 조정된 산정기준에서 100분의 30 이내에서 감액할 수 있다.

둘째, ㈎ 경기변동(경기종합지수 등), 수요·공급의 변동(해당 업종 산업 동향 지표 등), 환율변동 등 금융위기, 석유·철강 등 원자재 가격 동향, 천재지변 등 심각한 기후적

요인, 전쟁 등 심각한 정치적 요인 등을 종합적으로 고려할 때 시장 또는 경제 여건이 현저히 악화되었는지 여부, ⑭ 위반행위의 전후 사정, 해당 업종의 구조적 특징 등 위반행위가 시장에 미치는 효과 및 위반 가맹본부의 규모, 시장점유율, 실제로 취득한 부당이득의 정도 등에 더하여 위반 가맹본부의 사업 규모(「중소기업기본법」 제2조에 따른 중소기업자 해당 여부 등) 또는 매출 규모 대비 2차 조정된 산정기준 규모의 비율에 관하여 다른 위반 가맹본부와 비교·형량한 결과 100분의 30 이상 감경 없이는 비례·평등원칙에 현저히 위배되는지 여부의 사유를 종합적으로 고려하여 2차 조정된 산정기준에서 100분의 30 이상 감경하지 않으면 비례·평등의 원칙에 위배되어 불가피한 경우에는 2차 조정된 산정기준에서 100분의 50 이내에서 감액할 수 있다.

| 가맹본부의 현실적 부담 능력에 따른 부과과징금 조정(감경) |

구분	조정대상 요건(의결일 기준 직접 사업연도 사업보고서상)	2차 조정 산정기준 (감경)
1	① 부채비율 300% 또는 200% 초과 & 동종 평균 1.5배 초과 ② 당기순이익 적자 ③ 2차 조정된 산정기준이 잉여금 대비 상당한 규모 자본잠식 상태인 경우	30/100 이내
2	위 ① & ② & ③ & 자본잠식 상태	50/100 이내
3	자본잠식률 50% 이상인 경우 ① 부채비율 400% 초과 또는 200% 초과 & 동종 평균 2배 초과 ② 최근 2개 사업연도 사업보고서상 당기순이익 적자 ③ 자본잠식 상태인 경우	50/100 초과
4	회생절차 중 등 객관적 과징금 납부 능력이 없다고 인정되는 경우	면제

(나) 하나의 사업자가 행한 여러 개의 위반행위(각 위반행위가 동일한 법조에 해당하는 경우를 포함한다. 이하 같다)에 대하여 과징금을 부과하는 경우는 다음 기준에 의한다.

① 여러 개의 위반행위를 함께 심리하여 1건으로 의결할 때는 각 위반행위별로 이 고시에서 정한 방식에 의하여 부과과징금을 산정한 후 이를 모두 합산한 금액을 과징금으로 부과하되, 부과과징금의 한도는 각 위반행위별로 정해진 법상 한도를 합산

하여 적용한다. 다만, 각각의 위반행위로 인한 효과가 동일한 가맹점사업자에게 미치면서 과징금 합산금액이 과다하다고 인정되는 경우는 위 (가)의 기준에 따라 이를 조정할 수 있다.

② 여러 개의 위반행위를 여러 건으로 나누어 의결하는 경우는 이를 1건으로 의결하는 경우와의 형평을 고려하여 후속 의결에서 위 (가)의 기준에 따라 부과과징금을 조정할 수 있다.

(다) 하나의 행위가 여러 개의 법령 규정에 위반되는 경우 이 고시에서 정한 방식에 의하여 각 위반행위별로 산정된 2차 조정된 산정기준 중 가장 큰 금액을 기준으로 부과과징금을 결정한다.

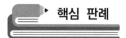 **핵심 판례**

공정거래위원회가 여러 개의 위반행위에 대하여 과징금을 부과한 경우, 소송에서 일부 위반행위를 기초로 한 과징금액을 산정할 수 있는 자료가 있다면 공정거래위원회의 과징금납부명령 전체를 취소할 수 없다는 판단

사건명 : ㈜에땅의 가맹사업법 위반행위에 대한 건
〈 공정위 2016가맹3591 〉
【서울고등법원 2020. 8. 19. 선고 2018누79102 판결】
【대법원 2021. 9. 30. 선고 2020두48857 판결(파기환송)】

가맹사업법 제35조 제1항에 따르면, 공정거래위원회는 가맹사업법 위반행위에 대하여 과징금을 부과할 것인지와 만일 과징금을 부과하는 경우 가맹사업법과 가맹사업법 시행령이 정하고 있는 일정한 범위 안에서 과징금의 액수를 구체적으로 얼마로 정할 것인지를 재량으로 판단할 수 있으므로, 공정거래위원회의 법 위반행위자에 대한 과징금 부과 처분은 재량행위이다. 다만, 이러한 재량을 행사하면서 과징금 부과의 기초가 되는 사실을 오인하였거나, 비례·평등원칙에 반하는 사유가 있다면 이는 재량권의 일탈·남용으로서 위법하다.

원심은, 이 사건 과징금납부명령 중 부당구속행위 관련 부분은, 원고가 부당구속행위로 얻은 이익의 규모 등 그 판시 사정을 종합할 때 비례원칙을 위반하여 재량권을 일탈·남용하였다고 판단하였다. 원심의 이 부분 판단은 정당하고, 거기에 상고이유 주장과 같이 과징금 부과 처분의 재량권 일탈·남용에 관한 법리 등을 오해하거나 필요한 심리를 다하지 않은 잘못이 없다.

공정거래위원회가 위반행위에 대한 과징금을 부과하면서 여러 개의 위반행위에 대하여 외형상 하나의 과징금납부명령을 하였으나 여러 개의 위반행위 중 일부의 위반행위에 대한 과징금 부과만이 위법하고 소송상 그 일부의 위반행위를 기초로 한 과징금액을 산정할 수 있는 자료가 있는 경우에는, 하나의 과징금납부명령일지라도 그 일부의 위반행위에 대한 과징금액에 해당하는 부분만을 취소하여야 한다(대법원 2019. 1. 31. 선고 2013두14726 판결 참조).

따라서 이 사건 과징금납부명령 중 불이익제공행위 관련 부분은 부당구속행위를 원인으로 하는 부분과 분리하여 과징금을 산정할 수 있는 자료가 있음에도 이 사건 과징금납부명령을 전부 취소한 원심판결에는 과징금납부명령의 취소범위에 관한 법리오해의 잘못이 있다.

공정거래위원회가 가맹사업법 위반사업자에 대하여 과징금을 부과하는 경우, 그 과징금 산정의 기준이 되는 관련매출액에 대한 판단기준

사건명 : ㈜마세다린의 가맹사업법 위반행위에 대한 건
〈 공정위 2016가맹3583 〉
【서울고등법원 2018. 12. 19. 선고 2018누43424 판결】
【대법원 2019. 5. 10. 선고 2019두32733 판결(심리불속행 기각)】

가맹사업법 제12조 제1항의 위반행위에 대하여 가맹사업법 제35조는 관련매출액에 100분의 2를 곱한 금액을 초과하지 아니하는 범위에서 과징금을 부과할 수 있도록 하고 있는데, 가맹사업법 시행령 제34조 제1항은 '해당 가맹본부가 위반 기간 동안 관련 가맹점사업자 또는 가맹희망자에게 판매한 상품이나 용역의 매출액 또는 이에 준하는 금액'을 관련매출액으로 규정하고 있다.

위 문언의 '관련'이 수식하는 대상은 '가맹점사업자 또는 가맹희망자'라고 보이고, 만약 그 범위를 좁혀 '관련 상품이나 용역의 매출액'으로 한정하는 것을 의도하였다면 '해당 가맹본부가 위반 기간 동안 관련 가맹점사업자 또는 가맹희망자에게 **판매한 관련** 상품이나 용역의 매출액 또는 이에 준하는 금액'이라고 표현하였을 것으로 보인다.

> ## 가맹본부가 불공정거래행위를 하여 가맹사업법 제12조를 위반한 경우, 과징금납부명령의 기초가 되는 '관련매출액' 산정에 대한 판단
>
> 사건명 : ㈜지엔푸드의 가맹사업법 위반행위에 대한 건
> 〈 공정위 2015가맹0236 〉
> 【서울고등법원 2016. 5. 26. 선고 2015누51554 판결(확정)】

가맹사업법 제35조, 제37조 제2항, 구 독점규제 및 공정거래에 관한 법률 제55조의3 및 구 같은 법 시행령 제9조 제1항, 제61조, 과징금 고시(제2010-9호) Ⅱ. 5. 가 및 나.항의 각 규정 내용 등을 종합하여 보면, 이 사건 과징금납부명령의 기초가 되는 '관련매출액'이란 '위반사업자가 위반 기간 동안 일정한 거래분야에서 판매한 관련 상품이나 용역의 매출액 또는 이에 준하는 금액'을 말하고, 여기에서의 관련 상품은 '위반행위로 인하여 직접 또는 간접적으로 영향을 받는 상품의 종류와 성질, 거래지역, 거래상대방, 거래단계 등을 고려하여 행위유형별로 개별적·구체적으로 판단'하여야 한다.

이 사건에서 원고의 위반행위는 가맹본부인 원고가 130개 가맹점사업자와 영업지역을 종전 계약보다 축소하는 내용으로 재계약을 체결함으로써 130개 가맹점사업자의 영업지역을 종전보다 축소한 행위이고, 피고가 원고의 관련매출액을 산정하면서 그 기초가 되는 관련 상품으로 설정한 '원고가 130개 가맹점 각각의 재계약기간 동안 가맹점사업자에게 공급한 원재료·부재료 등'은 원고의 위반행위로 인하여 직접 또는 간접적으로 영향을 받는 상품의 개념에 포섭된다고 봄이 상당하며, 이에 기한 피고의 관련매출액 산정이 피고의 재량 범위를 벗어나 부당한 것으로는 보이지 아니한다.

* 원고는, 이 사건 행위에 대한 관련매출액은 영업지역이 축소된 지역 인근에 신규 입점한 44개 가맹점에 공급된 원재료·부재료 등의 매출액을 기준으로 함이 타당하다는 주장도 하나, 앞서 본 바에 의하면, 기존 가맹점 가운데 위 신규 가맹점이 입점한 인근의 38개 점만이 매출 감소 내지 폐업한 사실을 알 수 있는바, 위 44개 신규 가맹점에 공급된 원재료·부재료 등이 원고의 이 사건 행위로 영향을 받는 관련 상품을 모두 포함하는 것이라고 보기도 어렵다.

가맹사업법 위반사업자에 대한 과징금 부과 기준에 관한 고시

[시행 2022. 7. 5.] [공정거래위원회 고시 제2022-12호, 2022. 7. 5. 일부개정]

Ⅰ. 목 적

이 고시는 「가맹사업거래의 공정화에 관한 법률」(이하 "법"이라 한다) 제35조(과징금), 같은 법 시행령(이하 "영"이라 한다) 제34조(과징금의 산정방법 등) 및 별표 4의2에 따른 과징금 부과의 세부기준 및 기타 과징금을 부과함에 있어서 필요한 사항을 정하는데 그 목적이 있다.

Ⅱ. 정 의

1. 기본 산정기준

"기본 산정기준"(이하 "산정기준"이라 한다)은 법 제35조 제2항에 따른 고려사항 중 위반행위의 내용 및 정도에 따라 위반행위를 "중대성이 약한 위반행위", "중대한 위반행위", "매우 중대한 위반행위"로 구분하여 산정한 금액으로서 과징금 산정의 기초가 되는 금액을 말한다.

2. 위반행위의 기간 및 횟수 등에 따른 조정

"위반행위의 기간 및 횟수 등에 따른 조정"(이하 "1차 조정"이라 한다)은 법 제35조 제2항에 따른 고려사항 중 위반행위의 기간 및 횟수를 고려하여 산정기준을 조정하는 것을 말한다.

3. 가맹본부의 고의·과실 등에 따른 조정

"가맹본부의 고의·과실 등에 따른 조정"(이하 "2차 조정"이라 한다)은 법 제35조 제2항에 따른 각 고려사항에 영향을 미치는 가맹본부의 고의·과실 등 행위자요소, 위반행위의 성격과 사정 등의 사유를 고려하여 1차 조정된 산정기준을 재차 조정하는 것을 말한다.

4. 부과과징금

"부과과징금"은 2차 조정된 산정기준이 가맹본부의 현실적 부담능력, 해당 위반행위가 시장에 미치는 효과, 그 밖에 시장 또는 경제여건 등을 충분히 반영하지 못하여 현저히 과중하다고 판단되는 경우 이를 감액(면제를 포함한다)하여 부과하는 금액을 말한다.

5. 관련매출액

가. "관련매출액"은 영 제34조 제1항에 따라 가맹본부가 위반 기간 동안 관련 가맹점사업자 또는 가맹희망자에게 판매한 상품이나 용역의 매출액 또는 이에 준하는 금액을 말한다.

나. 매출액의 산정

    1) 매출액은 총매출액에서 부가가치세, 매출에누리, 매출환입, 매출할인 등을 제외한 순매출액으로 산정한다.

    2) 위반 가맹본부가 매출액 산정자료를 가지고 있지 아니하거나, 제출하지 아니하는 등의 경우에는 위반행위 전후의 실적, 관련 사업자의 계획, 시장상황 등을 종합적으로 고려하여 객관적이고 합리적인 범위에서 해당 부분의 매출액을 산정할 수 있다. 이와 같이 매출액을 산정할 수 있는 경우 영 제34조 제3항 각 호의 어느 하나에 해당하지 않는 것으로 본다.

    3) 영 제34조 제2항에 따라 상품 또는 용역의 대가의 합계액을 재무제표 등에서 영업수익으로 적는 사업자의 경우 매출액은 영업수익을 말한다.

6. 위반 기간

가. "위반 기간"은 위반행위의 개시일부터 종료일까지의 기간을 말한다. 개시일 또는 종료일이 불분명한 경우에는 위반 가맹본부의 영업·재무관련 자료, 임직원·거래관계인 등의 진술, 동종 또는 유사업종을 영위하는 다른 가맹본부들의 영업 및 거래실태·관행, 시장상황 등을 고려하여 이를 산정할 수 있다.

나. 다음의 경우에는 특정일을 위반행위의 종료일로 본다.

    1) 위반행위가 과징금 부과처분을 명하는 공정거래위원회의 심의일까지 종료되지 아니한 경우에는, 해당 사건에 대한 공정거래위원회의 심의일을 위반행위의 종료일로 본다.

    2) 위반행위가 2일 이상 행하여지되 불연속적으로 이루어진 경우는 해당 위반행위의 유형·성격·목적·동기, 연속되지 아니한 기간의 정도와 이유, 위반행위의 효과, 시장상황 등 제반사정을 고려하여 경제적·사회적 사실관계가 동일하다고 인정되는 범위 내에서 이를 하나의 위반행위로 보아 마지막 위반행위의 종료일을 해당 위반행위의 종료일로 본다.

7. 부당이득

"부당이득"은 법 제35조 제2항의 규정에 따른 고려사항 중 위반행위로 인하여 취득한 이익으로서, 위반 가맹본부가 위반행위로 인하여 직접 또는 간접적으로 얻은 경제적 이익을 말한다.

8. 위반행위의 유형

위반행위의 유형은 ① 가맹금 예치의무 등 위반행위(법 제6조의5 제1항·제4항) ② 정보공개서 등 제공의무 위반행위(법 제7조 제3항) ③ 허위·과장 및 기만적인 정보제공행위(법 제9조 제1항) ④ 가맹금반환의무 위반행위(법 제10조 제1항) ⑤ 가맹계약서 제공의무 등 위반행위(법 제11조 제1항·제2항) ⑥ 불공정거래행위(법 제12조 제1항) ⑦ 부당한 점포환경개선 강요 등 행위(법 제12조의2 제1항·제2항) ⑧ 부당한 영업시간 구속행위(법 제12조의3 제1항·제2항) ⑨ 부당한 영업지역 침해행위(법 제12조의4) ⑩ 보복조치(법 제12조의5) ⑪ 광고·판촉행사 사전 동의의무 위반행위(법 제12조의6 제1항) ⑫ 가맹점사업자 단체 활동 방해행위(법 제14조의2 제5항) ⑬ 피해보상보험계약 관련 위반행위(법 제15조의2 제3항·제6항)의 13종으로 나눈다.

9. 심의일

"심의일"은 공정거래위원회의 전원회의 또는 소회의의 의장이「공정거래위원회 회의 운영 및 사건절차 등에 관한 규칙(이하 "사건절차규칙"이라 한다)」제3장에 정한 절차에 따라 심의에 부의한 사건에 대하여 각 회의가 의결을 위하여 심의를 진행한 날을 말한다. 만일 심의가 2회 이상 진행되었다면 마지막 심의일을 말한다.

10. 위반횟수 및 위반횟수에 따른 가중치

가. 위반횟수란 위반 가맹본부가 과거 5년간(신고사건의 경우 신고접수일을, 직권인지 사건의 경우 자료제출 요청일, 이해관계자 등 출석 요청일, 현장조사일 중 가장 빠른 날을 기준으로 한다) 법 위반으로 조치(경고 이상을 포함하되 시정조치의 대상이 아닌 위반행위에 대하여 경고한 경우는 제외한다)를 받은 횟수를 말한다.

나. 위반횟수에 따른 가중치(이하 "위반횟수 가중치"라 한다)란 과징금 부과여부 및 과징금 가중기준 등의 기초자료로 활용하기 위하여 법을 위반한 가맹본부에 대하여 공정거래위원회가 조치한 다음과 같은 유형별 위반횟수 가중치의 부과기준에 따라 부과한 점수를 말한다.

| 시정조치 유형별 위반횟수 가중치 기준 |

유 형	경 고	시정권고	시정명령	과징금	고 발
가중치	0.5	1.0	2.0	2.5	3.0

1) 위 표의 경고는 사건절차규칙 제57조에 의한 경고를 말하며, 시정조치의 대상이 아닌 위반행위에 대하여 경고한 경우는 제외한다.
2) 위 표의 고발은 법 제44조의 고발요청에 따른 고발을 포함한다.

다. 1개 사건에서 2개 이상의 조치를 받은 경우는 가장 중한 조치수준을 기준으로 위반횟수 및 위반횟수 가중치를 산정한다. 다만, 과태료 부과에 대해서는 위반횟수 및 위반횟수 가중치 산정 시 고려하지 아니한다.

라. 위반횟수 및 위반횟수 가중치를 산정할 때는 직권취소, 이의신청 재결, 법원의 판결 등에 따라 무효 또는 취소가 확정된 시정조치 건(의결 당시 무효 또는 취소가 예정된 경우를 포함한다) 및 법원의 무죄, 면소, 공소기각 판결이 확정되었거나 검찰이 불기소처분(혐의 없음, 죄가 안 됨, 공소권 없음)한 고발 건은 제외한다. 이 경우 위반 가맹본부는 재결

서·판결서·불기소처분 고지서 등 과거 시정조치 또는 고발이 위반횟수 및 위반횟수 가중치 산정 시 제외되어야 한다는 사실을 증명할 수 있는 객관적인 자료를 공정거래위원회에 제출하여야 한다.

Ⅲ. 과징금 부과 여부의 결정

1. 과징금 부과 여부는 위반행위의 내용 및 정도를 우선적으로 고려하고 그 밖에 위반행위의 동기, 효과 및 시장상황 등 구체적인 사정을 종합적으로 참작하여 결정하되 다음 각 호의 어느 하나에 해당하는 경우는 과징금을 부과하는 것을 원칙으로 한다.

   가. 가맹사업의 공정한 거래 질서를 크게 저해하는 경우
   나. 가맹점사업자 등에게 미치는 영향이 큰 경우
   다. 위반행위에 의하여 부당이득이 발생한 경우

2. 위 1. 의 규정에 불구하고 위반 가맹본부가 과거 5년간 2회 이상 법 위반으로 조치(경고 이상을 포함하되 시정조치의 대상이 아닌 위반행위에 대하여 경고한 경우는 제외한다)를 받고 위반횟수 가중치의 합산이 3점 이상의 경우 원칙적으로 과징금을 부과한다. 다만, 당해 행위의 위반 정도가 경미하거나 자진시정 등의 이유로 경고에 해당되는 경우에는 그러하지 아니할 수 있다.

Ⅳ. 과징금의 산정

1. 산정기준

   가. 산정기준은 위반행위를 그 내용 및 정도에 따라 "중대성이 약한 위반행위", "중대한 위반행위", "매우 중대한 위반행위"로 구분한 후, 아래에서 정한 중대성의 정도별 부과 기준율 또는 부과 기준금액을 적용하여 정한다. 이 경우 위반행위 중대성의 정도는 위반행위 유형별로 마련된 [별표] 세부평가 기준표에 따라 산정된 점수를 기준으로 정한다.
   나. 위 가.에도 불구하고 위반행위의 의도·목적·동기, 위반행위에 이른 경위, 해당 업종의 거래관행, 위반행위로 인한 이익의 귀속 여부, 위반 가맹본부의 규모 등 [별표] 세부평가 기준표에서 고려되지 않은 사유를 고려할 때 [별표] 세부평가 기준표에 따른 위반행위 중대성을 그대로 적용하는 것이 비례의 원칙 및 형평의 원칙에 위배되는 특별한 사정이 있는 경우에는 중대성의 정도를 다르게 정할 수 있다. 이 경우 그 특별한 사정을 의결서에 기재하여야 한다.
   다. 관련매출액에 위반행위 중대성의 정도별 부과 기준율을 곱하여 산정기준을 정한다.

중대성의 정도	기준표에 따른 산정점수	부과기준율
매우 중대한 위반행위	2.2 이상	1.6% 이상 2.0% 이하
중대한 위반행위	1.4 이상 2.2 미만	0.8% 이상 1.6% 미만
중대성이 약한 위반행위	1.4 미만	0.1% 이상 0.8% 미만

라. 영 제34조 제3항 각 호의 어느 하나에 해당하는 경우 위반행위 중대성의 정도별 부과
기준금액의 범위 내에서 산정기준을 정한다. (법 제35조 단서)

중대성의 정도	기준표에 따른 산정점수	부과 기준금액
매우 중대한 위반행위	2.2 이상	4억 원 이상 5억 원 이하
중대한 위반행위	1.4 이상 2.2 미만	2억 원 이상 4억 원 미만
중대성이 약한 위반행위	1.4 미만	5백만 원 이상 2억 원 미만

2. 1차 조정

다음 가. 및 나.에서 정한 가중사유가 인정되는 경우에 각각의 가중비율의 합을 산정기준에
곱하여 산정된 금액을 산정기준에 더하는 방법으로 한다. 다만, 가중되는 금액은 산정기준
의 100분의 50 범위 이내이어야 한다.

가. 위반행위의 기간에 의한 조정

산정기준을 정하는 과정에서 위반 기간이 고려되지 않은 경우는 다음과 같이 위반 기간
에 따라 산정기준을 조정한다.

1) 단기 위반행위 : 위반 기간이 1년 이내인 경우는 산정기준을 유지한다.

2) 중기 위반행위 : 위반 기간이 1년 초과 2년 이내인 경우에는 산정기준의 100분의
10에 해당하는 금액을, 2년 초과 3년 이내인 경우는 산정기준의 100분의 20에 해당하
는 금액을 가산한다.

3) 장기 위반행위 : 위반 기간이 3년을 초과하는 경우는 산정기준의 100분의 50에 해당
하는 금액을 가산한다.

나. 위반행위의 횟수에 의한 조정

과거 5년간 2회 이상 법 위반으로 조치(경고 이상을 포함하되 시정조치의 대상이 아닌
위반행위에 대하여 경고한 경우는 제외한다)를 받고 위반횟수 가중치의 합산이 3점 이
상의 경우 3회 조치부터 다음과 같이 산정기준을 가중할 수 있다.

1) 과거 5년간 2회 이상 법 위반으로 조치(경고 이상)를 받고 위반횟수 가중치의 합산
이 3점 이상인 경우 : 100분의 20 이내

2) 과거 5년간 3회 이상 법 위반으로 조치(경고 이상)를 받고 위반횟수 가중치의 합산
이 5점 이상인 경우 : 100분의 40 이내

3) 과거 5년간 4회 이상 법 위반으로 조치(경고 이상)를 받고 위반횟수 가중치의 합산

이 7점 이상인 경우 : 100분의 50 이내

3. 2차 조정

다음 가. 내지 라.에서 정한 감경사유가 인정되는 경우에 각각의 감경비율의 합을 1차 조정된 산정기준에 곱하여 산정된 금액을 1차 조정된 산정기준에서 빼는 방법으로 한다. 다만, 감경되는 금액은 1차 조정된 산정기준의 100분의 50 범위 이내이어야 한다.

가. 조사·심의협조 등

1) 위원회의 조사단계에서 위법성 판단에 도움이 되는 자료를 제출하는 등 적극 협조한 경우 : 100분의 10 이내

2) 위원회 심의의 신속하고 효율적인 운영에 적극 협조하고 심리 종결 시까지 행위사실을 인정하는 경우 : 100분의 10 이내

나. 사건절차규칙 제69조 제1항에 따라 소회의의 약식심의 결과를 수락한 경우 : 100분의 10 이내. 다만, 이 경우 위 가. 2)의 감경사유에도 해당하는 것으로 보아 100분의 10 이내에서 추가 감경할 수 있다.

다. 위반행위를 자진 시정한 경우. 이 때 자진 시정이라 함은 해당 위반행위 중지를 넘어서 위반행위로 발생한 효과를 적극적으로 제거하는 행위를 말하며, 이에 해당하는지 여부는 위반행위의 내용 및 성격, 공정한 거래 질서의 회복 또는 피해의 구제, 관련 영업정책이나 관행의 개선, 기타 재발 방지를 위한 노력 등을 종합적으로 감안하여 판단한다.

1) 피해의 원상회복 등 위반행위의 효과를 실질적으로 제거한 경우 : 100분의 20 이상 100분의 30 이내

2) 위반행위의 효과를 상당부분 제거한 경우 : 100분의 10 이상 100분의 20 이내

3) 위 1) 및 2)에 해당하지 아니하나, 위반행위 효과를 제거하기 위해 적극적으로 노력하였고 자신의 귀책사유 없이 위반행위 효과가 제거되지 않은 경우 : 100분의 10 이내

4) 위 1) 내지 3)의 자진시정이 조사가 개시된 이후 또는 심사보고서의 송부 이후에 이루어진 경우는 각각 감경률을 축소할 수 있다.

라. 위반행위가 통상의 업무 수행 중 발생할 수 있는 가벼운 과실에 의한 것임이 명백한 경우 : 100분의 10 이내

4. 부과과징금의 결정

가. 2차 조정된 산정기준이 위반 가맹본부의 현실적 부담능력, 시장 또는 경제 여건, 위반행위가 시장에 미치는 효과 및 위반행위로 인해 취득한 이익의 규모 등을 충분히 반영하지 못하여 과중하다고 인정되는 경우 공정거래위원회는 그 이유를 의결서에 명시하고 2차 조정된 산정기준을 다음과 같이 조정하여 부과과징금을 결정할 수 있다. 다만, 위반 가맹본부의 현실적 부담 능력과 관련한 감경의 경우, 공정거래위원회로부터 부과받을 과징

금 납부로 인해 단순히 자금 사정에 어려움이 예상되는 경우(공정거래법 제103조에 따른 과징금 납부 기한 연기 및 분할납부로 자금 사정의 어려움을 피할 수 있는 경우를 포함한다)에는 인정되지 않는다.

1) 위반 가맹본부의 현실적 부담능력에 따른 조정

　가) 이하 (1) 또는 (2)의 경우 2차 조정된 산정기준에서 100분의 30 이내에서 감액할 수 있다.

　　(1) 의결일 직전 사업연도 사업보고서상 (i) 부채비율이 300%를 초과 또는 200%를 초과하면서 같은 업종[「통계법」에 따라 통계청장이 고시하는 한국표준산업분류의 대분류 기준에 따른 업종(제조업의 경우 중분류 기준에 따른 업종)을 말한다. 이하 같다] 평균의 1.5배를 초과하고 (ii) 당기순이익이 적자이면서 (iii) 2차 조정된 산정기준이 잉여금 대비 상당한 규모인 경우

　　(2) 의결일 직전 사업연도 사업보고서상 자본잠식(적자로 인해 자본 총계가 납입자본금보다 적어지는 현상) 상태에 있는 경우

　나) 위 가)의 (1)과 (2)를 동시에 충족하는 경우 2차 조정된 산정기준에서 100분의 50 이내에서 감액할 수 있다.

　다) 이하 (1) 또는 (2) 중 어느 하나에 해당하여 위반 가맹본부의 과징금 납부능력이 현저히 부족하다고 인정되는 경우 100분의 50을 초과하여 감액할 수 있다. 다만, 두 경우 모두 100분의 50을 초과하여 감액하지 않고서는 위반사업자가 사업을 더 이상 지속하기 어려운지 여부를 고려하여야 한다.

　　(1) 의결일 직전 사업연도 사업보고서상 위반 가맹본부의 자본잠식률이 50% 이상인 경우

　　(2) (i) 의결일 직전 사업연도 사업보고서상 부채비율이 400%를 초과하거나, 200%를 초과하면서 같은 업종 평균의 2배를 초과하고, (ii) 의결일 기준 최근 2개 사업연도 사업보고서상 당기순이익이 적자이면서, (iii) 의결일 직전 사업연도 사업보고서상 자본잠식이라는 세 가지 요건을 동시에 충족하는 경우

　라) 공정거래위원회는 위반 가맹본부가 「채무자 회생 및 파산에 관한 법률」에 따른 회생절차 중에 있는 등 객관적으로 과징금을 납부할 능력이 없다고 인정되는 경우는 과징금을 면제할 수 있다.

2) 위반행위가 시장에 미치는 효과, 시장·산업 여건의 악화, 부당이득 규모 등에 따른 조정

　가) 이하 (1) 및 (2)의 사유를 종합적으로 고려하여 처분의 개별적·구체적 타당성을 기하기 위하여 필요한 경우 100분의 30 이내에서 감액할 수 있다.

　　(1) 경기변동(경기종합지수 등), 수요·공급의 변동(해당 업종 산업동향 지표

등), 환율변동 등 금융위기, 석유·철강 등 원자재 가격동향, 천재지변 등 심각한 기후적 요인, 전쟁 등 심각한 정치적 요인 등을 종합적으로 고려할 때 시장 또는 경제 여건이 상당히 악화되었는지 여부

    (2) 위반행위의 전후 사정, 해당 업종의 구조적 특징 등 위반행위가 시장에 미치는 효과 및 위반 가맹본부의 규모(「중소기업기본법」 제2조에 따른 중소기업자 해당 여부 등), 시장점유율, 실제로 취득한 부당이득의 정도 등

나) 이하 (1) 및 (2)의 사유를 종합적으로 고려하여 100분의 30 이상 감경하지 않으면 비례·평등원칙에 위배되어 불가피한 경우에는 100분의 50 이내에서 감액할 수 있다.

    (1) 경기변동(경기종합지수 등), 수요·공급의 변동(해당 업종 산업동향 지표 등), 환율변동 등 금융위기, 석유·철강 등 원자재 가격동향, 천재지변 등 심각한 기후적 요인, 전쟁 등 심각한 정치적 요인 등을 종합적으로 고려할 때 시장 또는 경제 여건이 현저히 악화되었는지 여부

    (2) 위 가) (2)에 더하여 위반 가맹본부의 사업규모(「중소기업기본법」 제2조에 따른 중소기업자 해당 여부 등) 또는 매출규모 대비 2차 조정된 산정기준 규모의 비율에 관하여 다른 위반 가맹본부와 비교 형량한 결과 100분의 30 이상 감경 없이는 비례·평등 원칙에 현저히 위배되는지 여부

3) 위반 가맹본부는 '현실적 부담능력' 및 '시장 또는 경제 여건'과 관련하여 2차 조정된 산정기준을 조정할 필요가 있다는 사실을 증명하기 위해서는 공정거래위원회에 객관적인 자료를 제출하여야 한다. 위반 가맹본부는 현실적 부담능력 입증과 관련하여, 개별 (또는 별도) 재무제표가 포함된 사업보고서를 제출하여야 하며, 예상 과징금액이 충당부채, 영업외비용 등에 선 반영되어 있는 경우 이를 제외하여 재작성한 재무제표도 추가로 제출하여야 한다.

4) 공정거래위원회는 위 3)과 관련하여 위반 가맹본부의 경영 및 자산 상태에 관한 객관적인 평가를 위하여 필요하다고 인정하는 경우 기업회계, 재무관리, 신용평가 분야 등의 외부 전문가로부터 의견을 청취할 수 있다.

나. 하나의 사업자가 행한 여러 개의 위반행위(각 위반행위가 동일한 법조에 해당하는 경우를 포함한다. 이하 같다)에 대하여 과징금을 부과하는 경우는 다음 기준에 의한다.

1) 여러 개의 위반행위를 함께 심리하여 1건으로 의결할 때는 각 위반행위별로 이 고시에서 정한 방식에 의하여 부과과징금을 산정한 후 이를 모두 합산한 금액을 과징금으로 부과하되, 부과과징금의 한도는 각 위반행위별로 정해진 법상 한도를 합산하여 적용한다. 다만, 각각의 위반행위로 인한 효과가 동일한 가맹점사업자에게 미치면서 과징금 합산금액이 과다하다고 인정되는 경우는 위 가.의 기준에 따라 이를 조정할

수 있다.

  2) 여러 개의 위반행위를 여러 건으로 나누어 의결하는 경우는 이를 1건으로 의결하는 경우와의 형평을 고려하여 후속 의결에서 위 가.의 기준에 따라 부과과징금을 조정할 수 있다.

다. 하나의 행위가 여러 개의 법령 규정에 위반되는 경우 이 고시에서 정한 방식에 의하여 각 위반행위 별로 산정된 2차 조정 과징금 중 가장 큰 금액을 기준으로 부과과징금을 결정한다.

라. 2차 조정된 산정기준이 1백만 원 이하인 경우는 과징금을 면제할 수 있다.

마. 부과과징금이 법정 한도액을 넘는 경우는 법정 한도액을 부과과징금으로 한다.

바. 부과과징금을 결정함에 있어서 1백만 원 단위 미만의 금액은 버리는 것을 원칙으로 한다. 다만, 공정거래위원회는 부과과징금의 규모를 고려하여 적당하다고 생각되는 금액 단위 미만의 금액을 버리고 부과과징금을 결정할 수 있다.

사. 과징금 부과의 기준이 되는 매출액 등이 외국환을 기준으로 산정되는 경우 그 외국환을 기준으로 과징금을 산정하되, 공정거래위원회의 합의일에 주식회사 하나은행이 최초로 고시하는 매매기준율을 적용하여 원화로 환산하여 부과과징금을 결정한다. 다만, 주식회사 하나은행이 고시하지 않는 외국환의 경우 미국 달러화로 환산한 후 이를 원화로 다시 환산한다.

V. 재검토기한

공정거래위원회는 「훈령·예규 등의 발령 및 관리에 관한 규정」에 따라 이 고시에 대하여 2023년 1월 1일 기준으로 매 3년이 되는 시점(매 3년째의 12월 31일까지를 말한다)마다 그 타당성을 검토하여 개선 등의 조치를 하여야 한다.

[별표] 세부평가기준표

1. 점수 산정 방식

가. 기준표에 따른 점수는 세부평가 기준표의 참작사항별 해당 비중치에 부과수준별 해당등급의 점수를 곱하여 참작사항별로 점수를 산출한 후 각 점수를 합하여 산정한다.

나. 위반행위가 각 참작사항의 항목 중 두 가지 이상에 해당하는 경우에는 높은 점수의 기준을 적용한다.

2. 위반행위 유형별 세부평가 기준표

가. 가맹금 예치의무 등 위반행위 (법 제6조의5 제1항·제4항)

참작사항		비중	상(3점)	중(2점)	하(1점)
위반행위내용	위반행위의 중대성	0.2	• 가맹본부가 가맹점사업자에게 가맹금 예치에 관한 사항을 전혀 알리지 아니한 경우 • 가맹본부가 거짓이나 그 밖의 부정한 방법으로 예치가맹금의 지급을 요청함에 따라 해당 가맹금을 전액 지급받은 경우	• 가맹본부가 가맹점사업자에게 가맹금 예치에 관한 사항을 부정확하게 알린 경우 • 가맹본부가 거짓이나 그 밖의 부정한 방법으로 예치가맹금의 지급을 요청함에 따라 해당 가맹금을 일부 지급받은 경우	• 가맹본부가 가맹점사업자에게 가맹금 예치에 관한 사항을 알린 경우 • 가맹본부가 거짓이나 그 밖의 부정한 방법으로 예치가맹금의 지급을 요청하였으나 해당 가맹금을 지급받지 못한 경우
	피해발생정도	0.3	• 위반행위로 인하여 가맹희망자 또는 가맹점사업자에게 현저한 피해가 발생하였거나 발생할 우려가 있는 경우	• 위반행위로 인하여 가맹희망자 또는 가맹점사업자에게 상당한 피해가 발생하였거나 발생할 우려가 있는 경우	• 상(3점) 또는 중(2점)에 해당되지 않는 경우
위반행위정도	위반건수	0.2	• 위반 건수가 30건 이상인 경우	• 위반 건수가 10건 이상 30건 미만인 경우	• 위반 건수가 10건 미만인 경우
	위반가맹금규모*	0.2	• 예치의무 위반 가맹금이 5천만 원 이상인 경우	• 예치의무 위반 가맹금이 2천만 원 이상 5천만 원 미만인 경우	• 예치의무 위반 가맹금이 2천만 원 미만인 경우

부과수준 참작사항	비중	상(3점)	중(2점)	하(1점)
가맹 본부 규모	0.1	• 위반 가맹본부의 위반행위 직전 사업연도 매출액이 500억 원 이상인 경우	• 위반 가맹본부의 위반행위 직전 사업연도 매출액이 50억 원 이상 500억 원 미만인 경우	• 위반 가맹본부의 위반행위 직전 사업연도 매출액이 50억 원 미만인 경우(매출액이 없는 경우를 포함한다)

* 위반행위 1건당 예치의무 대상 가맹금 규모를 의미(단, 위반행위 건별로 예치의무 대상 가맹금 규모가 다른 경우에는 평균값으로 함)

나. 정보공개서등 제공의무 위반행위 (법 제7조 제3항)

	부과수준 참작사항	비중	상(3점)	중(2점)	하(1점)
위 반 행 위 내 용	위반 행위의 중대성	0.4	• 가맹본부가 계약체결이나 가맹금 수령 이전에 등록된 정보공개서를 제공하지 않은 경우(정보공개서를 제공하였으나 등록된 정보공개서가 아닌 경우를 포함)	• 가맹본부가 계약체결이나 가맹금 수령 이전에 등록된 정보공개서를 제공하였으나 법 제7조 제1항에 따른 제공방법이나 법 제7조 제3항에 따른 제공기한을 준수하지 않은 경우 • 가맹본부가 정보공개서 제공의무는 이행하였으나, 계약체결이나 가맹금 수령 이전에 인근가맹점 현황 문서를 제공하지 않은 경우	• 가맹본부가 정보공개서 제공의무는 이행하였으나, 계약체결이나 가맹금 수령 이전에 인근가맹점 현황 문서를 제공하면서 법 제7조 제1항에 따른 제공방법이나 법 제7조 제3항에 따른 제공기한을 준수하지 않은 경우
	피해 발생 정도	0.2	• 위반행위로 인하여 가맹희망자 또는 가맹점사업자에게 현저한 피해가 발생하였거나 발생할 우려가 있는 경우	• 위반행위로 인하여 가맹희망자 또는 가맹점사업자에게 상당한 피해가 발생하였거나 발생할 우려가 있는 경우	• 상(3점) 또는 중(2점)에 해당되지 않는 경우

부과수준 참작사항	비중	상(3점)	중(2점)	하(1점)
위반 행위 정도 — 위반 건수	0.3	• 위반 건수가 30건 이상인 경우	• 위반 건수가 10건 이상 30건 미만인 경우	• 위반 건수가 10건 미만인 경우
위반 행위 정도 — 가맹 본부 규모	0.1	• 위반 가맹본부의 위반행위 직전 사업연도 매출액이 500억 원 이상인 경우	• 위반 가맹본부의 위반행위 직전 사업연도 매출액이 50억 원 이상 500억 원 미만인 경우	• 위반 가맹본부의 위반행위 직전 사업연도 매출액이 50억 원 미만인 경우(매출액이 없는 경우를 포함한다)

다. 허위·과장 및 기만적인 정보제공행위 (법 제9조 제1항)

부과수준 참작사항	비중	상(3점)	중(2점)	하(1점)
위반 행위 내용 — 허위·과장, 기만적인 정보의 내용	0.3	• 영 제8조 제1항 제1호에 해당하는 경우	• 영 제8조 제1항 제2호 및 제8조 제2항 제1호에 해당하는 경우	• 상(3점) 또는 중(2점)에 해당되지 않는 경우
위반 행위 내용 — 정보제공의 방법 및 정도	0.2	• 허위·과장된 정보가 가맹본부가 제공한 정보 중 가장 강조된 경우	• 허위·과장된 정보가 가맹본부가 제공한 정보 중 중점적으로 강조된 경우	• 허위·과장된 정보가 가맹본부가 제공한 정보 중 중점적으로 강조된 사항이 아닌 경우
위반 행위 내용 — 피해 발생 정도	0.2	• 위반행위로 인하여 가맹희망자 또는 가맹점사업자에게 현저한 피해가 발생하였거나 발생할 우려가 있는 경우	• 위반행위로 인하여 가맹희망자 또는 가맹점사업자에게 상당한 피해가 발생하였거나 발생할 우려가 있는 경우	• 상(3점) 또는 중(2점)에 해당되지 않는 경우
위반 행위 정도 — 관련 가맹점사업자 수	0.2	• 허위·과장 또는 기만적인 정보제공을 받은 가맹희망자 또는 가맹점사업자의 수가 30명 이상인 경우	• 허위·과장 또는 기만적인 정보제공을 받은 가맹희망자 또는 가맹점사업자의 수가 10명 이상 30명 미만인 경우	• 허위·과장 또는 기만적인 정보제공을 받은 가맹희망자 또는 가맹점사업자의 수가 10명 미만인 경우

부과수준 참작사항	비중	상(3점)	중(2점)	하(1점)
가맹본부 규모	0.1	• 위반 가맹본부의 위반행위 직전 사업연도 매출액이 500억 원 이상인 경우	• 위반 가맹본부의 위반행위 직전 사업연도 매출액이 50억 원 이상 500억 원 미만인 경우	• 위반 가맹본부의 위반행위 직전 사업연도 매출액이 50억 원 미만인 경우(매출액이 없는 경우를 포함한다)

라. 가맹금반환의무 위반행위 (법 제10조 제1항)

부과수준 참작사항		비중	상(3점)	중(2점)	하(1점)
위반행위내용	위반행위의 중대성	0.4	• 가맹본부가 법 제10조 제1항 제3호·제4호의 사유가 발생하여 가맹금반환을 요구받는 경우 • 가맹본부가 가맹금반환의무가 발생한 날부터 6개월 이상 이를 이행하지 아니한 경우	• 가맹본부가 법 제10조 제1항 제1호(계약체결 이후에 한한다) 및 제2호의 사유가 발생하여 가맹금반환을 요구받는 경우 • 가맹본부가 가맹금반환의무가 발생한 날부터 3개월 이상 6개월 미만의 기간 동안 이를 이행하지 아니한 경우	• 가맹본부가 법 제10조 제1항 제1호(계약체결 전에 한한다)의 사유가 발생하여 가맹금반환을 요구받는 경우 • 가맹본부가 가맹금반환의무가 발생한 날부터 1개월 이상 3개월 미만의 기간 동안 이를 이행하지 아니한 경우
	피해발생정도	0.2	• 위반행위로 인하여 가맹희망자 또는 가맹점사업자에게 현저한 피해가 발생하였거나 발생할 우려가 있는 경우	• 위반행위로 인하여 가맹희망자 또는 가맹점사업자에게 상당한 피해가 발생하였거나 발생할 우려가 있는 경우	• 상(3점) 또는 중(2점)에 해당되지 않는 경우
	위반건수	0.3	• 위반 건수가 10건 이상인 경우	• 위반 건수가 5건 이상 10건 미만인 경우	• 위반 건수가 5건 미만인 경우

부과수준 참작사항	비중	상(3점)	중(2점)	하(1점)
위반행위정도	가맹본부 규모 0.1	• 위반 가맹본부의 위반행위 직전 사업연도 매출액이 500억 원 이상인 경우	• 위반 가맹본부의 위반행위 직전 사업연도 매출액이 50억 원 이상 500억 원 미만인 경우	• 위반 가맹본부의 위반행위 직전 사업연도 매출액이 50억 원 미만인 경우(매출액이 없는 경우를 포함한다)

마. 가맹계약서 제공의무 등 위반행위 (법 제11조 제1항·제2항)

부과수준 참작사항	비중	상(3점)	중(2점)	하(1점)
위반행위 내용	위반행위의 중대성 0.4	• 법 제11조 제1항에 따른 기한 내에 제공하지 않거나, 법 11조 제2항 각 호의 사항 중 5개 이상의 사항을 가맹계약서에 포함하지 아니한 경우	• 법 제11조 제2항 각 호의 사항 중 3개 이상 5개 미만의 사항을 가맹계약서에 포함하지 아니한 경우	• 법 제11조 제2항 각 호의 사항 중 3개 미만의 사항을 가맹계약서에 포함하지 아니한 경우
	피해발생 정도 0.2	• 위반행위로 인하여 가맹희망자 또는 가맹점사업자에게 현저한 피해가 발생하였거나 발생할 우려가 있는 경우	• 위반행위로 인하여 가맹희망자 또는 가맹점사업자에게 상당한 피해가 발생하였거나 발생할 우려가 있는 경우	• 상(3점) 또는 중(2점)에 해당되지 않는 경우
위반행위정도	위반 건수 0.3	• 위반 건수가 30건 이상인 경우	• 위반 건수가 10건 이상 30건 미만인 경우	• 위반 건수가 10건 미만인 경우
	가맹본부 규모 0.1	• 위반 가맹본부의 위반행위 직전 사업연도 매출액이 500억 원 이상인 경우	• 위반 가맹본부의 위반행위 직전 사업연도 매출액이 50억 원 이상 500억 원 미만인 경우	• 위반 가맹본부의 위반행위 직전 사업연도 매출액이 50억 원 미만인 경우(매출액이 없는 경우를 포함한다)

바. 불공정거래행위 (법 제12조 제1항)

	참작사항	비중	상(3점)	중(2점)	하(1점)
위반행위내용	위반 행위의 중대성	0.2	• 행위의 의도·목적, 당해행위에 이른 경위, 해당 업종의 거래관행 등을 고려할 때 부당성이 현저한 경우	• 행위의 의도·목적, 당해행위에 이른 경위, 해당 업종의 거래관행 등을 고려할 때 부당성이 상당한 경우	• 상(3점) 또는 중(2점)에 해당되지 않는 경우
	피해 발생 정도	0.2	• 위반행위로 인하여 가맹희망자 또는 가맹점사업자에게 현저한 피해가 발생하였거나 발생할 우려가 있는 경우	• 위반행위로 인하여 가맹희망자 또는 가맹점사업자에게 상당한 피해가 발생하였거나 발생할 우려가 있는 경우	• 상(3점) 또는 중(2점)에 해당되지 않는 경우
위반행위정도	지역적 범위	0.1	• 위반행위 효과가 3개 이상의 특별시·광역시·도에 미치는 경우	• 위반행위 효과가 2개 이상의 광역시·도에 미치거나 서울특별시에 미치는 경우	• 위반행위의 효과가 1개 광역시·도에 미치는 경우
	위반행위와 관련된 상품 등*의 규모	0.4	〈위반행위가 특정 상품등과 관련된 경우〉		
			• 위반행위와 관련된 상품 등의 매출액이 거래중인 전체 상품 등의 매출액에서 차지하는 비중이 50% 이상인 경우	• 위반행위와 관련된 상품 등의 매출액이 거래중인 전체 상품 등의 매출액에서 차지하는 비중이 20% 이상 50% 미만인 경우	• 위반행위와 관련된 상품 등의 매출액이 거래중인 전체 상품 등의 매출액에서 차지하는 비중이 20% 미만인 경우
			〈위반행위가 특정 상품등과 관련되지 않은 경우〉		
			• 위반행위가 가맹계약의 유지여부에 영향을 미치거나 가맹점사업자의 영업활동에 현저한 영향을 미치는 경우	• 위반행위가 가맹점사업자의 영업활동에 상당한 영향을 미치는 경우	• 상(3점) 또는 중(2점)에 해당되지 않는 경우

	부과수준	상(3점)	중(2점)	하(1점)
참작사항	비중			
위반행위정도 / 가맹본부 규모	0.1	• 위반 가맹본부의 위반행위 직전 사업연도 매출액이 500억 원 이상인 경우	• 위반 가맹본부의 위반행위 직전 사업연도 매출액이 50억 원 이상 500억 원 미만인 경우	• 위반 가맹본부의 위반행위 직전 사업연도 매출액이 50억 원 미만인 경우(매출액이 없는 경우를 포함한다)

*상품 또는 용역을 의미

사. 부당한 점포환경개선 강요 등 행위 (법 제12조의2 제1항·제2항)

	부과수준	상(3점)	중(2점)	하(1점)
참작사항	비중			
위반행위내용 / 위반행위의 중대성	0.3	• 점포환경개선 강요행위관련 행위의 의도·목적, 당해행위에 이른 경위, 해당 업종의 거래관행 등을 고려할 때 부당성이 현저한 경우 • 법 제12조의2 제2항에 따라 가맹본부가 부담해야 할 금액을 전혀 지급하지 아니하는 경우	• 점포환경개선 강요행위관련 행위의 의도·목적, 당해행위에 이른 경위, 해당 업종의 거래관행 등을 고려할 때 부당성이 상당한 경우 • 법 제12조의2 제2항에 따라 가맹본부가 부담해야 할 금액 중 일부만을 지급하거나 6개월 이상 지연 지급한 경우	• 상(3점) 또는 중(2점)에 해당되지 않는 경우
위반행위내용 / 부당이득 발생 정도	0.2	• 가맹본부가 현저한 수준의 경제적 이득을 취득하였거나 취득할 우려가 있는 경우	• 가맹본부가 상당한 수준의 경제적 이득을 취득하였거나 취득할 우려가 있는 경우	• 상(3점) 또는 중(2점)에 해당되지 않는 경우
위반행위정도 / 위반 건수	0.2	• 위반 건수가 10건 이상인 경우	• 위반 건수가 5건 이상 10건 미만인 경우	• 위반 건수가 5건 미만인 경우
위반행위정도 / 점포환경개선 소요비용*	0.2	• 점포환경개선 소요비용이 1억 원 이상인 경우	• 점포환경개선 소요비용이 2천만 원 이상 1억 원 미만인 경우	• 점포환경개선 소요비용이 2천만 원 미만인 경우

부과수준 참작사항	비중	상(3점)	중(2점)	하(1점)
가맹본부규모	0.1	• 위반 가맹본부의 위반행위 직전 사업연도 매출액이 500억 원 이상인 경우	• 위반 가맹본부의 위반행위 직전 사업연도 매출액이 50억 원 이상 500억 원 미만인 경우	• 위반 가맹본부의 위반행위 직전 사업연도 매출액이 50억 원 미만인 경우(매출액이 없는 경우를 포함한다)

* 점포환경개선을 위해 소요되는 가맹점사업자의 전체 비용을 의미하며, 점포환경개선을 시행한 가맹점사업자가 다수인 경우에는 평균 소요비용을 의미

아. 부당한 영업시간 구속행위 (법 제12조의3 제1항·제2항)

부과수준 참작사항		비중	상(3점)	중(2점)	하(1점)
위반행위내용	위반행위의 중대성	0.4	• 행위의 의도·목적, 당해행위에 이른 경위, 해당 업종의 거래관행 등을 고려할 때 부당성이 현저한 경우	• 행위의 의도·목적, 당해행위에 이른 경위, 해당 업종의 거래관행 등을 고려할 때 부당성이 상당한 경우	• 상(3점) 또는 중(2점)에 해당되지 않는 경우
	피해발생정도	0.2	• 위반행위로 인하여 가맹점사업자에게 현저한 피해가 발생하였거나 발생할 우려가 있는 경우	• 위반행위로 인하여 가맹점사업자에게 상당한 피해가 발생하였거나 발생할 우려가 있는 경우	• 상(3점) 또는 중(2점)에 해당되지 않는 경우
위반행위정도	위반건수	0.3	• 위반 건수가 10건 이상인 경우	• 위반 건수가 5건 이상 10건 미만인 경우	• 위반 건수가 5건 미만인 경우
	가맹본부규모	0.1	• 위반 가맹본부의 위반행위 직전 사업연도 매출액이 500억 원 이상인 경우	• 위반 가맹본부의 위반행위 직전 사업연도 매출액이 50억 원 이상 500억 원 미만인 경우	• 위반 가맹본부의 위반행위 직전 사업연도 매출액이 50억 원 미만인 경우(매출액이 없는 경우를 포함한다)

자. 부당한 영업지역 침해행위 (법 제12조의4)

참작사항		비중	상(3점)	중(2점)	하(1점)
위반행위 내용	위반행위의 중대성	0.4	• 행위의 의도·목적, 당해행위에 이른 경위, 해당 업종의 거래관행 등을 고려할 때 부당성이 현저한 경우	• 행위의 의도·목적, 당해행위에 이른 경위, 해당 업종의 거래관행 등을 고려할 때 부당성이 상당한 경우	• 상(3점) 또는 중(2점)에 해당되지 않는 경우
	피해발생 정도	0.2	• 위반행위로 인하여 가맹점사업자에게 현저한 피해가 발생하였거나 발생할 우려가 있는 경우	• 위반행위로 인하여 가맹점사업자에게 상당한 피해가 발생하였거나 발생할 우려가 있는 경우	• 상(3점) 또는 중(2점)에 해당되지 않는 경우
위반행위 정도	위반건수	0.3	• 위반 건수가 10건 이상인 경우	• 위반 건수가 5건 이상 10건 미만인 경우	• 위반 건수가 5건 미만인 경우
	가맹본부 규모	0.1	• 위반 가맹본부의 위반행위 직전 사업연도 매출액이 500억 원 이상인 경우	• 위반 가맹본부의 위반행위 직전 사업연도 매출액이 50억 원 이상 500억 원 미만인 경우	• 위반 가맹본부의 위반행위 직전 사업연도 매출액이 50억 원 미만인 경우(매출액이 없는 경우를 포함한다)

차. 보복조치 (법 제12조의5)

참작사항		비중	상(3점)	중(2점)	하(1점)
위반행위 내용	위반행위의 중대성	0.4	• 행위의 의도·목적, 당해행위에 이른 경위, 해당 업종의 거래관행 등을 고려할 때 부당성이 현저한 경우	• 행위의 의도·목적, 당해행위에 이른 경위, 해당 업종의 거래관행 등을 고려할 때 부당성이 상당한 경우	• 상(3점) 또는 중(2점)에 해당되지 않는 경우
	피해발생 정도	0.4	• 위반행위로 인하여 가맹점사업자에게 현저한 피해가 발생하	• 위반행위로 인하여 가맹점사업자에게 상당한 피해가 발생하	• 상(3점) 또는 중(2점)에 해당되지 않는 경우

	부과수준		상(3점)	중(2점)	하(1점)
참작사항		비중			
위반행위정도			였거나 발생할 우려가 있는 경우	였거나 발생할 우려가 있는 경우	
	가맹본부 규모	0.2	• 위반 가맹본부의 위반행위 직전 사업연도 매출액이 500억 원 이상인 경우	• 위반 가맹본부의 위반행위 직전 사업연도 매출액이 50억 원 이상 500억 원 미만인 경우	• 위반 가맹본부의 위반행위 직전 사업연도 매출액이 50억 원 미만인 경우(매출액이 없는 경우를 포함한다)

카. 광고 · 판촉행사 사전 동의 의무 위반행위 (법 제12조의6 제1항)

	부과수준		상(3점)	중(2점)	하(1점)
참작사항		비중			
위반행위내용	위반행위의 중대성	0.4	• 가맹본부가 가맹점사업자와 약정을 체결하지 아니하면서 광고 · 판촉행사의 비용부담에 관하여 가맹점사업자의 동의를 전혀 받지 아니하였거나 동의를 받았으나 그 비율이 영 제13조의5 제2항에서 정한 비율에 현저히 미달하는 경우	• 가맹본부가 가맹점사업자와 약정을 체결하지 아니하면서 광고 · 판촉행사의 비용부담에 관하여 가맹점사업자의 동의를 받았으나 그 비율이 영 제13조의5 제2항에서 정한 비율에 상당히 미달하는 경우	• 상(3점) 또는 중(2점)에 해당되지 않는 경우
	위반행위의 중대성	0.4	• 가맹본부가 가맹점사업자와 약정을 체결하였으나, 영 제13조의5 제4항에서 정하는 내용을 전부 누락한 경우 • 행위의 의도 · 목적,	• 가맹본부가 가맹점사업자와 약정을 체결하였으나, 영 제13조의5 제4항에서 정하는 내용을 일부 누락하였거나 가맹계약과는 다른 별도의 약정으로 체결하지 아니한 경우 • 행위의 의도 · 목적,	

	부과수준		상(3점)	중(2점)	하(1점)
	참작사항	비중			
위반행위내용			당해행위에 이른 경위, 해당 업종의 거래관행 등을 고려할 때 부당성이 현저한 경우	당해행위에 이른 경위, 해당 업종의 거래관행 등을 고려할 때 부당성이 상당한 경우	
	부당이득발생정도	0.3	• 광고·판촉행사 소요비용 분담비율, 해당 업종의 거래관행 등을 고려할 때 가맹본부가 현저한 수준의 경제적 이득을 취득하였거나 취득할 우려가 있는 경우	• 광고·판촉행사 소요비용 분담비율, 해당 업종의 거래관행 등을 고려할 때 가맹본부가 상당한 수준의 경제적 이익을 취득하였거나 취득할 우려가 있는 경우	• 상(3점) 또는 중(2점)에 해당되지 않는 경우
위반행위정도	관련 가맹점사업자 수	0.2	• 가맹본부와 약정을 체결하지 아니하였고 비용 부담에 동의하지 아니하였으나 광고·판촉행사 비용을 부담하였거나 부담하게 될 가맹점사업자의 수가 30명 이상인 경우	• 가맹본부와 약정을 체결하지 아니하였고 비용 부담에 동의하지 아니하였으나 광고·판촉행사 비용을 부담하였거나 부담하게 될 가맹점사업자의 수가 10명 이상 30명 미만인 경우	• 가맹본부와 약정을 체결하지 아니하였고 비용 부담에 동의하지 아니하였으나 광고·판촉행사 비용을 부담하였거나 부담하게 될 가맹점사업자의 수가 10명 미만인 경우
	가맹본부규모	0.1	• 위반 가맹본부의 위반행위 직전 사업연도 매출액이 500억 원 이상인 경우	• 위반 가맹본부의 위반행위 직전 사업연도 매출액이 50억 원 이상 500억 원 미만인 경우	• 위반 가맹본부의 위반행위 직전 사업연도 매출액이 50억 원 미만인 경우(매출액이 없는 경우를 포함한다)

타. 가맹점사업자 단체 활동방해행위 (법 제14조의2 제5항)

부과수준 참작사항	비중	상(3점)	중(2점)	하(1점)
위반행위내용 — 위반행위의 중대성	0.4	• 행위의 의도·목적, 당해행위에 이른 경위, 해당 업종의 거래관행 등을 고려할 때 부당성이 현저한 경우	• 행위의 의도·목적, 당해행위에 이른 경위, 해당 업종의 거래관행 등을 고려할 때 부당성이 상당한 경우	• 상(3점) 또는 중(2점)에 해당되지 않는 경우
위반행위내용 — 피해발생정도	0.2	• 위반행위로 인하여 가맹점사업자 단체의 구성·가입·활동에 현저한 지장을 주는 경우	• 위반행위로 인하여 가맹점사업자 단체의 구성·가입·활동에 상당한 지장을 주는 경우	• 상(3점) 또는 중(2점)에 해당되지 않는 경우
위반행위정도 — 관련 가맹점사업자 수	0.3	• 불이익을 받은 가맹점사업자의 수가 10명 이상인 경우	• 불이익을 받은 가맹점사업자의 수가 5명 이상 10명 미만인 경우	• 불이익을 받은 가맹점사업자의 수가 5명 미만인 경우
위반행위정도 — 가맹본부 규모	0.1	• 위반 가맹본부의 위반행위 직전 사업연도 매출액이 500억 원 이상인 경우	• 위반 가맹본부의 위반행위 직전 사업연도 매출액이 50억 원 이상 500억 원 미만인 경우	• 위반 가맹본부의 위반행위 직전 사업연도 매출액이 50억 원 미만인 경우(매출액이 없는 경우를 포함한다)

파. 피해보상보험계약 관련 위반행위(법 제15조의2 제3항·제6항)

부과수준 참작사항	비중	상(3점)	중(2점)	하(1점)
위반행위내용 — 위반행위의 중대성	0.4	• 매출액 등 보험료율 결정에 중대한 영향을 미치는 자료를 거짓으로 제출하거나, 가맹본부가 법 제15조의2 제6항을 위반한 경우	• 가맹사업 경력 등 보험료율 결정에 영향을 미치는 자료를 거짓으로 제출하는 경우	• 상·중 이외 기타 자료를 거짓으로 제출하는 경우

부과수준 참작사항	비중	상(3점)	중(2점)	하(1점)
피해 발생 정도	0.2	• 위반행위로 인하여 가맹희망자 또는 가맹점사업자에게 현저한 피해가 발생하였거나 발생할 우려가 있는 경우	• 위반행위로 인하여 가맹희망자 또는 가맹점사업자에게 상당한 피해가 발생하였거나 발생할 우려가 있는 경우	• 상(3점) 또는 중(2점)에 해당되지 않는 경우
위반 행위 정도 — 위반 건수	0.3	• 위반상태에서 계약을 체결한 건 수가 30건 이상인 경우	• 위반상태에서 계약을 체결한 건 수가 10건 이상 30건 미만인 경우	• 위반상태에서 계약을 체결한 건 수가 10건 미만인 경우
위반 행위 정도 — 가맹 본부 규모	0.1	• 위반 가맹본부의 위반행위 직전 사업연도 매출액이 500억 원 이상인 경우	• 위반 가맹본부의 위반행위 직전 사업연도 매출액이 50억 원 이상 500억 원 미만인 경우	• 위반 가맹본부의 위반행위 직전 사업연도 매출액이 50억 원 미만인 경우(매출액이 없는 경우를 포함한다)

3) 과태료 부과

가맹사업법	제43조 (과태료) 제37조 (「독점규제 및 공정거래에 관한 법률」의 준용)

법 률	시행령
제43조(과태료) ① 가맹본부가 제3호 또는 제4호의 규정에 해당하는 경우에는 1억 원 이하, 제1호, 제1호의2 또는 제2호의 규정에 해당하는 경우에는 5천만 원 이하의 과태료를 부과한다. 〈개정 2007. 8. 3., 2013. 8. 13., 2018. 4. 17., 2020. 12. 29.〉 1. 제32조의2 제2항에 따른 자료를 제출하지 아니하거나 거짓의 자료를 제출한 자 1의2. 제32조의2 제4항을 위반하여 가맹점	제37조(과태료의 부과기준) 법 제43조 제1항 및 제3항부터 제7항까지의 규정에 따른 과태료의 부과기준은 별표 5와 같다. 〈개정 2018. 7. 10.〉 [전문개정 2014. 2. 11.]

법 률	시행령
사업자로 하여금 자료를 제출하지 아니하게 하거나 거짓 자료를 제출하도록 요구한 자 2. 제37조 제1항의 규정에 의하여 준용되는 「독점규제 및 공정거래에 관한 법률」 제81조 제1항 제1호를 위반하여 정당한 사유 없이 2회 이상 출석하지 아니한 자 3. 제37조 제1항의 규정에 의하여 준용되는 「독점규제 및 공정거래에 관한 법률」 제81조 제1항 제3호 또는 같은 조 제6항에 따른 보고 또는 필요한 자료나 물건의 제출을 정당한 사유 없이 하지 아니하거나, 허위의 보고 또는 자료나 물건을 제출한 자 4. 제37조 제1항의 규정에 의하여 준용되는 「독점규제 및 공정거래에 관한 법률」 제81조 제2항 및 제3항에 따른 조사를 정당한 사유 없이 거부·방해 또는 기피한 자 ② 삭제 〈2018. 4. 17.〉 ③ 가맹본부의 임원이 제1항 제3호에 해당하는 경우에는 5천만 원 이하, 같은 항 제1호, 제1호의2 또는 제2호에 해당하는 경우에는 1천만 원 이하의 과태료를 부과한다. 〈개정 2018. 4. 17.〉 ④ 가맹본부의 종업원 또는 이에 준하는 법률상 이해관계에 있는 자가 제1항 제3호에 해당하는 경우에는 5천만 원 이하, 같은 항 제2호에 해당하는 경우에는 1천만 원 이하, 같은 항 제1호 또는 제1호의2에 해당하는 경우에는 500만 원 이하의 과태료를 부과한다. 〈개정 2018. 4. 17.〉 ⑤ 제37조 제1항의 규정에 의하여 준용되는 「독점규제 및 공정거래에 관한 법률」 제66조에 따른 질서유지명령에 응하지 아니한 자는 100만 원 이하의 과태료에 처한	

법 률	시행령
다. 〈개정 2007. 8. 3., 2020. 12. 29.〉 ⑥ 다음 각 호의 어느 하나에 해당하는 자에게는 1천만 원 이하의 과태료를 부과한다. 〈개정 2007. 8. 3., 2013. 8. 13., 2022. 1. 4.〉 1. 제6조의2 제2항 본문을 위반하여 기한 내에 변경등록을 하지 아니하거나 거짓으로 변경등록을 한 자 2. 제9조 제3항을 위반하여 같은 항 각 호의 어느 하나에 해당하는 정보를 서면으로 제공하지 아니한 자 3. 제9조 제4항을 위반하여 근거자료를 비치하지 아니하거나 자료요구에 응하지 아니한 자 4. 제9조 제5항을 위반하여 예상매출액 산정서를 제공하지 아니한 자 5. 제9조 제6항을 위반하여 예상매출액 산정서를 보관하지 아니한 자 6. 제11조 제3항을 위반하여 가맹계약서를 보관하지 아니한 자 7. 제12조의6 제2항을 위반하여 광고 또는 판촉행사 비용의 집행 내역을 통보하지 아니하거나 열람 요구에 응하지 아니한 자 ⑦ 다음 각 호의 어느 하나에 해당하는 자에게는 300만 원 이하의 과태료를 부과한다. 〈개정 2007. 8. 3., 2013. 8. 13., 2022. 1. 4.〉 1. 제6조의2 제2항 단서를 위반하여 신고를 하지 아니하거나 거짓으로 신고한 자 2. 제29조 제4항을 위반하여 가맹거래사임을 표시하거나 유사한 용어를 사용한 자 ⑧ 제1항부터 제7항까지의 규정에 따른 과태료는 대통령령으로 정하는 바에 따라 공정거래위원회가 부과·징수한다. 〈신설 2007. 8. 3.〉 ⑨ 삭제 〈2010. 3. 22.〉 ⑩ 삭제 〈2010. 3. 22.〉 ⑪ 삭제 〈2010. 3. 22.〉	

과태료의 부과기준

(제37조 관련)

1. 일반기준

    가. 위반행위의 횟수에 따른 과태료의 가중된 부과기준은 최근 3년간(법 제43조 제6항 및 제7항에 따른 과태료의 경우에는 최근 1년간으로 한다) 같은 위반행위로 과태료 부과처분을 받은 경우에 적용한다. 이 경우 기간의 계산은 위반행위에 대하여 과태료 부과처분을 받은 날과 그 처분 후 다시 같은 위반행위를 하여 적발된 날을 기준으로 한다.

    나. 가목에 따라 가중된 부과처분을 하는 경우 가중처분의 적용 차수는 그 위반행위 전 부과처분 차수(가목에 따른 기간 내에 과태료 부과처분이 둘 이상 있었던 경우에는 높은 차수를 말한다)의 다음 차수로 한다.

    다. 공정거래위원회는 다음의 어느 하나에 해당하는 경우에는 제2호에 따른 과태료 금액의 2분의 1의 범위에서 그 금액을 줄일 수 있다. 다만, 과태료를 체납하고 있는 위반행위자에 대해서는 그렇지 않다.

        1) 위반행위자가 「질서위반행위규제법 시행령」 제2조의2 제1항 각 호의 어느 하나에 해당하는 경우

        2) 위반행위자가 「중소기업기본법」 제2조에 따른 중소기업자인 경우

        3) 위반행위가 사소한 부주의나 오류로 인한 것으로 인정되는 경우

        4) 위반행위자가 법 위반상태를 시정하거나 해소하기 위하여 노력한 것이 인정되는 경우

        5) 그 밖에 위반행위의 정도, 위반행위의 동기와 그 결과 등을 고려하여 줄일 필요가 있다고 인정되는 경우

    라. 공정거래위원회는 다음의 어느 하나에 해당하는 경우에는 제2호에 따른 과태료 금액의 2분의 1의 범위에서 그 금액을 늘릴 수 있다. 다만, 법 제43조에 따른 과태료 금액의 상한을 넘을 수 없다.

        1) 위반의 내용·정도가 중대하여 가맹점사업자 등에게 미치는 피해가 크다고 인정되는 경우

        2) 법 위반상태의 기간이 6개월 이상인 경우

        3) 그 밖에 위반행위의 정도, 위반행위의 동기와 그 결과 등을 고려하여 가중할 필요가 있다고 인정되는 경우

2. 개별기준

(단위 : 만 원)

위반행위	근거 법조문	과태료 금액		
		1차 위반	2차 위반	3차 이상 위반
가. 법 제6조의2 제2항 본문을 위반하여 기한 내에 변경등록을 하지 않거나 거짓으로 변경등록을 한 경우	법 제43조 제6항 제1호	200	500	1,000
나. 법 제6조의2 제2항 단서를 위반하여 신고를 하지 않거나 거짓으로 신고한 경우	법 제43조 제7항 제1호	60	150	300
다. 법 제9조 제3항을 위반하여 같은 항 각호의 어느 하나에 해당하는 정보를 서면으로 제공하지 않은 경우	법 제43조 제6항 제2호	500	700	1,000
라. 법 제9조 제4항을 위반하여 근거자료를 비치하지 않거나 자료요구에 응하지 않은 경우	법 제43조 제6항 제3호	500	700	1,000
마. 법 제9조 제5항을 위반하여 예상매출액 산정서를 제공하지 않은 경우	법 제43조 제6항 제4호	500	700	1,000
바. 법 제9조 제6항을 위반하여 예상매출액 산정서를 보관하지 않은 경우	법 제43조 제6항 제5호	500	700	1,000
사. 법 제11조 제3항을 위반하여 가맹계약서를 보관하지 않은 경우	법 제43조 제6항 제6호	140	350	700
아. 법 제12조의6 제2항을 위반하여 광고 또는 판촉행사 비용의 집행 내역을 통보하지 않거나 열람 요구에 응하지 않은 경우	법 제43조 제6항 제7호	500	700	1,000
자. 법 제29조 제4항을 위반하여 가맹거래사임을 표시하거나 유사한 용어를 사용한 경우	법 제43조 제7항 제2호	60	150	300
차. 법 제32조의2 제2항에 따른 자료를 제출하지 않거나 거짓의 자료를 제출한 경우	법 제43조 제1항 제1호, 같은 조 제3항 및 제4항			
1) 가맹본부		250	500	1,000
2) 가맹본부의 임원		50	100	200

위반행위	근거 법조문	과태료 금액		
		1차 위반	2차 위반	3차 이상 위반
3) 가맹본부의 종업원 또는 이에 준하는 법률상 이해관계에 있는 자		25	50	100
카. 법 제32조의2 제4항을 위반하여 가맹점사업자로 하여금 자료를 제출하지 않게 하거나 거짓 자료를 제출하도록 요구한 경우	법 제43조 제1항 제1호의2, 같은 조 제3항 및 제4항			
1) 가맹본부		250	500	1,000
2) 가맹본부의 임원		50	100	200
3) 가맹본부의 종업원 또는 이에 준하는 법률상 이해관계에 있는 자		25	50	100
타. 법 제37조 제1항의 규정에 의하여 준용되는 「독점규제 및 공정거래에 관한 법률」 제66조의 규정에 의한 질서유지 명령에 응하지 않은 경우	법 제43조 제5항	50	75	100
파. 법 제37조 제1항의 규정에 의하여 준용되는 「독점규제 및 공정거래에 관한 법률」 제81조 제1항 제1호의 규정에 위반하여 정당한 사유 없이 2회 이상 출석하지 않은 경우	법 제43조 제1항 제2호, 같은 조 제3항 및 제4항			
1) 가맹본부		1,000	2,500	5,000
2) 가맹본부의 임원		200	500	1,000
3) 가맹본부의 종업원 또는 이에 준하는 법률상 이해관계에 있는 자		200	500	1,000
하. 법 제37조 제1항의 규정에 의하여 준용되는 「독점규제 및 공정거래에 관한 법률」 제81조 제1항 제3호 또는 같은 조 제6항의 규정에 의한 보고 또는 필요한 자료나 물건의 제출을 정당한 사유 없이 하지 않거나, 허위의 보고 또는 자료나 물건을 제출한 경우	법 제43조 제1항 제3호, 같은 조 제3항 및 제4항			
1) 가맹본부		2,000	5,000	10,000
2) 가맹본부의 임원		1,000	2,500	5,000
3) 가맹본부의 종업원 또는 이에 준하는 법률상 이해관계에 있는 자		1,000	2,500	5,000

위반행위	근거 법조문	과태료 금액		
		1차 위반	2차 위반	3차 이상 위반
거. 법 제37조 제1항의 규정에 의하여 준용되는 「독점규제 및 공정거래에 관한 법률」 제81조 제2항의 규정에 의한 조사를 정당한 사유 없이 거부·방해 또는 기피한 경우	법 제43조 제1항 제4호	5,000	7,500	10,000

가) 공정거래위원회의 조사 관련 과태료 부과

공정거래위원회가 가맹본부에게 과태료를 부과하는 이유는 가맹사업법 위반 혐의가 있는 사업자를 조사하는 과정에서 가맹본부 또는 가맹본부의 임직원 등이 출석, 보고, 자료 제출, 진술 등과 관련하여 조사를 거부, 방해, 기피하는 경우이다. 이를 구체적으로 살펴보면 다음과 같다.

첫째, 가맹본부가 공정거래위원회의 보고, 자료 제출, 물건 제출 명령이 있음에도 불구하고 정당한 사유 없이 이를 이행하지 아니하거나, 허위의 보고 또는 자료나 물건을 제출하는 경우 또는 가맹본부가 공정거래위원회 소속 공무원의 조사[101]에 대하여 정당한 사유 없이 거부·방해 또는 기피하는 경우는 가맹본부에게 1억 원 이하의 과태료를 부과한다.

또한, 가맹본부의 임원 또는 가맹본부의 종업원 또는 이에 준하는 법률상 이해관계에 있는 자가 공정거래위원회의 보고, 자료 제출, 물건 제출 명령이 있음에도 불구하고 정당한 사유 없이 이를 이행하지 아니하거나, 허위의 보고 또는 자료나 물건을 제출하는 경우는 행위자에게 5천만 원 이하의 과태료를 부과한다.

둘째, 가맹본부가 ① 공정거래위원회의 서면실태조사에 따른 자료를 제출하지 아니하거나 거짓의 자료를 제출하는 경우, ② 가맹점사업자에게 공정거래위원회의 서면실태조사에 따른 자료를 제출하지 아니하게 하거나 거짓 자료를 제출하도록 요구하는 경우, ③ 공정거래위원회의 출석요구에 정당한 사유 없이 2회 이상 출석하지 아니한 경우는 가맹본부에게 5천만 원 이하의 과태료를 부과한다. 아울러, 가맹본부의 임원이 위 3가지에 해

---

101) 가맹본부의 사업장에 출입하여 업무 및 경영상황, 장부·서류, 전산 자료·음성녹음자료·화상자료 등 자료나 물건 조사와 지정된 장소에서 당사자, 이해관계인 또는 참고인의 진술조사를 말한다.

당하는 경우는 1천만 원의 과태료를 부과한다.

셋째, 가맹본부의 종업원 또는 이에 준하는 법률상 이해관계에 있는 자가 공정거래위원회의 출석요구에 정당한 사유 없이 2회 이상 출석하지 아니한 경우는 1천만 원 이하의 과태료를, 공정거래위원회의 서면실태조사에 따른 자료를 제출하지 아니하거나 거짓의 자료를 제출한 경우와 가맹점사업자에게 공정거래위원회의 서면실태조사에 따른 자료를 제출하지 아니하게 하거나 거짓 자료를 제출하도록 요구하는 경우는 500만 원 이하의 과태료를 부과한다.

| 공정거래위원회 조사 관련 과태료 부과 |

위 반 행 위	법 제43조	과태료 부과	
		대 상	금 액
보고, 자료제출, 물건제출 명령 불이행 (정당사유 유무)	① 3.	가맹본부	1억 원 이하
허위 보고, 허위 자료 제출, 허위 물건 제출	① 3.		
조사나 진술을 거부·방해·기피한 경우 (정당사유 유무)	① 4.		
서면실태조사 자료 제출 거부, 거짓 자료 제출	① 1.	가맹본부	5천만 원 이하
서면실태조사 관련 가맹점사업자로 하여금 자료 제출 거부, 거짓 자료 제출 요구	①1의2	임원	1천만 원 이하
출석요구 불응(정당사유 유무)	① 2.		
보고, 자료제출, 물건제출 명령 불이행 (정당사유 유무)	① 3.	임원 종업원	5천만 원 이하
허위 보고, 허위 자료 제출, 허위 물건 제출	① 3.		
출석요구 불응(정당사유 유무)	① 2.	종업원	1천만 원 이하
서면실태조사 자료 제출 거부, 거짓 자료 제출	① 1.	종업원	5백만 원 이하
서면실태조사 관련 가맹점사업자로 하여금 자료 제출 거부, 거짓 자료 제출 요구	①1의2		

한편, 공정거래위원회 전원회의 또는 소회의 의장은 심판정에 출석하는 당사자(가맹본부, 가맹점사업자 등)·이해관계인·참고인·참관인 등에게 심판정의 질서유지를 위하여 필요한 조치를 명할 수 있는데 이러한 질서유지의 명령에 따르지 아니한 자에게는 100만 원 이하의 과태료를 부과한다.

나) 가맹사업법 위반 관련 과태료 부과

첫째, 다음 중 어느 하나에 해당하는 가맹본부에게는 1천만 원 이하의 과태료를 부과한다.

(1) 가맹본부가 가맹사업법 제6조의2 제1항에 따라 등록한 정보공개서의 기재 사항 중 변경하려는 경우 일정한 기한[102] 내에 변경등록을 하여야 하는데, 이러한 기한 내에 변경등록을 하지 아니하거나 거짓으로 변경등록을 한 경우

(2) 가맹본부가 가맹사업법 제9조 제3항을 위반하여 즉, 가맹희망자나 가맹점사업자에게 ① 가맹희망자의 예상매출액·수익·매출총이익·순이익 등 장래의 예상수익 상황에 관한 정보 또는 ② 가맹점사업자의 매출액·수익·매출총이익·순이익 등 과거의 수익상황이나 장래의 예상수익상황에 관한 정보를 서면으로 제공하지 아니한 경우

(3) 가맹본부가 가맹사업법 제9조 제4항[103]을 위반하여 즉, 가맹희망자나 가맹점사업자에게 서면으로 정보를 제공하는 경우 그 정보의 산출근거가 자료를 비치하지 아니하거나 자료요구에 응하지 않은 경우

(4) 중소기업자가 아닌 가맹본부 또는 가맹점사업자 수가 100개 이상인 가맹본부가 가맹사업법 제9조 제5항을 위반하여 즉, 대통령령으로 정하는 예상매출액의 범위[104] 및 그 산출근거를 서면(예상매출액 산정서)으로 제공하지 아니한 경우

(5) 가맹본부가 가맹사업법 제9조 제6항을 위반하여 즉, 예상매출액 산정서를 가맹계약 체결일부터 5년간 보관하지 아니한 경우

(6) 가맹본부가 가맹사업법 제11조 제3항을 위반하여 즉, 가맹계약서를 가맹사업거래가 종료된 날부터 3년간 보관하지 아니한 경우

(7) 가맹본부가 가맹사업법 제12조의6 제3항을 위반하여 즉, 가맹점사업자가 비용의 전부 또는 일부를 부담하는 광고 또는 판촉행사 비용의 집행내역을 통보하지 아니하거나 열람 요구에 응하지 아니한 경우

---

102) 일반적으로 변경 사유가 발생한 날부터 30일 이내 또는 변경 사유가 발생한 분기가 끝난 후 30일 이내를 말한다.

103) 가맹본부는 가맹사업법 제9조 제3항에 따라 정보를 제공하는 경우는 그 정보의 산출 근거가 되는 자료로서 대통령령으로 정하는 자료를 가맹본부의 사무소에 비치하여야 하며, 영업시간 중에 언제든지 가맹희망자나 가맹점사업자의 요구가 있는 경우 그 자료를 열람할 수 있도록 하여야 한다.

104) 가맹희망자의 점포 예정지에서 영업개시일부터 1년간 발생할 것으로 예상되는 매출액의 최저액과 최고액으로 획정된 범위를 말한다. 이 경우 그 매출액의 최고액은 그 매출액의 최저액의 1.7배를 초과해서는 아니 된다(예외: 가맹사업법 시행령 제9조 제4항 참조).

위 반 행 위	위반법조	과태료 금액
정보공개서 기재 사항 변경등록 시, 기한 내 미등록 또는 거짓 등록한 경우	§6의2 ①	1천만 원
과거 및 장래예상 수익상황 정보를 서면으로 제공하지 아니한 경우	§9 ③	1천만 원
과거 및 장래예상수익상황 정보 근거자료 미비치, 자료요구에 불응한 경우	§9 ④	1천만 원
특정(중견·대기업/가맹점 100개 이상) 가맹본부의 예상매출액 산정서 미제공	§9 ⑤	1천만 원
특정(중견·대기업/가맹점 100개 이상) 가맹본부의 예상매출액 산정서 미보관(5년)	§9 ⑥	1천만 원
가맹본부의 가맹계약서 미보관(3년)	§11 ③	1천만 원
광고·판촉행사 비용 집행 내역 미통보 또는 열람 요구에 불응한 경우	§12의6 ③	1천만 원

둘째, 다음과 같은 경우에 해당하는 자(가맹본부 또는 미등록 가맹거래사)에게는 3백만 원 이하의 과태료를 부과한다.

(1) 가맹본부가 가맹사업법 제6조의2 제1항에 따라 등록한 정보공개서의 기재 사항 중 변경하려는 경우로서 경미한 경우에는 변경신고를 하여야 하는데, 이러한 신고를 하지 아니하거나 거짓으로 신고한 경우

(2) 공정거래위원회에 가맹거래사 등록을 하지 아니한 자가 가맹사업법 제29조 제4항을 위반하여 즉, 가맹거래사임을 표시하거나 유사한 용어를 사용하는 경우

| 가맹사업법 위반 관련 과태료(3백만 원) 부과 |

위 반 행 위	위반법조	과태료 금액
정보공개서 기재 사항 경미한 경우의 변경 신고를 아니하거나 거짓 신고한 경우	§6의2 ①	3백만 원
등록하지 아니한 가맹거래사가 가맹거래사임을 표시하거나 유사 용어를 사용한 경우	§29 ④	3백만 원

예규 **공정거래위원회 심판정의 질서유지를 위한 규칙**

[시행 2011. 9. 1.] [공정거래위원회 예규 제119호, 2011. 9. 1. 제정]

제1조(목적) 이 규칙은 심판정의 질서유지를 위해 필요한 사항을 규정함으로써 심판절차의 적절한 진행을 보장함을 목적으로 한다.

제2조(심판정 참여자의 준수사항) 심판정 참여자는 심판정의 존엄과 질서유지를 위한 의장의 지시에 따라야 한다.

제3조(심판정 참여자에 대한 조치) 의장은 심판정 질서유지를 위하여 필요하다고 인정한 때에는 심판관리관실 직원으로 하여금 다음 각 호의 조치를 하게 할 수 있다.

1. 참관석 수에 해당하는 방청권을 발행케 하고 그 소지자에 한하여 방청을 허용하는 것
2. 주류, 캔음료 등 소음이나 냄새를 유발하거나, 심판정 참여자에게 불안감이나 불편함을 초래하여 심판정에서 소지함이 부적당하다고 인정되는 물품을 가진 자의 입정을 금하게 하는 것
3. 위 각 호의 조치를 따르지 아니한 자, 단정한 의복을 착용하지 아니한 자, 심판정에서 위원회 또는 위원의 직무집행을 방해하거나 부당한 행동을 할 염려가 있다고 믿을만한 현저한 사정이 인정되는 자의 입정을 금하게 하는 것

제4조(퇴정명령 등) 의장은 심판정에서 다음 각 호에 해당하는 행위를 한 자에 대하여 이를 제지하거나 퇴정을 명할 수 있다.

1. 허가 없이 녹음, 녹화, 촬영, 중계방송 등(이하 '촬영 등'이라 한다)을 하는 행위
2. 음식을 먹거나 흡연하는 행위
3. 떠들거나 소란을 피우는 등 심리에 지장을 주는 행위
4. 참관인이 심사관 또는 피심인에게 의장의 허가 없이 사건과 관련한 의견을 전달하거나 신호로서 영향을 주는 행위
5. 심판이 진행되는 동안 본인이 휴대한 캠코더, 휴대폰, 노트북 등을 사용하는 행위
6. 기타 심리 진행, 심판정 질서유지를 위한 의장의 지시에 따르지 아니하는 행위

제5조(촬영 등의 제한)

① 심판정에서 촬영 등의 허가 받고자 하는 자는 촬영 등의 목적, 종류, 대상, 시간 및 소속 기관명, 성명을 명시한 신청서를 심판정 개시 5일 전까지 심판관리관실에 제출하여야 한다.

② 의장은 피심인의 동의가 있을 때 한하여 전항의 신청에 대한 허가를 할 수 있다. 다만, 촬영 등 행위를 허가함이 공공의 이익을 위하여 상당하다고 인정되는 경우는 피심인의 동의 여부와 상관없이 촬영 등을 허가할 수 있다.

제6조(촬영 등 행위 시의 주의사항) 의장이 제5조의 규정에 따라 허가할 때는 다음 각 호의 사항과 같이 제한하여야 한다.

1. 촬영 등 행위는 심판정 개시 전에 한한다.

2. 위원석 위에서 촬영 등 행위를 하여서는 아니 된다.

3. 촬영 등 행위로 소란케 하여서는 아니 된다.

4. 심판정 참여자의 성명, 연령, 직업, 용모 등에 의하여 본인임을 알아볼 수 있을 정도로 촬영 등 행위를 하여서는 아니 된다.

제7조(질서유지명령 위반에 대한 제재) 의장의 심판정 질서유지 명령을 따르지 아니한 자는 공정거래법 제69조의2 제2항에 의거 100만 원 이하의 과태료에 처한다.

부 칙 〈제119호, 2011. 9. 1.〉

이 규칙은 2011년 9월 1일부터 시행한다.

관련 법령

독점규제 및 공정거래에 관한 법률 ⇒ 가맹사업법 제43조 제1항 관련

제81조(위반행위의 조사 등)

① 공정거래위원회는 이 법의 시행을 위하여 필요하다고 인정할 때에는 대통령령으로 정하는 바에 따라 다음 각 호의 처분을 할 수 있다.

1. 당사자, 이해관계인 또는 참고인의 출석 및 의견의 청취

2. (생략)

3. 사업자, 사업자 단체 또는 이들의 임직원에게 원가 및 경영상황에 관한 보고, 그 밖에 필요한 자료나 물건의 제출 명령 또는 제출된 자료나 물건의 일시 보관

② 공정거래위원회는 이 법의 시행을 위하여 필요하다고 인정할 때에는 소속 공무원(제122조에 따른 위임을 받은 기관의 소속 공무원을 포함한다)으로 하여금 사업자 또는 사업자 단체의 사무소 또는 사업장에 출입하여 업무 및 경영상황, 장부·서류, 전산자료·음성녹음자료·화상자료, 그 밖에 대통령령으로 정하는 자료나 물건을 조사하게 할 수 있다.

③ 제2항에 따른 조사를 하는 공무원은 대통령령으로 정하는 바에 따라 지정된 장소에서 당사자, 이해관계인 또는 참고인의 진술을 들을 수 있다.

⑥ 제2항에 따른 조사를 하는 공무원은 대통령령으로 정하는 바에 따라 사업자, 사업자 단체 또는 이들의 임직원에게 조사에 필요한 자료나 물건의 제출을 명하거나 제출된 자료나 물건을 일시 보관할 수 있다.

제66조(심판정의 질서유지)

　전원회의 및 소회의의 의장은 심판정에 출석하는 당사자·이해관계인·참고인 및 참관인 등에게 심판정의 질서유지를 위하여 필요한 조치를 명할 수 있다.

질서위반행위규제법 시행령

제2조의2(과태료 감경)

　① 행정청은 법 제16조에 따른 사전통지 및 의견 제출 결과 당사자가 다음 각 호의 어느 하나에 해당하는 경우에는 해당 과태료 금액의 100분의 50의 범위에서 과태료를 감경할 수 있다. 다만, 과태료를 체납하고 있는 당사자에 대해서는 그러하지 아니하다. 〈개정 2013. 5. 10., 2018. 12. 31.〉

　1. 「국민기초생활 보장법」 제2조에 따른 수급자
　2. 「한부모가족 지원법」 제5조 및 제5조의2 제2항·제3항에 따른 보호대상자
　3. 「장애인복지법」 제2조에 따른 장애인 중 장애의 정도가 심한 장애인
　4. 「국가유공자 등 예우 및 지원에 관한 법률」 제6조의4에 따른 1급부터 3급까지의 상이등급 판정을 받은 사람
　5. 미성년자

　② (생략)

질서위반행위규제법

제16조(사전통지 및 의견 제출 등)

　① 행정청이 질서위반행위에 대하여 과태료를 부과하고자 하는 때에는 미리 당사자(제11조 제2항에 따른 고용주등을 포함한다. 이하 같다)에게 대통령령으로 정하는 사항을 통지하고, 10일 이상의 기간을 정하여 의견을 제출할 기회를 주어야 한다. 이 경우 지정된 기일까지 의견 제출이 없는 경우에는 의견이 없는 것으로 본다.

　② 당사자는 의견 제출 기한 이내에 대통령령으로 정하는 방법에 따라 행정청에 의견을 진술하거나 필요한 자료를 제출할 수 있다.

　③ 행정청은 제2항에 따라 당사자가 제출한 의견에 상당한 이유가 있는 경우에는 과태료를 부과하지 아니하거나 통지한 내용을 변경할 수 있다.

나. 형벌

가맹사업법	제41조 (벌칙) 제42조 (양벌규정) 제44조 (고발)

제41조(벌칙)

① 제9조 제1항의 규정에 위반하여 허위·과장의 정보제공행위나 기만적인 정보제공행위를 한 자는 5년 이하의 징역 또는 3억 원 이하의 벌금에 처한다. 〈개정 2007. 8. 3., 2013. 8. 13.〉

② 다음 각 호의 어느 하나에 해당하는 자는 3년 이하의 징역 또는 1억 원 이하의 벌금에 처한다. 〈개정 2007. 8. 3., 2018. 1. 16., 2020. 12. 29.〉

1. 제12조의5를 위반하여 가맹점사업자에게 불이익을 주는 행위를 하거나 다른 사업자로 하여금 이를 행하도록 한 자

2. 제33조 제1항에 따른 시정조치의 명령에 따르지 아니한 자

3. 제37조 제4항의 규정에 의하여 준용되는 「독점규제 및 공정거래에 관한 법률」 제119조를 위반한 자

③ 다음 각 호의 어느 하나에 해당하는 자는 2년 이하의 징역 또는 5천만 원 이하의 벌금에 처한다. 〈개정 2007. 8. 3., 2013. 8. 13.〉

1. 제6조의5 제1항을 위반하여 가맹점사업자로부터 예치가맹금을 직접 수령한 자

2. 제7조 제3항을 위반하여 가맹금을 수령하거나 가맹계약을 체결한 자

3. 제15조의2 제6항을 위반하여 가맹점사업자피해보상보험계약 등을 체결하였다는 사실을 나타내는 표지 또는 이와 유사한 표지를 제작하거나 사용한 자

④ 제29조의2를 위반하여 가맹거래사 등록증을 빌려주거나 빌린 자 또는 이를 알선한 자는 1년 이하의 징역 또는 1천만 원 이하의 벌금에 처한다. 〈신설 2022. 1. 4.〉

⑤ 제6조의5 제4항을 위반하여 거짓이나 그 밖의 부정한 방법으로 예치가맹금의 지급을 요청한 자는 예치가맹금의 2배에 상당하는 금액 이하의 벌금에 처한다. 〈신설 2007. 8. 3., 2022. 1. 4.〉

제42조(양벌규정)

법인의 대표자나 법인 또는 개인의 대리인, 사용인, 그 밖의 종업원이 그 법인 또는 개인의 업무에 관하여 제41조의 위반행위를 하면 그 행위자를 벌하는 외에 그 법인 또는 개인에게도 해당 조문의 벌금형을 과(科)한다. 다만, 법인 또는 개인이 그 위반행위를 방지하기 위하여 해당 업무에 관하여 상당한 주의와 감독을 게을리 하지 아니한 경우에는 그러하지 아니하다.
[전문개정 2010. 3. 22.]

제44조(고발)

① 제41조 제1항, 제2항 제1호·제2호 및 제3항의 죄는 공정거래위원회의 고발이 있어야 공소를 제기할 수 있다.〈개정 2018. 1. 16.〉

② 공정거래위원회는 제41조 제1항, 제2항 제1호·제2호 및 제3항의 죄 중 그 위반의 정도가 객관적으로 명백하고 중대하다고 인정하는 경우에는 검찰총장에게 고발하여야 한다.〈개정 2018. 1. 16.〉

③ 검찰총장은 제2항의 규정에 의한 고발요건에 해당하는 사실이 있음을 공정거래위원회에 통보하여 고발을 요청할 수 있다.〈개정 2013. 8. 13.〉

④ 공정거래위원회가 제2항에 따른 고발요건에 해당하지 아니한다고 결정하더라도 감사원장, 중소벤처기업부 장관은 사회적 파급효과, 가맹희망자나 가맹점사업자에게 미친 피해 정도 등 다른 사정을 이유로 공정거래위원회에 고발을 요청할 수 있다.〈신설 2013. 8. 13., 2017. 7. 26.〉

⑤ 제3항 또는 제4항에 따른 고발요청이 있는 때에는 공정거래위원회 위원장은 검찰총장에게 고발하여야 한다.〈신설 2013. 8. 13.〉

⑥ 공정거래위원회는 공소가 제기된 후에는 고발을 취소하지 못한다.〈개정 2013. 8. 13.〉

가맹사업법을 위반한 사람 또는 사업자는 징역형 또는 벌금형과 같은 형벌을 받을 수 있다.

먼저, 가맹사업법 제41조의 규정에 따르면 가맹사업법 적용 대상 사업자 즉, 가맹본부가 가맹사업법을 위반하는 경우는 처벌받을 수 있으므로 가맹사업법을 지켜야겠다는 인식과 함께 상당한 주의를 기울일 필요가 있다고 할 것이다. 형벌에는 크게 징역형 또는 벌금형으로 나누어 살펴볼 수 있다.

첫째, 가맹사업법 제9조 제1항을 위반하는 경우 즉, 가맹본부가 가맹희망자나 가맹점사업자에게 허위·과장의 정보제공행위나 기만적인 정보제공행위를 한 경우에는 5년 이하의 징역 또는 3억 원 이하의 벌금에 처해 질 수 있다.

둘째, 다음 세 가지의 경우에는 행위자에 대하여 3년 이하의 징역 또는 1억 원 이하의 벌금에 처해 질 수 있다.

① 가맹사업법 제12조의5를 위반하는 경우 즉, 가맹점사업자가 가맹거래분쟁조정신청을, 공정거래위원회의 서면실태조사에 대한 협조를, 가맹본부의 가맹사업법 위반 혐의에 대한 신고 및 공정거래위원회의 조사에 대하여 협조를 하였다는 것을 이유로, 가맹본부가 가맹점사업자에게 불이익을 주는 행위를 하거나 다른 사업자로 하여금 이를 행하도록 한 경우

② 가맹본부가 가맹사업법 제33조 제1항에 따른 공정거래위원회의 시정(명령)조치에 따르지 아니한 경우

③ 가맹사업법 제37조 제4항에 따라 준용되는 독점규제 및 공정거래에 관한 법률 제119조(비밀엄수의 의무)를 위반하는 경우 즉, 가맹사업법에 따른 직무에 종사하거나 종사하였던 위원, 공무원 또는 협의회에서 분쟁조정업무를 담당하거나 담당하였던 사람 또는 동의의결 이행관리 업무를 담당하거나 담당하였던 사람은 그 직무상 알게 된 사업자 또는 사업자 단체의 비밀을 누설한 경우

셋째, 가맹본부가 가맹사업법 제6조의5 제1항을 위반하여 즉, 가맹점사업자로부터 예치가맹금을 직접 수령한 경우, 가맹사업법 제7조 제3항을 위반하여 즉, 정보공개서 등을 제공하지 아니하였거나 정보공개서 등을 제공한 날부터 14일이 지나지 않았음에도 불구하고 가맹희망자와 가맹계약을 체결한 경우, 가맹사업법 제15조의2 제6항을 위반하여 즉, 가맹점사업자피해보상 보험계약 등을 체결하지 않았음에도 불구하고 보험계약 등을 체결하였다는 사실을 나타내는 표지 또는 이와 유사한 표지를 제작하거나 사용한 경우는 2년 이하의 징역 또는 5천만 원 이하의 벌금에 처해 질 수 있다.

넷째, 가맹사업법 제29조의2를 위반하여 즉, 가맹거래사 등록증을 빌려주거나 빌린 경우 또는 이를 알선한 경우는 행위자는 1년 이하의 징역 또는 1천만 원 이하의 벌금에 처해 질 수 있다.

다섯째, 가맹사업법 제6조의5 제4항을 위반하여 즉, 가맹본부가 거짓이나 그 밖의 부정한 방법으로 예치가맹금 지급을 요청한 경우는 예치가맹금의 2배에 상당하는 금액 이하의 벌금에 처해 질 수 있다.

| 가맹사업법 위반한 자에 대한 형벌 |

벌칙대상	위반법조	벌칙조항	벌 칙
허위·과장 및 기만적인 정보제공행위를 한 자	§9 ①	§41 ①	5년 또는 3억 원 이하
가맹사업자에게 불이익을 주는 행위를 하거나 다른 사업자로 하여금 이를 행하도록 한 자	§12의5	§41 ②	3년 또는 1억 원 이하
시정조치의 명령에 따르지 아니한 자	§33 ①	§41 ②	3년 또는 1억 원 이하
비밀엄수 의무를 위반한 자(공무원, 분쟁위원 등)	§37 ④	§41 ②	3년 또는 1억 원 이하

벌칙대상	위반법조	벌칙조항	벌칙
가맹점사업자로부터 예치가맹금을 직접 수령한 자	§6의5 ①	§41 ③	2년 또는 5천만 원 이하
정보공개서 등의 미제공 또는 제공한 날부터 14일이 미경과한 경우 가맹금을 수령하거나 가맹계약을 체결한 자	§7 ③	§41 ③	2년 또는 5천만 원 이하
피해보상계약 체결 사실 표지 또는 유사표지를 제작하거나 사용한 자	§15의2 ⑥	§41 ③	2년 또는 5천만 원 이하
가맹거래사 자격 빌려주거나 빌린 자, 알선한 자	§29의2	§41 ④	1년 또는 1천만 원 이하
거짓 또는 부정 방법으로 예치가맹금 지급 요청한 자	§6의5 ④	§41 ⑤	예치가맹금 2배 금액 이하

한편, 법인의 대표자나 법인 또는 개인의 대리인, 사용인, 그 밖의 종업원이 그 법인 또는 개인의 업무에 관하여 가맹사업법 제41조에서 규정하고 있는 위반행위를 하면 그 행위자를 벌하는 외에 그 법인 또는 개인에게도 해당 조문의 벌금형을 과(科)한다. 다만, 법인 또는 개인이 그 위반행위를 방지하기 위하여 해당 업무에 관하여 상당한 주의와 감독을 게을리하지 아니한 경우에는 그러하지 아니하다.

그러나, 가맹사업법 제41조에 따른 벌칙(벌금형) 중 위 첫째, 둘째의 ①과 ②, 셋째의 경우에는 반드시 공정거래위원회의 고발이 있어야 검찰이 공소를 제기할 수 있다. 다만, 공정거래위원회가 고발하지 아니한다는 결정을 하였음에도 불구하고 검찰총장, 감사원장, 중소벤처기업부 장관은 가맹사업법의 관련 규정에 따라 공정거래위원회에 고발을 요청할 수 있다. 이러한 요청이 있는 경우 공정거래위원회 위원장은 검찰총장에게 고발하여야 한다.

이슈 검토

■ **과도한 형벌 제도에 대한 이슈**

1. 관련 규정

　　가맹사업법 제41조(벌칙)를 살펴보면 허위·과장 및 기만적인 정보제공행위를 한 자에 대해 5년 이하의 징역 또는 3억 원 이하의 벌금에 처할 수 있는 등 총 9개 행위유형에 대해 벌칙을 부과하고 있다.

2. 검토 배경 및 관련 이슈

가맹사업법도 공정거래법처럼 기업의 경제활동을 규율하는 경제법의 하나임에도 불구하고 총 9개 위반유형에 대해 과도한 벌칙 규정을 두고 있다. 이는 경제법 위반행위를 지나치게 형벌로 규제함으로써 소모적인 법정투쟁과 기업의 활력이 저하되는 것으로 이어질 수밖에 없다.

헌법재판소의 결정[105]에 따르면 '공정거래법 등 경제법 위반행위는 기업의 영업활동과 밀접하게 결합되어 있거나, 영업활동 그 자체로서 무분별하게 형벌을 선택한다면 관계자나 관계기업은 경영(영업)활동에 불안감을 느끼게 되어 경영(영업)활동이 위축될 우려가 있으므로 형벌은 위법성이 명백하고, 국민경제와 소비자 일반에게 미치는 영향이 매우 크다고 인정되는 경우로 한정하여 제한적으로 활용되어야 한다.'라고 결정한 데서 알 수 있듯이 과도한 벌칙 규정은 많은 문제점을 안고 있다.

3. 개선방안

소비자 이익과 가맹본부와 가맹점사업자 사이 균형발전 등 가맹사업법 목적을 직접적으로 침해하는 경우와 행정 목적 달성을 위해 요구되는 의무를 위반한 경우를 구분한 후, 행정상의 의무이행의 확보라는 행정 목적 실현을 위한 것이라면 형벌이 아닌 행정질서벌 등의 수단이 더 적합하다.

따라서, 기업의 사법 리스크 비용부담을 완화하면서 정부의 법 집행력 제고를 위해 형벌 규정을 과징금이나 과태료 등 행정제재 규정으로 대폭 전환하고 고발 등에 따른 형벌을 최소화하는 방향으로 나가는 것이 바람직하다.

이슈 검토

■ 의무 고발 제도 관련 이슈

1. 관련 규정

가맹사업법 제44조(고발) 제3항에서 검찰총장은 고발요건에 해당하는 사실이 있음을 공정거래위원회에 통보하여 고발을 요청할 수 있고, 같은 조 제4항에서 공정거래위원회가 고발요건에 해당하지 아니한다고 결정(판단)하더라도 감사원장, 중소벤처기업부 장관은 사회적 파급효과, 가맹희망자나 가맹점사업자에게 미친 피해 정도 등 다른 사정을 이유로 공정거래위원회에 고발을 요청할 수 있다. 이어서 같은 조 제5항에서는 검찰총장, 감사원장, 중소벤처기업부 장관이 고발을 요청하였을 때는 공정거래위원회 위원장은 검찰총장에게 고발하여야 하도록 규정하고 있다.

---

105) 헌법재판소 1995. 7. 21. 선고 94헌마136 결정

2. 검토 배경 및 관련 이슈

공정거래위원회가 고발요건에 해당하지 아니하다고 판단한 사건에 대하여 중소기업벤처부 장관 등이 고발을 요청[106]하면 별도의 심의·의결 절차 없이 공정거래위원회 위원장이 검찰총장에게 고발하도록 함으로써 법적 안정성을 훼손할 뿐만 아니라 전속고발제도의 입법 취지를 훼손하는 결과를 초래하고 있다.

공정거래위원회가 고발하지 않는 것으로 결정(판단)한 사건에 대하여 별도의 논의나 심의·결정 없이 고발을 의무화 한 것은 합의제행정기관인 공정거래위원회의 심의·의결권을 무력화하고 기업들의 준법의식을 불확정하게 함으로써 법적 안정성을 해친다.

또한, 기업의 경제활동에 대한 지나친 사법적 개입을 방지하기 위한 취지로 공정거래법 제정 당시부터 도입한 전속고발제도의 기본취지를 훼손하며, 공정거래법 관련 위반사건은 기업의 영업활동 과정에서 발생하는 경제 현상으로서 시장 상황에 따라 폐해와 효율성의 비교로서 위법 여부가 결정되는 특성을 고려할 때 고발 남용은 바람직하지 않다.

3. 개선방안

경제 사건에 대한 지나친 사법화 방지를 위해 도입한 전속고발제 취지를 살리고 기업의 법적 불안정성을 조기에 확정하기 위해서는 검찰총장을 제외한 감사원장, 중소기업벤처부 장관, 조달청장에게 부여된 고발요청 권한은 폐지하는 것이 바람직하다.

그 대신에 감사원장, 중소기업벤처부 장관, 조달청장의 고발요청은 가맹사업법의 위법 요건을 검토[107]한 후 요청하는 것으로 보기 어려우므로 이들 기관장이 먼저 검찰총장에게 고발하고 검찰총장이 위법 요건을 판단한 후 공정거래위원회에 고발을 요청하는 제도가 오히려 바람직하다.

공정거래위원회가 의무적으로 고발하도록 하는 제도를 계속 유지할 필요성이 있다고 하더라도, 공정거래위원회가 미고발한 사건에 대해 관계기관의 고발요청이 있는 경우, 경제 사건에 대한 지나친 사법화를 방지하고 고발에 대한 기업의 항변권을 보장하기 위하여 공정거래위원회가 고발 여부를 다시 한번 더 심의하여 결정할 수 있도록 관련 법규를 개선하는 방안도 고려해 볼 수 있다.

---

106) 과거 백화점업자가 사기세일을 하여 사회적으로 큰 문제를 일으켰다. 그때 공정거래법이 규정하고 있는 형벌에 해당하는 죄가 고발요건에 부합되는 경우 검찰총장이 그 사실을 공정거래위원회 통보하고 고발을 요청할 수 있는 제도가 1996년 공정거래법 개정으로 처음 도입되었고, 그 이후 고발요청권자의 범위가 감사원장, 중소기업벤처부 장관, 조달청장으로 확대되었다.

107) 가맹사업법에서는 가맹본부의 법 위반행위에 대한 조사 및 행정처분 등의 권한을 공정거래위원회에 부여하고 있다.

> ## 가맹사업법 위반사업자에 대한 공정거래위원회의 고발 의결(결정)은 항고소송의 대상이 되는 행정처분이라고 할 수 없다는 판단
>
> 사건명 : ㈜하이쿨의 가맹사업법 위반행위에 대한 건
> 〈 공정위 2011전사1240 〉
> 【서울고등법원 2012. 8. 28. 선고 2012누8764 판결】
> 【대법원 2013. 1. 24. 선고 2012두22560 판결(심리불속행 기각)】

　　고발은 수사의 단서에 불과할 뿐 그 자체로 국민의 권리 의무에 영향을 미치는 것이 아니고, 특히 가맹사업법 제44조 제1항은 공정거래위원회의 고발을 가맹사업법 위반죄의 소추 요건으로 규정하고 있어 공정거래위원회의 고발은 사직 당국에 대하여 형벌권을 행사를 요구하는 행정기관 상호 간의 행위에 불과하여 항고소송의 대상이 되는 행정처분이라 할 수 없으며, 더욱이 공정거래위원회의 고발의결은 행정청 내부의 의사결정에 불과할 뿐 최종적인 처분은 아닌 것이므로 이 역시 항고소송의 대상이 되는 행정처분이 되지 못한다(대법원 1995. 5. 12. 선고 94누13794 판결).

　　따라서 원고들의 이 사건 소 중 고발 의결의 취소를 구하는 부분은 항고소송의 대상이 되지 않는 고발 의결의 취소를 구하는 것이어서 부적법하다.

고시 / 지침 / 기타 관련규정

 예규 독점규제 및 공정거래에 관한 법률 등의 위반행위의 고발에 관한 공정거래위원회의 지침

[시행 2021. 1. 1.] [공정거래위원회 예규 제362호, 2020. 12. 30. 일부개정]

제1조(목적)

이 지침은 독점규제 및 공정거래에 관한 법률(이하 "공정거래법"이라 한다), 표시·광고의 공정화에 관한 법률(이하 "표시·광고법"이라 한다), 가맹사업거래의 공정화에 관한 법률(이하 "가맹사업법"이라 한다), 대규모유통업에서의 거래 공정화에 관한 법률(이하 "대규모유통업법"이라 한다), 하도급거래 공정화에 관한 법률(이하 "하도급법"이라 한다) 또는 대리점거래의 공정화에 관한 법률(이하 "대리점법"이라 한다) 위반사건으로서 공정거래법 제129조(고발), 표시·광고법 제16조 제3항, 가맹사업법 제44조(고발), 대규모유통업법 제42조

(고발), 하도급법 제32조(고발) 또는 대리점법 제33조(고발)의 규정에 의하여 고발의 대상이 되는 유형 및 기준을 제시함을 목적으로 한다.

제2조(고발의 대상 및 기준)

① 공정거래위원회는 사업자 또는 사업자 단체가 다음 각 호의 어느 하나에 해당하는 경우 고발함을 원칙으로 한다.

1. 공정거래법, 표시·광고법, 가맹사업법, 대규모유통업법, 하도급법 또는 대리점법 위반행위에 참여한 사업자 또는 사업자 단체의 행위에 대해 각 법률별 과징금고시의 세부평가기준표에 따라 산출한 법 위반점수가 1.8점 이상인 경우

2. 공정거래법 제8조의3을 위반하여 지주회사를 설립하거나 지주회사로 전환한 경우, 동법 제11조 또는 제18조의 규정에 위반하여 의결권을 행사한 경우, 동법 제14조 제5항을 위반하여 공인회계사의 회계감사를 받지 아니한 경우, 동법 제50조 제1항 제3호 또는 같은 조 제3항에 따른 보고 또는 필요한 자료나 물건을 제출하지 아니하거나 거짓의 보고 또는 자료나 물건을 제출한 경우 또는 하도급법 제27조 제2항에 따른 감정을 거짓으로 한 경우로서 법 위반 정도가 중대한 경우

3. 공정거래위원회의 조사 시 폭언·폭행이나 고의적인 현장 진입 저지·지연 등을 통해 조사를 거부·방해 또는 기피한 경우

4. 공정거래위원회의 조사 시 자료의 은닉·폐기, 접근거부 또는 위조·변조 등을 통하여 조사를 거부·방해 또는 기피한 경우

5. 특별한 사유 없이 공정거래위원회의 시정조치나 금지명령에 응하지 않은 경우

6. 탈법행위 금지(공정거래법 제15조, 하도급법 제20조)를 위반한 업체로서 법 위반 정도가 중대하거나 법 위반 동기가 고의적인 경우

7. 불이익 등 보복조치 금지(공정거래법 제23조의3, 대규모유통업법 제18조, 하도급법 제19조, 대리점법 제12조)를 위반한 경우

8. 기술유용행위금지(하도급법 제12조의3 제3항), 부당한 하도급대금의 결정 금지(하도급법 제4조), 부당 감액의 금지(하도급법 제11조 제1항 및 제2항)를 위반한 업체로서 법 위반 정도가 중대하거나 법 위반 동기가 고의적인 경우

9. 과거 5년간(신고사건의 경우에는 신고접수일을, 직권조사 또는 자진신고 사건의 경우는 자료제출 요청일, 이해관계자 등 출석요청일, 현장조사일 중 가장 빠른 날을 기준으로 한다. 이하 같다) 공정거래법, 표시·광고법, 가맹사업법, 대규모유통업법, 하도급법 또는 대리점법 위반으로 각각 경고 이상 조치를 3회 이상 받고 각 법률별 과징금 부과 기준 관련 고시에 따른 누적벌점이 6점 이상인 경우(무효 또는 취소판결이 확정된 건을 제외한다.)

② 공정거래위원회는 공정거래법, 표시·광고법, 가맹사업법, 대규모유통업법, 하도급법 또는 대리점법 위반행위에 참여한 사업자 또는 사업자 단체의 대표자, 대리인, 사용인, 그 밖의

종업원 또는 특수관계인으로서 다음 각 호의 어느 하나에 해당하는 자는 고발함을 원칙으로 한다.

1. [별표 1]에 의하여 산출한 법 위반점수가 2.2점 이상인 자(이 경우 자신이 속한 사업자 또는 사업자 단체의 행위에 대해 각 법률별 과징금 고시의 세부평가기준표에 따라 산출한 법 위반점수가 1.8점 이상인 경우로 한다)

2. 자신이 속한 사업자 또는 사업자 단체가 공정거래법 제8조의3을 위반하여 지주회사를 설립하거나 지주회사로 전환한 경우, 동법 제11조 또는 제18조의 규정에 위반하여 의결권을 행사한 경우, 동법 제14조 제5항을 위반하여 공인회계사의 회계감사를 받지 아니한 경우, 동법 제50조 제1항 제3호 또는 같은 조 제3항에 따른 보고 또는 필요한 자료나 물건을 제출하지 아니하거나 거짓의 보고 또는 자료나 물건을 제출한 경우 또는 하도급법 제27조 제2항에 따른 감정을 거짓으로 한 경우로서 법 위반 정도가 중대한 경우 그 위반행위에 실질적 책임이 있는 자

3. 공정거래법 제23조의2 제4항을 위반한 특수관계인으로서 법 위반 정도가 중대한 자

4. 공정거래위원회의 조사 시 폭언·폭행이나 고의적인 현장 진입 저지·지연 등을 통해 조사를 거부·방해 또는 기피한 자

5. 공정거래위원회의 조사 시 자료의 은닉·폐기, 접근거부 또는 위조·변조 등을 통하여 조사를 거부·방해 또는 기피한 자

6. 자신이 속한 사업자 또는 사업자 단체가 특별한 사유없이 공정거래위원회의 시정조치나 금지명령에 응하지 않은 경우 그 시정조치나 금지명령을 이행할 실질적 책임이 있는 자

7. 자신이 속한 사업자 또는 사업자 단체가 행한 탈법행위 금지(공정거래법 제15조, 하도급법 제20조) 위반행위의 법 위반 정도가 중대하거나 법 위반 동기가 고의적인 경우 그 위반행위에 실질적 책임이 있는 자

8. 자신이 속한 사업자 또는 사업자 단체가 불이익 등 보복조치 금지(공정거래법 제23조의3, 대규모유통업법 제18조, 하도급법 제19조, 대리점법 제12조)를 위반한 경우로서 그 위반행위에 실질적 책임이 있는 자

9. 자신이 속한 사업자 또는 사업자 단체가 행한 기술유용행위금지(하도급법 제12조의3 제3항), 부당한 하도급대금의 결정 금지(하도급법 제4조), 부당 감액의 금지(하도급법 제11조 제1항 및 제2항) 위반행위의 법 위반 정도가 중대하거나 법 위반 동기가 고의적인 경우 그 위반행위에 실질적 책임이 있는 자

③ 제1항 및 제2항에도 불구하고 공정거래위원회는 위반행위의 자진 시정 여부, 과거 법 위반전력 유무, 생명·건강 등 안전에의 영향과 무관한지 여부, 조사협조 여부 등 행위의 중대성에 영향을 미치는 여러 사항을 종합적으로 고려하여 고발 여부를 달리 결정할 수 있다.

④ ～ ⑥ 삭제

제2조의2(타 기관의 고발요청에 따른 고발)

① 제2조에도 불구하고 공정거래위원회 위원장은 다음 각 호의 어느 하나에 해당하는 경우, 검찰총장, 감사원장, 중소벤처기업부 장관 또는 조달청장이 고발을 요청한 자에 대하여 고발한다.

1. 검찰총장이 공정거래법 제71조 제3항(표시·광고법 제16조 제3항에서 준용하는 경우를 포함한다), 가맹사업법 제44조 제3항, 대규모유통업법 제42조 제3항, 하도급법 제32조 제3항 또는 대리점법 제33조 제3항에 따라 고발을 요청한 경우

2. 감사원장 또는 중소벤처기업부 장관이 공정거래법 제71조 제4항(표시·광고법 제16조 제3항에서 준용하는 경우를 포함한다. 이하 같다), 가맹사업법 제44조 제4항, 대규모유통업법 제42조 제4항, 하도급법 제32조 제4항 또는 대리점법 제33조 제4항에 따라 고발을 요청한 경우

3. 조달청장이 공정거래법 제71조 제4항에 따라 고발을 요청한 경우

4. 삭제

② 제1항에도 불구하고 공정거래위원회 위원장은 공정거래법 제22조의2에 따라 자진신고자 등에 대한 고발을 면제할 수 있다.

제3조 삭제

제4조 (유효기간)

이 예규는 「훈령·예규 등의 발령 및 관리에 관한 규정」에 따라 이 예규를 발령한 후의 법령이나 현실 여건의 변화 등을 검토하여야 하는 2023년 12월 31일까지 효력을 가진다.

부 칙 〈제224호, 2015. 8. 6.〉

제1조(시행일) 이 지침은 2015년 8월 21일부터 시행한다.

제2조(종전 예규의 폐지) 종전의 독점규제 및 공정거래에 관한 법률 등의 위반행위에 관한 지침은 이를 폐지한다.

부 칙 〈제295호, 2018. 3. 8.〉

제1조(시행일) 이 지침은 발령 후 1개월이 경과한 날부터 시행한다.

제2조(적용례) ① 2014년 6월 26일 전에 종료된 가맹사업법 위반행위에 대하여 고발 여부를 판단하는 경우 제2조의 개정 규정에도 불구하고 종전의 규정에 따른다.

② 2016년 6월 30일 전에 종료된 대규모유통업법 위반행위에 대하여 고발 여부를 판단하는 경우 제2조의 개정 규정에도 불구하고 종전의 규정에 따른다.

③ 2016년 7월 25일 전에 종료된 하도급법 위반행위에 대하여 고발 여부를 판단하는 경우 제2조의 개정 규정에도 불구하고 「하도급거래공정화지침」(공정거래위원회 예규 제291호)에 따른다.

④ 제2조의 개정 규정은 시행일 이후 전원회의 또는 소회의에 심사보고서가 제출된 안건부터 적용한다.

부 칙 〈제362호, 2020. 12. 30.〉

제1조(시행일) 이 예규는 2021년 1월 1일부터 시행한다.

[별표 1] 개인의 법 위반행위 세부평가기준

참작사항	비중	상(3점)	중(2점)	하(1점)
의사결정 주도여부	0.3	지시·결재·사후승인·단독실행 등의 과정을 통해 의사를 확정시킨 경우(사후보고를 받은 후 묵시적으로 의사를 확정시킨 경우를 포함한다)	지시 전달·중간 결재·방안마련 등을 통해 의사결정을 보조하거나 의사를 구체화한 경우	의사결정 과정에 미친 영향이 미미한 경우
위법성 인식정도	0.3	위법행위임을 확정적으로 인식한 경우	위법행위임을 개괄적으로 인식한 경우	행위의 위법 가능성을 인식한 경우
실행의 적극성 및 가담정도	0.3	위법행위의 실행을 주도하거나 적극 가담한 경우	위법행위의 실행에 단순 가담한 경우	위법행위의 실행에 가담한 정도가 경미한 경우
위반행위 가담기간	0.1	2년 이상	1년 이상 2년 미만	1년 미만

(표 머리: 부과수준 / 참작사항 · 비중)

관련 법령

독점규제 및 공정거래에 관한 법률

제119조(비밀엄수의 의무)

이 법에 따른 직무에 종사하거나 종사하였던 위원, 공무원 또는 협의회에서 분쟁조정업무를 담당하거나 담당하였던 사람 또는 동의의결 이행관리 업무를 담당하거나 담당하였던 사람은 그 직무상 알게 된 사업자 또는 사업자 단체의 비밀을 누설하거나 이 법의 시행을 위한 목적 외에 이를 이용해서는 아니 된다.

제 **5** 장

분쟁조정제도

제1장에서 살펴본 바와 같이 "가맹사업"이란 가맹본부가 가맹점사업자로 하여금 자기의 상표·서비스표·상호·간판 그 밖의 영업표지를 사용하여 일정한 품질기준이나 영업방식에 따라 상품 또는 용역을 판매하도록 함과 아울러 이에 따른 경영 및 영업활동 등에 대한 지원·교육과 통제를 하며, 가맹점사업자는 영업표지의 사용과 경영 및 영업활동 등에 대한 지원·교육의 대가로 가맹본부에 가맹금을 지급하는 계속적 거래관계를 말한다.

이러한 가맹사업거래의 경우 가맹본부가 가맹계약을 체결하기 전이나, 가맹계약체결 단계 또는 가맹계약 체결 이후 계속적 거래관계뿐만 아니라 가맹계약 해지 단계 등에서 가맹본부와 가맹점사업자 사이 분쟁이 발생할 여지가 상당하다. 그래서 가맹사업법에서는 가맹사업거래 과정에서 발생하는 분쟁을 신속히 해결함으로써 가맹본부와 가맹점사업자가 상생할 수 있도록 조정제도를 두고 있다.[108]

가맹사업법은 가맹본부에 의무사항과 금지사항을 부과하고 있다는 점에 비추어 볼 때 가맹사업거래에서 분쟁이 발생하는 경우 가맹사업법 위반을 주장하는 사업자는 가맹점사업자일 수밖에 없다. 따라서 가맹점사업자는 가맹본부의 가맹사업법 위반행위로 피해를 보는 경우 해당 가맹본부를 공정거래위원회에 신고할 수 있다.

그러나 공정거래위원회가 해당 가맹본부를 조사하여 가맹사업법 위반행위가 있다면 시정조치나 과징금을 부과할 수 있지만 그 과징금은 국고로 귀속되고, 가맹점사업자는 직접적인 피해 금액을 배상받기 위해서는 별도로 소송을 제기하여야 한다. 이러한 소송을 제기하기 위해서는 증거자료, 법적 서류작성 등에 시간과 비용이 많이 들어가는데, 거래상 열위에 있는 가맹점사업자로서는 법률 조력, 시간, 비용 등에서 많은 부담을 갖게 된다.

이에 가맹사업법에서는 분쟁조정제도를 마련하여 한국공정거래조정원 또는 광역지방자치단체에 가맹사업거래분쟁조정협의회를 설치하도록 하였는바, 분쟁당사자는 인지대 등 초기비용이 발생하는 소송과 달리 별도의 비용 없이 가맹사업거래분쟁조정협의회에

---

108) 한국공정거래조정원에 2021. 1월부터 2023. 6월까지 접수된 가맹사업 관련 분쟁조정 건수는 총 1,052건이다. 접수일을 기준으로 살펴보면 가맹계약체결일부터 1년 이내 433건(41.2%), 2년 이내 226건(21.5%)으로 나타났는데, 이는 가맹점사업자의 약 63%가 창업 후 2년 이내 가맹본부와의 분쟁으로 조정을 신청하였다는 것이다. 주요 분쟁조정 신청 사유를 살펴보면, 정보공개서 제공 의무 위반 27.1%, 허위·과장된 정보제공 20.5%, 부당한 손해배상 의무 부과 13.9%, 거래상 지위 남용 12.4%로 나타났다.

인터넷 홈페이지 접수, 방문 접수, 우편 접수 등의 방법으로 분쟁조정을 신청할 수 있다.

한국공정거래조정원은 6개 법률[109]에 따른 6개 분쟁조정협의회를 두고 조정업무를 수행하고 있으며, 후술하겠지만 2024년 6월 현재 4개 광역지방자치단체가 가맹사업거래분쟁조정협의회를 두고 조정업무를 수행하고 있다.

조정제도에서 분쟁당사자는 계약을 체결하는 당사자라는 점에서 볼 때 가맹사업거래에서의 분쟁당사자는 가맹계약을 체결하는 가맹본부(가맹지역본부를 포함한다)와 가맹점사업자(가맹희망자를 포함한다)라고 할 수 있다.

| 한국공정거래조정원 분쟁조정 절차도 |

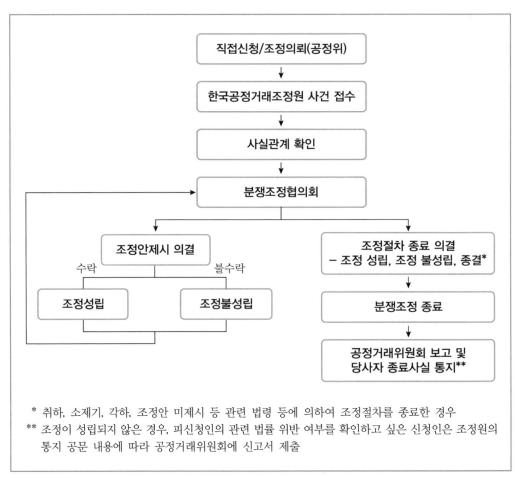

* 취하, 소제기, 각하, 조정안 미제시 등 관련 법령 등에 의하여 조정절차를 종료한 경우
** 조정이 성립되지 않은 경우, 피신청인의 관련 법률 위반 여부를 확인하고 싶은 신청인은 조정원의 통지 공문 내용에 따라 공정거래위원회에 신고서 제출

---

109) 공정거래법, 하도급법, 가맹사업법, 대규모유통업법, 대리점법, 약관법에 따른 각각 분쟁조정협의회를 운영하고 있다.

분쟁조정이 신청되면 시효중단의 효력이 발생[110]하여 분쟁조정협의회는 조정이 성립되는 경우 조정조서를 작성해야 하고, 이같이 작성된 조정조서는 재판상 화해와 동일한 효력을 갖는다.[111] 무엇보다도 조정제도의 장점은 조정이 성립되고 성립된 내용이 이행되는 경우 가맹사업법 제23조 제7항에 따라서 공정거래위원회의 시정조치 및 시정 권고가 면제되는 혜택은 가맹본부에게 부여된다는 것이다.

즉, 분쟁이 발생하는 경우 주로 가맹본부의 정보공개서 제공 미이행, 허위·과장된 정보제공, 거래상 지위 남용 등에 따른 가맹사업법 위반 사안에 대해 제재가 이루어질 수 있지만, 분쟁조정제도를 활용하여 분쟁이 원만하게 해결되는 경우 이러한 법 위반에 대한 제재를 받지 않을 수 있어 주로 거래상 우위에 있는 가맹본부들이 조정에 적극적으로 임할 수 있다는 점에 비추어 볼 때 앞으로 분쟁조정제도가 보다 더 많이 이용될 것으로 예상된다.

최근 거래상 우위에 있는 사업자가 가맹사업법을 위반하여 제재받는 경우 언론을 통해 이른바 갑질 기업이라는 오명을 듣기 쉽고, 기업 전체 이미지에 문제가 발생할 수 있다. 따라서 분쟁이 발생하는 경우 조정제도를 이용하여 해결하는 것이 분쟁당사자 모두에게 이익이 될 수 있다.

아래에서 분쟁조정제도와 관련하여 가맹사업법에서 규정하고 있는 가맹사업거래분쟁조정협의회의 설치 및 구성, 분쟁조정 신청 방법, 조정절차 등에 대하여 살펴보기로 한다.

참고로, 조정이란 분쟁당사자가 복잡한 소송을 통하지 않고 서로 양보하고 타협하여 합의를 할 수 있도록 중립적인 제3자가 도움을 주는 제도로서 행정학에서 대안적 분쟁해결방법(ADR : Alternative Dispute Resolution)이라고 한다. 따라서 조정을 하는 제3자는 어떤 권한을 갖지 않는다는 점이 특징이다. 즉, 조정은 분쟁당사자가 자율적으로 합의해야 분쟁이 해결되는 것으로 조정을 하는 제3자는 분쟁의 해결에 관한 조언 및 권고만을 할 수 있을 뿐이다.[112]

---

110) 가맹사업법 제22조 제5항 참조
111) 가맹사업법 제24조 제5항 참조
112) 조석준·임도빈 2019, 「한국행정조직론」 법문사 576쪽

가맹사업법	제16조 (가맹사업거래분쟁조정협의회의 설치) 제17조 (협의회의 구성) 제18조 (공익을 대표하는 위원의 위촉제한) 제19조 (협의회의 회의) 제20조 (위원의 제척 · 기피 · 회피)

법 률	시행령
제16조(가맹사업거래분쟁조정협의회의 설치) ① 가맹사업에 관한 분쟁을 조정하기 위하여 「독점규제 및 공정거래에 관한 법률」 제72조 제1항에 따른 한국공정거래조정원(이하 "조정원"이라 한다)에 가맹사업거래분쟁조정협의회(이하 "협의회"라 한다)를 둔다. 〈개정 2018. 3. 27., 2020. 12. 29.〉 ② 시 · 도지사는 특별시 · 광역시 · 특별자치시 · 도 · 특별자치도(이하 "시 · 도"라 한다)에 협의회를 둘 수 있다. 〈신설 2018. 3. 27.〉 ③ 공정거래위원회는 분쟁조정업무의 일관성을 유지하기 위하여 필요한 운영지침을 정하여 고시할 수 있다. 〈신설 2021. 12. 7.〉 [전문개정 2007. 8. 3.] **제17조(협의회의 구성)** ① 협의회는 위원장 1인을 포함한 9인의 위원으로 구성한다. ② 위원은 공익을 대표하는 위원, 가맹본부의 이익을 대표하는 위원, 가맹점사업자의 이익을 대표하는 위원으로 구분하되 각	**제18조(협의회의 회의)** ① 법 제16조에 따라 가맹사업거래분쟁조정협의회(이하 "협의회"라 한다)의 위원장이 법 제19조 제1항에 따른 전체회의를 소집하거나 공익을 대표하는 위원이 같은 항에 따른 소회의를 소집하려는 때에는 관계 위원들에게 회의개최 7일 전까지 회의의 일시 · 장소 및 안건을 서면으로 통지하여야 한다. 다만, 긴급을 요하는 경우에는 그러하지 아니하다. 〈개정 2008. 1. 31.〉 ② 협의회의 회의는 공개하지 아니한다. 다만, 위원장이 필요하다고 인정하는 때에는 분쟁당사자 그 밖의 이해관계인에게 방청하게 할 수 있다.

---

113) 공정거래위원회는 가맹사업법에서 규정하고 있는 조정제도와 별개로 2020년 12월부터 "가맹본부의 내부 자율분쟁조정기구 설치 · 운영을 위한 가이드라인"을 제정하여 대형가맹본부부터 내부 자율분쟁조정기구를 운영하도록 권장하고 있는데 아직은 그 성과가 크지 않지만 향후 분쟁을 해결하는데 그 절차가 비교적 간단하여 가맹사업당사자가 시간이나 비용을 절감할 수 있어 효율적이고 유용한 조정 수단의 하나로 자리매김할 것으로 보인다.

법　률	시행령
각 동수로 한다. ③ 조정원에 두는 협의회(이하 "조정원 협의회"라 한다)의 위원은 다음 각 호의 어느 하나에 해당하는 자 중에서 조정원의 장의 제청으로 공정거래위원회 위원장이 임명하거나 위촉하고, 시·도에 두는 협의회(이하 "시·도 협의회"라 한다)의 위원은 다음 각 호의 어느 하나에 해당하는 자 중에서 시·도지사가 임명하거나 위촉한다. 〈개정 2005. 12. 29., 2007. 8. 3., 2018. 3. 27., 2023. 8. 8.〉 1. 대학에서 법률학·경제학·경영학을 전공한 자로서 「고등교육법」 제2조 제1호·제2호 또는 제5호에 따른 학교나 공인된 연구기관에서 부교수 이상의 직 또는 이에 상당하는 직에 있거나 있었던 자 2. 판사·검사직에 있거나 있었던 자 또는 변호사의 자격이 있는 자 3. 독점금지 및 공정거래업무에 관한 경험이 있는 4급 이상 공무원(고위공무원단에 속하는 일반직공무원을 포함한다)의 직에 있거나 있었던 자 4. 가맹사업거래 및 분쟁조정에 관한 학식과 경험이 풍부한 사람 ④ 조정원 협의회의 위원장은 공익을 대표하는 위원 중에서 공정거래위원회 위원장이 위촉하고, 시·도 협의회의 위원장은 공익을 대표하는 위원 중에서 시·도지사가 임명하거나 위촉한다. 이 경우 조정원 협의회의 위원장은 상임으로 한다. 〈개정 2007. 8. 3., 2018. 3. 27., 2023. 8. 8.〉 ⑤ 위원의 임기는 3년으로 하고 연임할 수 있다. ⑥ 위원 중 결원이 생긴 때에는 제3항의 규정에 의하여 보궐위원을 위촉하여야 하	

법 률	시행령

법 률	시행령
며, 그 보궐위원의 임기는 전임자의 잔임 기간으로 한다. ⑦ 조정원 협의회의 위원장은 그 직무 외에 영리를 목적으로 하는 업무에 종사하지 못한다. 〈신설 2024. 1. 2.〉 ⑧ 제7항에 따른 영리를 목적으로 하는 업무의 범위에 관하여는 「공공기관의 운영에 관한 법률」 제37조 제3항을 준용한다. 〈신설 2024. 1. 2.〉 ⑨ 조정원 협의회의 위원장은 제8항에 따른 영리를 목적으로 하는 업무에 해당하는지 여부에 대한 공정거래위원회 위원장의 심사를 거쳐 비영리 목적의 업무를 겸할 수 있다. 〈신설 2024. 1. 2.〉 **제18조(공익을 대표하는 위원의 위촉제한)** ① 공익을 대표하는 위원은 위촉일 현재 가맹본부 또는 가맹점사업자의 임원·직원으로 있는 자 중에서 위촉될 수 없다. ② 공정거래위원회 위원장 및 시·도지사는 공익을 대표하는 위원으로 위촉받은 자가 가맹본부 또는 가맹점사업자의 임원·직원으로 된 때에는 즉시 해촉하여야 한다. 〈개정 2007. 8. 3., 2018. 3. 27.〉 **제19조(협의회의 회의)** ① 협의회의 회의는 위원 전원으로 구성되는 회의(이하 "전체회의"라 한다)와 공익을 대표하는 위원, 가맹본부의 이익을 대표하는 위원, 가맹점사업자의 이익을 대표하는 위원 각 1인으로 구성되는 회의(이하 "소회의"라 한다)로 구분한다. 〈개정 2007. 8. 3.〉 ② 협의회의 전체회의는 다음 각 호의 사항을 심의·의결한다. 〈신설 2013. 8. 13.〉 1. 소회의가 전체회의에서 처리하도록 결	

법　률	시행령
정한 사항 2. 협의회 운영세칙의 제정·개정에 관한 사항 3. 그 밖에 전체회의에서 처리할 필요가 있다고 인정하는 사항으로서 협의회의 위원장이 전체회의에 부치는 사항 ③ 협의회의 소회의는 제2항 각 호 외의 사항을 심의·의결한다. 〈개정 2013. 8. 13.〉 ④ 협의회의 전체회의는 위원장이 주재하며, 재적위원 과반수의 출석으로 개의하고, 출석위원 과반수의 찬성으로 의결한다. 〈개정 2007. 8. 3., 2013. 8. 13.〉 ⑤ 협의회의 소회의는 공익을 대표하는 위원이 주재하며, 구성위원 전원의 출석과 출석위원 전원의 찬성으로 의결한다. 이 경우 소회의의 의결은 협의회의 의결로 보되, 회의의 결과를 전체회의에 보고하여야 한다. 〈신설 2007. 8. 3., 2013. 8. 13.〉 ⑥ 위원장이 사고로 직무를 수행할 수 없을 때에는 공익을 대표하는 위원 중에서 공정거래위원회 위원장 또는 시·도지사가 지명하는 위원이 그 직무를 대행한다. 〈개정 2007. 8. 3., 2013. 8. 13., 2018. 3. 27.〉 ⑦ 조정의 대상이 된 분쟁의 당사자인 가맹사업당사자(이하 "분쟁당사자"라 한다)는 협의회의 회의에 출석하여 의견을 진술하거나 관계 자료를 제출할 수 있다. 〈개정 2007. 8. 3., 2013. 8. 13.〉 제20조(위원의 제척·기피·회피) ① 위원은 다음 각 호의 어느 하나에 해당하는 경우에는 해당 조정사항의 조정에서 제척된다. 〈개정 2016. 3. 29.〉 1. 위원 또는 그 배우자나 배우자이었던 자가 해당 조정사항의 분쟁당사자가 되	

법 률	시행령
거나 공동권리자 또는 의무자의 관계에 있는 경우 2. 위원이 해당 조정사항의 분쟁당사자와 친족관계에 있거나 있었던 경우 3. 위원 또는 위원이 속한 법인이 분쟁당사자의 법률·경영 등에 대하여 자문이나 고문의 역할을 하고 있는 경우 4. 위원 또는 위원이 속한 법인이 해당 조정사항에 대하여 분쟁당사자의 대리인으로 관여하거나 관여하였던 경우 및 증언 또는 감정을 한 경우 ② 분쟁당사자는 위원에게 협의회의 조정에 공정을 기하기 어려운 사정이 있는 때에 협의회에 그 위원에 대한 기피신청을 할 수 있다. 〈개정 2016. 3. 29.〉 ③ 위원이 제1항 또는 제2항의 사유에 해당하는 경우에는 스스로 해당 조정사항의 조정에서 회피할 수 있다. 〈개정 2016. 3. 29.〉	

공정거래법 제72조 제1항에 따라 설립된 한국공정거래조정원(이하 "조정원"이라 한다)은 가맹사업거래분쟁조정협의회(이하 "협의회"라 한다)를 설치하여야 한다. 그리고, 시·도지사는 특별시·광역시·특별자치시·도·특별자치도에 협의회를 둘 수 있다.[114]

협의회는 위원장을 포함한 9인의 위원으로 구성하되 공익을 대표하는 위원 3명, 가맹본부의 이익을 대표하는 위원 3명, 가맹점사업자의 이익을 대표하는 위원 3명으로 위원장을 포함하여 9명 이내의 위원으로 구성하고 위원의 임기는 3년으로 연임할 수 있다.

협의회 위원의 자격은 ① 대학에서 법률학·경제학·경영학을 전공한 자로서 「고등교육법」 제2조 제1호·제2호 또는 제5호에 따른 학교나 공인된 연구기관에서 부교수 이상의 직 또는 이에 상당하는 직에 있거나 있었던 자, ② 판사·검사직에 있거나 있었던 자 또는 변호사의 자격이 있는 자, ③ 독점금지 및 공정거래업무에 관한 경험이 있는 4급 이상 공무원(고위공무원단에 속하는 일반직공무원을 포함한다)의 직에 있거나 있었던

---

114) 2024년 3월 현재 서울특별시, 부산광역시, 인천광역시, 경기도가 협의회를 두고 있다.

자, ④ 가맹사업거래 및 분쟁조정에 관한 학식과 경험이 풍부한 사람이다.[115]

위와 같은 4가지 요건 중 어느 하나의 자격을 갖춘 자 중에서 조정원에 두는 협의회의 위원은 조정원의 장의 제청으로 공정거래위원회 위원장이, 시·도에 두는 협의회의 위원은 시·도지사가 임명 또는 위촉한다. 아울러, 조정원에 두는 협의회의 위원장은 공익을 대표하는 위원 중에서 공정거래위원회 위원장이 위촉하는데 상임으로 하고, 시·도에 두는 협의회의 위원장은 공익을 대표하는 위원 중에서 시·도지사가 임명하거나 위촉한다.

한편, 공익을 대표하는 위원은 위촉일 현재 가맹본부 또는 가맹점사업자의 임원·직원으로 있는 자 중에서는 위촉될 수 없으며, 공정거래위원회 위원장 및 시·도지사는 공익을 대표하는 위원으로 위촉받은 자가 가맹본부 또는 가맹점사업자의 임원·직원으로 된 때에는 즉시 해촉하여야 한다.

협의회의 회의는 위원 전원으로 구성하는 회의(이하 "전체회의"라 한다)와 공익을 대표하는 위원, 가맹본부의 이익을 대표하는 위원, 가맹점사업자의 이익을 대표하는 위원 각 1인으로 구성하는 회의(이하 "소회의"라 한다)로 구분된다.

협의회의 전체회의는 위원장이 주재하며, 재적 위원 과반수의 출석으로 개의하고 출석위원 과반수의 찬성으로 의결한다. 협의회의 소회의는 공익을 대표하는 위원이 주재하며 구성위원 전원의 출석과 출석위원 전원의 찬성으로 의결한다. 이 경우 소회의의 의결은 협의회의 의결로 보되 회의의 결과를 전체회의에 보고하여야 한다.

위원장이 사고로 직무를 수행할 수 없을 때는 공익을 대표하는 위원 중에서 공정거래위원회 위원장 또는 시·도지사가 지명하는 위원이 그 직무를 대행한다.

조정과 관련하여 분쟁의 당사자인 가맹사업당사자(이하 이 장에서는 "분쟁당사자"라 한다)는 협의회의 회의에 출석하여 의견을 진술하거나 관계 자료를 제출할 수 있다.

협의회의 위원으로 위촉되면 다음과 같은 경우에는 해당 조정사항의 조정에서 제척된다.

첫째, 위원 또는 그 배우자나 배우자로 있었던 자가 해당 조정사항의 분쟁당사자이거나 공동 권리자 또는 의무자의 관계에 있는 경우

---

115) 가맹사업법이 2023. 8. 8. 개정, 2024. 2. 9. 시행됨에 따라 기존 협의회 위원자격 ①~③ 외 ④가 추가되었다.

둘째, 위원이 해당 조정사항의 분쟁당사자와 친족관계에 있거나 있었던 경우

셋째, 위원 또는 위원이 속한 법인이 분쟁당사자의 법률·경영 등에 대하여 자문이나 고문의 역할을 하고 있는 경우

넷째, 위원 또는 위원이 속한 법인이 해당 조정사항에 대하여 분쟁당사자의 대리인으로 관여하거나 관여하였던 경우 및 증언 또는 감정한 경우

나아가, 분쟁당사자의 경우 위원에게 협의회의 조정에 공정성을 기하기 어려운 사정이 있는 때에 협의회에 해당 위원에 대한 기피신청을 할 수 있고, 위원은 위와 같은 제척사유에 해당하는 경우는 스스로 해당 조정사항의 조정에서 회피할 수 있다.

고시 / 지침 / 기타 관련규정

가이드라인 가맹본부의 내부자율분쟁조정기구 설치·운영을 위한 가이드라인

[시행 2020. 12. 24.]

〈 안내 사항 〉

★ 이 가이드라인은 가맹본부가 가맹점사업자와의 상생협력을 바탕으로 자율적인 분쟁조정기구를 설치·운영함에 있어 필요한 사항에 대해 도움을 주기 위해 마련되었습니다. 따라서, 이 가이드라인의 내용은 신속하고 공정한 분쟁조정기구 설치운영을 위해 필요한 기본적인 사항을 정리하여 제시한 것으로 가맹본부는 실제 내부분쟁조정기구를 설치·운영하고자 하는 경우 이 가이드라인을 참고할 수 있으며, 이 가이드라인에 없는 세부적인 사항에 대해서는 가이드라인의 기본원칙에 어긋나지 않는 범위 내에서 자율적으로 정하여 운영할 수 있습니다.

★ 이 가이드라인에 따라 설치·운영하는 내부자율분쟁조정기구를 통한 분쟁조정신청은 공적 분쟁으로 나아가기 전에 가맹본부와 가맹점사업자 간의 신속하고 자율적인 분쟁조정을 목적으로 하기에 가맹점사업자의 임의적 선택사항입니다. 따라서, 이 분쟁조정은 한국공정거래조정원 등의 공적 분쟁조정절차 및 소 제기에 우선하여 반드시 거쳐야 하는 절차는 아니기에 조정신청 중이라도 공적 분쟁조정절차를 진행하거나 소 제기를 할 수 있습니다.

★ 가맹본부가 이 가이드라인에 따라 내부자율분쟁조정기구를 설치·운영하는 경우 가맹점사업자들에게 자율분쟁조정기구의 설치·운영에 대한 사실과 분쟁조정신청 방

법 등을 알릴 수 있도록 합니다. 이때 가맹본부는 분쟁절차의 투명성과 효율성을 높이기 위해 분쟁조정의 운영과정에서 정보통신망을 이용한 시스템을 권장할 수 있습니다.

★ 가맹본부는 이 가이드라인에 따라 가맹점사업자가 대표위원으로 활동하였다거나 분쟁조정 신청을 하였다는 이유로 불이익을 주는 등 보복조치를 하지 않아야 합니다.

제1장 총칙

1. 목적

이 가이드라인은 가맹거래에 있어서 가맹본부와 가맹점사업자 간 또는 가맹점사업자 상호 간의 분쟁이 발생하는 경우 한국공정거래조정원 및 지방자치단체에 분쟁조정을 신청하거나 공정거래위원회에 신고 또는 소송을 제기하기 이전에 가맹본부 내부에서 분쟁을 조정하는 기구의 구성·운영 절차 등을 규정함으로써 분쟁으로 인한 브랜드 이미지 손상 등의 갈등비용을 최소화하고 자율적이고 신속한 분쟁 처리를 도모함을 목적으로 한다.

2. 기본원칙

가. 가맹본부는 내부자율분쟁조정기구 운영을 통해 가맹본부와 가맹점사업자 간 그리고 가맹점사업자 상호 간의 신뢰 구축과 상생협력을 꾀한다.

나. 가맹본부는 내부자율분쟁조정기구의 설치·운영 등의 절차와 방법에 대해 공개를 원칙으로 하며 투명한 운영을 위해 노력한다.

다. 가맹점사업자는 분쟁의 신속하고 효과적인 해결을 위해 내부자율분쟁조정기구의 조정에 성실히 협력한다.

라. 내부자율분쟁조정기구는 가맹본부와 가맹점사업자 또는 가맹점사업자 단체가 추천한 중립적이고 공정한 인사들이 포함된 운영위원으로 구성한다.

3. 기능

내부자율분쟁조정기구는 가맹점사업자와 가맹본부 간 의사소통 체계와 분쟁의 자율적 사전 해결 기제로서의 기능을 한다. 즉, 자율분쟁조정기구는 가맹본부와 가맹점사업자 간에 계약 사항에 대한 이견이 있거나 그 이행에 있어서 문제가 발생하는 경우 또는 가맹점사업자 간의 영업지역 침해 등 가맹거래와 관련한 갈등이 발생하는 경우 이러한 분쟁이 증폭되기 전에 법원이나 한국공정거래조정원 등 제3의 공적 기관에 의한 해결이 아닌 가맹본부와 가맹점사업자 스스로 협상을 통한 해결책을 제시함으로써 사전에 분쟁을 자율적으로 해소한다.

제2장 내부자율분쟁조정기구의 구성 및 운영

4. 구성 및 위원의 자격

내부자율분쟁조정기구 조직은 운영위원회와 사무국으로 구성하며 위원의 자격과 사무국의 기능은 다음과 같다.

가. 운영위원회는 위원장을 포함하여 가맹본부를 대표하는 1인 이상의 위원과 가맹점사업자를 대표하는 1인 이상의 위원 등 총 3인 이상으로 구성하되, 가맹본부 대표위원과 가맹사업자 대표위원의 수는 각각 같은 수로 한다.

나. 위원장과 위원은 가맹본부와 가맹점사업자 또는 가맹자사업자 단체가 추천한 자들 간의 상호동의로 선정하고 임기는 2년 이하로 하되 합의가 있는 경우 그에 따라 임기를 연장할 수 있다.

다. 위원장은 운영위원회 회의를 주재하는 자로서 가맹사업 및 관련 법령에 대한 전문지식 또는 가맹사업 분쟁조정 경험을 보유해야 하며, 반드시 가맹본부 임직원이나 가맹점사업자가 아닌 중립적인 제3 자로 한다.

라. 가맹본부를 대표하는 위원은 분쟁 해결을 위한 의사결정 권한을 보유한 자로서 대표성 확보를 위해 임원급 이상에 해당하는 자로 한다.

마. 가맹점사업자를 대표하는 위원은 가맹점 운영 기간 5년 이상의 경험을 가진 자로 가맹점사업자 단체 또는 10인 이상 가맹점사업자의 추천을 받은 자로 한다.

바. 위원장이나 위원이 분쟁 당사자와 친분이나 이해관계가 있는 등 공정성이 우려되는 경우 등에는 제척·기피·회피가 이루어질 수 있도록 하며 위원 또는 위원장의 제척·기피·회피·사퇴 등으로 인해 결원이 생기는 경우는 분쟁조정에 장애가 생기지 않도록 대리인 선정 등의 절차를 마련한다.

사. 사무국은 가맹본부에서 운영하며 조사·회의 진행 등 운영위원회의 업무를 보조하는 역할을 한다.

5. 운영위원회 회의

내부자율분쟁조정기구 운영위원회의 회의는 다음과 같이 정기회의와 수시회의로 구분한다.

가. 정기회의는 사전에 정한 주기에 따라 개최하며 분쟁조정신청 사건에 대한 조정안의 의결, 분쟁사건에 대한 분쟁조정절차의 거부·중지 또는 종료 결정, 분쟁조정기구 운영 규정의 제·개정 등을 다룬다.

나. 수시회의는 급박한 사안이거나 위원장이 필요하다고 인정하는 경우 운영위원회의 결정으로 개최하며 급박한 사안이거나 위원장이 필요하다고 인정하는 분쟁사건에 대한 조정안의 의결, 조정절차의 거부·중지 또는 종료 결정, 그 밖에 정기회의 일정까지 대기할

경우 분쟁조정이 불가한 사안 등을 다룬다.

다. 가맹본부는 정기회의나 수시회의에 참석하는 위원에 대하여 자문료 지급, 출장경비처리 등의 편의를 제공할 수 있다.

6. 기록물 등의 보관과 비밀엄수의무

내부자율분쟁조정기구와 관련한 문서의 보관과 비밀엄수의무는 다음과 같다.

가. 내부자율분쟁조정기구의 사무국은 운영위원회에 상정하는 의결, 보고사항, 조정권고안, 합의서 등을 문서로 등록하여 3년 이상으로 하되 사전에 정한 보존기한 동안 보존·관리하여야 한다.

나. 위원장과 위원 및 분쟁조정기구 회의참석자는 회의에서 취득한 모든 정보를 제3자에게 제공 또는 누설하여서는 아니 된다.

제3장 분쟁 조정

7. 조정 대상 안건

내부자율분쟁조정기구의 조정신청 사유는 다음과 같이 가맹사업 관련 법 위반, 계약 해지·손해배상, 계약이행 촉구 및 손해배상 청구, 복수 가맹점사업자 간의 분쟁 등으로 한다.

가. 가맹계약 관련 필수서류 미제공, 허위·과장 정보제공, 계약체결 전 지역 상권정보 부실 제공, 가맹점포 영업지역 침해, 부당한 계약 해지, 불이익 제공 등 가맹사업 관련 법 위반

나. 주변 상권변화에 의한 매출 감소, 임대차 종료, 가맹경영주 건강 악화 등 가맹점주 개인 사정으로 인한 계약 해지 요청

다. 가맹본부 구두 약속 사항 또는 계약사항 미이행에 대한 이행 촉구와 계약사항 미이행에 따른 손해배상 청구

라. 영업지역, 배달앱 관련 분쟁 등 복수 가맹점사업자 간의 다툼

마. 기타 운영위원회가 내부자율분쟁조정기구를 통해 해결하는 것이 바람직하다고 판단하는 경우

8. 분쟁 조정의 절차

내부자율분쟁조정의 절차는 ① 신청서 접수 ② 기초조사 ③ 사전협의 ④ 접수 통지 ⑤ 심의 진행 ⑥ 조정권고안 제시 ⑦ 당사자 통지의 7단계로 이루어진다.

가. 내부 자율분쟁조정 대상이 되는 분쟁의 당사자들은 조정신청 시 관련 정보와 신청 사유를 적시한 서면으로 신청서를 근거자료와 함께 제출하며 사무국은 기초조사 전 신청서 접수내용을 검토한다. 다만, 사무국은 분쟁당사자의 분쟁조정 신청이 있기 전 또는 조정 절차 진행 중에 분쟁당사자가 소를 제기하거나 공적 분쟁조정 신청을 한 사실을 확인하

는 경우 조정절차를 종료할 수 있다.

나. 사무국은 신청서에 나타난 사항에 대해 접수 후 15일 이내에서 사전에 정한 기간 이내에 분쟁 사실 관련 기초조사를 하고 조사가 끝난 즉시 위원장에게 보고한다. 다만, 급박한 상황이거나 위원장이 필요하다고 인정하는 경우 조사절차를 생략하고 운영위원회를 개최할 수 있다.

다. 사무국은 기초조사 진행 시 분쟁당사자들이 사전 조정을 거쳤는지를 확인하며 사전협의를 거치지 않았거나 추가 협의로 분쟁을 사전 예방할 수 있다고 판단되는 경우 사전협의를 권고할 수 있다.

라. 위원장은 분쟁에 대한 사실관계 조사를 보고받은 즉시 위원 및 분쟁당사자들의 의견을 듣기 위해 분쟁당사자들이 충분히 준비할 수 있도록 시간적 여유를 두되 가능한 한 빠른 회의 일정을 결정하여 사전에 정한 기간 내에 분쟁당사자들에게 접수 사실을 통보한다.

마. 운영위원회의 심의는 운영위원 전원출석으로 개의하며 심의 시에 분쟁당사자 또는 대리인이 참석하여 자기의 입장을 설명하고 상대방 및 위원이 이에 대하여 질의·응답하는 방식으로 진행한다. 이 경우 위원들은 심리 중이거나 심리가 끝난 후에도 분쟁당사자들에게 유불리에 관한 의견을 표명하지 아니한다.

바. 심의가 종결되면 원칙적으로 위원들의 전원합의로 조정권고안을 결정한다. 운영위원회는 조정권고안을 작성하여 분쟁당사자들에게 통지하며, 분쟁당사자들은 조정권고안을 수령한 날부터 7일 이내에서 사전에 정한 기간 이내에 수용 여부를 운영위원회에 통지해야 한다.

사. 분쟁당사자들이 조정권고안을 수용하는 경우 운영위원회는 분쟁당사자들 간의 합의서를 작성하며 일방 당사자가 조정권고안을 수용하지 아니하는 경우 조정이 불성립된 사실을 분쟁당사자들에게 통지한다.

9. 분쟁조정의 기간

분쟁조정 기간은 분쟁신청서를 접수한 날부터 60일 이내에서 사전에 정한 기간 이내로 하되, 분쟁당사자들 간에 기간 연장에 동의한 경우는 예외로 한다.

10. 분쟁 조정 종료 후의 조치

분쟁조정 종료 후 분쟁당사자들 및 내부자율분쟁조정기구는 다음과 같은 조치를 취해야 한다.

가. 분쟁당사자들이 조정권고안을 수용하여 합의서가 작성된 경우 분쟁당사자들은 조정권고안을 이행할 의무를 지고 사무국은 그 이행 여부를 점검한다.

나. 분쟁당사자들이 조정권고안을 거부하여 조정이 불성립되는 경우 사무국은 분쟁당사자에게 한국공정거래조정원 및 광역지방자치단체에 설치된 공적 분쟁조정절차를 안내하며 일방이 소를 제기하거나 공적 분쟁조정절차를 신청하는 경우 분쟁당사자는 지체 없

이 그 사실을 운영위원회와 상대방에게 알려야 한다. 분쟁 조정 중에도 또한 같다.

| 내부자율분쟁조정 절차도 |

가맹사업법	제21조 (협의회의 조정사항) 제22조 (조정의 신청 등)

법 률	시행령

법 률

제21조(협의회의 조정사항)

협의회는 공정거래위원회 또는 분쟁당사자가 요청하는 가맹사업거래의 분쟁에 관한 사항을 조정한다.

제22조(조정의 신청 등)

① 분쟁당사자는 제21조의 규정에 의하여 협의회에 대통령령이 정하는 사항이 기재된 서면으로 그 조정을 신청할 수 있다.

② 분쟁당사자가 서로 다른 협의회에 분쟁조정을 신청하거나 여러 협의회에 중복하여 분쟁조정을 신청한 때에는 다음 각 호의 협의회 중 가맹점사업자가 선택한 협의회에서 이를 담당한다. 〈신설 2018. 3. 27.〉

1. 조정원 협의회

2. 가맹점사업자의 주된 사업장이 소재한 시·도 협의회

3. 가맹본부의 주된 사업장이 소재한 시·도 협의회

③ 공정거래위원회는 가맹사업거래의 분쟁에 관한 사건에 대하여 협의회에 그 조정을 의뢰할 수 있다. 〈개정 2018. 3. 27.〉

④ 협의회는 제1항의 규정에 의하여 조정을 신청받은 때에는 즉시 그 조정사항을 분쟁당사자에게 통지하여야 하며, 조정원 협의회의 경우 공정거래위원회에, 시·도 협의회의 경우 공정거래위원회 및 시·도에 이를 알려야 한다. 〈개정 2007. 8. 3., 2018. 3. 27., 2021. 12. 7.〉

⑤ 제1항에 따른 분쟁조정의 신청은 시효

시행령

제19조(분쟁조정의 신청)

① 법 제22조 제1항에 따라 분쟁의 조정을 신청하고자 하는 자는 다음 각 호의 사항이 기재된 서면을 협의회에 제출하여야 한다. 〈개정 2018. 12. 18., 2024. 6. 4.〉

1. 신청인과 피신청인의 성명 및 주소(분쟁당사자가 법인인 경우에는 법인의 명칭, 주된 사무소의 소재지, 그 대표자의 성명 및 주소를 말한다)

2. 대리인이 있는 경우에는 그 성명 및 주소

3. 신청의 이유

4. 동일 사안에 대하여 다른 협의회에 분쟁조정을 신청한 경우에는 그 사실

5. 동일 사안에 대하여 법 제22조 제4항에 따라 다른 분쟁당사자의 분쟁조정신청을 통지받은 경우에는 그 사실

6. 분쟁조정을 신청하려는 사건에 대해 소가 제기된 경우에는 그 소송사건의 번호

② 제1항에 따른 서면에는 다음 각 호의 서류를 첨부하여야 한다. 〈개정 2024. 6. 4.〉

1. 분쟁조정신청의 원인 및 사실을 증명하는 서류

2. 대리인이 신청하는 경우 그 위임장

3. 그 밖에 분쟁조정에 필요한 증거서류 또는 자료

제20조(대표자의 선정)

① 다수인이 공동으로 분쟁의 조정을 신청하는 때에는 신청인 중 3인 이내의 대표자를 선정할 수 있다.

법 률	시행령
중단의 효력이 있다. 다만, 신청이 취하되거나 각하된 때에는 그러하지 아니하다. 〈신설 2017. 4. 18., 2018. 3. 27.〉 ⑥ 제5항 단서의 경우에 6개월 내에 재판상의 청구, 파산절차참가, 압류 또는 가압류, 가처분을 한 때에는 시효는 최초의 분쟁조정의 신청으로 인하여 중단된 것으로 본다. 〈신설 2017. 4. 18., 2018. 3. 27.〉 ⑦ 제5항 본문에 따라 중단된 시효는 다음 각 호의 어느 하나에 해당하는 때부터 새로이 진행한다. 〈신설 2017. 4. 18., 2018. 3. 27.〉 1. 분쟁조정이 이루어져 조정조서를 작성한 때 2. 분쟁조정이 이루어지지 아니하고 조정절차가 종료된 때	② 제1항의 규정에 의하여 신청인이 대표자를 선정하지 아니한 경우 위원장은 신청인에게 대표자를 선정할 것을 권고할 수 있다. ③ 신청인은 대표자를 변경하는 때에는 그 사실을 지체 없이 위원장에게 통지하여야 한다. 제21조(분쟁조정신청의 보완 등) ① 위원장은 제19조의 규정에 의한 분쟁조정의 신청에 대하여 보완이 필요하다고 인정될 때에는 상당한 기간을 정하여 그 보완을 요구하여야 한다. ② 제1항에 따른 보완에 소요된 기간은 법 제23조 제4항 제2호에 따른 기간에 이를 산입하지 아니한다. 〈개정 2016. 9. 29.〉

협의회는 공정거래위원회 또는 분쟁당사자가 요청하는 가맹사업거래의 분쟁에 관한 사항을 조정한다. 그러므로 분쟁조정을 요청할 수 있는 자는 가맹사업법 위반혐의사실에 대한 신고를 받은 공정거래위원회와 분쟁당사자 즉, 가맹본부와 가맹점사업자라고 볼 수 있다.

가맹사업법 제22조 제1항의 규정에 따라 분쟁의 조정을 신청하고자 하는 자[116]는 다음 사항이 기재된 서면을 협의회에 제출하여야 한다.

첫째, 신청인과 피신청인의 성명 및 주소. 다만, 분쟁당사자가 법인일 경우에는 법인의 명칭, 주된 사무소의 소재지, 그 대표자의 성명 및 주소

둘째, 대리인이 있는 경우에는 그 성명 및 주소

셋째, 신청의 이유

넷째, 동일 사안에 대하여 다른 협의회에 분쟁조정을 신청한 경우는 그 사실

다섯째, 동일 사안에 대하여 가맹사업법 제22조 제4항에 따라 다른 분쟁당사자의 분쟁

---

116) 가맹사업거래의 특성을 고려하면 분쟁조정을 신청하고자 하는 자는 가맹본부 또는 가맹점사업자라고 할 수 있다. 하지만, 조정원에 설치된 협의회에 분쟁조정을 신청한 현황과 가맹사업거래의 현실에 비추어 볼 때 분쟁조정 신청 사업자는 모두 가맹점사업자라고 보아도 무방하다.

조정 신청을 통지받은 경우는 그 사실

이와 같은 분쟁조정 신청의 서면에는 분쟁조정 신청의 원인 및 사실을 입증할 수 있는 서류, 대리인이 신청하는 경우는 그 위임장, 그 밖에 분쟁조정에 필요한 증거서류 또는 자료를 첨부하여야 한다.

한편, 2024년 6월 현재 설치된 가맹사업거래 관련 협의회는 총 5개로서 조정원 및 서울특별시·부산광역시·인천광역시·경기도에 있다. 따라서, 분쟁당사자가 서로 다른 협의회에 분쟁조정을 신청하거나 중복하여 분쟁조정을 신청하는 때는 가맹점사업자가 선택한 협의회가 분쟁조정 절차를 진행하여야 한다.

협의회는 분쟁당사자로부터 분쟁조정을 신청받는 경우 즉시 그 조정사항을 분쟁당사자에게 통지하여야 하며, 조정원의 협의회는 공정거래위원회에, 시·도의 협의회는 공정거래위원회와 시·도에 이를 알려야 한다.

분쟁당사자의 분쟁조정 신청은 시효중단의 효력이 있다. 다만, 신청이 취하되거나 각하된 때에는 시효중단의 효력이 없고, 이 경우 6개월 이내에 재판상의 청구, 파산절차 참가, 압류 또는 가압류, 가처분을 한 때 시효는 최초의 분쟁조정 신청으로 인하여 중단된 것으로 본다.

이 같은 중단된 시효는 분쟁조정 신청사건과 관련하여 분쟁조정이 이루어져 조정조서를 작성한 때 또는 분쟁조정이 이루어지지 아니하고 조정절차가 종료된 때부터 새로이 진행된다.

협의회 위원장은 분쟁당사자의 분쟁조정 신청에 대하여 보완이 필요하다고 인정되는 때는 상당한 기간을 정하여 그 보완을 요구하여야 한다. 이러한 보완이 필요하여 소요된 기간은 가맹사업법 제23조 제4항 제2호[117]에 따른 기간에 이를 산입하지 아니한다.

---

117) ④ 협의회는 다음 각 호의 어느 하나에 해당되는 경우에는 조정절차를 종료하여야 한다.
　　2. 조정을 신청 또는 의뢰받은 날부터 60일(분쟁당사자 쌍방이 기간 연장에 동의한 경우는 90일로 한다)이 경과 하여도 조정이 성립하지 아니한 경우

사례 검토

> 문 가맹본부가 계약 내용 중 영업지역 설정과 관련한 내용을 위반하여 영업에 손해를 입었습니다. 이런 경우에는 어떻게 하면 보상받을 수 있을까요?
>
> > 답 가맹본부가 가맹사업거래에서 계약 내용이나 법령을 위반하여 고의 또는 과실로 가맹점사업자에게 손해를 입히는 경우 가맹점사업자는 ① 가맹사업거래분쟁조정협의회에 분쟁조정을 신청하거나 ② 가맹본부에 손해배상을 청구할 수 있습니다.

 스크랩 노트

〈분쟁조정〉

☞ 가맹점사업자 또는 가맹본부는 가맹사업거래에 관한 분쟁이 발생하는 경우 이를 해결하기 위해 한국공정거래조정원에 설치되어 있는 가맹사업거래분쟁조정협의회에 분쟁조정을 신청할 수 있습니다.

☞ 분쟁조정을 신청하려면 다음 서류를 가맹사업거래분쟁조정협의회에 제출해야 합니다.
　① 분쟁조정신청서
　② 분쟁조정신청의 원인 및 사실을 증명하는 서류
　③ 대리인이 신청하는 경우 그 위임장
　④ 그 밖에 분쟁조정에 필요한 증거서류 또는 자료
　※ 가맹사업거래분쟁조정협의회의 주소 및 연락처는 한국공정거래조정원 홈페이지에서 확인할 수 있습니다.

〈손해배상책임〉

☞ 가맹점사업자가 가맹거래 과정에서 가맹본부의 행위로 인하여 피해를 입은 경우에는 해당 가맹본부를 상대로 민사소송으로 손해배상을 청구할 수 있습니다.

〈손해배상액〉

☞ 가맹점사업자가 가맹본부의 행위 때문에 손해를 입은 것은 인정되지만, 그 손해액을 입증하는 것이 해당 사실의 성질상 극히 곤란한 경우에는 법원이 변론의 전체적인 취지와 증거조사의 결과에 기초하여 상당한 손해액을 인정할 수 있습니다.

가맹사업법	제23조 (조정 등)

법 률	시행령

법률

제23조(조정 등)

① 협의회는 제22조 제1항에 따라 조정을 신청받거나 같은 조 제2항에 따라 조정을 의뢰받는 경우에는 <u>대통령령으로 정하는</u> 바에 따라 지체 없이 분쟁조정 절차를 개시하여야 한다. 〈신설 2016. 3. 29.〉

② 협의회는 분쟁당사자에게 조정사항에 대하여 스스로 조정하도록 권고하거나 조정안을 작성하여 이를 제시할 수 있다. 〈개정 2016. 3. 29.〉

③ 협의회는 다음 각 호의 어느 하나에 해당되는 경우에는 그 조정신청을 각하하여야 한다. 이 경우 협의회는 분쟁조정이 신청된 행위 또는 사건이 제3호에 해당하는지에 대하여 공정거래위원회의 확인을 받아야 한다. 〈개정 2007. 8. 3., 2016. 3. 29., 2018. 12. 31., 2023. 6. 20.〉

1. 조정신청의 내용과 직접적인 이해관계가 없는 자가 조정신청을 한 경우

2. 이 법의 적용 대상이 아닌 사안에 대하여 조정신청을 한 경우

3. 조정신청이 있기 전에 공정거래위원회가 제32조의3 제2항에 따라 조사를 개시한 사건에 대하여 조정신청을 한 경우. 다만, 공정거래위원회로부터 시정조치 등의 처분을 받은 후 분쟁조정을 신청한 경우에는 그러하지 아니하다.

④ 협의회는 다음 각 호의 어느 하나에 해당되는 경우에는 조정절차를 종료하여야 한다. 〈개정 2007. 8. 3., 2016. 3. 29., 2018. 12. 31., 2023. 6. 20.〉

시행령

제21조의2(분쟁조정 절차의 개시)

협의회는 <u>법 제23조 제1항에</u> 따라 분쟁조정 절차를 개시하는 경우에는 조정번호, 조정개시일 등을 지체 없이 분쟁당사자에게 통보하여야 하며, 분쟁당사자와 분쟁의 구체적 내용을 관리대장에 기록하여야 한다.

제23조(분쟁조정의 종료 등)

① 협의회는 <u>법 제23조 제5항에</u> 따라 조정신청을 각하하거나 조정절차를 종료한 경우 분쟁조정종료서를 작성한 후 그 사본을 첨부하여 다음 각 호의 구분에 따라 <u>보고해야 한다.</u> 〈개정 2020. 4. 28., 2021. 12. 28.〉

1. 「독점규제 및 공정거래에 관한 법률」 제72조 제1항에 따른 한국공정거래조정원(이하 "조정원"이라 한다)에 두는 협의회 : 공정거래위원회에 보고

2. 시·도에 두는 협의회 : 공정거래위원회 및 해당 시·도지사에게 각각 보고

② 제1항에 따른 분쟁조정종료서에는 다음 각 호의 사항을 기재해야 한다. 〈개정 2020. 4. 28.〉

1. 조정신청인의 주소·성명

2. 조정대상 분쟁의 개요
   가. 가맹사업거래 당사자의 일반현황
   나. 가맹사업거래의 개요
   다. 분쟁의 경위
   라. 조정의 쟁점(가맹사업거래 당사자의 의견을 기술한다)

3. 조정신청의 각하사유 또는 조정절차의 종료사유(법 제23조 제3항 각 호 및 같

법 률	시행령
1. 분쟁당사자가 협의회의 권고 또는 조정안을 수락하거나 스스로 조정하는 등 조정이 성립된 경우 2. 조정을 신청 또는 의뢰받은 날부터 60일(분쟁당사자 쌍방이 기간연장에 동의한 경우에는 90일로 한다)이 경과하여도 조정이 성립하지 아니한 경우 3. 분쟁당사자의 일방이 조정을 거부하는 등 조정절차를 진행할 실익이 없는 경우 ⑤ 협의회는 제3항에 따라 조정신청을 각하하거나 제4항에 따라 조정절차를 종료한 경우에는 <u>대통령령으로 정하는 바에 따라</u> 조정원 협의회의 경우 공정거래위원회에, 시·도 협의회의 경우 공정거래위원회 및 시·도에 조정의 경위, 조정신청 각하 또는 조정절차 종료의 사유 등과 관계서류를 서면으로 지체 없이 보고하여야 하고 분쟁당사자에게 그 사실을 통보하여야 한다. 〈개정 2016. 3. 29., 2018. 3. 27., 2018. 12. 31., 2021. 12. 7.〉 ⑥ 협의회는 해당 조정사항에 관한 사실을 확인하기 위하여 필요한 경우 조사를 하거나 분쟁당사자에 대하여 관련자료의 제출이나 출석을 요구할 수 있다. 〈개정 2016. 3. 29.〉 ⑦ 공정거래위원회는 조정절차 개시 전에 시정조치 등의 처분을 하지 아니한 분쟁조정사항에 관하여 조정절차가 종료될 때까지 해당 분쟁당사자에게 시정조치를 권고하거나 명하여서는 아니 된다. 〈개정 2016. 3. 29., 2018. 12. 31., 2023. 6. 20.〉 **제23조의2(소송과의 관계)** ① 제22조 제1항에 따른 분쟁조정이 신청된 사건에 대하여 신청 전 또는 신청 후 소가 제기되어 소송이 진행 중일 때에는 소	은 조 제4항 각 호에 규정된 사유별로 상세하게 기술한다) [전문개정 2018. 12. 18.] **제24조(분쟁당사자의 사실확인 등)** ① 협의회는 <u>법 제23조 제6항</u>에 따라 분쟁당사자에 대하여 출석을 요구하고자 하는 때에는 시기 및 장소를 정하여 출석요구일 7일 전까지 분쟁당사자에게 통지하여야 한다. 다만, 긴급을 요하거나 출석의 통지를 받은 자가 동의하는 경우에는 그러하지 아니하다. 〈개정 2016. 9. 29.〉 ② 제1항의 통지를 받은 분쟁당사자는 협의회에 출석할 수 없는 부득이한 사유가 있는 경우에는 미리 서면으로 의견을 제출할 수 있다. **제26조(분쟁당사자의 지위승계)** ① 협의회는 조정절차가 종료되기 전에 분쟁당사자가 사망하거나 능력의 상실 그 밖의 사유로 절차를 계속할 수 없는 경우에는 법령에 의하여 그 지위를 승계한 자가 분쟁당사자의 지위를 승계하게 할 수 있다. ② 제1항의 규정에 의하여 분쟁당사자의 지위를 승계하고자 하는 자는 서면으로 협의회에 신청하여야 한다. ③ 협의회가 제2항의 규정에 의한 신청을 받은 때에는 지체 없이 이를 심사하여 승계여부를 결정하고, 그 내용을 신청인에게 서면으로 통지하여야 한다. **제27조(소제기 등의 통지)** ① 분쟁당사자는 분쟁조정 신청 후 해당 사건에 대하여 소를 제기하거나 「중재법」 제8조에 따른 중재합의를 한 때에는 지체

법　률	시행령
소법원(受訴法院)은 조정이 있을 때까지 소송절차를 중지할 수 있다. ② 협의회는 제1항에 따라 소송절차가 중지되지 아니하는 경우에는 해당 사건의 조정절차를 중지하여야 한다. ③ 협의회는 조정이 신청된 사건과 동일한 원인으로 다수인이 관련되는 동종·유사 사건에 대한 소송이 진행 중인 경우에는 협의회의 결정으로 조정절차를 중지할 수 있다. [본조신설 2023. 6. 20.]	없이 이를 협의회에 통지해야 한다. ② 협의회는 제1항에 따른 사실을 통지받거나 법 제22조 제1항에 따라 제출받은 서면을 통해 분쟁조정이 신청된 사건에 대해 소가 제기된 사실을 확인한 경우에는 분쟁당사자의 동의를 받아 다음 각 호의 사항을 수소법원(受訴法院)에 알려야 한다. 1. 분쟁당사자의 성명과 주소(분쟁당사자가 법인인 경우에는 법인의 명칭, 주된 사무소의 소재지, 그 대표자의 성명과 주소를 말한다. 이하 이 조에서 같다) 2. 분쟁조정 신청일 3. 분쟁조정 신청의 취지 및 이유 4. 소송사건의 번호 ③ 분쟁당사자는 법 제23조의2 제1항에 따라 수소법원이 소송절차를 중지한 경우에는 지체 없이 그 사실을 협의회에 알려야 한다. ④ 협의회는 법 제23조의2 제1항에 따라 수소법원이 소송절차를 중지한 분쟁조정 사건에 대해 법 제23조 제3항에 따라 조정 신청을 각하하거나 같은 조 제4항에 따라 조정절차를 끝낸 경우에는 분쟁당사자의 동의를 받아 다음 각 호의 사항을 수소법원에 알려야 한다. 1. 분쟁당사자의 성명과 주소 2. 조정신청의 각하 사유 또는 조정절차의 종료 사유 3. 조정의 결과(조정이 성립된 경우로 한정한다) 4. 소송사건의 번호 ⑤ 협의회는 법 제23조의2 제2항 및 제3항에 따라 조정절차를 중지한 경우에는 지체 없이 그 사실을 분쟁당사자에게 알려야 한다. [전문개정 2024. 6. 4.]

협의회는 분쟁당사자로부터 분쟁조정을 신청받거나 공정거래위원회로부터 분쟁조정을 의뢰받는 경우 지체 없이 분쟁조정 절차를 개시하여야 하고, 개시하는 경우 조정번호, 조정개시일 등을 지체 없이 분쟁당사자에게 통보하여야 하며, 분쟁당사자와 분쟁의 구체적 내용을 관리대장에 기록하여야 한다.

아울러, 협의회가 분쟁당사자에게 분쟁조정 절차를 개시한다는 내용을 통보할 때, 분쟁당사자로 하여금 분쟁조정 신청 후 해당 사건에 대하여 소(訴)를 제기하거나 「중재법」제8조에 따른 중재합의를 한 때에는 지체 없이 이를 협의회에 통지하여줄 것을 알려야 한다.

한편, 협의회는 분쟁조정이 신청된 사건에 대하여 신청 전 또는 신청 후 소가 제기되어 소송이 진행 중일 때는 수소법원(受訴法院)은 조정이 있을 때까지 소송절차를 중지할 수 있으나 소송절차가 중지되지 아니하는 경우는 해당 사건의 조정절차를 중지하여야 한다. 또한, 협의회는 조정이 신청된 사건과 동일한 원인으로 다수인이 관련되는 동종·유사 사건에 대한 소송이 진행 중인 경우는 조정절차 중지를 결정할 수 있다.[118]

이와 같은 조정과 소송과의 관계에 있어서, 협의회는 분쟁조정과 소송절차가 동시 진행되는 경우 조정신청 사실 등을 수소법원에 통지하여야 하고, 수소법원이 소송절차를 중지하는 경우 분쟁당사자가 협의회에 이를 알려야 하고 협의회는 조정절차를 종료하는 경우 그 결과를 수소법원에 통지하여야 한다. 또한 수소법원이 소송절차를 중지하지 않는 경우 등에 따라 조정절차가 중지되는 경우 협의회는 이를 분쟁당사자에게 알려야 한다.[119]

협의회는 분쟁조정 업무절차를 진행하기 전에 분쟁조정 신청 관련 내용이 다음 어느 하나에 해당하는 경우는 조정신청을 각하하여야 한다. 다만, 분쟁당사자가 분쟁조정을 신청하였을 때 신청내용과 동일한 사안에 대하여 공정거래위원회가 가맹사업법 제32조의3 제2항에 따라 조사를 개시하였는지 그 여부에 대해서 반드시 공정거래위원회의 확인을 받아야 한다.

첫째, 조정신청의 내용과 직접적인 이해관계가 없는 자가 조정신청을 한 경우

---

118) 2023. 6. 20. 개정된 가맹사업법 내용이다.
119) 2024. 1. 2. 개정(2024. 7. 3. 시행)된 가맹사업법 내용에 대한 세부 절차가 가맹사업법 시행령(2024. 6. 4. 개정)에 반영된 내용이다.

둘째, 가맹사업법 적용 대상이 아닌 사안에 대하여 조정신청을 한 경우

셋째, 분쟁조정 신청이 있기 전에 공정거래위원회가 가맹사업법 제32조의3 제2항에 따라 조사를 개시한 사건에 대하여 조정신청을 한 경우. 다만, 공정거래위원회로부터 시정조치 등의 처분을 받은 후에 분쟁당사자가 분쟁조정을 신청한 경우는 분쟁조정 절차를 진행하여야 한다.[120]

협의회는 분쟁조정 신청내용이 위에서 언급한 3가지의 각하 사유에 해당하지 아니하여 분쟁조정 절차를 개시하게 되면 분쟁당사자에게 당사자끼리 스스로 합의하도록 권고하거나 조정안을 작성하여 분쟁당사자에게 제시할 수 있다.

이와 관련한 조정원의 실무를 살펴보면 먼저, 협의회가 분쟁당사자의 제출자료를 기준으로 먼저 스스로 합의할 수 있도록 권고할 수 있다. 이러한 권고에 따라 분쟁당사자가 서로 합의하면 분쟁조정 절차는 종료된다.

그다음, 협의회가 전체회의 또는 소회의를 거쳐 조정안을 의결(결정)하고, 의결(결정)된 조정안을 분쟁당사자에게 제시할 수 있다. 이와 관련한 조정절차는 다음과 같다.

첫째, 협의회는 전체회의 또는 소회의에서 의결(결정)된 조정안을 "조정결정서"라는 문서로 작성한 후 이를 분쟁당사자에게 송부한다. 이때 분쟁당사자에게 조정결정서의 주문(조정안) 내용을 수락할 것인지 그 여부를 반드시 조회한다.

둘째, 분쟁당사자는 협의회의 주문(조정안) 내용에 대한 수락 여부를 회신한다.

셋째, 분쟁당사자가 모두 주문(조정안) 내용을 수락하게 되면 조정은 성립된 것으로 본다. 그러나, 당사자 중 어느 일방이 주문(조정안) 내용을 수락하지 아니하면 조정은 불성립된 것으로 본다.

분쟁 조정업무의 마무리 절차로서 협의회는 분쟁조정 신청사건이 다음의 어느 하나에 해당하는 경우는 조정절차를 종료하여야 한다.

첫째, 분쟁당사자가 협의회의 권고 또는 조정결정서의 주문(조정안)을 수락하거나 스스로 조정하여 합의하는 등 조정이 성립된 경우

둘째, 분쟁조정 신청을 받은 날 또는 공정거래위원회로부터 분쟁조정 의뢰를 받은 날부터 60일(분쟁당사자 모두가 분쟁조정 기간 연장에 동의하는 경우 90일)이 지났는데도

---

120) 가맹사업법이 2023. 6. 30. 개정 및 시행된 내용으로서 이 단서 내용에 따라 가맹점사업자는 공정거래위원회가 가맹본부에 대하여 시정조치 등의 처분을 한 후에도 분쟁조정 신청을 할 수 있게 되었다.

조정이 성립되지 아니한 경우

셋째, 분쟁당사자의 일방이 조정을 거부하거나 해당 분쟁조정 사항에 대하여 법원에 소(訴)를 제기하는 등으로 인하여 조정절차를 진행할 실익이 없는 경우

협의회는 분쟁조정 신청을 각하하거나 조정절차를 종료한 경우는 "분쟁조정종료서"를 작성하고 그 사본을 첨부하여 조정원의 협의회는 공정거래위원회에 보고하고, 시·도의 협의회는 공정거래위원회 및 해당 시·도지사에게 각각 보고하여야 한다.

협의회가 작성하는 분쟁조정종료서에는 1) 조정신청인의 주소·성명, 2) 조정 대상 분쟁의 개요 ① 가맹사업거래 당사자의 일반현황 ② 가맹사업거래의 개요 ③ 분쟁의 경위 ④ 조정의 쟁점(가맹사업거래 당사자의 의견을 기술한다), 3) 조정신청의 각하 사유 또는 조정절차의 종료사유(가맹사업법 제23조 제3항 각 호 및 같은 조 제4항 각 호에 규정된 사유별로 상세하게 기술한다)를 기재하여야 한다.

나아가, 협의회는 해당 조정사항에 관한 사실확인을 위하여 필요한 경우 조사하거나 분쟁당사자에 대하여 관련 자료의 제출이나 출석을 요구할 수 있다. 이때 시기 및 장소를 정하여 출석요구일 7일 전까지 분쟁당사자에게 통지하여야 한다. 다만, 긴급을 요하거나 출석의 통지를 받은 자가 동의하는 경우는 그러하지 아니하다.

상생 정책의 일환으로써 조정의 가장 좋은 점은 협의회에서 조정절차가 진행되는 경우, 공정거래위원회는 분쟁조정 사항에 관하여 조정절차가 종료될 때까지는 해당 분쟁당사자(가맹본부)에게 가맹사업법 제33조 제1항에 따른 시정조치를 명하거나 제34조 제1항에 따른 시정권고를 할 수 없다는 것이다. 다만, 협의회는 공정거래위원회가 제32조의3 제2항에 따라 조사 중인 사건에 대해서는 분쟁조정 업무를 진행할 수 없다.

따라서, 분쟁당사자의 한 축인 가맹본부로서는 공정거래위원회로부터 가맹사업법 위반 혐의에 대한 조사·심사 등을 통해 시정조치 등을 받지 아니하려면 조정을 통해 원만하게 분쟁을 해결하여 가맹점사업자와 상생하도록 노력하는 것이 매우 중요하다.

| 가맹사업법 | 제24조 (조정조서의 작성과 그 효력) |

법 률	시행령
제24조(조정조서의 작성과 그 효력) ① 협의회는 조정사항에 대하여 조정이 성립된 경우 조정에 참가한 위원과 분쟁당사자가 기명날인하거나 서명한 조정조서를 작성한다. 〈개정 2016. 3. 29., 2018. 4. 17.〉 ② 협의회는 분쟁당사자가 조정절차를 개시하기 전에 조정사항을 스스로 조정하고 조정조서의 작성을 요구하는 경우에는 그 조정조서를 작성하여야 한다. 〈개정 2016. 3. 29.〉 ③ 분쟁당사자는 제1항 또는 제2항에 따른 조정에서 합의된 사항을 이행하여야 하고, 이행결과를 공정거래위원회에 제출하여야 한다. 〈신설 2018. 12. 31.〉 ④ 공정거래위원회는 조정절차 개시 전에 시정조치 등의 처분을 하지 아니한 분쟁조정사항에 대하여 제1항 또는 제2항에 따라 합의가 이루어지고, 그 합의된 사항을 이행한 경우에는 제33조 제1항에 따른 시정조치 및 제34조 제1항에 따른 시정권고를 하지 아니한다. 〈신설 2018. 12. 31., 2023. 6. 20.〉 ⑤ 제1항 또는 제2항에 따라 조정조서를 작성한 경우 조정조서는 재판상 화해와 동일한 효력을 갖는다. 〈신설 2016. 3. 29., 2018. 12. 31.〉	제25조(분쟁의 조정 등) 협의회는 법 제24조 제1항의 규정에 의한 분쟁의 조정이 성립된 경우에는 다음 각 호의 사항이 기재된 조정조서를 작성한 후 그 사본을 첨부하여 조정결과를 공정거래위원회에 보고하여야 한다. 1. 조정신청인의 주소·성명 2. 조정대상 분쟁의 개요 　가. 가맹사업거래 당사자의 일반현황 　나. 가맹사업거래의 개요 　다. 분쟁의 경위 　라. 조정의 쟁점(가맹사업거래 당사자의 의견을 기술한다) 3. 조정의 결과(조정의 쟁점별로 기술한다)

　협의회는 분쟁조정 사항에 대하여 조정이 성립되는 경우 조정조서를 작성하여야 한다. 이러한 조정조서를 작성하는 경우는 다음 두 가지로 나누어지고, 조정절차에 참가한 협의회 위원과 분쟁당사자는 반드시 조정조서에 서명 또는 기명날인하여야 한다.

첫째, 협의회가 제시한 조정안에 대하여 분쟁당사자가 모두 수락하는 경우

둘째, 분쟁당사자가 분쟁 사항을 스스로 조정하여 합의하고 협의회에 조정조서 작성을 요구하는 경우

가맹사업법에서는 협의회가 작성한 조정조서가 재판상 화해와 똑같은 효력이 있다고 규정하고 있다. 이렇게 조정조서가 재판상 화해 효력을 갖고 있다는 점을 고려하면 가맹본부 또는 가맹점사업자는 스스로 조정하여 합의하는 경우 가능하면 합의사항에 대한 이행을 담보하기 위해서라도 협의회에 조정조서 작성을 요구하는 것이 좋다.

한편, 분쟁당사자는 조정조서의 주문내용을 이행하여야 하고, 그 이행 결과를 공정거래위원회에 제출하여야 한다. 다만, 이러한 이행 결과 제출의 실익은 오로지 가맹본부에게만 있다. 왜냐하면 가맹본부가 조정조서의 주문내용을 이행하여야만 공정거래위원회로부터 시정조치 또는 시정권고를 받지 않기 때문이다. 다시 말하면 가맹본부가 조정조서 주문내용을 이행하지 아니하는 경우 공정거래위원회의 조사를 받을 수 있고 그 결과에 따라 시정조치, 과징금납부명령 등의 행정적인 제재 등을 받을 수 있다는 것이다.

나아가, 협의회는 조정사항에 대하여 분쟁조정이 성립되고 가맹사업법 제24조 제1항의 규정에 따라 조정조서를 작성하는 경우 그 사본을 첨부하여 공정거래위원회에 보고하여야 한다.[121]

협의회가 작성하는 조정조서에는 1) 조정신청인의 주소·성명, 2) 조정 대상 분쟁의 개요 ① 가맹사업거래 당사자의 일반현황 ② 가맹사업거래의 개요 ③ 분쟁의 경위 ④ 조정의 쟁점(가맹사업거래 당사자의 의견을 기술한다), 3) 조정의 결과(조정의 쟁점별로 기술한다)가 기재되어야 한다.

---

121) 가맹사업법 시행령 제25조 참조.

《가맹사업거래 분쟁 예방(가맹사업법 준수)을 위한 체크리스트》

⇨ 다음 가맹본부 및 가맹점사업자를 위한 가맹사업거래 분쟁 예방 체크리스트는 한국공정거래조정원이 작성 · 운영하고 있다.[122]

가맹본부를 위한 가맹사업거래 분쟁 예방 체크리스트		
구 분	**체크 리스트**	**확인**
가맹사업법 적용 여부 확인	가맹본부 자신이 '가맹사업거래의 공정화에 관한 법률'을 적용받는지 여부에 대하여 알고 계십니까?	☐
정보공개서 등록 단계	가맹희망자에게 제공할 정보공개서를 공정거래위원회 또는 '광역시장 · 도지사 등'에게 등록하셨습니까?	☐
가맹점 모집 단계	가맹본부가 가맹희망자와 가맹계약을 바로 체결하여서는 안 된다는 것을 알고 계십니까?	☐
	가맹희망자에게 예상매출액 등에 대한 정보를 서면으로 제공하셨습니까?	☐
	가맹희망자나 가맹점사업자에게 허위 · 과장 정보*나 기만적인 정보**를 제공해서는 안 된다는 것을 알고 계십니까? * 과장된 예상매출액 정보, 사실이 확인되지 않은 상권분석 정보 등 ** 중요사항을 적지 않은 정보공개서 등	☐
가맹계약 체결 단계	가맹본부가 가맹희망자에게 정보공개서, 인근 가맹점 현황문서, 가맹계약서를 제공한 날부터 원칙적으로 14일*이 지난 경우에, 가맹희망자와 가맹계약을 체결하거나 가맹희망자로부터 가맹금을 받을 수 있다는 것을 알고 계십니까? * 예시: 1월 1일에 가맹계약서 등을 제공했다면 1월 16일부터 계약 체결 가능	☐

---

122) 한국공정거래조정원 홈페이지(https://www.kofair.or.kr) - 분쟁조정 - 분쟁조정신청하기 ⇨ 사건처리시스템(한국공정거래조정원 온라인 분쟁조정시스템 fairnet.kofair.or.kr) - 분쟁조정안내 - 자료실 - 목록 번호 11번 : 「가맹사업거래 분쟁 예방 체크리스트(2022년 12월 발간)」의 "첨부파일"에서 확인할 수 있다.

구 분	체크 리스트	확인
가맹계약 체결 단계	가맹본부가 가맹희망자 또는 가맹점사업자로부터 가입비, 보증금 등 명목의 가맹금을 직접 받으면 안 되고, 예치제도 등을 이용하여야 한다는 것을 알고 계십니까?	☐
	가맹본부가 가맹점 모집 단계 세 번째 항목 또는 가맹계약 체결 단계 첫 번째 항목(정보공개서 사항)을 지키지 않은 경우, 가맹희망자나 가맹점사업자에게 가맹금을 반환하게 될 수도 있다는 것을 알고 계십니까?	☐
가맹점 운영 단계	'가맹사업거래의 공정화에 관한 법률'에서 '가맹본부가 가맹점사업자에게 불공정거래행위*를 하는 것'을 금지하고 있다는 것을 알고 계십니까? * 예시: ① 가맹사업의 통일성과 무관한 원재료를 부당하게 특정 사업자로부터 공급받도록 하는 것 ② 부당하게 경제적 이익을 제공하도록 강요하는 것 등	☐
	가맹본부가 가맹점사업자의 영업지역 안에 자신의 직영점이나 새로운 가맹점을 설치하여서는 안 된다는 것을 알고 계십니까?	☐
	가맹점사업자들이 '가맹점사업자 단체'를 구성하고 그 단체를 통해 가맹본부에게 가맹계약의 변경 등 거래조건에 대한 협의를 요청할 수 있다는 것을 알고 계십니까?	☐
	가맹본부가 가맹점사업자로부터 계약갱신을 요구받은 경우, 정당한 사유가 없으면 그 요구를 거절할 수 없다는 것을 알고 계십니까?	☐
가맹계약 종료 단계	가맹본부가 가맹점사업자의 계약위반을 사유로 가맹계약을 해지하려고 할 경우, '가맹사업거래의 공정화에 관한 법률'에서 정한 계약해지 절차를 준수하여야 한다는 것을 알고 계십니까?	☐
	가맹계약 해지 시 가맹본부가 가맹점사업자에게 부당하게 과중한 위약금을 부과하여서는 안 된다는 것을 알고 계십니까?	☐
가맹점사업자와 분쟁이 발생한 경우	한국공정거래조정원이 가맹본부와 가맹점사업자 사이에 발생하는 분쟁을 조정하는 업무를 수행하고 있는데, 이러한 분쟁조정제도가 있다는 것을 알고 계십니까?	☐

구 분	체크 리스트	확인
가맹계약 상담 단계	가맹본부로부터 '정보공개서와 인근 가맹점 현황문서'를 제공받고 원칙적으로 14일이 지난 경우에, 가맹본부와 가맹계약을 체결하거나 가맹본부에게 가맹금을 지급할 수 있다는 것을 알고 계십니까?	☐
	소상공인시장진흥공단의 '상권정보시스템'을 이용하여 점포 예정지 인근의 '상권·경쟁·입지·수익' 분석을 해보셨습니까?	☐
	가맹본부로부터 예상매출액 등에 대한 정보를 문서로 제공받으셨습니까?	☐
가맹계약 체결 단계	가맹본부로부터 가맹계약서를 제공받고 14일*이 지난 경우에, 가맹본부와 가맹계약을 체결하거나 가맹본부에게 가맹금을 지급할 수 있다는 것을 알고 계십니까? * 예시: 가맹본부로부터 1월 1일에 가맹계약서를 제공받았다면 1월 16일부터 가맹계약 체결 가능	☐
	가맹본부가 상가를 직접 임차하여 가맹희망자에게 다시 임대한 경우, '가맹본부와 임대인(건물주) 사이의 임대차계약 내용에 가맹본부가 다른 사람에게 다시 임대하는 것'을 임대인이 허용하고 있는지 여부를 확인하셨습니까?	☐
	'일정한 명목*의 가맹금'은 가맹본부에 바로 지급하면 안되고, 금융기관을 통한 예치제도 등을 이용하여야 한다는 것을 알고 계십니까? * 예시: ① 가입비, 교육비, 계약금 등, ② 상품 보증금 등	☐
	가맹희망자나 가맹점사업자가 특정한 경우* 가맹본부에게 가맹금반환을 요구하면 가맹본부가 가맹금의 일부 또는 전부를 반환하여야 한다는 것을 알고 계십니까? * 가맹본부가 정보공개서 사전제공 의무를 위반하고 가맹점사업자가 계약체결일부터 4개월 이내 가맹금반환을 요구하는 경우 등	☐

가맹점사업자를 위한 가맹사업거래 분쟁 예방 체크리스트

구 분	체크 리스트	확인
가맹점 운영 단계	가맹사업거래의 공정화에 관한 법률에서 가맹본부의 불공정 거래행위*를 금지하고 있다는 것을 알고 계십니까? * 예시: ① 가맹사업의 통일성과 무관한 원재료를 부당하게 특정 사업자로부터 공급받도록 하는 것, ② 부당하게 경제적 이익을 제공 하도록 강요하는 것 등	☐
	가맹점사업자가 '가맹점사업자 단체'를 구성하여 가맹본부에게 가맹계약의 변경 등 거래조건에 대한 협의를 요청할 수 있다는 것을 알고 계십니까?	☐
	가맹점사업자가 가맹본부에게 계약기간 연장*을 요구하였 을 때 가맹본부가 정당한 사유없이 그 요구를 거절할 수 없 다는 것을 알고 계십니까? * 최초 계약일부터 최대 10년까지 계약기간 연장 요구 가능	☐
가맹계약 종료 단계	가맹계약 해지 시 가맹본부가 가맹점사업자에게 부당하게 과 중한 위약금을 부과하여서는 안 된다는 것을 알고 계십니까?	☐
가맹본부와 분쟁이 발생한 경우	한국공정거래조정원이 가맹점사업자(가맹희망자 포함)와 가 맹본부 사이에 발생하는 분쟁을 조정하는 업무를 수행하고 있는데, 이러한 분쟁조정제도가 있다는 것을 알고 계십니까?	☐

제 **6** 장

동의의결제도

동의의결제도란 법 위반 혐의가 있는 사업자가 스스로 소비자피해구제, 원상회복 등 타당한 시정방안을 공정거래위원회에 제안하고, 공정거래위원회는 이러한 제안을 기준으로 이해관계자 등의 의견수렴을 거쳐 그 타당성을 인정하는 경우 법 위반 여부를 확정하지 아니하고 사건을 신속하게 종결하는 제도로서 2011. 12. 2. 공정거래법이 개정되면서 도입되었다.[123] 다만, 사업자의 행위가 중대·명백한 위법행위와 부당한 공동행위에 해당하는 경우는 제외된다.

동의의결제도의 장점은 법 위반 혐의 사업자가 피해구제, 원상회복 등의 시정방안을 제시함으로써 공정거래위원회가 법 위반사업자에 대하여 시정조치를 하면서 소비자, 중소기업 등의 피해구제를 직접 명할 수 없다는 문제점을 해결할 수 있는 제도일 뿐 아니라, 피해자인 소비자, 중소기업 등에 실질적이고 신속한 보상 등이 이루어질 수 있도록 한다는 것이다.

위와 같은 공정거래법의 동의의결제도는 2022. 1. 4. 가맹사업법이 개정(2022. 7. 5. 시행)되면서 가맹사업거래에도 적용할 수 있게 되었다. 공정거래위원회의 조사나 심의를 받고 있는 가맹본부 또는 가맹지역본부(이하 "신청인"이라 한다)는 해당 조사나 심의의 대상이 되는 행위(이하 "해당 행위"라 한다)로 인한 불공정한 거래내용 등의 자발적 해결, 가맹점사업자의 피해구제 및 거래 질서의 개선 등을 위하여 동의의결을 하여 줄 것을 공정거래위원회에 신청할 수 있다.[124][125]

---

123) 동의의결제도는 미국(1915, Consent Order)에서 최초로 도입된 이후 EU(2004년 화해결정, 독일(2005년 의무부담부 확약제도) 등 대륙법계 국가를 포함한 대부분의 경쟁 당국이 도입·운영하고 있으며, 현재 글로벌 스탠더드로 자리 잡고 있다. 우리나라는 한·미 FTA에 따라 이행해야 하는 법률 중 하나로서 2011년 공정거래법에 도입된 후 2014년에는 표시·광고의 공정화에 관한 법률, 2022년에는 가맹사업법, 하도급거래 공정화에 관한 법률, 대규모유통업에서의 공정화에 관한 법률, 대리점거래의 공정화에 관한 법률, 방문판매 등에 관한 법률에 도입되었다.

124) 미국은 소송 제기 후 사건의 대부분이 최종 심리까지 가지 않고 일반적으로 조정·중재·협의 등의 방식을 통해 종결되는 반면, 우리나라는 소송을 통해 해결하려는 경향이 강하다. 이러한 경향은 동의의결제도가 분쟁 해결의 한 방식으로 자리 잡지 못하고 있는 이유 중의 하나로 볼 수 있고, 또 하나의 근본적인 이유는 동의의결 인정요건이 지나치게 엄격하여 제재받는 것이 차라리 낫다는 판단이 들 정도로 많은 시간과 비용이 수반되어 실효성이 낮다는 점이다. 이 제도의 활성화를 위해서는 요건을 대폭 완화해서 실질적 활용도를 높이는 방법으로 개선책을 마련할 필요성이 있어 보인다.

125) 공정거래위원회는 2022년 가맹사업법에 동의의결제도가 도입된 후 최초의 동의의결 사건으로 2023. 7. 3. ○○가맹본부의 가맹사업법 위반 혐의와 관련하여 동의의결 절차를 개시하기로 결정하였다. 구체적으로

다만, 해당 행위가 가맹사업법 제44조 제2항에 따른 고발요건에 해당하는 경우이거나 동의의결이 있기 전에 신청인이 동의의결 신청을 취소하는 경우 공정거래위원회는 동의의결을 하지 아니하고 가맹사업법 위반 혐의에 대한 조사 및 심의 절차를 진행하여야 한다.

살펴보면, 도시락 전문 ○○가맹본부는 가맹점사업자에게 매장 인테리어 개선을 요구하면서 자신의 법정 분담금을 부담하지 아니한 혐의를 받고 있었는데 ○○가맹본부는 미지급한 점포환경 개선공사 관련 자신의 법정 분담금 지급을 완료하고 가맹점사업자를 위한 간판 청소비와 무인 주문기의 바코드리더기 설치비, 위생관리비 지급 등을 제안하면서 공정거래위원회에 동의의결을 신청하였고, 이러한 신청에 대해 공정거래위원회는 ○○가맹본부가 제시한 시정방안과 가맹점사업자와의 상생 노력 약속이 가맹점사업자에게 유리하다고 판단하고 동의의결 절차를 개시하기로 결정하였다.

| **가맹사업법** | 제34조의2 (동의의결)
제34조의3 (동의의결의 절차 및 취소)
제34조의4 (이행강제금) |

제34조의2(동의의결)

① 공정거래위원회의 조사나 심의를 받고 있는 가맹본부 또는 가맹지역본부(이하 이 조에서 "신청인"이라 한다)는 해당 조사나 심의의 대상이 되는 행위(이하 이 조에서 "해당 행위"라 한다)로 인한 불공정한 거래내용 등의 자발적 해결, 가맹점사업자의 피해구제 및 거래 질서의 개선 등을 위하여 제3항에 따른 동의의결을 하여 줄 것을 공정거래위원회에 신청할 수 있다. 다만, 해당 행위가 다음 각 호의 어느 하나에 해당하는 경우 공정거래위원회는 동의의결을 하지 아니하고 이 법에 따른 심의 절차를 진행하여야 한다.

1. 제44조 제2항에 따른 고발요건에 해당하는 경우

2. 동의의결이 있기 전 신청인이 신청을 취소하는 경우

② 신청인이 제1항에 따른 신청을 하는 경우 다음 각 호의 사항을 기재한 서면으로 하여야 한다.

1. 해당 행위를 특정할 수 있는 사실관계

2. 해당 행위의 중지, 원상회복 등 경쟁질서의 회복이나 거래 질서의 적극적 개선을 위하여 필요한 시정방안

3. 그 밖에 가맹점사업자 등의 피해를 구제하거나 예방하기 위하여 필요한 시정방안

③ 공정거래위원회는 해당 행위의 사실관계에 대한 조사를 마친 후 제2항 제2호 및 제3호에 따른 시정방안(이하 "시정방안"이라 한다)이 다음 각 호의 요건을 모두 충족한다고 판단되는 경우에는 해당 행위 관련 심의 절차를 중단하고 시정방안과 같은 취지의 의결(이하 "동의의결"이라 한다)을 할 수 있다. 이 경우 신청인과의 협의를 거쳐 시정방안을 수정할 수 있다.

1. 해당 행위가 이 법을 위반한 것으로 판단될 경우에 예상되는 시정조치 및 그 밖의 제재와 균형을 이룰 것

2. 공정하고 자유로운 경쟁질서나 거래 질서를 회복시키거나 가맹점사업자 등을 보호하기에 적절하다고 인정될 것

④ 공정거래위원회의 동의의결은 해당 행위가 이 법에 위반된다고 인정한 것을 의미하지 아니하며, 누구든지 신청인이 동의의결을 받은 사실을 들어 해당 행위가 이 법에 위반된다고 주장할 수 없다.

[본조신설 2022. 1. 4.]

제34조의3(동의의결 절차 및 취소)

동의의결 절차 및 취소에 관하여는 「독점규제 및 공정거래에 관한 법률」 제90조 및 제91

조를 각각 준용한다. 이 경우 같은 법 제90조 제1항의 "소비자"는 "가맹점사업자"로, 같은 법 제90조 제3항 후단의 "제124조부터 제127조까지의 규정"은 "이 법 제41조의 규정"으로 본다.

[본조신설 2022. 1. 4.]

제34조의4(이행강제금)

① 공정거래위원회는 정당한 이유 없이 동의의결 시 정한 이행기한까지 동의의결을 이행하지 아니한 자에게 동의의결이 이행되거나 취소되기 전까지 이행기한이 지난 날부터 1일당 200만 원 이하의 이행강제금을 부과할 수 있다.

② 이행강제금의 부과·납부·징수 및 환급 등에 관하여는 「독점규제 및 공정거래에 관한 법률」 제16조 제2항 및 제3항을 준용한다.

[본조신설 2022. 1. 4.]

먼저, 다음의 〈동의의결 절차도〉에서 보는 바와 같이 동의의결의 절차는 신청인의 신청부터 이루어지는데, 신청인은 반드시 다음 세 가지 사항이 기재된 동의의결 신청서[126]를 공정거래위원회에 제출하여야 한다.

첫째, 해당 행위를 특정할 수 있는 사실관계

둘째, 해당 행위의 중지, 원상회복 등 경쟁 질서 회복이나 거래 질서의 적극적 개선을 위하여 필요한 시정방안

셋째, 그 밖에 가맹점사업자 등의 피해를 구제하거나 예방을 위하여 필요한 시정방안

그다음, 공정거래위원회 심사관은 동의의결 신청서가 접수되면 『동의의결제도 운영 및 절차 등에 관한 규칙』 제5조 각 호의 사항을 기재한 서면에 동의의결 신청서를 첨부하여 공정거래위원회 전원회의 또는 소회의(이하 "각 회의"라 한다)에 보고하여야 한다.

각 회의는 심사관의 보고를 받은 후 14일(자문 기간은 제외한다) 이내 동의의결 절차 개시 여부를 결정하여야 한다. 이때 각 회의는 법률·경제·정보통신 분야·소비자 보호 관련분야 등 제반 분야 전문가들로 구성된 자문회의의 자문을 구할 수 있다. 이와 같은 각 회의의 동의의결 절차 개시 결정이 있으면 공정거래위원회의 심사관 또는 조사공무원은 해당 사건의 조사·심의 절차를 중단해야 한다.

---

126) 공정거래위원회 고시 제2021-16호 동의의결제도 운영 및 절차 등에 관한 규칙의 별지 제1호 서식 참조

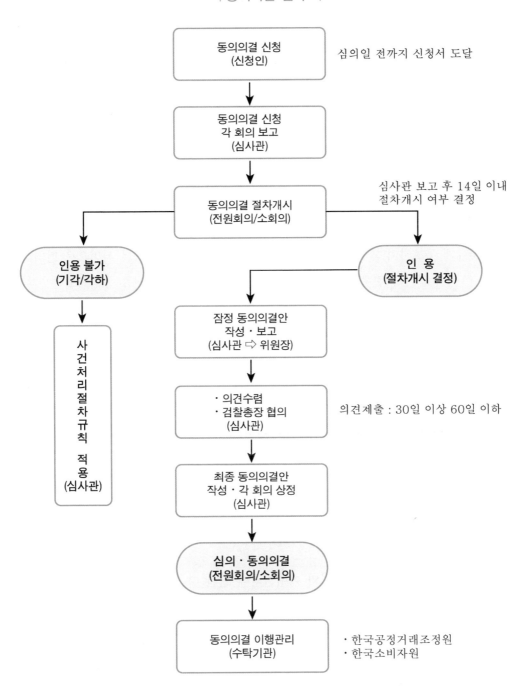

| 동의의결 절차도 |

동의의결 신청
(신청인)

심의일 전까지 신청서 도달

동의의결 신청
각 회의 보고
(심사관)

동의의결 절차개시
(전원회의/소회의)

심사관 보고 후 14일 이내
절차개시 여부 결정

인용 불가
(기각/각하)

인 용
(절차개시 결정)

사건처리절차규칙 적용
(심사관)

잠정 동의의결안
작성·보고
(심사관 ⇨ 위원장)

·의견수렴
·검찰총장 협의
(심사관)

의견제출 : 30일 이상 60일 이하

최종 동의의결안
작성·각 회의 상정
(심사관)

심의·동의의결
(전원회의/소회의)

동의의결 이행관리
(수탁기관)

·한국공정거래조정원
·한국소비자원

그러나, 각 회의는 동의의결 절차를 개시한 경우라도 신청인이 절차 지연 등의 목적으로 동의의결 절차를 남용한 경우, 심사관 또는 신청인이 동의의결 절차를 중단하여 달라는 것을 요청한 경우, 기타 동의의결 절차로 사건을 진행하는 것이 부적절하다고 판단하는 경우는 동의의결 절차를 중단할 수 있다.

각 회의가 동의의결 절차를 개시하는 것으로 결정을 하게 되면, 심사관은 신청인과의 협의를 거쳐 잠정 동의의결안을 작성하여 개시 결정이 있는 날부터 30일 이내 위원장에게 보고하고 이를 신청인에게 송부하여야 한다. 이때 심사관은 신청인의 동의를 얻어 처음 신청인이 제출한 시정방안을 수정하여 잠정 동의의결안을 작성·보고할 수 있다.

심사관은 위원장에게 보고한 날부터 5일 이내 잠정 동의의결안을 신고인과 관계 행정기관의 장에게 통보하여 의견 제출 기회를 주어야 하며, 검찰총장과는 서면으로 협의하여야 하고, 이와 같은 의견수렴 기간이 만료된 날부터 14일 이내 최종 동의의결안을 각 회의에 제출하여야 한다.

각 회의는 최종 동의의결안을 기준으로 심의를 한 후 동의의결에 대한 인용 여부를 결정하고, 동의의결을 하는 경우 그 의결이 있는 날부터 30일 이내 동의의결서를 작성하여야 한다.

각 회의가 신청인의 동의의결 신청에 대하여 인용하는 것으로 동의의결을 한 경우 신청인은 동의의결 사항을 이행하여야 하는데, 공정거래위원회가 동의의결을 하면서 정한 기일까지 정당한 이유 없이 이행하지 아니하는 경우 공정거래위원회는 동의의결을 하면서 정한 기일 그다음 날부터 동의의결이 이행되거나 취소되기 전까지 1일당 200만 원 이하의 이행강제금을 부과할 수 있다.

한편, 공정거래위원회는 동의의결의 이행관리에 관한 다음 업무를 한국공정거래조정원 또는 한국소비자원에 위탁한다.
첫째, 공정거래법 제90조 제5항에 따라 제출된 이행계획의 이행 여부 점검
둘째, 동의의결을 받은 신청인에 대하여 그 이행에 관련된 자료의 제출 요청
셋째, 그 밖에 동의의결 이행관리 업무의 원활한 수행을 위해 공정거래위원회가 필요하다고 인정하는 업무

끝으로, 각 회의는 동의의결 후 다음과 같은 경우에는 동의의결을 취소할 수 있다.

첫째, 동의의결의 기초가 된 시장 상황 등 사실관계의 현저한 변경 등으로 시정방안이 적정하지 아니하게 된 경우

둘째, 신청인이 제공한 불완전하거나 부정확한 정보로 동의의결을 하게 되었거나, 신청인이 거짓 또는 그 밖의 부정한 방법으로 동의의결을 받은 경우

셋째, 신청인이 정당한 이유 없이 동의의결을 이행하지 아니하는 경우

고시 / 지침 / 기타 관련규정

동의의결제도 운영 및 절차 등에 관한 규칙

[시행 2022. 7. 5.] [공정거래위원회 고시 제2022-11호, 2022. 7. 5. 일부개정]

제1장 총칙

제1조(목적) 이 규칙은 「독점규제 및 공정거래에 관한 법률」(이하 '공정거래법'이라 한다) 제90조 제10항, 「표시·광고의 공정화에 관한 법률」(이하 '표시·광고법'이라 한다) 제7조의3 제6항, 「대리점거래의 공정화에 관한 법률」(이하 '대리점법'이라 한다) 제24조의2 제6항, 「대규모유통업에서의 거래 공정화에 관한 법률」(이하 '대규모유통업법'이라 한다) 제34조의3, 「가맹사업거래의 공정화에 관한 법률」(이하 '가맹사업법'이라 한다) 제34조의3, 「방문판매 등에 관한 법률」(이하 '방문판매법'이라 한다) 제50조의3 제10항 및 「하도급거래 공정화에 관한 법률」(이하 '하도급법'이라 한다) 제24조의10에 따라 동의의결 관련 서면 신청 방법, 의견조회의 방법, 심의·의결 절차 등 동의의결제도를 운영하기 위한 세부 사항을 정함을 목적으로 한다.

제2조(정의) 이 규칙에서 사용하는 용어의 정의는 다음과 같다.

1. 이 규칙에서 "해당 사건"이란 공정거래법, 표시·광고법, 대리점법, 대규모유통업법, 가맹사업법, 방문판매법 또는 하도급법 위반 혐의가 있는 행위로 「공정거래위원회 회의 운영 및 사건절차 등에 관한 규칙」(이하 '절차규칙'이라 한다) 제3장에서 정한 절차에 따라 공정거래위원회의 조사를 받고 있거나 심의를 받고 있는 사건으로 동의의결의 신청 대상이 되는 사건을 말하며, 그 대상이 되는 행위는 "해당 행위"라 한다.

2. 이 규칙에서 "각 회의"라 함은 절차규칙 제25조에 의해 해당 행위에 대한 심의 및 의결을 위해 심사보고서가 부의되었거나 부의될 예정인 회의체를 말한다.

3. 이 규칙에서 "신청인"이란 해당 행위로 인하여 공정거래위원회로부터 조사를 받고 있거나 심의를 받고 있는 사업자 또는 사업자 단체로서 동의의결을 신청한 자를 말한다.

4. 이 규칙에서 "동의의결 신청서"라 함은 신청인이 [별지 제1호 서식]에 공정거래법 제89조

제2항 각 호, 표시ㆍ광고법 제7조의2 제2항 각 호, 대리점법 제24조의2 제1항 각 호, 대규모유통업법 제34조의2 제2항 각 호, 가맹사업법 제34조의2 제2항 각 호, 방문판매법 제50조의2 제2항 각 호 또는 하도급법 제24조의9 제2항 각 호의 사항 등을 기재하여 공정거래위원회에 제출하는 서면을 말한다.

5. 이 규칙에서 "잠정 동의의결안"이라 함은 공정거래법 제90조 제2항 및 제3항, 표시ㆍ광고법 제7조의3 제2항 및 제3항 또는 방문판매법 제50조의3 제2항 및 제3항 소정의 의견수렴을 위해 심사관이 신청인과의 협의를 거쳐 작성ㆍ보고하는 서면을 말한다.

6. 이 규칙에서 "최종 동의의결안"이라 함은 심사관이 각 회의에 동의의결의 확정을 구하기 위해 신청인과의 협의 및 의견수렴을 거쳐 작성ㆍ제출하는 동의의결안을 말한다.

7. 이 규칙에서 "동의의결서"라 함은 각 회의가 의견수렴 등을 거친 후 최종적으로 의결한 서면을 말한다.

8. 이 규칙에서 "이해관계인"이라 함은 신고인, 거래상대방, 경쟁사업자 등 해당 행위에 대해 법률적ㆍ경제적 이해관계를 가지는 자 또는 단체를 말한다.

9. 이 규칙에서 "심의일"이라 함은 해당 사건에 대하여 각 회의가 의결을 위하여 심의를 진행하는 날을 말한다. 만일 심의가 2회 이상 진행되는 경우는 마지막 심의일을 말한다.

제3조(각 회의의 관장) 절차규칙 제4조 및 제5조는 각 회의가 공정거래법 제89조, 표시ㆍ광고법 제7조의2, 대리점법 제24조의2, 대규모유통업법 제34조의2, 가맹사업법 제34조의2, 방문판매법 제50조의2 및 하도급법 제24조의9에 따라 동의의결을 하는 경우 이를 준용한다.

제2장 동의의결 절차의 개시

제4조(동의의결의 신청 등) ① 공정거래위원회로부터 조사ㆍ심의를 받고 있는 신청인은 해당 행위에 대해서 공정거래법 제89조 제1항, 표시ㆍ광고법 제7조의2 제1항, 대리점법 제24조의2 제1항, 대규모유통업법 제34조의2 제1항, 가맹사업법 제34조의2 제1항, 방문판매법 제50조의2 제1항 또는 하도급법 제24조의9 제1항과 관련하여 심사관에게 서면으로 동의의결을 신청할 수 있으며, 신청인이 심사보고서를 송부받기 전에 동의의결을 신청한 경우 심사관은 해당 행위에 대한 조사를 완료한 후 개략적인 조사결과를 서면으로 통지하여주어야 한다.

② 동의의결 신청서는 심의일 전까지 공정거래위원회에 도달되어야 한다.

③ 신청인은 동의의결 신청서에 다음 각 호의 사항을 기재하여야 한다. 다만 자료의 작성 등에 상당한 시간을 요하거나 신청서와 동시에 관련 자료를 제출할 수 없는 특별한 사정이 있는 경우에는 다음 각 호의 사항 중 일부를 생략한 신청서를 제출할 수 있으나 이 경우 각 회의 의장의 허가를 얻어 연장된 기간 내에 생략된 신청서의 요건을 보완하여야 한다.

1. 시정방안의 내용이 명확하고 제3자의 조력 없이 단독으로 실행 가능하다는 소명자료. 다만, 제3자의 조력이 시정방안의 마련에 필수적이라고 인정되는 경우는 제3자의 조력을 입

증할 수 있는 증거자료를 첨부하여야 한다.

2. 시정방안이 신속하고 실효성 있게 경쟁질서를 회복하거나 거래 질서를 적극적으로 개선할 수 있다는 소명자료

3. 금전적 피해가 발생하고 피해자 및 피해금액이 특정될 수 있는 경우 피해자의 범위 확정 및 피해액 산정의 방법과 절차, 피해보상에 사용될 비용의 계산액, 피해보상의 기간 등

4. 기타 구체적인 시정방안의 이행계획. 이행계획은 최소한 월 단위로 구체적으로 기재되어야 하며 시정방안의 이행기간이 1년 이상인 경우 등 이행기간이 장기인 경우는 분기 또는 반기 단위로 작성할 수 있다.

제5조(동의의결 절차 개시여부 결정) ① 동의의결 신청이 있는 경우 심사관은 다음 각 호의 사항을 기재한 서면에 동의의결 신청서를 첨부하여 각 회의에 보고하여야 하며 각 회의는 보고 후 14일 이내(제2항에 의한 자문회의 자문기간은 제외한다)에 동의의결 절차 개시 여부를 결정하여야 한다. 다만, 신청인이 심사보고서 상정 전 동의의결을 신청한 경우 심사관은 해당 행위에 대한 조사를 완료한 후 각 회의에 보고하여야 한다.

1. 신청인의 명칭, 주소, 대표자에 관한 사항

2. 해당 행위의 내용(심사관의 조사 결과에 따른 행위사실을 말한다)

3. 해당 행위가 위법한 것으로 판단될 경우 적용 가능한 공정거래법, 표시·광고법, 대리점법, 대규모유통업법, 가맹사업법, 방문판매법 또는 하도급법 조항

4. 다음 각 목의 사항에 관한 심사관의 검토의견

　가. 해당 행위가 공정거래법 위반 혐의가 있는 경우 제40조 제1항에 위반되는지 여부

　나. 해당 행위가 공정거래법 제129조 제2항에 해당되는지 여부

　다. 공정거래법 제89조 제3항, 표시·광고법 제7조의2 제3항, 대리점법 제24조의2 제2항, 대규모유통업법 제34조의2 제3항, 가맹사업법 제34조의2 제3항, 방문판매법 제50조의2 제3항 또는 하도급법 제24조의9 제3항에 따른 동의의결의 타당성 여부 및 그 사유

　라. 과징금이 부과될 수 있는 사안인 경우는 그 예상 과징금과 시정방안의 이행에 필요한 비용의 평가액

② 동의의결 개시를 인용(認容)할 것인지 여부를 판단함에 있어 각 회의는 해당 사건을 동의의결로 처리하는 것이 해당 행위의 중대성, 증거의 명백성 여부 등 사건의 성격, 시간적 상황에 비추어 적절한 것인지 여부 및 소비자 보호 등 공익에의 부합성을 고려하여야 한다. 이 과정에서 각 회의는 법률·경제·정보통신 분야·소비자 보호 관련분야 등 제반 분야 전문가들로 구성된 자문회의의 자문을 구할 수 있다.

③ 제1항에 따른 결정을 위한 각 회의의 심의는 구술을 원칙으로 하되, 각 회의 의장이 필요하다고 인정하는 경우는 서면으로 할 수 있다.

④ 심사관은 제1항에 의한 각 회의 결정이 있은 날부터 5일 이내에 그 결과(동의의결 신청을

받아들이지 아니하는 경우는 그 이유를 포함한다)를 신청인에게 서면으로 통지하여야 한다.

제6조(동의의결 절차 개시 여부 결정의 효력) 제5조에 따라 각 회의가 동의의결 절차를 개시하는 결정을 한 경우에는 해당 사건의 조사·심의절차는 중단된다.

제7조(동의의결 절차의 중단) ① 각 회의가 동의의결 절차를 개시한 경우라도 신청인이 절차지연 등의 목적으로 동의의결 절차를 남용하거나 심사관 또는 신청인이 동의의결 절차를 중단하여 줄 것을 요청한 경우, 기타 동의의결 절차로 사건을 진행하는 것이 부적절하다고 판단하는 경우는 각 회의는 동의의결 절차를 중단할 수 있다.

② 각 회의가 동의의결 절차를 중단한 경우는 결정이 있는 날부터 5일 이내에 그 결과를 신청인에게 서면으로 통지하여야 한다.

제3장 동의의결안의 작성 및 의견수렴

제8조(잠정 동의의결안의 작성·보고) ① 제5조에 의해 동의의결 절차가 개시된 경우, 심사관은 신청인과의 협의를 거쳐 잠정 동의의결안을 작성하여 개시결정이 있은 날부터 30일 이내에 위원장에게 보고하고 신청인에게 이를 송부하여야 한다. 다만 잠정 동의의결안 작성에 장기간이 소요되는 부득이한 사정이 있는 경우 각 회의 의장의 허가를 얻어 그 기간을 연장할 수 있다. 이 경우 사전에 기간의 연장 사실 및 그 이유를 신청인에게 통지하여야 한다.

② 잠정 동의의결안에는 다음 각 호의 사항이 기재되어야 한다.

1. 신청인의 명칭, 주소, 대표자에 관한 사항
2. 해당 사건의 개요(해당 행위의 내용, 신고인, 신고 또는 인지 내용 및 심사경위 등을 기재한다. 다만 신고를 이유로 피해를 입거나 입을 우려가 있다고 인정할 만한 상당한 이유가 있는 경우에는 신고인의 주소, 성명, 전화번호 등 신원을 알 수 있는 사항을 기재하지 않을 수 있다)
3. 관련 시장구조 및 실태
4. 해당 행위가 위법한 것으로 판단될 경우 적용 가능한 공정거래법, 표시·광고법, 대리점법, 대규모유통업법, 가맹사업법, 방문판매법 또는 하도급법 조항
5. 시정방안의 내용(신청인이 제출한 시정방안을 수정하는 경우는 수정 내역을 포함한다)
6. 시정방안의 이행계획
7. 첨부자료
   가. 동의의결 신청서
   나. 해당 행위로 인해 발생할 수 있는 경쟁제한의 우려 및 시정방안의 이행을 통해 기대되는 효과 등 이해관계인 등의 이해를 돕기 위해 필요한 정보
   다. 해당 행위가 위법한 것으로 볼 경우 예상되는 제재수준에 관한 의견

라. 신청인이 해당 행위의 시정 및 그 시정방안에 동의하였다는 점에 대한 신청인의 대표자 또는 대리인이 서명·날인한 서면

마. 기타 적정규모의 이행강제금, 이행관리 업무를 위탁하는 경우 적정한 수탁기관 등 위원회의 심의를 위해 필요한 자료

③ 잠정 동의의결안 협의 중 현물출자 시정방안의 가액(價額)을 평가해야 하는 경우, 심사관은 2개 이상의 공신력 있는 감정기관(「감정평가 및 감정평가사에 관한 법률」에 따른 감정평가법인 등을 말한다) 또는 전문가의 감정가액 및 해당 현물의 성질 기타 제반사정을 고려하여 적정한 가액(價額)으로 평가한다.

④ 제1항의 경우, 심사관은 신청인의 동의를 얻어 당초 신청인이 제출한 시정방안을 수정하여 잠정 동의의결안을 작성·보고할 수 있다.

제9조(의견수렴 등 절차의 개시) ① 심사관은 잠정 동의의결안을 보고한 날부터 5일 이내에 공정거래법 제90조 제2항 각 호, 표시·광고법 제7조의3 제2항 각 호 또는 방문판매법 제50조의3 제2항 각 호의 사항을 신고인 및 관계 행정기관의 장에게 통보하여 잠정 동의의결안에 대한 의견 제출 기회를 주어야 하며, 검찰총장과는 서면으로 협의하여야 한다. 다만, 이해관계인에 대해서는 관보 또는 공정거래위원회의 인터넷 홈페이지에 공고하는 방법으로 의견 제출의 기회를 줄 수 있다.

② 전항에 의한 의견수렴 시 신고인 등 이해관계인의 의견 제출 기간은 30일 이상 60일 이하의 기간 내에서 정하여야 한다. 이때 의견 제출 기한은 신고인 등 이해관계인 및 관계행정기관에 대하여 공정거래법 제90조 제2항 각 호, 표시·광고법 제7조의3 제2항 각 호 또는 방문판매법 제50조의3 제2항 각 호의 사항을 통보한 날부터 기산한다. 다만 전항 단서의 경우에는 공고한 날부터 기산한다.

③ 위원장은 제1항에 의한 의견수렴 시 공정거래법 제90조 제2항 제4호, 표시·광고법 제7조의3 제2항 제4호 또는 방문판매법 제50조의3 제2항 제4호의 정보의 범위를 결정할 수 있다. 이 경우 신청인은 심사관에게 공정거래법 제90조 제2항 제4호, 표시·광고법 제7조의3 제2항 제4호 또는 방문판매법 제50조의3 제2항 제4호 단서의 사업상 또는 사생활 비밀 보호를 위해 공개가 곤란한 정보의 내용에 대한 의견을 제출할 수 있다.

제10조(최종 동의의결안의 상정) ① 심사관은 의견수렴 기간이 만료된 날부터 14일 이내에, 최종 동의의결안을 각 회의에 제출하여야 한다. 다만 이 기간은 사무처장의 허가를 얻어 연장할 수 있다.

② 최종 동의의결안에는 제8조 제2항 각 호의 사항 이외에 제9조에 따른 의견수렴 등 결과와 이에 대한 심사관의 종합의견이 기재되어야 한다.

제4장 동의의결의 확정

제11조(동의의결) 각 회의는 제3장에 의하여 제출된 의견 수렴 결과 등을 고려하여 동의의결의 인용 여부를 결정할 수 있다. 이때 각 회의는 제5조 제2항의 자문회의 자문을 구할 수 있으며 신청인의 동의가 있는 경우 동의의결을 수정할 수 있다.

제12조(심의참가 등) ① 각 회의의 심의기일에는 해당 사건의 심사관 및 신청인이 출석한다.
② 각 회의는 신청 또는 직권으로 이해관계인, 관계 행정기관 등을 심의에 참가시켜 해당 사안에 대한 설명 또는 의견을 들을 수 있다.
③ 제1항 및 제2항에도 불구하고 각 회의 의장이 필요하다고 인정하는 경우는 제11조에 따른 동의의결의 인용 여부에 대하여 서면으로 심의할 수 있다.

제13조(동의의결서의 작성) ① 각 회의는 동의의결을 하는 경우 그 의결이 있은 날부터 30일 이내에 동의의결서를 작성하여야 한다. 다만, 부득이한 사유로 인하여 작성기간의 연장이 필요한 경우에는 각 회의 의장의 허가를 얻어 기간을 연장할 수 있다.
② 전항의 동의의결서에는 다음 사항을 기재하여야 한다.
1. 의결일자 및 의결 번호
2. 사건번호 및 사건명
3. 신청인의 명칭, 주소, 대표자에 관한 사항
4. 주문(시정방안의 이행을 명한다는 취지 및 시정방안의 내용, 동의의결을 이행하지 아니하는 경우 이행강제금을 부과한다는 취지와 이행강제금 액수 및 부과 방법, 동의의결을 이행하는 데 1년 이상의 기간이 소요되는 경우 일정 기간마다 정기적으로 이행결과 보고, 이행관리 업무를 위탁하는 경우 그 수탁기관 등)
5. 관련 시장의 구조 및 실태
6. 해당 행위의 내용
7. 위반 혐의가 있는 법률조항
8. 동의의결 요건에 대한 판단
③ 동의의결서 끝 부분에는 부동문자로 "이 동의의결은 해당 행위가 공정거래법(또는 표시·광고법, 대리점법, 대규모유통업법, 가맹사업법, 방문판매법, 하도급법)을 위반한다고 인정한 것을 의미하지 아니하며, 누구든지 신청인이 동의의결을 받은 사실을 들어 해당 행위가 공정거래법(또는 표시·광고법, 대리점법, 대규모유통업법, 가맹사업법, 방문판매법, 하도급법)을 위반한다고 주장할 수 없다."라는 취지의 내용이 기재되어야 한다.

제14조(동의의결 등의 통지) ① 심판관리관은 제11조에 의한 동의의결이 있는 경우 제13조 제1항 단서의 부득이한 경우를 제외하고는 그 의결이 있은 날부터 40일 이내에 신청인에게 동의의결서의 정본(동의의결이 인용되지 아니하여 동의의결 신청을 기각하는 경우에는 그 이유

를 기재한 서면을 포함한다)을 송부하여야 하고, 해당 심사관(동의의결이 인용되고 그 이행 관리 업무를 위탁하는 경우에는 수탁기관장을 포함한다)에게 그 사본을 송부하여야 한다.
② 심사관은 신고인 등 이해관계인 및 관계 행정기관의 장, 검찰총장에게 제11조에 의한 결정의 요지를 통지하여야 한다. 다만 특별한 사정이 없는 한 제18조의 동의의결서의 공개로 이를 갈음할 수 있다.

제5장 동의의결의 이행관리

제14조의2(수탁기관의 지정) ① 공정거래위원회는 공정거래법 제90조 제7항, 제10항 및 방문판매법 제50조의3 제7항, 제10항에 따라 동의의결의 이행관리에 관한 업무를 다음 각 호의 기관(이하 '수탁기관'이라 한다)에 위탁한다.

1. 공정거래법 제72조 제1항에 따른 한국공정거래조정원
2. 「소비자기본법」 제33조에 따른 한국소비자원

② 수탁기관이 수행하는 동의의결의 이행관리에 관한 업무는 다음 각 호와 같다.

1. 공정거래법 제90조 제5항 및 방문판매법 제50조의3 제5항에 따라 제출된 이행계획의 이행 여부 점검
2. 동의의결을 받은 신청인에 대하여 그 이행에 관련된 자료의 제출 요청
3. 그 밖에 동의의결 이행관리 업무의 원활한 수행을 위해 공정거래위원회가 필요하다고 인정하는 업무

③ 제1항에도 불구하고 공정거래위원회는 필요한 경우 심사관으로 하여금 동의의결의 이행 여부를 직접 관리하도록 할 수 있다.

제14조의3(지휘·감독) ① 공정거래위원회는 위탁업무의 처리에 대하여 수탁기관을 지휘·감독하며, 수탁기관에 대하여 위탁업무의 처리에 필요한 지시를 하거나 조치를 명할 수 있다.
② 공정거래위원회는 수탁기관의 업무처리가 위법하거나 부당하다고 인정될 때에는 이를 취소하거나 정지시킬 수 있다.
③ 공정거래위원회가 제2항에 따라 수탁기관의 업무처리를 취소하거나 정지시킬 때에는 사전에 취소 또는 정지의 사유를 수탁기관에 문서로 통보하고 의견 진술의 기회를 주어야 한다.

제14조의4(자료의 제공 등) ① 공정거래위원회는 필요한 경우 수탁기관의 요청에 따라 해당 수탁기관에 위탁업무 수행에 필요한 자료를 제공할 수 있다.
② 수탁기관에서 동의의결 이행관리 업무를 담당하거나 담당하였던 사람은 제1항에 따라 제공받은 자료를 이행관리를 위한 목적 외에 이용하여서는 안 된다.
③ 공정거래위원회는 제2항을 위반한 사람에 대하여 공정거래법 제119조, 제127조 제3항에 따라 고발 등의 조치를 취할 수 있다.

제14조의5(이행관리 현황의 보고) ① 수탁기관의 장은 공정거래법 제90조 제8항 본문 또는 방문판매법 제50조의3 제8항 본문에 따라 매 분기 종료일부터 40일 이내에 위탁받은 동의의결에 대한 이행관리 현황을 공정거래위원회에 서면(전자문서를 포함한다)으로 보고하여야 한다.

② 수탁기관의 장은 공정거래법 제90조 제8항 단서 또는 방문판매법 제50조의3 제8항 단서에 따라 공정거래위원회의 현황 보고 요구가 있는 경우 즉시 이에 따라야 한다.

③ 수탁기관의 장은 공정거래법 제90조 제9항 또는 방문판매법 제50조의3 제9항에 따라 동의의결을 받은 신청인이 그 이행을 게을리하거나 이행하지 아니하는 경우 지체 없이 그 사실을 공정거래위원회에 통보하여야 한다.

제6장 동의의결의 취소 등

제15조(동의의결의 취소 등) ① 심사관은 공정거래법 제91조 제1항 각 호, 표시·광고법 제7조의4 제1항 각 호 또는 방문판매법 제50조의4 제1항 각 호에 해당하는 사유가 발생한 경우에는 동의의결의 취소 또는 변경을 구하는 심사보고서를 위원회에 제출할 수 있으며 이 경우 동의의결 취소 또는 변경 심사보고서를 신청인에게 송부하여야 한다.

② 각 회의는 동의의결 취소·변경 여부를 심의하기 전에 신고인 등 당해 사건의 이해관계인에게 그 사유를 명시하여 의견 제출의 기회를 부여하여야 한다. 이 경우 의견 제출의 방법과 기간 등에 관하여는 제3장을 준용한다.

③ 각 회의는 동의의결 취소·변경 여부를 심의하기 위한 심의일을 정하여 신청인과 심사관의 의견을 들어야 한다.

제16조(심의절차의 재개) 다음 각 호의 어느 하나에 해당하는 사유가 발생한 경우는 동의의결 절차의 개시로 중단된 조사·심의절차가 개시된다.

1. 제11조에 의한 동의의결이 받아들여지지 아니하여 동의의결 신청이 기각된 경우
2. 제7조에 의하여 동의의결 절차가 중단되거나 제15조에 의하여 동의의결이 취소된 경우, 다만 공정거래법 제91조 제2항, 표시·광고법 제7조의4 제2항 또는 방문판매법 제50조의4 제2항의 경우에는 그렇지 않다.

제7장 보칙

제17조(준용규정) 이 규칙에서 명시적으로 규정되지 아니한 사항은 그 성질에 반하지 않는 한 절차규칙의 규정을 준용한다.

제18조(자료의 공개) 공정거래위원회는 동의의결서를 홈페이지에 공개하여 누구든지 열람할 수 있도록 하여야 한다. 다만, 신청인 또는 신고인 등 이해관계인의 사업상 비밀 보호 또는 공익상 필요가 있는 경우에는 각 회의의 결정으로 공개하지 아니하거나 일부만 공개할 수 있다.

제19조 〈삭제〉

제20조(기업결합에 대한 특칙) 기업결합 사건의 경우 동의의결 절차 개시 후 동의의결 결정까지의 기간은 공정거래법 시행령 제21조 제5항의 자료보정 기간으로 본다.

제21조(재검토기한) 공정거래위원회는 「훈령·예규 등의 발령 및 관리에 관한 규정」에 따라 이 고시에 대하여 2021년 1월 1일을 기준으로 매 3년이 되는 시점(매 3년째의 12월 31일까지를 말한다)마다 그 타당성을 검토하여 개선 등의 조치를 하여야 한다.

부 칙 〈제2022-11호, 2022. 7. 5.〉

제1조(시행일) 이 고시는 2022년 7월 5일부터 시행한다.

동의의결 신청서

<table>
<tr><td rowspan="6">신청인</td><td colspan="2">사 업 자 명</td><td></td><td>사 업 자
등록번호</td><td></td></tr>
<tr><td colspan="2">대표자 성명</td><td></td><td>법인번호</td><td>법인사업자만 기재</td></tr>
<tr><td colspan="2">주 소</td><td colspan="3"></td></tr>
<tr><td rowspan="3">연 락 처</td><td>성 명</td><td></td><td>전화번호
(휴대폰)</td><td></td></tr>
<tr><td>근무부서</td><td></td><td>직급</td><td></td></tr>
<tr><td>팩스번호</td><td></td><td>이 메 일</td><td></td></tr>
<tr><td>사실관계</td><td colspan="5">동의의결 신청의 대상인 행위를 6하 원칙에 따라 기술
* 행위주체, 기간, 객체, 동기 등을 상세히 기술(필요시 별지 활용)
* 특정 상품·용역과 관련된 행위는 관련 상품·용역의 범위를 기재</td></tr>
<tr><td>시정방안</td><td colspan="5">시정방안의 내용은 제4조 제3항 각 호의 요건에 맞추어서 작성</td></tr>
<tr><td>별지목록</td><td colspan="5">행위사실 등 신청서 기재 사항을 별지에 기재하였거나, 기타 자료를 첨부한 경우 그 목록을 기재</td></tr>
</table>

가맹사업거래의 공정화에 관한 법률 제34조의2 제1항 및 동의의결제도 운영 및 절차 등에 관한 규칙에 의하여 위와 같이 동의의결을 신청합니다.

년 월 일

신 청 인 :　　　　　　　　　　　　　　　　　(서명 또는 날인)
대 리 인 :　　　　　　　　　　　　　　　　　(서명 또는 날인)

독점규제 및 공정거래에 관한 법률

제16조(이행강제금)

① (생략)

② 이행강제금의 부과·납부·징수·환급 등에 필요한 사항은 대통령령으로 정한다. 다만, 체납된 이행강제금은 국세체납처분의 예에 따라 징수한다.

③ 공정거래위원회는 제1항 및 제2항에 따른 이행강제금의 징수 또는 체납처분에 관한 업무를 대통령령으로 정하는 바에 따라 국세청장에게 위탁할 수 있다.

제90조(동의의결의 절차)

① 공정거래위원회는 신속한 조치의 필요성, 소비자 피해의 직접 보상 필요성 등을 종합적으로 고려하여 동의의결 절차의 개시 여부를 결정하여야 한다.

② 공정거래위원회는 동의의결을 하기 전에 30일 이상의 기간을 정하여 다음 각 호의 사항을 신고인 등 이해관계인에게 통지하거나, 관보 또는 공정거래위원회의 인터넷 홈페이지에 공고하는 등의 방법으로 의견을 제출할 기회를 주어야 한다.

1. 해당 행위의 개요

2. 관련 법령 조항

3. 시정방안(제89조 제3항 각 호 외의 부분 후단에 따라 시정방안이 수정된 경우에는 그 수정된 시정방안을 말한다)

4. 해당 행위와 관련하여 신고인 등 이해관계인의 이해를 돕는 그 밖의 정보. 다만, 사업상 또는 사생활의 비밀 보호나 그 밖에 공익상 공개하기에 적절하지 아니한 것은 제외한다.

③ 공정거래위원회는 제2항 각 호의 사항을 관계 행정기관의 장에게 통보하고 그 의견을 들어야 한다. 다만, 제124조부터 제127조까지의 규정이 적용되는 행위에 대해서는 검찰총장과 협의하여야 한다.

④ 공정거래위원회는 동의의결을 하거나 이를 취소하는 경우에는 제59조의 구분에 따른 회의의 심의·의결을 거쳐야 한다.

⑤ 동의의결을 받은 신청인은 제4항의 의결에 따라 동의의결의 이행계획과 이행결과를 공정거래위원회에 제출하여야 한다.

⑥ 공정거래위원회는 제5항에 따라 제출된 이행계획의 이행 여부를 점검할 수 있고, 동의의결을 받은 신청인에게 그 이행에 관련된 자료의 제출을 요청할 수 있다.

⑦ 공정거래위원회는 제6항에 따른 이행계획의 이행 여부 점검 등 동의의결의 이행관리에 관한 업무를 대통령령으로 정하는 바에 따라 조정원 또는 「소비자기본법」 제33조에 따른

한국소비자원(이하 "소비자원"이라 한다)에 위탁할 수 있다.

⑧ 제7항에 따른 위탁을 받은 기관의 장은 제5항에 따라 신청인이 제출한 동의의결의 이행계획과 이행결과에 대한 이행관리 현황을 분기별로 공정거래위원회에 보고하여야 한다. 다만, 공정거래위원회의 현황 보고 요구가 있는 경우 즉시 이에 따라야 한다.

⑨ 제7항에 따른 위탁을 받은 기관의 장은 동의의결을 받은 신청인이 그 이행을 게을리 하거나 이행하지 아니하는 경우에는 지체 없이 그 사실을 공정거래위원회에 통보하여야 한다.

⑩ 제89조 제2항에 따른 <u>신청방법, 의견조회 방법, 심의·의결절차, 조정원 또는 소비자원에 대한 이행관리 업무의 위탁 절차 등 그 밖의 세부 사항은 공정거래위원회가 정하여 고시할 수 있다.</u>

제91조(동의의결의 취소)

① 공정거래위원회는 다음 각 호의 어느 하나에 해당하는 경우에는 동의의결을 취소할 수 있다.

1. 동의의결의 기초가 된 시장상황 등 사실관계의 현저한 변경 등으로 시정방안이 적정하지 아니하게 된 경우

2. 신청인이 제공한 불완전하거나 부정확한 정보로 동의의결을 하게 되었거나, 신청인이 거짓 또는 그 밖의 부정한 방법으로 동의의결을 받은 경우

3. 신청인이 정당한 이유 없이 동의의결을 이행하지 아니하는 경우

② 제1항 제1호에 따라 동의의결을 취소한 경우 신청인이 제89조 제1항에 따라 동의의결을 하여줄 것을 신청하면 공정거래위원회는 다시 동의의결을 할 수 있다. 이 경우 제89조부터 제92조까지의 규정을 적용한다.

③ 제1항 제2호 또는 제3호에 따라 동의의결을 취소한 경우 공정거래위원회는 제89조 제3항에 따라 중단된 해당 행위 관련 심의절차를 계속하여 진행할 수 있다.

제 **7** 장

기타 가맹사업거래 정책

1 가맹사업거래 서면 실태조사

가맹사업법 | 제32조의2 (서면실태조사)

① 공정거래위원회는 가맹사업거래에서의 공정한 거래 질서 확립을 위하여 가맹본부와 가맹점사업자 등 사이의 거래에 관한 서면실태조사를 실시하여 그 결과를 공표하여야 한다.〈개정 2016. 12. 20.〉
② 공정거래위원회가 제1항에 따라 서면실태조사를 실시하려는 경우에는 조사대상자의 범위, 조사기간, 조사내용, 조사방법, 조사절차 및 조사결과 공표범위 등에 관한 계획을 수립하여야 하고, 조사대상자에게 거래실태 등 조사에 필요한 자료의 제출을 요구할 수 있다.
③ 공정거래위원회가 제2항에 따라 자료의 제출을 요구하는 경우에는 조사대상자에게 자료의 범위와 내용, 요구사유, 제출기한 등을 명시하여 서면으로 알려야 한다.
④ 가맹본부는 가맹점사업자로 하여금 제2항에 따른 자료를 제출하지 아니하게 하거나 거짓 자료를 제출하도록 요구해서는 아니 된다.〈신설 2018. 4. 17.〉
[본조신설 2013. 8. 13.]

공정거래위원회는 가맹사업거래에서의 공정한 거래 질서를 확립하기 위하여 가맹본부와 가맹점사업자 등 사이의 거래에 관한 서면실태조사를 실시하여 그 결과를 공표하여야 한다.

공정거래위원회는 서면실태조사를 실시하는 경우 조사대상자의 범위, 조사 기간, 조사 내용, 조사 방법, 조사절차 및 조사 결과 공표범위 등에 관한 계획을 수립하여야 하고, 조사대상자에게 거래실태 등 조사에 필요한 자료 제출을 요구할 수 있다.

가맹사업거래 서면실태조사와 관련하여, 가맹본부가 공정거래위원회가 요구하는 관련 자료를 제출하지 아니하거나 거짓 자료를 제출하는 경우와 자신의 가맹점사업자에게 공정거래위원회의 서면실태조사 관련 자료를 제출하지 못하게 하거나 거짓 자료를 제출하도록 요구하는 경우는 5천만 원 이하의 과태료를 부과받을 수 있다. 아울러, 이런 경우 가맹본부의 임원은 1천만 원 이하, 가맹본부의 종업원 또는 이에 준하는 법률상 이해관계에 있는 자는 500만 원 이하의 과태료를 부과받을 수 있다.

> **가맹사업법** | 제38조 (독점규제 및 공정거래에 관한 법률과의 관계)

가맹사업거래에 관하여 이 법의 적용을 받는 사항에 대하여는 「독점규제 및 공정거래에
관한 법률」 제45조 제1항 제1호·제4호·제6호·제7호 및 같은 법 제46조를 적용하지 아
니한다. 〈개정 2007. 8. 3., 2020. 12. 29.〉
[제목개정 2007. 8. 3.]

가맹사업법이 공정거래법의 특별법 지위에 있다는 근거가 가맹사업법 제38조(「독점규
제 및 공정거래에 관한 법률」과의 관계)이다. 즉, 가맹사업법은 공정거래법의 특별법으로
공정거래법 제45조 제1항 제1호·제4호·제6호·제7호 및 제46조를 적용받는 가맹사업
거래에 대해서는 공정거래법보다 가맹사업법이 우선적으로 적용된다는 것이다.

다시 말해서, 공정거래위원회는 가맹본부와 가맹점사업자 사이 이루어지는 가맹사업
거래와 관련하여 가맹사업법의 적용을 받는 사항에 대해서는 공정거래법에서 규정하고
있는 '부당한 거래거절행위', '부당한 고객유인행위', '거래상 지위를 부당하게 이용하여
상대방과 거래하는 행위'(이른바 '거래상 지위 남용행위'라 한다), '거래상대방의 사업활
동을 부당하게 구속하는 조건으로 거래하는 행위(이른바 '구속조건부거래행위'라 한다)',
'재판매가격유지행위'를 적용할 수 없다는 것이다.

관련 법령

독점규제 및 공정거래에 관한 법률

제45조(불공정거래행위의 금지)
① 사업자는 다음 각 호의 어느 하나에 해당하는 행위로서 공정한 거래를 해칠 우려가 있는
행위(이하 "불공정거래행위"라 한다)를 하거나, 계열회사 또는 다른 사업자로 하여금 이를
하도록 하여서는 아니 된다.
1. 부당하게 거래를 거절하는 행위
2.~3. (생략)
4. 부당하게 경쟁자의 고객을 자기와 거래하도록 유인하는 행위

5. (생략)

6. 자기의 거래상의 지위를 부당하게 이용하여 상대방과 거래하는 행위

7. 거래의 상대방의 사업활동을 부당하게 구속하는 조건으로 거래하는 행위

8. (이하 생략)

제46조(재판매가격유지행위의 금지)

사업자는 재판매가격유지행위를 하여서는 아니 된다. 다만, 다음 각 호의 어느 하나에 해당하는 경우에는 그러하지 아니하다.

1.~2. (생략)

> **가맹사업법** | 제37조의2 (손해배상책임)
>
> ① 가맹본부는 이 법의 규정을 위반함으로써 가맹점사업자에게 손해를 입힌 경우에는 가맹점사업자에 대하여 손해배상의 책임을 진다. 다만, 가맹본부가 고의 또는 과실이 없음을 입증한 경우에는 그러하지 아니하다.
>
> ② 제1항에도 불구하고 가맹본부가 제9조 제1항, 제12조 제1항 제1호 및 제12조의5를 위반함으로써 가맹점사업자에게 손해를 입힌 경우에는 가맹점사업자에게 발생한 손해의 3배를 넘지 아니하는 범위에서 배상책임을 진다. 다만, 가맹본부가 고의 또는 과실이 없음을 입증한 경우에는 그러하지 아니하다. 〈개정 2018. 1. 16.〉
>
> ③ 법원은 제2항의 배상액을 정할 때에는 다음 각 호의 사항을 고려하여야 한다.
>
> 1. 고의 또는 손해 발생의 우려를 인식한 정도
> 2. 위반행위로 인하여 가맹점사업자가 입은 피해 규모
> 3. 위법행위로 인하여 가맹본부가 취득한 경제적 이익
> 4. 위반행위에 따른 벌금 및 과징금
> 5. 위반행위의 기간·횟수
> 6. 가맹본부의 재산상태
> 7. 가맹본부의 피해구제 노력의 정도
>
> ④ 제1항 또는 제2항에 따라 손해배상청구의 소가 제기된 경우 「독점규제 및 공정거래에 관한 법률」 제110조 및 제115조를 준용한다. 〈개정 2020. 12. 29.〉
>
> [본조신설 2017. 4. 18.]

가맹본부는 가맹사업법 규정을 위반함으로써 가맹점사업자에게 손해를 입히는 경우는 그 가맹점사업자에 대하여 손해배상의 책임을 진다. 다만, 가맹본부가 고의 또는 과실이 없음을 입증하는 경우는 배상책임이 면제된다.[127]

특히, 가맹사업법에서 규율하고 있는 가맹본부는 다음 세 가지와 같은 행위를 함으로써 가맹점사업자에게 손해를 입히는 경우는 가맹점사업자에게 발생한 손해의 3배를 넘지 아니하는 범위에서 배상책임을 진다.[128] 다만, 가맹본부가 고의 또는 과실이 없음을

---

127) 손해배상금액의 범위에 대해서는 가맹본부의 위법행위로 인하여 가맹점사업자가 입은 재산상의 불이익을 기준으로 그 위법행위가 없었더라면 존재했을 재산 상태와 그 위법행위로 인하여 발생한 현재의 재산 상태를 비교하여 그 차액에 해당하는 금원이 손해배상액에 해당한다고 보는 것이 우리 법원의 주된 판례이다.

128) 원고는 국내 유명 치킨 가맹본부(이하 "가맹본부"라 한다)이고, 피고는 원고와 가맹계약을 체결한 가맹점사업자(이하 "가맹점주"라고 한다). 매장 운영 중 가맹본부가 가맹점주의 허위 사실 게시로 손해를 입었다

입증하는 경우는 배상책임이 면제된다.

첫째, 가맹본부가 허위·과장 및 기만적인 정보제공행위를 한 경우(가맹사업법 제9조 제1항)

둘째, 가맹본부가 가맹점사업자에 대하여 상품·용역의 공급 또는 영업 지원 등을 부당하게 중단 또는 거절하거나 그 내용을 현저히 제한하는 행위를 한 경우(가맹사업법 제12조 제1항 제1호)

셋째, 가맹본부가 가맹점사업자가 분쟁조정 신청, 공정거래위원회의 서면실태조사 협조, 가맹본부의 가맹사업법 위반 혐의를 신고, 신고 관련 공정거래위원회의 조사에 협조한 행위를 이유로 해당 가맹점사업자에게 불이익을 주는 행위를 하거나 다른 사업자로 하여금 이를 행하도록 하는 행위를 한 경우(이른바 '보복조치'라 한다. 가맹사업법 제12조의5)

가맹점사업자가 가맹본부의 손해배상책임에 대한 소를 제기하는 경우 관련 소송은 공정거래법 제110조 및 제115조를 준용하게 되어 있다.

이슈 검토

■ 가맹본부가 허위·과장 정보제공행위, 부당 거래거절행위, 보복조치 금지를 위반하여 가맹점사업자에게 손해를 입히는 경우 3배 범위에서 손해배상 책임에 대한 이슈

1. 관련 규정

가맹사업법 제37조의2(손해배상책임) 제1항은 가맹본부는 이 법의 규정을 위반함으로써 가맹점사업자에게 손해를 입힌 경우는 가맹점사업자에 대하여 손해배상의 책임을 져야 하나 가맹본부가 고의 또는 과실이 없음을 입증한 경우는 그러하지 아니하고, 제2항은 제1항에도 불구하고 가맹본부가 첫째, 가맹사업법 제9조 제1항(허위·과

고 주장하면서 손해배상청구를 하였고, <u>가맹점주는 가맹본부의 부당한 계약 해지로 발생한 손해를 청구하는 반소를 제기하였다.</u> 이에 대해 법원은 가맹본부의 본소 청구를 기각하고 반면, 피고의 반소 청구에 대해서는 ① 가맹본부의 이 사건 가맹계약의 부당한 갱신 거절의 통지 내지 계약해지는 가맹사업법에서 금지하는 불공정거래행위에 해당하는 점, ② 가맹본부의 불법행위로 인하여 가맹점주가 향후 계약갱신 요구권의 최대 행사 기간의 범위 내에서 이 사건 가맹점을 운영할 것이라는 기대를 상실하게 된 점, ③ 가맹점주는 이 사건 가맹점을 폐점하고 그 장소에서 새로운 음식점을 개업하였으나 10개월 만에 폐업하게 되었고, 그 과정에서 상당한 비용을 지출하였을 것으로 보이는 점, ④ 가맹점주의 지위가 가맹본부와의 관계에서 열위에 있을 수밖에 없는데, 가맹본부의 이 사건 가맹계약의 부당한 갱신 거절의 통지 내지 계약 해지로 인하여 다른 가맹점주들의 활동도 위축될 가능성이 있는 점 등을 고려하여 <u>가맹사업법 제37조의2 제2항 징벌적 손해배상 조항을 적용(가맹사업법 제12조 제1항 제1호 위반)</u>하며 일실이익의 2배를 손해액으로 인정하였다(수원고등법원 2023. 10. 6. 선고 2022나22001, 2022나22018 판결).

장된 정보제공) 둘째, 가맹사업법 제12조 제1항 제1호(부당한 거래거절 금지행위) 셋째, 가맹사업법 제12조의5(보복조치 금지)를 위반하여 가맹점사업자에게 손해를 끼친 경우는 가맹본부가 고의 또는 과실이 없음을 입증하지 못하는 경우 손해의 3배 범위에서 배상책임을 부담하도록 규정하고 있다.

2. 검토 배경 및 관련 이슈

현행법에서 악의(고의)의 불법적인 행위뿐만 아니라 과실로 인한 행위까지 3배의 징벌적 손해배상이 되도록 한 것은 가맹본부의 영업활동을 지나치게 위축시킬 수 있고, 허위·과장된 정보제공의 소지가 있는 경우 일단 징벌적 손해배상부터 청구한 다음 가맹본부를 압박하여 협상력에 있어 우위를 점하려는 방편으로 이용하는 것이 업계의 관행이 되다시피 하였는데 이 제도가 도입된 후 허위·과장된 정보제공에 대한 신고 및 조정신청이 급증하여 이에 따른 행정비용 및 사회적 비용도 급증하는 등 그 부작용이 심각한 수준이다.

3. 개선방안

가맹본부가 명백히 악의적, 불법적인 행위로 가맹점사업자에게 손해를 입힌 경우와 중과실의 경우에만 징벌적 손해배상 대상으로 유지하고, 단순 과실에 그치는 경우는 가맹사업법 제37조의2(손해배상책임) 제1항에 따라 일반적인 손해배상책임을 지도록 하는 것이 바람직하다.

 참고 판례

손해배상(기)

[서울중앙지방법원 2023. 6. 8. 선고 2021가단5323988 판결[129]]

【판시사항】

[1] 가맹본부의 정보공개서와 가맹계약서 사전 제공 시점과 전달 방법, 가맹본부의 가맹사업법 위반행위에 대하여 손해배상책임을 물으려면 법 위반행위로 인해 가맹점사업자에게 손해가 있어야 하고, 가맹본부의 법 위반행위와 손해 발생 사이의 상당한 인과관계의 입증에 대한 책임

---

129) 가맹점사업자가 가맹본부를 상대로 3배 손해배상을 청구한 소송으로, 필자가 판결문을 중심으로 판시사항과 판결요지를 정리하였다. 원고(가맹사업자)와 피고(가맹본부) 모두 항소하였으나, 항소법원 서울중앙지방법원 제6-3 민사부[2024. 6. 20. 선고 2023나33667 판결(최종)]는 관련 항소를 기각하였다.

[2] 가맹본부의 허위·과장의 정보제공행위 금지와 예상수익상황 정보 서면 제공 의무

[3] 가맹본부가 계약의 체결·유지에 중대한 영향을 미치는 사실을 은폐하거나 축소하는 방법으로 정보를 가맹희망자나 가맹점사업자에게 제공하는 행위 금지

[4] 가맹본부의 가맹사업법 위반행위로 인해 가맹점사업자에게 손해가 발생하여 3배의 손해배상을 하는 경우 가맹점사업자의 귀책에 따라 손해배상액 제한

【판결요지】

[1] 가맹사업법은 가맹본부에 일정한 사항이 수록된 정보공개서의 등록 및 변경등록의 의무를 부과하고, 등록 또는 변경등록한 정보공개서 제공 시점을 객관적으로 확인할 수 있는 직접 전달 등의 일정한 방법으로 가맹희망자에게 제공하도록 하면서 그러한 정보공개서 및 인근 가맹점 현황문서(이하 "정보공개서 등"이라 한다)를 제공한 날 부터 14일(변호사 또는 가맹거래사 자문받는 경우 7일)이 지나지 아니한 경우 가맹 희망자로부터 가맹금을 수령하거나 가맹희망자와 가맹계약을 체결하는 행위를 금지함으로써 가맹본부에 정보공개서 등의 사전 제공 의무를 부과하고 있다.

증거에 의하면 피고가 작성한 정보공개서, 인근 가맹점 현황, 가맹계약서 제공확인서의 수령일시란에 "2021년 1월 22일 오후 17시"라고 기재되어 있는 사실을 인정할 수 있으나, 그 하단에 "2021년 2월 9일"이 기재되어 있고 위 수령일시란의 모습을 보면 "1월 22일" 부분은 "2월 9일" 위에 덧붙여 기재된 것으로 보이는바, 위 인정 사실만 으로는 피고가 이 사건 가맹계약 체결 14일 전에 원고에게 정보공개서와 가맹계약서를 제공한 사실을 인정하기에 부족하고 달리 이를 인정할 증거가 없으므로(원고는 2021. 1. 25. 최초로 피고와 연락을 개시한 것으로 보이는데, 그날 피고 직원이 원고를 직접 만나거나 전자적 방법으로 정보공개서와 가맹계약서를 제공하였음을 인정할 증거도 없다), 피고는 정보공개서와 가맹계약서를 제공한 날부터 14일이 지나지 아 니한 경우 가맹금을 수령하거나 가맹계약을 체결할 것을 금지하는 가맹사업법 제7조 제3항, 제11조 제1항을 위반하였다 할 것이다.

그런데, 원고가 위와 같은 피고의 법 규정 위반에 관해 피고에게 손해배상책임을 물 으려면 그로 인해 원고에게 발생한 손해가 있어야 하고, 손해배상책임을 묻기 위한 고의 또는 과실에 관한 입증책임은 피고에게 있더라도 법 규정 위반행위와 손해 발 생 사이의 상당인과관계에 관해서는 원고에게 입증책임이 있다 할 것인데, 원고는 피고의 가맹사업법 위반행위를 모두 통틀어 개업을 위한 지출 비용 92,100,000원의 손해가 발생하였다고 주장하고 있을 뿐, 피고의 정보공개서 등 사전 제공 의무 위반 으로 인한 손해액을 특정하지 않았고 달리 위 위반행위로 인한 손해의 발생 및 인과 관계를 인정할 자료도 없으므로 원고의 이 부분 청구는 받아들이지 않는다.

[2] 가맹사업법 제9조 제1항 제1호는 가맹본부가 가맹희망자나 가맹점사업자에게 사실과 다르게 정보를 제공하거나 사실을 부풀려 정보를 제공하는 행위를 금지하고 있고 가맹사업법 시행령 제8조 제1항 제1호는 이러한 허위·과장의 정보제공행위의 유형으로 '객관적인 근거 없이 가맹희망자의 예상수익상황을 과장하여 제공하는 행위'를 들고 있다.

가맹본부가 제공하는 예상수익상황에 관한 정보는 가맹희망자의 가맹계약체결 여부의 의사결정에 중대한 영향을 미치는 중요한 정보에 해당한다. 그런데 이러한 정보는 가맹본부에 편재되어 있기 마련이어서 통상 가맹희망자로서는 가맹본부가 제공하는 정보를 바탕으로 가맹계약체결 여부를 결정할 수밖에 없고, 경우에 따라서는 이러한 정보의 현저한 불균형을 이용하여 가맹본부가 가맹희망자의 이익을 해하는 경우가 있기 때문에 가맹사업법은 가맹계약의 공정화를 위하여 가맹본부로 하여금 가맹희망자에게 예상수익상황에 관한 정보를 제공하는 경우는 서면으로 하도록 하는 한편, 이에 관한 객관적이고 구체적인 산출 근거를 남겨 두도록 함으로써 예상수익상황을 산출하여 정보를 제공할 때는 그러한 객관적이고 구체적인 자료에 따라 산출한 정보를 제공하도록 하는 주의의무를 부과한 것으로 볼 수 있다(피고는 가맹사업법 제9조 제5항, 가맹사업법 시행령 제9조 제5항에 따라 예상매출액의 범위 및 그 산출 근거를 서면으로 제공할 의무가 있는 가맹본부에 해당하지 않으나, 그러한 정보제공 의무가 없더라도 예상매출액 등 장래의 예상수익상황에 관한 정보를 제공할 경우는 이를 서면으로 하여야 하고 그 정보의 산출 근거가 되는 자료를 비치해 두어 이를 열람할 수 있도록 하여야 한다).

증거자료에 의하면 ① 피고가 2018. 4. 14. A와 사이에 피고가 2018. 4. 14.부터 2020. 4. 1.까지 피고의 영업표지 B 연남동점을 운영하고 A로부터 월 매출액에서 원가, 인건비 등 비용을 제외한 순수익의 50%를 지급받기로 위탁(도급)운영계약 및 가맹계약을 체결하면서 가맹계약서에 기재된 가맹비, 교육비, 보증금, 로열티는 위탁(도급)운영계약이 유효한 동안 그 지급을 유예하기로 약정하였고, 위 계약기간 종료 후인 2020. 4. 28. A와 사이에 A의 누나인 C가 대표이사인 주식회사 D가 A를 대신하여 피고에게 가맹비 500만 원 교육비 300만 원 위탁경영 해지 후 가맹계약 전환금 1,700만 원을 지급하기로 약정하여 이를 지급하였으나 A가 2020. 6. 30.경 연남동점을 폐점한 사실 ② 피고가 이 사건 가맹계약을 체결하면서 원고에게 B 연남동점의 2019년 매출을 포함하여 산정한 가맹점 평균 매출과 상한 매출 등이 기재된 정보공개서를 제공한 사실 ③ 피고 직원 E가 이 사건 가맹계약체결 전인 2021. 1. 25. 원고에게 '12평인 경우 월 매출이 3,000만 원 정도 나오고 원가 1,200만 원, 차임 250만 원, 관리비 100만 원, 인건비 500만 원, 예비비 50만 원을 제외하면 (순이익은) 800만 원 선이다.'

고 말하였으나 이 사건 가맹점의 월 매출은 개업 직후인 2021년 4월 1,533만 원이었다가 2021년 11월 406만 원까지 감소하는 추세를 보였고, 2021년 12월부터 2022년 7월까지 최대 매출은 637만 원, 최소 매출은 293만 원인 사실을 인정할 수 있다(원고가 제출한 증거만으로는 피고가 티라미수 완제품의 공급 여부에 관하여 원고를 기망하였음을 인정하기에 부족하고 달리 이를 인정할 증거가 없다).

위 인정 사실에 의하면, 피고는 2018. 4. 14.부터 2020. 4. 1.까지 A로부터 위탁받아 직접 운영하던 연남동점의 2019년 매출을 피고 가맹점의 매출로 알려줌으로써 피고 가맹점의 매출에 관하여 사실과 다르게 정보를 제공하거나 사실을 부풀려 정보를 제공하였고, 객관적인 근거 없이 구두로 월 3,000만 원 이상의 예상 매출이 나올 것이라고 말함으로써 가맹희망자의 예상수익상황을 과장하여 제공하는 한편 상권 분석자료 등 예상수익상황에 관한 정보를 서면으로 제공하지 않음으로써 가맹사업법 제9조 제1항 제1호 및 같은 법 제9조 제3항을 위반하였다 할 것이고, 이로 인하여 원고가 잘못된 정보를 바탕으로 이 사건 가맹계약을 체결하게 되었다고 봄이 타당하다(피고가 2021년 1월경 F 주식회사로부터 이 사건 가맹점의 상권분석자료를 제공받은 사실을 인정할 수 있으나, 이를 원고에게 제공하였음을 인정할 증거가 없다).

[3] 가맹사업법 제9조 제1항 제2호는 가맹본부가 가맹희망자나 가맹점사업자에게 정보를 제공함에 있어서 계약의 체결·유지에 중대한 영향을 미치는 사실을 은폐하거나 축소하는 방법으로 정보를 제공하는 행위(이하 "기만적인 정보제공행위"라고 한다)를 금지하고 있다.

증거에 의하면 피고와 피고 대표이사 G는 '국토교통부 장관에게 실내건축공사업 등록하지 않고 2020. 5. 21.경부터 2021. 9. 3.경까지 원고를 비롯한 23명의 B 가맹점주들과 공사예정금액 1,500만 원 이상의 공사계약을 하고 하도급업체들로 하여금 실내건축공사를 하여 무등록 건설업을 영위하였다.'라는 범죄사실로 2022. 8. 5. 약식 기소된 사실을 인정할 수 있다. 위 인정 사실에 의하면 피고는 1,500만 원 이상의 실내건축공사를 수행할 자격이 없음에도 원고와 이 사건 공사계약을 체결하였는바, 이는 기만적인 정보제공행위로써 가맹사업법 제9조 제1항 제2호에 해당한다고 할 것이고 이로 인하여 원고가 잘못된 정보를 바탕으로 이 사건 가맹계약을 체결하게 되었다고 봄이 상당하다.

[4] 가맹사업법 제37조의2 제1항은 가맹본부가 이 법의 규정을 위반함으로써 가맹점사업자에게 손해를 입힌 경우는 가맹점사업자에 대하여 손해배상의 책임을 지고, 같은 조 제2항은 제1항에도 불구하고 가맹본부가 제9조 제1항, 제12조 제1항 제1호 및 제12조의5를 위반함으로써 가맹점사업자에게 손해를 입힌 경우는 가맹점사업자에게 발생한 손해의 3배를 넘지 아니하는 범위에서 배상책임을 부담한다고 정하고 있다. 다만,

같은 조 제3항은 제2항의 배상액을 정할 때는 고의 또는 손해 발생의 우려를 인식한 정도, 위반행위로 인하여 가맹점사업자가 입은 피해 규모, 위법행위로 인하여 가맹본부가 취득한 경제적 이익, 위반행위에 따른 벌금 및 과징금, 위반행위의 기간, 횟수, 가맹본부의 재산 상태, 가맹본부의 피해구제 노력의 정도를 고려하여 정하도록 규정하고 있다.

불법행위로 인한 재산상 손해는 위법한 가해행위로 인하여 발생한 재산상 불이익 즉, 그 위법행위가 없었더라면 존재하였을 재산 상태와 그 위법행위가 가해진 현재의 재산 상태의 차이를 말하는데(대법원 1992. 6. 23. 선고 91다33070 전원합의체 판결 등 참조), 원고가 이 사건 가맹계약 및 공사계약에 따라 피고에게 가맹비, 인테리어공사비 등 합계 92,100,000원을 지급한 사실은 앞서 본 바와 같다.

원고는 이 사건 가맹점의 영업으로 인하여 발생한 2021년 영업손실 233,743,292원과 2022년 영업손실 26,944,739원의 합계 50,687,941원도 이 사건 가맹계약 및 공사계약으로 인한 손해에 합산되어야 한다고 주장한다.

그러나 증거의 각 기재 변론 전체의 취지를 더하여 알 수 있는 다음과 같은 사정 즉, ① 원고가 제출한 임대차계약서에 임대차 기간을 2020. 3. 1.부터 2022. 2. 28.까지로 정하여 보증금 없이 월 차임 200만 원을 매월 25일에 H의 하나은행 계좌로 지급한다고 기재되어 있으나, 위 임대차 기간동안 H의 하나은행 계좌로 차임이 지급되었음을 인정할 증거가 없는 점(원고가 소유한 인근 매장의 임차인은 2021. 1. 15.경부터 2022. 5. 23.경까지 수차례에 걸쳐 차임을 지급하였다), ② 이 사건 가맹점의 임대인 H는 원고의 남편으로서 피고 직원과 접촉하는 등 이 사건 가맹점의 운영에 직접 관여한 점을 보태어 보면, 원고와 H 사이에 위 임대차계약서에 따른 임대차계약이 체결되었으리라고 믿기 어려운 점, ③ 원고는 이 사건 소 제기일부터 약 1년 3개월 후인 2023. 1. 17. H에게 4,400만 원을 한꺼번에 송금하였고 H도 2021년부터 2022년까지의 차임에 대한 부가가치세를 2023. 1. 16. 및 2023. 1. 25. 납부한 점, ④ 위와 같이 2021년 3월경부터 2022년 10월경까지 실제로 차임이 지급된 적이 없는 이상 위 기간동안 매월 25일 H의 명의로 작성된 세금계산서의 기재도 믿을 수 없는 점 등을 종합하면 원고가 제출한 증거만으로는 원고가 이 사건 가맹점 운영을 위하여 차임 4,000만 원을 지출하였음을 인정하기에 부족하고 달리 이를 인정할 증거가 없다(H가 위 기간동안 원고가 무상으로 이 사건 가맹점을 사용하게 함으로써 차임 상당의 이익을 얻지 못하였다 하더라도 이를 원고의 손실로 볼 수는 없다). 나아가 원고가 급료 등 다른 비용들의 지출 사실을 위하여 제출한 증거도 원고가 위 차임 등을 포함하여 작성한 종합소득세 신고서와 이를 그대로 인정한 동화성세무서장의 소득금액 증명뿐이어서, 위 증거만으로는 원고 주장의 비용 지출 사실을 인정하기에 부족하고 달리 이를 인정할 증거가 없다.

따라서 피고는 가맹사업법 제37조의2 제2항에 따라 원고에게 발생한 손해의 3배인 276,300,000원(= 92,100,000원×3)을 넘지 않는 범위에서 배상할 책임이 있는데 앞서 인정한 사실에 변론 전체의 취지를 종합하여 알 수 있는 다음과 같은 사정 즉, ① 원고는 기본적으로 장래의 예상수익에 관한 위험을 스스로 부담하여야 하는 독립적인 사업자이므로 이 사건 가맹점의 영업 전망, 주변 상권 현황 등을 사전에 면밀히 파악하고 피고가 고지한 예상매출의 신뢰성을 담보할 만한 객관적이고 합리적인 근거나 자료가 있는지에 대하여 추가로 확인하여 이 사건 가맹계약 체결 여부를 신중히 판단했어야 하는 점, ② 이 사건 가맹점의 소유자는 원고의 남편 H이고 원고도 인근 매장을 소유하고 있었으므로 원고는 이 사건 가맹점 상권의 특수성, 유동 인구 등의 정보에 손쉽게 접근할 수 있었던 점, ③ 가맹금 92,100,000원 중 상당 부분은 인테리어 공사비 등으로 사용되었는데 원고는 2022년 7월경까지 이 사건 가맹점을 운영하면서 위 인테리어 공사 등으로 인한 일정한 이익을 누렸다고 볼 수 있는 점, ④ 이 사건 가맹계약에서 이윤이나 성공 가능성을 보장하지 않으며 실제 매출액은 가맹점주의 매장관리 능력, 2019년 12월경 발생한 코로나19 바이러스의 유행 등 기타 다른 사정에 의하여 변동될 수 있는 점 등을 종합하면 피고의 책임을 원고가 지출한 위 92,100,000원의 50%로 제한함이 타당하다.

손해배상(기)
[서울지방법원 2003. 12. 5. 선고 2003가합43945 판결(확정)]

【판시사항】

[1] 당사자 사이의 특정계약으로부터 발생하는 일체의 분쟁에 관한 전속적 국제관할 합의의 효력이 그 분쟁과 사실관계를 같이하는 민사상 불법행위를 원인으로 한 손해배상청구에 미치는지 여부(적극)
[2] 전속적 국제관할 합의가 가맹사업거래의 공정화에 관한 법률 위반을 원인으로 구하는 손해배상청구에 적용되는지 여부(소극)

【판결요지】

[1] 계약당사자가 계약체결 시 준거법을 미국 캘리포니아주 법으로 지정하고, 동 계약으로부터 발생하는 일체의 분쟁에 관하여 전속적 재판관할의 합의를 하였고, 한편으로 계약 일방당사자의 책임한도를 계약·불법행위 또는 기타 책임과 관련된 다른 어떠

한 논리나 주장에도 불구하고 그 청구의 원인이 발생하기 직전 12개월 동안 본 계약에 따라 타방 당사자로부터 실제로 지급받은 작동 수수료 금액을 초과할 수 없는 것으로 약정한 경우, 이 관할합의의 효력은 동 계약과 관련하여 발생하는 채무불이행을 원인으로 한 손해배상책임뿐 아니라 그와 사실관계를 같이 하는 민사상 불법행위를 원인으로 한 손해배상책임에도 미친다.

[2] 가맹사업거래의 공정화에 관한 법률(이하 '가맹사업법'이라 한다)은 가맹사업의 공정한 거래 질서를 확립하고 가맹본부와 가맹점사업자가 대등한 지위에서 상호보완적으로 균형있게 발전하도록 함으로써 소비자 복지의 증진과 국민경제의 건전한 발전에 이바지함을 목적으로 제정된 법인바, 가맹사업법 위반행위는 사회적 관점에서 볼 때 계약과는 별개의 생활관계에서 발생한 불법행위로 봄이 상당하고, 또한, 가맹사업법 위반을 원인으로 한 불법행위에 대하여까지 외국법인의 전속적 관할합의를 인정하는 것은 가맹사업법의 공익적 특수성에 비추어 볼 때 대한민국의 공서양속을 해칠 수도 있으므로 국제관할 합의의 효력이 가맹사업법 위반을 원인으로 한 손해배상청구의 소에까지 미친다고 할 수는 없다.

관련 법령

독점규제 및 공정거래에 관한 법률

제110조(기록의 송부 등)
법원은 제109조에 따른 손해배상청구의 소가 제기되었을 때 필요한 경우 공정거래위원회에 대하여 해당 사건의 기록(사건관계인, 참고인 또는 감정인에 대한 심문조서, 속기록 및 그 밖에 재판상 증거가 되는 모든 것을 포함한다)의 송부를 요구할 수 있다.

제115조(손해액의 인정)
법원은 이 법을 위반한 행위로 손해가 발생한 것은 인정되나 그 손해액을 입증하기 위하여 필요한 사실을 입증하는 것이 해당 사실의 성질상 매우 곤란한 경우에 변론 전체의 취지와 증거조사의 결과에 기초하여 상당한 손해액을 인정할 수 있다.

가맹사업법	제39조 (권한의 위임과 위탁)

법 률	시행령

제39조(권한의 위임과 위탁)

① 이 법에 의한 공정거래위원회의 권한은 그 일부를 <u>대통령령이 정하는</u> 바에 따라 소속기관의 장이나 시·도지사에게 위임하거나 다른 행정기관의 장에게 위탁할 수 있다. 〈개정 2007. 8. 3., 2018. 3. 27.〉

② 공정거래위원회는 다음 각 호의 어느 하나에 해당하는 업무를 <u>대통령령으로 정하는</u> 바에 따라 「독점규제 및 공정거래에 관한 법률」 제72조에 따라 설립된 한국공정거래조정원이나 관련 법인·단체에 위탁할 수 있다. 이 경우 제1호의 위탁관리에 소요되는 경비의 전부 또는 일부를 지원할 수 있다. 〈개정 2007. 8. 3., 2012. 2. 17., 2020. 12. 29.〉

1. 제6조의2 및 제6조의3에 따른 정보공개서의 등록, 등록 거부 및 공개 등에 관한 업무

2. 제27조 제1항에 따른 가맹거래사 자격시험의 시행 및 관리 업무

제40조(보고)

공정거래위원회는 제39조의 규정에 의하여 위임 또는 위탁한 사무에 대하여 위임 또는 위탁받은 자에게 필요한 보고를 하게 할 수 있다.

제35조(권한의 위임)

공정거래위원회는 법 제39조 제1항에 따라 법 제43조 제6항 및 같은 조 제7항 제1호에 따른 과태료 중 법 제6조의2에 따라 시·도지사에게 정보공개서를 등록한 가맹본부에 대한 과태료의 부과·징수 권한을 해당 시·도지사에게 위임한다. 〈개정 2021. 11. 19.〉

[본조신설 2018. 12. 18.]

제36조(업무의 위탁)

① 공정거래위원회는 법 제39조 제2항 제1호에 따라 정보공개서의 등록, 등록 거부 및 공개 등에 관한 업무를 조정원이나 가맹사업 분야의 전문성을 갖춘 법인·단체 중 해당 업무를 수행할 수 있다고 공정거래위원회가 인정하여 고시하는 기관에 위탁할 수 있다. 〈개정 2012. 5. 7., 2018. 12. 18.〉

② 공정거래위원회는 법 제39조 제2항 제2호에 따라 가맹거래사 자격시험의 시행 및 관리 업무를 「한국산업인력공단법」에 따른 한국산업인력공단에 위탁한다.

[전문개정 2008. 1. 31.]

[제목개정 2012. 5. 7.]

가맹본부가 과태료 부과 대상이 되는 행위를 하여 가맹사업법을 위반한 경우, 가맹본부 소재 해당 시·도지사는 가맹사업법 제39조 제1항에 따라 해당 가맹본부에 대한 과태료를 부과·징수할 수 있다. 다만, 시·도지사가 부과할 수 있는 대상 가맹본부는 가맹사

업법 제6조의2에 따라 자기에게 정보공개서를 등록한 가맹본부이다.[130)

시·도지사가 자기에게 정보공개서를 등록한 가맹본부에 대하여 과태료를 부과할 수 있는 가맹본부의 가맹사업법 위반행위는 제4장 가맹사업법 위반사업자에 대한 제재 2. 가. 3) 나) 가맹사업법 위반 관련 과태료 부과에서 모두 살펴보았다.

다시 한번 살펴보면, 시·도지사는 자기에게 정보공개서를 등록한 가맹본부가 가맹사업법 제6조의2 제2항, 제9조 제3항 및 제4항, 제5항, 제6항, 제11조 제3항, 제12조의6 제3항을 위반하는 경우 가맹사업법 시행령 [별표 5]에 따라 해당 가맹본부에게 과태료를 부과·징수할 수 있다.

한편, 공정거래위원회는 가맹사업법 제6조의2 및 제6조의3에 따른 정보공개서의 등록, 등록 거부 및 공개 등에 관한 업무를 한국공정거래조정원에 위탁하고 있고[131), 가맹사업법 제27조 제1항에 따른 가맹거래사 자격시험의 시행 및 관리 업무를 한국산업인력공단에 위탁하고 있다.

---

130) 2024년 6월 현재, 가맹본부에 대하여 과태료를 부과할 수 있는 시·도지사는 서울특별시장, 부산광역시장, 인천광역시장, 경기도지사뿐이다.
131) 한국공정거래조정원은 서울특별시, 부산광역시, 인천광역시, 경기도 소재 가맹본부의 정보공개서 등록 관련 업무를 수행할 수 없다.

부록

◈ 공정거래위원회 회의 운영 및 사건절차
  등에 관한 규칙
◈ 공정거래위원회 조사절차에 관한 규칙

공정거래위원회 회의 운영 및 사건절차 등에 관한 규칙

[시행 2023. 12. 21.] [공정거래위원회 고시 제2023-26호, 2023. 12. 21. 일부개정]

제1장 총칙

제1조(목적) 이 규칙은 「독점규제 및 공정거래에 관한 법률」(이하 "공정거래법"이라 한다) 제71조 제2항 및 제101조의 규정, 「표시·광고의 공정화에 관한 법률」(이하 "표시광고법"이라 한다) 제16조의 규정, 「방문판매 등에 관한 법률」(이하 "방문판매법"이라 한다) 제57조의 규정, 「약관의 규제에 관한 법률」(이하 "약관법"이라 한다) 제19조 내지 제22조·제30조의2 및 법 시행령 제13조의 규정, 「전자상거래 등에서의 소비자보호에 관한 법률」(이하 "전자상거래법"이라 한다) 제39조의 규정, 「할부거래에 관한 법률」(이하 "할부거래법"이라 한다) 제47조, 「하도급거래 공정화에 관한 법률」(이하 "하도급법"이라 한다) 제27조의 규정, 「가맹사업거래의 공정화에 관한 법률」(이하 "가맹사업법"이라 한다) 제37조의 규정, 「대규모유통업에서의 거래 공정화에 관한 법률」(이하 "대규모유통업법"이라 한다) 제38조, 「대리점거래의 공정화에 관한 법률」(이하 "대리점법"이라 한다) 제27조, 기타 위원회 소관 법령의 규정에 의하여 공정거래위원회(이하 "위원회"라 한다)의 회의 및 그 운영과 사건의 조사·심사, 심의·결정·의결 및 그 처리절차에 관한 세부사항 등을 정함을 목적으로 한다.

제2조(적용범위) ① 이 규칙은 공정거래법, 표시광고법, 방문판매법, 약관법, 전자상거래법, 할부거래법, 하도급법, 가맹사업법, 대규모유통업법, 대리점법, 기타 위원회 소관 법 관련 사항에 대하여 적용한다.

② 이 규칙에서 명시적으로 규정되지 아니한 표시광고법, 방문판매법, 약관법, 전자상거래법, 할부거래법, 하도급법, 가맹사업법, 대규모유통업법 및 대리점법상의 근거규정은 특별한 사정이 없는 한 공정거래법상의 해당 법조만을 규정함으로써 이에 갈음한다.

제3조(기간의 계산) 기간의 계산은 민법 제156조 내지 제161조의 규정에 따른다.

제2장 전원회의 및 소회의 운영

제4조(전원회의의 심의 및 결정·의결사항) ① 전원회의는 다음 각 호의 어느 하나에 해당하는 사항에 대하여 심의 및 결정·의결할 수 있다.

1. 공정거래법 제4조의 규정에 의한 독점규제 및 공정거래에 관한 주요 정책 및 주요 업무계획의 수립·시행에 관한 사항
2. 위원회 소관 법률·시행령·시행규칙의 제정 또는 개정에 관한 사항
3. 다음 각 목의 어느 하나에 해당하는 유형 및 기준의 제정·고시에 관한 사항
   가. 공정거래법 시행령 제2조 제3항, 제9조 제3항 제4호·제4항 제4호 및 제6항의 규정에 의

한 시장지배적사업자의 판단기준과 남용행위의 유형 및 기준, 같은 법 시행령 제42조 제7호의 규정에 의한 탈법행위의 유형 및 기준, 같은 법 시행령 [별표 2] 비고에 의한 불공정거래행위의 세부 유형 또는 기준

나. 소비자기본법 제12조 제2항의 규정에 의한 사업자의 부당한 행위의 고시, 같은 법 시행령 제8조 제3항의 규정에 의한 품목별 소비자분쟁해결기준, 같은 법 시행령 제11조의2 제1항·제2항 및 제4항의 규정에 의한 소비자중심경영(CCM) 인증제도 운영·심사에 필요한 사항, 같은 법 시행령 제11조의4 제2항의 규정에 의한 포상 또는 지원에 관한 사항, 같은 법 시행령 제11조의5 제2항의 규정에 의한 인증심사비용, 감면대상 및 감면 비율 등에 관한 사항, 같은 법 시행령 제11조의6 제2항의 규정에 의한 인증기관의 지정에 대한 사항

다. 표시광고법 시행령 제3조 제5항의 규정에 의한 부당한 표시·광고의 세부기준

라. 방문판매법 제10조 제2항의 규정에 의한 손해배상액의 산정기준, 제11조 제2항의 규정에 의한 방문판매자등이 준수하여야 할 기준, 제23조 제3항의 규정에 의한 다단계판매자가 준수하여야 할 기준, 제32조 제4항의 규정에 의한 위약금 및 대금의 환급에 관한 산정기준 및 제34조 제2항의 규정에 의한 계속거래업자 등이 준수하여야 할 기준, 같은 법 시행령 제61조 제2항의 규정에 의한 과징금의 부과에 필요한 세부기준

마. 전자상거래법 제19조 제2항의 규정에 의한 손해배상액의 산정기준, 제12조 제1항 단서에 의한 통신판매 신고를 면제하는 거래횟수, 거래규모 등에 관한 기준, 제21조 제2항의 규정에 의한 전자상거래를 행하는 사업자 또는 통신판매업자가 준수하여야 할 기준, 제34조 제2항에 의한 영업의 전부 또는 일부의 정지를 갈음하여 과징금을 부과할 수 있는 판단기준, 같은 법 시행령 제38조 제3항에 의한 과징금의 부과에 필요한 세부기준

바. 할부거래법 제25조 제5항 및 같은 법 시행규칙 제10조의 규정에 의한 위약금 및 대금의 환급에 관한 산정기준, 같은 법 시행령 제30조 제2항의 규정에 의한 위반행위 관련매출액 산정에 필요한 사항

4. 다음 각 목의 어느 하나에 해당하는 지정·고시에 관한 사항

가. 공정거래법 제9조 제4항의 규정에 의한 기업결합심사기준의 고시, 같은 법 시행령 제18조 제6항의 규정에 의한 기업결합의 신고요령 고시, 같은 법 시행령 제26조의 규정에 의한 지주회사의 설립·전환의 신고요령 고시, 같은 법 시행령 제29조의 규정에 의한 지주회사등의 주식소유 현황 등의 보고서 기재사항 고시, 같은 법 제26조와 같은 법 시행령 제33조의 규정에 의한 대규모내부거래의 이사회 의결 및 공시에 관한 사항 고시, 같은 법 제46조 제2호의 규정에 의한 재판매가격유지행위가 허용되는 저작물에 관한 고시

나. 표시광고법 제4조의 규정에 의한 중요한 표시·광고사항의 고시

다. 방문판매법 시행령 제16조 제2항의 규정에 의한 재화 등이 일부 소비된 경우 등의 비용청구범위에 관한 세부기준의 지정·고시

라. 전자상거래법 제13조 제4항의 규정에 의한 통신판매업자의 상호 등에 관한 사항 및 거래 조건에 대한 표시·광고 및 고지의 방법의 지정·고시, 같은 법 제15조 제3항의 규정에 의해 재화 등의 공급절차 및 진행상황 확인을 위해 통신판매업자에게 요구되는 조치에 필요한 사항의 지정·고시

마. 할부거래법 시행령 제13조 제4항의 규정에 의한 선불식 할부거래업자의 정보공개에 관하여 필요한 사항, 시행령 제13조의2 제4항의 규정에 의한 회계감사 보고서의 제출 및 공시의 절차와 방법에 관하여 필요한 사항, 시행령 제24조 제3항의 규정에 의한 선불식 할부거래업자의 부당행위에 대한 정보공개의 구체적인 방법과 절차 등에 관하여 필요한 사항, 시행규칙 제8조 제1항 제1호 및 제2호의 규정에 의한 신문 및 인터넷 홈페이지 공고의 구체적 방법에 관하여 필요한 사항, 시행규칙 제8조의2 제1항 제1호 및 제2호의 규정에 의한 신문 및 인터넷 홈페이지 공고의 구체적 방법에 관하여 필요한 사항, 시행규칙 제11조 제2항 제6호의 규정에 의한 선수금의 예치·지급 및 반환 등에 필요한 사항, 시행규칙 제12조 제3항의 규정에 의한 소비자피해보상 증서의 발급절차 및 내용 등에 관하여 필요한 사항

바. 하도급법 제2조 제6항에 의한 업에 따른 물품범위의 지정·고시, 같은 법 제2조 제12항 제4호에 의한 지식·정보성과물 범위의 지정·고시, 같은 법 제2조 제13항 제5호에 의한 용역위탁 중 역무의 범위의 고시, 같은 법 제2조 제14항 제4호에 의한 어음대체결제수단 범위의 지정·고시

사. 가맹사업법 시행령 제3조 제3항의 규정에 의한 적정한 도매가격의 고시, 같은 법 시행령 제4조 제4항의 규정에 의한 세부적인 정보공개사항의 고시, 같은 법 시행령 제5조의9 제8항에 따른 가맹금 예치·지급 및 반환 등에 필요한 세부사항의 고시, 같은 법 시행령 제7조에 따른 정보공개서의 표준양식 고시, 같은 법 시행령 제9조 제2항에 따른 세부적인 예상수익상황의 산출근거 자료의 고시, 같은 법 시행령 제13조 제2항에 따른 세부적인 불공정거래행위의 유형 또는 기준 고시, 같은 법 시행령 제16조의2 제2항에 따른 피해보상보험계약 등의 구체적인 기준이나 피해보상의 내용·절차와 보험의 표지 사용 등에 필요한 세부사항의 고시, 같은 법 시행령 제28조 제11항에 따른 시험관리에 필요한 사항의 고시, 같은 법 시행령 제30조 제2항에 따른 자격증 교부에 관하여 필요한 사항의 고시, 같은 법 시행령 제32조 제5항에 따른 가맹거래사의 등록 및 등록갱신에 필요한 세부사항의 고시, 같은 법 제31조 제2항에 따른 가맹거래사의 보수교육에 대한 고시, 같은 법 제31조의2 제5항에 따른 교육기관 등의 지정절차 및 방법, 수익사업 등에 관하여 필요한 사항의 고시

아. 대규모유통업법 제12조 제1항 제4호의 규정에 의하여 상품의 특성상 전문지식이 중요하다고 위원회가 정하여 고시하는 상품류

자. 대리점법 제5조의2 제4항의 규정에 의한 표준대리점계약서의 제정 또는 개정에 필요한

세부 사항의 고시, 같은 법 제12조의4 제4항의 규정에 의한 위탁기관 등의 지정 절차·방법 및 위탁업무의 수행 등에 필요한 세부사항 고시, 같은 법 제13조 제3항의 규정에 의한 분쟁조정업무 운영지침

5. 다음 각 목의 어느 하나에 해당하는 지침의 제정·고시에 관한 사항

　가. 공정거래법 제45조 제4항의 규정에 의한 불공정거래행위 예방을 위한 지침, 같은 법 제51조 제3항의 규정에 의한 사업자단체가 준수하여야 할 지침

　나. 방문판매법 제35조 제1항의 규정에 의한 소비자보호지침

　다. 전자상거래법 제23조 제1항의 규정에 의한 소비자보호지침

　라. 할부거래법 제27조의2의 규정에 의한 소비자보호지침

6. 다음 각 목의 어느 하나에 해당하는 지정 또는 고시 등에 관한 사항

　가. 공정거래법 시행령 [별표 6] 비고에 의한 과징금부과세부기준 등에 관한 고시

　나. 표시광고법 시행령 제12조의 규정에 의한 과징금부과세부기준 등에 관한 고시

　다. 하도급법 제6조 제2항, 제11조 제4항, 제13조 제8항 및 제15조 제3항에 의한 지연이자율 고시, 같은 법 제13조 제9항에 의한 어음할인율 고시

　라. 가맹사업법 시행령 제34조 제5항에 따른 과징금의 부과절차에 필요한 세부사항에 대한 고시

　마. 대규모유통업법 제8조 제2항의 규정에 의한 지연이자율 고시 및 같은 법 시행령 제28조 제2항에 따른 과징금의 부과에 필요한 사항에 대한 고시

　바. 대리점법 시행령 제19조 제3항에 따른 과징금의 부과에 관하여 필요한 세부기준

7. 다음 각 목의 어느 하나에 해당하는 제정 또는 개정에 관한 사항

　가. 공정거래법 제71조 제2항의 규정에 의한 규칙의 제정 또는 개정, 같은 법 제101조의 규정에 의한 사건절차 등의 제정 또는 개정

　나. 표시광고법 제9조 및 같은 법 시행령 제15조 제2항의 규정에 의한 과징금부과 세부기준의 제정 또는 개정

　다. 할부거래법 시행령 제31조 제2항의 규정에 의한 과징금의 부과에 필요한 세부기준 관련한 고시의 제정 또는 개정

　라. 하도급법 시행령 제13조 제3항의 규정에 의한 과징금의 부과에 관하여 필요한 사항의 제정 또는 개정, 같은 법 시행령 제17조 제3항에 의한 벌점의 부과 및 감경과 관련한 고시의 제정 또는 개정

8. 공정거래법 제103조의 규정에 따라 전원회의에서 과징금납부명령을 받은 자가 제기한 납부기한의 연장 또는 분할납부 신청 및 취소에 관한 사항

9. 전원회의가 명한 사항을 이행하지 아니한 자에 대하여 공정거래법 제16조 및 제92조의 규정에 의하여 부과하는 이행강제금에 관한 사항

10. 공정거래법 제96조 제2항의 규정에 의한 이의신청에 대한 재결

② 공정거래법 제59조 제1항 제5호의 규정에 의한 경제적 파급효과가 중대한 사항이라 함은 다음 각 호의 어느 하나에 해당하는 경우를 말한다.

1. 공정거래법 제5조 제1항 각 호의 어느 하나에 해당하고 해당 시장의 연간매출액 규모가 1,000억 원 이상인 경우

2. 공정거래법 제9조 제1항의 규정을 위반하여 기업결합을 한 대규모회사에 대한 시정조치 또는 이행강제금의 부과, 합병 또는 회사설립의 무효의 소의 제기에 관한 사항

3. 대규모회사가 행하는 기업결합으로서 공정거래법 제9조 제2항의 규정에 해당하는 기업결합에 관한 사항

4. 공정거래법 제40조 제1항 각 호의 어느 하나에 해당하고 다음 각 목의 어느 하나에 해당하는 경우

　가. 관련매출액이 1,000억 원 이상인 경우

　나. 입찰담합의 경우 계약금액 500억 원 이상

5. 공정거래법 제40조 제2항의 규정에 의한 공동행위의 인가에 관한 사항

6. 다음 각 목에 해당하는 사업자단체가 공정거래법 제51조 제1항 각 호의 어느 하나 및 표시광고법 제6조 제1항에 해당하는 행위를 한 경우

　가. 지회 등이 4개 광역시·도 이상의 지역에 분포된 사업자단체로서 본회가 주도한 경우

　나. 구성사업자의 업종시장 규모가 1조 원 이상

7. 다음 각 목의 1에 해당하는 사업자단체의 금지행위 또는 제한행위의 인가·인정에 관한 사항

　가. 공정거래법 제51조 제2항의 규정에 의한 사업자단체의 경쟁제한행위의 인가

　나. 표시광고법 제6조 및 같은 법 시행령 제7조의 규정에 의한 사업자단체의 표시·광고제한행위의 인정

8. 공정거래법 제45조 제1항 제9호에 해당하고 다음 각 목의 어느 하나에 해당하는 경우

　가. 지원금액이 50억 원 이상이거나 지원성 거래규모가 500억 원 이상

　나. 지원금액 및 지원성 거래규모 평가가 어렵거나 새로운 유형의 사건으로 전원회의 심의 및 의결이 필요한 경우

9. 공정거래법 제47조에 해당하고 다음 각 목의 어느 하나에 해당하는 경우

　가. 위반금액이 50억 원 이상이거나 그 거래 또는 제공 규모가 500억 원 이상

　나. 위반금액 및 거래규모 등의 평가가 어렵거나 새로운 유형의 사건으로 전원회의 심의 및 의결이 필요한 경우

③ 제5조 제1항의 규정에도 불구하고 소회의에서 의결되지 아니한 경우이거나 위원장 또는 소회의가 필요하다고 인정하는 경우에는 해당 사건 등을 전원회의에 부칠 수 있다.

제5조(소회의의 심의 및 결정·의결사항) ① 소회의는 다음 각 호의 어느 하나에 해당하는 사항에 대하여 심의 및 결정·의결할 수 있다.

1. 다음 각 목의 어느 하나의 규정에 따라 시정에 필요한 조치 등을 명하는 사항

가. 공정거래법 제7조, 제14조, 제37조, 제42조, 제49조 또는 제52조

나. 표시광고법 제6조 제3항, 제7조

다. 방문판매법 제49조

라. 약관법 제17조의2

마. 전자상거래법 제32조

바. 할부거래법 제39조, 제40조

사. 하도급법 제25조

아. 가맹사업법 제33조

자. 대규모유통업법 제32조

차. 대리점법 제23조

2. 다음 각 목의 어느 하나의 규정에 따라 과징금 또는 이행강제금의 부과 및 납부 등을 명하는 사항

가. 공정거래법 제8조, 제38조, 제43조, 제50조, 제53조

나. 공정거래법 제103조의 규정에 따라 소회의에서 과징금납부명령을 받은 자가 제기한 과징금 납부기한의 연장 및 분할납부 신청에 관한 사항

다. 소회의가 명한 사항을 이행하지 아니한 자에 대하여 공정거래법 제16조, 제86조 및 제92조의 규정에 의하여 부과하는 이행강제금에 관한 사항

라. 표시광고법 제9조

마. 방문판매법 제51조

바. 전자상거래법 제34조

사. 할부거래법 제42조

아. 하도급법 제25조의3

자. 가맹사업법 제35조

차. 대규모유통업법 제35조

카. 대리점법 제25조

3. 대규모회사 외의 자가 행하는 기업결합으로서 공정거래법 제9조 제2항의 규정에 해당하는 기업결합의 인정·승인 등에 관한 사항

4. 대규모회사 외의 자가 행하는 기업결합에 대한 공정거래법 제14조 제2항의 규정에 의한 회사의 합병 또는 설립무효의 소의 제기에 관한 사항

5. 공정거래법 제45조 제5항의 규정에 의한 공정경쟁규약심사에 관한 사항

6. 공정거래법 제97조 제1항의 규정에 의한 집행정지의 결정 및 같은 조 제2항의 규정에 의한 취소에 관한 사항

7. 공정거래법 제96조의 규정에 의한 이의신청에 대한 재결기간의 연장결정에 관한 사항

8. 표시광고법 제5조 제3항의 규정에 의한 실증자료의 심의에 관한 사항, 제4항 및 같은 법 시행

령 제6조 제1항의 규정에 의한 실증자료의 공개에 관한 사항

9. 다음 각 목의 어느 하나에 해당하는 과태료의 부과 및 납부 등을 명하는 사항

　가. 공정거래법 제130조

　나. 표시광고법 제20조

　다. 방문판매법 제66조

　라. 약관법 제34조

　마. 전자상거래법 제45조

　바. 할부거래법 제53조

　사. 하도급법 제30조의2

　아. 가맹사업법 제43조

　자. 대규모유통업법 제41조

　차. 대리점법 제32조

10. 다음 각 목의 규정에 해당하여 관계기관 등에 협조를 의뢰하는 사항

　가. 공정거래법 제34조, 제121조 제3항의 규정에 따라 필요한 협조의 의뢰·요청 등에 관한 사항과 제124조 내지 제127조의 규정을 위반한 자에 대한 고발

　나. 표시광고법 제15조 제2항, 제3항 및 제4항의 규정에 따라 필요한 협조의 의뢰·요청 등에 관한 사항과 제17조 및 제18조의 규정을 위반한 자에 대한 고발

　다. 방문판매법 제50조 제1항에 따라 필요한 조정의뢰 등에 관한 사항과 제58조 내지 제64조의 규정을 위반한 자에 대한 고발

　라. 약관법 제18조의 규정에 의한 시정요청 또는 시정권고 및 약관법 제32조의 규정을 위반한 자에 대한 고발

　마. 전자상거래법 제33조 제1항에 따라 필요한 조정의뢰 등에 관한 사항과 제40조 내지 제43조의 규정을 위반한 자에 대한 고발

　바. 할부거래법 제41조 제1항에 따라 필요한 조정의뢰 등에 관한 사항과 제48조 내지 제51조의 규정을 위반한 자에 대한 고발

　사. 하도급법 제26조 제2항의 규정에 의한 입찰참가자격제한 및 영업정지요청 등에 관한 사항과 제30조의 규정을 위반한 자에 대한 고발

　아. 가맹사업법 제36조의 규정에 따라 필요한 협조의 의뢰·요청 등에 관한 사항과 제41조의 규정을 위반한 자에 대한 고발

　자. 대규모유통업법 제37조 제3항의 규정에 따라 필요한 협조의 의뢰·요청 등에 관한 사항과 제39조의 규정을 위반한 자에 대한 고발

　차. 대리점법 제26조의 규정에 따라 필요한 협조의 의뢰·요청 등에 관한 사항과 대리점법 제30조의 규정을 위반한 자에 대한 고발

11. 표시광고법 제8조의 규정에 의한 임시중지명령에 관한 사항

12. 표시광고법 제14조의 규정에 의한 자율규약의 심사에 관한 사항

13. 약관법 제19조의3의 규정에 의한 표준약관의 심사에 관한 사항

14. 방문판매법 제25조의 규정에 의한 침해정지조치에 관한 사항

15. 전자상거래법 제32조의2의 규정에 의한 임시중지명령에 관한 사항

16. 가맹사업법 제15조의 규정에 의한 자율규약 심사에 관한 사항

② 그 밖에 위원장이 필요하다고 인정하는 경우에는 해당 사건 등을 소회의에 부칠 수 있다.

제6조(의사 및 의결정족수) ① 전원회의의 의사는 위원회 위원장(이하 "위원장"이라 한다)이 주재(이하 회의 주재자를 "의장"이라 한다)하며, 재적위원 과반수의 찬성으로 결정 또는 의결한다.

② 제1항에서 위원장이 사고 등으로 인하여 의장의 직무를 수행할 수 없을 때에는 부위원장이, 위원장 및 부위원장이 모두 사고 등으로 인하여 직무를 수행할 수 없을 때에는 선임상임위원의 순으로 각각 그 직무를 대행한다.

③ 소회의의 의사는 상임위원 중 위원장이 지정하는 위원이 주재하며 재적위원 전원의 찬성으로 결정 또는 의결한다.

④ 소회의에 있어 공정거래법 제67조에 규정한 제척·기피·회피사유에 해당하는 위원이 있는 경우 위원장은 해당 의안을 다른 소회의에서 심의하도록 하거나 해당 의안에 한하여 다른 소회의의 위원을 그 소회의의 위원으로 지정할 수 있다.

⑤ 위원장은 긴급을 요하는 경우 즉시 전원회의 또는 소회의를 소집할 수 있다.

제7조(간사 등) ① 전원회의 및 소회의(이하 "각 회의"라 한다)에 상정할 의안의 정리·배부 등의 업무를 처리하기 위하여 간사 1인을 둔다.

② 간사는 심판관리관실 소속 심판총괄담당관 또는 서기관이 된다.

③ 간사는 회의개최의 예정을 명확하게 하기 위하여 의사일정표를 작성하고 위원장의 결재를 받아 이를 각 위원 및 사무처 각 해당과에 배포한다.

④ 간사는 회의록을 작성하여야 하며, 부득이한 경우를 제외하고는 차기 각 회의에 보고한 후 비치하여야 한다.

⑤ 심판관리관은 각 회의에 참여하여 의안과 관련한 법리 등 기타 의견을 진술할 수 있다.

제8조(의안의 구분) ① 간사는 각 회의의 의장과 협의하여 의안을 결정사항, 의결사항, 보고사항 또는 토의사항으로 구분하여 준비한다.

② 제1항에서 결정 또는 의결사항이라 함은 각 회의의 결정 또는 의결을 구하는 의안을 말한다. 다만, 이 결정 또는 의결사항에는 피심인이 있는 사건의안과 정책결정 등과 같은 정책의안이 포함된다.

③ 제1항에서 보고사항이라 함은 각 회의의 토의를 필요로 하지 아니하는 사무처의 보고를 위한 의안을 말한다.

④ 제1항에서 토의사항이라 함은 각 회의의 결정 또는 의결 이전에 각 위원이 자유로운 토론을

통해 결론을 도출할 필요가 있는 사안을 말하며, 각 회의의 의장은 회의진행 과정에서 결론이 도출되고 결정 또는 의결을 하는 것이 적당하다고 인정하는 경우에는 이를 결정 또는 의결사항으로 변경하여 처리할 수 있다.

제9조(사건처리절차의 적용) 각 회의는 제4조 및 제5조에 규정된 사항을 심의 및 결정·의결하는 데 있어서 세부 사항은 제3장의 각 규정에 따른다.

제3장 사건처리절차

제1절 조사 및 심사절차

제10조(사전심사) ① 조사관리관은 공정거래법 제80조, 표시광고법 제16조 제2항 및 제8조 제2항, 방문판매법 제43조 제1항 및 제7항, 같은 법 제25조, 약관법 제19조, 전자상거래법 제26조 제1항 및 제4항, 같은 법 제32조의2 제1항, 할부거래법 제35조 제1항 및 제4항, 하도급법 제22조, 가맹사업법 제32조의3 제1항 및 제2항, 대규모유통업법 제29조 제1항 및 제2항, 대리점법 제27조 제2항의 규정에 의하여 공정거래법, 표시광고법, 방문판매법, 약관법, 전자상거래법, 할부거래법, 하도급법, 가맹사업법, 대규모유통업법 또는 대리점법의 규정에 위반한 혐의가 있는 사실을 인지하거나 신고(인터넷을 통한 신고는 포함하고, 상담, 공정거래모니터요원·공정거래대민정보서비스시스템의 제보방을 통한 제보 등은 제외한다), 임시중지명령요청, 심사청구 또는 침해정지요청을 받은 때에는 이를 심사할 공무원(이하 "심사관"이라 한다)으로 하여금 제15조의 심사절차의 개시에 앞서 사실에 대한 조사와 사전심사를 하게 할 수 있다.

② 제1항의 신고 또는 심사청구를 하고자 하는 자는 다음 각 호의 서식에 따른 신고서 또는 심사청구서를 위원회에 제출하여야 한다.

1. 공정거래법 제80조 제2항 및 같은 법 시행령 제71조에 의한 신고 : 별지 제1호 내지 제4호 서식
2. 공정거래법 제76조 제1항, 제80조 제2항, 같은 법 시행령 제65조 제1항, 제2항 및 제71조에 의한 신고 혹은 분쟁조정신청 : 별지 제5호 서식
3. 표시광고법 제16조 제2항에 의한 신고 : 별지 제6호 서식
4. 방문판매법 제43조 제7항에 의한 신고 : 별지 제7호 서식
5. 약관법 제19조에 의한 심사청구 : 별지 제8호 서식
6. 전자상거래법 제26조 제4항에 의한 신고 : 별지 제9호 서식
7. 할부거래법 제35조 제4항에 의한 신고 : 별지 제10호 서식
8. 하도급법 제22조에 의한 신고 : 별지 제11호 서식
9. 가맹사업법 제32조의3 제1항에 의한 신고 : 별지 제12호 서식
10. 대규모유통업법 제29조 제1항에 의한 신고 : 별지 제13호 서식
11. 대리점법 제27조에 의한 신고 : 별지 제14호 서식

12. 제21조 제1항에 따른 재신고 : 별지 제15호 서식

③ 심사관은 제2항에 의한 신고서 양식에 의하지 아니하거나 내용이 충분하지 아니한 신고 또는 심사청구에 대하여는 신고인에게 보완을 요구할 수 있다.

④ 심사관은 조사공무원으로 하여금 제1항의 사실에 대한 조사 및 사전심사를 행하게 할 수 있다.

⑤ 〈삭제〉

⑥ 심사관은 위원회 직제의 규정에 의하여 해당 사건이 속하는 업무를 관장하는 국장, 심판관리관 또는 지방사무소장이 된다.

⑦ 조사관리관은 해당 사건이 속하는 업무의 소관이 분명하지 아니하거나 제6항의 규정에 의한 심사관이 해당 사건의 심사에 적합하지 아니하다고 인정하는 경우에는 위원회 소속인 4급 이상 공무원 또는 고위공무원단에 속하는 공무원 중에서 심사관을 지정할 수 있다.

제11조(조사 개시일 등) 〈삭제〉

제12조(사건의 등록) 심사관은 제10조 제1항에 따른 조사와 사전심사를 함에 있어 다음 각 호에서 정한 날까지 사건으로 등록(인지사건의 경우에는 조사계획서를 첨부)하여야 한다.
 1. 위반 혐의 사실을 인지하거나 자진신고 받은 경우에는 공정거래법 제81조 제1항 및 제2항에 따른 처분 및 조사를 한 날 중 가장 빠른 날
 2. 위반 혐의 사실을 신고 받은 경우에는 신고접수일부터 15일(다만, 사실관계가 복잡한 사건인 경우에는 1회에 한하여 15일 연장할 수 있다)

제13조(사건의 처리기간) ① 심사관은 조사개시일부터 6개월(시장지배적 지위 남용행위 및 부당한 지원행위 사건의 경우 9개월, 부당한 공동행위 사건의 경우 13개월) 이내에 해당 사건에 대하여 심사보고서를 작성하여 각 회의에 제출하거나 제61조에 따라 전결처리를 하여야 한다. 다만, 부득이한 사유로 인하여 처리기간의 연장이 필요한 경우에는 연장되는 기간을 정하여 조사관리관의 허가를 얻어야 한다.

② 제1항 단서에 따라 기간을 연장하는 경우 조사관리관의 허가를 얻은 날부터 15일 이내에 신고인, 임시중지 명령요청인, 심사청구 또는 침해정지요청인(이하 "신고인 등"이라 한다) 및 피조사인에게 그 사실을 문서로 통지하여야 한다. 다만, 통지로 인하여 자료나 물건의 조작·인멸 등이 우려되는 등 조사 목적 달성을 현저히 저해할 우려가 있는 불가피한 사유가 있는 경우에는 그러하지 아니하다.

③ 제1항의 기간 산정에 있어 자료제출에 소요되는 기간(자료제출명령서를 발송한 날과 자료가 위원회에 도달하는 날을 포함한다)은 제외한다. 다만, 조사공무원은 해당 사건에서 동일한 사업자 또는 사업자단체 등에 대하여 3회 이상 보고 또는 자료나 물건의 제출을 명하는 경우에는 사전에 심사관의 허가를 얻어야 한다.

제14조(분쟁조정절차) ① 조사관리관은 공정거래법 제76조 제1항 및 같은 법 시행령 제65조 제1항, 제2항에 의하여 분쟁조정신청을 받은 경우 이를 심사할 공무원으로 하여금 같은 법 제76조 제2항에 따라 공정거래분쟁조정협의회에 그 행위 또는 사건에 대한 분쟁조정을 의뢰할 수 있다.

② 제1항의 분쟁조정신청을 하고자 하는 자는 별지 제4호 서식에 의하여 분쟁조정신청을 하여야 한다.

③ 별지 제4호 서식에서 신고인 혹은 분쟁조정신청인이 불공정거래행위신고 및 분쟁조정신청을 모두 선택한 경우, 위원회는 공정거래법 제77조 제6항에 의하여 분쟁조정절차가 종료될 때까지 제58조 내지 제60조에 따른 결정을 하지 아니한다.

제15조(심사절차의 개시) ① 심사관은 제10조 제1항의 규정에 의한 조사 및 사전심사의 결과 제20조 각 호의 어느 하나에 해당하지 않는다고 인정되는 경우에는 위원장에게 다음 각 호의 사항을 서면 또는 전산망을 이용하여 보고(이하 "사건심사착수보고"라 한다)하여야 한다. 이 경우, 신고사건(약관법 위반사건은 제외한다)은 신고접수일부터 15일(사건심사착수보고 기한을 계산함에 있어서는 자료 보완 기간은 제외한다. 이하 이 항에서 같다) 이내에 사건심사 착수보고를 하되, 사실관계가 복잡한 사건인 경우에는 1회에 한하여 15일 연장할 수 있으며, 인지사건 또는 자진신고 사건은 공정거래법 제81조 제1항 및 제2항에 따른 처분 및 조사를 한 날 중 가장 빠른 날부터 30일 이내에 사건심사착수보고를 하되 불가피한 사유가 있는 경우 사전에 조사관리관 전결로 연장사유와 연장기한을 명시하여 사건심사착수보고 기한을 연장할 수 있다.

1. 사건명
2. 사건의 단서
3. 사건의 개요
4. 관계법조

② 제1항에도 불구하고 심사관은 공정거래법 시행령 제51조 제5항에 의하여 자진신고자나 조사에 협조한 자의 감면신청건에 대해서는 별도로 사건심사착수보고를 할 수 있다.

③ 심판관리관은 인지사건 또는 자진신고 사건의 경우 제12조에 의하여 사건으로 등록한 때에, 신고사건의 경우 제1항의 규정에 의한 사건심사착수보고가 있는 때에는 사건번호를 부여하여야 한다.

④ 심사관 또는 조사공무원은 신고내용 또는 직권인지 사건에 대하여 제1항의 규정에 의거 사건심사착수보고를 한 경우 이를 사건심사착수보고 후 15일 이내에 피조사인 및 신고인에게 서면, 문자메시지 등으로 통지하여야 한다. 다만, 통지로 인하여 자료나 물건의 조작·인멸 등이 우려되는 등 조사목적 달성을 현저히 저해할 우려가 있는 불가피한 사유가 있는 경우에는 그러하지 아니한다.

⑤ 심사관 또는 조사공무원은 제1항의 규정에 의한 사건심사착수보고 후 3개월 내에 조사진행 상황을 신고인에게 서면, 문자메세지 등으로 통지하여야 한다. 다만, 통지로 인하여 자료나 물건의 조작·인멸 등이 우려되는 등 조사목적 달성을 위하여 불가피한 사유가 있는 경우에는

그러하지 아니한다.

⑥ 심사관 또는 조사공무원은 제1항의 규정에 의한 사건심사착수보고 후 3개월 마다 조사진행 상황을 피조사인에게 서면, 문자메세지 등으로 통지하여야 한다. 다만, 통지로 인하여 자료나 물건의 조작·인멸 등이 우려되는 등 조사목적 달성을 위하여 불가피한 사유가 있는 경우에는 그러하지 아니한다.

제15조의2(현장조사 수집·제출자료에 대한 피조사인의 이의제기) ① 피조사인은 공정거래법 위반 사건(단, 공정거래법 제45조 제1항 제6호 위반 사건은 제외한다)과 관련한 공정거래법 제81조 제2항에 따른 조사과정에서 조사공문에 기재된 조사목적과 관련이 없는 자료가 수집·제출되었다고 판단하는 경우 현장조사가 종료된 날(「디지털 증거의 수집·분석 및 관리 등에 관한 규칙」 제12조에 따라 수집된 디지털 자료에 대해 선별 절차를 거치는 경우에는 해당되는 디지털 자료에 대한 선별이 모두 완료된 날)부터 7일 이내에 그 자료의 반환 또는 폐기를 요청할 수 있다.

② 제1항에 따른 피조사인의 반환 또는 폐기 요청이 있으면 심사관은 해당 자료의 조사목적 관련성을 검토하여 조사목적과 관련이 없는 자료라고 인정하는 경우에는 피조사인의 요청에 따라 해당 자료를 반환하거나 폐기하여야 한다.

③ 심사관은 제1항에 따른 반환 또는 폐기 요청이 있는 자료 중 조사목적과 관련이 있다고 인정되는 자료에 대해서는 제출자료 이의심사위원회(이하 이 조에서 "심사위원회"라 한다)에 해당 자료의 반환 또는 폐기 여부에 대한 심사를 요청하여야 한다.

④ 심사위원회는 심판관리관과 경쟁정책국장, 기업협력정책관, 소비자정책국장 중 2인을 포함한 3인의 위원으로 구성하며, 심판관리관이 의장이 된다.

⑤ 심사위원회는 심사요청된 자료가 조사목적과 관련이 없다고 판단하는 경우 그 자료의 반환 또는 폐기를 결정하고 그 결과를 심사관에게 통지한다.

⑥ 제5항에 따른 통지가 있으면 심사관은 심사위원회의 결정 내용에 따라 조사목적과 관련이 없는 자료는 반환하거나 폐기하고 피조사인에게 그 결과를 통지하는 등 필요한 조치를 하여야 한다.

⑦ 그 밖에 현장조사 수집·제출자료에 대한 이의제기의 방법 및 절차는 「현장조사 수집·제출자료에 대한 이의제기 업무지침」을 따른다.

제16조(법 위반 횟수 판단기준) ① 법 위반 횟수는 의결서를 기준으로 판단하되, 위반행위의 동질성이 인정되는 경우 수 개의 의결에도 불구하고 법 위반 횟수를 1회로 산정한다.

② 위반행위의 동질성이란 외형상 별개로 의결된 행위일지라도 구체적인 사실관계를 고려할 때 하나의 위반행위로 볼 수 있는 경우를 말한다.

③ 위반행위의 동질성은 위반행위의 내용, 행위유형 등 위반행위 태양과 피해법익, 법 위반 의사의 동일성 등을 종합적으로 고려하여 판단한다.

제17조(사건병합 처리기준) ① 심사관은 피심인이 동일하고 위반행위의 동질성이 인정되는 경우에 한하여 별개의 사건번호가 부여된 사건을 병합하여 함께 처리할 수 있다.

② 심사관은 사건심사착수보고일부터 심사보고서의 각 회의 제출 전까지 여러 개의 사건을 병합하여 처리할 수 있다.

③ 제1항 및 제2항에 따라 사건을 병합하여 처리한 경우 법 위반 횟수는 제16조 제1항의 기준에 따라 산정한다.

④ 제1항 및 제2항에 따라 사건을 병합하여 처리한 경우 벌점은 제3항에 의해 산정된 법 위반 횟수를 고려하여 다음 각 호에 따라 계산한다.

1. 공정거래법 위반 사건의 경우 「과징금부과 세부기준 등에 관한 고시」 Ⅱ. 13.의 위반횟수에 따른 가중치 산정 방식

2. 표시광고법 위반 사건의 경우에는 「표시광고법 위반사업자등에 대한 과징금부과 세부기준 등에 관한 고시」 Ⅱ. 11.의 위반횟수에 따른 가중치 산정방식

3. 방문판매법 위반 사건의 경우에는 「방문판매 등에 관한 법률 위반사업자에 대한 과징금 고시」 Ⅱ. 8.의 위반횟수에 따른 가중치 산정방식

4. 전자상거래법 위반 사건의 경우에는 「전자상거래 소비자보호법 위반사업자에 대한 과징금 부과기준 고시」 Ⅱ. 8.의 위반횟수에 따른 가중치 산정방식

5. 할부거래법 위반 사건의 경우에는 「할부거래에 관한 법률 위반사업자에 대한 과징금부과 세부기준 등에 관한 고시」 Ⅱ. 8.의 위반횟수에 따른 가중치 산정방식

6. 하도급법 위반 사건의 경우에는 같은 법 시행령 제17조 제1항의 [별표 3] 벌점의 부과 기준

7. 가맹거래법 위반 사건의 경우에는 「가맹사업법 위반사업자에 대한 과징금 부과기준에 관한 고시」 Ⅱ. 10.의 벌점 산정방식

8. 대규모유통업법 위반 사건의 경우에는 「대규모유통업법 위반사업자에 대한 과징금 부과기준 고시」 Ⅱ. 10.의 위반횟수에 따른 가중치 산정방식

9. 대리점법 위반 사건의 경우에는 「대리점법 위반사업자에 대한 과징금 부과기준에 관한 고시」 Ⅱ. 8.의 위반횟수에 따른 가중치 산정방식

제18조(이관처리) 심사관은 공정경쟁규약의 적용대상이 되는 신고사건에 대하여는 관련 법령이나 규칙·고시 등에 그 처리근거가 명시되어 있는 경우에 해당 사업자단체에 이관하여 우선적으로 처리하도록 할 수 있다.

제19조(소비자피해사건 자율처리) ① 심사관은 표시광고법, 방문판매법, 전자상거래법, 할부거래법 위반행위와 관련한 소비자의 신고가 다음 각 호에 해당하는 경우에는 이를 해당 사업자에게 통보하여 자율적으로 처리하도록 할 수 있다.

1. 소비자의 신고내용이 개별 피해구제를 목적으로 할 것

2. 사업자가 소비자기본법 제20조의2에 따른 소비자중심경영의 인증을 받고 그 유효기간 내에

있을 것

3. 소비자가 사업자와의 자율처리를 수락할 것

② 심사관은 사업자로 하여금 제1항에 따른 자율처리를 하게 한 경우에는 조사 및 심사절차를 개시하지 아니할 수 있다.

③ 제1항 및 제2항에도 불구하고 소비자의 신고가 다음 각 호의 어느 하나에 해당하는 경우에는 제2항을 적용하지 아니한다.

1. 다수피해자가 있는 신고사건

2. 위원회가 정하는 일정기간 동안 자율처리가 완료되지 아니하는 경우

3. 자율처리가 공익에 반하는 경우 등 자율처리가 적절하지 아니하다고 심사관이 판단하는 경우

제20조(심사절차를 개시하지 아니할 수 있는 경우) ① 심사관은 사전심사를 마친 후 제10조 제1항의 사실이 다음 각 호의 어느 하나에 해당한다고 인정되는 경우에는 심사절차를 개시하지 아니한다는 결정을 할 수 있다.

1. 공정거래법 제2조 제1호의 규정에 의한 "사업자" 요건을 충족하지 아니하는 경우

2. 공정거래법 제13장 각 조의 규정에 해당하는 경우

3. 공정거래법 제80조 제4항 또는 제5항의 규정에 의한 기간이 경과된 경우(같은 법 제80조 제6항에 의한 경우는 제외)

4. 방문판매법 제2조 규정의 요건을 충족하지 아니하여 같은 법의 적용대상이 되지 아니하는 경우

5. 방문판매법 제3조 각 항의 규정에 해당하는 경우 및 제4조에 의한 다른 법률을 적용하는 경우

6. 방문판매법 제43조 제8항에 의한 기간이 경과된 경우

7. 약관법 제2조 제1호, 제2호의 규정에 의한 "약관", "사업자" 요건을 충족하지 아니하는 경우

8. 약관법 제19조의 규정에 의하여 심사청구인이 약관조항의 심사를 청구하였으나 이미 해당 약관조항이 수정 또는 삭제된 경우

9. 약관법 제30조의 규정의 "약관"에 해당하는 경우

10. 위원회에서 승인한 표준약관조항을 심사청구한 경우

11. 전자상거래법 제2조 규정의 요건을 충족하지 아니하여 같은 법의 적용대상이 되지 아니하는 경우

12. 전자상거래법 제3조 각 항의 규정에 해당하는 경우 및 제4조 후단에 의한 다른 법률을 적용하는 경우

13. 전자상거래법 제26조 제5항에 의한 기간이 경과된 경우(단서에 의한 경우는 제외)

14. 할부거래법 제2조 규정의 요건을 충족하지 아니하여 같은 법의 적용대상이 되지 아니하는 경우

15. 할부거래법 제3조 각 호의 규정에 해당하는 경우 및 제4조 후단에 의한 다른 법률을 적용한 경우

16. 할부거래법 제35조 제5항에 의한 기간이 경과된 경우

17. 하도급법 제2조 제1항 내지 제3항의 규정에 의한 "하도급거래", "원사업자", "수급사업자" 요건을 충족하지 아니하는 경우

18. 하도급법 제22조 제4항 규정에 의한 기간이 경과된 경우(단서에 의한 경우는 제외)

19. 하도급법 제23조에 의한 기간이 경과된 경우(단서에 의한 경우는 제외)

20. 가맹사업법 제2조의 규정을 충족하지 아니하는 경우 및 제3조의 규정에 해당하는 경우

21. 가맹사업법 제32조에 의한 기간이 경과된 경우(단서에 의한 경우는 제외)

22. 대규모유통업법 제2조 규정의 요건을 충족하지 아니하여 같은 법의 적용대상이 되지 아니하는 경우

23. 대규모유통업법 제3조 제1항의 규정에 해당하는 경우 및 제4조 단서에 의해 하도급법을 적용한 경우

24. 대규모유통업법 제31조에 의한 기간이 경과된 경우(단서에 의한 경우는 제외)

25. 대리점법 제2조의 규정을 충족하지 아니하는 경우 및 제3조에 해당하는 경우

26. 대리점법 제27조 제2항에 의한 기간이 경과된 경우(단서에 의한 경우는 제외)

27. 무기명, 가명 또는 내용이 분명하지 아니한 신고로서 심사관이 보완요청을 할 수 없는 경우, 기간을 정한 보완요청을 받고도 이에 응하지 아니한 경우 또는 보완내용이 분명하지 아니하거나 허위로 기재된 경우

28. 신고인이 신고를 취하한 경우

29. 피심인이 제61조 제7항에 의한 경고심의 요청을 취하한 경우

30. 이의신청인 또는 집행정지신청인이 제77조에 의한 이의신청을 취하한 경우

31. 사망, 해산, 폐업 또는 이에 준하는 사유가 발생한 사업자를 신고한 경우

32. 이미 처리한 사건과 동일한 위반사실에 대하여 직권으로 인지하거나 다시 신고하여 온 경우

33. 공정거래법 제103조 제1항과 같은 법 시행령 제86조 제1항에서 정한 기준에 미달하는 경우 및 같은 법 같은 조 제2항에 의한 기간이 경과된 경우

34. 기타 공정거래법, 표시광고법, 약관법, 방문판매법, 전자상거래법, 할부거래법, 하도급법, 가맹사업법, 대규모유통업법 또는 대리점법의 적용대상이 아니라고 인정되는 경우

35. 위원회 소관의 규칙·고시·예규 등에서 정하고 있는 요건에 해당되어 공정거래법, 표시광고법, 약관법, 방문판매법, 전자상거래법, 할부거래법, 하도급법, 가맹사업법, 대규모유통업법 또는 대리점법 위반행위로 인정되지 아니하는 것이 명백한 경우

36. 「질서위반행위규제법」 제19조 제1항의 규정에 의한 기간이 경과된 경우(같은 법 제19조 제2항에 의한 경우는 제외)

② 심사관은 제1항에 해당하여 심사절차를 개시하지 아니 한다는 결정을 한 경우에는 그 결정 후 15일 이내에 신고인, 임시중지명령요청인·심사청구인(이하 "신고인등"이라 한다) 또는 피조사인에게 그 사실을 서면으로 통지하여야 한다. 다만, 다음 각 호의 어느 하나에 해당하는

경우에는 그러하지 아니하다.

1. 신고인이 신고를 취하한 경우
2. 피조사인에 대한 조사 없이 신고내용 자체로 심사절차를 개시하지 아니하는 경우(다만, 피조사인에 대한 통지에 한한다)

③ 제2항에 의한 통지를 함에 있어 제61조 제5항을 준용한다.

제21조(재신고의 경우) ① 심사관은 이미 처리한 사건과 동일한 위반사실에 대한 신고(이하 "재신고"라 한다)의 내용에 제52조 각 호의 어느 하나에 준하는 사유가 있다고 인정되는 경우에는 위원장에게 제15조 제1항에 의한 사건심사착수보고를 하여야 한다.

② 재신고가 있는 경우 심사관은 그 사건의 심사에 착수할 것인지 여부에 대한 결정을 재신고 사건심사위원회(이하 이 조에서 "심사위원회"라 한다)에 요청하여야 한다.

③ 심사위원회는 상임위원 1인 및 민간위원 2인으로 구성하며, 상임위원이 의장이 된다.

④ 재신고 사건을 심사위원회에 회부하는 경우 심사관은 신고인, 사건의 경위, 신고인의 주장, 이에 대한 심사관의 검토의견을 기재한 검토보고서를 작성하여 심사위원회에 제출하여야 한다.

⑤ 심사위원회는 제2항의 요청에 대한 심사를 하기 위하여 필요한 경우 해당 사건의 신고인이나 피신고인의 의견을 들을 수 있다.

⑥ 심사위원회는 재신고 사건에 제52조 각 호의 어느 하나에 준하는 사유가 있다고 판단하는 경우 사건심사착수를 결정하여 심사관에게 통지할 수 있다.

⑦ 심사관이 제1항 또는 제6항에 의하여 사건심사에 착수하는 경우(이 경우 사건의 단서란에 "재신고"라고 명시하여야 한다), 당초 신고를 처리한 조사공무원과 다른 조사공무원으로 하여금 제10조 제1항에 의한 조사 및 사전심사를 행하게 할 수 있다.

제22조(과징금 납부능력 관련사항의 조사) 심사관은 과징금 부과가 필요하다고 인정되는 사건의 경우 피조사인에 대하여 다음 각 호의 사항을 조사할 수 있다.

1. 자본잠식의 정도
2. 최근 3년간 당기 순이익상황
3. 회생절차개시 여부
4. 세금, 과징금 등의 체납 여부 및 정도
5. 임금체불 여부 및 정도
6. 최근 3년간 현금흐름표상의 영업현금현황

제23조(자율준수 프로그램 운용상황의 조사) 심사관은 피조사인이 공정거래 자율준수 프로그램을 운용하고 있음을 들어 제재 수준 경감을 요청하는 경우 다음 각 호의 사항을 조사할 수 있다.

1. 자율준수 프로그램의 도입 여부
2. 자율준수 프로그램 운용상황의 공시 여부
3. 자율준수 프로그램의 실질적 작동 여부

4. 위 1. 내지 3.의 요건을 충족하는 경우 위반행위의 자진시정 여부

5. 「공정거래 자율준수프로그램 운영 및 유인 부여 등에 관한 규정」(공정거래위원회예규 제328호) V. 2. 나의 적용제외 사유에 해당되는 경우

6. 자율준수 프로그램의 운용과 관련하여 기존에 제재 수준의 경감을 받은 실적의 여부 및 세부내용

제24조(소비자중심경영 인증 운용상황의 조사) 심사관은 피조사인이 소비자중심경영 인증을 받았음을 들어 제재 수준 경감을 요청하는 경우 다음 각 호의 사항을 조사할 수 있다.

1. 소비자기본법 제20조의2에 따른 소비자중심경영 인증을 받았는지 여부

2. 위 1.의 소비자중심경영 인증이 유효한지 여부

3. 위 1. 내지 2.의 요건을 충족하는 경우 위반행위의 자진시정 여부

4. 소비자중심경영 인증과 관련하여 기존에 제재 수준의 경감을 받은 실적의 여부 및 세부내용

제24조의2(조사관리관의 독립적 업무수행) 조사관리관은 위원회 소관 법령 위반사항의 조사 및 사건처리와 관련하여 독립하여 업무를 수행하며, 사무처장은 이와 관련한 조사관리관의 업무에 관여하지 아니한다.

제2절 심의 및 의결절차

제25조(심의절차의 개시 및 심사보고서의 작성·제출 및 송부) ① 위원회는 심사관이 심사보고서와 그 첨부자료를 전원회의 또는 소회의에 제출하였을 때 심의절차를 개시한다. 심사관은 다음 각 호의 사항을 기재한 심사보고서를 작성하여 각 회의에 제출하여야 한다.

1. 사건의 개요

2. 시장구조 및 실태

3. 제도개선사항의 유무

4. 사실의 인정

5. 위법성 판단 및 법령의 적용

6. 자율준수 프로그램 또는 소비자중심경영 인증제도 운용상황의 조사여부

7. 심사관의 조치의견(공표명령이 있는 경우에는 공표문안을 포함)

8. 피심인 수락 여부(전원회의 소관사건은 제외)

9. 첨부자료

10. 시정조치 이행관리 업무를 위탁하는 경우에는 수탁기관 및 위탁 대상

② 제1항 제1호의 사건의 개요에는 사건의 단서, 피심인, 신고인, 신고 또는 인지내용 및 심사경위 등을 기재한다. 다만, 신고를 이유로 피해를 입거나 입을 우려가 있다고 인정할 만한 상당한 이유가 있는 경우에는 신고인의 주소·성명·전화번호 등 신원을 알 수 있는 사항(이하 "인적사항"이라 한다.)을 기재하지 않을 수 있다. 또한 신고인은 심사보고서에 인적사항을 기재하지

않도록 요청할 수 있으며 심사관은 특별한 사유가 없는 한 이에 따라야 한다.

③ 제1항 제2호의 시장구조 및 실태에는 피심인의 일반현황, 피심인과 거래처와의 거래의존도, 관련 시장(객체별·단계별 또는 지역별 등)의 존재 및 범위, 동종 및 유사 사업자의 수·매출액·시장점유율, 시장에 대한 법령상의 규제 등에 관한 사항의 전부 또는 일부를 기재한다.

④ 제1항 제3호에는 사건처리과정에서 인지하게 된 경쟁제한적인 법령, 지침, 관행 등 각종 제도개선사항의 유무를 기재한다.

⑤ 제1항 제4호의 사실의 인정에는 행위사실 및 그 사실인정을 뒷받침할 수 있는 증거자료 등을 특정하여 기재하되, 그 기재방식은 "소갑 제○호증"으로 하고 제출순서에 따른 번호를 붙여야 한다.

⑥ 제1항 제5호의 위법성 판단 및 법령의 적용에는 법 위반 성립요건별로 구분하여 기재한다.

⑦ 제1항 제6호의 자율준수 프로그램 또는 소비자중심경영 인증제도 운용상황의 조사여부에는 피심인의 자율준수 프로그램 또는 소비자중심경영 인증제도 운용상황에 대한 조사여부를 기재하고, 제23조 또는 제24조의 규정에 의해 조사를 한 경우에는 그 조사내용 등을 심사보고서에 첨부하여야 하며, 심사보고서를 제출한 이후에 그 조사의 필요성이 제기된 경우에는 이를 조사하여 위원회에 제출하여야 한다.

⑧ 제1항 제7호의 심사관의 조치의견에는 해당 사건 심사결과 필요하다고 인정되는 조치의 내용을 기재한다. 다만, 과징금납부명령이 포함되는 경우에는 관련 상품의 범위·위반행위의 시기·종기 등 관련매출액 산정기준, 위반행위의 중대성 정도, 부당이득액을 의무적 조정과징금으로 하는 경우에는 그 부당이득액, 과거 3년간 법 위반 횟수 등 가중·감경 사유 및 기타 과징금 산정의 기초가 된 사실은 적시하되, 부과기준율, 부과기준금액, 가중·감경비율 및 최종 부과금액 등은 그러하지 아니하다.

⑨ 제1항 제9호의 첨부자료에는 사실의 인정이나 위법성 판단 등을 뒷받침할 수 있는 증거자료를 포함하며, 반드시 첨부자료의 세부목록을 작성하여야 한다.

⑩ 심사관은 심사보고서를 각 회의에 제출함과 동시에 피심인에게 심의절차의 개시 사실을 고지하고 심사보고서와 그 첨부자료의 목록 및 첨부자료(이하 "첨부자료 등"이라 한다)를 송부(피심인에게 송부되는 심사보고서와 첨부자료 등에는 신고인의 인적사항 및 신고인임을 미루어 알 수 있는 사실을 제외한다. 다만, 신고인이 동의한 경우는 그러하지 아니한다)하며, 이에 대한 의견을 4주(소회의에 제출되는 심사보고서의 경우 3주)의 기간 내에 심판관리관에게 문서로 제출할 것을 통지하여야 한다. 다만, 긴급히 심의에 부쳐야 하는 경우, 피심인의 모기업이 외국에 소재하거나 사건의 내용이 복잡하여 의견제출에 4주(소회의에 제출되는 심사보고서의 경우 3주) 이상의 시간이 소요된다고 인정되는 경우 및 기타 이에 준하는 사유가 있을 경우에는 피심인 의견서 제출기간을 달리 정할 수 있다.

⑪ 제10항에도 불구하고 심사관 조치의견의 사전 송부로 인하여 각 회의의 독립적 판단을 저해할 우려가 있거나 기타 불가피한 사유가 있는 경우 심사관은 심사관 조치의견을 심의기일(2회

이상 심의가 계속되는 것이 예정된 경우에는 최종 심의기일로 한다)에 피심인에게 배포할 수 있다.

⑫ 심사관은 다음 각 호의 어느 하나에 해당하는 자료를 제외하고는 제10항의 규정에 의한 심사보고서 및 첨부자료 등을 피심인에게 송부하여야 한다.

1. 영업비밀(「부정경쟁방지 및 영업비밀 보호에 관한 법률」 제2조 제2호에 따른 영업비밀을 말한다. 이하 같다) 자료

2. 공정거래법 제44조 제4항에 따른 자진신고 등과 관련된 자료

3. 다른 법률에 따른 비공개 자료

⑬ 심사관은 제10항 내지 제12항에 의한 심사보고서 및 첨부자료 등을 제공함에 있어 그 복사물의 표지에 이 복사물은 목적 외 사용을 금지하며, 이를 공개 또는 기타의 행위를 함으로써 위원회의 심의절차를 방해하거나 자료제출자의 권리를 침해하여서는 아니된다는 문구를 기재하여 교부하여야 한다.

⑭ 피심인이 제10항에 의한 의견서를 제출할 때에는 다음 각 호의 사항을 기재하여야 하고, 의견을 뒷받침할 수 있는 증거자료를 기재하되 그 기재방식은 "소을 제○호증"으로 하고 제출순서에 따른 번호를 붙여야 한다.

1. 사건명, 사건번호

2. 피심인의 성명·주소

3. 대리인

4. 심사보고서에 대한 의견

5. 증거자료 목록 등 첨부자료

6. 심사보고서 첨부자료 기타 자신에 관한 자료로서 영업비밀 등의 보호를 이유로 신고인, 다른 피심인 등에게 공개되기를 원하지 않는 자료가 있는 경우에는 그 자료의 목록 및 사유

7. 심의절차 진행과 관련한 의견이 있는 경우 그 사유

⑮ 심사관이 심사보고서를 각 회의에 제출할 때에는 제10항의 규정에 의한 의견서 제출기한을 심판관리관에게 통보하여야 한다.

⑯ 피심인은 제10항의 규정에 의하여 심사관이 정한 기간내에 심사보고서에 대한 의견서를 제출하여야 한다. 다만, 부득이한 사유로 제10항의 규정에 의한 의견서 제출기간의 연장이 필요한 경우 피심인은 그 사유를 명시하여 심판관리관에게 문서로 연장신청을 하여야 한다.

⑰ 심판관리관은 제16항 단서의 규정에 의한 의견서 제출기간의 연장신청이 있는 때에는 그 사실을 주심위원 또는 소회의 의장(이하 "주심위원 등"이라 한다.)에게 보고하고, 해당 주심위원 등의 결정에 따라 조치하여야 한다.

⑱ 조사공무원은 공정거래법 제59조 제1항 또는 제2항에 따른 심의·의결 절차가 진행 중인 경우에는 공정거래법 제81조 제2항에 따른 조사를 하거나 같은 법 같은 조 제3항에 따른 당사자의 진술을 들어서는 아니 된다. 다만, 조사공무원 또는 당사자의 신청에 대하여 전원회의 또

는 소회의가 필요하다고 인정하는 경우에는 그러하지 아니하다.

제26조(자료의 열람·복사 등) ① 심사보고서 및 첨부자료 등에 대한 열람·복사의 방법 및 절차는 「자료의 열람·복사 업무 지침」을 따른다.

② 피심인의 대리인이 심판정에서 「자료의 열람·복사 업무지침」 제11조 제6항에 따른 비공개 열람보고서에 기재된 영업비밀과 관련된 사항에 대해 발언하고자 하는 경우에는 회의 개최 5일 전까지 그 사실을 심판관리관에게 통지하여야 한다. 이 경우 의장은 피심인 퇴정 등 기타 필요한 조치를 할 수 있다.

제27조(심사보고서의 철회) ① 심사관은 제25조 제1항에 따라 제출한 심사보고서를 철회할 수 있다. 다만, 제37조 제1항에 따른 심의기일통지가 이루어진 이후에는 의장의 허가를 얻어야 한다.

② 심사관은 제37조 제1항에 따른 심의기일통지가 이루어진 이후에 심사보고서를 철회할 때에는 그 사실을 신속히 피심인에게 고지하여야 한다.

제28조(주심위원의 지정 및 임무 등) ① 전원회의의 의장은 심사보고서를 제출받은 경우 상임위원 1인을 해당 사건의 주심위원으로 지정한다.

② 제1항에 따라 지정된 주심위원 등은 사건의 심의부의 가능여부를 사전 검토하고 미비점 발견 시 담당심사관에게 보완하도록 지시할 수 있다.

③ 전원회의의 경우 심의부의 일자는 주심위원이 직접 또는 간사를 통해 의장과 협의하여 결정한다.

④ 주심위원 등은 사건의 심의와 관련하여 확인이 필요한 자료가 있는 경우에는 심의·의결 업무를 보좌하는 공무원(이하 "심결보좌담당자"라 한다)을 통해 심사관 또는 피심인에게 해당 자료의 제출을 요구할 수 있다.

제29조(의견청취절차의 실시) ① 주심위원 등은 다음 각 호의 어느 하나에 해당되는 경우 의견청취절차를 실시할 수 있고, 직권으로 또는 심사관이나 피심인의 신청을 받아 의견청취절차를 2회 이상 개최할 수 있다.

1. 피심인이 심사보고서의 사실관계, 위법성 판단 등을 다투는 경우
2. 사실관계가 복잡하거나 쟁점이 많은 경우
3. 전원회의 의안의 경우
4. 피심인이 의견청취절차 진행을 요청한 의안으로서 피심인의 방어권 보장, 심의의 효율적 진행을 위해 필요하다고 인정되는 경우

② 의견청취절차의 진행은 주심위원 등이 담당한다.

③ 위원은 사건의 심의과정에서 심사관 또는 피심인이 주장할 내용과 관련하여 제1항의 의견청취절차 외의 방법으로 심사관 또는 피심인으로부터 직접 의견제출이나 보고 등을 받아서는 아니 된다.

제30조(의견청취절차의 일시 지정 등) ① 주심위원 등은 심사보고서에 대한 피심인의 의견서가 제출된 이후의 날로 의견청취절차를 진행할 일시 및 장소를 정하여 기일의 5일 전까지 해당 사건의 위원, 심사관, 피심인에게 통지하여야 한다.

② 제1항에 따른 통지를 받은 심사관과 피심인은 의견청취절차에 참석이 어려운 경우 그 사유를 소명하여 기일의 변경을 신청할 수 있다.

③ 주심위원 등은 피심인이 교통의 불편 등으로 제1항에서 정한 장소에 직접 출석하기 어려운 경우 당사자의 의견을 들어 비디오 등 중계장치에 의한 중계 시설을 통하여 의견청취절차를 진행할 수 있다.

④ 제1항에 따른 통지를 받은 심사관과 피심인은 주심위원 등에게 상대방인 심사관 또는 피심인이 참석하지 아니한 상태로 의견청취절차를 진행할 것을 요청할 수 있으며, 주심위원 등은 피심인의 방어권 행사, 심의의 효율적 진행 등을 위하여 필요하다고 인정하는 경우에는 피심인과 심사관을 분리하여 의견청취절차를 진행할 수 있다.

제31조(의견청취절차 참석) ① 의견청취절차는 원칙적으로 다음 각 호의 사람이 모두 참석하여야 진행할 수 있다.

1. 해당 사건의 주심위원 등
2. 심사관 및 피심인(제30조 제4항에 따라 의견청취절차가 분리되어 진행되는 경우에는 심사관 또는 피심인 중 어느 한 쪽)
3. 해당 사건의 심결보좌담당자

② 제30조 제1항에 따른 통지를 받은 후 의견청취절차 기일의 변경이 없음에도 정당한 사유의 소명 없이 심사관 또는 피심인의 일방이 불출석한 경우에는 출석한 일방과 심결보좌담당자의 출석만으로 의견청취절차를 진행할 수 있다.

③ 제30조 제1항에 따른 통지를 받은 위원은 의견청취절차에 참석하여 질의하고 의견을 청취할 수 있다.

제32조(의견청취절차의 진행) ① 의견청취절차의 진행은 구술로 심사관과 피심인의 의견을 청취하고 질의하는 방식을 원칙으로 한다. 다만, 주심위원 등은 필요하다고 판단하는 경우 의견청취절차 기일에 진술할 내용을 기재한 요약 서면을 제출하도록 할 수 있고, 주요 쟁점사항에 대해서는 심의기일까지 관련 내용을 보완하도록 할 수 있다.

② 주심위원 등은 의견청취절차를 중립적 입장에서 공평하게 진행하여야 하며, 심사관과 피심인에게 주장의 기회를 동등하게 부여하여야 한다.

③ 심결보좌담당자는 의견청취절차의 안건, 일시 및 장소, 참석자, 진행 순서, 심사관과 피심인의 발언 요지 등 주요 내용을 기록·보존하여야 하며, 그 기록을 첫 심의기일 전에 각 회의에 제출하여야 한다.

④ 제30조 제4항에 따라 의견청취절차를 분리하여 진행하는 주심위원 등은 의견청취절차의 효

율적 진행을 위해서 필요하다고 인정하는 경우에는 피심인별 또는 쟁점별로 의견청취절차의 분리 진행 여부를 다르게 할 수 있다.

제33조(심판관리관실 소속 공무원의 의무) ① 심결보좌담당자는 심판관리관실 소속 공무원으로 한다.

② 심결보좌담당자는 주심위원 등을 보좌하여 다음 각 호의 업무를 담당한다.

1. 의견청취절차 실시 안건의 관리

2. 의견청취절차 관련 통지

3. 의견청취절차 및 사건의 심의와 관련하여 확인이 필요하다고 주심위원이 요구한 자료의 수집·전달

4. 그 밖에 의견청취절차의 진행 및 사건의 심의와 관련하여 필요한 업무

제34조(심판관리관실 소속 공무원의 제척·기피·회피) ① 심판관리관실 소속 공무원은 다음 각 호의 어느 하나에 해당하는 사건에 대한 심의·의결 보좌업무에서 제척된다.

1. 자기 또는 그 배우자나 배우자이었던 자가 사건의 당사자가 되거나, 사건의 당사자와 공동권리자 또는 공동의무자가 되는 사건

2. 자기가 당사자와 친족관계에 있거나 그러한 관계에 있었던 사건

3. 자기가 증언이나 감정을 한 사건

4. 자기 또는 자기가 속한 법인이 당사자의 대리인으로서 관여하였던 사건

5. 자기가 위원회 소속 공무원으로서 해당 사건의 조사 또는 심사를 행한 사건

② 심사관 또는 피심인은 심판관리관실 소속 공무원에게 공정한 심의·의결 보좌업무를 기대하기 어려운 사정이 있는 때에는 기피신청을 할 수 있다.

③ 기피를 신청하고자 하는 자는 주심위원 등에게 신청하여야 하며, 기피사유는 신청한 날부터 3일 이내에 서면으로 제출하여야 한다. 기피신청을 받은 심판관리관실 소속 공무원은 지체없이 이에 대한 의견서를 주심위원 등에게 제출하여야 한다.

④ 주심위원 등은 기피신청에 대하여 위원회의 의결을 거치지 아니하고 결정한다.

⑤ 심판관리관실 소속 공무원은 제1항 또는 제2항의 사유가 있는 경우에는 주심위원 등의 허가를 받아 회피할 수 있다.

제35조(심의부의) ① 각 회의의 의장(이하 "의장"이라 한다)은 제25조 제10항의 규정에 의한 피심인의 의견서가 제출된 날부터, 제29조에 따라 의견청취절차를 종료한 날부터, 의견서가 제출되지 아니한 경우에는 그 정한 기간이 경과한 날부터 30일 이내에 해당 사건을 심의에 부쳐야 한다. 다만, 의장이 필요하다고 인정하는 때에는 그 기간을 연장할 수 있다.

② 각 회의의 심의기일에는 심판정에서 심의한다.

제36조(심의부의의 연기·철회) 의장은 사정변경이 있는 경우 심사관의 요청 또는 직권으로 심

의부의의 연기·철회를 할 수 있다.

제37조(심의기일지정 및 통지) ① 의장은 심의개최 10일 전까지 해당 회의 구성위원 및 피심인에게 각 회의 심의개최의 일시, 장소 및 사건명, 심리 공개 여부 등을 서면("전송"을 포함한다)으로 통지하여야 한다. 다만, 긴급을 요하거나, 당사자·이해관계인 등과의 기일 조정에 있어 기타 부득이한 경우에는 그러하지 아니하다.

② 의장은 제1항의 규정에 의하여 각 위원에게 심의의 개최를 통지할 경우 해당 회의에 상정할 의안을 송부하되 대외적으로 기밀을 요하는 사항이나 기타 부득이한 사유가 있는 경우 그 요지를 전자통신·전화 또는 구두로 미리 알리는 것으로 이를 갈음할 수 있다.

③ 제1항의 규정에 의하여 통지를 받은 피심인은 통지된 각 회의의 심의지정일시에 부득이한 사유로 출석할 수 없을 때에는 그 사유를 명시하여 개최일시를 변경하여 줄 것을 신청할 수 있고 의장은 지체없이 그 허가 여부를 결정하여 통지하여야 한다. 또한 의장은 사정변경이 있는 경우 심의기일을 직권으로 변경할 수 있다.

④ 의장은 해당 사건의 신고인에게 심의지정일시, 장소 및 사건명을 통지하여야 한다. 다만, 신고인이 익명을 요구한 경우나 심사관이 사전에 신고인의 심의참관이 필요하지 아니함을 각 회의 간사에게 문서로 통보한 경우에는 그러하지 아니하다.

⑤ 전항의 경우 의장은 필요하다고 인정할 때에는 심사보고서(사건의 단서, 심사경위, 심사관의 조치의견 및 첨부자료는 제외)를 송부할 수 있다.

⑥ 의장은 다음 각 호의 어느 하나에 해당하는 사유가 있는 때에는 직권으로 또는 심사관이나 피심인의 신청을 받아 2일 이상의 심의기일을 지정하여 심의할 수 있다.

1. 심사관 또는 피심인이 심사보고서 내용, 의견청취절차, 심의과정에서 드러나지 않은 새로운 주장을 하거나 새로운 증거자료를 제출하여 이에 대한 확인이 필요한 경우

2. 참고인 진술의 진정성에 다툼이 있거나 사실관계가 복잡하고 쟁점이 많아 이에 대한 확인이 필요한 경우

3. 그 밖에 2일 이상의 심의기일이 필요하다고 인정되는 사유가 있는 경우

⑦ 제6항에도 불구하고 의장은 다음 각 호의 어느 하나에 해당하는 경우에는 피심인의 신청이 있으면 처분시효 도과 우려 등 특별한 사정이 없는 한 2일 이상의 심의기일을 지정하여 심의하여야 한다.

1. 사업자인 피심인이 5명 이상(공정거래법 제40조 제1항 위반 사건의 경우에는 15명 이상)인 경우

2. 제25조 제1항 제7호에 따른 심사관의 조치의견에 과징금납부명령이 포함되는 경우로 심사보고서상 기초사실에 따라 산출된 산정기준의 최대금액(조정 전의 금액을 말한다)이 1천억 원 이상(공정거래법 제40조 제1항 위반사건의 경우 5천억 원 이상)인 경우

⑧ 의결은 최초 심의에 참여한 위원이 하여야 한다. 다만, 제6항 또는 제7항에 따라 심의를 계속하는 절차에서 심의에 참여한 위원이 변경되는 경우로서 새로운 심의기일에 종전의 심의결과

가 진술된 경우에는 최초 심의에 참여하지 않은 변경된 위원도 의결할 수 있다.

⑨ 제8항에 의한 종전 심의결과의 진술은 당사자가 사실상 또는 법률상 주장, 정리된 쟁점 및 증거조사 결과의 요지 등을 진술하거나, 의장이 당사자에게 해당 사항을 확인하는 방식으로 할 수 있다.

제38조(심의의 공개) ① 위원회의 심리와 의결은 공개한다. 다만, 사업자 또는 사업자단체의 사업상의 비밀을 보호할 필요가 있다고 인정할 때에는 그 범위 내에서 심리와 의결의 전부 또는 일부를 공개하지 아니할 수 있다.

② 제37조 제1항의 규정에 의하여 심리 공개 통지를 받은 피심인은 특정인(이하 "참관인"이라 한다)에 대한 참관석의 우선배정을 심판관리관에게 신청할 수 있으며 참관석의 부족이 예상되는 경우 주심위원 등은 참관인 수의 제한 등 기타 필요한 조치를 취할 수 있다.

③ 공개되는 사건 심리에서 참관석의 부족이 예상되어 참관인에게 참관석을 우선 배정하는 경우에도 부득이한 사유가 없는 한 주심위원 등은 참관석 중 최소 5석은 공석으로 남겨두어 참관인 이외의 이해 관계없는 제3자들이 심리 당일 선착순으로 입정할 수 있도록 배정하여야 한다.

④ 위원회는 홈페이지 게시 등 적정한 방법으로 참관 안내문 등을 포함하여 심의안건을 공개하여야 한다. 다만, 심리 및 의결이 비공개되는 사건은 심의안건도 비공개할 수 있다.

제39조(심판정 질서유지) ① 심판정의 질서유지는 의장이 이를 행한다.

② 의장은 심판정의 존엄과 질서를 해할 우려가 있는 자의 입정금지 또는 퇴정을 명하거나 기타 심판정의 질서유지에 필요한 명령 또는 조치를 할 수 있다.

③ 누구든지 심판정안에서는 의장의 허가 없이는 녹화, 녹음, 촬영, 중계방송 등의 행위를 할 수 없다.

④ 기타 심판정의 질서유지를 위해 필요한 사항은 「공정거래위원회 심판정의 질서유지를 위한 규칙」에 따른다.

제40조(심사관 및 피심인의 회의출석) ① 각 회의의 심의기일에는 해당 사건의 심사관 및 피심인이 출석한다. 또한 의안의 상정자를 제외한 위원회 직원(심판관리관실 소속 직원 제외)은 심사관을 보조하여 심의에 참가하여 의안에 대한 설명 또는 의견을 진술할 수 있다.

② 피심인이 제37조 제1항의 규정에 의한 통지를 받고도 정당한 이유 없이 출석하지 아니한 경우에는 제1항의 규정에 불구하고 피심인의 출석 없이 개의할 수 있다.

③ 심사관은 피심인의 폐업, 소재불명 등으로 제37조 제1항의 규정에 의한 통지를 할 수 없는 경우에는 각 회의에 그 사실 및 사유를 보고하여야 한다. 이 경우 각 회의는 심사관에게 피심인의 소재를 탐지하도록 하거나 그 실익이 없다고 인정하는 경우에는 피심인에 대한 통지 없이 심사보고서를 각 회의에 제출하도록 지시할 수 있다.

④ 제3항의 규정에 의하여 각 회의가 피심인에 대한 통지 없이 심사보고서를 각 회의에 제출하도록 지시한 경우에는 제1항의 규정에도 불구하고 피심인의 출석 없이 개의할 수 있다.

제41조(인정신문) 의장은 피심인 또는 참고인에 대하여 본인임을 확인하기 위한 인정신문을 한다.

제42조(대리인) ① 피심인은 다음 각 호의 어느 하나에 해당하는 자를 피심인의 대리인으로 선임할 수 있다.

1. 변호사
2. 피심인인 법인의 임원 등 기타 각 회의의 허가를 얻은 자

② 대리인은 대리권의 범위와 자기가 대리인임을 명백히 표시하는 위임장을 각 회의의 심의개시 전까지 제출하여야 한다.

③ 제1항 제2호의 경우 피심인이 그 자의 성명, 주소 및 직업을 기재하고, 피심인과의 관계, 기타 대리인으로서 적당한지의 여부를 충분히 알 수 있는 사항을 기재한 문서를 위원회에 제출하여야 한다.

④ 의장은 피심인의 책임 있는 답변이나 법위반 재발방지 등을 위한 의견청취가 필요한 때에는 피심인 본인(피심인이 법인인 경우에는 그 대표자)에게 심의에 출석할 것을 명할 수 있다.

제43조(참고인) ① 각 회의는 신청 또는 직권으로 심의결과에 대한 이해관계인, 자문위원, 관계행정기관, 공공기관·단체, 전문적인 지식이나 경험이 있는 개인이나 단체, 감정인 등을 참고인으로 하여 심의에 참가시켜 의안에 대한 설명·의견을 듣고 신문할 수 있다.

② 각 회의는 의안에 관하여 참고인에게 의견서를 제출하게 할 수 있다.

③ 국가기관과 지방자치단체는 공공의 이익과 관련하여 위원회 사건처리과정에서 고려할 수 있는 정책적 의견이 있는 경우 각 회의에 해당 사건에 관한 의견서를 제출할 수 있다. 필요한 경우 각 회의는 일시 및 장소를 정하여 담당공무원을 출석하게 하여 의견을 들을 수 있다.

제44조(모두절차) ① 의장은 심사관으로 하여금 심사보고서에 의하여 심사결과의 요지를 진술하게 할 수 있다.

② 의장은 제1항의 규정에 의한 심사관의 진술이 끝난 뒤 피심인에게 의견을 진술하게 할 수 있다.

③ 의장은 피심인이 제25조 제10항의 규정에 의하여 제출한 의견서의 내용과 중복된 의견을 진술하는 경우에는 이를 제한할 수 있다.

제45조(석명권, 질문권) ① 위원은 의장의 허락을 얻어 사실의 인정 또는 법률의 적용에 관계되는 사항에 관하여 심사관 또는 피심인에게 질문할 수 있다.

② 심사관 또는 피심인은 상대방의 진술의 취지가 명백하지 아니할 때에는 의장의 허락을 얻어 직접 상대방에게 질문할 수 있다.

제46조(진술의 제한) ① 의장은 심사관 또는 피심인이 행하는 질문이나 진술이 이미 행한 질문 또는 진술과 중복되거나 해당 사건과 관계가 없다고 인정할 때에는 이를 제한할 수 있다.

② 의장은 심사관, 피심인 또는 참고인의 진술시간을 적절한 범위에서 제한할 수 있다. 다만, 의장은 필요하다고 인정하는 경우 제한한 진술시간을 연장할 수 있다.

제47조(영업비밀 등의 보호를 위한 조치) ① 피심인 또는 참고인(이하 "피심인 등"이라 한다)이 심판정에서 자신의 사업상의 비밀이 포함된 사항에 대하여 발언하고자 하는 경우에는 회의 개최 5일 전까지 공개가 곤란한 사업상 비밀의 내용과 필요한 조치의 내용을 기재한 서면을 심판관리관에게 제출함으로써 주심위원 등에게 분리 심리 또는 다른 피심인 등의 일시 퇴정 기타 필요한 조치를 요청할 수 있다.
② 제1항의 사업상의 비밀이란 공개될 경우 피심인 등의 정당한 이익을 해할 우려가 있는 사업상 정보를 말하며 이에는 생산방법, 판매방법, 거래처, 고객 명단, 원가, 외부에 공개되기 어려운 사업전략 등이 포함된다.
③ 제1항에 의한 피심인 등의 요청이 있는 경우 주심위원 등은 심의 개최 1일 전까지 그 허용 여부를 피심인 등에게 통지하여야 한다.
④ 의결서 등에 제2항에 의하여 주심위원 등이 사업상의 비밀로 인정한 사항이 있는 경우 등 필요한 경우에는 위원회의 결정으로 사업상의 비밀이 포함된 의결서를 공개하지 않거나 그 사업상의 비밀을 삭제하여 의결서를 공개할 수 있다.

제48조(증거조사의 신청 등) ① 피심인 또는 심사관은 각 회의에 증거조사를 신청할 수 있다.
② 제1항의 규정에 의한 증거조사를 신청함에 있어서는 증거방법 및 그에 의하여 증명하려고 하는 사항을 명백히 밝혀 이를 행하고, 참고인신문을 신청하고자 하는 경우에는 참고인의 성명·주소·직업 및 신문사항을 명백히 하여 이를 행하여야 한다.
③ 의장은 피심인 또는 심사관의 증거조사신청에 대하여 그 내용이 중복되거나 그 밖에 심의의 효율적 진행이 저해된다고 판단되는 경우에 해당하여 채택하지 아니할 때에는 그 이유를 고지하여야 한다.
④ 각 회의는 필요하다고 인정하는 때에는 직권으로 증거조사를 할 수 있다.
⑤ 제2항에 의한 참고인신문 신청이 있는 경우 심판총괄담당관은 의장의 결정에 따라 채택된 참고인신문사항을 상대방인 심사관 또는 피심인에게 통지하되 참고인에게 사전에 공개하여서는 아니된다는 문구를 기재하여 통지하여야 한다. 다만, 제49조 제1항 후단의 규정에 의한 신문에는 이 규정을 적용하지 아니한다.
⑥ 참고인으로 심의 전에 채택하지 않은 자에 대하여 심의 중에 부득이하게 참고인 신문이 필요한 경우 의장이 해당인, 피심인 및 심사관의 동의를 얻어 즉석에서 참고인으로 채택할 수 있다.

제49조(참고인신문 방식) ① 참고인신문은 이를 신청한 심사관 또는 피심인이 먼저하고, 다음에 다른 당사자가 한다.
② 의장 및 위원은 제1항의 신문이 끝난 뒤에 신문할 수 있다.
③ 의장은 필요한 경우 제1항과 제2항에 따른 신문의 순서를 바꿀 수 있다.

④ 심사관 또는 피심인의 신문이 중복되거나 쟁점과 관계가 없는 때, 그 밖에 필요한 사정이 있는 때에 의장은 심사관 또는 피심인의 신문을 제한할 수 있다.

⑤ 신문은 개별적이고 구체적으로 하여야 한다.

⑥ 각 회의가 직권으로 참고인을 신문할 경우 신문방식은 의장이 정하는 바에 의한다.

⑦ 심사관 또는 피심인이 제48조 제2항에 따른 신문사항 외의 사항에 대하여 신문하고자 하는 경우 의장의 허락을 얻어 신문할 수 있다.

제50조(심사관 등의 의견진술) ① 의장은 심의를 종결하기 전에 심사관에게 시정조치의 종류 및 내용, 과징금 부과, 고발 등에 관한 의견을 진술하게 하여야 한다.

② 의장은 피심인에게 마지막으로 진술할 기회를 주어야 한다.

제51조(심의의 분리ㆍ병합 및 재개) 의장은 필요하다고 인정할 때에는 신청 또는 직권으로 심의 절차의 분리ㆍ병합 및 그 취소 또는 종결된 심의절차의 재개를 명할 수 있다.

제52조(재심사명령) 각 회의는 다음 각 호의 어느 하나에 해당되는 사유가 있는 경우에는 심사관에게 해당 사건에 대한 재심사를 명할 수 있다.

1. 사실의 오인이 있는 경우

2. 법령의 해석 또는 적용에 착오가 있는 경우

3. 심사관의 심사종결이 있은 후 심사종결 사유와 관련이 있는 새로운 사실 또는 증거가 발견된 경우

4. 기타 제1호 내지 제3호에 준하는 사유가 있는 경우

제53조(심의절차종료) 각 회의는 다음 각 호의 어느 하나에 해당하는 경우에는 심의절차의 종료를 의결할 수 있다.

1. 제20조 제1항 각 호의 어느 하나(제31호는 제외)에 해당하는 경우

2. 약관법 위반행위를 한 피심인이 사건의 조사 또는 심의과정에서 해당 위반약관을 스스로 시정하여 시정조치의 실익이 없다고 인정하는 경우

3. 재신고 사건으로 원사건에 대한 조치와 같은 내용의 조치를 하는 경우

4. 사건의 사실관계에 대한 확인이 곤란하여 법위반 여부의 판단이 불가능한 경우, 새로운 시장에서 시장상황의 향방을 가늠하기가 매우 어렵거나 다른 정부기관에서 처리함이 바람직하여 위원회 판단을 유보할 필요가 있는 등 심의절차종료가 합리적이고 타당하다고 인정하는 경우

제54조(무혐의) ① 각 회의는 피심인의 행위가 공정거래법, 표시광고법, 방문판매법, 약관법, 전자상거래법, 할부거래법, 하도급법, 가맹사업법, 대규모유통업법 또는 대리점법 위반행위로 인정되지 아니하거나 위반행위에 대한 증거가 없는 경우에는 무혐의를 의결할 수 있다.

② 각 회의는 피심인의 행위가 공정거래법, 표시광고법, 방문판매법, 약관법, 전자상거래법, 할

부거래법, 하도급법, 가맹사업법, 대규모유통업법 또는 대리점법에 위반되지 아니하더라도 장래의 법위반 예방 등 필요한 경우에는 주의촉구를 할 수 있다. 이 경우 해당 행위는 공정거래법, 표시광고법, 방문판매법, 약관법, 전자상거래법, 할부거래법, 하도급법, 가맹사업법, 대규모유통업법 또는 대리점법에 위반되지는 아니함을 명백히 하는 문언을 함께 기재하여야 한다.

제55조(종결처리) ① 각 회의는 다음 각 호의 어느 하나에 해당하는 경우에는 종결처리를 의결할 수 있다.

1. 피심인에게 사망·해산·파산·폐업 또는 이에 준하는 사유가 발생함으로써 시정조치 등의 이행을 확보하기가 사실상 불가능하다고 인정될 경우
2. 피심인이 채무자 회생 및 파산에 관한 법률에 의하여 보전처분 또는 회생절차개시결정을 받았고, 법 위반 혐의가 재산상의 청구권과 관련된 경우

② 각 회의는 제1항 제2호에 의하여 종결처리된 사건에 있어서 피심인이 채무자 회생 및 파산에 관한 법률에 의하지 아니한 방법으로 정상적인 사업활동을 영위하는 경우에는 사건절차를 재개할 수 있다.

제56조(심의중지) ① 각 회의는 피심인에게 다음 각 호의 어느 하나에 해당하는 사유가 발생하여 심의를 계속하기가 곤란한 경우에는 그 사유가 해소될 때까지 심의중지를 의결할 수 있다.

1. 부도 등으로 인한 영업중단
2. 일시적 폐업이라고 인정되는 경우
3. 법인의 실체가 없는 경우
4. 도피 등에 의한 소재불명
5. 국외에 소재하는 외국인 사업자를 신고한 경우로서 조사 등이 현저히 곤란한 경우
6. 기타 제1호 내지 제5호에 준하는 경우

② 해당 사건 심사관은 제1항의 규정에 의하여 심의중지가 의결된 때에는 심의중지자 명부에 해당 사항을 기재하고 점검·관리하여야 한다. 이 경우 의결된 날부터 6개월 경과 후 종결처리 할 수 있다.

③ 해당 사건 심사관이 제2항 후문의 규정에 의하여 종결처리 한 때에는 다음 각 호의 사항을 신고인 등에게 통지하여야 한다.

1. 종결처리된 사실
2. 피심인의 영업재개 등 심사개시사유가 발생한 때에는 재신고할 수 있다는 사실

제57조(경고) ① 각 회의는 다음 각 호의 어느 하나에 해당하는 경우에는 경고를 의결할 수 있다.

1. 공정거래법, 표시광고법, 방문판매법, 약관법, 전자상거래법, 할부거래법, 하도급법, 가맹사업법, 대규모유통업법 또는 대리점법 위반의 정도가 경미한 경우
2. 공정거래법, 표시광고법, 방문판매법, 전자상거래법, 할부거래법, 하도급법, 가맹사업법, 대규모유통업법 또는 대리점법 위반행위를 한 피심인이 사건의 심사 또는 심의과정에서 해당 위

반행위를 스스로 시정하여 시정조치의 실익이 없다고 인정하는 경우

3. 공정거래법, 표시광고법, 방문판매법, 전자상거래법, 할부거래법, 하도급법, 가맹사업법, 대규모유통업법 또는 대리점법 위반행위를 한 피심인이 위원회의 시정조치 또는 금지명령에 응하지 않아 심사관이 심사절차를 개시하였으나 사건의 심사 또는 심의과정에서 시정조치 또는 금지명령을 이행한 경우

② 제1항의 규정을 적용함에 있어 부당한 공동행위, 사업자단체 금지행위, 불공정거래행위 및 재판매가격유지행위, 부당한 표시·광고행위, 방문판매법 위반행위, 전자상거래법 위반행위, 할부거래법 위반행위, 하도급법 위반행위, 가맹사업법 위반행위, 대규모유통업법 위반행위, 대리점법 위반행위가 별표의 기준 각 목의 어느 하나에 해당하는 경우에는 경고로 의결할 수 있다.

제58조(시정권고) ① 각 회의는 다음 각 호의 어느 하나에 해당하는 경우에 공정거래법, 표시광고법, 방문판매법, 약관법, 전자상거래법, 할부거래법, 하도급법, 가맹사업법, 대규모유통업법 또는 대리점법 위반행위를 한 사업자에게 시정방안을 정하여 이에 따를 것을 권고할 수 있다.

1. 위원회의 심결을 거쳐 위반행위를 시정하기에는 시간적 여유가 없거나 시간이 경과되어 위반행위로 인한 피해가 크게 될 우려가 있는 경우

2. 위반행위자가 위반사실을 인정하고 해당 위반행위를 즉시 시정할 의사를 명백히 밝힌 경우

3. 위반행위의 내용이 경미하거나 일정한 거래분야에서 경쟁을 제한하는 효과가 크지 않은 경우

4. 공정거래 자율준수 프로그램(CP)을 실질적으로 도입·운용하고 있는 사업자가 동 제도 도입 이후 최초 법 위반행위를 한 경우

② 각 회의는 약관법 위반사건이 약관법 제17조의2 제1항 및 제3항(시정권고에 한한다)에 해당하는 경우에는 피심인 또는 피심인과 동종의 사업을 영위하는 다른 사업자에게 시정방안을 정하여 이에 따를 것을 권고할 수 있다.

③ 제1항 또는 제2항의 규정에 의한 권고는 다음 각 호의 어느 하나에 해당하는 경우 다음 각 목의 사항을 기재한 서면으로 하여야 한다.

1. 공정거래법, 표시광고법, 방문판매법, 전자상거래법, 할부거래법, 하도급법, 가맹사업법, 대규모유통업법 또는 대리점법 위반사건의 경우

   가. 사건번호, 사건명, 피심인명

   나. 시정권고 사항

   다. 법위반 내용

   라. 적용법조

   마. 시정기한

   바. 수락여부 통지기한

   사. 수락거부 시 조치방침

2. 약관법 위반사건의 경우

   가. 사건번호, 사건명, 피심인명

나. 시정권고 사항(시정기한 포함)

　　다. 시정권고 이유

　　라. 적용법조

④ 심사관은 권고를 받은 자가 수락하지 아니하기로 통지하거나, 시정권고를 통지받은 날부터 10일 이내에 그 수락여부를 서면으로 통지하지 아니한 경우에는 해당 사건에 대한 심사보고서를 작성하여 각 회의에 제출하여야 한다. 다만, 약관법 위반사건의 경우에는 그러하지 아니하다.

제59조(시정명령등 의결) ① 각 회의는 심의절차를 거쳐 시정명령, 시정요청(약관법 위반의 경우에 한한다), 과징금납부명령 또는 과태료납부명령의 의결을 할 수 있다.

② 각 회의는 법위반 상태가 이미 소멸된 경우에도 법 위반행위의 재발방지에 필요하다고 인정하는 경우에는 시정에 필요한 조치 등을 의결할 수 있다.

제60조(고발 등 결정) ① 각 회의는 심의절차를 거쳐 고발, 입찰참가자격제한요청 또는 영업정지요청의 결정을 할 수 있다. 다만, 필요하다고 인정할 때에는 서면으로 심의·결정할 수 있다.

② 제20조, 제53조, 제55조 및 제56조의 규정은 시정조치불이행사건에 대하여 이를 준용한다.

제61조(심사관의 전결 등) ① 심사관은 전결로 제53조에 해당한다고 인정되는 사건에 대하여 심사절차종료를, 제54조에 해당한다고 인정되는 사건에 대하여 무혐의를, 제55조에 해당한다고 인정되는 사건에 대하여 종결처리를, 제56조에 해당한다고 인정되는 사건에 대하여 조사 등 중지를, 제57조 제1항 제2호 및 제3호, 제2항에 해당한다고 인정되는 사건에 대하여 경고를, 제58조 제2항에 해당한다고 인정되는 사건에 대하여 시정권고를 할 수 있다. 다만, 공정거래법 제5조 제1항에 해당하고 해당 시장의 연간매출액 규모가 1,000억 원 이상인 경우 또는 기존 선례가 없는 새로운 유형의 경우로서 제53조 제4호에 해당한다고 인정되는 사건과 제54조에 해당한다고 인정되는 사건에 대하여는 심사관 대신 조사관리관이 각각 심사절차종료와 무혐의로 전결할 수 있다.

② 심사관은 제59조 제1항에 의하여 과태료를 부과하는 사건에 대하여는 전결할 수 있다. 다만, 다음 각 호의 어느 하나에 해당하여 과태료를 부과하는 경우에는 그러하지 아니하다.

1. 공정거래법 제130조 제1항 제6호

2. 표시광고법 제20조 제1항, 제2항 제6호 및 제7호

3. 약관법 제34조 제1항 제2호

4. 할부거래법 제53조 제3항 제6호 내지 제8호

5. 하도급법 제30조의2 제1항, 제2항

6. 가맹사업법 제43조 제1항 내지 제4항

7. 대규모유통업법 제41조 제1항 내지 제2항

8. 대리점법 제32조 제1항 제1호 내지 제3호 및 제2항

③ 심사관은 제60조 제1항의 규정에 의하여 고발하는 사건이 다음 각 호의 어느 하나에 해당하

는 경우에는 전결할 수 있다. 다만, 제5호의 경우 당초 해당 사건을 심의한 위원회에 고발요청에 따라 고발한다는 사실을 고발 전에 보고하여야 한다(불가피한 경우에는 고발한 사실을 고발 후에 보고할 수 있다).

1. 약관법 제32조의 규정을 위반한 자에 대한 고발
2. 방문판매법 제58조 내지 제64조의 규정을 위반한 자에 대한 고발
3. 전자상거래법 제40조 내지 제43조의 규정을 위반한 자에 대한 고발
4. 할부거래법 제48조 내지 제51조의 규정을 위반한 자에 대한 고발
5. 공정거래법 제129조 제3항 또는 제4항, 표시·광고법 제16조 제3항, 하도급법 제32조 제3항 또는 제4항, 가맹사업법 제44조 제3항 또는 제4항, 대규모유통업법 제42조 제3항 또는 제4항, 대리점법 제33조 제3항 또는 제4항의 규정에 따라 검찰총장, 감사원장, 중소벤처기업부장관 또는 조달청장의 고발요청에 따른 고발

④ 조사관리관은 제58조 제1항의 규정에 해당한다고 인정되는 사건에 대하여는 전결할 수 있다.

⑤ 심사관 또는 조사관리관이 제1항 내지 제4항의 규정에 의한 전결을 한 경우 심사관은 15일 이내에 피조사인 및 신고인 등에게 처리결과와 그 이유가 구체적으로 기재된 문서로 통지하여야 하며, 필요하다고 인정되는 경우에는 이해관계인 등에게도 통지할 수 있다.

⑥ 제5항에도 불구하고 심사관 또는 조사관리관은 다음 각 호의 구분에 따른 사람에게 통지하지 아니할 수 있다.

1. 제20조 제1항 제27호 중 무기명 또는 가명으로 신고하여 심사불개시 처리하거나, 신고인이 신고를 취하한 경우: 신고인
2. 피조사인에게 사망·해산·폐업 또는 이에 준하는 사유가 발생하여 제20조 제1항 제31호에 따라 심사불개시 처리하거나, 제55조에 따라 종결처리하는 경우: 피조사인

⑦ 제1항에 따라 제57조의 규정에 의한 경고를 받은 자가 법 위반의 여부 등에 관하여 심의를 요청하는 경우에 심사관은 심사보고서를 작성하여 소회의에 상정하여야 한다. 이 경우 사건처리절차는 제51조의 규정에 의한 심의절차 재개를 명한 사건의 처리절차에 따른다.

제62조(의결서 및 결정서의 작성 등) ① 각 회의는 제53조, 제54조, 제55조, 제56조, 제57조, 제59조, 제60조, 제65조, 「부당한 공동행위 자진신고자 등에 대한 시정조치 등 감면제도 운영고시」 제12조의 규정에 의한 의결 또는 결정(이하 "의결 등"이라 한다)을 하는 경우에는 그 의결 등의 합의가 있은 날부터 35일(과징금 부과 금액의 확정을 위해 필요한 자료의 제출을 명하는 경우 70일) 이내에 그 의결서 또는 결정서(이하 "의결서 등"이라 한다)를 작성하여야 한다. 다만, 부득이한 사유로 인하여 작성 기간의 연장이 필요한 경우에는 연장되는 기간을 정하여 주심 위원 또는 소회의 의장의 허가를 얻어야 한다.

② 제1항의 의결서 등에는 다음 사항을 기재하여야 한다. 다만, 경고의결서의 경우는 다음 제6호 사항에 대하여 간이하게 기재할 수 있다.

1. 의결 등 일자 및 의결 등 번호

2. 사건번호 및 사건

3. 피심인

4. 심의종결일

5. 주문(공표명령이 있는 경우에는 별지에 공표문안을 기재)

6. 이유

7. 시정조치 이행관리 업무를 위탁하는 경우에는 수탁기관 및 위탁 대상

③ 제1항의 의결서 등에는 소수의견을 덧붙여 적을 수 있다.

④ 제1항 및 제2항에 의하여 작성한 의결서 등에는 참여한 위원이 서명·날인하여야 한다. 이 경우 전원회의의 주심위원에 대하여는 해당 사건의 주심위원임을 표시하여야 한다.

제63조(의결서 등의 경정) ① 각 회의는 의결서 등에 오기, 계산착오, 그 밖에 이와 유사한 오류가 있는 것이 명백한 때에는 신청 또는 직권으로 경정결정을 할 수 있다.

② 경정결정은 의결서 등의 원본과 정본에 덧붙여 적어야 한다. 다만, 정본에 덧붙여 적을 수 없는 때에는 결정의 정본을 작성하여 피심인 또는 의결서 등의 내용에 관하여 권한있는 기관의 장(이하 "권한있는 기관의 장"이라 한다)에게 송부하여야 한다.

③ 각 회의의 의장이 필요하다고 인정하는 경우 제35조 제2항의 규정에도 불구하고 제1항의 규정에 의한 의결서 등의 경정결정을 서면으로 심의할 수 있다.

제64조(의결 등의 조치 및 통지) ① 심판관리관은 제53조 내지 제60조의 규정에 의한 의결 등이 있는 경우 제62조 제1항 단서의 부득이한 경우를 제외하고는 그 의결 등의 합의가 있는 날부터 40일(과징금 부과 금액의 확정을 위해 필요한 자료의 제출을 명하는 경우 75일) 이내에 피심인 또는 권한있는 기관의 장에게 의결서 등의 정본(과징금 또는 과태료가 부과되는 경우 그 고지서를 포함하며 의결서가 생산되지 아니한 경우에는 그 의결취지, 내용을 의미한다)을 송부하여야 하고 해당 심사관에게 그 사본을 송부하여야 한다. 다만, 제70조 제1항에 의한 약식의결서 등의 경우는 심사관이 피심인 또는 권한있는 기관의 장에게 송부하여야 한다.

② 해당 심사관은 신고인 등에게 의결 등의 요지를 통지하는 등 기타 각 회의 의결 등에 따른 조치를 하여야 하고, 필요하다고 인정하는 경우에는 이해관계인 등에게도 의결서 등의 요지를 통지할 수 있다. 다만, 다른 규정이 있는 경우에는 그러하지 아니하다.

③ 시정조치 이행관리 업무를 위탁하는 경우 해당 심사관은 수탁기관의 장에게 의결서를 송부하고 위탁 사항을 통지하여야 한다.

제65조(과징금 납부기한의 연장 및 분할납부 등에 관한 특칙) ① 과징금납부명령을 받은 자가 공정거래법 제103조, 같은 법 시행령 제86조의 규정에 따라 과징금납부기한의 연장 및 분할납부 신청을 하고자 할 때에는 다음 각 호의 사항이 기재된 신청서를 제출하여야 한다.

1. 당초 과징금납부명령의 내용

2. 납부기한 연장신청의 경우에는 연장받고자 하는 기간 또는 분할납부신청의 경우에는 분할횟

수 · 분할납부시기 · 분할납부방법

3. 신청이유

4. 제공가능한 담보에 관한 사항

② 심사관은 과징금 납부기한의 연장 및 분할납부 신청을 받은 때에는 제25조의 규정에도 불구하고 신청취지, 신청이유 및 검토, 신청에 대한 심사관의 의견을 기재한 심사보고서를 각 회의에 제출하여야 한다.

③ 각 회의는 필요하다고 인정하는 경우 제35조 제2항의 규정에도 불구하고 제2항의 신청에 대하여 서면으로 심의 · 의결을 할 수 있다.

④ 각 회의는 제2항의 신청으로 과징금의 납부기한연장 및 분할납부를 의결한 사건이 이의신청으로 인하여 과징금이 조정되는 경우에는 그 조정내용에 따라 과징금의 납부기한 및 분할납부를 재심의 · 의결할 수 있다.

제66조(임시중지명령에 관한 특칙) ① 심사관은 표시광고법 제8조 또는 전자상거래법 제32조의2의 규정에 의한 임시중지명령사건에 대한 심사보고서는 제25조의 규정에도 불구하고 다음 각 호의 사항에 대하여 간이하게 기재할 수 있다.

1. 사건의 개요

2. 사실의 인정

3. 임시중지명령 사유

4. 심사관의 의견

② 이 조에서 제25조 제10항 및 제3절의 규정은 적용하지 아니한다.

③ 의장은 임시중지명령사건에 대한 심사보고서가 제출된 경우에는 제37조 제1항 전단 및 제3항, 제40조 제2항의 규정에도 불구하고 제37조 제1항 단서의 규정에 의해 지체없이 회의에 부쳐야 하며, 피심인이 출석하지 아니한 경우에는 피심인의 출석 없이 심의 · 의결할 수 있다. 다만, 각 회의 의장이 필요하다고 인정하는 경우에는 서면으로 심의 · 의결할 수 있다.

④ 임시중지명령사건에 대한 의결서의 작성 등에 관하여는 제67조 제4항의 규정을 준용한다.

제3절 약식절차

제67조(약식의결 청구 등) ① 심사관은 해당 사건이 제5조의 규정에 의한 소회의 소관사항인 경우 피심인이 수락하지 않을 것이 명백한 경우가 아닌 한 피심인에게 심사보고서상의 행위사실을 인정하고 심사관의 조치의견을 수락하는지 여부를 물어야 하며, 이에 대한 의견을 제출할 것을 문서로 요청하여야 한다. 다만, 심사관의 조치의견이 고발(약관법, 방문판매법, 할부거래법 또는 전자상거래법을 위반한 자에 대한 고발은 제외) 또는 과징금납부명령인 경우 및 의장의 승인이 있는 경우에는 행위사실 인정 및 조치의견 수락 여부를 묻지 아니한다.

② 제1항 단서 규정에도 불구하고 심사관은 피심인이 수락할 것이 명백하거나 심사관의 조치의견에 과징금납부명령이 포함되고(해당 사건이 공정거래법 제43조 또는 제53조 제2항에 따른

과징금납부명령의 경우는 제외한다) 최대 예상 과징금액이 1억 원 이하인 경우에는 소회의에 약식의결을 청구할 수 있다.

③ 제1항의 규정에 따라 심사관이 피심인에게 심사보고서상의 행위사실을 인정하고 심사관의 조치의견을 수락하는지 여부를 묻는 경우 심사관의 조치의견은 별지로 작성하고 "이는 심사관의 조치의견으로서 위원회를 기속하지 아니한다"라는 문구를 명백히 기재하여야 한다. 이 경우 피심인은 심사보고서상의 행위사실을 인정하고 심사관의 조치의견을 수락하는지 여부에 대한 의견을 30일 이내에 문서로 제출하여야 하며, 그 기간 내에 의견을 제출하지 아니한 경우에는 수락하지 아니한 것으로 본다.

④ 제3항의 규정에 따라 피심인이 수락한 경우 심사관은 소회의에 심사보고서와 그 첨부자료 등을 제출하면서 제62조 제2항 각 호의 내용을 약식으로 기재한 의결서 또는 결정서(이하 "약식의결서 등"이라 한다)를 함께 제출하여야 한다.

⑤ 제2항의 규정에 따라 심사관이 약식의결을 청구한 경우 심사관은 심사보고서를 소회의에 제출함과 동시에 피심인에게 심사보고서와 그 첨부자료 등을 송부하되, 제25조 제10항의 규정에 의한 의견서 제출기간을 부여하지 아니한다. 이 경우 심사관은 약식의결을 청구하였다는 사실을 피심인에게 고지하고 약식의결을 원하는지를 물어야 한다. 피심인은 약식의결을 청구하였다는 사실을 고지받은 날부터 2주 이내에 의견을 제출하여야 하며 의견을 제출하지 아니한 경우에는 약식의결 청구에 동의한 것으로 본다.

제68조(심의부의 및 심의방식) ① 소회의 의장은 제67조 제3항의 규정에 따라 피심인이 심사보고서상의 행위사실을 인정하고 심사관의 조치의견을 수락한 의안 및 같은 조 제2항의 규정에 따라 심사관이 약식의결을 청구한 의안을 심사보고서가 제출된 날부터 30일 이내에 심의에 부쳐야 한다.

② 소회의는 제1항의 의안을 서면으로 심의한다.

제69조(소회의의 수락여부 조회 등) ① 소회의는 제67조 제2항의 규정에 따라 심사관이 약식의결을 청구한 경우에는 피심인에게 제68조 제2항의 규정에 따른 약식심의 결과를 수락하는지 여부를 물을 수 있으며, 수락여부를 묻는 경우 이에 대한 의견을 제출할 것을 문서로 요청하여야 한다.

② 제1항의 규정에 따라 소회의가 수락여부를 묻는 경우 위원회의 약식심의 결과는 별지로 작성하고 "약식심의 결과는 위원회의 잠정적인 심의 결과로서 피심인이 불수락하는 경우 위원회를 기속하지 아니한다"라는 문구를 명백히 기재하여야 한다. 피심인은 위원회의 약식심의 결과를 수락하는지 여부에 대한 의견을 30일 이내에 문서로 제출하여야 하며, 그 기간 내에 의견을 제출하지 아니한 경우에는 수락하지 아니한 것으로 본다.

제70조(약식의결서 등의 작성) ① 제67조 제4항의 규정에 따른 약식의결서 등은 제62조의 규정에 의한 의결서 등에 갈음한다.

② 제69조 제1항의 규정에 따라 피심인이 수락한 의안의 경우 소회의는 제62조의 규정에 따라 약식의결서 등을 작성하여야 한다.

제71조(준용규정) 제36조, 제37조 제1항 중 위원에 대한 부분 및 제2항, 제51조의 규정은 이 절에 준용한다.

제72조(약식절차의 배제) 제67조 제5항 후단의 규정에 따라 피심인이 약식의결을 원하지 아니하는 경우, 소회의가 약식절차에 따르는 것이 부적당하다고 인정하는 경우 및 제67조 제3항 또는 제69조 제2항의 규정에 따라 피심인이 수락하지 아니하는 경우에는 제2절의 절차에 따른다. 이 경우 소회의는 피심인에게 제25조 제10항의 규정에 의한 의견서 제출기간을 부여하여야 한다.

제4절 불복절차 등

제73조(이행결과의 확인) ① 위원회는 시정권고, 시정요청, 시정명령(이하 "이행명령"이라 한다) 또는 과징금납부명령을 한 경우 그 이행결과를 확인하여야 한다. 이 경우 위원회는 피심인의 협조를 받을 수 있다.

② 이행완료 기간이 정하여진 이행명령의 경우 심사관은 이행완료 기간(이의신청을 제기한 경우 재결서 정본 송달일 익일부터 기산한다)이 경과한 날로부터 10일 이내에 이행결과를 확인하여야 한다.

③ 이행완료 기간이 정하여지지 아니한 이행명령의 경우 심사관은 이의신청 기간이 경과한 날(이의신청을 제기한 경우 재결서 정본의 송달일 익일부터 기산한다)부터 10일 이내에 피심인에게 이행계획서를 제출하도록 하고 이행계획서상 이행완료일이 경과한 날부터 10일 이내에 이행결과의 확인을 하여야 한다.

④ 조사공무원은 제2항 또는 제3항에 의한 이행결과의 확인을 한 경우 그 결과를 소속 과장 또는 팀장에게 서면으로 보고하여야 한다.

⑤ 위원회는 이행명령을 받은 피심인이 이행명령(약관법에 따른 시정권고는 제외한다)을 이행하지 아니할 경우 30일 이내의 기간을 정하여 1차 독촉하고 1차 독촉 기간이 경과한 후에도 이행하지 아니할 경우 30일 이내의 기간을 정하여 2차 독촉하고 불이행시 고발조치할 수 있다.

제73조의2(이행관리 수탁기관의 지정 등) ① 공정거래법 제97조의2 제2항 및 같은 법 시행령 제83조의2에 따라 시정조치의 이행관리에 관한 업무를 한국공정거래조정원(이하 "조정원"이라 한다)에 위탁한다.

② 조정원이 수행하는 시정조치의 이행관리에 관한 업무는 다음 각 호와 같다.

1. 제73조 제2항의 이행결과 확인

2. 제73조 제3항의 이행계획서 제출 요청 및 해당 이행계획의 이행결과 확인

3. 시정조치를 받은 피심인에 대하여 그 이행에 관련된 자료(증빙자료를 포함한다)의 제출 요구

4. 그 밖에 시정조치 이행관리 업무의 원활한 수행을 위해 위원회가 필요하다고 인정하는 업무

③ 제1항에도 불구하고 위원회는 필요한 경우 심사관으로 하여금 시정조치의 이행 여부를 직접 관리하도록 할 수 있다.

제73조의3(이행관리 지휘·감독) ① 위원회는 위탁업무의 처리에 대하여 조정원을 지휘·감독하며, 조정원에 대하여 위탁업무의 처리에 필요한 지시를 하거나 조치를 명할 수 있다.

② 위원회는 조정원의 업무처리가 위법하거나 부당하다고 인정될 때에는 이를 취소하거나 정지시킬 수 있다.

③ 위원회가 제2항에 따라 조정원의 업무처리를 취소하거나 정지시킬 때에는 사전에 취소 또는 정지의 사유를 조정원에 문서로 통보하고 의견 진술의 기회를 주어야 한다.

제73조의4(이행관리 자료의 제공 등) ① 위원회는 필요한 경우 조정원의 요청에 따라 위탁업무 수행에 필요한 자료를 제공할 수 있다.

② 조정원에서 시정조치 이행관리 업무를 담당하거나 담당하였던 사람은 제1항에 따라 제공받은 자료를 이행관리를 위한 목적 외에 이용하여서는 아니 된다.

③ 위원회는 제2항을 위반한 사람에 대하여 공정거래법 제119조 및 제127조 제3항에 따라 고발할 수 있다.

제73조의5(이행관리 현황의 보고) ① 조정원의 장은 이행완료 기간(이행완료 기간이 정하여지지 아니한 경우 이행계획서상 이행완료일)이 경과한 날부터 40일 이내에 해당 시정조치의 이행 결과를 위원회에 서면(전자문서를 포함한다. 이하 이 조에서 같다)으로 보고하여야 한다.

② 조정원의 장은 이행완료 기간이 1년 이상인 경우 심사관과 협의하여 정한 날짜에 중간 이행 관리 현황을 위원회에 서면으로 보고할 수 있다.

③ 조정원의 장은 위원회의 현황 보고 요구가 있는 경우 즉시 이에 따라야 한다.

④ 조정원의 장은 시정조치를 받은 피심인이 그 이행을 게을리하거나 이행하지 아니하는 경우 지체 없이 그 사실을 위원회에 통보하여야 한다.

제73조의6(이행관리 자료의 보존) ① 조정원의 장은 제73조의2 제2항에 따른 업무로 취득하거나 작성한 자료를 시정조치의 이행이 완료된 날부터 5년간 보존하여야 하며, 필요한 경우 이를 전자문서의 형태로 보존할 수 있다.

② 조정원의 장은 제1항의 자료의 보존을 위하여 전산시스템을 구축·운영할 수 있다.

제74조(준용규정) 각 회의의 의결 등에 대하여 이의신청이 제기된 이후의 절차에 대하여는 제75조 내지 제82조의 규정에 의하는 외에는 제3장 제1절 및 제2절의 관련 규정을 준용하고 이 경우에 "피심인"은 "이의신청인"으로 본다. 다만, 제25조, 제35조, 제50조, 제52조 내지 제60조, 제65조 및 제3절의 규정은 준용하지 아니한다.

제75조(이의신청의 처리) ① 이의신청사건의 처리에 있어서 심사관은 심판관리관이 된다.

② 심판관리관은 이의신청이 공정거래법 제96조 제1항, 표시광고법 제16조 제1항, 방문판매법 제57조 제3항, 약관법 제30조의2 제2항, 전자상거래법 제39조 제3항, 할부거래법 제47조 제3항, 하도급법 제27조 제1항, 가맹사업법 제37조 제3항, 대규모유통업법 제38조 제2항의 규정, 대리점법 제27조 제3항의 규정에 의한 기간을 경과하여 제기된 경우에는 그 이의신청을 각하할 수 있다.

③ 위원장은 필요하다고 인정할 경우 제1항의 규정에도 불구하고 이의신청의 심사관을 다르게 지정할 수 있다.

제76조(이의신청 심사보고서) ① 이의신청 또는 집행정지신청에 대한 심사보고서에는 신청경위, 신청취지 및 이유를 기재하고 필요한 경우 신청에 대한 심사관의 의견을 기재할 수 있다.

② 심사관은 제1항에 의하여 작성한 심사보고서를 전원회의(집행정지신청에 대한 심사보고서는 소회의에 제출할 수 있다)에 제출하고, 이의신청인에게 심의기일의 통지를 할 경우에는 이를 함께 송부한다.

제77조(이의신청의 취하) 이의신청인 또는 집행정지신청인은 이의신청에 대한 재결이, 집행정지에 대한 결정이 있을 때까지 각각 서면으로 신청을 취하할 수 있다.

제78조(심의방식) ① 이의신청에 대한 재결(각하재결 제외)은 구술심의로 한다. 다만, 이의신청인이 원처분시와는 다른 새로운 주장이나 자료를 제출하지 아니한 경우 등 전원회의 의장이 필요하다고 인정하는 사유가 있을 때에는 서면심의로 할 수 있다.

② 재결기간연장결정, 집행정지결정, 각하재결은 서면심의로 한다. 다만, 당사자가 구술심의를 신청한 때에는 서면심의만으로 결정할 수 있다고 인정되는 경우 외에는 구술심의를 하여야 한다.

제79조(재결의 구분) ① 전원회의는 이의신청이 공정거래법 제96조 제1항의 규정에 위반하여 제기된 경우에는 그 이의신청을 각하한다.

② 전원회의는 이의신청이 이유 없다고 인정하는 경우에는 그 이의신청을 기각한다.

③ 전원회의는 이의신청이 이유 있다고 인정하는 경우에는 처분 등을 취소 또는 변경한다.

제80조(이의신청 이후의 조치) ① 이의신청에 대한 재결 이후 해당 사건에 대한 이행점검 등 시정조치의 이행 또는 불이행과 관련된 절차의 수행은 당초 해당 사건을 심사한 심사관이 행한다.

② 이의신청에 대한 재결이 있는 경우 심판관리관은 원처분 담당심사관에게 재결결과를 지체없이 통지하고, 이의신청인에게는 재결서 정본을 지체없이 송부하여야 한다.

제81조(처분의 직권취소 및 재처분) ① 심사관은 다음 각 호의 어느 하나의 사유가 발생한 경우에는 위원회 처분의 직권취소를 위한 심사보고서를 작성하여 위원회에 상정할 수 있다.

1. 동일한 행위에 대하여 대법원의 판결이 있는 경우
2. 동일 유형의 법령 해석과 관련된 쟁점에 대하여 대법원 전원합의체 판결 또는 대법원에서

2회 이상 같은 판결(심리불속행 기각을 포함한다)에서 패소로 판정한 경우

3. 사건의 전제가 된 법률이 위헌심판결정을 받은 경우

4. 대법원이 위원회가 승소한 원심판결을 파기하여 파기환송심에서 위원회 패소로 확정될 가능성이 높은 경우

5. 소송 수행 중 송무담당관 검토 결과 원처분의 사실인정이 잘못되어 확실히 패소할 것으로 판단되는 경우

6. 그 밖에 해당 사건 재판부가 직권 취소나 재처분을 권고하는 등 위원회가 패소를 회피하기 위하여 필요하다고 판단한 경우

② 심사관은 제1항에 따라 심사보고서를 작성하는 경우에는 직권취소 또는 새로운 처분의 이유와 관련하여 송무담당관의 의견을 들어야 한다.

제82조(소송수행) ① 위원회를 당사자로 하는 소송(민사소송 및 헌법소송 등을 포함한다) 또는 위원장이 기관장으로서 내리는 처분에 대한 불복소송(관련 민사소송 및 헌법소송 등을 포함한다)의 경우 송무관련 보고서 작성, 증거자료수집, 소송자료의 작성, 증언 등 모든 송무관련 업무는 처분 등과 관련된 부서의 협조를 받아 송무담당관이 수행한다. 이 경우 송무담당관은 송무담당관실 소속 직원 1명 이상을 해당 사건의 소송수행자로 지정하여야 한다.

② 부위원장은 제1항에 따른 소가 제기되면 해당 사건과 관련된 심사관 및 심판관리관 소속 직원 각 1명 이상을 소송수행협조자로 지정할 수 있다.

③ 위원회는 필요하다고 인정하는 경우에는 제1항의 소송수행자를 위원회 소속의 다른 공무원으로 변경하거나 변호사를 해당 소송의 대리인으로 선임할 수 있다.

④ 부위원장은 해당 사건의 조사담당자 등(당초 조사담당자 및 심결보좌담당자를 말하며, 해당 사건의 조사·심결보좌 담당자 등으로 인사이동된 경우 그 후임자를 포함한다)을 소송수행자로 지정할 수 있다.

⑤ 소송수행자 및 소송수행협조자는 송무담당관이 요청하는 변론참석, 증거자료 수집, 법원제출 서면 검토 등 소송수행 관련 업무에 성실하게 협조하여야 한다.

⑥ 송무담당관은 법원의 조정권고 등 위원회 처분에 영향을 미치는 권고사항이 있는 경우에는 해당 사안을 위원회에 토의사항으로 상정하여 그 결과에 따라 조치할 수 있다.

제83조(세부사항 시행) 위원장은 이 규칙의 세부사항을 시행하기 위하여 필요한 경우 각종 지침이나 서식 등을 정할 수 있다.

제5절 신고인 절차참여

제84조(신고인 의견진술) ① 조사공무원은 사건심사 착수보고를 한 신고사건에 대하여 신고인의 의견을 구술·서면 등의 방식으로 청취하여야 한다. 다만 신고인이 원하지 아니하는 경우에는 그러하지 아니하다.

② 각 회의는 심의시 신고인에게 의견을 진술할 수 있는 기회를 부여하여야 한다. 다만 신고인이 원하지 아니하는 경우에는 그러하지 아니하다.

③ 다음 각 호의 어느 하나에 해당하는 경우 제1항 및 제2항의 규정에도 불구하고 신고인의 의견진술이 제한될 수 있다.

1. 이미 해당 사건에 관하여 신고인 의견을 충분히 청취하여 신고인이 다시 진술할 필요가 없다고 인정되는 경우
2. 신고인의 의견이 해당 사건과 관계가 없다고 인정되는 경우
3. 신고인의 진술로 인하여 조사나 심의절차가 현저하게 지연될 우려가 있는 경우

④ 제37조 제4항에 따라 신고인에게 심의지정일시를 통지하는 경우 심판총괄담당관은 신고인의 참석 여부 및 의견을 진술할 의사가 있는지 여부를 확인하여야 한다.

제6절 행정사항

제85조(재검토 기한) 위원회는 「훈령·예규 등의 발령 및 관리에 관한 규정」에 따라 이 고시에 대하여 2022년 1월 1일을 기준으로 매 3년이 되는 시점(매 3년째의 12월 31일까지를 말한다)마다 그 타당성을 검토하여 개선 등의 조치를 하여야 한다.

제4장 보칙

제86조(신고인 보호) 사건 처리과정에서 신고인 관련 정보를 인지한 자는 신고인의 인적사항이나 그가 신고인 임을 미루어 알 수 있는 사실을 다른 사람에게 알려주거나 공개하여서는 아니 된다. 다만, 신고인이 동의한 때에는 그러하지 아니하다.

부 칙 〈제2023-26호, 2023. 12. 21.〉

제1조(시행일) 이 고시는 발령한 날부터 시행한다.

제2조(시정조치 이행관리 업무 위탁에 관한 적용례) 제62조 제2항 제7호, 제64조 제3항, 제73조의2부터 제73조의6까지의 개정 규정은 이 고시 시행 이후 전원회의 또는 소회의에서 심의절차를 개시하는 사건부터 적용한다.

[별표] 경고의 기준(제57조 제2항 관련)

9. 가맹사업법 위반행위 부문

　가. 가맹금 예치의무 부문

　　(1) 가맹본부가 가맹금을 직접 수령하였으나, 14일 이내에 예치기관에 예치하거나 가맹점사업자피해보상보험계약을 체결한 경우

　　(2) 가맹금 예치의무 위반금액이 2천만 원 미만이고, 위반행위 시정이 완료된 경우

　나. 정보공개서 제공의무 부문

　　(1) 가맹본부가 가맹사업법 제7조 제1항의 방법에 따라 정보공개서 또는 인근가맹점 현황문서를 제공한 날로부터 14일이 경과하기 전에 가맹금을 수취 또는 가맹계약을 체결하였으나, 이후 가맹계약을 6개월 이상 유지하고 있고, 이로 인한 가맹점사업자 피해가 없거나 발생 우려가 미미한 경우

　　(2) 가맹본부가 인근가맹점 현황문서를 제공하면서 가장 인접한 가맹점 현황을 일부 누락하거나 잘못 제공하였으나, 추후 구체적인 계약 등의 단계에서 이를 시정하여 가맹점사업자가 관련 사실을 인지할 수 있었고, 이로 인한 피해가 없거나 발생 우려가 미미한 경우

　다. 허위·과장정보 제공행위 및 기만적인 정보제공행위 부문

　　(1) 불특정 다수의 가맹희망자나 가맹점사업자에 대한 오인성 치유보다는 가맹희망자나 가맹점사업자에 한정된 피해구제적 성격이 강하다고 인정되는 경우

　　(2) 행위당시에는 허위·과장정보 제공행위 또는 기만적인 정보제공행위로 볼 수 있었으나, 추후 계약 등 구체적 거래행위가 이루어지는 단계에서 사업자가 이를 시정하여 가맹희망자나 가맹점사업자가 사실의 일치여부를 알 수 있었다고 판단되는 경우

　　(3) 해당 사업자가 허위·과장정보 제공행위 또는 기만적인 정보 제공행위를 정정광고 등의 방법으로 스스로 시정하여 허위·과장 또는 기만적인 정보로 인한 가맹희망자나 가맹점사업자의 오인성을 치유하였다고 인정되는 경우

　라. 가맹금 반환의무 부문

　　가맹금 반환 지연기간이 1개월 미만이고, 가맹점사업자에게 가맹금 및 지연에 따른 이자를 모두 지급한 경우

　마. 가맹계약서 제공의무 부문

　　(1) 가맹본부가 가맹희망자에게 가맹계약서를 제공한 날로부터 14일이 경과하기 전에 가맹금을 수취 또는 가맹계약을 체결하였으나, 이후 해당 가맹점과 가맹계약

을 6개월 이상 유지하고 있고, 이로 인한 가맹점사업자 피해가 없거나 발생 우려가 미미한 경우

(2) 가맹본부가 가맹희망자에게 가맹사업법 제11조 제2항의 의무기재 사항 중 경미한 사항을 누락한 채 가맹계약서를 제공하고 가맹계약을 체결하였으나, 이후 해당 가맹점과 가맹계약을 6개월 이상 유지하고 있고, 이로 인한 가맹점사업자 피해가 없거나 발생 우려가 미미한 경우

바. 부당한 점포환경개선 강요 금지 부문

(1) 가맹본부가 가맹사업자의 점포환경개선 소요비용 중 가맹본부부담액을 지급하지 아니하였으나, 지연기간이 1개월 미만이고, 가맹점사업자에게 가맹본부부담액 및 지연에 따른 이자를 모두 지급한 경우

(2) 점포환경개선 소요비용 중 가맹본부가 부담하여야 할 금액이 2천만 원 미만이고, 가맹본부가 위반행위를 자진시정한 경우

사. 가목부터 바목까지의 규정에 해당하지 않는 경우로서 다음 중 어느 하나에 해당하는 경우

(1) 피신고인의 직전 사업연도의 연간 매출액이 15억 원(피신고인이 상품, 원·부재료 등을 가맹점사업자에게 직접 공급하지 아니하는 경우에는 3억 원) 미만인 경우

(2) 해당 위반행위와 관련된 가맹점사업자가 5개 미만인 경우

(3) 위반행위가 신고인에게 한정된 피해구제적 사건인 경우

공정거래위원회 조사절차에 관한 규칙

[시행 2023. 4. 14.] [공정거래위원회 고시 제2023-11호, 2023. 4. 14. 일부개정]

제1장 총 칙

제1조(목적) 이 규칙은 「독점규제 및 공정거래에 관한 법률」(이하 "공정거래법"이라 한다) 제101조에 따라, 공정거래위원회 소속공무원이 공정거래법 제80조 및 제81조, 「표시·광고의 공정화에 관한 법률」(이하 "표시·광고법"이라 한다) 제16조, 「하도급거래 공정화에 관한 법률」(이하 "하도급법"이라 한다) 제27조, 「약관의 규제에 관한 법률」(이하 "약관법"이라 한다) 제20조, 「방문판매 등에 관한 법률」(이하 "방문판매법"이라 한다) 제57조, 「전자상거래 등에서의 소비자보호에 관한 법률」(이하 "전자상거래법"이라 한다) 제39조, 「가맹사업거래의 공정화에 관한 법률」(이하 "가맹사업법"이라 한다) 제37조, 「할부거래에 관한 법률」(이하 "할부거래법"이라 한다) 제47조, 「대규모유통업에서의 거래 공정화에 관한 법률」(이하 "대규모유통업법"이라 한다) 제38조, 「대리점거래의 공정화에 관한 법률」(이하 "대리점법"이라 한다) 제27조 및 기타 공정거래위원회 소관 법률에 따라 실시하는 조사의 방법과 절차, 그 밖의 조사에 관하여 필요한 사항을 정함으로써 조사의 공정성과 투명성 및 효율성을 확보하는 것을 목적으로 한다.

제2조(용어의 정의) 이 규칙에서 사용하는 용어의 정의는 다음과 같다.

1. "조사공무원"이란 공정거래위원회 소관 법률에 따라 조사를 행하는 자를 말한다.
2. "피조사업체"란 공정거래위원회 소관 법률에 따라 조사를 받는 사업자 또는 사업자단체를 말한다.
3. "신고인 등"이란 공정거래위원회에 소관 법률에 위반되는 사실을 신고한 신고인과 신고 또는 직권 조사과정에서 진술하거나 자료를 제공한 자를 말한다.

제3조(조사공무원의 자세) ① 조사공무원은 공정거래위원회 소관 법률의 시행을 위하여 필요한 최소한의 범위 안에서 조사를 행하여야 하며, 다른 목적을 위하여 조사권을 남용하여서는 아니 된다.

② 조사공무원은 직무상 알게 된 피조사업체의 비밀을 누설하거나 공정거래위원회 소관 법률의 시행을 위한 목적 외에 이를 이용하여서는 아니 된다.

③ 조사공무원은 조사 진행 중에는 공무원증 등 그 권한을 표시하는 증표를 패용하여 책임감 있고 효율적인 조사가 이루어지도록 하여야 한다.

④ 조사공무원은 피조사업체 임직원에게 위압적이거나 모욕적인 언사를 사용하여서는 아니 된다.

⑤ 조사공무원은 어떠한 경우에도 피조사업체에 특정 변호사 또는 법률사무소 등을 추천하거나 소개하여서는 아니 된다.

제4조(변호인의 조사과정 참여) ① 조사공무원은 피조사업체의 신청이 있는 경우 원칙적으로 피

조사업체가 선임한 변호사(피조사업체 소속변호사 포함) 등 변호인을 조사 전 과정(진술조서나 확인서 작성 포함)에 참여하게 하여야 한다. 다만, 다음 각 호의 어느 하나에 해당하는 경우에는 그러하지 아니하다.

1. 피조사업체의 변호인 참여요청이 조사의 개시 및 진행을 지연시키거나 방해하는 것으로 판단되는 경우
2. 조사공무원의 승인 없이 신문에 개입하거나 모욕적인 언동 등을 행하는 경우
3. 피조사업체를 대신하여 답변하거나 특정한 답변 또는 진술 번복을 유도하는 경우
4. 신문내용을 촬영, 녹음, 기록하는 경우. 다만, 기록의 경우 피조사업체에 대한 법적 조언을 위해 변호인이 기억 환기용으로 간략히 메모를 하는 것은 제외한다.
5. 기타 제1호 내지 제4호 이외의 경우로서 조사목적 달성을 현저하게 어렵게 하는 경우

② 제1항의 규정에도 불구하고, 증거인멸 우려 등의 사유로 조사의 시급을 요하는 부당한 공동행위 조사와 관련하여서는 피조사업체의 변호인 참여요청과 관계없이 조사의 개시 및 진행을 할 수 있다.

③ 제1항에 따라 피조사업체가 조사과정에 외부 변호인의 참여를 신청하는 경우, 조사공무원은 피조사업체 또는 해당 변호인으로부터 위임하는 대리권의 범위와 대리인이 명백히 표시된 위임장을 수령하여 해당 변호인이 피조사업체의 법률대리인으로 선임되었는지 여부를 확인하여야 한다.

제5조(조사과정의 의견진술기회 부여) 조사공무원은 조사를 받는 피조사업체 또는 그 임직원이 조사와 관련하여 의견을 제출하거나 진술하고자 하는 경우 기회를 부여하여야 한다.

제6조(기간의 계산) 기간의 계산은 민법 제156조(기간의 기산점) 내지 제161조(공휴일 등과 기간의 만료점)의 규정에 따른다.

제6조의2(조사관리관의 독립적 업무수행) 조사관리관은 위원회 소관 법령 위반사항의 조사 및 사건처리와 관련하여 독립하여 업무를 수행하며, 사무처장은 이와 관련한 조사관리관의 업무에 관여하지 아니한다.

제2장 조사의 개시

제7조(사전심사) ① 조사관리관은 공정거래위원회 소관 법률의 규정에 위반한 혐의가 있는 사실을 인지하거나 신고(인터넷을 통한 신고는 포함하고, 상담, 공정거래모니터요원·공정거래대민정보서비스시스템의 제보방을 통한 제보 등은 제외한다), 임시중지명령요청, 심사청구 또는 침해정지요청을 받은 때에는 이를 심사할 공무원(이하 "심사관"이라 한다)으로 하여금 공정거래위원회 회의 운영 및 사건절차 등에 관한 규칙(이하 "사건절차규칙"이라 한다) 제15조의 심사절차의 개시에 앞서 사실에 대한 조사와 사전심사를 하게 할 수 있다.

② 제1항의 신고 또는 심사청구를 하고자 하는 자는 다음 각 호의 서식에 따른 신고서 또는

심사청구서를 공정거래위원회에 제출하여야 한다.

1. 공정거래법 제80조(위반행위의 인지·신고 등) 제2항 및 같은 법 시행령 제71조(위반행위의 신고방법)에 의한 신고 : 별지 제1호 내지 제3호 서식

2. 공정거래법 제76조(조정의 신청 등) 제1항, 제80조(위반행위의 인지·신고 등) 제2항 및 같은 법 시행령 제65조(조정의 신청 등) 제1항, 제2항, 제71조(위반행위의 신고방법)에 의한 신고 혹은 분쟁조정신청 : 별지 제4호 서식

3. 가맹사업법 제37조(독점규제 및 공정거래에 관한 법률의 준용) 제1항에 의한 신고 : 별지 제5호 서식

4. 약관법 제19조(약관의 심사청구 등)에 의한 심사청구 : 별지 제6호 서식

5. 표시·광고법 제16조(독점규제 및 공정거래에 관한 법률의 준용) 제2항에 의한 신고 : 별지 제7호 서식

6. 전자상거래법 제26조(위반행위의 조사 등) 제4항에 의한 신고 : 별지 제8호 서식

7. 방문판매법 제43조(위반행위의 조사 등) 제7항에 의한 신고 : 별지 제9호 서식

8. 하도급법 제22조(위반행위의 신고 등) 및 같은 법 시행령 제5조(위반행위의 신고 및 통지)에 의한 신고 : 별지 제10호 서식

9. 할부거래법 제35조 제4항에 의한 신고 : 별지 제11호 서식

10. 대규모유통업법 제29조(위반행위의 조사 등) 제1항에 의한 신고 : 별지 제12호 서식

11. 대리점법 제27조(독점규제 및 공정거래에 관한 법률의 준용)에 의한 신고 : 별지 제13호 서식

③ 심사관은 제2항에 의한 신고서 양식에 의하지 아니하거나 내용이 충분하지 아니한 신고나 심사청구에 대하여는 신고인에게 보완을 요구할 수 있다.

④ 심사관은 조사공무원으로 하여금 제1항의 사실에 대한 조사 및 사전심사를 행하게 할 수 있다. 다만, 신고의 경우에는 제1항에 의한 조사 및 사전심사 여부를 소속 직원을 거치지 않고 반드시 심사관 소속 각 과장 또는 팀장이 직접 결정하도록 한다.

⑤ 제4항 단서의 경우 심사관 소속 과장 또는 팀장은 신고사실이 사건절차규칙 제20조(심사절차를 개시하지 아니할 수 있는 경우) 제1항 각 호의 어느 하나에 해당하는지 여부를 지체 없이 판단하여 심사관에게 보고하여야 한다.

⑥ 심사관은 공정거래위원회 직제에 따라 당해사건이 속하는 업무를 관장하는 국장, 심판관리관 또는 지방사무소장이 된다.

⑦ 조사관리관은 당해사건이 속하는 업무의 소관이 분명하지 아니하거나 제6항의 규정에 의한 심사관이 당해사건의 심사에 적합하지 아니하다고 인정하는 경우에는 공정거래위원회 소속인 4급 이상 공무원 또는 고위공무원단에 속하는 공무원 중에서 심사관을 지정할 수 있다.

제8조(사건의 등록) ① 심사관은 제7조 제1항에 따른 조사와 사전심사를 함에 있어 다음 각 호에서 정한 날까지 사건으로 등록(인지사건의 경우에는 조사계획서를 첨부)하여야 한다.

1. 위반 혐의 사실을 인지하거나 자진신고 받은 경우에는 공정거래법 제81조(위반행위의 조사 등) 제1항에 따른 최초 자료제출요청일, 당사자 또는 이해관계인에 대한 최초 출석요청일, 최초 현장조사일 중 가장 빠른 날

2. 위반 혐의 사실을 신고 또는 심사청구 받은 경우에는 신고 또는 심사청구 접수일부터 15일 (다만, 사실관계가 복잡한 사건인 경우에는 1회에 한하여 15일 연장할 수 있다)

② 제1항 제2호의 신고 또는 심사청구가 사건절차규칙 제20조(심사절차를 개시하지 아니할 수 있는 경우) 제1항 각 호의 사유에 해당함이 명백한 경우, 심사관은 제1항 제2호에서 정한 기간 이내에 신고인에게 그 처리 결과 및 사유를 문서 등으로 회신할 수 있다. 이 경우 심사관은 해당 신고 또는 심사청구에 대해 사건으로 등록하지 아니할 수 있다.

제3장 현장조사

제9조(조사계획의 수립) ① 조사공무원은 조사계획 수립 시 객관적이고 합리적인 기준에 의하여 조사대상 업체를 선정하여야 하며, 조사계획서에는 조사대상 모집단, 조사대상 선정기준 및 선정기준의 근거, 선정된 조사대상 업체 명단 등을 명시하여야 한다. 다만, 조사대상 업체가 특정된 신고 사건의 조사계획을 수립하는 경우에는 조사대상 모집단 등의 기재를 생략할 수 있다.

② 조사공무원과 조사계획 보고를 받은 상급자는 조사계획 및 조사관련 정보가 외부에 누설되지 않도록 보안을 유지하여야 한다.

제10조(조사공문 등의 교부) ① 조사공무원은 현장조사를 개시하기 이전에 피조사업체의 임직원에게 공무원증을 제시하고 다음 각 호의 사항을 기재한 조사공문을 교부하여야 하며, 이와 함께 조사공문의 내용 및 피조사업체의 권리에 대하여 상세히 설명하여야 한다.

1. 조사기간
2. 조사목적
3. 조사대상
4. 조사방법
5. 조사를 거부·방해 또는 기피하는 경우 공정거래위원회 소관 법률상의 제재내용
6. 제1호 내지 제4호의 범위를 벗어난 조사에 대해서는 거부할 수 있다는 내용
7. 조사단계에서 피조사업체가 공정거래위원회 또는 그 소속 공무원에게 조사와 관련된 의견을 제시하거나 진술할 수 있다는 내용

② 제1항에 따라 조사공문에 기재되는 조사목적에는 관련 법 조 항과 다음의 사항이 포함된 법위반혐의를 함께 기재하여야 한다. 다만, 공정거래법 제40조에 규정한 부당한 공동행위 조사의 경우에는 법위반혐의의 기재 및 설명을 생략할 수 있다.

1. 조사의 대상이 되는 기간의 범위
2. 거래분야. 다만, 공시위반행위 등과 같이 거래분야를 기재하는 것이 적절하지 아니한 조사의 경우에는 구체적인 행위유형

③ 제1항에 따라 조사공문에 기재되는 조사대상에는 피조사업체의 명칭과 소재지를 특정하여 구체적으로 기재하여야 한다.

④ 조사공무원은 피조사업체의 조사대상 부서 책임자 또는 이에 준하는 임직원에게 별지 제14호 서식에 따른 전산 및 비전산 자료 보존요청서를 교부하고, 피조사업체 직원들이 그 내용을 준수할 수 있도록 적절한 지시를 해줄 것을 요청할 수 있다.

제11조(조사장소 및 조사대상 부서) ① 조사는 조사공문에 기재된 사무소 또는 사업장의 소재지에 한정하여 실시하여야 한다. 다만, 조사공문에 기재된 사무소 또는 사업장의 소재지가 조사목적에 부합하는 사무소 또는 사업장이 아니거나 조사과정 중에 소재지가 다른 사무소 또는 사업장에서 조사목적에 부합하는 법 위반 혐의가 발견되는 경우에는 해당사무소 또는 사업장을 특정한 별도의 공문을 교부한 후 조사를 실시할 수 있다.

② 조사공무원은 다음 각 호의 어느 하나에 해당하는 경우를 제외하고는 피조사업체의 준법지원부서(법무 및 컴플라이언스 업무 수행부서를 의미한다. 이하 이 조에서 같다)를 조사대상 부서로 선정하여서는 아니 된다.

1. 피조사업체의 준법지원부서가 법위반 또는 증거인멸 행위에 직접 관여한 경우
2. 피조사업체의 준법지원부서에서 법위반혐의 관련 업무도 직접 수행하는 경우
3. 피조사업체의 준법지원부서가 현장진입 과정에서의 조사 거부·방해 행위에 관여한 정황이 있는 경우
4. 기타 제1호부터 제3호까지의 규정에 준하는 사유가 있는 경우

제12조(조사시간 및 기간) ① 조사공무원은 피조사업체 정규 근무시간 내에 조사를 진행하여야 한다. 다만, 증거인멸의 우려 등으로 인하여 정규 근무시간 내의 조사로는 조사의 목적을 달성하는 것이 불가능한 경우에는 피조사업체의 책임자 등에게 조사시간 연장의 필요성을 충분히 설명하고 협의한 후 정규 근무시간 외의 시간까지 조사를 진행할 수 있다.

② 조사공무원은 제10조의 조사공문에 기재된 조사기간 내에 조사를 종료하여야 한다. 다만, 조사기간 내에 조사목적 달성을 위한 충분한 조사가 이루어지지 못한 경우에는 피조사업체의 업무 부담을 최소화할 수 있는 범위 내에서 조사기간을 연장할 수 있으며, 이 경우 연장된 조사기간 및 연장사유가 명시된 공문서를 피조사업체에게 교부하여야 한다.

제13조(조사의 범위) 조사공무원은 조사공문에 기재된 조사목적 범위 내에서 조사를 실시하여야 한다. 다만, 조사과정 중 조사목적 범위 외 공정거래위원회 소관 법률 위반소지가 있다고 판단되는 자료를 발견하게 되는 경우에는 해당 자료를 담당부서에 인계하는 등 적절한 조치를 하여야 한다.

제14조(자료 등의 수집·일시 보관) ① 조사공무원은 피조사업체의 책상, 서랍, 캐비닛, 업무수첩 등을 조사하기 전 피조사업체의 조사대상 부서 책임자 또는 이에 준하는 임직원에게 협조를 구한 후 조사를 실시하여야 한다.

② 피조사업체의 전자결재시스템 등 정보처리시스템의 자료를 조사하는 경우 피조사업체 관계자의 협조 또는 입회하에 자료를 열람하거나 복사하여야 한다.

③ 조사공무원이 수집한 자료에 대하여 피조사업체의 임직원이 복사를 요구하는 경우 조사공무원은 이에 응하여야 한다. 다만, 원활한 조사 진행에 방해가 되거나 증거 인멸의 우려가 있는 경우에는 현장조사 마지막 날 조사를 마치고 복사본을 교부할 수 있다.

④ 조사공무원이 피조사업체 또는 그 임직원에게 조사에 필요한 자료나 물건의 제출을 명하는 경우에는 제20조를 준용하고, 제출된 자료나 물건을 일시 보관하는 경우에는 제21조를 준용한다.

⑤ 조사공무원은 피조사업체로부터 직접 수집하거나 제출받은 자료에 대해 별지 제15호 서식에 따라 수집·제출 자료목록을 작성하여 현장조사 종료 즉시 피조사업체에게 교부하여야 한다.

제14조의2(수집·일시 보관된 자료의 선별 및 반환·폐기) ① 조사공무원은 수집하거나 제출받은 자료 중 조사목적과 관련이 없다고 판단되는 자료를 제18조 제3항의 기간 내에 선별하고 해당 자료를 제18조 제3항의 보고 후 반환·폐기할 수 있다.

② 제1항에 따라 수집하거나 제출받은 자료의 선별 및 반환·폐기가 이루어진 경우 조사공무원은 다음 각 호의 목록을 피조사업체에게 교부하여야 한다.

1. 별지 제15의2호 서식에 따른 반환·폐기 자료목록
2. 반환·폐기 후 공정거래위원회가 보관하고 있는 자료들에 대해 새로이 작성한 별지 제15호의 목록

제15조(진술조사) ① 조사공무원은 공정거래법 제81조 제2항 및 같은 법 시행령 제75조에 따라 사업자 또는 사업자단체의 사무소나 사업장에서 당사자, 이해관계인 또는 참고인의 진술을 들을 수 있으며, 이 경우 제19조 제2항부터 제5항을 준용한다.

② 현장조사과정에서 피조사업체 임직원 등의 진술이나 확인이 필요하나 임직원 등이 이에 응하기 어려운 부득이한 사정이 있는 경우에는 추후 조사일정과 장소를 협의하여 이를 진행한다.

제16조(조사과정의 기록) 조사공무원은 조사를 종료하는 경우 피조사업체 조사과정에 대해 별지 제16호 서식에 따른 조사과정확인서를 작성하고, 피조사업체의 조사대상 부서 책임자 또는 이에 준하는 임직원에게 확인을 받아야 한다.

제17조(조사종료 시 조치사항) ① 조사공무원은 현장조사가 종료되면 피조사업체의 방어권이 보장 될 수 있도록 현장조사 이후의 공정거래위원회의 사건처리절차에 대하여 피조사업체에게 충분히 설명하여야 한다.

② 피조사업체는 조사 과정에서의 애로 및 건의사항을 기재하여 감사담당관에게 직접 신고 또는 제보할 수 있으며, 감사담당관은 피조사업체의 신고 또는 제보 내용에 대해 비밀을 유지하여야 한다.

③ 조사공무원은 현장조사 종료 시 별지 제17호 서식의 신고서를 피조사업체에게 교부하고, 제2항에 따른 내용을 안내하여야 한다.

제18조(조사결과의 보고) ① 조사공무원은 별지 제18호 서식에 따라 사건담당부서장에게 조사 진행내역 등을 일일보고 하여야 한다.

② 현장조사과정에서 피조사업체가 제5조에 따라 조사공무원에게 의견을 제출하거나 진술한 경우 그 내용을 제1항에 따른 일일보고에 기재하여야 한다.

③ 조사공무원은 현장조사를 종료한 후 원칙적으로 14일 이내에 피조사업체로부터 직접 수집·제출받은 자료 및 그 목록(제14조의2에 따른 반환·폐기 예정 자료목록, 사건절차규칙 제15조의2에 따른 현장조사 수집·제출 자료에 대한 피조사인의 이의제기가 있는 경우 반환·폐기 요청 자료의 목록을 포함한다)을 첨부하여 심사관에게 조사결과 및 향후계획 등을 보고하여야 하고, 심사관은 조사계획과 조사결과를 비교하고 피조사업체에게 유리한 자료가 임의로 반환·폐기되는지 여부 등 조사 및 반환·폐기 내용에 대한 관리·감독을 철저히 하여야 한다. 다만, 부득이한 사유로 인하여 보고 기한의 연장이 필요한 경우에는 연장사유와 연장기간을 정하여 심사관의 허가를 득할 수 있으며, 이 경우에도 현장조사 종료일부터 30일을 초과할 수 없다.

제4장   그 밖의 조사

제19조(진술조사) ① 심사관 또는 조사공무원이 공정거래법 제81조(위반행위의 조사 등) 제1항 제1호 및 같은 법 시행령 제73조(공정거래위원회의 조사 등) 제1항에 따라 당사자·이해관계인 또는 참고인을 출석하게 하여 의견을 듣고자 할 때 또는 같은 법 제81조(위반행위의 조사 등) 제2항 및 같은 법 시행령 제75조(소속공무원의 조사 등) 제1항에 따라 사무소 또는 사업장 이외의 장소에서 진술을 듣고자 할 때에는 다음 각 호의 사항을 기재한 출석요구서를 발부하여야 한다.

1. 사건명
2. 상대방의 성명
3. 출석일시 및 장소
4. 불응하는 경우의 법률상의 제재내용

② 심사관 또는 조사공무원이 공정거래법 제81조(위반행위의 조사 등) 제1항 제1호 및 제2항의 규정에 의하여 당사자의 진술을 들은 때에는 별지 제19호 서식에 따른 진술조서와 별지 제20호 서식에 따른 조사과정확인서를 작성하여야 하고, 신고인, 이해관계인 또는 참고인의 진술을 들은 때에는 필요한 경우 별지 제21호 서식에 따른 진술조서와 별지 제20호 서식에 따른 조사과정확인서를 작성할 수 있다.

③ 제2항의 진술조서에는 진술자의 성명, 주소, 전화번호, 진술일시, 진술장소 및 진술내용을 기재하여야 하고, 이를 진술자에게 읽어주거나 열람하게 하여 기재내용의 정확 여부를 묻고 진술자가 증감·변경의 청구를 하였을 때에는 그 진술을 조서에 기재하여야 하며, 오기가 없음을 진술한 때에는 진술자로 하여금 그 조서에 간인 또는 각 장마다 진술인 본임임을 확인할 수 있는 자필서명 등의 방법으로 서명·날인하게 하고 조사공무원이 서명·날인한다. 다만, 진술

자가 서명·날인을 거부한 때에는 그 내용을 진술조서에 기재하여야 한다.

④ 조사공무원이 피조사업체의 임직원 등을 대상으로 진술조서나 확인서를 작성하는 경우 특정 진술이나 확인을 강요하여서는 아니 된다.

⑤ 피조사업체 임직원 등을 대상으로 작성한 진술조서나 확인서에 대하여 피조사업체의 임직원이 복사를 요구하는 경우 조사공무원은 원칙적으로 이에 응하여야 한다. 다만, 증거인멸이나 조사비밀 누설 등 조사방해를 야기할 우려가 상당한 경우에는 그러하지 아니한다.

제20조(보고·제출명령) 심사관 또는 조사공무원이 공정거래법 제81조(위반행위의 조사 등) 제1항 제3호 및 같은 법 시행령 제73조(공정거래위원회의 조사 등) 제3항의 규정에 의하여 사업자 또는 사업자단체 등에 대하여 보고, 기타 필요한 자료나 물건의 제출을 명하기 위하여 교부하는 서면에는 다음 각 호의 사항을 명시하여야 한다.

1. 사건명
2. 보고 또는 제출할 일시와 장소
3. 보고 또는 제출할 자료 및 물건
4. 명령에 응하지 아니하는 경우의 법률상의 제재내용

제21조(일시보관) ① 심사관 또는 조사공무원이 공정거래법 제81조(위반행위의 조사 등) 제1항 제3호 및 제6항에 따라 사업자 또는 사업자단체 등이 제출한 자료나 물건에 대해 증거인멸의 우려가 있어 일시 보관하고자 하는 경우 그 필요성을 사전에 피조사업체 임직원 등에게 설명하고 별지 제22호의 보관조서를 작성·교부한 이후에 일시 보관하여야 한다.

② 제1항의 보관조서에는 사건명, 일시 보관물의 내역, 일시 보관일자, 소유자 또는 제출자의 성명과 주소를 기재하여야 한다.

③ 심사관 또는 조사공무원은 일시 보관한 자료나 물건이 다음 각 호의 어느 하나에 해당하여 더 이상 보관할 필요가 없게 된 때에는 이를 즉시 소유자 또는 제출자에게 반환하여야 한다. 다만, 소유자 또는 제출자의 소재를 파악하기가 곤란하거나, 기타 부득이한 사유가 있는 경우에는 그러하지 아니하다.

1. 보관한 자료나 물건을 검토한 결과 해당 조사와 관련이 없다고 인정되는 경우
2. 해당 조사 목적의 달성 등으로 자료나 물건을 보관할 필요가 없어진 경우

④ 일시 보관물은 소유자 또는 제출자의 청구에 따라 가환부할 수 있다.

제22조(감정인의 지정 및 감정위촉) ① 심사관은 공정거래법 제81조(위반행위의 조사 등) 제1항 제2호 및 같은 법 시행령 제73조(공정거래위원회의 조사 등) 제2항에 따라 당해사건의 심사를 위하여 전문적인 지식이나 경험이 있는 개인 또는 단체를 감정인으로 지정하고자 하는 경우에는 조사관리관의 결재를 받아 다음 각 호의 사항을 기재한 서면으로 하여야 한다.

1. 사건명
2. 감정인의 성명 또는 명칭

3. 감정기간

4. 감정의 목적 및 내용

5. 허위감정시의 법률상의 제재내용

② 심사관은 공정거래법 제67조(위원의 제척·기피·회피) 제1항 각 호의 어느 하나에 해당하는 자를 감정인으로 지정하여서는 아니 되며, 이미 지정된 경우에는 이를 취소하여야 한다.

③ 제1항 및 제2항의 규정은 피조사인 등의 요청에 의하여 감정인을 지정하는 경우에 이를 준용한다.

제22조의2(예비의견청취절차의 실시) ① 심사관은 피조사업체 또는 그 임직원이 심사가 진행 중인 사건과 관련하여 심사관 또는 사건담당부서장에게 직접 의견을 제출하거나 진술하고자 하는 경우 다음 각 호의 어느 하나에 해당하는 사유가 있는 때에는 예비의견청취절차를 실시하여야 한다.

1. 법위반혐의 관련 기초 사실관계를 명확히 할 필요가 있는 경우

2. 법위반혐의 관련 사실관계가 복잡하거나 쟁점이 많은 경우

3. 법위반혐의 관련 주요쟁점에 대한 심결례·판례 등이 확립되어 있지 않은 경우

4. 전원회의 또는 소회의 상정이 예상되는 경우(사건절차규칙 제67조 제3항의 규정에 따라 피조사인이 심사보고서상의 행위사실을 인정하고 심사관의 조치의견을 수락할 것으로 예상되는 의안은 제외)

5. 그 밖에 필요한 사정이 있는 경우

② 예비의견청취절차의 진행은 심사관 또는 사건담당부서장이 담당한다.

제5장   신고인 등 보호

제23조(신고인 등 보호) ① 조사과정에서 신고인 등 관련 정보를 인지한 자는 신고인 등의 인적사항이나 그가 신고인 등임을 미루어 알 수 있는 사실을 다른 사람에게 알려주거나 공개하여서는 아니 된다. 다만, 신고인 등이 신원 공개에 동의한 때에는 그러하지 아니하다.

② 제7조 제4항에 따라 신고 사건을 처리하는 조사공무원은 신고인을 노출하지 않으면 조사가 곤란한 경우 등 신고인의 인적사항 공개가 불가피한 경우에는 신고인의 동의를 받아 신원을 공개하고 조사를 실시할 수 있다. 이 경우 조사공무원은 별지 제23호에 따른 신원공개 동의여부에 대한 확인서를 신고인에게 작성하게 하여야 한다.

③ 조사공무원은 신고 또는 직권인지 사건조사과정에서 진술을 하거나 자료를 제공한 자가 있는 경우 신원공개 동의 여부를 확인하고 별지 제24호 서식에 따른 이해관계인 등 신원공개 동의여부에 대한 확인서를 작성하여야 한다.

제24조(신고인 등 가명처리) ① 심사관은 신고인 등이 신원공개에 동의하지 않은 경우 다음 각 호의 기능을 수행하는 가명처리시스템을 통하여 가명을 생성하고, 신고인에게 가명을 통지하여

야 한다.

1. 사건등록 시 사건처리시스템에 입력되는 신고인등의 명칭을 자동으로 가명으로 변환 처리한다.
2. 가명처리시스템을 통해 생성되는 신고인 등의 가명은 신고인 등이 법인이라 하더라도 모두 자연인의 가명으로 한다.
3. 신고인 등의 명칭 외에 사건등록 시 기재되는 신고인 등의 정보 및 피신고인과의 관계 등 신고인 등의 신원을 알 수 있는 사항은 이를 모두 비공개로 처리한다.
4. 사건처리시스템을 통해 표시·출력되는 모든 신고인 등 정보에는 가명만이 노출되도록 한다.
5. 사건등록 시 기재되는 신고인 등의 실제 정보는 별지 제25호에 따른 신원관리카드를 별도로 생성하여 저장 및 관리한다.

② 심사관 및 조사공무원은 제1항에 따라 가명 처리한 사건을 처리하기 위해 생산된 모든 문서에 가명을 기재하여야 한다.

③ 조사공무원은 제1항에 따라 가명 처리한 신고인 등에게 진술을 듣고 진술한 내용을 서류로 작성하는 경우 진술조서 형식으로 작성하여야 하며, 진술조서에는 인적사항의 기재를 생략하고, 서명은 가명으로, 간인 및 날인은 무인으로 하고, "위 사람은 위반 혐의의 신고 또는 조사 협조와 관련하여 피해의 우려가 있어 인적사항의 기재를 생략한다."와 같이 그 취지를 기재하여야 한다.

④ 가명 처리사건 관련 심사보고서에 신고인 등을 기재할 경우에는 가명을 기재하고, 신고인 등의 실명을 확인할 수 있는 문건을 심사보고서에 증거로 첨부하는 경우에는 그 인적사항을 가린 사본을 첨부하여야 한다.

제25조(신원관리카드 조회·열람) ① 제24조 제1항 제5호에 따른 신원관리카드는 공정거래위원회 감사담당관의 허가 없이 조회 또는 열람할 수 없다.

② 신원관리카드를 조회 또는 열람하고자 하는 자는 별지 제26호에 따른 신청서를 감사담당관에게 제출하여야 한다.

③ 감사담당관은 업무처리를 위해 신원관리카드를 조회 또는 열람해야 할 필요가 인정되는 경우 이를 허가할 수 있다.

④ 정보화담당관은 제3항의 허가가 있는 경우 신청자에게 신원관리카드를 조회 또는 열람하게 하고, 그 이력을 신원관리카드에 기록되도록 한다.

제26조(신고인의 의견진술) ① 조사공무원은 사건심사착수보고를 한 신고사건에 대하여 신고인의 의견을 구술·서면 등의 방식으로 청취하여야 한다. 다만, 신고인이 원하지 아니하는 경우에는 그러하지 아니하다.

② 제1항의 규정에도 불구하고 다음 각 호의 어느 하나에 해당하는 경우 신고인의 의견을 청취하지 아니할 수 있다.

1. 이미 당해사건에 관하여 신고인 의견을 충분히 청취하여 신고인이 다시 진술할 필요가 없다고 인정되는 경우

2. 신고인의 의견이 당해사건과 관계가 없다고 인정되는 경우
3. 신고인의 진술로 인하여 조사나 심의절차가 현저하게 지연될 우려가 있는 경우

제6장   행정사항

제27조(재검토기한) 공정거래위원회는 「훈령·예규 등의 발령 및 관리에 관한 규정」에 따라 이 고시에 대하여 2023년 7월 1일을 기준으로 매 3년이 되는 시점(매 3년째의 6월 30일까지를 말한다)마다 그 타당성을 검토하여 개선 등의 조치를 하여야 한다.

부 칙 〈제2023-11호, 2023. 4. 14.〉
제1조(시행일) 이 고시는 2023년 4월 14일부터 시행한다.
제2조(수집·일시 보관된 자료의 선별 및 반환·폐기 절차에 관한 적용례) 제14조의2의 개정규정은 이 고시 시행 이후 현장조사를 실시하여 수집·일시 보관되는 자료부터 적용한다.

[별지 1] ～ [별지 26] 생 략

■ 장 춘 재

[경력]
(현)
· 법무법인(유) 대륙아주 고문/분쟁조정컨설턴트
  (2023년~)
· 부산광역시 가맹사업거래분쟁조정협의회 위원장
  (2020년~)
· 부산광역시 대리점분쟁조정협의회 위원(2020년~)
· 한국하도급법학회 부회장
(전)
· 한국상조공제조합 이사장(2020년~2021년)
· 한국공정거래조정원 부원장(2017년~2020년)
· 공정거래위원회 서울지방공정거래사무소
  건설하도급과장(2016년)
· 공정거래위원회 심판관리관실 소비자거래심판담당관
  (2013년~2015년)
· 공정거래위원회 심판관리관실 협력심판담당관실 서기관
  (2010년~2011년)
· 공정거래위원회 하도급국 하도급2과 사무관
  (2002년~2005년)

[학력]
· 영남대학교 지역사회개발학과(경제학사)
· 경북대학교 행정대학원(행정학석사)
· 서울대학교 법과대학 · 법학대학원 전문(공정거래) 분야
  법학연구과정 수료(2013년)
· 고려대학교 정책대학원 정책과정 수료(2019년)

[상훈]
· 홍조근정훈장(2017년)

[저서]
· 조문별 하도급법 실무 가이드(2023년)

■ 이 상 명

[경력]
(현)
· 서울특별시 시민감사 옴브즈만위원회 위원
  (2024년 3월~)
(전)
· 국무총리실 규제혁신추진단 전문위원
  (2022년~2024년)
· SK하이닉스 공정거래 고문(2018년~2022년)
· 공정거래위원회 서울지방공정거래사무소
  가맹유통팀장(2016년~2018년)
· 공정거래위원회 독점국/조사국/소비자정책국/
  심판관리관실/서울사무소 근무

[학력]
· 건국대학교 기계공학과(공학사)
· 연세대학교 법무대학원(경제법 석사)

[상훈]
· 국무총리 유공 표창(2003)

[자격]
· 가맹거래사(2000년)

최신판 **조문별 가맹사업법 실무 가이드**

2024년 8월 5일 초판 인쇄
2024년 8월 19일 초판 발행

저　자　　장　춘　재
　　　　　이　상　명
발 행 인　이　회　태
발 행 처　**삼일인포마인**

저자협의
인지생략

서울특별시 용산구 한강대로 273 용산빌딩 4층
등록번호 : 1995. 6. 26 제3-633호
전　　화 : (02) 3489-3100
F A X : (02) 3489-3141
I S B N : 979-11-6784-281-7　93360

♣ 파본은 교환하여 드립니다.　　　　　　　　**정가 55,000원**